U0958921

中国行政体制改革研究会

——《中国行政改革论坛》(2014)

创新政府治理
深化行政改革

魏礼群　主编

（上册）

国家行政学院出版社

图书在版编目(CIP)数据

创新政府治理　深化行政改革/魏礼群主编．—北京：国家行政学院出版社，2015.1

ISBN 978-7-5150-1335-0

Ⅰ.①创…　Ⅱ.①魏…　Ⅲ.①国家行政机关-行政管理体制-体制改革-中国-文集
Ⅳ.①D630.1-53

中国版本图书馆 CIP 数据核字(2015)第 008916 号

书　　名　创新政府治理　深化行政改革
作　　者　魏礼群　　主编
责任编辑　陈　科
出版发行　国家行政学院出版社
(北京市海淀区长春桥路 6 号　100089)
(010)68920640　68929037
http://cbs.nsa.gov.cn
编 辑 部　(010)68928764
经　　销　新华书店
印　　刷　虎彩印艺股份有限公司
版　　次　2015 年 1 月北京第 1 版
印　　次　2015 年 1 月北京第 1 次印刷
开　　本　787 毫米×1092 毫米　16 开
印　　张　48.5
字　　数　698 千字
书　　号　978-7-5150-1335-0
定　　价　100.00 元(上下册)

本书如有印装质量问题，可随时调换。联系电话：(010)68929022

目 录

（上册）

主旨演讲

主论坛演讲

专题论坛演讲

（一）重构政府市场关系　完善政府治理体系

优秀论文

(下册)

(五)总结地方改革实践

闭幕式讲话

附录

主旨演讲

深化行政体制改革
推进国家治理现代化

杨克勤

当前，全党全国正在深入学习贯彻落实党的十八届三中全会精神和习近平总书记系列重要讲话精神。十八届三中全会通过的《中共中央关于全面深化改革若干重大问题的决定》，站在新的历史起点上，对新形势下全面深化改革作出了战略部署，确立了全面深化改革的总目标，就是完善和发展中国特色社会主义制度，推进国家治理体系和治理能力现代化。

新中国成立以后，党领导人民在国家治理现代化方面进行了艰辛探索，积累了丰富经验，取得了重大成果。我国的社会主义建设特别是改革开放以来经济社会发展所取得的巨大成就，令中国人民自豪，受世界人民瞩目。这表明，我们的国家治理体系和治理能力总体上是适应社会主义现代化建设要求的。但是，应该看到，相比我国经济社会发展要求，相比人民群众的期待，相比日趋激烈的国际竞争，相比实现国家长治久安，我们在国家治理体系和治理能力方面还有许多不足，还有许多亟待改进的地方。推进国家治理现代化，可以有力地调动各方面的积极性，极大地解放和发展生产力，对于实现中华民族伟大复兴的中国梦，对于完善和发展中国特色社会主义制度，对于推进经济、政治、文化、社会、生态文明建设和党的建设都具有重大意义。

一、一年多来行政体制改革取得突破性进展

过去一年多里，按照党的十八大和十八届二中、三中全会作出的重大部署，党中央、国务院紧紧围绕转变政府职能这个核心，以深化行政审批制度改革为突破口，把简政放权作为“当头炮”，走出了一步“制胜棋”，开创了行政体制改革的新局面。概括起来，这次改革体现了“五个结合”。

一是职能转变与机构改革相结合。更加突出政府职能转变，稳步推进政府机构调整，重在下放权力、明确部门权力边界、理顺职责关系，抓住了关键。

二是简政放权与强化监管服务相结合。一方面，大力取消和下放行政审批等事项，截止到 2014 年 6 月，国务院各部门共取消和下放了行政审批等事项 479 项，同时减少合并了一批财政转移支付项目，改革工商登记制度和社会组织管理制度。就在前不久，国务院确定将 36 项工商登记前置审批事项改为后置审批。对于行业协会商会、科技、公益慈善、城乡社区服务等四类社会组织，取消双重登记制。另一方面，强化事中事后监管和服务能力，理顺监管体制，充实一些领域的监管力量，完善监管制度，力求做到放中有管、活而不乱。

三是创新政府治理与加强法治政府相结合。一方面，创新宏观调控方式，创新对市场和社会主体的管理服务方式，探索建立负面清单制度，推广政府购买服务；另一方面，注重以法治思维和法治方式推进改革，提出的“对于企业，法无禁止即可为”“对于政府，法无授权不可为”体现了现代政府治理的新理念、新思维。

四是行政体制改革与树立行政新风相结合。既按照市场化改革方向推进行政体制改革，加快转变政府职能，扩大政务公开，推出公开政府权力清单等举措；又认真落实中央八项规定，严格执行“约法三章”，强化对行政权力运行的制约，营造行政新风正气。

五是深化行政审批制度改革与其他行政体制改革相结合。包括在推进行政审批权下放中更加注重明确中央和地方经济社会事务管理权责、

设立上海自贸区等。这些做法，体现了推进行政体制改革的协同性、系统性、创新性。

过去一年多的行政体制改革，涉及范围广、推进力度大，产生了多方面积极效果：使市场作用得到更大程度发挥，使企业进一步“松绑”，使社会活力得到激发，使地方积极性得到更好调动，也使行政权力得到有效制约。这为我国经济社会发展提供了动力和保障。据统计，2013 年，全国新登记注册各类市场主体 1131 万多户，同比增长 19.6%。在世界经济持续低迷、发达经济体和新兴经济体增长乏力的情况下，我国经济取得 7.7%的增速。2014 年 1—5 月份，在经济下行压力较大的情况下，全国新登记注册各类市场主体 470 多万户，民间固定资产投资增长 19.9%，经济增速继续保持在合理区间。这些成绩的取得，应该说，行政体制改革发挥了重要的作用。

二、当前行政体制改革中的新情况新问题

当前推进行政体制改革中出现了一些新情况和新问题。

一是改革力度逐级衰减。中央改革决心大、动作大，但一些地方对改革的担心多、动作小，跟进不力。国务院部门下放的一些事项被地方政府截留，出现“肠梗阻”现象。

二是取消和下放行政审批权存在放小不放大、放虚不放实、放责不放权、明放暗不放等现象。一些地方和部门把“含金量”低的事项取消和下放，对“含金量”高的抱着不放；有的“卸包袱”，把管理难度和责任大的事项下放。

三是部分下放事权转移、承接的难度大。有的事项从改革要求看，应该尽快移交或下放，但由于相关承接单位人员编制、技术力量等方面存在不足，短时间内难以承接相应的任务，造成审批权下放难以到位。有的地方，事权下放了，但人员没有跟着下放，下级无力承接。例如，把规划职能从市下放到区，但区一级没有规划专业人才，没有能力做规划。

四是放管脱节，对加强监管研究不够、办法不多。很多部门和人员长期习惯通过审批和处罚实施管理。现在，审批事项减少了，行政处罚规范

了，却不知如何管理，也不愿管理。有些领域的监管力量不足，有些领域的监管体制不顺，有媒体报道，一根香肠的管理涉及11个部门，但一旦发生食品安全事故，相关部门往往互相推诿，责任难落实。

五是部分改革红利被中介评估机构蚕食。一年多来，行政审批和收费项目大幅减少，但很多企业和基层群众反映，对改革给他们带来的好处感受不明显，一个重要原因是，与行政审批相伴而生的第三方中介评估事项过多，而且评估耗时长、环节多、收费乱。有的地方反映，行政审批过程中涉及的中介服务事项超过30项，一个产业项目涉及的各类中介评估评审报告，整个流程走完要300多天。一些中介服务机构实行垄断定价，服务收费连年上涨。

六是法制改革滞后，相关制度措施不配套。例如：在取消对商事主体工商登记的前置审批方面，目前200多项前置审批中有120多项有法律依据，这些审批的取消受到几十部法律的约束，难以推进；在市场监管方面，我国现有500多部涉及市场监管的法律法规，这些法律法规政出多门，彼此不协调，造成重复监管和监管漏洞并存。

三、下一步继续深化行政体制改革的重点任务

习近平总书记2014年6月6日在中央全面深化改革领导小组第三次会议上就推进改革发表重要讲话，强调要突出具有结构支撑作用的重大改革，把握好重大改革的次序，优先推进基础性改革。要坚持从具体问题抓起，着力提高改革的针对性和时效性，着眼于解决发展中存在的突出矛盾和问题，把有利于稳增长、调结构、防风险、惠民生的改革举措往前排，聚焦、聚神、聚力抓落实，做到紧之又紧、细之又细、实之又实。这对我们继续推进行政体制改革具有重要指导意义。我体会，下一步继续深化行政体制改革，要着力抓好以下重点任务。

一是抓紧研究深化行政体制改革的顶层设计。行政体制改革包括政府职能转变、政府机构调整、管理方式创新、行政权力制约监督等多个方面，涉及政府和市场、政府和社会、中央和地方的关系，是一个系统复杂的工程。为增强行政体制改革的整体性、系统性、协调性，避免改革行动的

盲目性、随意性和“碎片化”，应组织有关力量，深入研究制定与全面深化改革目标相适应的行政体制改革总体设计方案和改革战略规划。

二是继续推进行政审批制度改革。要全面清理各级政府和部门现有的行政审批等事项，摸清“家底”，列出清单，并向社会公开，实行“权力瘦身”和“权力公示”。要对现有审批事项进行评估，有区别、分步骤地下放行政审批权。尽可能把更多“含金量”高、对市场和社会影响大的审批事项取消和下放，特别是要减少对投资项目的层层审批、多部门审批，以激发社会投资创业的积极性。同时，要防止一些地方把放权的数量作为新的政绩指标，为减而减、为放而放。要把握放权的进度，充分考虑市场和社会自行调节、自律管理的外部环境、社会组织的发育成熟程度、政府的监管能力，做到“先织网，后开闸”。要加强对地方简政放权工作的指导、督查和评估，解决权力下放的“最后一公里”问题。

三是加强政府能力建设。简政放权绝不是一放了之，在推进简政放权的同时，要加强政府能力建设，通过健全制度和创新管理，全面提高政府决策力、执行力、协调力和服务能力，更好发挥政府的作用。要健全宏观调控体系，提高宏观调控能力。当前特别是要加强监管能力建设。要理顺和健全监管体制，优化编制配置，充实相关领域的监管和服务力量。要创新监管方式，利用信息化手段，动员公众参与，提高监管效率和水平。要加快配套制度措施建设，当务之急要加紧建设政府部门之间的信息共享平台和法人信用体系。

四是重视发挥法治作用。深化行政体制改革必须把全面推进法治国家、法治政府、法治市场、法治社会建设作为一项优先任务。要全面清理现行不合时宜的行政法律法规，该废止的立即废止，该修订的抓紧修订，该新立的加快立法。要坚持法治先导、立法先行，通过立法界定政府职能、规范政府行为。要依法修订和完善行政纲要，进一步强化依法行政，使政府的职责、行为、运行程序等都纳入法治化轨道。

五是加快培育和规范社会组织。当前，我国社会组织总体发展不足、素质参差不齐、运行不够规范，既不利于发挥社会力量的作用，也阻碍了政府职能转变，制约了社会主义市场经济体制的发展完善。应根据我国国情和发展阶段特点，制定促进和规范社会组织发展的法律法规及政策措施。要扩大增量，加大对社会组织的培育和扶持力度，优先促进公益性社会组织的发展。要优化存量，理顺政府与社会组织的关系，完善社会组织治理结构，提高社会组织承接政府下放事项的能力。要依法严格管理，健全监督管理体制机制，规范开展服务方式，引入竞争机制，形成促进社会组织有序发展和规范运行的政策环境，使改革红利得到充分释放。

此外，还要重视推进其他方面的配套改革。如适时调整和优化行政区划、加快推进政务信息化和公开化等，从而全面推进政府治理现代化。

（杨克勤：国家行政学院副院长）

河北下好行政体制改革“先手棋”

秦博勇

深化行政体制改革是全面深化改革的“先手棋”，也是推进重点领域改革的关键一招。“创新政府治理，深化行政改革”符合坚持和发展中国特色社会主义的内在要求，符合我国改革开放和现代化建设的方向潮流，符合国家治理体系和治理能力现代化建设的现实需要。党的十八大以来，河北省按照中央的决策部署，在这方面作了一些有益的探索和实践，也取得了一定成效。

一、行政体制改革是政治体制改革的重要组成部分，核心是进一步处理好政府与市场关系

推进行政体制改革就是要找准政府行为和市场机制发挥作用的最佳结合点，使政府在调节经济、弥补市场功能失灵的同时，避免和克服自身缺位、越位、错位的问题。

回顾我国的行政体制改革历程，基本上五年一个周期，从十一届三中全会到现在已经经历了七轮比较集中的改革，由初期相对单一的“精简、统一、效能”逐步向“转变职能、理顺关系、优化结构、提高效能”转变，改革

的综合性、系统性、科学性日益增强，为经济持续健康发展和社会进步提供了有力保障。

2013 年 4 月，河北省在全国较早启动了省政府机构改革和职能转变工作。按照中央的改革精神，对应国家部委的调整方案，对省政府部分行政机构、直属事业机构和所属事业单位进行了优化调整、精兵简政。经过一年多的不懈努力，目前各项任务已基本完成。归纳起来，有五个鲜明特点。

（一）坚持编制只减不增这一基本原则

严格控制机构限额和编制总量，全省行政编制（含政法专项编制）在中央核定的编制数额内配备人员；事业编制总额实行总量控制，并在总量内有所减少。认真开展机构编制和人员核查工作，深入开展“吃空饷”专项治理，加大机构编制动态调整力度，事业单位实行空编运行，编制较多的党政机关也要留有一定数量空编。这次改革完成后，省政府机构总数比原来减少 4 个。

（二）抓住精简审批事项这一主攻方向

行政审批制度改革是释放改革红利、增强内生动力的重要手段。2013 年，河北省先后分三批对应衔接国家取消行政审批事项 33 项、接收下放 59 项；取消省级行政审批事项 129 项、下放 75 项。2014 年以来，河北省继续加大改革力度，将原有的行政审批事项由行政许可、非行政许可、行政监管三类事项调整为行政许可和非行政许可两类事项，总量减少到 701 项。目前，正在研究制定“三公开、三清单”制度，实现对审批事项的动态监督和管理。

（三）把握转变政府职能这一核心要求

河北省出台了《河北省政府职能转变工作方案任务分工》，明确了减少和下放投资审批事项、减少和下放生产经营活动审批事项、减少资质资格许可和认定、减少专项转移支付和收费等 10 类 50 项重点任务。比如清理规范行政事业性和经营服务性收费，取消和免征了 18 项行政事业性收费，取消经营服务性收费项目 32 项、取缔 13 项，每年减轻企业和社会负担 6 亿多元。

（四）突出理顺职责关系这一内在要求

为实现对食品药品生产、流通、消费全程的无缝监管，重新组建了省食品药品监督管理局，将原来分散在省有关部门的食品药品监管职责整合划入新组建的省食品药品监督管理局，全面负责食品药品安全监管工作。同时，对省发展和改革委、省工业和信息化厅、省卫生和计生委员会、省工商行政管理局、省质量技术监督局等 18 个部门和机构的有关职责进行调整整合。下一步还将对应国家有关部委职责调整，继续做好河北省相关部门调整工作。

（五）强化创新政府管理这一重要导向

近两年，河北省把 ISO9001 标准化质量管理体系引入机关管理工作，在省政府 38 个部门开展机关标准化建设，取得了明显成效。2014 年将在全省政府系统推开，并与信息化相融合，提升政府管理水平。同时还积极创新政府服务方式，大力推进政府向社会力量购买服务工作，形成了减轻政府压力、提升服务水平、激发社会活力的多赢局面。

二、行政体制改革是全面深化改革的“当头炮”，必须通过创新政府治理，突破经济社会发展瓶颈

行政体制改革是各项改革的连接点和交会点，起着“牵一发而动全身”的关键作用，具有“一通百通”的重要影响。当前，河北省发展已进入增长速度换挡期、结构调整阵痛期、深层矛盾凸显期“三期叠加”的特殊阶段，必须通过创新政府治理、深化行政改革来激发发展新动力。

（一）从优化组织结构入手，努力破解大气污染防治难题

李克强总理在中外记者见面会上郑重提出了“约法三章”的承诺，其中很重要的一条是“本届政府任期内，财政供养人员只减不增”，这是各级

政府都必须遵守的硬约束。随着经济发展和社会进步，政府面临的工作形势越来越复杂，工作任务越来越多样繁重，在严控机构编制的前提下，通过优化力量配置，确保政府具备与发展需要相适应的履职能力是客观选择。

河北大气污染防治任务繁重而艰巨。省委、省政府态度非常明确，坚决打好大气污染防治这场硬仗。2013 年，河北省出台了大气污染防治 50 条措施和重污染天气应急预案，实施了“减煤、治企、控车、降尘、增绿”等重点举措，提出到 2017 年削减 4000 万吨标煤、细颗粒物浓度下降 25％的目标。围绕实现上述目标任务，我们从行政推动上做了三件事：一是建立大协调推进机制。大气污染防治是一项复杂的系统工程，单靠环保一个部门推动难以见效，为此，河北省成立了由省长任组长、省政府有关副省长任副组长、省政府主要部门及各设区市政府主要负责人为成员的省大气污染防治工作领导小组，下设 9 个专项工作组，共同协调推进全省大气污染防治工作。二是给环保部门“强身健体”。当前环保部门承担的任务日益繁重，原有的机构力量已经无法满足履职需要。为此，结合新一轮省政府机构改革，在省环境保护厅增设了大气、水、土壤污染监管等相关处室，加强了监管能力。三是建立环保联合执法机制。河北省在全国率先成立了环境安全保卫总队，所需编制由省公安厅内部调剂，各市县公安部门也进行了相应调整，专职环保警察队伍达到 600 多人。2013 年，公安与环保部门联合执法，开展了为期半年的“利剑斩污”专项行动，有力打击和震慑了环境违法行为。

（二）从改善调控方式入手，努力破解产业结构调整难题

科学的宏观调控，有效的政府治理，是发挥社会主义市场经济体制优势的内在要求。当前，河北省发展正处在转型升级、爬坡过坎的关键时期，经济转型离不开有为政府，既依靠有效的市场，又依靠政府的积极有为，两者结合起来才能发挥更大作用。

在化解过剩产能的过程中，从改革要素资源配置入手，走市场化、法制化的调控路径，充分发挥好政府和市场“两只手”的作用。一方面积极

发挥政府“有形之手”的主导作用。大力实施“6643 工程”，即到 2017 年压减 6000 万吨钢铁、6000 万吨水泥、4000 万吨煤、3000 万重量箱平板玻璃。2012 年以来，通过政府主动作为，引导不属于落后产能的 670 万吨炼铁、761 万吨炼钢产能退出市场。2013 年 11 月 24 日、2014 年 2 月 23 日，两次组织开展集中化解钢铁过剩产能“周日行动”，削减钢铁产能 1956 万吨；全省压减水泥 2859 万吨，仅石家庄就压减 1850 万吨。另一方面充分利用市场“无形之手”的倒逼作用。通过严格节能减排、实行差别电价、探索排污权有偿使用等市场调节机制，推动过剩产能退出，加快企业兼并重组，鼓励有实力的企业研发高技术含量、高附加值、高市场占有率产品，带动传统行业向高端化、品牌化、精细化发展，提高行业整体发展水平。

（三）从压缩行政层级入手，努力破解县域经济发展滞后难题

河北省区域发展的一个突出特点是设区市少、县多，设区市本级自身发展不充分，对县域辐射带动作用不强，县域经济已成为河北省经济发展的短板。着眼于突破短板，我们从压缩行政管理层级、下放经济社会管理权限上想办法、求突破，主要做了三个方面的工作：一是向省直管县（市）放权。这方面的探索从 2004 年就开始了，2005 年确立了 22 个扩权县，2009 年对 62 个产粮大县实行省财政直管，2013 年对经济基础较好的区域重点县实行省直管，并确定定州、辛集市为试点。2014 年，在省直管县试点工作的基础上，河北省继续扩大省直管县（市）范围，赋予县（市）更多经济自主权。二是向设区市城区放权。近年来，城区承担职责和拥有权力不对等的问题日益突出，制约了城区经济的发展活力。河北省研究制定了《关于向城区下放经济管理权限的指导意见》，编制了向城区放权指导目录，将公布实施。三是向建制镇放权。河北省正在研究制定完善小城镇发展体制机制，在全省选择一批经济实力强、带动能力强的镇开展行政体制改革试点，按照责权一致的原则，搞好乡镇行政配权，赋予试点镇比一般乡镇更多、更大的行政权力运行空间。同时，要求县里也要探索“乡镇配权”问题。

（四）从完善协调机制入手，努力破解推动京津冀协同发展难题

京津冀协同发展是中央提出的重大战略部署。2014 年 2 月 26 日，习近平总书记在京津冀协同发展座谈会上明确指出，京津冀合作发展走到今天，光靠头痛医头、脚痛医脚已经不行了，需要进行顶层设计，用顶层设计指导引领发展。一是打破“一亩三分地”的思维定式。自觉树立京津冀“一盘棋”理念，比如通过基础设施一体化、产业对接协作等举措，为河北发展带来积极作用；河北经济水平的提升、公共服务标准与京津差距的缩小，对京津人口和环境承载压力将有所缓解。二是坚持政府引导与市场主导相结合。推进京津冀协同发展，政府推动至关重要，同时更要切实发挥企业在产业、项目、要素转移等方面的主体作用，调动社会各方面的积极性，形成政府联动、企业主动、民间促动的工作合力。三是立足比较优势，推进错位发展。服务京津、发展自己，是河北的角色定位，推动三地协同发展，需要区域协作、错位发展。京津冀三地各有优势，只有从自身实际出发，把“走出去”与“引进来”结合起来，才能真正实现资源优势互补、产业良性互动的格局。

三、行政体制改革是一个阶段性与连续性相统一的过程，需要不断研究新情况、解决新问题

随着经济社会发展，政府和市场的边界不断调整变化，行政体制改革也不可能一蹴而就，而是一个逐步深化和完善的过程。今后，我们将围绕“放、转、管、交”四个字，扎实做好深化行政体制改革这篇大文章。

（一）“放”，就是继续简政放权

我们到基层调研了解到，许多群众和企业负责人都反映确实感受到了简政放权所带来的变化，得到了实惠，希望政府能够继续加大简政放权力度。李克强总理在年初的政府工作报告中承诺，2014 年国务院将再下放 200 项审批项目，河北省将密切跟踪、及时对接、保证效果。同时，还将全面清理非行政许可审批事项，加大向县（市、区）和重点镇的放权力度。

（二）“转”，就是加快转变政府职能

2013年以来，河北省把转变政府职能摆在重要位置，清理收费、规范运行、提质增效等行动取得了初步成效。下一步将继续在打造有为政府上下功夫，把政府该管的事切实管住管好，在食品药品安全、保障和改善民生等领域付出更多更大的努力。同时进一步做好清理和规范工作，把政府不该管的加快转移出去，逐步形成政府、市场、社会分工明确、相互协调的新型治理结构。

（三）“管”，就是创新政府管理方式

从“政府管理”向“政府治理”转变，由事前审批更多地转为事中事后监管，加强发展战略、规划、政策、标准等制定和实施。优化政府组织结构，充实基层和一线监管力量，保证这些机构的监管能力与发展需要相适应。推进机关标准化与信息化建设相融合，用标准化体系再造行政管理流程，用现代信息技术提升办公自动化水平，不断规范行政行为，提高行政效能。

（四）“交”，就是向社会组织移交权力

针对社会组织发展不足、管理不规范等情况，在培育发展社会组织的同时，健全监督管理体制机制，依法严格规范社会组织行为，清理和明确社会组织提供服务的事项，规范开展服务的方式，引入竞争机制，形成促进社会组织有序发展和规范运行的政策环境，提高社会力量参与公共服务的能力和水平。

（秦博勇：河北省政府副省长）

法治思维与法治方式*

徐显明

党的十八大报告指出,“法治是治国理政的基本方式”,中央要求提高运用法治思维和法治方式的能力,提高领导干部深化改革、推动发展、化解矛盾、维护稳定的能力。习总书记曾引用王安石的“立善法于天下者,则天下治;立善法于一国,则一国治”。这个论断是推进国家治理体系和治理能力现代化当中的治理体系,治理体系如果是制度体系,它主要靠国家的法律体系来承载。习总书记引用过韩非子的话,“国无长强,无长弱”,一个国家不能总是强,也不能总是弱。“奉法者强则国强,奉法者弱则国弱”,强调制度的执行能力是奉法。如果有一支很强的执法队伍把法律完整地实施,国家就很强;相反,法律执行弱,国家就弱。这是法律得到贯彻落实的问题,无论立法还是法律实施,都离不开法治思维和法治方式。

法治思维和法治方式的前提是全社会要对法治有共同的理解,全社会有共同的法治精神和法治原则。当利用这些共识、精神和原则去思考问题、判断问题、处理问题时,才有法治思维和法治方式。

---

* 本稿件由会议录音整理,未经本人审阅。

法治思维不同于其他思维的特点如下：

第一，法治思维是理性的思维。应用法治思维的人总是很平和的，法治思维一定强调说理，没有理就没有法治思维；法治思维一定强调要讲事实和证据，没有事实和证据就没有法治思维。所以，法院里面最好的判决是说理过程，如果一份判决只是说“本院认为”“判决如下”，这个“判决如下”就是一种非常武断的判决。好的判决总是最好的说理，因此法治思维是说理的思维，是有据的思维，是重事实的思维。我国一些古县衙，像山西平遥保留下来的县衙，进门处挂一个匾，上面写着“明镜高悬”四个大字，这是给被告人看的，被告人进来跪下，抬头看到的就是“明镜高悬”，要求被告人不能说谎。第二块匾上面写着“天理、国法、人情”六个字，在县太爷的位置上抬头看到的第一个警告是理，判案时要求“天理、国法、人情”一并考虑。法治思维要讲理，作为领导干部要减少一些暴力，减少一些与平和不相容的习气，才能慢慢养成法治思维。

第二，法治思维是确定的思维。凡是利用法治，结论一定是确定和肯定的，模棱两可不是法治，因为法治是确定的，构成法治的核心是规则，构成规则的元素是权利与义务，每一项权利和义务都是肯定的。现在很多立法者没有把握住这个原理，立法的真谛是去发现规则，发现规则事实上就是准确地设定权利和义务。有权这样做，有权要求别人怎样做，这是立法的确定性；必须怎样做，必须按照别人的要求去做，这是立法的义务。所以，权利和义务的确定性是法治思维确定性的根据。

第三，法治思维是程序的思维。有程序就有法治，重程序的人是具有初步法治思维的人。立法需要程序，司法需要程序，行政执法也需要程序。所有的自由裁量权应该在程序当中，破坏程序、无视程序就是在破坏法治。所以，法治思维和法治方式实质上是一种程序思维、一种程序方式。

第四，法治思维是建设性的思维。法治思维重构建，这不同于革命。我们党在取得政权之前一定要有革命思维，革命的思维是破坏旧法治，打乱旧秩序。但我们现在是执政党，执政党所建立起来的法律制度不能自己再去破坏，所以要用构建的思维，放弃革命的思维。构建的意义在于进行制度建设，而革命的思维往往是进行破坏，运动式思维、革命式思维、特权式思维都是违背法治的。所以,重构建而反对破坏是法治思维在现实当中很重要的特点。

第五,法治思维是正义的思维。政府公务员管理公共事务,法官、检察官管理正义。政府官员始终要把改善对公共事务的管理作为目的和追求,法官和检察官始终要把改善对正义的管理作为追求,法治思维和法治方式实质上就是正义的思维。社会存在若干冲突的价值,比如公共事务特别强调秩序,但是秩序一定对应着自由,当秩序和自由发生冲突时怎样处理?习总书记讲,管得过严像一潭死水不行,管得过宽波涛汹涌也不行,法治在自由和秩序之间找到平衡点,平衡点的最高标准是正义。利益和正义是社会价值中的一对冲突。不以其道得之,不处也。在今天,生存权和发展权有时候是冲突的,自由权和平等权有时候也是冲突的,法治就是面临无数冲突。平衡冲突在于找到正义,立法在于设计正义,执法的全部工作在于落实正义,守法是自我实现正义。司法的最基本功能就是当正义被扭曲破坏时,通过它来矫正正义,使正义再回到原点上。这就是正义的一种思维。

第六,法治思维是衡平的思维。法治思维在西方的法学里被称作衡平。荀子讲过,“人生而有欲,有欲则不能不争,争则乱。”法律是设定利益的度量分界,西方普通法的全部精神是衡平,寻找度量分界,进行各种力量的衡平,把眼前利益和长远利益、个人利益和国家利益进行衡平,衡平的思维就是法治思维,但前提和根据是在合法性之下。

2014年1月7日,习总书记在中央政法工作会议上提出一个新概念,即要求全社会树立法治信仰,不光要有法治信仰,要告诫政法战线上的所有干警和从事这项工作的人,要有法治的定力。什么叫法治的定力?习总书记在讲话中曾经引用弗兰西斯·培根的话,“一项犯罪并不可怕,一项犯罪就好像是污染了的水流,在清水中倒入了污水,但是司法腐败很可怕,一旦腐败了,污染的是水源,流出来的水都是脏的”。弗兰西斯·培根在英国历史上被称作最伟大的法官,但是他的晚年是在监狱里度过的,原因是他作为最高法院的首席大法官,收受了当事人3万英镑的贿赂。英国上院同时也是最高法院对他进行审判时,他同样留下了让后人很感慨的话，“我是英国有史以来，特别是近五十年来最廉洁、最伟大的法官，但是，今天的审判是英国近二百年以来所有审判当中最正义的审判。”这是他最后的陈述，大家表示赞同。弗兰西斯·培根从事法治工作，为什么他最后也进了监狱？因为有比法治思维和法治方式更重要的东西，叫作法治定力。在学理上，法治定力叫作法治意志，法治意志是对法治坚守的能力。《公务员法》审议和制订时有一个问题被提及，“下级公务员和上级公务员是什么关系？”商鞅说，“夫生法者君也”，中国古代立法的人是君主；“守法者臣也”，这个守不是遵守的“守”，是守护的“守”，守护法律的人是官吏；“罚与法者民也”，老百姓是被法管理和处罚的人。公务员队伍的主要责任是守护法律，只是遵法、奉法还远远不够。《公务员法》在制订时另一个问题也被提及，“当上级公务员对下级公务员下达了不符合法律的决定和命令时，下级公务员怎么做？”《公务员法》规定，下级公务员有权利要求上级公务员收回命令。如果上级公务员收回了命令，那么下级公务员就守护了法律。如果上级公务员不收回命令，还要求下级公务员去执行，《公务员法》针对此种情况有规定，“凡是下级公务员要求上级公务员收回命令而没收回，执行错误命令以后，可以免除下级公务员的责任”。下级公务员有免责权，这就鼓励下级公务员对来自上级的不符合法律的命令进行抵制。

《公务员法》规定，明显不符合法律的决定和命令，下级公务员要求上级公务员收回，上级公务员要求执行，这时候不免责，下级公务员要和上级公务员一起承担责任，实际上就赋予了下级公务员一种抗命权。这种条件下，下级公务员有权抵制，这是守护法律。建设法治政府、法治国家，公务员不仅要有法治信仰，还要学会法治方式、法治思维，有法治定力，养成守护法律的能力。

（徐显明：中央社会管理综合治理委员会办公室专职副主任）

深化行政执法体制改革

袁曙宏

党的十八届三中全会作出的《中共中央关于全面深化改革若干重大问题的决定》明确发出了“推进法治中国建设”的号召，深刻指出：“建设法治中国，必须坚持依法治国、依法执政、依法行政共同推进，坚持法治国家、法治政府、法治社会一体建设。”同时把“深化行政执法体制改革”作为建设法治中国的一项重要任务，提出了目标要求，作出了具体部署。我们一定要深入学习领会，坚决贯彻执行。

一、深化行政执法体制改革的重要意义

行政执法体制既是行政体制的重要组成部分，更是法律实施体制的关键环节。深化行政执法体制改革能否取得显著成效，直接关系到法律法规能否全面正确实施，关系到人民群众合法权益能否得到切实保障，关系到经济社会秩序能否有效维护，关系到依法行政能否真正落到实处。

（一）深化行政执法体制改革是全面推进依法治国、加快建设法治政府的迫切要求

习近平总书记明确指出：全面推进依法治国，必须坚持严格执法。

“行政机关是实施法律法规的重要主体，要带头严格执法，维护公共利益、人民权益和社会秩序。”行政执法是行政机关最大量的日常行政活动，是实施法律法规、依法管理经济社会事务的主要途径，是实现政府职能的重要方式。我国大约80%的法律、90%的地方性法规和几乎所有的行政法规都由行政机关执行。行政执法是否严格公正，直接体现着各级政府依法行政的水平和程度。应当看到，这些年来，行政执法总体有了很大改善，取得了明显进步，但仍然存在着不少问题：乱执法、粗暴执法、执法寻租、贪赃枉法甚至充当黑恶势力“保护伞”的问题时有发生；执法不作为问题日益凸显；执法不重视程序、违反程序的问题较为普遍；一些执法人员素质、水平不高，甚至“吃拿卡要”问题比较突出。这些问题的存在，特别是在一些案件中通过互联网集聚、放大和演化，严重损害了党和政府形象，造成了恶劣的社会影响。因此，必须深化行政执法体制改革，明晰权责配置，完善运行机制，规范裁量行为，强化程序约束，严格责任追究，为实现严格规范公正文明执法提供体制保证，为到2020年基本建成法治政府奠定坚实基础。

（二）深化行政执法体制改革是保障人民群众权益、实现社会公平正义的迫切要求

在行政机关的所有行政活动中，行政执法与人民群众的切身利益最密切相关，行政执法人员与人民群众打交道最多。这就要求行政执法机关决不能将执法仅仅看作一项孤立、简单的法律技术和法律操作行为，而必须看作是保护人民权益、体现公平正义的权力行使行为和社会系统工程。目前，一些地方和部门在行政执法中仍然缺乏宗旨意识和群众观念，要求群众履行义务多，主动保护群众权利少；讲方便执法多，讲方便群众少；处罚制裁多，提供服务少；硬性管理多，说服疏导少。结果很多时候表面上看似乎完成了执法任务，但往往是法了事不了，案平理未平，实际上扩大或激化了社会矛盾，损害了人民群众对法律的信仰，影响了人民群众对实现社会公平正义的信心。解决这些问题，必须深化行政执法体制改革，把“一切为了人民”“一切依靠人民”作为深化改革的指导方针，牢固树

立以人为本、执法为民的宗旨意识，真正做到执法与服务结合、惩罚与教育互济、打击与保护并重。

（三）深化行政执法体制改革是严惩违法犯罪行为、维护经济社会秩序的迫切要求

严惩违法犯罪行为、维护经济社会秩序是行政执法的主要目的之一，也是我国现阶段必须高度重视的一项重要任务。当前，我国改革发展稳定正处于关键阶段，利益格局调整困难复杂，社会矛盾纠纷高发多发，无论是在经济调节、市场监管领域，还是在社会管理、公共服务领域，都有不少严重失序失范的突出问题，人民群众反映强烈。乱世用重典，盛世治乱也要用重典。执法宽严的抉择，当以社会需要和人民意愿为标准，审时度势，依法而行。解决我国一些重点领域的违法乱象和人民群众的普遍担忧，仅靠道德、自律难以有效制止违法行为，仅靠常规执法也不足以矫正少数违法者长期形成的行为惯性。只有严字当头，重典治乱，才能让违法者付出难以承受的代价，让守法者获得遵守制度的红利，让诚实守信和公平正义在法治的阳光下茁壮成长。为此，必须通过深化行政执法体制改革，建立起更加权威、更加高效、更加有力的行政执法体制，坚决遏制和惩治各类违法犯罪行为，努力形成风清气正、规范有序的经济社会秩序，显著提高全社会对行政执法工作的认可度和满意度。

二、深化行政执法体制改革的主要任务

要切实按照十八届三中全会提出的深化行政执法体制改革的任务和要求，着力抓好以下六项重点改革任务。

（一）完善行政执法体制

深化行政执法体制改革，要以着力解决权责交叉、多头执法问题为重点，以建立权责统一、权威高效的行政执法体制为目标。横向上，应厘清执法机关职责权限，整合执法主体，相对集中执法权，深入推进综合执法，努力实现执法机构的精简和统一。纵向上，应根据不同层级政府的职能

和事权，合理配置执法力量，减少行政执法层级，推进执法重心向市县政府下移，着力提高基层政府执法能力，特别是要加强食品药品、安全生产、环境保护、劳动保障、海域海岛等重点领域基层执法力量，有效保护人民群众生命财产安全。同时，要在认真调查研究、深入总结经验的基础上，理顺城管执法体制，切实提高执法和服务水平；完善行政执法与刑事司法衔接机制，合力惩治违法犯罪行为。

（二）完善行政执法程序

行政程序是约束行政权力、保护公民权利的重要方式。当前行政执法实践中，不重视执法程序的现象比较普遍，许多损害、侵犯群众利益的突出问题，如由土地征用、房屋拆迁、环境保护等引发的纠纷甚至群体性事件，往往是执法机关不按程序办事或程序不规范造成的。因此，应把加强行政执法程序建设作为深化行政执法体制改革的重点工作，针对行政检查、行政处罚、行政强制、行政征收等执法行为，制定具体执法细则、裁量标准和操作流程，切实做到步骤清楚、要求具体、期限明确、程序公正。推行行政许可、非许可审批标准化管理。健全行政执法调查取证、告知、听证、集体讨论决定、罚没收入管理、执法争议协调等制度，规范行政执法文书，充分保障行政管理相对人的知情权、表达权、参与权、申请回避权、监督权、救济权。制定执法自由裁量权行使规则，对执法自由裁量权予以细化、量化和严格规范，并公布执行。严格执行重大行政执法决定法制审核制度，未经法制审核或者审核未通过的不得作出决定。坚持法律面前人人平等，任何公民、法人和其他组织的合法权益都要受到平等保护，一切违法行为都必须予以追究。

（三）创新行政执法方式

正确选择行使行政执法的方式，是行政执法实现预期效果的有效保证。目前我国行政执法机关过度依赖强制手段和硬权力执法，应当主动适应经济社会发展的新形势和人民群众民主法治意识提高的新要求，加快推进执法方式创新，积极推行行政指导、行政合同、行政奖励等柔性或激励性执法方式，多运用说服教育、调解疏导、劝导示范等非强制手段和软权力执法，给行政管理相对人提供法律帮助、政策指导和技术支持，寓执法于服务之中，融处罚于教育之中，消解执法冲突，克服执法的简单化、粗糙化倾向，严禁暴力执法、野蛮拆迁。

（四）严格行政执法人员管理制度

行政执法人员的素质高低，直接决定行政执法质量。要严格执法人员持证上岗和资格管理制度，对行政执法人员进行一次全面清理，未取得执法资格的人员不得从事执法工作，对被聘用履行行政执法职责的合同工、临时工，应坚决调离行政执法岗位。健全纪律约束机制，狠抓执法纪律和职业道德教育，加强执法人员思想作风建设，全面提高执法人员素质。定期组织行政执法人员参加通用法律知识培训、专门法律知识轮训和新法律法规专题培训，提高他们运用法治思维和法治方式解决执法中突出矛盾和问题的能力。逐步推行行政执法绩效考核制度，科学合理设计考核指标体系，考核结果作为执法人员奖励惩处、晋职晋级的重要依据。

（五）加强行政执法经费财政保障

落实、加强行政执法经费财政保障，是从源头上解决执法经费不足、杜绝执法机关受利益驱动执法的治本之策。行政执法机关履行法定职责所需经费，要统一纳入财政预算予以保障。县级以上地方各级人民政府要建立责任明确、管理规范、投入稳定的经费保障机制，保证执法经费足额拨付。要进一步改善执法条件，有针对性地逐年安排资金，加大执法装备配备、科技建设、基础设施方面的投入，为案件处理、现场勘验、调查取证等执法活动提供必需的保障。要严格执行罚缴分离和收支两条线管理制度，罚没收入必须全额上缴国库，纳入预算管理。对下达或者变相下达罚没指标、违反罚缴分离的规定以及将行政事业性收费、罚没收入与行政执法机关业务经费、工作人员福利待遇挂钩的，要依法对直接负责的主管人员和其他直接责任人员给予处分。各级财政部门要健全监督检查制度，加强对行政执法经费使用的监管。

（六）全面落实行政执法责任制

严格行政执法责任制，是深化行政执法体制改革的重要环节，也是监督和制约行政执法权力的有效途径。要根据有权必有责的要求，在分解执法职权的基础上，确定不同部门及机构、岗位执法人员的具体执法责任。要加强对行政执法的监督，坚决排除对执法活动的非法干预，坚决防止和克服地方保护主义和部门保护主义，坚决防止和克服执法工作中的利益驱动，坚决惩治腐败现象。对有违法或者不当执法行为的执法机构和执法人员要严格问责，对因不知法、乱执法、暴力执法、执法不当等导致一个地区、一个部门发生重大责任事故、事件或者严重违法案件的，要依法依纪严肃追究有关领导直至行政首长的责任。

三、深化行政执法体制改革的基本要求

深化行政执法体制改革涉及面广、工作量大，任务复杂艰巨，关系到各级政府所属大多数部门和数百万行政执法人员，必须以更大的勇气和力度积极稳妥地予以推进。

（一）要高度重视对深化行政执法体制改革的领导

各级政府和各部门要充分认识深化行政执法体制改革的重要意义，把深化行政执法体制改革摆上重要议事日程，切实负起领导责任，认真做好深化行政执法体制改革的统筹谋划、组织协调、跟踪检查、督促落实工作，及时研究解决改革中存在的突出问题，提出具体任务和工作措施。要从本地区、本部门的实际情况出发，结合经济社会发展状况，因地制宜、有序推进，特别是要加大力度推进整合执法主体、相对集中执法权和综合执法工作，认真解决实践中发现的问题，总结推广成熟的经验，不断取得新突破。要加强配套制度建设，有立法权的地方可以适时制定地方性法规或政府规章，没有立法权的可以根据需要制定规范性文件，为深化行政执法体制改革提供制度保障。

（二）要着力解决人民群众反映强烈的突出问题

检验行政执法体制改革方向对不对、效果好不好，最重要的标准就是看能不能有效解决行政执法中人民群众反映强烈的突出问题。“问题就是时代的声音”，就是改革的重点，就是旧体制的突破口和新体制的生长点。必须以问题为导向，抓住牵动全局的主要改革环节，确定事关群众利益的重点改革任务，着力推进，率先突破。比如，如何深化食品药品、安全生产、环境保护、社会治安等领域的行政执法体制改革，解决涉及人民群众生命财产安全的违法犯罪案件多发频发问题，就需要高度重视、重点推进。这些问题发生在人民群众身边，人民群众看得最清、感受最深、利益最直接，影响很坏，破坏力很大。各地方、各部门必须树立问题导向意识，抓住主要矛盾，确定重点任务，一个一个地攻坚克难，使深化行政执法体制改革真正能解决最突出的矛盾和问题，真正让人民群众满意。

（三）要切实增强改革举措的系统性、协调性

深化行政执法体制改革，既涉及经济、政治、文化、社会、生态文明等各个领域，也涵盖政府经济调节、市场监管、社会管理、公共服务职能等各个方面；既要立足当前，在解决突出问题上见实效，实现改革的阶段性突破，又要着眼长远，在制度、机制、能力建设上下功夫，建立严格规范、公正文明执法的长效机制。这就要求各地方、各部门在深化行政执法体制改革上必须有宽广视野和系统思维，各项改革举措要通盘考虑、整体规划、统筹安排，不能被一些表面现象所左右，头痛医头，脚痛医脚。比如，要处理好深化行政执法体制改革与深化行政体制改革的关系，把深化行政执法体制改革放到2020年建立起比较完善的中国特色社会主义行政体制的大目标和大框架下来谋划推进。又如，要对权责交叉突出、相互扯皮严重的一些执法部门和领域进行集中改革和系统改革，既防止雨过地皮湿，改革走过场，又防止按下葫芦起了瓢，老问题没有解决又引发了新问题。再如，要加强行政执法体制与刑事司法体制的衔接配合，保证行政执法机关及时向司法机关移送犯罪案件，司法机关坚决支持行政执法机关严格执法，形成打击违法犯罪行为的强大合力。总之，要通过对深化行政执法体制改革的顶层设计，增强改革的科学性、系统性和协调性，实现改革的相互协调、相互促进，而不是相互脱节、相互掣肘。

（四）要积极鼓励地方部门勇于探索创新

尊重、鼓励基层群众探索创新，是我国三十五年改革开放的动力所在和成功经验。近些年来，各地方、各部门特别是一些市县政府在深化行政执法体制改革上勇于创新、攻坚克难，打破了不少条条框框，进行了卓有成效的努力，如整合执法主体、相对集中执法权、推进综合执法、建立执法责任制、创新行政执法方式等，许多重大改革举措都源于基层的实践创造。在下一阶段的改革中，应当继续鼓励各地方、各部门大胆创新、深化创新，对改革中的成功做法要及时总结完善，上升到制度层面推广；对改革中出现的失误应及时指导改进，最大限度发挥改革的正面效应；要在立足我国国情的基础上，积极借鉴其他国家和地区行政执法体制改革的有效做法和有益经验，广开视野、博采众长，但绝不能食洋不化、照抄照搬。

（袁曙宏：国务院法制办副主任）

主论坛演讲

创新政府治理要处理好政府与市场关系

辜胜阻

从经济学理论上来讲，政府是“有形之手”，市场是“无形之手”，如何处理好“两只手”的关系，是创新政府治理的关键。党的十八届三中全会最大的理论突破是重新定位市场功能，从二十年前的“基础性”作用到今天的“决定性”作用；是重新界定政府与市场边界，构建“市场主导、政府引导”的发展模式，把错装在政府身上的手还给市场；是重新塑造政府与市场的关系，不让政府“体太胖、手太长、闲不住”。

重新塑造政府与市场关系，通俗地讲，就是“听市场”还是“听市长”的问题。有学者研究认为，在政府与市场的关系上面有四种模式：一是美英模式，像美国和英国，是强市场、弱政府；二是莱茵模式，像法国和德国，是中强市场；三是东亚模式，像日本、韩国、新加坡，是一种强政府、弱市场；四是中国模式，是一种更强政府和较弱市场。过去，我国政府与市场的关系是错位的，是不对称的市场化，产品的市场化程度很高，但像土地、资金等要素的市场化程度不高。所以说，我们的市场化是不彻底的市场化，是错位的市场化，市场有效的时候，政府的手太长而闲不住，市场失灵时又找不到政府。党的十八届三中全会在“市场之手”与“政府之手”的作用定位上面，主次是分明的。在“市场”还是“市长”的问题上面，明确让市场起决定性作用，当然也要更好发挥政府的作用。

一、市场如何发挥决定性作用

如何让市场起决定性作用？十八届三中全会报告从六个方面论述了市场如何起决定性作用：一是要有公平的市场准入；二是要有平等的市场竞争；三是企业、消费者、投资者等市场主体要有自主权；四是产品、服务和要素的价格要由市场决定；五是资源配置要注重效率和公平；六是尊重市场规律，实现优胜劣汰。

要发挥市场的决定性作用，必须深化一系列的制度改革。

首先，建设统一开放、竞争有序的市场体系，是使市场在资源配置中起决定性作用的基础。必须加快形成企业自主经营、公平竞争，消费者自由选择、自主消费，商品和要素自由流动、平等交换的现代市场体系，着力清除市场壁垒，要建立市场主体的平等地位。很长一段时间以来，有人认为只有国有经济、国有企业才是中国共产党的执政基础，但是十八届三中全会回应了这样一种舆论。十八届三中全会前所未有地规定了市场主体的平等地位，在功能定位上强调公有制经济和非公有制经济都是社会主义市场经济的重要组成部分，都是我国经济社会发展的重要基础。在产权保护上，强调公有制经济财产权和非公有制经济财产权都不可侵犯。在企业控股方面，提出不仅要有公有资本控股的混合所有制，而且也要有非公有资本控股的混合所有制。在能力定性上，过去只强调国有企业的活力、控制力、影响力，十八届三中全会提出必须毫不动摇地鼓励、支持、引导非公有制经济发展，激发非公有制经济活力和创造力，特别是强调非公有制经济的创造力。在政策待遇上更进一步强调平等地位，提出实行统一的市场准入制度。在现实生活中，市场主体不平等有多种表现，这样一种理论的提出，现实意义极强。

其次，要完善由市场决定资源的配置、决定市场价格的机制。为了实现市场在资源配置中的决定性作用，必须完善由市场决定价格的机制，避免政府对价格进行不当干预，真正让市场对价格决定做主。当前，要积极推进三大要素市场改革。一是在土地市场上要建设城乡统一的建设用地市场,要完善土地租赁、转让、抵押二级市场。二是在金融市场方面,要完善金融市场体系,形成多层次的金融市场。允许具备条件的民间资本设立中小银行等金融机构;完善人民币利率市场化机制,加快推进利率市场化,加快实现人民币资本项目可兑换。三是要深化科技体制改革。健全技术创新市场的导向机制,发挥市场对科技研发方向、路线选择、要素价格以及各类创新要素配置的导向作用。通过这三大要素市场的改革,完善现代市场体系,尤其是在金融改革方面,要放宽民间资本准入。民间资本实际上在金融领域具有鲶鱼效应,如何发挥民间资本在金融改革中的鲶鱼效应,是我国经济体制改革的一个很重要的课题。我国经济体制改革的市场主体是国企、民企、外企,但是在金融领域,外资可以在国内办银行,除了少数的民营银行以外,大量的民间资本却不能办银行这类金融机构。

第三,要健全城乡发展一体化体制机制,实现城乡要素平等交换,让农民平等参与现代化进程,共同分享现代化成果。城乡二元结构是制约城乡发展一体化的主要障碍。必须健全体制机制,形成以工促农、以城带乡、工农互惠、城乡一体的新型工农城乡关系;要加快构建新型农业经营体系;赋予农民更多财产权利;推进城乡要素平等交换和公共资源均衡配置。

二、如何更好地发挥政府作用

市场也会出现失灵的时候,光有市场发挥决定性作用还不够,要让改革释放“最大制度红利”。党的十八届三中全会明确提出了宏观调控的主要任务,要完善发展成果考核评价体系,纠正单纯以经济增长速度评定政绩的偏向,提出了很多其他的指标。加快转变政府职能,深化行政体制改革,“让权力在阳光下运行”。实现这一目标必须做好以下六点:一要“放权”。中央政府对地方政府向下放权,对市场和社会向外放权,最大限度地激发市场和社会发展活力。二要“削权”。以职能转变为核心,继续简政放权。三要“分权”。确保决策权、执行权、监督权既相互制约又相互协调,改变权力过于集中的局面。四要“限权”。要确保国家机关按照法定权限和程序行使权力,让权力在宪法和法律的“笼子中”运行。五要“监权”。要加强党内监督、民主监督、法律监督、舆论监督,让权力在“阳光下”运行。六要防止“侵权”。防止政府对公民合法权益的侵犯,确保依法行政,绝不允许以言代法、以权压法、徇私枉法。通过以上措施,切实做到十八届三中全会提出的把权力关进制度的“笼子里”。2013 年,中央政府已取消和下放 334 项行政审批等事项,改革已经初见成效。全国各类企业登记数比 2012 年同期增长 25%,其中民营个体企业增长 37%,带动了民间投资以 23%左右的速度增长,这是前所未有的收获。

三、城镇化健康发展要坚持“市场主导,政府引导”

2014 年中央经济工作会议指出,城镇化是我国现代化建设的历史任务,也是扩大内需的最大潜力所在。我用城镇化作为案例,讲讲如何处理好政府与市场的关系。李克强担任总理以后的第一次记者见面会上,有记者讲到城镇化是现代化自然而然的发展进程,政府不应主动为之,并提出一个非常重要的问题,就是在城镇化方面政府应不应该有所作为。城镇化是市场的自然结果,推进城镇化要尊重客观规律,但并不意味着政府对城镇化无所作为。政府不能越位,但也不能缺位。要防止政府在城镇化领域闲不住手、过多干预城镇化,但政府应该做好规划制定、制度设计、公共服务、环境保护、市场监管、社会管理等工作。这些事情市场是不会做的,或者是做不好的,会造成市场失灵,所以政府在这些领域应该有所作为。比如城镇化需要大量资金,国家开发银行预计未来三年我国城镇化投融资需求量将达 25 万亿元,这就需要政府来提供制度供给,但主要靠市场配置资源。过去一年,我对全国十几个省市进行了调研,研究总结出民间资本在城镇化中,可以在能源及基础设施建设、服务业和现代服务业、政府向社会力量购买公共服务、鼓励民资促进房地产业健康发展、在智慧城市与绿色发展中激活民资、让民营科技企业推进城市产业升级、鼓励民资参与土地规模经营、龙头民企参与城镇综合体和社区建设、吸引民资发展草根金融、支持转移人口草根创业等方面发挥作用。这就表明,如何让市场在城镇化进程中的配置资源上发挥决定性作用,最重要的是要调动民间资本的积极性。

按照十八届三中全会精神来处理城镇化过程中的政府与市场关系，就是要让政府在城镇化中间起引导作用，而让市场起主导作用，也就是用“市场主导、政府引导”的发展模式，实现城镇化的健康发展。新型城镇化，政府应该明确自己能做什么、不能做什么。城镇化是双刃剑，做得好是黄金机遇，做不好是灾难后果。在这个问题上政府应该稳步推进，用好城镇化的黄金机遇，要防偏纠偏，避免过度城镇化的灾难后果。

（辜胜阻：十二届全国人大常委、人大财经委副主任委员）

增强宏观调控能力
加快经济转型升级

郑新立

一、总需求不足导致经济下行压力加大，是当前经济运行的主要矛盾

在2014年两会上，有记者问李克强总理上任以来最大的压力是什么，总理回答，是经济下行的压力。2014年1—5月份的经济数据表明，经济下行压力在持续两年多之后，到目前为止没有缓解。造成经济下行压力的原因，从短期来看，主要受全球金融危机的影响。发达国家进口市场疲软，导致我国出口增长受阻，而出口占我国GDP比重较大，出口增速的波动对总需求的影响不可忽视。从长期因素来看，主要是周期性的影响。2000—2010年是我国改革开放经济发展速度最快、物价水平最低、经济波动幅度最小的时期，这十年是中国历史上经济发展的黄金期，十年增长速度达到10.4%，通货膨胀率只有3%。甘蔗没有两头甜，十年两位数的高速增长，在一定程度上是靠高投资和高消耗，这十年我国的投资率上升到历史最高水平，最终消费率下降到历史最低水平。到2008年遇到全球金融危机时，经济的周期性因素也开始发挥作用。短期和长期两种

因素相互作用，导致总需求不足，总需求不足的另外一个方面是产能全面过剩。长期积累的矛盾不是靠修修补补可以解决问题的，必须对经济结构进行大幅调整，实现经济转型升级，使国民经济迈上一个新台阶，开辟持续健康发展的新阶段。

二、转变发展方式是解决目前经济领域所有问题的关键

需求不足需要扩大内需，扩大内需会不会回到前十年的老路上？通过高投资、高消耗、高污染来实现高增长，会不会出现水多了加面、面多了加水的不良循环？这需要用转变发展方式的理念，用转变发展方式的办法来扩大内需。扩大内需的重点放在有利于经济结构的转化升级上，这是党的十七大提出来、十八大又进一步强调的转变发展方式的主要方向和重点。

（一）调整投资和消费比例，降低投资率，提高消费率，扩大消费对经济增长的拉动作用

要加快发展第三产业，通过营改增为第三产业发展创造良好的政策环境。消费的需求潜力很大，通过调整投资和消费比例，把居民消费率提高到“六五”时期的平均水平（53%），每年将会有 8 万亿元以上的商品由出口转为内销。目前一年的社会消费品零售总额才 20 多万亿元，再增加 8 万亿元，可以想象居民的购买能力、消费水平将会有很大提高。实现这样的转变，才是真正贯彻和落实以人为本的科学发展观。

（二）提升第三产业从业人员比重

我国第三产业从业人员占全社会从业人员的比例只有 36%，世界平均水平是 60%，发展中国家平均水平是 50%。通过改革，使第三产业从业人员能够有一个较快增加，用五年左右时间达到发展中国家的平均水平，那么第三产业从业人员的比例将上升 14 个百分点，相当于 1.1 亿个就业岗位。

（三）通过自主创新带动产业升级

我国申请发明专利已经连续两年位居世界第一，超过美国，国际专利的申请量也迅速接近美国，再过二至三年，我国国际专利申请量也可能超过美国。用自有技术带动产业升级，比较乐观和可行。

（四）加快农业现代化，实现城乡一体化发展

把工业化、城镇化和农业现代化同步推进，落实三中全会关于农村土地制度改革的一系列部署，让农民分享城镇化过程中土地增值的收益，可以大幅度缩小城乡收入差距，避免落入中等收入陷阱。到2022年，我国人均GDP可以由2013年的6750美元达到12000美元，有可能跨入高收入国家行列。

这四大转变是必须跨过去的槛，如果过不了这四个槛，经济下行的压力会越来越大。现在不能说中国掉进中等收入陷阱的危险已经不存在了，通过转变发展方式跨过四个障碍，我国有可能避免落入中等收入陷阱，如果跨不过去，就有落入中等收入陷阱的危险，现在正处于艰难爬坡阶段。

三、能不能推动发展方式转变是对政府施政能力的考验

党的十八届三中全会《决定》表达了党中央改革的决心，企业和群众看了以后心里热乎乎的。好多群众担心中间梗阻，这么多改革措施能不能落实？各级政府部门能不能把改革措施落实到位？还是从传统思维模式出发，对自身有利的就改，对自身不利的就不改？这些都是现实问题。

把宏观调控同发展方式转变有机结合起来，近期要采取扩大内需的政策措施，不是一刀切，不是一般化的号召，而是要有重点、有调控的方向，把社会资金引导到有利于结构优化和发展方式转变的方向上来，需要把调控措施和发展方式转变有机结合起来。

计划部门、财税部门和金融部门要密切合作，形成合力。计划部门

要提出调控和转变的重点方向、规划，甚至具体到一些大项目。财税部门以调控规划为依据，运用减税、贴息、资金补助等方式，引导资金投向。金融部门要根据调整规划和财政杠杆的引导，实行定量定向宽松政策。朱镕基同志任总理时曾经搞了一个“点带”，现在好多同志担心金融银根稍微松动一下，资金是不是都流到房地产去了？对此可以采取定向宽松的办法，甚至对一些重点项目实行“点带”，引导资金流向。三个部门密切合作、形成合力，才能够完成发展方式转变这样重大而艰巨的历史任务。

四、是不是重视发挥政府作用，是北京共识与华盛顿共识的分水岭

新自由主义经济理论的传播使拉美国家深受其害，像巴西、墨西哥等国家隔几年发生一次通货膨胀。特别是美国引发全球金融危机之后，新自由主义已经臭得不能再臭了，最近十几个国家的大学生集体提出西方经济学提供的观点脱离实际，要求修改教科书。中国三十多年的改革之所以能取得巨大的发展成就，一个最重要的经验就是把市场机制与政府作用有机地结合起来，而不是听信新自由主义经济理论的言论。新自由主义经济理论说政府什么事不干才好，政府干什么事他们就骂，目的是让市场自发起作用。我国万幸没有听任自由主义经济理论，建立了一套中国特色的社会主义市场经济宏观管理制度，一套行之有效的制度。

2000 年以前，我国经济呈现周期性波动，隔几年大起大落一次。2000 年以后，在经济上行时期适当控制总需求，在经济下滑时期适当扩大总需求，通过这种调整就熨平了周期，出现了 2000 年以后的平稳黄金发展期。这些都是成功的经验，我们不要怀疑自己、否定自己。在转型升级的关键时期，尤其要发挥好政府的作用，政府的宏观调控能力只能加强，不能削弱。近期国务院提出要下放 200 多项项目的审批权，实行简政放权。政府要从干预市场、干预企业决策的微观事务中解脱出来，集中精力干好五件事：宏观调控、市场监管、社会管理、公共服务、环境保护。当

前特别要把宏观管理搞好，宏观环境好，企业才会投资。消费者有好的预期，将来收入要增加，现在才能放心大胆地去消费，经济就进入了良性循环。现在我国人均GDP只有6000多美元，美国等发达国家是4万～5万美元，我国的增长空间很大，关键是要通过改革和宏观调控，把这种增长潜力释放出来。这个时候绝不能让政府去功能化。

（郑新立：中国国际经济交流中心常务副理事长，中央政策研究室原副主任）

以简政放权为核心 大力推进政府职能转变

黄文平

一、简政放权是加快转变政府职能的核心任务

把转变政府职能作为行政体制改革的核心和关键，是通过实践探索形成的一条基本经验。改革开放以来，我国经历了从计划经济体制向社会主义市场经济体制的转型过程，随着经济、政治、文化、社会、生态等各领域改革的逐步推进，先后进行了七轮比较集中的行政体制改革。1988年的机构改革，首次明确提出了转变政府职能的任务，在此后历次改革中，转变政府职能始终是行政体制改革的核心和关键。经过多年的持续努力和探索，与改革开放初期相比，政府职能的重点和履职方式都有了明显改变，政府与市场、政府与企业、政府与社会的关系发生巨大变化，宏观调控体系、市场监管体系已初步建立，政府直接介入微观经济的范围有了较大缩减，政府的社会管理和公共服务职能得到不断加强，这些都有力推动了改革开放和社会主义现代化建设事业的发展。实践表明，不转变政府职能，旧的计划经济体制就很难打破，社会主义市场经济体制就很难建立，从这个意义上讲，把转变政府职能作为推动行政体制改革的核心和关

键，正是我国改革实践中探索出的一条基本的、成功的经验。

转变政府职能的实质是要解决政府应该做什么、不应该做什么的问题，重点是处理好政府与市场、社会的关系。转变政府职能是建立和完善社会主义市场经济体制的重要途径，牵涉多方利益格局和关系调整。当前政府管的过多、过细的问题仍然比较突出，越位、错位、缺位问题依然存在，这些都直接影响到市场配置资源作用的发挥。十八届三中全会《决定》明确提出，使市场在资源配置中起决定性作用和更好发挥政府作用，这一重大论断为正确处理政府与市场的关系、进一步推进政府职能转变指明了方向。要实现让市场在资源配置中起决定性作用，让经济按照市场规律去运行和发展，就需要进一步打开转变政府职能这扇大门，处理好政府与市场的关系，减少政府对微观经济干预过多和缺位、越位、错位等问题，使政府能够全面正确地履行职能，激发市场主体发展活力和创造力。正如李克强总理指出的，“这是不花钱能办事、少花钱多办事的‘良方’”。

以行政审批制度改革为主要内容的简政放权，是转变政府职能的“当头炮”和“先手棋”。新一届政府上任伊始，把简政放权、大幅度取消和下放行政审批事项作为转变政府职能的突破口和改革的“当头炮”，作为释放改革红利、打造中国经济升级版的重要一招。简政放权就是要在全面梳理和确定行政审批事项的基础上，重点减少涉及投资项目、生产经营活动、资质资格许可等方面的审批事项，激发人民群众的首创精神，让市场迸发创新、创造、创业活力。同时，政府要把主要精力放在应该管住、管好的事情上，着力解决事关人民群众切身利益的问题，更好履行社会管理和公共服务职责，让权力在阳光下运作，有效减少寻租空间，从源头上、制度上预防腐败。

二、行政审批制度改革有效激发了市场活力、发展动力和社会创造力，进一步推动了政府职能转变

党的十八大和十八届二中、三中全会对转变政府职能、简政放权、深化行政体制改革提出了新要求。新一届政府及时部署行政审批制度改革

工作，分期分批取消和下放审批事项，全面清理非行政许可审批事项，切实加强事中事后监管，简政放权取得了明显成效，极大地激发了市场活力、发展动力和社会创造力，促进经济社会平稳健康发展。我认为改革具有五个鲜明特点。

（一）既大力取消下放行政审批事项，又注重配套推进制度创新

2013 年以来，国务院分期分批取消下放 416 项行政审批事项；2014 年 6 月 4 日，国务院常务会议决定再取消和下放 63 项审批事项；这样新一届政府共取消下放 479 项行政审批事项。应该说，改革的力度之大、速度之快，前所未有。同时，注重配套推进相关制度创新，比如改革工商登记制度，将“先证后照”改为“先照后证”；推进工商注册制度便利化，将注册资本实缴登记制改为认缴登记制，将企业年检制度改为年度报告制度，大幅降低创办企业的门槛；在上海设立自贸区，探索建立负面清单制度，对市场主体实行“法无禁止即可为”等。通过这些改革举措，减少了政府对微观经济运行的干预，市场主体数量明显增长，市场准入更加便利，市场活力持续迸发，投资创业信心增强，社会反响很好。

（二）注重运用法治思维和法治方式推进改革

行政审批制度改革的核心是转变政府职能，实质是规范和约束政府行为，实现依法行政。市场经济的本质是法治经济，行政权力必须在法律和制度的框架内运行。一年多来的行政审批制度改革，从部署到落实，始终注重运用法治思维、法治方式，严格遵循职权法定、程序合法、公开透明的要求。为依法推进行政审批制度改革和政府职能转变，国务院对需要依照法定程序提请全国人大常委会修订相关法律的问题进行研究，起草了文物保护法等 12 部法律的修正案草案，十二届全国人大常委会第三次会议对这 12 部法律进行了修改。依据十二届全国人大常委会第六次会议精神，国务院对《中外合资经营企业合营各方出资的若干规定》等 2 部行政法规予以废止，对《中华人民共和国公司登记管理条例》等 8 部行政法规的部分条款予以修改。这些法律法规的修改调整，既是对以往改革成果的法制化、制度化，同时也为进一步简政放权、推进行政审批制度改革提供了法制保障。以法治思维、法治方式推进改革，是本次简政放权和政府职能转变的一个鲜明特点，也符合政府依法行政的本质要求。

（三）通过公开机制和倒逼机制，让改革措施落到实处

新一届政府对简政放权、转变政府职能涉及的具体措施，明确责任单位、参与单位，列出改革完成的时间表，并公开承诺要削减三分之一以上的行政审批事项等，表达了全面深化改革的决心和目标。将国务院正在实施的1235项行政审批事项在各部门网站和中国机构编制网公开，推进公布权力清单制度，接受群众和社会监督。同时，针对已经取消下放的行政审批事项，引入第三方评估机制，把行政审批制度与开展群众路线教育实践活动紧密结合起来，形成倒逼机制，促进改革迈出实质性步伐，使得各项措施落到实处不走空。

（四）清理存量与严控增量并行，杜绝"边减边增"

在取消和下放行政审批事项的过程中，不仅要考虑存量改革，也关注增量控制。国务院先后印发了《关于严格控制新设行政许可的通知》《关于清理国务院部门非行政许可审批事项的通知》，明确要求严格控制新增许可事项，对新增行政审批事项的设立标准和程序提出了严格要求，不允许在清单之外变相设置审批，即使是必要的行政审批也必须规范，防止滋生腐败，做到标准明确、程序严密、运作透明、制约有效、权责分明。同时，全面清理国务院部门现存的非行政许可审批事项，进一步消除审批管理中的"灰色地带"，彻底堵住"偏门"，防止"边减边增"。

（五）"放""管"相结合，创新政府监管方式

简政放权并非一放了之，而是要放管结合，特别是在取消下放行政审批事项后，要切实加强事中事后监管。李克强总理明确指出，"转变政府职能的核心要义，是要切实做好'放管'结合，'放'是放活，而不是放任；'管'要管好，而不是管死。"简政放权和加强管理是转变政府职能的一体两翼，两者缺一不可，否则就会导致权力真空，难以真正实现政府职能转变，给市场带来活力。新一届政府对此采取了一系列措施，包括调整食品药品监管体制、省以下工商管理体制实行分级管理、工商登记前置审批事项改为后置审批等，目前都取得了成效。通过完善监管措施，创新监管方式，充分利用市场机制和社会力量，实现政府管理从注重事前审批向重视事中事后监管转变。减少事前审批并不意味着部门的任务和责任减少了，相反部门的事中监管任务和责任加重了；不是给政府工作“减压”了，而是要求相关工作做得更精更细更到位。

三、对进一步深化行政审批制度改革的思考

在看到简政放权取得明显成效的同时，也要关注改革中出现的一些新情况、新问题，比如目前政府的行政审批事项仍然偏多，审批程序烦琐，办事效率低下；部分取消下放行政审批事项的“含金量”不高，社会各界反映不够“解渴”；一些领域还存在变相设置审批事项的情况；基层政府和社会组织的承接能力弱；审批的前置中介服务不规范；政府的监管理念和方式转变有待进一步提高等；这些都需要通过深化改革逐步解决。

（一）继续把简政放权作为转变政府职能的主要抓手

目前行政审批事项已大幅精简，但审批事项总量仍然不小，还存在改革空间。三中全会提出，要使市场在资源配置中起决定性作用，只有政府进一步减少直接介入或干预微观经济的活动，把更多精力放在制定政策、加强监管上，才能让市场力量、社会力量发挥作用，一定程度上讲，简政放权的程度、力度，直接影响到市场在资源配置中的作用。李克强总理在2014年6月4日召开的国务院常务会议上再次强调，简政放权是深化政府改革、加快转变政府职能的关键之举，要求在2013年的基础上，年内再取消和下放200项以上行政审批事项，达到进一步降低门槛、放松规制、促进就业、创业、创新的目的。

（二）要严格对行政审批权创设管理

行政审批是政府为应对经济社会发展中市场失灵、社会自律不足等

问题而采取的前置性管理手段，这意味着行政审批也要根据经济社会发展进行相应调整。中国正处于经济社会快速发展和转型阶段，新生事物不断出现，也会产生许多新情况、新问题。对此，需要认真研究哪些问题需要政府加以监管，哪些问题确需采取审批方式，哪些问题可以通过制定法律法规加以规范等。如果对行政审批权的创设不加以严格管理，无疑会大大抵消改革的实际效果，也会影响政府职能转变的成效。

（三）在激发市场活力的同时，注重培育发展社会组织，加大对社会放权力度

简政放权，不仅是中央向地方放权、政府向市场放权，还要政府向社会放权。目前政府向社会放权不够，这与我国社会组织发育不完善、社会力量不强有关。政府在主动放权给社会的同时，要为社会承接主体创造良好发展环境。要进一步深化改革，采取切实可行的政策和措施，积极扶持社会组织发展，培育更多合适的承接主体，充分释放社会组织的作用，促进政府职能转变的落实。

（黄文平：中国机构编制管理研究会会长）

借行政体制改革之力推进自主创新

张景安

党的十八届三中全会指出，市场与政府的关系是用市场来配置资源，解放第一生产力，释放创新活力，使科技人员在创新中找到感觉、找到位置，释放正能量，改变现在围着政府和项目导向创新的情况。现在发改委、教育部、科技部、财政部、工信部、自然基金委等十几个部门各自有规划、抓项目，每个规划自成体系、部门分割。很多人到这些部门申请经费，专家上午在这个部门评，下午在那个部门评，浪费了大量时间。经济有经济规律，科技有科技规律，用管理 GDP 的办法管创新，必然会出现急于求成、拔苗助长的情况，但是用管理科技研发的办法管创新也会出现问题。创新最大的特点是不确定性和风险，不能用经济的办法管创新，这些问题要通过改革来解决。科技管理部门掌握 15％的科研经费，剩下 85％的科研经费在别的部门，虽然经费有人管，但是经费的有效合理利用却管理不到位。

创新是永无止境的寂寞长跑，多数会失败，少数能成功，而且有的创新需要几代人奋斗，急于求成根本不行。在我国的创新体系中，研究性大学重点是基础研究，中国科学院重点是重大科学工程、战略性高技术、重大应用基础研究，农、林、水、气象、地震、环保等科研机构负责提供公益技术，一般大专院校和科研机构一律服务于企业为主体的产学研合作技术创新。

三十多年的科技体制改革，基本形成了国家创新体系框架，但现实情况是很多单位都把分工和特点抛到九霄云外，大家一起抢项目，导致基础研究不基础，应用开发不实用，一切围着项目走。上中下游互动不够，很多好东西在中间消耗掉了。在深圳华为公司调研时得知，现在我国创新最大的问题是上游枯竭，很多机构都在搞开发，基础研究储备不足，拖了创新后腿。在这种情况下，希望通过改革解决问题，加快创新步伐。处理好市场配置资源和政府配置资源的关系，就要解决好行政干预太多的问题。而行政部门又可分为三六九等，有权的部门和没权的部门不一样，权力影响巨大，尤其是对创新效率和资源配置影响更大。这种现象需要深入研究。

（张景安：中国科技体制改革研究会理事长）

专题论坛演讲

(一)重构政府市场关系　完善政府治理体系

推进市场监管向法治化转型

迟福林

未来五年是我国走向法治市场经济的关键时期。发挥市场在资源配置中的决定性作用和更好发挥政府作用,重在建立法治市场经济。总的判断是,当前以放权为重点的行政审批制度改革取得重要突破,但是市场监管改革尚未实质性破题。这就需要在深化行政审批制度改革的同时,加快实现由行政监管为主向法治监管为主的转型,强化以法治为基础的市场监管。当前,消费市场环境与消费需求释放不相适应的矛盾比较突出。到2020年,我国的消费总规模有可能达到45万亿～50万亿元,由此成为支撑7%左右增长的主要因素。为适应这个大趋势,政府市场监管已成为牵动影响增长转型全局的关键因素之一。

一、把依法监管作为市场监管改革的基本目标

行政审批和市场监管都是政府对市场秩序的一种管理。目前我国的市场监管仍然保持着行政审批与市场监管合为一体的突出特征,无论从食品药品等消费品监管,还是从垄断行业的监管来看,以行政监管为主的体制不改变,实现市场监管的有效性就相当困难。这里有三个问题需要

提出来讨论。

（一）行政审批与市场监管不分是不是市场监管改革面临的突出矛盾？

从现实看，行政审批与市场监管合为一体的特点比较突出。例如：某些机构既有行政审批权，又有市场监管权。这种“谁审批谁监管”的体制不可避免地形成重审批、轻监管问题，是“九龙治水、各管一段”的矛盾问题长期难以解决的根源所在。

（二）要不要把行政审批与市场监管严格分开？

行政审批是行政机关事前调控的手段，市场监管是对市场经营活动进行约束限制的行为，二者在范围、程度上有所区别。现代市场经济条件下，有效的监管主要是事后监管，而不是前置性审批。对于前置性的审批尽可能越少越好，对于事中、事后的监管则需大大强化，这就需要从政府职能设计上把行政审批与市场监管严格分开。

（三）走向法治化是不是市场监管改革的目标选择？

事前审批是政府的行政权力，需要依法界定权力清单；市场监管主要是事后监管，需要依法监管。当前，以行政审批取代监管的矛盾比较突出，有关部门既管审批又管监管，前置性审批过多不仅压抑市场活力，也无法保证事后监管的有效性。这就需要把推进由行政监管为主向法治监管为主转型，作为市场监管体制改革的基本目标，并对整个市场监管体制进行重构。

二、加快推进市场监管由行政为主向法治为主的转变

作为经济转型中的大国，发展市场经济不仅会出现“市场失灵”，还会出现“市场失陷”，这就需要更好地发挥政府作用，把市场监管作为政府的一项重要职能。未来几年，加快行政体制改革、建设有为政府重要的任务之一是推进由行政监管为主向法治监管为主的转变，维护市场秩序，弥补市场失灵。对此，提出以下三点建议：

（一）组建综合性、权威性的市场监管机构

尽管这些年国家出台了不少市场监管的法律法规，但执行效果并不好，一个重要原因就在于审批权与监管权长期不分。近年来，一些地方开始整合市场监管机构，成立了综合性的市场监管局，取得了比较好的效果。建议与大部门体制改革统筹考虑，尽快从国家层面整合监管机构，组建综合性、权威性的市场监管机构。

（二）调整市场监管权力结构，建立决策和执行严格分开的执法监督机构

新组建的综合性市场监管机构，应当作为执行机构依法设定：一是成立国务院市场监管委员会，整合国家工商总局、国家质量监督检验检疫总局等市场监管职能，强化消费市场监管的综合性、统一性、有效性。二是整合商务部、国家发改委、国家工商总局三家的反垄断执法权，建立直属国务院的反垄断局，增强其反行政垄断的监督功能。三是从完善“一行三会”协调机制入手，完善金融监管，从侧重对金融机构本身的监管转变为更加注重对金融行为的监管，逐步由分业监管过渡到混业监管。

（三）强化市场监管的相关立法

一是研究出台综合性的《市场监管法》。确立市场监管机构的法律地位；对市场监管对象违法行为严格制裁，对监管者不当监管进行严格惩处加以规定；严格规范市场监管程序，以法律制约监管权力。二是修改《食品安全法》和《药品管理法》。实行最严格的食品药品安全监管制度，完善食品药品监管体制，加大违法行为惩处力度，对网购食品药品等监管空白地带进行法律规范。三是将反行政垄断纳入《反垄断法》。建议对国有垄断行业、城市公用事业、公共服务领域相关行业的监管内容进行清理、修改，使这些行业监管体现公平竞争。

三、形成政府监管与行业自律、社会监管合力

在现代市场经济条件下，政府监管要面对无数个市场主体，如果仅靠

政府唱“独角戏”，市场监管的有效性很难保证。这就需要赋予行业协会等社会组织相应的法律地位，充分发挥行业协会等社会组织在行业监管、企业自律中的重要作用，形成政府与社会在市场监管中的合力。这里需要重点讨论三个问题：

(一)行业自律、社会监管是不是严重缺失?

当前，消费安全问题频发，不仅反映了政府市场监管职能的缺位，同时也反映了行业自律、行业规范的严重缺失。过去我们说“行有行规，帮有帮规”，主要是指各类商帮在行业自律、约束本行业企业行为、建立市场诚信体系等方面扮演着重要角色。例如，明清时期就出现以晋商、徽商为代表的十大商帮。但是，今天的行业协会、商会等很难在市场诚信体系建设中发挥有效作用。从现实出发，推进由行政监管为主向法治监管为主转型，需要把发展门类齐全的市场中介组织体系作为重大任务。

(二)要不要将更多行业管理职能转交给社会，以强化行业自律、社会监督?

改革开放以来，虽然各行各业形成了数量众多的中介组织，但这些中介组织大多是行政机构的附属物，缺乏应有的独立性，由此使其在维护市场竞争、扩展市场秩序中的作用十分有限。为此建议：与政府简政放权改革相配套，加快推动现有行业协会“政会分开”、去行政化，支持各个行业的民营企业在自愿基础上联合建立各类行业协会，以承接政府更大程度下放的行业管理职能，使其在行业自律、社会监督上有职有权。

(三)如何规范行业组织法人治理结构?

行业组织建立法人治理结构，才能够确保自身健康发展，才能真正肩负起市场监管的重要职责。为此建议：尽快修改相关法律，对行业组织的专业性、独立性、治理框架作出规范，通过建立完善的法人治理结构，使得行业组织有能力承担政府下放后的社会职能，形成自己的社会责任担当。

改革开放三十多年后的今天，由行政监管向法治监管转型，确实到了提出和解决的时候了。把市场监管转型作为政府职能转变的重大任务，才能够确保市场决定资源配置的有效性。

［迟福林，全国政协委员，中国（海南）改革发展研究院院长］

深化政务公开
打造阳光服务政府

申长友

东营市地处山东省北部，是黄河三角洲的中心城市。大江大河入海口三角洲是孕育人类文明的摇篮，是带动区域经济社会发展的龙头。2009 年 11 月，国务院批复了《黄河三角洲高效生态经济区发展规划》，2011 年 1 月，批复了《山东半岛蓝色经济区发展规划》，东营成为唯一纳入黄蓝两大国家规划的城市。我们牢牢抓住实施国家战略的有利机遇，确定了“高境界、高标准、高起点、大作为”的工作总要求和“转方式、调结构、扩总量、增实力、上水平”的目标任务，加快转变经济发展方式，着力调整优化经济结构，全市经济社会保持了持续快速发展的良好势头。创新政府治理，深化行政改革，既是实施黄蓝两个《规划》的明确要求，也是推动东营新一轮发展的根本保障。近年来，我们坚持把深化政务公开作为创新政府治理的重要突破口，不断转变管理职能，改进工作方式，优化工作机制，努力建设“阳光政府、服务政府”，激发了经济社会发展活力。2013 年，东营市实现生产总值 3250 亿元，比上年增长 11.2%；规模以上工业总产值 1.18 万亿元，增长 18%；公共财政预算收入 183.8 亿元，增长 15.8%。2014 年第一季度，全市实现生产总值同比增长 10.1%，规模以上工业总产值增长 15.8%，固定资产投资增长19.7%，公共财政预算收入增长13%，各项主要经济社会发展指标增幅居山东省前列。实践中，我们主要抓了以下四个方面的工作。

一、精简下放审批权限，全面实现公开透明

行政审批作为政府最重要的行政手段之一，直接与基层群众打交道，是政府工作的“窗口”，也是政务公开的主要内容。为此，我们把深化行政审批制度改革与推进政务公开结合起来，统筹规划，突出重点，形成政务公开的综合效应。首先，全面精简下放审批事项。自2000年以来，在市级先后进行了九轮行政审批事项清理规范工作，共取消和调整827项，占原有总数的80%；在县区共取消和调整行政审批事项1796项，占原有总数的60%。按照“能放必放、该放都放”的原则，近六年来共下放21个市级行政审批事项，并确保审批权下放到位。其次，推进行政审批事项公开。依托以市级政务服务中心为龙头、以县级政务服务中心为骨干、以乡镇便民服务中心为支点的三级政务服务体系，将所有依法保留的行政事业性收费项目、收费标准、收费依据向社会公开，接受社会监督，有效促进了政务服务的均等化、规范化和高效化。目前，市服务中心全面公开市级行政审批事项222项、便民服务事项280项，均可实现集中式办理、一站式审批、一条龙服务。

二、促进行政权力公开，打造阳光政务环境

政务公开是创新政府治理的重要方式和手段。深化政务公开，提高政府工作透明度，有利于群众加强对政府行政行为的了解，促进政务服务建设。当前，各级政府、部门单位掌握着大量经济社会发展的信息，这些信息与群众生产生活息息相关。推动政务公开，能够创造一个相对公平的市场环境，便于公民、法人和其他社会组织及时了解掌握情况，做出正确判断，推动经济社会发展。为此，我们从决策制定、权力运行入手，按照公开为原则、不公开为例外的要求，及时准确、全面细致地公开群众关心、关注的政府信息，营造持续健康的政务环境。一是行政决策公开化。把行政决策公开作为政务公开的“龙头”，建立健全了公众参与、专家咨询和政府决策相结合的机制，凡是涉及群众切身利益的重要改革方案、重大政

策措施、重点工程项目，全部公开征求社会各界的意见。强化政府部门主体责任，建立了重大决策预公开制度，广泛听取群众的意见建议。2013年以来，共开展民意调查和意见征集活动23次，有效提高了行政决策的透明度和公众参与度。二是权力运行透明化。坚持以政府信息公开为基础，以行政权力网上运行为抓手，突出财权、物权、事权等重要环节，推动公开透明运行，并进行实时动态监控。全面推行网上审批，按照外网申报—内网审批—外网反馈的模式，2013年完成审批事项2.2万余件，东营市网上审批服务被评为全国政府网站“网上办事”精品栏目。建成了公共资源电子交易系统，将工程招投标、政府采购、土地交易、产权交易等八大类项目全部纳入市级平台公开交易，2013年完成交易额64亿元，节约资金约4.2亿元。三是政务公开规范化。以开展全国县权公开试点工作为抓手，以厘清职权、规范程序、公开决策、全面监督为重点，进一步完善了考核评价、有效监督、保障机制等方面的制度，初步构建起决策科学、执行顺畅、监督有力、统一完善的政务公开体系。

三、强化便民利企公开，提升政务服务水平

政府治理的最终目的是为民服务。创新政府治理，深化政务公开，就是既要让群众知道政府提供的公共服务，也要让政府能够及时回应群众需求。近年来，我们牢固树立为民服务理念，以便民利企为目标，扩大公开范围和内容，创新服务形式和途径，提供更为高效优质的公共服务，建设服务型政府。一是便民服务事项公开。针对便民服务事项面广量大、办理地点分散等问题，2013年梳理编制了全省首个《市级便民服务事项目录》，通过政务服务中心、政府网站等载体向社会公开；注重服务公开向基层延伸，健全乡镇便民服务中心和农村社区服务站，方便群众办事。2014年将进一步梳理有关政策，编制集疑难解答、办事指导、民生服务于一体的《民生大词典》，适时向社会公开。二是涉企收费项目公开。按照打造良好营商环境的要求，在抓好行政审批等涉企服务的基础上，集中精力规范涉企行政事业性收费行为，全力为企业发展搞好服务。2014年1月份，市政府公布了《涉企行政事业性收费确界清单》，将涉企收费部门、收费

事项、收费标准等内容逐一理清，科学设置。凡是清单未公布的一律不得收费，着力减轻企业负担，打造国内一流的营商环境。三是群众关注问题公开。围绕解决“群众想公开的内容没有公开”“公开的内容群众不感兴趣”的问题，整合政府部门热线资源，建立了统一的“阳光东营 12345”便民服务热线，并实行了政务公开点题制度，在重点部门和服务窗口设立点题公开示范点，及时将食品药品安全、保障房分配、医疗服务、社会保障、惠农政策、安全环保等热点问题公之于众，充分保障群众的知情权、参与权和监督权。针对社会关注的机动车挂牌问题，交警部门在全省率先实行车牌号码全部在互联网公开，市民可以随时随地自由选号，社会反响非常好。

四、探索完善工作机制，提高政务公开成效

政务公开是一个互动过程，必须以有效的监督作保证。我们一方面推动政府行政过程公开化、透明化、规范化，另一方面要求各级政府和部门公开接受群众反馈信息，确保把外部监督和内部监督结合起来，形成政府与群众之间多方面、全方位的互为约束。一是以服务承诺促公开。针对群众关注的机关效能问题，2013 年组织了 36 个部门单位主要领导在新闻媒体做出公开承诺，并对重点承诺事项实行台账式管理，促进各级各部门把及时、主动、动态公开作为常态工作，提高了公开的效率和质量。二是以动态评价促公开。充分发挥电子监察系统动态监督的作用，结合开展窗口单位群众满意度即时评价、部门服务在线测评、中层科室效能评议等活动，运用网上评议、在线监测、公众测评等多种方式，征求群众对政务公开工作的意见建议，每月形成监测评估报告，及时纠正问题。比如，针对群众关注的大气环境质量问题，2013 年环保部门建立了周通报制度，通过报纸、网站等平台，及时向社会公布环境空气质量情况。三是以检查问责促公开。把政务公开列为综合考核的重要内容，细化考核指标，增加考核刚性。对落实政务公开工作不力的进行诫勉谈话，限期整改；对“暗箱操作”、损害群众合法权益的严格责任追究。

（申长友：山东省东营市市长）

以行政体制改革促进新型城镇化发展

张占斌

2013年底中央召开城镇化工作会议，专门研究城镇化发展中的一些重点、难点以及方向性问题。2014年两会以后，国家颁布了城镇化发展规划，应当说城镇化已经成为我国经济社会发展中的一个重大历史性任务。促进城镇化健康发展能扩大内需，还能推动中国经济持续发展，它和国家的深刻变革连在一起。认真研究体制机制的创新，对于促进城镇化健康发展意义非常重大。

一、新型城镇化对行政体制改革提出新要求

（一）新型城镇化是什么？有怎样的内涵？

第一，新型城镇化是坚持以人为本，体现公平共享、包容发展的城镇化。第二，新型城镇化是坚持四化同步，体现产业支撑、就业优先的城镇化。四化同步是指工业化、信息化、城镇化和农业现代化同步发展。第三，新型城镇化是坚持城乡互动，体现以城带乡、工农互惠的城镇化。城镇化不是要消灭乡村，而是通过城镇化的发展，更好地促进城乡统筹和城

乡一体化发展。第四，新型城镇化是坚持科学布局，体现因地制宜、协调有序的城镇化。科学布局以城市群为主体形态，大中小城市和小城镇协调发展。第五，新型城镇化是坚持绿色低碳，体现承载力强、和谐宜居的城镇化。把生态文明的理念、原则和城镇化捆到一起，让城镇化的骨子里流着生态文明的血。第六，新型城镇化是坚持传承文化，体现历史文脉、民族特色的城镇化。第七，新型城镇化是坚持体制创新，体现两手结合、改革配套的城镇化。新型城镇化之所以能够新，或者将来能够新的重要原因是坚持改革，坚持体制创新，体现政府与市场的结合。

（二）新型城镇化需要改革来推进

这是因为有关城镇化发展的“人”“地”“钱”等方面，个个关乎体制机制深层问题，积弊已久，盘根错节。解决这些问题，既要加强顶层设计，发挥制度的整体力量，又要注意用摸着石头过河的办法，激发基层实践热情。习近平总书记在武汉主持召开部分省市负责人座谈会时指出，必须以更大的政治勇气和智慧，不失时机地深化重要领域改革，攻克体制机制上的顽疾痼疾，突破利益固化的藩篱，进一步解放和发展社会生产力，进一步激发和凝聚社会创造力。

（三）新型城镇化的发展就是要直面问题、攻坚克难

按照中央要求，对一些一时难以达成共识的问题，要先行先试，积累经验。试点重点在农业转移人口市民化成本分担机制、多元化可持续的城镇化投融资机制、降低行政成本的设市模式、改革完善农村宅基地制度等方面进行探索。“土地财政”不可持续，已是社会各界的普遍共识，但关键问题是撤了“土地财政”这条来钱的道，就要设计好城市发展资金来源，改革就是要通过探索建立城镇化投融资机制，打通新渠道。土地改革敏感复杂，宅基地改革最有希望得到突破。要探索宅基地市场交易主体、交易方式和交易范围，建立较为完备的市场退出机制，这对于推进新型城镇化意义重大。

二、新型城镇化农业转移人口成本分担至关重要

当前市民化成本分担主体不明、责任不清，这是“半市民化”城镇化的一个重要原因，改革就是要通过建立市民化成本分担机制来破解难题。农业转移人口市民化成本涉及基础设施建设、公共服务供给、社会福利保障等多个方面，包括政府需要承担的公共成本，也包括企业、个人需要承担的市场成本。改革就是要分担好各级政府、企业和个人所承担的份额，为农业转移人口融入城镇创造条件。

在现行财政体制下，地方政府无力或不愿承担农业转移人口市民化的成本支出，这与税制有关，与中央政府对地方政府的转移支付以户籍人口为基数有关，也与尚未建立专门针对农业转移人口的支付政策有关。从一些信息来看，这次财税改革有这方面的设计。

农业转移人口成本分担要处理好两个关系：一是处理好中央和地方分担的关系。为了加快农业转移人口市民化，要合理调整中央与地方政府在农业转移人口市民化中的支出责任。中央政府要承担社会保险、教育医疗、住房保障等基本公共服务需求部分。根据农业转移人口的跨区性流动，调整中央和地方政府的分担责任，中央政府重点解决跨省流动农业转移人口市民化的成本，地方政府重点解决省内流动农业转移人口的市民化成本。二是处理好输入地与输出地分担的关系。现在跨省流动的农业转移人口已占农业转移人口的一半，发达地区是重要的输入地。尽管农业转移人口为输入地做出了重要贡献，但他们不能在输入地享受到应有的公共服务，这些服务仍然由输出地政府承担，实际上形成了经济发展水平低的地区补贴发展水平高的地区。改革就是要建立输入地对输出地的利益补偿问题。

市民化个人成本假如单纯让个人承担，他们负担不起，可以考虑把农业转移人口市民化与农村土地制度改革结合起来。中央多次讲要赋予农民更多的财产权，农民有承包地、宅基地等资源，能不能把这些资源中的一部分变成资本，让农民带着资本进城？这样一切问题都会得到解决。农民将一部分资源变为资本，不会引发社会问题，也不影响农村基本经济制度。从改革的趋势来看，中央要承担农业转移人口的基本公共服务支

出，要建立与农业转移人口市民化相挂钩的财政转移支付制度，省区吸纳的人口越多，得到中央转移支付也就越多。

三、新型城镇化要处理好市场和政府的关系

当前，政府与市场的关系实际上就是政府改革问题，政府怎么适应市场、怎么简政放权。城镇化是国家发展的要求，更是现代化的要求，涉及经济、社会等多个领域，是一个综合体，必须把市场的“无形之手”用够，把政府的“有形之手”用好，发挥各自优势。

推进新型城镇化，要注意处理好市场和政府的关系。坚持使市场在资源配置中起决定性作用，又要更好发挥政府在创造新环境、编制发展规划、建设基础设施、提供公共服务、加强社会治理等方面的职能。使市场在资源配置中起决定性作用和更好发挥政府作用，就是该交给市场的一定要放给市场，该管好的政府一定要管好。市场在资源配置中起决定性作用，并不意味着什么都由市场来做。城镇化发展不能完全由市场来决定，有一部分应该是由政府来规划。发达的市场经济国家，城市规划也是由政府来主导，我国出台《国家新型城镇化发展规划》很有必要。我国的城镇化是在人口多、资源相对短缺、生态环境比较脆弱、城乡区域发展不平衡的背景下推进的，这就决定了市场的作用、政府的作用都要发挥好，走出一条以人为本、四化同步、优化布局、生态文明、文化传承的新路。

目前在一些方面，政府的手伸得还是过长，市场决定性作用发挥不够。例如城市基础设施建设存在很大的资金缺口，但由于政府在准入上限制过多，大量民间资金进不来。近两年，中央和地方政府取消下放了很多行政审批事项，起到了作用，但对市场激励作用还是不够，还要继续下放，把市场可以办好的事情交给市场，把社会能够承担的事情交给社会。新型城镇化一定要把市场在资源配置中的决定性作用发挥出来，只有这样，城镇化才会有更多资源支撑，才更具活力。

四、新型城镇化需要相应的行政区划改革

中国的行政区划自新中国成立以来有过一些调整，但是没有特别重

大的调整。虽然市场经济在发展中逐渐完善，中间有很多好的东西，但也有一些东西可能不适应生产力发展的需要，不适应区域经济和市场经济发展的需要，从某种意义上讲，也不适应于新型城镇化的发展需要。所以，怎么能够稳妥地推进行政区划改革，可能对解放和发展生产力意义重大。

（一）建立城市群协调发展和管理的体制机制

在推进新型城镇化过程中，要强调以城市群为主体形态，带动全国经济发展，使城市群成为我国经济的引擎。比如京津冀城市群、长三角城市群、珠三角城市群等。2014 年 2 月，习近平总书记专门听取了京津冀三地的汇报，对京津冀在引领中国经济发展、社会管理创新等方面寄予了厚望，但同时也提出了批评，说不要只顾眼前自家的“一亩三分地”，要有协同发展的思想。2014 年 4 月，李克强总理在重庆召开长江经济十一省市座谈会，也强调要把长江经济带打造成黄金水道，实际上从另一个角度强调了跨区域的体制管理创新问题。

（二）依法调整行政区划，适当划小省域幅度，增设直辖市

实行合理布局，加快省域内的区域中心城市形成。对中西部和东北地区条件较好的地方，要加快培育新的城市群，新的城市群希望将来是能和京津冀、长三角、珠三角一样量级的城市群。推进省直管县改革，逐步减少和优化行政层级。为了适应新型城镇化的发展，未来还有几亿农民要进城成为市民，光靠现有的 600 多个城市，不足以完成这样重大的历史使命。所以，应该实施设市改革，对具备行政区划调整条件的县可有序改市，有条件的县城和重点镇以及重要边境口岸，逐步发展成为中小城市。行政区划调整得好也能解放生产力，推动新型城镇化的顺利发展。

新型城镇化对中国社会的变革影响巨大，需要方方面面的改革，行政体制改革、行政区划改革显得非常迫切。

（张占斌：国家行政学院经济学教研部主任，中国行政体制改革研究会副秘书长）

关于资格资质去行政化改革的一些思考

沈海滨

尊敬的各位领导，各位专家：

非常荣幸参加中国行政改革论坛，与各位领导、各位专家零距离交流，共同探讨改革发展大计。昨天，有幸聆听了与会领导和专家的真知灼见，深受启发，受益匪浅。下面，我结合基层工作实践，向大家汇报一下改革心得，不到之处请批评指正。

我来自江苏宿迁，大家对宿迁可能并不陌生。它是一座历史悠久的魅力之城、绿色宜居的生态之城、朝气蓬勃的活力之城，同时，还是一座以改革起家、以改革扬名的城市，改革创新贯穿了宿迁发展的每一个阶段，成为宿迁历久弥新的优良传统。无论是“沂涛新歌”，还是“春到上塘”“耿车模式”，都在江苏乃至中国改革史上写下了浓墨重彩的一笔。十八届三中全会后，市委、市政府围绕中央和江苏省委部署，在2014年初以一号文件下发了《关于近两年深化改革的若干要点》，从加速市场主体培育改革、坚持资源要素配置改革、深化行政管理制度改革、推进城乡一体改革、探索实施农村领域改革、加强社会领域改革、深入推进党建改革等七大类三十个方面入手，对当前和今后一个时期的改革作出总体部署。特别是在行政管理制度改革实践中，我们按照市场化导向，坚持“减权、去利、公开、制衡”原则，围绕行政审批制度改革、资格资质去行政化、非行政许可审批事项清理“三步走”改革思路，重点推进政务服务体系、资格资质去行政化、中介机构培育、社会组织建设、检验检测机构整合、政府购买服务、资源要素价格改革、社会信用体系建设等方面改革，并将各项改革上升到制度层面，构建改革闭环，形成“步步推进、环环相扣”的改革链条，把属于市场主导的事项全部交给市场，让政府回归制定规则、过程监管和公共服务的本位，形成更加开放的发展环境，更好更快地激发市场活力，释放改革持久红利。

目前，宿迁“三步走”改革已经迈向了“第二步”，即资格资质去行政化改革。所谓“资格资质去行政化”，就是除少数涉及公共安全、国计民生等必须由政府掌握的特殊职业、行业外，其他资格资质认证一律与行政脱离，放给社会组织和市场主体，实现评价主体、评价标准、评价形式和评价结果的全面社会化；即便是政府保留的资格资质事项，也以市场化为导向，通过政府购买服务的方式，推进相应资格资质的培训和考试。在上级和各界的关心支持下，宿迁的资格资质去行政化改革已经取得了初步成效，如市内资格资质项目相关培训100%下放给社会培训机构，与世界知名考试鉴定机构ATA合作，委托其承办约300项资格资质类事项理论考试鉴定任务，等等。尽管总体进展较为顺利，但推进过程的诸多困惑、不解甚至无奈，让我们感慨颇多。先给各位领导、各位专家讲几个例子。

1. 卖陕西面皮还需要政府来培训发证？陕西面皮在座的可能有人吃过，相信大家在吃的时候，肯定没人关注过，为您制作面皮的师傅也许会有政府颁发的资格证书。大家可能会奇怪，制作面皮也需要拿证书？按照规定确是这样。在原劳社部颁布的专项职业能力考核规范名录中，“陕西面皮制作专项职业能力考核规范”赫然在册，应考者只有在经过考试，拿到“陕西面皮专项职业能力证书”后，才具有卖陕西面皮的资格。从这件事看，连陕西面皮从业能力也需要政府认证，政府是不是管得太多了呢？

2. 办一个二级资质木工作业分包公司到底有多难？比如一个木工

联合几个工友，想开办一家二级资质的木工作业分包企业，按照目前流程，企业注册资本金、购买要求的木工机具、满足技工等级要求的考试培训费用、考试误工费及交通费等合计最低也要 12.7 万元，相当于一个高级木工两年多的工资。时间花费方面，在几个木工全部符合从事本工种的年限条件要求，并且一次性通过报名考试的理想情况下，需要一年时间才能拿到相应资历证明(每年只组织一次考试)，如果加上部门审核时间，总计最低需要一年零二十五天，才能顺利成立二级资质的木工作业分包公司。这类资格资质类事项认证程序复杂、收费繁多、效率低下，极大地增加了创业的资金压力、消耗了太多的时间成本，社会主体创业的积极性自然也被抑制了。

3. “挂证族”的出现反映出创业者有哪些无奈？“挂证族”大家都比较熟悉，就是通过“出租”个人职业资格证，获取丰厚的证书挂靠费用。上面讲到，想要办一个二级资质木工作业分包公司，按部就班地来最低需要一年零二十五天，一般来说两三年都很正常，对于任何一个创业者来说，这个周期显然太长，只能退而求其次，选择有相关资格证书的人挂靠在公司名下，解决资格资质的门槛问题。通常一个证书每年的挂靠费用要数万，高的甚至能有十几万，而成立一个公司需要证书的数量通常都在五个以上，对于一个创业者来说，是一笔不小的创业成本。创业者的无奈是一面镜子，照出了“政府之手”在管控微观方面的滞后、笨拙与扭曲。

也许有人会问，上述例子是个案吗？答案显然不是。目前，我国共有 90 个就业准入制度、38 个专项职业能力考核项目，从车钳刨铣磨到西安肉夹馍等，相关从业者都必须通过培训、考试获取职业资格证书后，才可就业上岗；14 大项、100 多子类行业几乎全部都需要有相应的资质证书才能入行开办企业，而不同资质的企业需要的职业资格条件又是五花八门，所需的资格资质认证事项呈几何倍数增长，数不胜数。从我们宿迁来看，前段时间，我们对全市资格资质类项目进行了系统梳理，发现仅市区运行的资格资质类项目就有 569 项，涉及 43 个部门、61 家行业组织，很多资格资质认证制度都是 20 世纪 90 年代中后期建立的，二十多年基本没有发生大变化，与时代发展脱轨，与市场需求脱节，可谓弊端丛生。表现在：

1. 认证环节流程烦琐耗时。大部分资格资质类认证要经过报名、资格初审、复审、交费、培训、考试、鉴定、发证、年审年检等诸多环节，每个环节内部又套着许多细碎的流程。在材料审核上，很多权限在省一级甚至是部一级，需要通过县、市、省三级层层把关；在收费标准上，多数资格资质类项目收费标准由部门自行确定，60～100 元/人不等，并没有到有关部门备案，导致收费标准不规范、使用情况不透明；在证书发放上，按照经办流程，由部、省、县三级层层转手，不仅消耗了相对人大量的时间财力，又对政府机构的膨胀起到了催化作用。

2. 评价机制缺乏科学性。政府部门不具备行业组织对市场的敏感度和专业性，只是沿用计划经济时代的做法，将资格资质项目的考试鉴定内容固化，很多项目的考试鉴定与实际需求脱节，培养的人才缺乏适用性、实用性，出现了培训出来的人才没有市场、市场需求的人才无法满足的结构性矛盾，导致资格资质培训在促进经济发展、推动转型升级方面的作用日益被边缘化。

3. 容易产生权力寻租。从报名、考试到发证，基本上都是由政府行政部门大包大揽，既是教练员也是裁判员。很多部门和单位将资格资质事项当成获取利益的权力筹码，自立收费名目和标准，有的还借机搭售书本，开展价格高昂的所谓内部培训，从中捞取不正当的利益和好处。

4. 束缚了社会主体活力。政府在资格资质类事项认证中扮演了主角，设置了诸多行政壁垒和管控事项，尽管有些认证事项政府长期没有行权，看似没有干预，但事实上已经划定了禁区，市场和社会组织也不能行权，活力无法得到自由发挥。同时，由于政府主导的资格资质事项缺少市场化的导向，针对性不强，与市场主体需求匹配度不高，影响了社会主体的创业积极性。

十八届三中全会要求各地经济实现转型升级，让市场在资源配置中起决定性作用。中央为此出台了许多正向激励政策支持市场经济和企业转型发展，但至少从目前来看，转型的效果并未充分显现，究其根源就在于社会主体的活力没有得到真正增强。打个比方讲，一个人长期戴着手铐脚镣，让他跑一万米，给他喝再多的甲鱼汤都无济于事，这个时候最需要的是把他的手铐和脚镣给拿掉，让他轻装上阵，否则甲鱼汤喝多了，反而容易得高血糖、高血脂。同样道理，我们在经济发展和转型上做的"加法"已经够多了，出台了诸多激励甚至刺激政策，但现在当务之急不是制定和出台政策，而是应想尽办法打破一切束缚社会主体活力的锁链和桎梏，对不合时宜的制度进行系统化清理、去行政化改革，才能从根本上激发社会主体的活力。政府认证的资格资质类事项就是典型例子，长期由政府管控和认证资格资质事项，不仅影响了相关行业组织和社会机构的培育与发展，更抑制了社会主体创业的冲动和积极性，让他们望而却步。

对于资格资质去行政化改革，也许一些政府部门会顾忌，担心这些事项放权于市场和社会，他们是否具有相应的承接能力和驾驭水平。这种担心实际上是一个伪命题。资格资质事项认证处于社会治理的末梢，本来就属于市场和社会的权力，完全可以通过市场优胜劣汰的规则来调节，政府的职责是宏观调控和监管，而不是把关注点聚焦在社会微观事务上。还是举刚才那个例子，陕西面皮多宽多厚为宜、谁的厨艺更高要由市场来认定，政府根本不应担心从事陕西面皮制作人员的能力，而是应该关注行业本身的公共卫生状况，这才是政府的职权范围。通俗地讲，就是政府现在有些该担心的事没做好，不该担心的事却操了心。说到底就是没有从根本上厘清政府与市场的边界，服务型政府不是意味着所有公共服务必须由政府自己来提供，即使在公共部门领域，政府和其他行动体之间也应当有个边界。其一，政府权力从本质上讲是一种宏观性服务，而不是事无巨细的管控。把社会本身可以做的事情由政府揽来做，无论做得好坏，社会都会有意见。资格资质认证事项本来就属于市场调节的范围，而不是政府的施政领域，应该把属于市场主导的事项全部还权于社会。其二，行政是一种主观力量，更多还是依靠社会智慧推动发展，由政府认证资格资质类事项，抑制了社会主体发育，让他们"步步难行"，失去了原有本色。现在社会主体承接资格质资认证确实有困难，但是这种困难是由于政府长期管控造成的，而不是社会主体本身的责任。其三，有人一讲秩序就是政府，恰恰政府伸手的时候往往是在破坏秩序。资格资质类事项认证规则完全可以由市场建立，形成自发的优胜劣汰秩序，在市场交易者之间形成对规则的共同认可。其四，还权不是意味着放弃责任，与西方国家治理模式不同，市场出现的种种问题，根源并不在于市场，而是政府监管不到位所致。十八届三中全会指出让市场在资源配置中起决定性作用、更好发挥政府作用，从来没有讲过放了以后政府就不管了，放了以后意味着政府责任更重了，重在事中和事后监管。

在这样的背景下，为了充分理顺政府与市场的关系，我们率先启动了资格资质去行政化改革，主要是以“减权、去利、市场化”为核心，以放开培训、考试、发证为突破口，以培育壮大社会组织为关键，以理顺政府部门与社会组织关系、打造政社协同治理新格局为目标，通过委托、授权等方式，逐步将资格资质培训、考试认证权力和职能从政府部门剥离出来，精简政府职能，还权于市场，激发市场活力。在推进过程中，我们主要把握了四条原则：一是市场化原则。把行政部门和行业部门负责的相关培训、发证、鉴定事务，能够下放的全部下放给市场，实现培训主体、评价标准和评价结果的全面社会化，激发市场主体的积极性、主动性。二是去利化原则。对于政府保留的项目，行业主管部门不得附加不当取利和收费；对于下放给社会组织实施的项目，行业主管部门在履行监管职能时不得与利益挂钩。三是集约化原则。将培训、考试、发证等事务集中放在一个区域组织，培训考试信息发布、成绩查询等一个平台发布，培训考试基础设施共管共用，实现资源利用最优化、最大化。四是产业化原则。在更高层面上谋划资格资质去行政化改革，推动考试、培训、职业教育和就业市场“四位一体”发展，做大做强教育培训产业。

在具体推进步骤上，我们实行三步走：第一步，放开培训。成立考试鉴定中心，整合资格资质类事项进驻中心，逐步将资格资质类项目的教育培训工作交由社会组织实施，实现教育培训工作的市场化运作。第二步，放开考试。按照“放开最大化、运作市场化、操作规范化”的原则，将能交给市场主体实施的考试事项全都下放，实现考试环节的市场化运作。第三步，放开发证。按照“委托过渡、积极对接、行业自主、逐步放开”的原则，除政府必须保留的事项外，将试卷制作、制证发证环节全部下放给社会组织实施，真正实现资格资质培训、考试、发证的全程市场化。计划到

2016 年实现“123”目标。“1”即一个下放：除涉及公共安全、社会稳定的项目外，其他所有项目分批下放到位。“2”即两个突破：培育具有较强竞争力和影响力的本土行业组织突破 25 个，招引国际国内知名培训机构突破 5 个。“3”即三个翻番：实现市场主体数量倍增，培育行业组织达到 100 个，通过行业组织向社会发证 15 万人，组织 40 万人考试鉴定，数量均在改革之前的基础上翻两番，建成全国首家资格资质去行政化改革示范基地。

资格资质去行政化改革是一项新生事物，其具体的实现路径和措施，目前都在探索和研究之中，其中有两个问题我们高度重视，并正在重点突破：一是关于承接主体。资格资质去行政化剥离出的大量政府职能需要社会组织承接，为此，我们专门出台了《加快推进社会组织培育发展的意见》，突破“一业一会”“一地一会”限制，允许同一行业按产业链各个环节、经营方式和服务类型设立行业协会商会，允许成立跨区域性行业协会商会，允许吸纳非本地籍会员加入本地社会团体，提高其“接盘”资格资质培训事项的能力。二是关于监管。有的同志可能会有顾虑，担心放了以后会失控，甚至造成损失。这种顾虑和担心不无道理。任何组织和个人只要拥有权力，就有可能出现问题。资格资质类事项认证放给社会组织，我们不是一放了之，而是更好地发挥政府的监管作用，明确“裁判员”和“运动员”的具体职责，如引入第三方评估机构，对评估等级低的社会组织列入政府“负面名单”；建立社会组织诚信数据库，将诚信记录作为对社会组织和从业人员等级评估的重要指标；探索建立社会组织公共服务信息公开制度，定期公布社会组织的登记、年检、评估、执法信息等，真正把政府监管贯穿于社会组织运行体系全过程。

当前，宿迁在资格资质去行政化改革上作了一些探索，但在推进过程中也遇到一些自身难以解决的问题，主要是现行政府认证的资格资质事项中，有 70%以上都属于省以上的权力，基层很难突破；国家职业标准已十五年没有修改修订，职业标准与生产生活实际脱钩，很难适应形势发展要求等，需要上级给予更多的关心和支持。在此，提四点建议。

1. 从国家层面对资格资质去行政化改革进行系统规划和设计。建议由中央经济体制和生态文明体制改革专项小组牵头，对资格资质事项整体的改革路径、改革方向等进行总体设计、统筹协调、整体推进，从国家层面对资格资质类认证事项进行清理，取消部门相应职权，使市场和社会充分承担，而不是把资格资质事项认证职权下放给下级政府或部门，通过对改革流程的系统规划和具体设计，形成一套自上而下的行动路线图，为基层的资格资质去行政化改革指明方向。

2. 建立资格资质职业标准动态管理机制。推进政府在职业标准制定中转变身份角色，将标准制定的具体权限还给市场和行业组织，政府把精力投放到对职业标准制定过程的指导和监督上。

3. 为基层改革顺利推进创造充分条件。从击破思想观念障碍和利益固化藩篱入手，革除一切阻碍资格资质去行政化改革的体制机制障碍，打碎基层改革的各种枷锁，加快形成一个有利于基层改革和创新的制度环境。对资格资质去行政化改革可以选择合适的城市进行试点，比如可以利用宿迁区域协调发展综合改革试点市平台，以及宿迁先期启动资格资质去行政化改革这一有利条件，将更多的资格资质类事项培训、考试和发证事项放到宿迁先行先试，为全国面上改革先行试点突破，积累更多经验。

4. 引导和培育行业组织发展壮大。对新时期行业组织的功能应重新定义、重新组织，通过法律法规的形式规范行业组织的组织及活动，保护其权益，确认其地位、性质和职能，为行业组织的健康快速发展创造良好的法制环境。

改革有困难，不改革会更困难。宿迁推行的各项改革，既需要自身努力加以突破和解决，也需要方方面面的理解和支持。恳请各位领导、各位专家多多帮助出谋划策、把脉问诊，支持我们把各项工作做得更好。

（沈海滨：江苏省宿迁市副市长）

佛山案例：条块关系与宏观调控再认识

肖　耿

在党的十八届三中全会召开前一年，经纶国际经济研究院与国家发改委学术委员会办公室发起了中国城市案例研究项目，希望通过解剖一个城市来搞清楚政府与市场的关系，对中国经济及治理体系有一个客观、全面、深入的了解。这项研究有很多发现，改变了我们以往对中国经济的理解与看法。

过去三十五年佛山经济增长的案例，就是政府转变角色促使市场形成的历史。市场和政府实际上是硬币的两面，而产权制度是将这两面连接的关键。政府质量决定了产权制度质量，产权制度质量又决定了市场质量。产权制度有三个基本要素：第一个要素是界定权利与责任。责任和权利都不清楚，谈什么产权与法治？第二个要素是用来交换这些财产权利的市场平台，相对比较容易建立。第三个要素是产权纠纷的解决机制。纠纷解决机制如果不好的话，老百姓不服，社会就不稳定。西方普通法体系有陪审团制度，实际上就是最后让老百姓信服。陪审团不是专家，但是他们听法官和律师讲完案例及相关法律后，会由陪审团来决定如何判决，这就很容易让一般老百姓对判决服气。这三个产权制度的基本要素，就是市场背后的制度基础设施，是中国发展市场经济必须建立的软件。

政府和市场都有两个选择：一个是好的，一个是不好的。政府可以选择寻租、不作为，也可以选择构建市场，降低交易成本。市场也有两个选择：提高效率或者是投机套利。这样就出现了四个政府与市场互动的可能结果：(1)如果政府与市场都在做好事，就是可持续发展；(2)如果政府与市场都不作为，就是危机及崩溃；(3)如果市场在做好事，但政府却寻租及不作为，就是政府失灵；(4)如果政府做好事，但市场里有人做坏事，就是市场失灵。

我们对佛山做了深入调研后，有很多吃惊地发现。首先，佛山的业绩表现极其惊人，过去三十五年佛山人均 GDP 一直走在中国前列。中国有 16 个大城市已经进入世界银行界定的高收入经济体，佛山就是其中之一。按照人口来排，在这 16 个城市里佛山有 700 万人口，排第 11 位，不算特别突出；按照劳动生产率及效率来排，佛山人均 GDP 排位提升到第 9 位，2012 年人均 GDP 达到约 15000 美元，相当于香港人均 GDP 的 40%，超过北京和上海。

总结佛山增长发展的主要经验，基本上都可以在全国各地复制，包括民营经济、内需拉动、嵌入全球供应链、吸引农民工、地方政府权力下沉等。但是佛山的地理位置、历史、文化却没有办法复制，地理位置的重要性在市场发挥配置资源的决定性作用后会越来越明显。这就是为什么有的地方会出现鬼城，但是有些地方包括像上海、北京、深圳这样的地区，在多年的高速增长以后，房地产价格及市场容量还在继续上行的重要原因。

佛山是中小企业之都，基本上没有国有企业，一半以上都是外来人口。佛山有 30 多个镇，这些镇非常专业和有效率，并与全球供应链相连。佛山至今没有中央商务区(CBD)，这对服务业的发展有负面影响。佛山各区和各镇之间的竞争非常激烈，南海和顺德由于竞争而出现不同的发展与营商模式。佛山市财政少于南海区和顺德区，有些镇超过区的财政，地方财政实力下沉到基层。佛山的个人财富增长也非常快。我们曾经问市长，佛山增长有什么秘密？回答是：没有。除了较好的地理位置，佛山既不是省会城市，也不是特区，更没有丰富的自然资源，是靠竞争把人才、资金和项目吸引过来。

从佛山案例看，中国经济增长模式很重要的一个手段是"块块"之间的竞争。竞争有好的方面，也有坏的方面，在游戏规则不是很好的情况下，竞争会造成很大的副作用。成功的城市各有成功特色，可是问题却惊人地相似，包括地方政府债务高、中小企业贷款难、环境污染严重，这些问题实际上是恶性竞争造成的。这些问题不只是地方"块块"的问题，必须通过"条条"监管标准的制定及执行，改善竞争方式，从恶性竞争转为良性竞争。所以，改善中国的条块结构，实际上是非常重要的改革挑战。

来自佛山的三个数据很值得深思：第一个数据是有关房地产价格。佛山的劳动生产率达到香港的40%（以人均GDP为标准），但是房价大概是香港的四分之一。第二个数据是固定资产投资占GDP的比例。佛山过去十年一直维持在30%左右，但全国2012年达到了70%，2013年达到了78%。第三个数字是2011年各类贷款占GDP的比例。佛山是85%，而全国平均是121%，上海达184%，杭州达210%，北京达221%。中国16个高收入城市中，佛山获得信贷的数量最低。佛山80%的工业产出和就业靠中小企业，而中小企业拿不到贷款是很普遍的现象。与传统流行的中国信贷膨胀过度、地方债务过度、房地产泡沫严重的形势判断不同，来自佛山的数据告诉我们，佛山实际上正在经历典型的金融压抑，而过度的金融压抑有可能摧毁佛山强有力的市场竞争力。

佛山中小企业的贷款利率基本上是在20%，也就是中国影子银行的利率，而一般的正规银行贷款利率是在7%～8%。巨大的资金成本差异造成了巨大的资本市场扭曲和无效，结果是国有企业的负债率不断提高，因为它们拿的贷款很便宜，而中小企业因为贷款成本太高，它们的负债率急剧下降。"块块"之间的竞争，导致一些恶性竞争后果，如信贷膨胀太快，需要宏观调控来解决。但是，宏观调控与微观现实又有一些矛盾：如果采取宽松的货币政策，低效的投资者就会过度投资；如果是宏观紧缩，中小企业立刻受到影响。如果像佛山这样非常有效率的城市在紧缩环境下都没有出路，不可避免地就会倒逼中央"条条"重新放松信贷。这样的循环在我国已经经历了很多次。

有没有办法走出这种宏观调控的恶性循环呢？2012年我专门写文章提出，需要降低银行准备金率，能够使民营企业、中小企业得到足够的流动性，但是同时必须提高存款利率和正规银行的贷款利率，因为中国的银行体系基本上是农民工存钱、退休工人存钱，然后借给国有企业及买了很多房子的富人，结果是极不公平的，造成的潜在社会及经济矛盾非常深刻。存款需要加息，目的是为中小企业贷款降息（从高利贷降到正常市场利率），这就要求在提高存款利率的同时，提供更多的流动性和有效的信贷给有效率的中小民营企业。需要改变利率双轨（国有企业与民营企业不同轨）的现实，实现利率并轨后真正与风险对称的利率结构。可惜我的这个建议在学术界及决策圈一直有争议，我个人认为主要有两个障碍及误区。

一个是理论与观念上的障碍，主要与资产价格结构性重估有关。所有高速增长的新兴市场经济体都有一个特点，就是它们的不动产会升值。在中国的高效率、高收入、高增长城市，五年前一套房子价值100万元，现在可能价值300万元甚至500万元，在贷款的时候，同样一套房子，现在所需贷款规模将是过去的3～5倍，如果货币供应不能提供相应的高速增长的话，就会对这些先锋城市经济造成一个非常负面的金融压抑影响。这些先锋城市的不动产升值有效率及发展潜力支持，因为它们在市场环境下有可能吸引人才、资金及项目，它们可以承受较高的资金成本，但却无法承受严厉的金融压抑及高利贷。相反，如果利率非常低，资金成本低，很多三线及四线城市，特别是偏远的地理位置不好的城市会拼命发展房地产，因为它们的土地便宜，资金也便宜。问题是房子盖出来之后没有人去买，因为市场更重视的是地理位置，而不是房子的大小与其中的砖瓦。所以，尊重市场就是尊重各地区地理、历史、文化的差异等许多无法通过政府行为来改变的现实。尊重市场就不能人为阻止发达地区房价上涨及落后地区房价下跌，也不能人为地对国有企业及落后地区提供低息贷款，而对发达地区实行金融压抑。

另一个障碍与误区是金融市场开放及全球化的风险与制约。西方经济体目前正处在一个金融危机后不正常的零利率状态，而零利率对中国这样一个高速增长的新兴市场完全不适合。中国央行不敢提高存款利率，因为担心高利率会吸引海外热钱流入。我国金融市场在跟国际接轨的时候，必须注意不能引进国际金融市场目前严重的价格扭曲，需要考虑建立中国金融的万里长城，阻挡西方零利率对中国金融市场的不良影响。对中国这样一个实体经济高速增长、不动产理性重估持续发生的经济体，实行目前国际流行的“病态”零利率政策，必定会导致中国境内资本市场的混乱与扭曲，并为中国未来的金融危机埋下种子 。

［肖耿：经纶国际经济研究院（香港）副总裁］

（二）创新行政管理方式　提升政府治理能力

市场监管制度改革：两个轮子都要圆

杨艺文

目前，以简政放权为导向的工商登记制度改革已经在全国范围内逐步推进，而工商登记制度改革作为行政体制改革“多米诺骨牌效应”的第一张牌，不仅会撬动和倒逼整个市场准入制度的改革，而且还会带来后续市场监管模式转变和监管格局调整。因此，如何把“放”和“管”这两个轮子同时做圆，把该放的权力放开放到位，把该管的事务管住管好，统筹推进市场准入和市场监管制度改革，对整个行政管理体制改革来讲具有重要意义。

一、工商登记制度改革不是仅限于工商部门登记制度规则的改变，而是整个市场准入制度和监管制度体系的一次重大变革

按照党的十八届三中全会的精神和国务院关于注册资本登记制度改革的要求，从 2014 年 3 月 1 日开始实行的工商登记制度改革主要包括：实行注册资本认缴登记制度，把注册资本从国家管制事项回归到主体自治范畴；放宽注册资本登记条件，取消原有最低注册资本限制；取消股东首次出资比例限制和股东货币出资金额占注册资本比例限制；启用新版

营业执照，推行电子营业执照和全程电子化登记管理等。改革年检验照制度，将企业年度检验制度改为企业年报公示制度；简化住所（运营场所）登记手续，授权各省、自治区、直辖市人民政府根据法律法规的规定和本地区管理的实际需要作出具体规定；构建市场主体信用信息公示体系，建立异常名录制度，完善信用约束机制；发挥社会组织的监督自律作用，推进社会共治。

北京市登记制度改革实行三个月以来，新设企业5.3万户，同比增长73.8%，新设公司制企业5.0万户，同比增长77.6%，呈现高位增长态势。从注册资本来看，改革以来新设公司认缴注册资本户均达512万元，同比增长45.9%，其中3万元以下的小规模公司仅占当期新设立公司总量的0.8%，而83%的公司注册资本仍然集中分布在10万元～500万元的传统区间，注册资本极大或极小的情况并未普遍出现。从主体结构来看，改革以来新设立企业与个体工商户的数量比为2.7∶1，远高于改革之前的1.7∶1，表明改革引导个人投资者倾向于选择企业形式投资兴业，客观上促进了市场主体结构优化。从行业分布来看，改革后新设企业的行业结构主要集中在科学研究和技术服务业、批发和零售业、租赁和商务服务业，三行业占新设企业总数超过七成。

在推进工商登记制度改革的实践中，还有一些需要认真研究和深入思考的问题。

（一）深化认识，系统推进

工商登记制度改革只是市场准入制度改革的一部分，后续改革仍有很大空间，而且必然会涉及整个市场准入制度体系的变革。特别是“先照后证”的改革，不仅包括资质认定项目的削减，同时也涉及市场准入流程和行政审批制度设计调整，必然会涉及相关审批、许可部门法定职责的重新界定。市场准入制度改革是一项牵一发而动全身的改革，必须从顶层设计入手，更加注重改革的法定性、统筹性和协同性，即：在源头上要按照职权法定的原则，从法律角度对现有行政审批项目进行梳理，关键是要修订完善法律，按照新的职能定位确定政府部门的职责权限；在制度设计上要统筹考虑主体资格、行业资质、技术标准、外资管理和投资项目准入的分工与衔接，不断优化和完善市场准入流程，单靠一个部门的登记制度改革，不能完全解决放宽市场准入问题；在具体实践中要推动部门之间联动以及准入与监管联动，促进信息的及时共享和职责的有效衔接。

（二）依法改革，控制风险

工商登记制度属于中央事权，体现着国家对市场主体准入政策的统一性，地方改革只有在中央授权的情况下，才可以突破现行的法律法规。如果中央没有授权，各地自行改革，不仅会带来法律风险，同时也会对全国统一的市场准入制度造成割裂和损害。改革不是走得越快越好，而是要把国家的法律法规与本地区的实际情况和政府的管理能力有机衔接，效果越实越好。

（三）把握改革导向，找准区域定位

工商登记制度改革必须把握改革的价值取向，探索建立与本地区发展相适应的市场准入制度体系。从目前一些先期试点的省市改革情况来看，改革以后新增的市场主体中，企业与个体户的比例是三七开，本地居民与外来人员的比例是二八开。2014 年 3 月 1 日工商登记制度改革在全国普遍推开后，不同区域、不同发展水平的省市主体结构和人员结构会呈现各自的特点，但对首都这个特大型城市来说，市场准入改革必须考虑与城市性质和功能定位、人口资源环境承载力相匹配。习近平总书记 2014 年 2 月 26 日在考察北京工作时提出，北京要明确城市的战略定位，控制人口规模，调整疏解非首都核心功能，把一般性产业特别是高消耗、重污染产业清理出去，疏解区域性物流基地、区域性专业市场等部分第三产业。因此，首都的工商登记制度改革不是简单追求主体数量的增加，而是要更加注重主体质量提升和产业结构优化，重点发展与首都的城市功能性质相一致、与首都的阶段性特征相符合、与首都的人口资源环境承载能力相适应、与首都的资源禀赋优势相匹配的功能性产业和优势性产业，不断增强首都创新驱动发展能力。

二、改革市场监管体系，完善市场监管体制机制，是巩固和保障改革成果的重要基础

随着准入环节的简政放权，市场秩序维护需要更多地依靠市场监管来实现。如果说市场准入制度改革是对政府治理的一个挑战，那么后续市场监管就是一个更大的挑战。从改革效果来看，“宽进”提升了市场活力，而“严管”则是维持这种活力的重要保证。过去政府部门习惯于用事前行政审批来代替事中事后监管，“先证后照”的制度设计形成了一种“漏斗”型市场准入模式，各部门只在“漏斗”的上部进行审批，而位于“漏斗”底部的工商部门实际上承担了替各部门把关的责任。实行“先照后证”改革后，市场准入模式变成了“金字塔”形，位于“金字塔”顶的工商部门仅负责主体资格确认，而位于“金字塔”基座的政府职能部门需要把更多精力转移到事中事后监管上来。这种变化对政府部门的管理理念、方式和能力是一个巨大考验和挑战。因此，政府在向市场、企业和个人放权迈开一条腿大步前进的同时，必须考虑到加强对市场主体和市场活动的监督管理，为准入环节放松管制提供一个公平有序的市场环境，保障这条腿如何更快、更有效地跟进。如果两条腿不能同步前进，“放”和“管”两个轮子不能同步做圆，就可能出现“木桶效应”，使改革偏离既定轨道。因此，改革一定要从市场准入和监管体系建设的全局进行整体设计，建立完善“宽进”与“严管”相互衔接配套的法律体系和制度规则，这是保障改革最终取得成功的关键。其中涉及几个方面需要研究探讨。

（一）要划清政府监管与企业自治的边界

首先要明确哪些权力属于企业自治范畴，哪些权力属于政府监管领域。对于政府来说，统一开放、竞争有序的市场体系，建立在公平竞争、安全交易和放心消费的基础上，因此竞争秩序、交易秩序和消费者权益就是政府监管的核心。对于企业来说，项目投资、经营管理应更多由企业自主决策、自担风险，除涉及国家法律法规有特殊规定的以外，其他都应该由企业自行决定。因此，在推进改革的过程中，要充分尊重市场主体的自治

权，同时增强企业作为第一责任人的责任意识、法律意识、诚信意识，政府不再替企业的行为背书和买单。

（二）要构建统一的市场监管法律制度体系

目前相关部门承担的市场监管职能由不同的法律法规作出规定，这就造成了监管事权的分散，分割了不同市场领域的执法规则和标准。据统计，工商部门目前承担的法定监管职责涉及500多部法律和行政法规、规章，立法主体涵盖了几乎所有行政职能部门。仅就广告监管而言，除广告法之外，相关行政法规规章所规制的广告违法行为种类达100余种，执法主体除工商部门外，还包括食品药品、市政、卫生、烟草专卖等部门。法出多门必然在执法上形成职能交叉和监管空白。因此，必须全面梳理市场监管的法律法规，制定市场监管的主体法律，构建统一的市场监管法律制度体系，着力解决当前市场监管法规碎片化问题。

（三）要加强行政资源的科学配置

按照现行法律法规的规定，市场监管部门主要包括专业监管、行业监管和综合监管三类主体。但三个部门往往难以界定谁是监管主责部门，形成了“都可以管，也都可以不管”的情形，严重影响了市场监管执法效能。因此，要在全面梳理专业监管、行业监管和综合监管具体职责的基础上，明确三类监管部门的职责边界范围和职责衔接机制，同时加强全局统筹，实现三类监管部门之间的合作互补，推动构建职责明确、边界清晰、衔接顺畅的市场监管格局。

（四）要统筹运行政府管理的三大职责

城市政府的管理职责主要集中在城市管理、市场监管和社会管理三个方面。我国目前城市管理的矛盾表现得较为突出，因此，各级政府把相当大的精力都投入到城市管理之中。实际上，城市管理是显性矛盾，而市场监管和社会管理的很多方面是潜性矛盾，潜在风险对市场经济秩序和执政社会基础的危害性更大，影响也更加深远。在这种形势下，不能头疼医头、脚疼医脚，必须改革现有的行政管理体制，分清三类管理的职责边界，统一整合市场监管资源和城市管理资源，实现城市管理、社会管理和市场监管的全局统筹和综合协调。

（五）要构建统一的市场监管和行政执法体系

市场监管制度改革属于中央事权范围，因此改革应该在中央的统一部署下或经中央授权后推进，不能在中央政策出台之前抢跑冒进。十八届三中全会提出，要建设统一开放、竞争有序的市场体系，实行统一的市场监管，清理和废除妨碍全国统一市场和公平竞争的各种规定和做法，反对地方保护。按照中央的这一要求，必须实行有利于统一市场监管的管理体制，确保不同区域之间监管标准的统一性、执法尺度的统一性、信息管理的统一性、技术检测的统一性。

（六）要构建多元参与、协同治理的市场监管格局

在市场监管格局的多元主体中，企业是市场秩序建设的主体力量，市场监管部门应充分利用行政、法律、经济和社会管理等多元治理手段，实现教育与惩戒、服务与监管的有机结合。从社会公众需求出发，确立政府管理目标，加强与多元主体的良性互动，明确政府各监管部门之间、政府与其他社会主体之间的职责边界和治理格局。以基层社区、行业协会、市场主办单位、社会公众和相关政府部门为管理依托，全面推行全景式服务、参与式监督、互动式合作和联动式监管，促进社会主体间形成互利共赢的合作模式。

三、加强职能转变，建设服务型政府是推进市场准入和监管制度改革的组织保障

政府部门在推进改革的过程中，要实现从以管理为主到管理与服务并重，再到以服务为导向的转变，因此政府部门应当做好充分的思想准备和组织准备。

（一）转变监管理念，为确保改革成功提供内在动力

首先要推动政府行政执法人员由管理理念向治理理念的转变，将政府行政的强制力转向政府的控制力、市场的驱动力、社会的约束力和主体之间的作用力共同发挥作用。政府监管部门的重要使命是要构建一个有利于市场经济健康发展的市场秩序，而不仅仅有利于监管部门自身管理的秩序，市场监管部门必须要在市场经济中当好创新发展的推动者，在市场秩序中当好公平正义的维护者，在市场主体利益冲突中当好法律规则的裁判者，在消费纠纷维权中当好公共利益的代表者。良好市场秩序的构建，不是政府单一管制、单项命令的结果，而是社会参与各方良性互动、共同治理的结果。企业是市场经济发展的主体，也是市场秩序构建的主体，只有企业增强对法律法规的内在认同和自觉遵守，才能使市场秩序得到根本好转。政府监管部门不仅要履行好市场监管职责，还要当好企业出生的助产师、企业成长的助推器、企业发展的导航仪，通过教育和引导，提高企业依法经营和诚信自律意识，强化企业的主体责任和社会责任，让企业自觉参与建设有利于市场经济发展的良好市场秩序。

（二）转变监管方式，为确保改革成功探索实践路径

传统意义上的监管是靠许可、年检、巡查、执法等硬约束，改革之后的监管主要看软实力，要靠预防教育、社会监督、信用监管、主体自治、行业自律等实现。因此，讲监管以服务为目的，讲服务以监管为己任，二者相辅相成，相互促进，缺一不可。在改革监管模式上，要实现监管主体从单一到多元、监管格局从封闭到开放、监管方式从管制到治理的转变。从对企业干预过多、“管了不该管的事”，转向突出行政监管导向和重点，管好环境、秩序、侵权等政府该管的事；从过去的静态许可和运动式执法，转向以信用监管为基础、动静结合的常态式监管。

（三）构建服务载体，为确保改革成功奠定良好基础

以政府信息公开为导向，在服务公众需求和企业发展等领域，形成有影响力的服务品牌。以社会需求为牵引,对经营主体、投资者和消费者提供更加有效的咨询服务和风险预警。以信息化为支撑,建设统一的政务数据共享、信用信息归集、违法行为投诉举报等公共服务平台,为社会提供交互式的政务服务。以多元评价为手段,将政府的管理工作置于社会监督之下,以政府管理效能、公共服务水平、社会满意度作为评价重点,实现多角度、多维度的社会评价,树立良好的政府形象,推动政府职能的根本性转变,保障改革的可持续推进和最终成功。

（杨艺文:北京市政府副秘书长,北京市工商行政管理局局长）

老百姓的需求就是党和政府的工作方向

侯晓春

一、过上好日子，住上好房子，是老百姓最现实的需求

过上好日子，首先要鼓起钱袋子。我们运用区域经济思想，促进新型工业化、新型城镇化互动发展，解决城镇居民可支配收入增长问题。通过改革创新，把广安五个区市县区划调整为六个区市县，设立了国家级经济技术开发区、枣山物流商贸园区、协兴生态文化旅游园区和广安发展建设集团，在区市县有条件的区域设立了各具特色的产业园区，构建起多点多极支撑发展格局，引进了总投资 2000 多亿元的 300 多个重大产业项目，为老百姓就地打工创造条件，保证城里人有稳定的收入。现在不再是“孔雀东南飞”、民工向外流，而是外出务工人员源源不断返乡就业，还有大批河南、河北、湖南、湖北的农民到广安打工。

坚持全域规划，按标准化、品牌化、精品化的要求，产村相融、成片推进现代农业产业基地，通过“千斤粮万元钱”粮经复合工程，提高复种指数，增加经营收入，成功创建为国家现代农业示范市。大力推进农村改革，把土地流转到村级集体、农业业主手中，让农民既能够分享到稳定的

土地租金和分红，又能在基地打工获得工资。农民无论是自己家庭生产经营，还是土地流转后务工，每年收入都能达到2万元以上。在有条件的地方大力发展乡村旅游，每年可产生120亿元的旅游收入，增加农民经营收益。

过上好日子，还要住上好房子。一些地方把拆迁安置房建成了“窝棚”，形成新的棚户区，老百姓非常不满。我们探索建设“美好家园”，配套完善教育、文化、医疗、养老、停车场等公共设施，老百姓住进了政府给他们修建的好房子，“美好家园”房屋价值从每平方米1 000元左右涨到5 000多元，群众财产性收益成倍增长。

我们与中国建材集团合作，在广安推广具有防火、防潮、防辐射功能，冬暖夏凉，多得12%使用面积，能抗御九级地震、十级台风的新型房屋。目前，全市60个幸福美丽新村、3800套新型房屋基本建成，老百姓入住后非常满意。

二、环境美好是老百姓对生活质量的高层次需求

在基本生活需求得到满足之后，老百姓会追求更高层次的需要，希望享受到更美好的生活环境、更文明的社会环境、更全面的健康环境、更安宁的治安环境。

我们顺应老百姓的意愿，全面开展城乡环境综合整治。对农贸市场、城乡接合部、背街小巷、小餐饮店、“五小”行业进行治理；对主城区洗手间全面改造升级，建成星级厕所41个；对所有生活垃圾、医用垃圾、有害垃圾全部清运并科学处理；在广大农村增添生活垃圾转运设施，聘请保洁人员，按照“户集、村收、乡（镇）运输、区市县处理”的运作模式，对农村生活垃圾实现无害化处理，城乡环境大幅改善，成功创建为国家卫生城市。

对广安主城区备用水源及下游西溪河进行治理，取缔网箱养鱼3万多个，搬迁沿途的畜禽养殖场，关闭了7个取水式发电的小水电，引进重庆三峡渔业公司实施生态治理，全民水库、西溪河水质不断好转，形成梯级瀑布，城市因水而更加灵动。大力恢复生态植被，“让森林走进城市，让城市拥抱森林”，全市森林覆盖率达40%以上，成功创建为国家森林

城市。

良好的生态环境对文化旅游产业发展产生了“乘数效益”。投资110亿元的文化创意产业园、30亿元的红色文化影视城等32个重大项目先后落户协兴生态文化旅游园区，推进了世界级旅游目的地建设。国家林业局在华蓥山设立大熊猫放归基地，我们以此为契机，整合华蓥山洞中天河、宝鼎等景区，规划建设100平方公里的华蓥山旅游文化大景区，展现华蓥山深厚的文化底蕴和优美的自然风光。

社会文明是老百姓的高尚需求。我们大力推进全国文明城市创建，对照全国文明城市的标准，寻找差距添措施，积极倡导文明和谐的社会风尚，推动“讲文明树新风”公益广告宣传制度化，大力开展道德讲堂和诚信体系建设，积极为未成年人成长营造良好环境，极大地提高了全民文明素养，四名“广安好人”入围“中国好人榜”。通过全市上下共同努力，取得全国文明城市指标测评全国第三的好成绩。

身体健康是老百姓的幸福需求。我们大力开发健身场所，因地制宜建设休闲广场，在合适的地方安上健身器材，有条件的地方装配起音箱，让老年人自由选择“温馨又从容”的健身方式。投资1亿元建起骑游步道，引进企业发展城市自行车系统，免费开放体育场馆，在元旦、2月19日小平逝世纪念日、8月8日全民健身日、8月22日小平诞辰等重要节点开展万人健身跑活动，引领全民健身热潮。

有安全感是老百姓对社会管理的需求。我们把法治作为综合治理的有效途径，保障老百姓的和谐平安。建立起快速反应的110接警平台，加强城区巡逻力量，建成监控点位全覆盖的“天网工程”。探索创新社区网格化管理模式，把城市的社区划分为若干个网格，招聘专职社区网格管理员，承担信息采集、矛盾纠纷化解、特殊人员帮教等职责，实现了基层社会管理的无缝覆盖。

三、基层干部能力素质强是老百姓的较高需求

小康不小康，关键在老乡；农村富不富，关键在干部。现在村级组织带头人要么在本地农民中选择，要么在大学生村干部中选择。他们缺乏

带领老乡奔小康所需要的驾驭全局能力、为民办事能力、凝聚人心能力、带头致富能力、依法治村能力，急需对基层干部培训，提高他们的能力素质。国家现在非常重视对部省级、地厅级、县处级领导干部的培训，但是，乡镇和村级干部无论是任职前学习还是任职中提高都很少有培训机会，能力素质提高很慢。为解决农村基层干部培训问题，我们争取国家发改委的支持，建设广安农村干部学院。采取理事会办学模式，筹集资金办学，下一步计划和北京师范大学合作，办成邓小平农村发展学院，对乡镇、村干部进行培训，提高他们发展现代农业、组织动员群众、加强社会管理等方面的能力，培养一支老百姓需要的、能够带领农民增收致富奔小康的基层干部队伍。

（侯晓春：中共四川省广安市委书记）

转变行政方式必须六个“学会”

刘 峰

一、转变行政方式要学会引导

习近平总书记2014年3月27日在联合国教科文组织总部演讲时引用拿破仑的话，“世界上有两种力量，一种是利剑，一种是思想。但从长远看，利剑终当敌不过思想。”

政府治理要顺理顺势顺应人心。大禹治水之所以成功，就在于顺应山川之势，顺应洪水之势。强制管水一定要失败。政府治理需要领导，需要新领导力。新领导力＝决策力（领）×影响力（导），新领导力新在方向感和力量感，新在又领又导。群众能力低时要多“领”，群众能力高时要多“导”。导是引导之导，导是因势利导；导是辅导之导，导是督导之导。习近平总书记强调“一分部署，九分落实”。李克强总理强调督查督导。

政府治理要少一点管理，多一点领导。管理重在指标目标，重在约束控制，重在做事效率，重在目的价值；领导重在激励凝聚。政府治理要少用硬权力：外在、常量、有限，合法、强制、服从；政府治理要多用软权力：内在、变量、无限，人格、柔隐、认同。尽管硬权力没有明显贬值，但软权力却在大大升值！

二、转变行政方式要学会激励

政府治理要有长效，必须恩威并用，软硬兼施。新领导力＝硬权力×软权力。“八项规定”已有成效，但更要激励，给他鲜花给他梦！行政激励要先激后励，少激多励。“激”在动机，“激”在态度；“励”在行为，“励”在结果。先激励自己，后激励他人。

三、转变行政方式要学会协商

协商于决策之前和决策之中。政府治理离不开行政协商，有了行政协商才能体现政府与社会共治。先策后决，多策少决。“策”就是出主意，就是协商。

政府治理要从“微领导”做起，从“共享领导”做起。“小河有水大河满”，“旧时王谢堂前燕，飞入寻常百姓家”。治理话语下的新领导力要从群众中来，到群众中去。治理有体系有层次，领导力也有体系和层次。“不拒众流，方为江海”，行政协商要包容，要开放，要寻求最大公约数，寻求最大共识度。新领导力新在中国特色、中国话语、中国风格，新在坚持和改进党的领导，新在互动开放，新在从传统文化和红色文化中汲取营养。

四、转变行政方式要学会服务

政府治理及新领导力新在管用实用，新领导力要解决实际问题。管理就是服务！提供服务即提供环境和条件，提供平台和舞台，提供规则和标准，提供辅导和指导。政府治理要把行政管理融进服务之中，新在领导艺术的创新和应用。

五、转变行政方式要学会简约

行政管理不是越复杂越好，而是简约为好。管理就是要先理后管，多理少管。权力清单的运用，就是管住政府这只“闲不住的手”；负面清单的运用，就是放开企业和社会的手脚。

六、转变行政方式要学会法治

共产党执政重在依法执政，政府治理重在依法行政。政府治理要善于法治思维，善用法治方式，还要法治引领，一切改革要“于法有据”。依法行政就是要“把权力关进制度的笼子里”，就是要“让权力在阳光下运行”。

（刘峰：全国政协委员，中国行政体制改革研究会副会长）

深圳市龙岗区基层绩效管理打通“最后一公里”

冯现学

党的十八大报告提出“创新行政管理方式，提高政府公信力和执行力，推进政府绩效管理”。十八届三中全会提出“严格绩效管理，突出责任落实，确保权责一致”。基层公职人员是我国公职人员队伍的主体，是基层社会治理的主力，他们直接面对群众、服务群众，既是政府机关事业单位各项政策与决定的最终执行者、诠释者，也是群众信息的接受者、反馈者。基层公职人员的工作状况直接反映了国家公务员整体队伍素质高低与否，对于增强党和政府的向心力和凝聚力具有重要作用。特别是中央出台八项规定等一系列政策后，对机构、编制和人员管理更加严格和规范，对机关辅助人员逐步缩减。在新形势下如何把握好制度规范与基层队伍的士气提升、服务提质、工作提效之间的关系，是基层管理中面临的新课题。为此，深圳市龙岗区以基层公职人员绩效管理为突破口，探索“减员、增薪、提效”的基层队伍管理模式，不断提升基层治理体系和治理能力现代化水平。

在中国改革开放的前三十年，中国的城市化进程是典型的“人口红利”驱动模式，一方面，伴随着城市化进程，人口呈现爆发式的机械增长，管理难度和强度不断增加；另一方面，政府管理改革相对滞后，政府的编制是以户籍人口为基数进行配置的模式，在人口倒挂（户籍人口少、外来人口多）的形势下，政府管理范围迅速拓宽，社会管理和服务事项迅速增加，逐渐形成“小马拉大车”的管理局面。以龙岗为例，户籍人口只有40万，实际管理人口达到400万，到2020年将达到500万左右。目前，全区公务员、职员约1.5万人，而聘员人数超过3万人，这部分人员实际承担着基层管理主力军的职责，特别是在社区管理上，95%以上的工作人员都是辅助聘员。随着政府工作重心下移，各项社会管理工作都在不断深入，公共服务均等化、精细化、规范化等要求不断提高，基层公职人员特别是辅助聘员管理问题不断凸显。

一、龙岗区基层绩效管理改革的探索

按照深圳市公职人员管理规定，公职人员包括公务员、职员、雇员和聘用人员。基于对基层公职人员管理现状的分析判断，深圳市龙岗区以提升社区聘用人员的工作效能为切入点，按照“减员、增薪、提效”的工作思路，通过管理方法的集成创新，促使“绩效考核”向“绩效管理”转变，构建基层队伍工作效能长效激励约束机制。

（一）以“权责清单”清理为基础，转变政府职能，促进“事、权、责”相统一

长期以来，政府管理面对的最大难题是权责不清晰、权责不对等。党中央、国务院提出要列出“权力清单”，龙岗区在此基础上，提出要清理并制定“权责清单”，以此作为2014年改革工作的“牛鼻子”。经过半年的精心部署，目前已经初步拿出“权责清单”（据《广州日报》等媒体报道，这是全国第一张“权责清单”），全区53个单位共梳理权责事项11714项。龙岗区“权责清单”的最大特点：一是实现“权责清单”全覆盖。制定“权责清单”的部门除了覆盖政府各职能部门、驻区机构，党委、人大、政协部门也正在开展。特别是龙岗区率先开展社区权责清单梳理，南湾街道按照“权责法定”的原则梳理社区权责清单，梳理出权责事项45项，并按照“法无

授权不可为”的原则，明确基层公职人员的岗位职责，极大地减轻了基层工作压力。二是真正做到“权责相一致”。按照“有权必有责”“权责相一致”的理念，对每项行政权力都明确相应职责。职责精细化为事前、事中、事后三个阶段，避免了责任模糊化；针对每项职权职责，明确违法违规应承担的法律责任和行政责任，进一步强化部门行使权力时的责任意识，也强化了社会对责任落实的监督。三是权责清理与流程再造相结合。在清理权责的同时，对380个事项提出了精简优化方案，其中，精简审批事项101个，优化279个，初步压缩办理时限2016个工作日。如区卫生计生局对30项行政审批压缩了时限，压缩比例达到44.6%；市场监管分局在全市率先实现企业登记注册1小时办证。四是最大力度地推进政府职能转移。在权责清单清理的基础上，进一步厘清政府、社会和市场的责任边界，将尽可能多的公共服务事项交由有资质的社会组织、机构和企业来承担，建立政府养事不养人的社会管理运作模式。如在对主体身份限制较小的基础信息采集、数据普查、隐患排查等社会管理和劳动就业、助老服务、人民调解等公共服务领域，尽可能向社会购买服务。目前，区编办制定了龙岗区2014年政府向社会转移职能改革方案，正在编制第一批政府向社会转移职能目录，将于6月底前公布实施；区民政局出台了第一批58家具备承接政府职能转移和购买服务资质的社会组织目录，第二批目录将于6月底前发布实施。

（二）以打破条块壁垒为突破口，优化基层管理资源配置，推动机构和队伍整合

按照整合优化的原则，结合基层工作实际，打破条块壁垒，挖掘队伍潜力，重新核算各单位尤其是各街道的聘员总量、使用时限，借助信息系统共享、实时更新，掌握现有聘员员额、经费、招录、备案等情况，从而对聘用人员入口严格把关，形成有效监管。为了整合力量释放冗余岗位，结合“织网工程”建设，把过去条条管理变为网格化管理，以网格为单元，整合管理力量，将全区各街道原有的综治、城管、安监、消防、执法、计生等多个部门的协管员合并为综合协管员，实现综合协管员“一员多岗，一岗多

用”，统一为社区群众提供治安、计生、社会保障等服务。同时，按照权责清单梳理结果，细化各科室、部门的聘员定额、岗位设置和岗位职责，实现以责设岗、以岗定人。以南湾街道为例，通过整合，社区辅助聘员岗位从26类岗位调整为18类，下李朗社区改革前聘员68人，现为56人，减员12名，减少18%；康乐社区改革前聘员44人，现为34人，减员10名，减少23%。

（三）以科学的绩效考核为导向，优化管理机制，构建“公开、透明、公众参与”的绩效管理体系

龙岗区制定了《龙岗区机关事业单位辅助聘员绩效考核管理办法（试行）》“1＋4”文件，按照“减员、增薪、提效”的要求，科学设计考核指标和机制，通过全过程的绩效管理，解决“干与不干一个样，干多干少一个样”的问题，做到“四结合”：一是领导评鉴与群众评议相结合。在制定考核指标过程中，上级领导和公职人员共同参与，对绩效本身达成共识，共同协商；同时引入第三方参与和评价机制，通过与第三方专业机构合作，努力提升绩效考核方案的科学性。二是定性与定量相结合。考核指标的设计主要从行为态度、工作能力以及工作成效三个方面进行，既要考虑考核评价的事实基础，即以个人工作纪实作为定量考核依据，又要考虑尽量减轻基层部门考核工作量的问题，即以部门领导成员集体评定等级和分管领导审定作为定性考核结果。三是结果与行为相结合。在考核过程中，既看结果也看过程。在确定绩效考核方案后，直接领导对下属进行指导和监督，对发生的问题及时给予解决，并根据实际情况对绩效计划进行调整。在这一过程中，公职人员与领导者通过持续的双向沟通，共同寻找解决方案，使公职人员在绩效实施过程中得到尊重，帮助其实现自我管理和自我激励，成为公职人员努力工作的内在动力。四是平时考核与年度考核相结合。重点强化平时考核，年度考核则以平时考核结果为基础，综合年终考核人评价及部门全体工作人员测评，确定考核等级。对平时考核与年度考核等级都有相应的奖惩措施。

（四）以弹性的薪资体系创新为关键，完善激励机制，着力提升队伍士气和执行力

实施财政经费打包，在工作数量未减少、质量未降低的情况下，在积极做好整合力量的结构性减员和加强考核淘汰的自然减员工作前提下，财政核拨经费仍然按照原有员额数核拨，即减员不减经费。这部分多出来的财政经费，解决存量聘员的增薪问题，但也不是平均分配，而是根据考核结果有差别地予以分配：一是通过发放绩效考核奖金的方式实现，根据个人的绩效考核结果确定不同的增薪幅度；二是各单位根据总体经费情况，评估聘员总体增薪幅度，并且确定增薪上限；三是根据聘员增薪的情况，相应地提高聘员工作要求，加强工作考核，达到责权利的统一；四是加大奖惩力度，拉开绩效考核差距，营造多劳多得、少劳少得的工作氛围。同时，改变现行以编制为标准核定财政拨款的管理模式，实行以单位履行公共管理和服务的事务量为拨款标准的财政资源配置方式，改"以人定费"为"以事定费"，促使单位不再一味寻求增加编制和人员，弱化各单位与编制管理部门之间的博弈关系，逐步形成减员提效的内生控制机制。

（五）以"一专多能"的业务培训为保障，培养基层管理的复合型人才，提升队伍现代化管理能力

在网格化管理体制下，聘员必须承担整合前各类专项队伍的多项职责，胜任"一岗多责"。龙岗区在整合人力过程中，强化聘员岗前实训、技能普训的针对性和实用性，定期安排轮岗学习交流，实施基层岗位的技能交叉培训，将普通员工培养成一专多能的岗位多面手。特别是通过强化对基层现代管理需要的业务培训，如安全、消防、计生、计算机、会计等，提高管理人员的综合素质和管理能力。考核合格的聘员获得"一岗多能"培训合格证，作为基层公职人员提薪、晋升等的必要前提。对多次考核不合格的聘员或因不符合工作要求而需逐步消化的冗余人员，做好政策解释工作，保证队伍的基本稳定。

二、龙岗区基层绩效管理改革的成效

深圳市龙岗区目前正以下辖的南湾街道为试点，全力推进基层绩效管理改革，取得了初步效果。

（一）稳定基层队伍，提升了基层工作人员整体素质

通过人力资源的整合，合理设置岗位，将优秀人才配置到合适岗位，做到人尽其才、才尽其用。同时，通过岗前实训、技能普训、技能考核等措施，及时发现基层人才，充分挖掘基层公职人员的智慧和潜能，强化他们的稳定感和责任心，在增薪的同时，培养他们的爱岗敬业精神，稳定基层队伍建设，提升基层公职人员整体素质。以龙岗聘员队伍的流动率为例，2013 年区人资局招录聘员备案 2152 人，但同期办理离职备案的有 873 人（占 40.6%）；2014 年实施基层绩效管理改革以来，南湾街道办理离职备案的有 42 人，比上年同期减少 23.6%。

（二）实现了“减员增薪”，保障了基层工作人员的利益

通过基层财政经费管理改革，改“以人定费”为“以事定费”，鼓励基层队伍以更少的人干更多的事，既以竞争机制实现了有序减员，又提高了基层公职人员的待遇，保障了基层公职人员的利益。南湾街道试点以来，辅助管理类聘员最低月工资为 3300 元左右（较原工资增加了 800 元）；专业技术类聘员最高月工资为 4850 元（较原工资增加了 2350 元），实现了工资翻倍；考核结果实行分级管理，分类排名，绩效考核结果分为 ABCD 四个等级，其中 A 级对应绩效奖金 800 元，B 级对应绩效奖金 500 元，C 级对应绩效奖金 300 元，D 级对应绩效奖金 0 元，体现了绩效管理的激励功能，人员工作积极性较改革前大幅提高，提效目标初见成效。

（三）科学考核，提升了基层街道社区的服务效率

通过规范岗位设置，建立完善考核管理制度，重新明确整合后的工作

职责，细化工作指标，做到定岗、定人、定责，落实考核执行及配套体系，解决了“干与不干一个样，干多干少一个样”的问题。不仅将绩效管理直接与聘员的薪资发放挂钩，通过改革，还打破了身份界限，实行竞争上岗，调动了基层工作人员的积极性，促进政府组织效率的提高。以信息采集为例，原来上门采集一名育龄妇女的全套信息资料，需要出租屋、计生等综管员多次入户采集信息，至少需要花费三个工作日；现在通过整合人力，可以在出租屋系统中直接调用并确认，仅需要一次采集信息即可。

三、龙岗区基层绩效管理改革的意义

深圳市龙岗区的基层绩效管理改革，实际上是在过去绩效管理探索基础上的集成创新，是基层管理各项改革同步推进的综合配套改革，是先行城市化地区面对快速城市化管理的突出问题而采取的创新举措。这种探索的价值在于：

（一）在基层社区管理队伍绩效改革方面做了新探索

长期以来，由于体制机制问题，社区管理和服务人员长期处于相对体制的游离状态，自身的身份和待遇没有保障，而承担的社区管理和服务工作量不断加大，队伍的积极性不高，导致政府管理和服务的“最后一公里”处于松散无序状态。深圳市龙岗区的基层绩效管理改革，以社区工作人员绩效管理为突破口，进一步规范街道社区聘员管理，厘清社区工作人员职责，优化人员结构，建立聘员薪酬调整机制，有力提升了基层社区工作人员的积极性，夯实了基层管理和服务的基础。

（二）在促进基层管理队伍的有序流转，提高基层治理能力现代化水平方面做了新探索

国家治理能力现代化必须以基层特别是基层管理队伍的治理能力现代化为基础。长期以来，基层管理队伍尤其是辅助聘员的素质不高、稳定性差，制约了基层管理能力的提升。龙岗区以“减员、增薪、提效”为目标，通过制度设计，特别是通过绩效管理改革，建立科学的、以群众满意度为

重要指标的绩效考核体系，并将考核结果与基层公职人员的薪酬、晋升、进退等切身利益紧密联系，引导基层工作人员在稳定的基础上有序减员，并推动在岗工作人员自觉提升自身素质，提高管理和服务水平，为提高基层管理能力现代化奠定了坚实基础。

（三）在推进基层治理综合改革，提高基层治理体系现代化水平方面做了新探索

基层绩效管理改革是一项系统的整合式改革，通过对绩效考核体系进行综合设计，变"绩效考核"为"绩效管理"，通过基层人事管理改革、绩效管理改革推进治理体系现代化。如通过推进基层权责清单的清理，厘清政府、社会、市场的责任边界，实现基层公职人员责权利统一；通过发挥市场主体活力，利用市场购买公共服务，采取服务外包方式，减少了直接服务基层工作人员，使有限的人、财、物等资源得到最优配置，提高了政府管理效能；通过系统性、整体性、协同性改革，提高绩效考核的科学性，使绩效管理改革变成基层治理改革的助推器，提升基层治理的规范化、标准化、长效化和人性化水平，筑牢政府管理和服务的"最后一公里"，夯实了基层治理体系现代化的基础。

（冯现学：深圳市龙岗区区长）

地方政府加快职能转变的几个关键

周喜安

一、政府职能转变十分紧迫、异常艰巨

说政府职能转变的紧迫性，我理解要释放改革这个最大的红利，保持中国经济平稳较快发展，政府职能转变就是撬动市场和整个社会活力的主要杠杆。近几年，一些国内外的经济学者预言中国可能会重蹈中等收入国家陷阱。所谓中等收入国家陷阱不是人们常谈的经济结构问题，也不是所谓经济总量大的问题，不是似是而非的 A 矛盾、B 矛盾，根本问题在于体制滞后，政府职能没有转到位，或者说没有转彻底。党的十八届三中全会《决定》指出，经济体制改革是全面深化改革的重点，核心问题是处理好政府与市场的关系，使市场在资源配置中起决定性作用，同时更好发挥政府作用。避免落入中等收入国家陷阱，加快政府职能转变进程，让体制机制创新跟上经济社会发展的节奏，是破解当前发展过程中诸多矛盾问题的必然选择。阻碍经济活力释放的症结还是政府管得太宽，管了很

多不该管、管不了也管不好的事，本该由市场起决定性作用的领域还把控在一些政府部门手里。可以说，改革的难点就在政府，政府部门必须要有自我革命的意识自觉，义无反顾、壮士断腕。

说政府职能转变的艰巨性，我理解主要是就转变的过程而言。第二批党的群众路线教育实践活动征求意见环节，地方收集到的问题集中在干部作风上，仔细分析起来，很多都是好多年前就提的老生常谈问题，没有彻底改变，或者说没有多大改变。原因在哪里？一是官本位作祟。很多基层官员认为自己经过摸爬滚打才提职，骨子里把自己放在“官”的位置上了，乐意并习惯于行政命令式地对别人指手画脚，现在要放下身段搞服务，心理适应过程很艰难。二是利益关系羁绊。只要是改革，必然会有很多显性的、隐藏的利益冲突和纠葛，如果没有强有力的外部冲击，靠自身难以主动放弃利益。比如从中央、省级、市级都有个层层下放审批权限的过程，审批权限的取消和下放，就意味着权力的失去，也意味着舍掉既得利益。把错装在政府身上的手换成市场的手，这是削权，是自我革命，割腕的感觉会很痛。

二、政府职能转变的重点和突破口

政府改革总的说来就是要从“全能”向“有限”、从“管制”向“服务”、从“衙门”向“便民”、从“权力”向“责任”转变，要处理好三个关键问题。

第一是处理好边界问题，严格界定政府与市场的边界，当前的主要任务是制定落实“两个清单”。首先是行政权力运行的正面清单。政府权力的边界在哪里？原则上讲，“三定方案”里对部门职能职责规定得很清楚，但为什么会有扯皮呢？因为部门职责时有交叉，凡是有较大审批权限或者说有利可图的事都抢着干，都想自己的审批权限大一些；而有较大风险、需要承担责任的事都想甩包袱、推责任。制定行政权力运行正面清单，就是要将党政机关职权目录和权力运行流程图予以公开，告诉群众政府行使每一项权力的依据、流程和时限，从根本上杜绝信息不对称造成的权力腐败，消除以权代法、以人代法等不规范行为。就是要告诉社会：除了这些我不管，除了这些我也没权力管。有了这个清单，老百姓办事找谁办、怎么办都清楚。其次是行政权力运行的负面清单。我们常讲“非禁即入”，但现实中的“弹簧门”“玻璃门”“旋转门”比比皆是，民营经济发展遇到诸多障碍，规定限制较多。建立行政权力运行的负面清单，就是通过清理、取消、减少和下放行政审批事项，把政府的权力放在口袋里、放在抽屉里、放在笼子里，杜绝过去那种今天这个东西我该管、明天那个东西我得管的揽权行为。就是告诉社会：除了这些你什么都可以干，除此之外我没有权力管了。

第二是处理好方式问题，真正从管理向服务转变，当前的主要任务是有序、简政、放权。管理向服务转变的核心问题是政府把该放手地放到位，把该监管的管理好，把应该承担的公共服务和社会保障等服务事项兜好底、尽好责。我们市办了一个“阳光问政”栏目，开通热线，老百姓提出的问题由相关部门和县区负责人现场回答，整个过程采取电视、广播、网络同步直播的形式进行。这个活动对于工作推进很有效果，涉及切身利益的问题解决起来比上访快捷有效得多，群众非常欢迎。我们对老百姓提的问题和意见进行分析，大多数集中在说政府管得太多、服务不好两个方面。如何管得少？就是简政放权，进一步精简审批事项。就巴中市的情况来看，通过十一次行政审批事项清理，市级部门行政审批项目由原来的 761 项减少为现在的 97 项，五个县（区）行政审批项目由原来的平均 500 余项减少为现在的平均 150 余项。下一步将继续按照地方政府职能转变的要求，认真抓好“接、放、管”。具体放哪些？放多少？根据哪些原则放？中央《决定》都有很详细的要求。在具体工作推动中，我体会要重视几项工作：一是把政府应该承担的职责履行好。转变职能后，政府承担的社会保障和公共职能在不断增加而不是减少，责任在加重而不是减轻。二是放到位、放彻底。市里明确最大限度地下放行政审批权，由县区或基层管理更为方便有效的经济社会事项，一律下放到县区和乡镇、街道办事处。一切以激发市场活力为目标，不以数量指标来衡量，不搞今天放二十条、明天放三十条，不搞明减暗不减、留一手。三是修补惯性漏斗。

目前要特别注意三种不良倾向：一是有关部门没有根据地自行设置

审批前置条件，打法律和规定的擦边球。二是应该由政府承担的事项没有根据的，或者蓄意地交给市场运作，存在行政审批与中介穿“连裆裤”、共同谋利的问题，中介组织、社会组织实际上成了行政机构的代言人、操作手。一些评估报告基本上都是行政部门单位指定中介组织办理，“肥水不流外人田”的用意明显。三是本来可以通过市场或社会力量来做的事情，由于社会组织与行政单位没有完全脱钩，形成实质性垄断。比如有的中介组织挂靠行政机构，实质上成了行政部门自收自支的内设机构，由于要收费养人，极个别的项目只设定最低收费标准，而没有限定最高收费标准，操作中存在就高不就低的问题。

第三是处理好方法问题，切实提升行政效能，当前的主要任务是强化履职尽责意识，通过问责促进。政府职能转变的落脚点在建立服务政府、责任政府和效能政府。如何建立？我体会要重视“三个意识”：一要清除陈腐官僚意识。巴中市一直把招商引资当作“一把手工程”。前段时间一些部门负责同志向我反映，有的投资商比较狂妄，跟很多部门都搞不好关系，遇到问题不汇报沟通，解决问题的过程中也不尊重我们。在调查走访后，我给部门的回复是：这不是投资商的问题，是部门职能没有转到位的问题，投资商来投资，跟政府是签订协议的，职能部门要依协议履行责任，有主动上门服务的意识，而不是要别人整天跟着你的屁股后面求爷爷告奶奶。可以说，不清除骨子里根深蒂固的官僚思想，职能转变就会大打折扣。二要强化履职尽责意识。无论是全面推动改革还是经济社会发展，履职尽责是抓好工作落实的关键。一些部门、一些官员习惯强调权而淡化责，一讲到权力，大有“老虎屁股摸不得”的态势；一提到责任，就推诿扯皮，是别的部门没搞好，遇到问题就说这个事情很复杂、工作推不动，需要专题研究、成立领导小组，领导还要亲自挂帅任组长，完全一副置身事外、不负责任的样子，导致一些很简单的事情处理起来很复杂，一根线条的问题变成了一个蜘蛛网式的问题。归根到底就是责任意识淡薄、不敢担当、不愿担责。近几年，巴中十分重视软环境建设，增强公务人员的履职尽责意识，先后开展了行风评议、师德医德提升等活动，都取得了良好效果。三要切实增强执行意识。一个制度的好坏、一个政策的效应，最终要体现在执行力度和落实效果上，不然就什么作用都没有。只有加强监督问责，行政主体才不敢懈怠。因此，我们在注重通过检察机关、审计机关、社会群众、新闻媒体、公共舆论对行政行为进行监督的同时，建立行政问责制度，有明确的问责范围、规范的问责程序、严格的考核办法，加大失职渎职和行政不作为、乱作为等问题的责任追究力度，以强有力的执行问责促进行风政风明显好转。

（周喜安：四川省巴中市市长）

（三）加快法治政府建设　规范行政权力运行

政府治理现代化
关键在于法治化

胡建淼

《中共中央关于全面深化改革若干重大问题的决定》提出："全面深化改革的总目标是完善和发展中国特色社会主义制度，推进国家治理体系和治理能力现代化。"由此将推进国家治理现代化确立为中国全面深化改革的总目标。

国家治理现代化包括政府治理现代化，而且主要是指政府治理的现代化，因为政府是国家治理中涉及面最广的治理主体。政府治理现代化的关键是法治化。政府治理法治化的过程也是推进依法行政、建设法治政府的过程；政府治理法治化的目标，就是到 2020 年基本建成法治政府，到 2050 年全面建成法治政府。这是源于党中央确立的"两个一百年"的奋斗目标。那么，什么算是"法治政府"呢？

法治政府是守法政府，它能坚持宪法和法律至上，自觉遵守宪法和法律；法治政府是权威政府，它能打击犯罪、制裁违法，有效维护社会秩序和保护公民群众的合法权益；法治政府是受监督的政府，它能接受权力机关和司法机关的监督，最终接受人民的监督；法治政府是能够成功运用法治思维和法治方式管理社会的政府，让法治精神渗透到管理理念和管理方法之中；法治政府是坚持三者有机统一的政府，它能坚持党的领导、人民当家做主和依法治国三者有机统一。

法的核心价值是公平正义。法治政府是实现和保障社会走向公平正义的政府。要实现政府治理的法治化，有太多的事情要做。

首先要从思想理论上厘清五大关系。

法治与政治：讲法治就是讲政治；

法治与民主：没有法治的民主是混乱的民主；

法治与改革：改革必须于法有据；

法治与效率：法治是最有效的治理方式；

法治与德治：人人是雷锋，也需要法治。

其次要从行为上做到：

让宪法和法律真正成为政府的“上司”，真正克服权大于法、言大于法、领导大于法。实现政府职能转变，让政府只做裁判员，而不是既做裁判员又做运动员。划清公权与私权的界限，坚持“公权力法不授权便无权，私权利法不禁止便自由”。通过决策规范化，实现决策科学化，克服先有结论后有论证，领导作结论群众作论证的现象。杜绝“罚”字当头和“限”字当头，树立法治思维，运用法治方式，从源头上真正解决问题。坚持正当程序，实现社会公正，规定程序本身就需要程序。

（胡建淼：国家行政学院法学教研部主任）

公有制地位变动与深化改革潜力

陈宗胜

进一步深化改革、发展混合经济，虽然没有直接讨论行政改革、法治改革，但却是这些改革的基础。主要内容包括四点：一是对当前公有制状况的认识；二是判断所有制地位以及经济制度性质的标准和方法；三是我国公有制经济的改革进程及规模测度；四是公有制改革空间相当大，还有较大的改革余地。

一、对我国公私所有制当下规模状况的认识

改革开放以来，我国公有制比重不断下滑，很多人认为公有制的主体地位没有了，主要有三种观点：第一种观点认为公有制主体地位已经丧失了。其中，李成瑞(2006)测算表明，2004年公有制就业比重为39%，生产总值比重为39%；何干强(2010)测算表明，2008年的工业、建筑业、批发零售等经营性领域的公有企业资本和就业比重均低于40%，因此也不是主体；杨新铭、杨春学(2012)同样认为公有制资产、就业和GDP产值比重

都不占优势了。第二种观点认为，我国公有制经济的比重虽然下滑了，但是主体地位仍然没有动摇，即包括资源性资产和公益性资产的社会总资产，在全部资产中还占主导优势地位（谭劲松、王文焕，2010；肖香龙、谭劲松，2010）。而裴长洪（2014）研究认为，公有制资产仍占主体，但非公有制经济贡献占优。第三种观点认为缺乏证据，即没有权威的统计指标来证明相关观点。

以上所述观点提出了三个方面的问题。一是判断标准不统一：判断一种经济地位究竟以什么为准？主要用资产即生产资料规模，还是用其产品、产值、就业规模？二是测算范围：如果用生产资料规模判断，那么其外延包括什么，如何测算，是仅包含经营性资产还是全部资产，即经营性资产加上全部非经营性资产？三是如果是全部资产，统计上肯定没有准确计量，那么可否大致估计？按原值估计，还是按市场价格估计？

二、判断所有制地位、经济制度性质的标准和方法

判断一种生产资料所有制经济地位的标准，只能是其掌握的资产即生产资料的规模，不包括用其生产的产品、产值或使用它的生产者规模。所谓公有、私有就是生产资料的公共所有或私人所有，不含别的因素，生产的产品、产值、就业再多，也不决定经济性质，因而不改变其经济地位。特别是在股份制经济中更为明显，股份的意义就是资产，有了股份比例之后，不论经营规模及业绩如何，其地位由资本股比即资产规模决定。也就是说，考察生产资料所有制的性质，只能用生产资料的规模来判断，不能用生产资料运用的结果来判断。

以生产资料或资产规模为标准，需要从五个维度研究其内容。第一个维度是生产资料的定义，它包括劳动资料和劳动对象，本身就包含全部的资源性资产。第二个维度是生产资料所有制的含义，其经典含义是指所有制对生产资料的所属关系，包括所有、占有、支配、使用、经营关系等。所有制的内涵中已经明确包括了经营性资产，也包括没有进入经营领域但是在使用的资产（如公益性资产），还包括虽未使用却具有所属、占有或支配关系的资产（如资源性资产）。这两个维度是从理论上说明生产资料

应当涵盖全部资产，包括资源性资产和公益性资产以及经营性资产。从实践看，党的十八届三中全会要求加快建立全国统一的经济核算制度，编制全国和地方的资产负债表。这就要求把全部资产都计算在内，不仅是经营的、使用的，也包括产生利润的，还包括党政资产在内。此外，还要求健全自然资源资产产权制度，对自然生态资产进行统一确权登记，形成归属清晰、权责明确、监管有效的自然资产产权制度。第三个维度是生产资料所有制的性质由其所属主体的性质决定，不能由它生产的产品、价值等来决定。第四个维度是一种生产资料所有制的地位，由同一性质的所有者主体所占有的全部生产资料规模决定。第五个维度是生产资料所有制的地位还取决于生产资料所有制的社会地位，即国家所有跟个人所有的地位不同，也受所有者占有和使用生产资料的领域在社会经济生活中的地位影响，即是关系国计民生的还是不涉及国计民生的。当然，各种经济的产值、劳动量、利润等指标并不是没有用，它能说明生产资料所有制的效率大小，强调推进所有制改革就是因为国有企业效率较低。

坚持以同种所有制生产资料规模作为衡量其地位的单一标准，不包括经营规模和效益指标，公有和私有地位应以资产规模论英雄。要坚持以各种形态的生产资料规模总量来衡量，而不仅计算比重较小的经营部分，把大部分使用及占有的资产排除在外。此外，应当补充对所有制主体性质和地位的考察，补充对不同所有制生产资料所从事的经济领域在整个社会经济中的意义及作用考察，还可考察各种不同所有制的经营情况，比如其生产总值、利润额、就业量等，但这只说明效率问题及改革方向。

确定公有经济制度性质的标准包含四个方面：一是公有经济包括国有和集体生产资料总规模，或者说公有资产在社会总资产中占优势，其中资源性资产和公益性资产需要占绝对优势，但绝对优势的量化是一个变动区间，可以从 50%到 100%之间的任意点；而经营资产以效率为准则，则公有制占相对优势即可，即相对最大，占 30%甚至可以更低。二是公有经济利用其归属公共所有的性质，能够控制国民经济命脉。三是公有经济通过对重点行业、产业投资参与等，能够对整个国民经济发展起主导作用。四是公有制经济在经营领域运用资本规模，可在关键时刻起调节作用。

三、我国所有制经济制度改革进程及规模测度

改革开放以来，我国各种所有制经济的改革进程大致可分为三个阶段。

第一个阶段是1979年到1992年。1992年，经营性公有制企业在固定资产投资中占85%（未计累计），甚至高于1981年的81%；公益性资产和资源性资产几乎全部是公有资产，像民办教育仅占全国教育经费的0.3%。

第二个阶段是1992年到2002年，在经营领域里国有资产的比重大大下降，其他领域也开始出现变化。2002年，按经营性注册资本计，非公有企业占比37%，公有企业占比57%，公益性资产和资源性资产中出现非公有资产，如民办幼儿园占比43%，非公立医院占比11%。

第三个阶段是从2002年至今，公有制经济资产似乎逐步失去了绝对主体地位，但是否如此还有待考察。2011年，公益性和资源性资产中的非公有比重仍在增加，按经营资本计算，非公有比重首次超过50%，2013年的比重达到56%。我们对2013年我国资产总量进行分类估算，结果表明，全社会总资产将近1000万亿元，其中公有制经济经营性资产为45万亿元，资源性资产是775万亿元，公益性资产是76万亿元，合计将近900万亿元，占全社会总资产的90%左右；而非公有制经济经营性资产为56万亿元，资源性资产和公益性资产约1万亿元，合计不足60万亿元。当然，这个估计比较粗略，大多情况下还不是累计，也不是市场价格。估算方法大致如下：资源性资产主要计算土地资源和矿产资源，其中土地资源分农业用地和建设用地，分别按当前租金进行折算，并进行一定的资本化；矿产资源按照最新探明储量，以最近价格转换为市场价值。公益性资产和公共性资产以2000年以来的固定资产投资数据为基础，假设一定的资本形成率，对这一部分资产加以估算。尽管测算比较粗略，但总体上公有制经济仍占绝大比重，即便是在经营性资产中也至少占45%。目前中国公有制经济的主体地位和制度都没有发生根本性变化，发展混合经

济潜力很大。

四、我国公有制经济改革的空间很大

我国社会总资产中占绝对优势的是公有制经济，非公有制经济比重很小，在经营性领域中公私相当，因此发展混合经济的改革潜力非常大。公有制资产除了在资源和公益性资产及总资产中占优势外，还有其他领域的控制关系，所以要继续推进改革。

按照党的十八届三中全会的部署，推进公有制经济改革，一方面要巩固提高公有制经济效率，另一方面要发展非公有制经济、混合所有制经济。公有制经济在各类资产中均需要继续减少比重，只要保持一个相对优势，仍然可以保持公有制经济性质不变，保持我国公有制经济的主体地位不变。另外，还要按照十八届三中全会的决定，管理好资源性资产和公益性资产。人们关注比较多的是经营性资产，公益性和资源性资产改革还不到位，所以十八届三中全会提出要建立全国和地方的资产负债表。以后国有企业要多投向公益性企业，这意味着国有企业改革还有很大潜力，还要继续深化改革。

（陈宗胜：天津市政府副秘书长）

行政改革应当更新思维方式

彭京宜

行政体制改革的基本内容无疑是制度改革，但是就制度谈制度往往不够，这里拟从思维方式的角度来谈谈行政体制改革要关注的几个重要问题。

第一，回到常识。行政管理的成败可以有许多标准，我认为还要增加一个常识标准。行政管理中的许多问题，是耶非耶？对耶错耶？直耶曲耶？高耶低耶？从理论到理论往往是说不清楚的，从概念到概念往往会很离谱。回到常识，问题往往就清楚了。房价高到要半辈子工资，一次普通就诊要花二十年积蓄，荒唐；因为它们违背了常识。同样，在城市里建一座楼，要盖150多个公章，荒唐；减掉1/3，保留100个公章，仍然荒唐；至少减去2/3，才会接近常识。头脑正常的人都知道，政府只需管住规划和安全，就完成和基本完成了任务，其余的种种“审批”，统统都应当接受常识的检验。例如许多立项报告、可研分析、人防工程异地建设费、城市基础设施配套费先征后返等，过得了“常识”关吗？用“常识”去度量行政体制的弊端和行政体制改革的成效，往往可以洞若观火、清澈透明。

第二，记少不记多。这些年来，中央政府和地方政府都痛批管制过度的弊端，大力推进减少行政审批工作，取得了不小的成绩，但是这些成绩不可高估。为什么？一是存在“减了又加”的情形，减是有理由的，加也是有理由的，决策者的看法变了，“减”便成了“加”。二是“隐性审批”没有被清理。它们以宏观调控、评优项目、扶持项目、命名挂牌等为名，干的仍然是“管卡压”。三是中介服务烦不胜烦，什么环评报告、消防审核、施工图设计、项目申请报告、施工图审查、水土保持方案等，第一昂贵，第二费时，第三实际用处有多大值得怀疑。有人统计过，中介服务所占时间是全部审批时间的60%～70%。

一个班100人，男生95人，女生5人，如何区分他们的性别？记住女生就可以，因为其他全是男生。一个班子，本地人6个，外地人1个，如何区分他们的籍贯？记住外地人就可以了，因为其他人全是本地人。这叫作“记少不记多”。

减少行政审批，应当引入“记少不记多”这个重要方法。“两个清单”之妙，正好妙在这里。“负面清单”的含义：对于企业来说，除了列入清单的事项以外，都可以做。“权力清单”的含义：对于政府来说，除了列入清单的以外，都不可以做。还应当建立“两个清单”。一个叫“超时清单”，即除了所列的天灾、人祸等少数情形以外，所有批办时限都不得超过规定时限。现实的情形是政务中心公布的时限很好看，但只要吆喝几次“补材料”，就可以将这些时限延长几倍甚至几十倍，让行政相对人徒呼奈何。我跟踪过一个“三类建设项目”的审批，从“审批流程图”上看，改革力度已经很大了：审批事项只有30个，提供材料只需127份，审批时间只要52天。可事实是从2013年8月到2014年6月，每天都马不停蹄地跑，才跑了一半路程。另一个叫“收费清单”，即除了所列的费用（含中介服务费等）以外，所有其他环节都不再收取费用。现实的情形是那些不叫“收费”的花费，比收费还要“凶恶”几十倍、几百倍。尽快研究这些“清单”，才可望有效地治理管制过度。

第三，从倾斜到平衡。政府工作有几大母题：发展与保护、改革与稳定、效率与公平、民主与集中、“有形之手”与“无形之手”等。所有母题的要义就是平衡，是一种动态平衡。在许多情况下，平衡即良政，极端即劣政。只要市场不要政府是极端，只要政府不要市场也是极端；只要效率不要公平是极端，只要公平不要效率也是极端；只要发展不要保护是极端，只要保护不要发展也是极端；只要改革不要稳定是极端，只要稳定不要改革也是极端。至于民主与集中的关系，我想套用一位老革命家说过的话：民主是人不是神，集中是人不是鬼，极端是鬼不是人。

平衡的基本要求是不要"一刀切"。要的是与特定时间和特定地点相适应的"动态平衡"，所以，昨天强调发展，今天强调保护，再正常不过。这里强调保护，那里强调发展，也正常不过。为什么要"一刀切"呢？我们为"一刀切"付出的代价已经太大了。

第四，伤其十指不如断其一指。这是毛泽东同志提出的军事原则之一，它说的是击溃敌人十个团，不如消灭敌人一个团。习近平同志将这个原则运用到了群众路线教育实践活动。他推动了两次聚焦：第一，面对党的作风中存在的各种问题，聚焦了群众路线这个根本问题；第二，面对群众路线聚焦了"四风"（即形式主义、官僚主义、享乐主义和奢靡之风）这个突出问题。一年多来，干部党员作风发生了如此深刻的积极变化，在一定程度上得益于这种正确的战术思想。

行政体制改革也应当引入"伤其十指不如断其一指"的战术思想。不要四平八稳、面面俱到，也不必四面出击、八方迎敌。能不能也来几次"聚焦"？例如聚焦土地财政问题，全面缓和官民矛盾，促使政府忍痛转型，从而全面带动行政体制改革。例如聚焦房产税、遗产税问题，大力抑制贫富悬殊，俯身关注弱势群体，努力推动公平正义。全面协调与重点突破相结合，才是行政体制改革的应有状态。

（彭京宜：海南行政学院党委书记、常务副校长）

行政权力规范运行的徐州实践

唐　健

习近平总书记在中共中央政治局第四次集体学习时强调：依法治国、依法执政、依法行政共同推进，法治国家、法治政府、法治社会一体建设。其中，法治政府建设是核心任务和关键环节。加快法治政府建设，最重要的一点就是要规范行政权力运行。规范行政权力运行，将权力关进制度的“笼子”，公开透明是最好的解决办法。通过让人民群众参与、监督、评判权力，使“习惯在监督的环境下工作、习惯在法制的轨道上用权”这两个“习惯”，成为行政权力运行人员的自觉遵循，最终让人民群众办事不求人。

一、当今行政权力运行失范的症结所在

一是行政运行人员素质不高，公仆意识、规范行政意识淡薄。一些地区、部门的领导和行政人员对依法行政与经济社会发展之间的关系还存在模糊认识，甚至有的认为依法行政妨碍经济和社会发展，在实践中存在依法行政难以落实到位的现象。有的领导同志进行决策时，还不能把决策是否合法放在首位来考虑。有的部门领导在行政执法工作中表现出随意性较大、不按程序办事、乱用自由裁量权等问题。突出体现在部分行政

执法人员对法律知识学习不够、法律素质依然偏低，尤其是基层执法单位对相关法律规定不熟悉，难以避免在执法中出现越权执法、程序违法等问题，少数“害群之马”更是滥用职权、吃拿卡要、徇私舞弊，败坏政府形象。

二是行政权力运行体制不顺，公权行使政出多门、多头管理。执法部门之间职能交叉，多头执法、多层执法问题比较突出，造成部门之间互相推诿、扯皮。媒体报道的“四顶大盖帽管不了一根豆芽菜”、居委会挂163块牌子等，都是职能交叉、多头执法的表现。各级执法部门职责划分不明确，对同一管理对象，一个执法部门有权管理，另一个执法部门也有权管理，省级部门可以管理，市、县各级执法部门也同样可以管理，造成重复执法、执法扰民。另外，经费保障体制也制约着行政执法的正常开展，有的部门尤其是一些事业单位，执法人员经费全部靠罚款、收费来解决，有的主管部门对下级下达高额上缴经费指标，搞层层分解并同拨款挂钩，造成乱执法状况的加剧。

三是行政权力运行监管不力，权无边界，自由裁量权过大。近年来，各行政执法部门普遍建立了公示制、承诺制和告知、备案、投诉、责任追究等一系列制度，但行政执法监督制度还没有完全落到实处，没有形成对行政执法行为的有效监督制约，执法随意性问题比较突出，有的部门至今没有设置法制机构或没有专业法律人员进行审核把关。行使自由裁量权不规范问题比较突出，有的案卷调查终结后，执法人员提出高限处罚建议，部门法制机构已核准，而经部门领导审核后，却均按照下限处罚，差额很大；有的案卷行政处罚决定书的内容与领导书面批准的处罚内容不一致，反映出较大的执法随意性。

四是行政权力运行地方保护、暗箱操作、部门谋利倾向严重。有的执法部门从本部门利益出发开展执法活动，为创收而罚款，为收费而许可，一些不成文的潜规则依然存在。有的部门仍将罚款收入作为单位人员开支的主要来源，并设定罚款指标，罚款返还问题也同时存在。这些直接导致了执法部门把执法职权作为生财“后盾”，借权敛钱，有利则争，无利则推；有利乱作为，无利不作为。

二、百姓办事“零障碍”工程：行政权力规范运行的徐州实践

为解决以上四方面问题，徐州市委、市政府自2012年初开始大力实施百姓办事“零障碍”工程，积极构建权责清晰、程序严密、运行公开、制约有效的行政权力阳光运行机制。通过对所有行政权力的清理和规范，实施行政权力事项全程公开透明运行，并对权力运行的全过程进行实时动态监控。

何谓“零障碍”？凡是非法律、法规、规章规定的必备条件，而是人为设立的导致办事难、办事慢、办事成本高的条件就是障碍，百姓办事“零障碍”工程就是要铲平这些人为设置的障碍。百姓办事“零障碍”工程遵循的原则，就是“把方便让给群众、把麻烦留给自己”，其工程目标就是实现百姓办事“三化三不”，即信息化、自动化、便民化，不排队、不跑腿、不找人。在工程实施之初就明确了路径。一是动员群众。进行深度有效的社会动员，充分发挥广播、电视、报纸以及网络等大众媒体的杠杆作用，撬动徐州“零障碍”工程由自我行动向社会行动转变。连续开展“金点子”大征集活动，大力推动社会参与，共征集近15万条剑指机关作风软肋的意见。在各类媒体开设“百姓点将台”“障碍大家谈”“清障监督岗”等栏目，让百姓发声、干部回应，有效激发良性互动。两年多来，对“零障碍”工程的电视报道达80000多分钟，各类报刊登载4000多篇，网络转载290万条。二是全程参与。决策让群众参与，过程让群众监督，结果让群众评判，全程落实群众知情权、参与权、表达权、监督权，构建群众参与成本低、对干部约束强的自我发展内生机制，以民意引导“零障碍”工程不断向前，让工程家喻户晓，让百姓共同参与，让干部感到压力。三是立体监督。立体监督包括组织监督、社会监督、群众监督。层层建立“三点一线”作风效能投诉短信平台，加强与相关网络投诉渠道的整合协调。发挥“两代表一委员”、评议员、行风监督员、督查员等作用，不间断开展多种形式的明察暗访，对服务群众的重点部门、重点环节、重点岗位及一线服务窗口进行重点监督。建立与媒体联动监督机制，切实增强监督实效。四是项目清障。把群众普遍反映强烈的相关障碍现象列为督办项目，采取“障碍立项、群

众恳谈、制度先行、定点监督、刚性问责、公开验收”六个步骤，以项目化推进方式逐一解决，做到障碍不清除不放过、群众不满意不通过、长效管理机制不建立不通过。其便于操作、可以复制、系统管理的项目清障方式，为工程的持续推进积累了成功经验，提供了有益样本。

百姓办事“零障碍”工程建立了六项工作机制。一是动态评议。成立徐州市评议员协会，组建4000人的群众评议员队伍，围绕民生实事、热点行业和基层站所以及行政许可、证照办理、资金拨付、资产评估、特许经营、工程招投标、产权交易、市场准入等群众工作生活、企业经营发展所要经常面对的各种行政管理、公共服务行为，制度化开展动态社会评议，公开评议结果，反馈评议意见，督促落实整改，“整改行不行，群众评一评”。建立评议员常态化巡查机制，对群众反映强烈的作风问题和责任单位进行“点单式”动态评议。召开群众评审会，公开晾晒部门全年绩效工作计划和完成情况“成绩单”，请群众审核评议。2014年，直接参与和网上点击评议的群众分别达4万人次和260多万人次。完善“两参一改”监督评议机制。在全市141家市直机关和部门全面推行“两参一改”，“面对面”听取意见，“背靠背”接受评议，让群众问得明明白白、干部说得清清楚楚、部门整改实实在在。二是公开问责。对出现《百姓办事“零障碍”工程问责暂行办法》规定情形和违反《十条禁令》的，一经发现即实行严格问责，并将问责情形、具体内容、依据条款、问责决定、被问责人表态进行公开。单位自行问责的一般在本单位公开，性质恶劣、影响较大或被市作风办直接问责的由市作风办通过媒体向社会公开。“零障碍”工程实施两年多来，先后对216起机关作风问题启动问责程序，对29家单位给予“黄橙红”预警，292名责任人受到党纪政纪处理，135人被移送司法机关追究刑事责任，一批典型案例在全市予以通报。三是全程协办。在全市所有服务机构推行全程协办制度，提供内部全程代办、外部全程导引的“一站式”服务模式，做到百姓的事有人办、办不好有麻烦。目前，全市2500个办事机构已设立400个协办中心、2100个协办岗位，平均每天安排近3000名协办员为群众提供全程协办服务。四是标准服务。按照“服务质量目标化、服务方式规范化、服务过程程序化、服务监督自动化”的要求，全面严格推行首问负责、一次性告知、限时办结、同岗AB角、挂牌上岗、“起立迎送”、服务质量即时评价、错时延时服务等制度，编制服务指南，实施标准化规范服务，做到以制度标准指导服务、规范服务、展示服务、检验服务，打造富有徐州特色的标准服务体系，构建百姓生活“零障碍”服务圈。五是电子监控。“零障碍”电子监控平台已覆盖市区4095个办事服务窗口、行政服务大厅及乡镇综合服务中心，对群众从申办事项登记受理到办理结果，实现了全流程电子化监控和群众满意度即时测评，以及对协办服务流程和办事现场的双重实时监控。“零障碍”工程有了“千里眼”“顺风耳”，政府机关的权力行使到哪里，监督的触角就延伸到哪里。六是信息技术。推进视频监控全覆盖、一把手网络服务厅、作风投诉在线受理、事项网上全流程办理、10万人评议数据库、服务质量在线评价等项目建设，以信息化、自动化、便民化为目标，拓展信息化技术平台服务功能。大力推进电子政务提速，完善两级网上政务平台，按照“网办事项”全部进入网上政务平台、“非网办事项”进入行政服务中心现场的要求，实现网上办事“部门全覆盖、事项全覆盖、流程全覆盖”。健全“零障碍”12345热线服务机制，两年来累计接电话35万个，直接办理事项28万件，派送电子工单解决群众诉求事项7万件，办结率97.2%，回访群众34万多人次，满意率达98.6%。

工程实施以来取得了显著成效，突出表现在四个方面。

一是开放规范的行政文化。通过实施“零障碍”工程，徐州各级党政机关干部的学习、包容、进取、创新观念普遍增强，兼容并蓄特质明显；“两个习惯”成为机关工作人员的自觉遵循，“打破人情”依法依规办事不再是一句空话。

二是角色互察的干群关系。党群、干群互信度明显提升，无形的“墙”逐渐消失。干部知道群众在想什么，群众了解干部在做什么。以往“干部很辛苦、群众不领情”“群众呼声震天响、干部假装听不见”的现象，变成干部切实尊重、真心对待、真诚服务群众，群众对干部一时难以解决的问题表示理解和包容，真正做到了“办事零障碍、干群零距离”。

三是纲举目张的指挥体系。运用立体监督、动态评议、综合考核等机制，干部队伍的管理和干部的工作绩效明显提升。“等、拖、看”导致的“庸、懒、散”现象得到有效遏制，党政机关的行政服务效能明显提高，很多涉及百姓的事项如水电煤气、土地房产、工商税务等业务在办理时限、审批程序、服务态度上都有了很大改善。程序越来越简单，事情越来越好办，新出台的便民举措越来越人性化。决策和民意的转化进程变快，通过畅通有序的表达渠道，群众的意见建议能及时上升为市委、市政府的决策部署。

四是可靠可待的公权信用。瞄准影响民生幸福的问题，“说要做的事，做说过的话”，紧紧围绕民生实事改作风、提效能、优服务，得到广大群众的充分理解和支持。2013 年，全市的行政诉讼案件数量较上年下降 30%，涉及科级干部的信访案件数量下降 28%，处级干部信访案件数量下降 21%。2013 年 12 月对全市市直机关和单位绩效进行社会满意度调查，在 260 万参与调查的人群中，绩效评估满意率为 95%。

干群新风使党委政府把精力放在改革发展上，放在联系群众上，放在服务民生上，徐州步入历史上最好、最快发展时期。2013 年，徐州市地区生产总值达 4500 亿元，财政总收入 1109 亿元，经济总量和公共财政预算收入均居全省第 5 位，跻身全国地市级城市竞争力 30 强，并荣获中国十大高效政府、中国十佳投资环境城市、中国招商引资十佳城市、中国最安全城市、中国最具幸福感城市等多项殊荣。

三、徐州实施“零障碍”工程实现行政权力规范运行的启示

第一，权力公开运行才能管住人、管住权。阳光是最好的防腐剂，权力公开运行是把权力关进制度笼子的根本之策。充分发挥制度作用，让人民监督权力，一方面让权力的拥有者有所敬畏，明确自己权力的边界，消除侥幸心理，减少权力滥用现象；另一方面也给权力监督创造了更好的监督环境和条件，监督者就能知情更多，更容易及时发现权力运作过程中的各种弊端。

第二，权力公开运行才能打破干群之间无形的“墙”。推进权力公开运行，实际上是一个问需于民、问计于民、问政于民、干群互动的过程，能

够充分发挥人民群众的主人翁作用，保障人民群众的知情权、参与权和监督权，使权力运行对人民负责，受人民监督，体现人民意志，维护人民利益。重大决策过程中主动接受社会各界的民主监督，能够消除群众心中的疑虑，增进对党委政府工作的理解和支持，加深党同人民群众的感情。

第三，权力公开运行才能让“小事情”产生“大意义”。通过制定结构合理、配置科学、程序严密、运行公开、制约有效的权力运行机制，让更多群众享有对公共事务的知情权、选择权和监督权，群众得实惠、干部受保护，能有效实现干部清正、政府清廉、政治清明，构建一个公开、透明、高效的政府形象。

（唐健：徐州市委市级机关工委书记、市作风办主任）

法治引领政府治理现代化

孙向军

政府治理是国家治理最为重要的组成部分。而政府治理现代化，最为关键、最为基础、最为突出的标志则是法治化。

一、用治理思维指导行政改革

党的十八届三中全会提出“国家治理体系和治理能力现代化”，是一个重大的理论创新和观念创新。其突破意义体现在三个方面：一是在治国理念上，实现了从“统治”“管理”“控制”思维到“治理”思维的飞跃。二是把制度作为国家治理体系和治理能力的重要载体，强调了制度的根本性和优先性，体现了社会主义制度自觉与自信。三是把推进国家治理体系和治理能力现代化作为全面深化改革的总目标，也是社会主义改革理论的创新。国家治理体系和治理能力现代化理念的提出，要求我们用治理思维来研究政府管理和行政改革。

从治理的视角审视和研究政府管理与行政改革，首先是治理的观念会让我们思考政府管理或行政过程的根本目标是什么。在我国，政府往往有许多很具体的指标和任务，如保证多高的经济增长率、实现了哪些经济社会发展指标。除此之外，政府还有其他更为重要的目标，如通过行政过程实现公平正义、促进社会和谐、实现可持续发展、增进人民幸福等。党的十八届三中全会有一个创新点，那就是提出全面深化改革要“以促进社会公平正义、增进人民福祉为出发点和落脚点”，明确把“公平正义、人民福祉”作为改革的价值目标。对发展中国家来讲，在经济发展初期，往往只注重增长、注重经济、注重完成具体行政目标，但在经济社会发展到一定水平，要克服“中等收入陷阱”，政府目标就需要做出必要的调整。而治理正是提供了更为全面的理念和价值，使我们以更加全面的思维来理解政府职能和行为。其次，政府治理还提供了一个更广阔的视角，即管理者与机构、与社会、与人民之间更平等的互动关系。既然是治理，政策决策也需要更加民主化，要能够反映各个方面的利益诉求。再次，政府治理还把行政职能系统与行政运行系统联系起来，使我们的关注点不仅在行政管理的对象即社会和人民身上，而且还要关注自身，即政府内部的运行和功能。

二、法治化是政府治理现代化最核心的标志

什么是政府治理现代化呢？有许多内容和体现，比如民主化、法治化、智能化等，其中法治化是最为核心的内容和标志，是实现政府治理现代化的关键。法治是在现代民主制度下产生的一种现代治理方式，以民主为基础，民主是法治的基石，没有民主就没有法治。党的十八届三中全会吹响了新的历史条件下全面深化改革的号角，有许多学者把这次改革的革命性与三十五年前开启改革开放的革命性相提并论。现在我国制定了全面改革规划，成立了领导小组，更加注重顶层设计，除了中央从宏观上制定改革规划，地方也着力推进各个领域的改革。然而，改革的根本在于推进民主和法治，没有这一条，改革就不可能走得很远，也不可能真正取得实效，更不可能为中国特色社会主义事业提供不竭动力。

诸多改革的推进都有赖于政府治理法治化的推进。比如在经济体制改革方面，党的十八届三中全会提出“经济体制改革是全面深化改革的重点，核心问题是处理好政府和市场的关系”。20 世纪 90 年代就提出政企

分开、党政分开等，其实就已经认识到要正确处理政府和市场的关系。但是为什么现在仍然把政府与市场关系作为经济体制改革的核心问题呢？这说明一点，在改革开放过程中一直没有解决好政府与市场的关系问题。进一步而言，就是没有以法治化的思路规范政府与市场的关系。现在要解决这一问题，除了厘清政府与市场的关系，关键在于要真正用法治去规范政府的权力尤其是经济权力。在经济政策方面，尽管宏观调控有效地保证了经济增长目标的实现和长期经济发展的稳定，但各个层次的有形之手毫无制约地伸进经济领域，左右经济，导致市场不能健康发育和产生经济泡沫化等问题。现在已经被推到悬崖边的房市，最关系民生，最关乎社会公正，最影响财富分配，这种情况的出现，政府权力自身的利益与考量无疑是一个重要推手。

权力没有被关进笼子里，不仅会导致权力对社会和市场的干扰误导，而且会为权力寻租提供便利条件。因此，需要运用法治的方式和办法，规范权力的使用及使用程序，把权力纳入法治轨道。

在社会管理领域，今天面临着越来越严峻的反恐局势，一方面要求有效运用国家暴力制止犯罪，另一方面也需要运用法律对国家暴力的使用做出严格规范。在肯定国家暴力使用必要性的同时，更需要对国家暴力的使用赋予充足的合法性。

凡此种种，都说明法治是政府治理的关键。法治是现代政治文明的核心价值，通过推进政府治理的法治化，建成一个法治化政府，是实现国家治理体系和治理能力现代化的重要内容。

三、法治化政府的要求

一是政府权力法定。政府的职能是什么，有哪些权力，应当有法律授权，政府权力不能超越法律授权。现在提出政府“法无授权不可为”，社会“法无禁止即可为”，在理念上首先是一个巨大的历史进步。当然，法应当是“良法”，是充分反映人民意志、体现公平正义之法，而且是经过法定程序产生的法律。

二是政府行政过程法治化。政府任何一项决策都事关社会利益，因此，政府决策必须能够反映社会的共同利益，同时也要兼顾各方利益，能够体现社会公平正义。要做到这一点，就必须决策民主化。决策民主化要以一套规则和制度做保证，即需要法治化做保证。行政执行同样要法治化，使得行政执行充分依照法律进行，即所谓依法行政。

三是行政监督和问责法治化。在行政过程中，行政监督和行政问责是重要环节。但长期以来这个环节一直被忽视，重要原因在于法治化方面仍然比较薄弱。近些年，随着中央监督和反腐力度的加大，行政监督和问责有增加趋势，但行政监督和问责仍然需要用法治手段使其常态化和规范化。现在网络等新媒体在监督和问责方面作用越来越大，同时也出现了无序化乱象，这些都需要纳入法治轨道。

四是政府自身管理的法治化。政府自身的机构设置和公务人员招录、使用、管理等也都需要纳入法治化轨道，减少人治色彩。

政府治理的法治化或法治政府问题，对于西藏地区尤其具有重要意义。党的十八大之后，中央领导对西藏工作做出了重要指示。习近平总书记提出“治国必治边，治边先稳藏”的治藏方略。俞正声主席提出“依法治藏、长期建藏、争取人心、夯实基础”的指导思想。在中央的治藏战略中，依法治藏是核心和基本遵循。西藏工作有其特殊性，西藏工作的指导思想是：一个中心，即以经济建设为中心；两件大事，即发展和稳定；四个确保，即“确保经济社会跨越式发展，确保国家安全和西藏长治久安，确保各族人民物质文化生活水平不断提高，确保生态环境良好”。“稳藏”，实现长治久安，是西藏工作的战略目标；而要实现持续稳定、长期稳定和全面稳定，最根本的也是要通过法治化的途径予以保障。

（孙向军：西藏自治区行政学院副院长）

优秀论文

（一）重构政府与市场关系

在新的伟大征程中释放改革红利

张占斌

习近平总书记在党的十八届三中全会上对我国全面深化改革做出了全局性的战略部署，李克强总理的2014年《政府工作报告》亦着力指出要“向深化改革要动力”。我国当前已经进入经济增长的中高速阶段，正处于全面建成小康社会、加快从经济大国走向经济强国的新的伟大历史征程中，以深化经济体制改革为重点，促进稳增长、调结构、惠民生，进一步释放体制改革红利，是立足我国基本国情、增强综合国力的必然选择，是适应形势新变化、推动经济转型升级的迫切需要，是最大限度地调动和激发全社会创新、创造、创业活力的现实反映，也是打造中国经济升级版、努力实现经济强国梦的重要保障。

一、改革是中国最大的红利

红利，原本指的是上市公司在进行利润分配时，由股东所获得的超过股息的那部分利润，红利实际上就是通过“投资”而获得的利润“回报”。而改革红利则是指通过制度、体制、机制的变革和创新所取得的特殊“利润”——改革成果，即为改革红利。换句话说，通过改革的方式打破原有的体制机制，并获得超过在原来的资源配置方式下所取得的物质财富和有益成果，就是“改革红利”。

改革开放之前，我们的劳动力很便宜，但是我们的体制很贵，贵到很多事情不能做、不能想，是改革开放把这个制度运行的成本降低了，把学习世界最先进经验的成本降低了。有了制度运行的低成本加上要素的低成本，才有了经济的发力。三十多年前发轫于安徽小岗村的家庭联产承包责任制变革，拉开了中国改革的序幕，这一改革极大地促进了农村生产力的发展，农民首要的温饱问题得到有效解决，这就是通过改革制度和体制释放红利的明证。此后，中国的改革事业步入了一场实现中华民族伟大复兴的新长征。所有制改革、价格改革、国企改革、财税体制改革、金融体制改革、就业体制改革、收入分配制度改革、外贸体制改革等一系列涉及中国命运前途的重大改革措施在不断推进，释放了巨大的改革红利，极大地促进了国民经济与社会的良性发展。

但同时应看到，当前国内外环境都在发生极为广泛而深刻的变化，通过全面深化改革以进一步释放改革红利，已刻不容缓。从国际层面看，自2011年中国在经济总量超过日本成为世界第二大经济体之后，世界现有的以美国、日本等经济强国为主的对中国发展的制约因素正在加剧，全球经济格局正在发生深刻调整。同时，经济外部需求出现常态性萎缩，2008年以来国际金融危机的深层次影响还在不断显现，世界经济复苏的不稳定性、不确定性上升，我国面临的经济下行压力和潜在风险有所加大，这意味着我国必须依靠全面深化改革才能有效应对国际环境的严峻挑战。从国内层面看，能源、资源、环境的瓶颈制约已经越来越明显，依靠高投入、高能耗的发展模式已难以为继。此外，我国长期积累的结构性矛盾已经在逐步凸显，内需结构、产业结构、城乡结构、区域结构、收入分配结构这“五大结构”的失衡，使得我国经济发展的结构性矛盾日益突出，社会矛盾明显增多。这亦表明，唯有依靠深化改革，促进改革红利再释放，才能有效解决好这些问题和矛盾。

基于以上对深化改革紧迫性的认识，具体来讲，“改革红利”应当包括以下四个方面的含义。

第一，改革红利是通过改革创造出来的那部分增量价值。改革红利与人口红利既有联系又有区别，人口红利是指由于人口数量供大于求而带来劳动力成本低廉的比较优势，并由此创造的价值部分，而改革红利则是由通过对经济、政治、社会等领域的体制机制改革所创造出来的增量价值部分。当然，如果是通过教育体制、就业体制等体制机制改革而使得现有的人口创造出更多的劳动价值，那么，“更多的劳动价值”部分正是我们所讲的“改革红利”。由此可看到，我们强调“改革红利”内涵中“多出来”或“增量”含义的现实意义就在于：只有不断深化体制改革，才能有效地获得改革红利的增量部分，才能有效地解决好国际的挑战和国内的矛盾。

第二，改革红利的获得途径是通过体制机制改革。这一层内涵与我国目前学界对“改革红利”的理解是一致的。一般来讲，体制是指系统在某一时间点处的状态和结构，机制则是指系统演化的过程和动因，两者相互依存。改革红利正是指通过对体制和机制两方面的改革而获得的增量价值部分。党的十八届三中全会对我国体制改革做出了全面的战略部署，比如在经济领域，通过坚持和完善基本经济制度、加快完善现代市场体系、加快转变政府职能、深化财税体制改革、健全城乡发展一体化体制机制等改革措施来进一步释放改革红利，这是我国全面深化改革的重要内容。

第三，改革红利是一种潜在的红利。改革红利是一种隐藏于体制机制背后的价值形态，只有通过积极的改革，才能将这种潜在价值释放出来。要想将改革红利的这种潜在价值释放出来，就必须牢牢坚持改革开放正确方向，敢于啃硬骨头，敢于涉险滩，要勇于冲破思想观念的障碍，要勇于突破利益固化的藩篱，也要勇于破除既得利益者的阻挠。当前，我国的改革已进入深水区，也可以说是攻坚期，这必定要触动原有的利益格局，而现在触动利益往往比触及灵魂还难。因此，正因为改革红利是一种潜在红利，就必须勇于突破现有的体制机制障碍和既得利益阻挠，才能促进我国改革红利的进一步释放。

第四，改革红利的分享主体是人民群众。我国改革事业三十多年的历程雄辩地说明，广大人民是改革的参与者和推动者，也是改革红利的创造者，理应公平地成为改革红利的分享者。20 世纪 70 年代农村改革取得的巨大成功，其主要原因在于让老百姓切身地得到了改革的好处，充分调动了他们的积极性和创造性，使农村改革红利真正得到释放。如果说我国前三十年的改革，主要是广大人民创造改革红利的话，那么，未来三十年应当是广大人民共享改革红利的时代。故只有继续深化体制改革，只有让人民群众分享改革成果，改革才能得到人民群众的支持，才能进行下去，才能有效解决好各种社会矛盾。我们创造改革红利，也必须让人民群众分享，如此改革才能真正释放红利。

二、以深化改革激发经济活力

改革是中国最大的红利，也是中国经济发展的最大动力。李克强总理在十二届人大二次会议上作的《政府工作报告》中明确提出："当前改革已进入攻坚期和深水区，必须紧紧依靠人民群众，以壮士断腕的决心、背水一战的气概，冲破思想观念的束缚，突破利益固化的藩篱，以经济体制改革为牵引，全面深化各领域改革。"在党中央和国务院的统一部署下，过去的一年，我国在重要领域的改革取得了一系列成果，极大地释放了改革红利，有效地应对了国际环境的严峻挑战，有力地激发了市场内在活力、发展内生动力和社会创造力。

第一，行政体制改革扎实推进。2013 年，新一届政府将简政放权、转变政府职能作为全面深化改革的"突破口"和"当头炮"，大刀阔斧调整机构、削减行政审批事项，目的就是要从体制机制上给各类市场主体松绑，把该由市场发挥作用的交给市场，充分激发市场主体的活力。截止到 2014 年 3 月，新一届政府共取消和下放 416 项行政审批事项，重新修订政府核准的投资项目目录，涉及投资项目审批、生产经营活动和资质资格许可等方方面面。《国务院机构改革和职能转变方案》顺利实施，并进一步优化了省市县政府机构编制结构。铁路政企分开进展顺利，中国铁路总公司开始市场化运营。按照政事分开、事企分开和管办分开的原则，积极推动文化、卫生、新闻出版等行业的事业单位改革，有力地促进了公益事业的发展。2014 年 2 月 28 日，国务院公布《国务院关于废止和修改部分行政法规的决定》，积极推进工商登记制度改革，注册资本由实缴制改为认缴制。行政体制改革的顺利推进，极大地激发了市场活力，有效地释放了改革红利，更好地促进了政府职能转变。

第二，财税体制改革积极推进。财税体制改革在宏观调控、调整收入分配结构、供给公共产品等方面起着主导作用，对于激发经济活力具有重要意义。过去的一年，我国将“营改增”试点推向全国，取消和免征行政事业性收费 348 项，为企业减轻负担 1500 多亿元，促进了服务业发展和产业结构优化，有力地激发了市场主体的主动性和积极性。2014 年 7 月 24 日，国务院召开常务会议，决定进一步公平税负，暂免征收小微企业增值税和营业税，对小微企业实行税收减免，这一举措使 600 多万户小微企业受益。同时，国家出台了政府向社会力量购买服务的指导意见，组织中央部门开展政府购买服务工作，积极推动地方加大政府购买服务力度，并逐步清理规范专项转移支付项目，压减专项转移支付资金约 680 亿元，涉及 17 个项目。在涉农资金管理方面，进一步加大了国家财政资金对“三农”领域的倾斜，支持黑龙江开展“两大平原”涉农资金整合。在地方财政方面，国务院将地方自行发债试点扩大到上海、浙江等六省市，同时对地方政府债务进行了总量统计和结构调查，开始逐步建立防范和化解地方债务风险的长效机制。

第三，金融体制改革稳妥推进。金融是现代市场经济的核心，深化金融体制改革对于促进经济发展、巩固社会主义市场经济体制具有重要意义。2013 年 7 月 20 日，中国人民银行发布公告，经国务院批准，从该日起全面放开金融机构贷款利率管制，建立健全市场利率定价自律机制，贷款基础利率集中报价和发布等机制正式运行，首批 340 亿元同业存单顺利发行。人民银行正在进一步完善人民币汇率市场化形成机制，增强人民币汇率弹性。我国正在积极研究设计加快实现人民币资本项目可兑换的路线图和时间表，稳步实施合格境外机构投资者、人民币合格境外机构投资者和合格境内机构投资者制度，研究推动合格个人投资者制度。人民币跨境使用进一步扩大，与境内发生人民币跨境收付的境外企业所在国家和地区达到 222 个。2013 年 9 月 29 日，上海自贸区正式挂牌，在自贸区内人民币资本项目可以自由兑换，这是我国稳妥推进金融体制改革的重要举措。与此同时，民间资本投资金融业的准入条件进一步放宽，中小企业股份转让系统试点范围覆盖全国，建立存款保险制度，逐步健全金融机构风险处理机制。

第四，资源性产品价格逐步推进。价格机制是市场经济的核心机制，价格改革的目的是要建立反映市场供求关系和资源稀缺程度的信号传递机制。2013 年 3 月 26 日，国家发改委出台成品油价格形成新机制，调价周期由 22 个工作日缩短至 10 个工作日，取消挂靠国际市场油种平均价格波动 4%的调价幅度限制。从 2013 年 7 月 10 日起，国家调整非居民用天然气价格调整方案，天然气价格与可替代能源比价关系逐步理顺。2014 年 3 月 20 日，国家发改委发布了《关于建立健全居民生活用气阶梯价格制度的指导意见》，居民生活用气阶梯价格制度改革进入实质性阶段。国家进一步完善了核电上网电价、可再生能源电价补贴与环保电价机制，发布了实施销售电价分类结构改革方案，重点电煤价格与市场煤价格完全接轨，脱硝电价实施范围由 14 个省份扩大至全国所有燃煤机组，水、交通、电信、农产品等领域的价格改革亦在积极酝酿之中。这些价格改革措施的推进，使我国建立主要由市场决定价格的体制机制得到了极大的完善，有利于理顺价格体系，优化资源配置，释放改革红利。

第五，开放型经济体制有序推进。2013 年，中国上海自贸区正式启动，在服务领域开放、人民币资本项目可兑换、人民币跨境使用等方面开展先行先试，初步建立了准入前国民待遇加负面清单的外资管理新模式，对负面清单之外的外商投资由审批制改为备案制。上海自贸区的成立，是推动我国东部地区开放型经济转型升级的关键一招。建设丝绸之路经济带、21 世纪海上丝绸之路的战略构想被提出，在国际国内引起积极响应，打造中国—东盟自贸区升级版达成共识。我国政府进一步加大了改善投资环境举措的力度，逐步缩小了需政府核准的外商投资项目范围，简化了跨境人民币直接投资管理程序，加强了对招商引资活动的监督管理。统计数据表明，2013 年我国实际利用外资 1176 亿美元，较 2012 年增长 5.3%。我国积极推动服务业有序开放，支持深圳前海现代服务业示范区、珠海横琴新区、广州南沙新区、福建平潭综合试验区继续在扩大开放方面先行先试，并修订了中西部地区外商投资优势产业目录，不断创新境外经贸合作区发展新模式，积极释放对外开放新红利。统计表明，2013年中西部地区利用外资增长7.9％，比东部地区快3个百分点，16家境外经贸合作区累计完成总投资13.9亿美元。

此外，收入分配体制改革、农业农村改革、科技体制改革、卫生体制改革等一系列改革措施正在积极推进。过去的一年，通过这些有力的改革措施，极大地激发了市场的创新活力，增强了发展的内生动力，进一步释放了改革红利。据统计，2013年，我国GDP达到56.9万亿元，比上年增长7.7％，进出口总额突破4万亿元，规模以上工业企业利润增长12.2％，国家财政收入增长10.1％，全国新注册企业增长了27.6％，其中私营企业增长30％，个体工商企业增长16.4％。这些经济社会发展成果的取得，得益于扎扎实实的改革措施，得益于实实在在的改革红利。

三、坚定不移推动改革红利再释放

习近平总书记指出："改革是由问题倒逼而产生，又在不断解决问题中得以深化。"当前，我国改革正处于关键期、深水区、攻坚期，未来的改革之路依然任重道远。未来一段时期，我国的经济发展将面临更为复杂而严峻的挑战，我们必须把"稳增长"作为重要任务，牢牢抓住全面深化改革的战略机遇期，坚持依靠改革爬坡过坎，促进经济行稳致远。通过坚定不移推动改革红利再释放，抓好以下七个重点领域和关键环节的改革，加快从经济大国走向经济强国，为实现中华民族伟大复兴的中国梦保驾护航。

第一，积极推进结构性改革，把"稳增长"作为重要任务。经过三十多年的快速增长，我国经济目前已经进入了提质增效升级的新阶段，必须依靠结构性改革的力量，才能不断提升经济发展的质量和效益，推动经济行稳致远。2014年一季度经济数据已公布，我国经济面临较大下行压力，因此，同时要把"稳增长"作为重要任务，既要"保持定力"，坚持积极的财政政策和稳健的货币政策不变，又要"主动作为"，实现稳增长、调结构、惠民生的目标。一是要推进需求结构改革，构建扩大内需长效机制，发挥好消费的基础作用和投资的关键作用。二是推进城乡结构改革，构建城乡发展一体化体制机制。积极推进以人为核心的新型城镇化，健全新型城镇化带动农村发展和城乡要素平等交换的机制，努力实现城乡二元结构向城乡融合方向转变。三是推进区域结构改革，构建区域均衡发展机制。通过深化改革，依靠市场力量培育新的区域经济支撑带，构建我国梯度发展新格局。四是推进产业结构改革，构建创新驱动产业升级机制。通过市场驱动和创新驱动，促进产业在有进有退中实现转型升级和结构优化。五是推动收入分配结构改革，积极落实好《关于深化收入分配制度改革的若干意见》，逐步形成公开透明、公正合理的收入分配秩序。

第二，深入推进行政体制改革，更好发挥政府作用。行政体制改革是全面深化改革、释放改革红利的重要内容，也是关键环节。从改革历史看，我国三十多年的改革历程是从高度集中的计划经济体制向充满活力的社会主义市场经济体制转变，这个过程实质上也是行政体制改革的过程。推进行政体制改革的核心是转变政府职能，突破口是行政审批制度改革。2013年的行政体制改革为后续改革打下了良好基础，未来一段时期，一是要深入推进行政审批制度改革，要把那些含金量高的、管用的、真正能激发市场活力的审批事项彻底放给市场、放给企业。二是要在全国实施工商登记制度改革，真正落实好注册资本改革措施，将企业年检制度改为年报公示制度，坚持宽进严管原则。三是要强化政府服务管理职能，加强事中事后监管，不断创新监管和服务方式，逐步转变服务管理方式，提高服务管理效能。四是要基本完成省市县政府机构改革，严控机构编制，鼓励地方大胆探索创新，推进机构编制结构优化。五是要继续推进事业单位分类改革，逐步建立政府购买公共服务的机制，养事但尽量少直接养人、少养机构，推动养老服务等公共服务提供上实现社会化、市场化。

第三，抓好财税改革重头戏，健全现代财政制度。经济体制改革是全面深化改革的重点，而财税体制改革则是改革的重中之重。要实施全面规范、公开透明的预算制度，实现预算编制科学完整、预算执行规范有效、预算监督公开透明这三者有机衔接、相互制衡的预算制度框架。通过推进预算公开，打造阳光财政和阳光政府。要进一步完善转移支付制度，在完善一般性转移支付的稳定增长机制的基础上，清理整合规范专项转移支付项目，通过建立合理的监督评价体系，促进转移支付制度规范化和法治化。要加快“营改增”改革，适时推出在生活服务业、建筑业、房地产业、金融保险业等行业进行“营改增”试点，同时要积极推动消费税、资源税、房地产税、环境保护税等税收制度的立法与改革工作。要进一步调整中央和地方事权和支出责任，健全中央和地方财力与事权相匹配的财政体制，在保持现有中央和地方财力格局总体稳定的情况下，适度加强中央事权。

第四，深化金融体制改革，更好地服务实体经济。金融一盘棋走活，经济的满盘棋皆赢。全面提升金融服务实体经济的能力和水平，根本出路在于深化改革。在2013年利率市场化改革步伐加快、人民币汇率形成机制继续完善等改革成果基础上，要继续推进利率市场化改革，逐步放开存款利率管制，扩大金融机构利率自主定价权，逐步拓宽金融机构负债产品市场化定价范围。通过有序扩大人民币汇率双向浮动区间，增强汇率弹性等改革措施，保持人民币汇率在合理均衡水平上基本稳定的良好态势。继续推进农业发展银行、进出口银行等政策性金融机构改革，逐步建立资本约束机制，以进一步使政策性金融机构在维护我国经济健康可持续发展中发挥更大的作用。同时，要逐步稳妥放宽民间资本进入金融领域的限制，稳步推进由民间资本发起设立中小型银行等金融机构的政策措施，积极研究以余额宝等为代表的互联网金融发展趋势，做到既不打压民间金融新生力量，又保证金融风险在可控范围之内，从而引导民间资本更好地服务于我国实体经济发展。

第五，完善基本经济制度，激发各类所有制经济活力。以公有制为主体、多种所有制经济共同发展的基本经济制度，是中国特色社会主义制度的重要支柱，也是社会主义市场经济体制的根基。一是要加快国有企业股权多元化改革，大力支持各种非公有制经济资本特别是民营资本参与国有企业的股权多元化改革，积极探索“以管资本为主加强国有资产监管”的新模式和新方法。二是要推动国有经济战略布局调整，推动国有资本向具有竞争优势的行业和未来可能形成主导产业的领域集中，向关系国家安全、国民经济命脉的重要行业和关键领域集中。三是要消除“玻璃门”“弹簧门”“旋转门”等隐形壁垒，公平市场准入门槛，进一步鼓励非公有制经济发展，为非公有制经济发展营造良好的政策、融资、服务等经营环境。四是要加快发展混合所有制经济，逐步形成国有资本、集体资本、非公有资本等交叉持股、相互融合的良好发展局面，调动一切积极因素共同创造社会财富和促进经济增长。

第六，构建开放型经济新体制，开创高水平开放新局面。为适应经济全球化新形势，我们必须推动对内改革对外开放相互促进、“引进来”和“走出去”更好结合，加快培育参与和引领国际经济合作新优势，进一步释放对外开放红利，努力开创高水平开放新局面。在从经济大国走向经济强国的新的历史征程上，我们要充分利用好上海自由贸易试验区这个创新载体，加快推进准入前国民待遇加负面清单管理新模式，为我国全面深化改革和扩大开放做出新示范、提供新途径、积累新经验。通过抓紧研究制定丝绸之路经济带和21世纪海上丝绸之路的总体设计和实施方案，加快实现“一带一路”的重大战略构想，推进孟中印缅、中巴经济走廊建设，为我国扩大全方位对外开放奠定坚实的基础。同时，要从战略高度推动出口升级和贸易平衡发展，积极打造跨国型企业和世界知名品牌，统筹多边和区域开放合作，在“走出去”战略中全面提升国家竞争力。

第七，切实保障和改善民生，让广大人民共享改革红利。全面深化改革、释放改革红利的出发点和落脚点就是要促进社会公平正义、增进人民福祉，让广大人民分享改革发展成果。要加强农村地权制度的建立，深化户籍制度的改革，着力提高社会保障的水平，进一步加大教育体制、科研体制、卫生医疗体制等改革的力度，为释放改革红利提供配套支撑。值得重点注意的是，广大人民对就业体制、医疗卫生体制、保障性住房制度、生态和环保制度等领域的改革诉求很高，我们必须顺应人民新期待和新期盼，扎扎实实地攻坚推进、重点突破，推动这些环节的改革向纵深发展。尤其要出重拳强化污染治理，以雾霾频发的特大城市和区域为重点，深入实施大气污染防治行动。同时，要更加注重政治体制、文化体制、社会体制和生态文明制度改革的协同效应，通过综合配套和改革试点相结合，充分发掘体制机制变革的潜在红利，以全面促进经济社会的可持续发展和改革红利的可持续释放，让广大人民能够切身感受到改革发展带来的好处与成果。

（张占斌：国家行政学教研院经济学教研部主任，教授，博士生导师）

改革政府管制 走市场化的城市化之路

鲁照旺

【摘　要】 城市让生活更美好。城市化是世界发展进程的必然。但在中国,由政府管制的城市化存在一系列的弊端。作为文明古国的中国,城市化率曾经相当高,但在当代,由于通过户籍等制度管制城市化进程,而导致了低城市化率。当前的城市化指导思想,仍有浓厚的计划经济色彩,仍然试图以行政手段主导城市化进程。事实上,城市化进程是很难人为控制的。中国不能继续以政府或大城市政府或既得利益群体的主观意志为转移,不能再以行政手段人为地控制城市化进程了。

【关键词】 城市化　政府管制　户籍制度

城市让生活更美好。城市在改变着人们的衣食住行等生活方式。比之穷乡僻壤的农村,城市呈现出更高的物质文明和精神文明。在当前中国,城市化也被看作扩大内需、带动投资和消费、促进经济增长的重要因素。城市化的过程必然意味着巨大的基础设施投资和激活更多人口的创造能力和消费潜力。城市化必然成为推动中国发展的动力。但问题是,城市化如何进行?

一、政府管制导致的低城市化率

城市化是世界发展进程的必然。1800年全球仅有2%的人口居住在城市，当前则有一半多的人口居住在城市。作为文明古国的中国，在历史上的城市化率曾经相当高。早在唐代，中国城市人口已占全国人口的10%左右，拥有建康、东都和长安即现在的南京、洛阳和西安三座百万人口的大城市，而当时的世界城市人口只占总人口的3%左右。然而，在历经了一千多年以后，到目前，中国完全意义上的按城市户籍人口或者说按享有同等市民待遇人口计算的城市化率实际上只有35%左右[①]。而世界城市人口比重已提高到了50%以上，很多发达地区已经达到80%以上。从城市化率与工业化率的比值来看，亦可得出中国工业化超前、城市化滞后的现状。目前中国两者之比为1.09(51.3%：46.8%)，而全球平均比值为1.95(50.9%：26.1%)。中国的工业化率较全球水准高出近一倍，但城市化率却基本相当。这都是由于中国长期以来通过各种强制性制度和政策管制城市化发展进程的结果。

二、实施户籍管制导致低城市化率

通过户籍制度实施人口迁徙管制是造成中国城市化率低下的重要原因之一。已经都21世纪了，中国是全世界那么几个极其少有的在一个国家内通过户籍管制限制人民自由迁徙、剥夺人的基本的人身自由的国家。

户籍管制是工业文明和城市化发展的严重障碍。户籍管制阻碍人口自由迁徙，造成中国社会极强的封闭性，也是中国社会宗法关系、裙带关系、帮派势力极为严重的重要原因。近代中国商品经济和与之密切相关的城市化之所以落后，中国之所以没有顺利地从封建社会转向现代社会，无不与此有密切的关系。当代中国所实行的户籍管制甚至严厉于近代中

① 尽管世界银行统计的中国2011年的城市化率为50.5%，但由于户籍制度问题，在中国各城市中存在大量的非本地户籍的所谓的农民工和其他类型的流动人口。按城市户籍人口或者说按享有同等市民待遇的人口来算是达不到50.5%的。至于说是30%多还是40%多，都是一个估计数。

国的封建专制时期。自1958年以来,因实行严格的户籍管制,剥夺了人们的自由迁徙权,人为地把中国分割为城市和农村、不同的城市与城市、不同的农村与农村,冻结了中国多元经济结构向一元经济结构有效转化的道路。户籍制度在城乡之间、城城之间、乡乡之间、不同地域之间挖掘了一条条鸿沟,形成了泾渭分明的城城、乡乡、城乡分割体制,既阻碍了农村发展,也阻碍了城市化发展,阻碍了整个中国的发展。

三、摒弃政府支配的造城式城市化

自1980年以来,中国建成区的面积增加了3倍多,但城市人口增加仅1倍。[①] 土地城市化的速度远远超过了人口的城市化。在没有自由迁徙的行政强制下,中国的城市化主要表现为城市数量的增加,是行政建制的城市化,是城市占地面积不断扩大的土地城市化,而不是人的城市化。

城市化的主体是人,城市化的推动者是人,他们带来了城市发展所必需的智慧、资本和体力,从而推动了城市的成长;城市化的目的也是为了人,而不是为了城市化而城市化。然而,在中国城市化的现实当中,很大程度上却存在着对上述两个方面的背离。表现为政府替代了个体,成了城市化的主角,城市化就变成了"政府的城市化"。原本是用来安置百万人口的街区却很少有人入住,多车道的公路只有少数几辆车驶过,偶见的行人会让你怀疑自己是不是出现了幻觉,他们慢腾腾地在人行道上挪动,就像灾难电影中末日来临后的孤独幸存者……[②]政府能造物理意义上的"城",搞硬的基础设施建设,但是,城市化绝不只是硬建设,城市化更多的是人的聚集、经济活动的聚集、社会的成长,光有房子和道路等基础设施,没有人,没有由人组成的社会,怎么是城市,哪里是城市化?

目前,很多从事城市建设的企业都要跟随政府的指挥棒转。政府的指挥棒经常会产生所谓的折腾现象。比如,城市规划常常随着政府和主

---

① Tom Miller, China's Urban Billion: The Story Behind the biggest Migration in Human History, Zed Books. http://www.ftchinese.com/story/001048793.

② 邵晨钟:《中国新型城镇化六大命题》,http://www.ftchinese.com/story/001048419?full=y。

要领导人的变化而变化，但有一条是不变的，那就是，为了政绩，为了GDP，为了财政收入，为了面子，甚至是为了腐败，这些年，中国多地通过大举公共债务搞城市开发建设，支撑了大批量、大规模的房地产项目。当前，许多地方出现了“鬼城”现象。毫无例外，“鬼城”都是由政府重金打造出来的。当前，被社会所公认的“鬼城”有：内蒙古鄂尔多斯康巴什、内蒙古呼和浩特清水河、内蒙古巴彦淖尔、内蒙古二连浩特、河南郑州郑东新区、河南鹤壁、河南信阳、辽宁营口、江苏常州江苏镇江丹徒、湖北十堰、辽宁营口、甘肃酒泉、云南呈贡等。

四、凯恩斯主义式的城市化不可行

由政府通过财政投资和消费来创造需求，以拉动经济增长，从而熨平经济周期，是政府主导主义，也是萧条经济学理论凯恩斯主义的政策主张。凯恩斯主义的核心是需求管理。凯恩斯主义认为经济衰退是由需求不足造成的，救治的药方就是由政府代表纳税人花钱以创造需求助推经济。在中国，政府主导主义论者认为，中国当前的医疗、养老、教育体系不完善，消费在短期内无法拉动，出口无法持续，因此，突破口就是投资。于是，在 2008 年中国政府放出了 4 万亿元的投资计划。当前，又提出以所谓新型城镇化的名义实施经济刺激政策，我们必须警惕政府主导模式的进一步升级。

本来，凯恩斯主义也并不想建立强势的政府计划经济体系，而是希望在特殊时期借由政府干预来完善自由市场经济。凯恩斯所讲的政府干预，并不是“把社会上大部分经济生活包罗在政府权限以内”，而是通过政府改变租税体系、限定利率，以及其他方法，提高经济萧条时期的总需求水平，使经济重新繁荣。而当经济繁荣高涨时期，政府采取紧缩的宏观经济措施来压缩过度的需求，从而使供求平衡、物价平稳。[1] 但是，政府主导主义实施的结果却常常导致一个强势的政府，随之，人们的经济自由和政治自由被削弱，人们的创造力和企业的活力下降。在实践中，凯恩斯主

① 凯恩斯：《就业利息和货币通论》，商务印书馆 1963 年版，第 325—326 页。

义确实如鬼魅般吸走一个个老牌的自由市场经济国家的精髓和活力。英国的面积只相当于中国的一个省，人口也只有河南省的一半多，但是，这样一个小国通过工业革命迅速繁荣富强起来。然而，工业革命后，英国公共支出与日俱增，造就了一个大政府。第二次世界大战后，英国更是走向了极端，进行了三十多年的凯恩斯主义经济政策实践。实践的结果非常糟糕。1976年，英国首相詹姆斯·卡拉汉在工党大会上无比沉痛地检讨了凯恩斯主义经济政策的错误。他说，过去我们误认为我们能够仅仅通过花钱走出衰退，误认为我们可以通过政府大量花钱提高就业率。我以我全部的真诚告诉你们：这种选择不再存在。以往这样做的时候，其实就是向经济中注入了通货膨胀，每次这样做之后失业率就会上升。1979年撒切尔夫人上台后，彻底抛弃了凯恩斯主义，并大刀阔斧地铁腕矫正凯恩斯主义政策给英国带来的弊病。其采纳了与凯恩斯主义完全不同的经济哲学。她以三种途径实现这种经济哲学：一是削减公共开支，二是去规则化，三是私有化。撒切尔夫人执政十年把英国引回了正确的轨道。但是，凯恩斯主义政策的惯性依然存在。至今，英国的凯恩斯主义后遗症还很明显，比如公共部门庞大、经济效率低下、企业活力不足、国家竞争力减弱。亦因此，为了重振英国经济，目前的卡梅伦政府不得不在严重的世界经济危机时期，依然坚持采取缩减公共部门开支、私有化、鼓励竞争等反政府主导主义的自由市场政策。

几乎所有的国家都难以抵御政府主导主义的诱惑。中国的市场经济改革正在深水区，根本性的政治改革还没有启动，在这个时代，重新倡导什么政府主导模式，炫耀所谓中国模式的优势，宣传并强力实施政府主导主义，无疑是对市场化改革的巨大反动，势必造成低效投资，滋生更多更系统化的腐败，民营经济的生存空间进一步缩窄，经济活力丧失。

中国的各项改革还都不彻底，还远远不到位，因而也还有更大的制度红利空间。如果进一步完善自由市场经济制度，完善民主法治的政治制度，以中国人的聪明才智和吃苦精神，整个社会的生命力和创造力将更加旺盛，经济发展会更加高效出色，社会将更加繁荣昌盛。随之，一定能在城市创造出更多的就业机会，从而吸引人口进城工作、定居，这就是城市化水到渠成的过程。相反，如果实施政府主导，政府臆造城市，必将走向反面。

五、政府能合理有效地控制城市规模吗

城市化有两种相互交叉的途径，第一种是，原有城市吸纳农村人口，人口向城市集中，从而使原有农村逐渐萎缩并最终消失。第二种是以发展小城镇为重点，随着小城镇的发展，逐步成为新兴城市，即农村社区逐渐变为城市。中国在城市发展战略上长期坚持“严格控制大城市的规模，合理发展中等城市，积极发展小城镇”的思想，明显侧重于城市化控制。在指导思想上，仍是传统的计划经济思想，仍然试图以行政手段主导控制城市化进程。是大城市优先发展，还是小城镇优先发展，不能以政府或大城市政府或既得利益群体的主观意志为转移，不能以行政控制人为地干预城市化进程。从世界城市发展史我们可以明确看出，大城市超先增长是一个普遍性规律，靠行政手段控制大城市的发展进程，不仅违背客观自然规律，也缺乏理论依据。而政府人为地以行政手段控制大城市发展、控制城市规模只会带来负面影响，制约城市化进程。

2009年世界发展报告的主题是经济发展和财富分布的地理不平衡：人口、生产和财富向城市、大城市和发达地带聚集和集中。在其《重塑世界经济地理》的前言里似乎想“重塑”出一个新世界来。但事实表明，不论有多少人偏好于“更平衡的增长”，人的经济活动所包含的逻辑就是在流动中聚集，然后再流动、再聚集，直至人口、经济和财富在地理上集中到一个个面积奇小的地方去。

有观点认为，大城市人口拥挤，交通堵塞，住房、用水、用电紧张，污染严重、环境恶化等“大城市病”是城市规模不断扩张的恶果，因此，必须限制大城市的规模，不应把大城市作为中国城市化发展战略的重点。然而这一看法是片面的。人们所说的“城市病”，并非伴随着大城市化的必然现象。“城市病”与城市规模并没有必然的联系，“城市病”的根源在于城市管理不善，这些问题并不是不能解决的不治之症。如果加强城市管理，努力提高城市的内涵质量，就可以医好这些“病”。与一些发达国家和地

区的大城市相比，甚至与不少发展中国家的大城市相比，中国的大城市人口规模和人口密度都不算大。东京、首尔、香港地区、纽约等大城市并没有像中国的几个大城市那样拥挤、混乱。有研究表明，无论从规模上，还是从密度和交通流量上讲，东京和纽约等城市都是超一流的。它们的经济功能也是国际一流的。国际文献检索表明，没有证据可以证明，如此高的密度会导致东京和纽约等城市经济活力不够，或者使这些城市规模大得不可以有效地管理。[①] 这些大城市的交通井然有序，环境现代且优美。

六、大城市超先发展的合理性

城市化过程是人口集中、经济和社会活动集中的过程。这又使金融保险、房地产、商业、通信、饮食、交通运输、公共设施、医院、学校等服务业因经济效益的提高而更具有发展动力。古今中外的实践表明，大城市在城市化发展、社会进步中起着主导作用。大城市超先发展具有内在的规律性与合理性。城市的规模效应如同企业的规模经济一样，具有相同的内在机理。大城市对土地和基础设施的利用率比小城市高。据联合国统计分析，全球城市人口用地人均仅是农村人口人均用地的 1/2～1/3。[②]有学者按人均占有的建成区面积计算，中国 20 万人口以下的小城市人均占地是 200 万人以上大城市的两倍，建制镇人均占地是后者的 3 倍以上。[③]此外，水、电、道路、通信等基础设施，一次性投入大，但一经建成，使用的边际成本很小，即城市基础设施的人均运转费用与规模成反比。大城市里人口众多，共同分享这些基础设施，降低了使用成本，提高了资源的利用率。以配置污水处理厂为例，污水处理厂投资费与运营费有着密切的关系，如 0.4 立方米/秒的污水处理厂的平均投资是 4.0 立方米/秒的污

---

① 丁成日：《中国城市的人口密度高吗》，《城市规划》2004 年第 8 期。

② 罗崇敏：《中国行政学新论》，人民出版社 2006 年版，第 166 页。

③ 许成安、王昊、杨青：《我国城市化理论研究与实践发展中的若干问题》，《江淮论坛》2001 年第 3 期。

水处理厂的2.6倍，运营费则是5.5倍。[①]

研究表明，城市的效益随城市规模的扩大而提高。以东京为例，大东京的人口聚集程度是什么样呢？在仅占全日本4%面积的土地上聚集了日本25%的人口。不过，这个全球第一大城市的经济集聚程度更甚：该年度东京的人均国民生产总值7.2万美元，高出日本全国平均值的67.4%。大东京一个地方就占日本总产出的40%。其他大城市又何尝不是如此呢？无论是发达国家还是发展中国家都是如此。三分之一的埃及人口聚集在只占全国土地面积0.5%的首都开罗，产出的GDP超出了全国的一半。

政府主导发展小城镇有一系列难以克服的缺陷。政府主导发展小城镇，实施人口就地转移，不利于发挥规模效益。散布在全国各地的成千上万的小城镇，经济、技术、文化落后，交通不便，信息不灵，绝大多数生产方式陈旧落后，投资分散，消耗大，管理成本高，缺乏现代工业最基本的规模效益。政府主导发展小城镇，造成一些地区搞遍地开花，结果造成乱占、乱用、乱批土地，重复建设，资源浪费和环境污染等。城市化并不单纯是把农村人口变成城市人口的过程，而且是要通过工业化、现代化来改造传统农业社会的生产生活方式及发展格局，加快经济、社会结构的转变。城市化不仅需要有与之相伴随的工业化的物质条件，而且还需要城市文明的洗礼。它是以现代化先进的城市文明取代传统落后的乡村文明的综合过程。在小城镇，旧式的生产生活方式得不到根本性的改造，小农经济社会结构仍然超稳定地存在着。小城通过镇的地域色彩及裙带、血缘、人缘关系浓厚，对外来人口有强烈的排斥力，吸引力不大，吸纳人口不可能多，对城市化的推动作用有限。虽然小城镇的建设对于打破城乡二元结构、缩小城乡差别、促进城市化与工业化协调发展具有积极意义，但对小城镇在城市化进程中的作用不能夸大。政府试图通过自己人为主导发展小城镇来实现中国的城市化只会适得其反。

单纯从数量上讲，13亿人按80%的城市化率计算，将来在城市的人口为十多亿，按照每个城市最佳人口为100万至200万计算，需要发展

① 陈秉钊：《发展小城镇与城市化的战略思考》，《城市规划》2001年第2期。

1000 至 500 个城市。全国现有地级以上城市有近 400 个，再加上县级市和强县，大致在 700 至 1000 个，足以承担中国城市化发展的需要，无须全面、分散、人为地通过发展小城镇的办法去搞城市化。

我们也绝不反对因人的自由选择、自由迁徙而社会自然形成和发展的各具特色的村镇。有不少人就不喜欢城市尤其是大城市的生活，而希望归隐山野过田园生活。

城市化有其自身的发展规律。我们应该摒弃那种由政府主导、政府控制的城市化发展方式，摒弃户籍管制，摒弃大中小城市发展进程中政府的人为控制，充分发挥市场机制在城市化进程中配置资源的决定性作用，走市场化的城市化之路。

（鲁照旺：中国政法大学政治与公共管理学院教授）

发挥市场决定作用
加快推进资格资质去行政化改革

——宿迁市推进资格资质去行政化改革的实践探索

王天琦

【摘　要】 党的十八届三中全会明确提出，经济体制改革的核心问题就是处理好政府和市场的关系，使市场在资源配置中起决定性作用。在此背景下，宿迁市在全国率先启动了资格资质去行政化改革，旨在以市场化为导向，以“减权去利”为核心，通过委托、授权等方式，推进资格资质去行政化管理，逐步放开培训、放开考试、放开发证，实现资格资质事项教育培训和考试发证社会化、产业化，壮大人力资源产业规模，为宿迁改革发展增添新的优势。

【关键词】 资格资质　去行政化　宿迁

党的十八大和十八届三中全会对全面深化改革作出了战略部署，提出要深入推进以市场化导向为核心的行政体制改革。在2013年5月召开的国务院机构改革和职能转变动员会议上，李克强总理指出，“除依照行政许可法要求具备特殊信誉、特殊条件或特殊技能的职业、行业需要设立的资格资质许可外，其他资格资质许可一律予以取消”。围绕贯彻落实中央精神，宿迁市在充分调研、科学论证的基础上，结合自身发展实际，于2013年8月在全国率先启动了资格资质去行政化改革。

一、资格资质去行政化改革的背景

（一）资格资质的涵义。所谓资格资质，是指由政府或社会组织依法对经营活动主体或个人授予的证明其能力、水平的证书、执照、批文，通常是申请主体经过行政审批之后发放。

（二）我国资格资质类事项运行现状。目前，我国共有90个就业准入制度，范围涵盖车钳刨铣磨、美容美发摄影等等，但能被市场认可、实际执行到位的寥寥无几，很多就业者都是无证上岗；农业、制造、交通等十五大门类，副食加工、建筑设计、工程施工等一百多个大类行业，几乎全部都需要有相应的资质条件才能入行开办企业，而不同资质的企业需要的职业资格证书又是五花八门①，所需的资格资质认证事项呈几何倍数增长，数不胜数。其中很多资格资质认证制度都是20世纪90年代中后期建立的，二十多年基本没有发生大变化，与时代发展脱轨、与市场需求脱节，可谓弊端丛生。

（三）其他国家资格资质类事项运行现状。欧美等发达国家高度重视社会组织在职业资格认证中的作用，大多数国家的职业资格认证工作交由行业、专业协会等非营利社会组织实施。② 以国外资格资质证书占比最大的职业资格证书为例，笔者通过对有关资料的查阅与总结③④，对英、美、德等发达国家的职业资格证书制度的特点作了简要概括（见表1）。

---

① 雷世平、董仁忠：《就业准入制度推进中存在的问题剖析》，《中国职业技术教育》2003年第24期。

② 刘学钊、凌先有：《加拿大、美国职业资格制度的启示》，《中国水利》2004年第11期，第62—63页。doi：10.3969/j.issn.1000—1123.2004.11.024。

③ Heitmann&Gunter，《European Structures of Qualification Levels Reports on recent developments in Germany，Spain，France，the Netherlands and in the United Kingdom (England and Wales)》，Luxembourg：Office for Official Publications of the European Communities，2001，pp.21—50.

④ 道水：《国外职业资格制度》，《中国人才》2003年第6期。

表1　典型国家资格资质证书制度特点比较(以职业资格证书为例)

国家	主要特点
英国	教育与就业部:负责政策与立法;国家职业资格委员会(NCVQ):代表政府具体负责职业资格证书制度的建设;产业指导机构(LB):属于行业非政府的民间机构,负责制定职业资格标准,由NCVQ提供资金;证书机构(AB):设立鉴定站,颁发证书,具体负责职业资格的鉴定和运作。通用国家职业资格证书制度(GNVQ)。严格的质量控制体系
美国	政府协调,负责注册、管理、考试等。行业协会:负责考试大纲拟定、专业课程评估、技能监督;制定守则、章程的指导性文件,制定职业资格标准
德国	主要由行业联合会具体负责。按行政区域划分,代表本地区各行业企业的总体利益。培训考试形式采用双元制
加拿大	基本上由行业协会统一负责。包括立法、解释、执行;制订统一标准、规定、章程供各级协会使用,并代表国家进行省级协会之间的协调,负责职业资格的考试、认证、注册、监督、管理等工作。考试严格,非终身制
韩国	劳动部(政府):宏观管理,制定政策法规,监督检查;产业人力管理公团:具体实施,下设59个鉴定站

通过我国与发达国家的资格资质事项对比不难看出,与政府主导相比,由社会组织主导的资格资质事项更能激发市场主体的活力,推动资格资质工作健康发展。根据治理理论和非营利组织理论,资格资质认证的权威性与认可度是由市场决定的。[①] 我国《行政许可法》也指出,“现行的诸多资质、资格的许可工作,将退出行政许可的范围,由行业组织或中介机构的自律管理来替代”。因此,实施资格资质去行政化改革,建设科学规范、客观公正的资格资质社会化管理服务机制,符合国际惯例,符合科学定律,符合国家政策,是大势所趋、势在必行。

二、资格资质去行政化的概念及重要意义

所谓资格资质去行政化,就是除少数涉及公共安全、国计民生等必须由政府掌握的特殊职业、行业外,其他资格资质认证一律与行政脱离,放

① 赵康:《专业化运动理论:人类社会中专业性职业发展历程的理论假设》,《社会学研究》2001年第5期。

给社会组织，放给市场主体，实现评价主体、评价标准、评价形式和评价结果的全面社会化。即便是政府保留的资格资质事项，也以市场化为导向，通过政府购买服务的方式，推进相应资格资质的培训和考试。

（一）有利于推动政府职能转变。政府将资格资质认定下放给社会组织，不仅可以降低因机构组建、人员供养、基地建设等带来的公共资源消耗，实现行政审批环节的精简，推动行政服务效率的提升，而且能够促进治理模式转变，推动管制型政府向服务型政府转变，把社会所需要的公共产品和服务通过市场来提供，减少政府对经济和社会生活的过多不当干预，让政府从烦琐的微观事务中摆脱出来，回归到为市场主体提供服务的本位上。

（二）有利于提升社会治理能力。现代公共管理学认为，“运用市场的概念、原则和做法运作公共事业和公营部门，可以使公共服务变得更有效率和效能，从而提高社会治理能力”①。资格资质去行政化改革改变过去单一的行政管控模式，更多依靠社会力量来治理末梢和细节，通过政府与社会合作方式来共同治理，增加社会治理的弹性和空间，有利于推动社会治理能力的总体进步。

（三）有利于激发社会主体活力。实施资格资质去行政化改革，将分散在行政部门的培训考试职能市场化，将带来巨大的市场空间和发展机遇，有效激发市场主体创业冲动和积极性，促进法律、会计、评估、人力资源等中介服务组织实现乘数效应、几何级的增长。人力资源类服务机构的发展集聚，既能让群众通过技能提升高质量地就业，也将催生培训、考试、职业教育、就业市场等人力资源产业发展，形成新的经济增长点。②

（四）有利于建设廉洁高效政府。大量的行政许可事项从行政部门剥离出来，交由市场主体操作，大大减少了部门及工作人员权力寻租的机会，推动了廉洁政府的建设。社会组织在承接资格资质事项后，能够灵活提升

---

① 石金涛、陈琦：《职业资格制度的发展：人力资本理论的观点》，《科学管理研究》2003 年第 6 期。

② 杨仁忠：《社会公共领域与激发社会组织活力——对中共十八届三中全会〈决定〉的深层研读》，《行政科学论坛》2014 年第 1 期。

资格资质认定的实用性和高效性，减少相对人在审核、培训、考证、发证等环节的费用和时间消耗，在降低社会个体就业创业成本的同时，也进一步提升了政府公共服务水平。[①]

三、宿迁推进资格资质去行政化改革的动因

（一）符合改革大势。党的十八届三中全会明确提出了“深化行政审批制度改革，市场机制能有效调节的经济活动一律取消审批”的改革思路。国务院专门就资格资质改革提出明确要求，江苏省委省政府也将精简资格资质许可作为简政放权和改革行政审批的重要内容。可以说，宿迁实施资格资质去行政化改革，贯彻了中央和省关于简政放权的要求，体现了与中央和省改革战略部署的同频共振。

（二）自身要求迫切。根据改革之初的统计，宿迁市区正在运行的资格资质类项目共569项，其中考试鉴定事项422个，涵盖了一、二、三产业的全部行业。这些资格资质项目的认定权力散布在43个行政部门，程序纷繁复杂，收费名目繁多，效率极其低下，严重抑制了社会主体创业的冲动和积极性。政府的手伸得太长、管得太宽，已经逾越了公权的边界，影响了行业组织和社会机构的健康发展，抑制了社会主体活力，迫切需要改革。

（三）具备充分条件。2013年以来，宿迁市围绕进一步简政放权，释放市场主体活力，先后启动了一系列的改革。2013年4月，推进工商登记改革试点，进一步降低企业准入门槛，激发市场主体活力，为行政审批制度改革和全市面上改革探索新路、积累经验。2013年9月，启动行政审批制度改革，构建了以《总体方案》为纲的“1＋10”改革体系，努力解决政府职能越位，错位，缺位的问题，市级仅保留审批事项57项，精简率超过70％，不仅压降了审批事项，更重要的是行政程序和实体发生了实质性变化，有效转变了政府职能，激发了社会活力，促进了政府廉洁。2014年以来，围绕深化行政审批制度改革，全面启动资格资质去行政化、中介

---

① 刘金光：《强化权力制约　有效遏制腐败》，《中共济南市委党校学报》2009年第4期。

机构培育、社会组织建设、检测机构整合、政府购买服务、非行政许可事项等与行政审批权相关的改革，真正把属于市场主导的事项全部交给市场，促进改革向纵深方向推进。

四、宿迁资格资质去行政化改革的主要思路、目标和步骤

（一）主要思路。以理顺政府部门与社会组织关系、打造政社协同治理新格局为目标，按照“政府引导，统筹推进，分步实施，强化监管”原则，向社会组织充分放权，支持社会组织承接政府部门的资格资质类事项办理职能，对新一轮行政审批制度改革中保留的资格资质类事项，通过委托、授权等方式，先将资格资质认证权力和职能从政府部门剥离出来，并进一步招引全国知名的教育培训机构落地，形成教育培训产业，集中进行各种资格资质的培训发证，再向社会组织有序转移，最终打造全国最全、档次最高、效果最优的各种职业教育培训基地，并实现资格资质事项教育培训与就业市场衔接，形成具有竞争力的人力资源产业。

（二）主要目标。围绕建成全国首家资格资质去行政化改革示范基地，力争到 2016 年实现“123”目标。“1”即一个下放：除涉及公共安全、社会稳定的项目外，其他所有项目分批下放到位。“2”即两个突破：培育具有较强竞争力和影响力的本土行业组织突破 25 个，招引国际国内知名培训机构突破 5 个。“3”即三个翻番：实现市场主体数量倍增，培育行业组织达到 100 个，通过行业组织向社会发证 15 万人，组织 40 万人考试鉴定，数量均在改革之前的基础上翻两番。

（三）实施步骤。总体上分为三步走：

第一步：放开培训（2014 年 1 月至 2014 年 5 月）。成立考试鉴定中心，整合“两资”类事项进驻中心，逐步将“两资”类项目的教育培训工作交由社会组织实施，实现教育培训工作的市场化运作。

第二步：放开考试（2014 年 6 月至 2014 年 8 月）。在放开培训事项的基础上，按照“放开最大化、运作市场化、操作规范化”的原则，将能交给市场主体实施的考试事项全都下放，实现考试环节的市场化运作。

第三步：放开发证（2014 年 9 月至 2014 年 12 月）。在放开考试的基

础上，按照“委托过渡、积极对接、行业自主、逐步放开”的原则，除政府必须保留的事项外，将试卷制作、制证发证环节全部下放给社会组织实施，真正实现“两资”的培训、考试、发证的全程市场化。

五、宿迁资格资质去行政化改革的初步做法、成效及下步打算

（一）主要做法及成效。2013 年 8 月份起，宿迁市就着手开展资格资质去行政化改革工作，相继召开了市政府常务会议以及座谈会、会办会、方案会审会等十多次会议，对改革任务和方法步骤进行研究论证，逐一会商改革的重点环节和关键问题，为改革的深入推进做了充分准备。经过五个月的调研论证后，2014 年 1 月份正式在全国率先启动，目前已取得了阶段性成效。

1. 全面排查摸底。为确保排查工作的顺利推进，宿迁市明确由市纪委牵头，对全市 68 个行政部门和单位的资格资质项目及收费情况进行梳理，共梳理出了全市资格资质项目 569 项。

2. 进行制度设计。在推进改革初始阶段就从制度层面对改革进行全方位设计，在出台《关于加快推进资格资质类事项去行政化改革工作的意见》的基础上，又形成了《宿迁市资格资质类事项去行政化改革工作实施方案》《宿迁市考试鉴定中心资格资质去行政化改革运行方案》等六套方案，形成了较为完备的改革指南。

3. 构建组织机制。专门成立改革工作领导小组，由分管副市长任组长，纪委副书记、法制办主任和人社局局长任副组长，以保证各项改革举措依法依规、执行到位。

4. 推进项目整合。对梳理汇总的 569 个项目实行集中整合、统一管理，对各个项目逐项制定年度计划、规模、实施方案和相关要求等，汇总形成考试计划对外公示。建立全市统一的考试鉴定中心，明确所有项目必须无例外全部进驻考试中心，为做好培训考试的组织工作打下基础。

5. 向上争取授权。宿迁市多次跑部进省，向省部对口部门汇报、对接，努力争取上级部门对宿迁改革的授权。一方面争取更多省部级资格资质认定权限下放给宿迁，另一方面争取将全省或区域性的考试鉴定项

目放在宿迁举办。目前，已有20家单位向上争取授权工作取得实质性进展，422个项目得到上级授权或部分授权。

6. 开展市场运作。从改革伊始就把市场运作与其他各项工作同研究、同谋划、同推进，目前已与世界知名考试鉴定机构ATA公司、中国职教联盟等达成合作意向，与北大青鸟、正保远程教育集团等培训机构的合作也在洽谈中。

（二）下步初步打算。下一步，宿迁市将围绕既定的工作思路和目标，按照“三步走”的总体部署和要求，有条不紊地加以推进。

1. 放开考试。按照“主体市场化、平台统一化、操作规范化、题库标准化、成绩公开化”的原则，由考试鉴定中心建立统一平台，并寻求与国内知名行业协会合作，聘请行业专家建立试题库，委托ATA公司或中国职教联盟等平台统一组织理论考试，委托行业协会组织实操作考试，政府负责统筹协调、过程监管和发证工作。

2. 放开发证。按照“委托过渡、积极对接、行业自主”的原则，将培训、考试和发证全面放开，与知名国内行业组织合作，将相关资格资质信息发布、培训组织、报名审核、考试鉴定、成绩公布和制证发放全流程交其实施，政府不介入具体业务组织，只负责平台服务、过程监管、质量督导和绩效评估。

3. 通过市场竞争提高社会组织的“接盘”能力。出台《关于加快推进社会组织培育发展的实施意见》，突破“一业一会”“一地一会”限制，促进同类社会组织的良性竞争。对于必须由政府保留的资格资质认证事项，以招投标的方式择优选择最具实力的社会组织承接培训考试工作；对于完全放给市场运作的资格资质认证事项，由市场竞争实现优胜劣汰，把最终的选择权交给社会。

4. 通过加强监管促进社会组织健康发展。引入第三方评估机构，对评估等级低的社会组织列入政府“负面名单”；建立社会组织诚信数据库，将诚信记录作为对社会组织和从业人员等级评估的重要指标；探索建立社会组织公共服务信息公开制度，定期公布社会组织的登记、年检、评估、执法信息等，把政府监管贯穿于社会组织运行体系全过程。

六、宿迁资格资质去行政化过程中存在的瓶颈制约

(一)顶层授权有限。我国现行的资格资质类事项有一个重要特征,就是权力的上层集中化、部门分散化、区域封闭化。以宿迁梳理出的488项培训考试类资格资质项目为例,省级以上权限的项目458项,占比94%,管理职能分布在35个单位和部门之中。虽然目前宿迁资格资质去行政化改革整合的大部分事项已经争取到了部省授权,但是很多资格资质类事项授权仅仅停留在业务经办的层面,核心环节的授权仍难以实现。

(二)缺少标准支撑。我国现有的《中华人民共和国职业分类大典》还是1999年5月正式颁布,至今已经有十五年没有修订,职业标准严重滞后于经济社会的发展和需求,且至今也没有修订动向。宿迁若自行制定新的标准,必然会与国家、部、省现行的资格资质类事项标准出现冲突,导致改革面临两难的境地。

(三)市场发育不足。长期以来,由于政府管得太多过细,给社会组织戴上了重重枷锁,导致其无法充分地健康发育,难以完全承担起相应的职能。在宿迁,目前全市仅有行业协会25家,与资格资质去行政化改革需求的61家相比,数量相差很大,且组织化程度不高、专业化水平较低,与承担的改革任务相比存在很大的差距。

七、思考与建议

(一)从国家层面对改革进行系统规划和设计。由中央经济体制和生态文明体制改革专项小组牵头,对资格资质事项整体的改革路径、改革方向等进行总体设计、统筹协调、整体推进、督促落实,通过对改革流程的系统规划和具体设计,形成一套自上而下的行动路线图,为基层的资格资质去行政化改革指明方向、打下基础,推动基层改革顺利实施。

(二)建立资格资质职业标准动态管理机制。推进政府在职业标准制定中转变身份角色,制定职业标准的框架体系,重点把握对职业标准制定过程的指导和监督。将标准制定的具体权限下放基层地方和行业组织,结合生产实际具体制定相关职业资格资质的细化标准,并根据技术和产

业发展不断更新调整，提升资格资质考试鉴定的含金量。

（三）为基层改革顺利推进创造充分条件。从击破思想观念障碍和利益固化藩篱入手，革除一切阻碍资格资质去行政化改革的体制机制障碍，打碎基层改革的各种枷锁，加快形成一个有利于基层改革和创新的制度环境。对资格资质去行政化改革可以选择合适的城市进行试点，比如可以利用宿迁区域协调发展综合改革试点市平台，以及宿迁先期启动资格资质去行政化改革这一有利条件，将更多的资格资质类事项培训、考试和发证事项放到宿迁先行先试，为全国面上改革先行试点突破、积累更多经验。

（四）积极引导和培育行业组织发展壮大。对新时期行业组织的功能应重新定义、重新组织，通过法律法规的形式规范行业组织的组织及活动，保护其权益，确认其地位、性质和职能，为行业组织的健康快速发展创造良好的法制环境。

参考文献

[2]毛寿龙：《中国政府功能的经济分析》，中国广播电视出版社 1998 年版。

[3]汪彤：《权力寻租的正式制度与非正式制度分析》，《山西财经大学学报》2005 年第 27 期。

（王天琦：宿迁市委副书记、市长）

从“国进民退”之争看政府职能转变

王　昊

【摘　要】 2009年，随着中央4万亿元投资计划的实施，“国进民退”的争议迅速升温，由此形成了截然相反的两派。一派认为，根本不存在国进民退：一是国家统计数据不支持这种说法；二是国有企业和民营企业的发展具有一致性；三是国有企业的生存和发展有其历史渊源、现实基础和客观条件；四是国有企业还承担着与外国跨国公司竞争的重任；五是国有经济为主导是我国的基本经济制度的客观要求。另一派认为，国进民退现象值得警惕：一是国有企业在资源获得、执照审批、贷款及政府项目方面享有特权；二是对民营企业设置了各种有形和无形的准入障碍；三是国有金融机构和国有企业的垄断地位抑制了民营企业的发展；四是国有企业没有民营企业的经济效率和经济效益高。笔者认为，国进民退之争的实质是如何认识和把握经济体制改革的核心问题，即政府和市场的关系。必须转变政府职能，让市场在资源配置中发挥决定性作用。

【关键词】 国进民退　国有企业　民营企业　政府职能转变　行政审批制度

近年来，“国进民退”问题引起政府和学术界的普遍争议，对这一问题的回答形成了两种截然不同的立场和观点。笔者认为，国进民退之争的实质在于，如何认识和把握经济体制改革的核心问题——政府和市场的关系。必须对政府职能进行合理定位，推动行政审批制度和国有企业改革，实现国有企业和民营企业的公平竞争。

一、不存在“国进民退”问题

持这种看法的主要是国家统计局、国资委为代表的政府官员及部分学者，如，清华大学国情研究院院长胡鞍钢教授，中国人民大学经济学院卫兴华教授、张宇教授，中央民族大学经济学院院长刘永佶教授等。其主要观点如下：

一是国家统计数据不支持这种说法。最有代表性的当属国家统计局长马建堂和清华大学国情研究中心主任胡鞍钢。胡鞍钢认为，所谓“国进民退”根本就是个“伪命题”。国家统计局的数据证明该种说法不成立。从企业数量看，1998 年到 2010 年间，国有企业在全国工业企业中的占比从 39.22％下降到 4.47％。与此同时，规模以上私营企业占比却由 6.46％上升到 60.34％。从就业人数看，1998 年到 2010 年间，国有企业从业人员占规模以上工业企业从业人员比重从 57.2％下降到 19.2％，私营企业就业人数占比从 2.5％增长到 34.7％。从企业利润看，国有企业和私营企业的效益水平逐渐靠拢。2010 年，二者利润率之比为 1∶0.89，没有明显差别。从税收和公共财政资源的贡献上看，2010 年，规模以上工业企业主营业务税金及附加总额中有 71.7％由国有企业贡献，私营企业仅贡献 14.6％。①

二是国有企业和民营企业的发展具有一致性。原国务院国资委主任李荣融及胡鞍钢、卫兴华、张宇、刘永佶等许多学者认为，不能把国有企业和民营企业对立起来。“国进民退”把国有企业和民营企业的竞争看作是零和博弈，一方的所得必是一方的损失，国有企业的“进”必然导致民营企业的“退”。其实，国有企业和民营企业是相互依存、共同发展的。现在我

① 胡鞍钢：《“国进民退说”证伪》，《北京日报》2012 年 5 月 7 日，第 18 版。

国的国有企业除少数由国家独资经营外，绝大多数实现了投资主体多元化，进行了股份制改造，成了以公有制为主的混合所有制经济。许多民营企业参与了国有企业的重组兼并，许多民营企业是国有企业的配套企业，国有企业发展离不开民营企业的支持，国有企业的发展壮大，也带动民营企业走向繁荣。

三是国有企业的生存和发展有其历史渊源、现实基础和客观条件。国有企业由于历史的原因，主要分布在资源性、基础性、安全性的产业。国有企业在解决国家重大事情上具有不可替代的优势，例如，兴建学校医院，援助老少边穷地区，调运物资，地震、旱灾、水灾、冰雪灾害等各种自然灾害的救助和灾后重建。

四是国有企业还承担着与外国跨国公司竞争的重任。在全球化竞争的背景下，不能一味地强调“国退民进”。当前我国的民营经济整体素质还不高，难以与发达国家跨国公司匹敌。国有经济大量退出的许多产业和领域往往被具有诸多优势的外国跨国公司所占据，一些民营企业面对外国跨国公司强大的力量和各种利益诱惑，逐步成为外国跨国资本的并购对象或附庸。著名财经评论人马光远认为，对于“国退民进”不能片面理解，应该辩证地来看。针对中粮联合厚朴斥资 61 亿元收购蒙牛 20% 的股份而成为蒙牛第一大股东的事件，马光远表示举双手赞成。他认为，历史的大趋势肯定是国退民进，但国退应该是一个自然的过程，对于中粮这样本身极具竞争力的国有大企业，没有必要硬让它退，而是应该鼓励它在市场上竞争，在做大做强中退，而不是为退而退。①

五是国有经济为主导是我国基本经济制度的客观要求。我国的基本经济制度是以公有制为主体、多种所有制经济共同发展。国有经济进行战略结构调整的一个重要目标是将国有经济集中在关系国家安全和国民经济命脉的重要行业和关键领域以及大公司大企业集团，更好地发挥国有经济的主导作用。垄断作为一种市场结构状态，与所有制形式并没有直接的关系，国有经济并不意味着垄断，私有经济并不意味着竞争。当前

---

① 马光远:《支持中粮式的国进民退》,《每日经济新闻》2009 年 7 月 8 日。

我国的国有企业多数处于有效竞争之中，并不都是垄断性企业。[①]

二、“国进民退”现象值得警惕

持这种看法的主要代表有许多民营企业家如柳传志、王石等，全国政协副主席、全国工商联主席黄孟复，前全国政协副秘书长、中华民营企业联合会会长保育钧，以及国内外许多专家学者如著名经济学家吴敬琏，著名财经评论人吴晓波和叶檀，北京大学张维迎教授和夏业良教授，北京理工大学胡星斗教授，天则研究所盛洪教授和张曙光教授，耶鲁大学金融经济学终身教授陈志武，等等。其主要观点如下：

一是国有企业在资源获得、执照审批、贷款及政府项目方面享有特权。例如，2009 年，中国国有资本在资源性、能源性领域中大规模跃进的现象是明显的，在 4 万亿元振兴计划中，国有资本几乎得到了所有的重要政府订单。国有企业集团聚集在矿产、石油、电力等少数上游产业，并逐渐形成了寡头垄断地位，企业数量在逐渐减少，但是盈利能力迅速增强。数量巨大的民营企业则处在利润微薄的下游产业之中，当一些民营企业试图向上游寻求突破的时候，政策性的打击就会接踵而至。这种情况一般是发生在宏观调控的时期，例如 2004 年的宏观调控中的铁本事件及 2009 年山西煤矿的国有化。2008 年以来，在国际金融危机蔓延、欧债危机加深的背景下，大量中小民营企业订单下降、出口减少、资金紧缺。而在政府的支持下，国有企业则依靠国家注资和银行优惠贷款加快了对民营企业的并购步伐。例如，在山东省政府的主导下，2010 年上半年亏损了 12.85 亿元的国有企业山东钢铁公司用银行贷款入股 67％完成了对同期盈利 18 亿元的民营企业日照公司的并购。其他如宝钢集团兼并建龙钢铁公司、中粮集团控股蒙牛乳业集团、四川航空控股鹰联航空，等等。再如，2009 年，山西省发布《关于进一步加快推进煤矿企业兼并重组整合有关问题的通知》，并出台《关于煤矿企业兼并重组整合所涉及资源采矿

---

① 白天亮：《“国进民退”，不符合事实——访中国人民大学经济学院张宇教授》，《人民日报》2010 年 8 月 10 日。

权价款处置办法的通知》作为配套规定，将全省在册的2840多座煤矿收归国有。这一纸通知和规定，让温州人上千亿的民营资本被迫退出，损失巨大。① 又如，多年来，高达70%的央企——127家中94家经营房地产，60%以上"地王"来自央企。2010年3月18日，国资委宣布78家央企退出房地产，先后确认和公布了16家以房地产作为主业的中央企业。2009年，这16家中央企业房地产板块的资产总额为5616亿元，占全部中央企业房地产板块资产总额的85%；销售收入为1899亿元，占全部中央企业房地产业务销售收入的86%；净利润为188亿元，占全部中央企业房地产业务净利润的94%。这些数据表明，中央企业的房地产业务主要集中在16家以房地产为主业的企业。② 退出的78家央企对央企的房地产业务无实质影响。深圳大学的曹钟雄博士认为，国有企业获取资源的优势表现在五个方面：第一，以国资委作为股东代表的行政机构，为确保国有经济发展，不遗余力地为国有企业争取资源。第二，作为政府最有力的抓手，财政部门为确保经济的短期平稳，财政大部分转移支付的资金通过不同的方式流入国有经济。第三，银行信贷资金分配。因存在政府作为"最后担保人"，银行为规避市场风险更愿意发放给国有企业。第四，地方政府以提供大量廉价的土地或地价返还等资源吸引国有企业投资。第五，政府采购愿意给予国有企业更多的市场份额，甚至是制度性排挤非国有经济。③

二是对民营企业设置了各种有形和无形的准入障碍。这些严格的准入障碍主要表现在民航、铁路、电力、石油、电信、邮政、烟草、市政公用事业等领域。一个普遍的说法是：全社会80个行业中，允许国有资本进入的有72种；允许外资进入的有62个，占77.5%；允许民间资本进入的只有41个，占51.25%。还有一些行业的准入门槛被认为是"玻璃门"：在准入政策上虽无公开限制，但实际进入条件限制很多。国有资本占绝对优势地位的行业主要在自然资源类产业等上游产业或基础

① 胡星斗：《建议"两会"审议和制止"国进民退"》，《学习月刊》2010年第2期。
② 孙红丽：《国资委：78家央企将退出房地产业务》，人民网—房产频道2010年3月18日。
③ 曹钟雄：《关于"国进民退"问题的反思与探析》，《开放导报》2011年12月第6期。

领域，这些领域，民营资本进入的比重不超过20%。例如，国有资本在石油、电信、电力、军工等行业的比重占90%以上，在铁路、船舶等行业占80%以上，在石化、汽车行业占70%以上。其他许多领域国有资本也是一股独大，民营资本难以进入。民营资本在教育业中占12.3%，在卫生、社会保障和社会福利业中占11.8%，在金融业占9.6%，在交通运输、仓储和邮政业占7.5%，在水利、环境和公共设施管理业占6.6%。[①]

三是国有金融机构和国有企业的垄断地位抑制了民营企业的发展。金融体制存在所有制歧视，大的国有银行主要对大型国有企业提供支持，中小民营企业主要依靠民间借贷和自我滚动发展。20世纪90年代以来，民营资本被严格限制在金融领域之外，导致投资渠道狭窄、资金利用效率不高。中国的银行体系的利润率很高，社会平均利润率大体是10%，而银行业大体是20%，银行业的利润率高出社会平均利润率将近一倍。[②] 中国银行业近年来发展迅速，盈利能力快速增加，但总体上看，中国银行赚钱绝大部分来自“存贷款利差”“手续费”“佣金”收入，并不是靠自身内在的竞争力赚钱。2011年，英国《银行家》杂志公布了全球前1000家银行的排名。中国各大银行在跻身十大银行的同时，也成为全球盈利最多的银行。按大小排名第六的工行，去年的盈利高达325亿美元，位列全球之首。排名第八的建行，以264亿美元的盈利排在第二位。排名第二大银行的摩根大通，盈利能力排名在第三位。排名全球第一的美国银行，在“最赚钱银行”中不见踪迹。排名第四的美国花旗银行，是全球国际化程度最高、综合化程度最高的银行，其日常业务对利润的贡献度只有10%，利润的大部分来自于信用卡业务和投资业务，其中投资业务赚钱最多。[③] 近年来，国有企业加快了并购步伐，垄断地位更加稳固。2012年度中国企业500强中，有154家企业在2011年实施了兼并重组活动，

---

① 《民营经济参考》2010年6月25日，第3页。

② 唐双宁：《银行利润高增长是把双刃剑》，www.eastmoney.com，2012年12月2日，东方财富网。

③ 高君波：《最赚钱银行靠的是“擅长收费”?》，中国经济网2011年7月2日。

共计并购重组了1111家企业。其中，110家国有企业共兼并重组了918企业，占全部并购数量的82.6%，平均每家兼并企业8.3家以上；44家民营企业共兼并重组了193家企业，占17.4%，平均每家兼并企业不到4.4家。①

四是国有企业没有民营企业的经济效率和经济效益高。国有企业由于其内在的产权制度结构、法人治理结构问题，使其经济效率和经济效益总体上难以超越民营企业。导致效率不高的问题集中表现在五个方面：国有企业发展目标的多元化，既有社会目标，也有经济目标；政企不分很容易导致贪污腐败；用人机制僵化，国有企业高层管理人员的选人范围十分有限，难以从市场中选拔人才；分配机制不合理也不灵活；社会负担沉重。

国有企业获得了社会最优质的资源，但提供的产品和服务却不尽如人意。以国有股占比为71%的基础电信运营领域为例。截至2010年，我国宽带上网平均速率排名全球第71位，不及美国、英国、日本等30多个经济合作组织国家平均水平的1/10，但是平均1兆每秒网速的接入费用却是发达国家平均水平的3～4倍。②

对比显示，民营企业的经济效率和经济效益比国有企业要高。以2011年中国企业500强为例。从盈利水平看，316家国有企业的收入利润率和资产利润率分别为5.67%、1.75%，低于184家民营企业的6.05%和3.63%。从劳动生产率来看，国有企业的人均营收为129.06万元/人，低于民营企业的158.57万元/人；国有企业人均利润7.32万元/人，低于民营企业的9.60万元/人。从研发投入占营业收入的百分比即研发强度看，316家国有企业平均研发强度为1.41%，而184家民营企业的研发强度则为1.8%。中国企业联合会的研究员胡迟认为，国有企业在多数领域有着强大的控制力和影响力，但其经济效益和效率有待进

① 《2012中国企业500强总营收44.9万亿 中石化榜首》，新华网，http://www.sina.com.cn，2012年9月1日。

② 方栓喜：《国有企业：从现代企业制度到公共企业制度》，《上海证券报》2012年5月21日。

一步提高。如果能提高民营大企业在中国企业500强中的比重，或者使市场机制在国有及国有控股企业中发挥更积极的作用，那么中国企业500强和国民经济的效率将获得整体提高。[①]

三、从“国进民退”之争看政府职能转变

综合以上两种针对“国进民退”现象的看法及其论据，笔者认为，导致双方争议的实质是如何认识和把握经济体制的改革问题。党的十八大报告明确指出：“经济体制改革的核心问题是处理好政府和市场的关系，必须更加尊重市场规律，更好发挥政府作用。”[②]这一思想指明了我国经济体制改革的方向。为此，必须转变政府职能，让市场在资源配置中发挥决定性作用。

第一，转变政府职能。两派之争源于政府管得太多，管了许多不该管也管不好的事，政府没有扮演好应该扮演的角色。在市场经济条件下，政府需要明确自己的职责所在，不能缺位，也不能越位。政府是依据市场交易规则和竞争规则进行裁判和监管的裁判员，不是直接交易和竞争的运动员。政府要为市场主体的公平竞争和交易搭建平台，提供良好的政策和法治环境。政府要采取措施降低经济活动的外部负效应，例如治理环境污染，保护知识产权，抑制垄断行为，减少信息不对称以避免逆向选择，缩小收入分配差距。

第二，推动行政审批制度改革。两派之争源于政府权力过度膨胀，许多权力抑制甚至扼杀了市场的功能。要把属于市场的权利还给市场，市场本身就能化解的问题要交给市场解决。要简政放权，减少政府对具体微观经济活动的管理，把由地方管理更方便有效的经济社会事项下放给地方和基层。政府要把更多的精力用于发展战略、规划、政策、标准等的制定和实施，提供各类公共服务，加强市场监管，规范社会管理，严格环境保护。

---

① 言木：《中企500强：蛋糕更大 民营企业尴尬》，《第一财经日报》2011年9月5日。

② 胡锦涛：《坚定不移沿着中国特色社会主义道路前进 为全面建成小康社会而奋斗——在中国共产党第十八次全国代表大会上的报告》，人民出版社2012年版，第20页。

第三，深化国有企业改革。两派之争源于政企不分导致的政府行政权力和企业经济权利结合，形成大量的权钱交易、权色交易、权物交易等各种形式的腐败。要深化国有企业的分类改革。公益性国有企业就要突出国有企业的公益性和社会性。1999 年，党的十五届四中全会对国有企业发展领域进行了战略定位：涉及国家安全的行业，自然垄断的行业，提供重要公共产品和服务的行业，以及支柱产业和高新技术产业中的重要骨干企业等，即“三大行业两类企业”。国有企业的特殊性在于其最大的股东就是政府机构，其功能和作用要体现政府的公益性和社会效益属性。而要突出国有企业的这种特殊性质，国有企业的营利性就居于次要地位，国有企业就需要收缩战线，有所为有所不为。竞争性国有企业改革则要依托资本市场，进行公众公司改革，实现企业整体上市，逐步成为混合所有制的公司。总体看来，中国已经找到了一条适合于中国发展的国有企业改革路径，需要各级政府部门坚持不懈、持续努力。

第四，实现民营企业和国有企业的公平待遇。两派之争源于政府权力过度集中以及政企不分所导致的国有企业和民营企业的双重标准。党的十八届三中全会关于全面深化改革若干重大问题的决定再次强调“两个毫不动摇”，明确指出，“国家保护各种所有制经济产权和合法利益，保证各种所有制经济依法平等使用生产要素、公开公平公正参与市场竞争、同等受到法律保护，依法监管各种所有制经济”。民营企业和国有企业的公平竞争已成为我国经济发展的客观趋势和内在要求，各级政府部门要积极推动民营企业和国有企业的公平待遇的实现。为此，要进一步深化和细化民间投资政策措施，逐步健全民间投资服务体系，大力支持对民营企业的融资担保及人员培训，真正把《国务院关于鼓励和引导民间投资健康发展的若干意见》（“新 36 条”）的贯彻执行落到实处。

［王昊：北京市委党校（北京行政学院）经济学教研部副主任、副教授］

政府购买服务的国内外差异比较

刘建琼

【摘　要】 推广政府购买服务是当前中国深化改革的一项重要举措，尚处于试点阶段，存在许多不规范之处，亟须透过与发达国家差异性比较来掌握自身的运行规律。通过对实施服务购买的基础、前提、意图、机制、承接主体、程序规范、政策支持七个方面的比较分析，为全面推广政府购买服务提供新的视角。

【关键词】 政府购买服务　国内外　差异比较

一、实施服务购买的基础不同

所谓实施服务购买基础，是指公共服务供给水平所提供的基础。西方发达国家地方政府实施服务购买是以公共服务供给水平处于较高水平为基础的，其基本公共服务均等化早已实现。2006年(国家政府雇员协会)Nage就指出，美国、加拿大在教育、就业、看病、养老和住房等方面已经实现均等化。

反观我国情况，现阶段公共服务供给的主要矛盾表现在，一方面是总体供给不足，由于长期以来片面重视经济发展而忽视社会发展，重视工业忽视服务业，导致我国的公共服务总体供应不足，不少中小城市基础设施落后，例如城市污水处理、固体废物处理设施明显不足，养老服务设施及学前教育服务更是满足不了社会需要；另一方面是结构失衡，在城乡之间、地区之间居民可获得的公共服务水平和质量差距明显，在部分大城市，公共服务提供能力和质量都已达到相当高的水平，而在广大的农村，尤其是中西部地区的农村，公共服务供给质量甚为低下。所以，目前和今后很长一个时期要努力推广的政府购买公共服务新模式应当放在实现基本公共服务均等化的基础上去考虑，即优先把义务教育、基本医疗服务、社会保障、就业服务、环境保护等基本公共服务的生产和供给做好，使广大城乡居民可以获得大体相同的公共服务；换个角度来说，地方政府在积极推进购买服务过程中，要清醒地认识到自身在基本公共服务提供上的基本责任。

与此同时，对于大量的可竞争的具有一定公益属性的非基本公共服务的生产和提供，则要积极大胆地引入市场竞争，鼓励非公有企业和市场主体按照合理价格提供这些服务。因此有专家说，在我国实施政府购买公共服务可能比一些发达国家更有用武之地，比如，原有城镇化建设主要依赖财政、土地的投融资体制弊端已现，政府购买公共服务 PPP 模式将成为未来基础设施领域投融资大方针，为此，财政部正在对 PPP 项目进行筛选，其中收益性项目或将作为 PPP 模式的推广重点，如市政供水、污水处理、垃圾处理、保障房建设等。

二、实施服务购买的前提不同

前者为法律先行，后者为改革先行。一些发达国家实施公共服务政府购买的政策往往是立法先行，通过法律对政府服务的合同外包制定严格的规范。对于什么样的机构或者个人可以成为合格供应商、如何确定合同外包的项目、如何披露信息、通过什么方式投标等都制定出明确的法律规范，从而使政府服务外包有序运行，有效运行。如欧盟于 1992 年颁布《公共服务采购指令》，将电子政务及相关服务、会计和审计、人员安置与供应、调查及安全服务、健康与社会服务、文化及体育等 27 类公共服务全部纳入购买范围,并规定凡是超过 20 万欧元的公共服务,一律公开招标购买。

当前中国推广政府购买服务尚处于试点阶段,缺乏统一的法律法规及规章可循,目前以鼓励改革、积极探索为主。一是界定不一。政府购买公共服务时"买什么、怎么买、向谁买",从上到下没有一个明确的界定,现阶段也是鼓励地方创新改革为主,因此各地实践进展不一。二是支出制度欠缺。民政部调查显示,地方购买资金包括财政预算资金、预算外资金(主要是福彩公益金)、专项资金(比如财政资金和社会捐赠),但具体是该直接从部门财政预算资金中出还是专项资金中出,是财政部门直接向社会力量拨付资金还是公开招标,都没有依据。三是法律跟进不力。目前国内与政府购买服务具有一定相关性的法律主要是《政府采购法》和《合同法》,但前者界定政府采购内容为"货物、工程和服务",后者突出商业性质,都不能与政府购买服务行为完全对接。在《政府采购法》中,也尚未明确规定政府采购公共服务性产品,这就使得各级政府向社会组织购买公共服务缺乏全国性的法律依据。尽管北京、上海、江苏、广东等地近几年先后制定出台了多个地方性政府购买公共服务的指导意见、试行办法,对公共服务购买主体、承接主体、范围目录,以及部门权责、操作流程等进行了局部界定,但这些行政法规或条例效力偏低,大多限于部门内。

总之,我国政府对购买服务的制度安排、标准设置还不配套,没有统一、权威、合理的评价指标体系,以致许多地方重项目不重管理、重形式不重内容、重结果不重过程、重眼前不重未来,使得购买服务停留在工具层面,难以提到战略高度。尤其是资金管理缺乏统一要求、项目与资金管理衔接不畅等原因,违规、垄断、挪用、截留、侵占、暗箱操作、逆向选择等乱象渐显,初露设租、寻租等贪腐隐忧。《人民日报》曾撰文指出,政府购买公共服务涉及的资金金额和监管难度或许不亚于政府建设工程。因此,引入第三方监督机构是中国推广服务购买不能不重视的先决条件。

三、实施服务购买的意图有所不同

从国际上看,政府购买公共服务的指向是要解决公共财政的效率问题，其目的就是引入市场机制乃至社会机制，通过效率和专业化两个优势来改善公共财政的服务绩效。换句话说，政府购买公共服务就是将公共财政支出范围内的公共服务“外包”给社会主体，以契约形式来完成服务供给。

但在我国，因推进政府购买公共服务是全面深化改革的重要手段，涉及政府职能的各个方面，是政府运作的机制性改革，而不是某一个部门性改革，因此，中国政府购买公共服务是一个多目标指向的过程。它既有提高财政支出效率，也有培育社会组织，还有转变政府职能等多方面意图：一方面是要实现政府在公共服务供给上的角色转变，即从财政资金的直接使用者向分配、监管者的间接角色转变；另一方面又需借助社会组织的发育、社会管理体制的改革以实现市场在资源配置中的决定性作用。

由于涉及政府角色转变，必然对政府能力提出新的挑战，具体表现为对政府的合同管理能力和服务监管能力两方面的挑战。因为从公共服务直接提供者向公共服务监管者转变，意味着原管理的下属事业单位有可能脱钩，并向管理社会需求转变，其管理方式必然从以往的行政化方式（即对事业单位的行政管理）向经济的和法律的方式（即与外包企业和社会组织的市场化管理和法律合同管理）转变。

四、实施服务购买的机制有差异

在供给方面存在充分竞争是保证市场机制有效发挥作用的一个重要的前提条件。研究表明，服务购买在降低成本、提高效率等方面带来的好处，并非直接源于允许私营企业参与服务供应，而是主要源于垄断格局的打破和竞争格局的形成。在发达国家中，许多公共服务是由营利性质的私人企业提供的，因为，引入私营企业参与公共服务供应就是引入了“竞争”。

反观我国，一些本适合市场化方式提供的公共服务事项，长期以来仍由政府垄断乃至包办，使得其缺乏竞争对手和竞争压力，导致资金使用低效、机构人员膨胀，有限的公共资源得不到充分利用，“豆腐渣工程”及权力寻租等降低公共服务效率的诸多现象频繁发生；同时，与细分市场上的各类专业公司相比，政府不具备比较优势，极易导致政府直接生产公共服务的劣质与低效，如当下服务业发展诸多领域：金融、通信、物流、养老、医疗产业、非义务教育等，都存在行政性垄断、审批过多的问题，市场准入的门槛较高甚至很高，而这些产业恰恰是我国进入中等收入阶段后发展潜力巨大的产业。

五、实施服务购买的承接主体存在差异

在西方，政府购买服务是在其具有长期提供社会服务经验、成熟的市场和较强能力的社会组织的背景下展开的，从而较好地实现了政府与市场、社会组织之间的伙伴合作关系。于是，在大多数发达的工业化国家里，社会组织已经成为政府资助的广泛的公共服务的主要载体。根据各国情况，这一组织涵盖广泛的实体，包括大学、医院、养老院、社会服务机构、就业和培训中心、管弦乐队以及诸多其他机构。这些机构已经成为世界各国的重要经济存在。约翰·霍普金斯非营利部门比较项目研究获得的数据显示，在全世界有可靠数据来源的 41 个国家里，社会组织目前雇用了大约 5400 万全职人员，其中，3300 万有薪酬，2100 万是志愿者，平均占这些国家经济活跃人口的 4.4%，这 41 个国家社会组织领域的就业人数要多于建筑、交通、通信行业，并且远远超过公用事业行业（水电和燃气），比例大概 10:1。① 以就业人员占经济活跃人口的比例考量，比较先进的西欧和北美工业国家（例如荷兰、比利时、爱尔兰、英国和加拿大），拥有最大规模的非营利部门（如荷兰社会组织就业人数高达经济活跃人口的 15%）。②

我国公共服务承接主体呈现两强（事业单位、企业）一弱（社会组织）。如无锡市是江苏省较早“试水”政府购买公共服务的城市，2005 年无锡市政府服务类采购限额标准 30 万元，2012 年采购金额达到 12 亿元，参与的主体绝大多数是企业，项目涵盖城市设施维护、市政养护、环卫保洁、绿

① 莱斯特·M. 萨拉蒙等：《全球公民社会》第三版，社会科学文献出版社 2009 年版。

② 王浦劬：《政府向社会组织购买公共服务研究：中国与全球经验分析》，北京大学出版社 2010 年版。

化管养、信息化服务外包等多个类别。目前,我国政府购买公共服务的项目范围小,数量有限,且多集中在养老服务、教育服务和就业帮扶服务等方面,而公共卫生、基本医疗、法律援助等方面则较少。究其实质,与社工人才储备不足及社会组织发展水平低密切相关:一是人才储备不足问题。到2020年,我国需要培养社会工作专业人才150万人、养老护理员600万人、灾害信息员75万人,高校教育资源配置尚不到位,很多项目因人才不足而流产。二是资金不足。据调查,行业协会中有53.3%、学术性社团中有51.1%、民办非企业单位中有37.3%、基金会中有40.5%存在资金短缺问题。[①] 三是能力不足。上述两方面不足直接导致了当前社会组织的社会需求发现能力、组织能力和服务能力等方面均难以满足社会发展需要。如广东省社会组织目前只能承接《2012年省级政府向社会组织购买服务目录(第一批)》中10%的服务项目,其他90%的项目受资金、人员、专业资质、管理水平等因素影响难以承接,且承接项目主要集中在培训、会议等方面,范围较窄。

总之,社会组织的不足是当前我国公共服务合作供给不足的主要因素。因此,我们迫切需要培育一定数量和规模的社会组织,以满足各个领域内社会志愿服务工作的需求,并弥补政府部门和私营部门在公共服务领域的缺陷和不足。

六、实施服务购买的程序规范存在差异

发达国家招标购买程序规范,首先是明确财政收支方案,其次是签订购买合同,再次是政府与社会公众共同监督服务全过程,最后是合同结束时还要邀请专家学者或专门的评估机构对服务项目进行评估及后续跟进工作。事前要问需,事中要监督,事后要评价。

由于目前我国的政府购买公共服务项目属于新生事物,政府、企业和社会组织都没有经验,再加上缺乏法律的规范,导致服务标准的制定比较

① 王名:《中国NGO的发展现状及其政策分析》,《公共管理评论》2007年第1期,第142页。

困难，目前只在国务院指导性文件中粗框架式规定：各地要在准确把握公众需求的基础上，制定政府购买服务指导性目录，明确政府购买服务的种类、性质和内容，并试点推广；要按照公开、公平、公正原则，严格程序，竞争择优，确定承接主体，并严禁转包；要建立严格的监督评价机制，全面公开购买服务的信息，建立由购买主体、服务对象及第三方组成的评审机制，评价结果向社会公布等。但这些地方性规定与《政府采购法》配套衔接稍差，执行力较弱。如机动车环保尾气检测，是有关主管部门转包给第三方运作的一项公共服务，旨在确保只有尾气排放达标的车辆才能上路，承接检测的第三方机构，原则上只能按照物价部门的指导价格收取费用。然而有记者在贵州锦顺科技公司机动车环保尾气检测站暗访发现，工作人员在规定的检测费之外巧立名目收取费用：第一次检测即使是新车也难达标，而在车主另交了300元至450元不等的调试费后，检测站人员摆弄几下再复检就能通过。由此，一些排污超标、本该及时修理甚至报废的车辆，在交纳调试费后也挂上了尾气排放合格标志。类似的"潜规则"在不少地方的汽车年检中都存在，走正常手续和渠道难以通过，但找中介加钱办理却能一次过关。程序不规范、监督不到位、信息不公开是有些部门、机构和个人借服务购买之机谋私利的主要漏洞。

七、实施服务购买的政策支持存在差异

发达国家通过政府采购、项目补贴、定向资助、贷款贴息、税收减免等政策措施鼓励各类企业或社会组织参与公共服务。政府政策在诸多方面影响社会组织。首先，政府制定社会组织运作的基本法律环境，决定着社会组织成立和获得法人身份的难易；其次，许多国家的政府对这些组织提供各种税收优惠政策，包括部分或者全部减免对其他组织或企业征收的所得、销售和使用税；最后，对个人或企业对于这些组织的捐赠予以税收减免或优惠。不过，政府影响社会组织最重要的途径还是直接提供财政支持。事实上，政府作为世界各国社会组织的主要财政资助来源，其规模远远大于慈善捐赠。具体来说，按照约翰·霍普金斯非营利比较项目的研究，在39个有可靠数据支持的国家中，社会组织收入中政府资助与慈

善捐赠的比例是 2∶1(分别为 36%和 15%)。①

在我国,税制尚不完善,对社会组织征收营业税一定程度上抑制了社会组织的发展。政府购买服务中一些无利可图项目如社区养老、矫正、戒毒、扶贫、心理咨询等多是专业性强、企业不愿进入的行业,没有免税安排,较难规模化发展;同时,按照相关法律的规定,社会组织属于非营利机构,通过考核认证后可获得免税资格,对其收税不符合公益性原则。如自 2005 年以来,政府购买 NGO 扶贫试验取得较大成功,NGO 中心将农民组织起来,学习技术、开展教育培训,进而促进合作社发展经济,形成更大规模合作社组织,实现农产品、化肥物资的团购团销以及农村的金融互助,既加强了农村的经济建设,又形成农村社区文化。但较高的准入门槛和较多的税收阻碍了更多 NGO 深入贫困农村开展扶贫,因此,研究完善支持政府购买 NGO 扶贫服务的税收优惠政策迫在眉睫。

参考文献

[4]陈天祥:《建立科学的政府购买公共服务机制》,《人民论坛》2013 年第 12 期。

[5]许光建:《政府购买公共服务国际经验比较与借鉴》,《人民论坛》2013 年第 12 期。

(刘建琼:湖南行政学院经济学部教授)

① 王浦劬:《政府向社会组织购买公共服务研究:中国与全球经验分析》,北京大学出版社 2010 年版。

发挥市场配置资源决定性作用的关键：构建良好的政商关系

成　刚

【摘　要】 要想发挥市场配置资源的主体作用，就要说明政府不是配置资源的决定性力量，这必然涉及对政府职能的新的认识和定位，也有必要重新认识市场经济，这其中最为重要和关键的是如何看待和构建新环境下的政商关系。在商业文明的战车上，与利润最大化的"油门"相对应的"刹车"是制度，而定什么样的制度在于制定者的"文化"和"精神"，政府是制度的制定者亦是商业文化的培育者。任何系统的改革应从几个突破口入手，在处理政府和市场关系上，政府应寻求当务之急的自身改革任务。

【关键词】 商业文明　资本的精神　经济自由度　政府职责

党的十八届三中全会的决定标志着中国进入一个全面改革的历史时期，全面改革意味着改革是五位一体的，就是政治、经济、文化、社会和生态文明的改革，其中经济改革是整体改革的原动力。那么经济改革的核心是什么呢？就是发挥市场配置资源的决定性作用。因此今后的改革很可能会从发挥市场配置资源的决定性作用这点撕开，拉开全面改革的大幕。

一、政府是商业文明的培育者

西方市场经济是"果",滋养这个"果"的有两个根,一个是宪政,另一个是基督伦理。在其他东西借助资本的力量一路狂奔的"战车"上是必须有刹车板的,这个刹车板就是由宪政和基督伦理混合而成的。宪政就是一把"闸刀",参与市场的主体胆敢触犯规则就得冒上"断头台"的风险。法治作为悬在市场参与者头上的一把刀在现代社会可能具有一定的相同性,在市场参与者心中的那个"良心"一定是深藏在本国、本民族的传统文化之中。

德鲁克先生认为,一个组织只能在其价值观内得以成长。凯恩斯说过,相对于既得利益,思想才具有改变命运的力量。中国的传统决定了政府和整个社会习惯于农耕文明和"官本位"治理。商业社会不只是对财富的追逐,在进行了三十多年的不管不问对财富的疯狂"为了什么"的攫取之后,社会的共识是要追求"好的市场经济",我们需要补课,政府是构建新的商业文明的培育者。

(一)商业社会的主角是市场和企业家,拉动经济最靠谱的马车是企业家精神和企业的效率

企业和企业家是好的市场经济中绝对的主角,企业家或创新者与资本家或投资者具有本质的不同。人类迄今为止的所有经济制度中,唯有市场经济能够让缺乏资金的人成为创业者、创新者和企业家。

改革开放三十多年创造的中国GDP快速增长的近乎神话般的速度的"中国模式"的最显著特征就是政府主导,"地方政府公司化运作"是这一模式的描述。国有企业的改革基本没有什么实质性的突破,却呈现出进一步的"国进民退"的特征。政府与"类政府"式的国有企业集裁判员和运动员于一身地创造出了漂亮的GDP的数字。

我们习惯于从事后统计学的角度来分析GDP的来源,把它归纳为来自于投资、出口和消费。更有意义的是去分析是什么要素促进了GDP,

是土地、劳动力、资本还是其他。企业家是最重要的促进经济增长的要素，一个国家的竞争力来自于其企业在全球的竞争力。美国《福布斯》杂志报道，从 2011 年开始，谷歌在职员工如果离世，其健在的配偶或伴侣可在十年内每年领取去世员工的一半薪水。其每名子女在 19 岁前可每月从谷歌领取 1000 美元，如果全日就读可享受这一福利直至 23 岁。此外，配偶还可行使谷歌去世员工的所有股票期权。如果企业都能为员工提供如此的福利，那么政府关门停摆半月又有什么关系呢？谷歌之所以可以为员工提供如此福利，是因为该公司的盈利能力强，其产品在全球具有强大的不可替代的竞争力，企业家精神是创造这种竞争力的主要来源。

（二）资本不仅有“毛孔”，更有“精神”

但凡受过一点正统教育的中国人都能背出这么一句话：资本来到人间，每个毛孔都滴着血和肮脏的东西。我们只是知道，只有社会主义才是有精神的，“资本”及其“主义”就是物质、物欲、自私和贪得无厌。直到认真研读了马克思·韦伯的《新教伦理与资本主义精神》，才知道原来“资本”及其“主义”也是有精神的。“毛孔”和“精神”，一此岸、一彼岸，共振之中才能还原资本及其人格化资本——企业家的本质。对于企业家来说，在经济上获利不再从属于人满足自己物质需要的手段了，这是一种责任。这不仅仅是从商的精明，它是一种气质，也是市场经济的一条首要原则。市场经济下的资本的精神可以有这样几个关键词：禁欲主义、拼命赚钱、高度责任。

20 世纪 80 年代开始，我们开始敲锣打鼓、张灯结彩地招商引“资”后，那句对“资本的毛孔”批判的话语，却吊诡地成为我们为一些超越了人性底线的恃强凌弱的掠夺行为的辩护词和安慰剂。无论多么赤裸裸，多么滴血，只要大家背出这句话，就心安理得了，有什么少见多怪的，不都是这样过来的吗！

（三）追求利润本身没有问题，重要的是取之有道的“道”

所谓商业文明，应该隐含的一个最为基本的前提就是契约精神和法制精神，企业追求利润最大化，必须在契约和法律的框架下运行。在商业文明的战车上，与利润最大化的“油门”相对应的“刹车”是制度，而定什么样的制度在于制定者的“文化”和“精神”。中国社会目前的很多问题，诸如腐败、挥霍资源、污染环境、血汗工厂，其根源不在于企业对利润最大化的追求，如果如一切“犯了事”的企业家们的忏悔书中总结的“都是自己追求利润最大化惹的祸”那样的话，相信这绝不是他们内心真实的想法，或只是为了提高自己认识上的境界而已。

熊彼特对企业家的创新的定义是“创造性的破坏”，在这一观点之上，熊彼特意识到，利润并不是对企业家冒险行为的回报，相反，利润是在一个新的企业中，是其收入超过生产成本之后才产生的暂时盈余，是一种商业运作必需的成本。德鲁克认同和接受了熊彼特的“利润是一种为了企业家创造性破坏的成本”的观点，他进一步发展了利润是一种道德的力量的论证：“熊彼特的‘创新’及其‘创造性的破坏’理论是目前为止唯一一个能够用来解释所谓‘利润’什么会存在的理论。古典经济学家们很清楚，他们的理论没有为利润找到任何合理依据。但是，如果利润是一种名副其实的成本，尤其当利润是唯一一个能够维持已有工作并创造新工作的手段的话，那么，‘资本主义’就摇身一变，成为一种道德的制度。一旦当人们摒弃那种亘古不变的、自给自足的封闭经济，转向熊彼特所倡导的不断增长、不断移动、不断改变的动态经济，我们称为‘利润’的东西也就不再是不道德了。利润变成了一种道德律令。”[①]作为社会中的一类组织形式，在全社会范围内的分工，企业的使命就是为社会创造财富，从而成为以此推动社会的进步的主要引擎之一。当然，作为社会中的“公民”，在企业追求利润之路中隐含的一个戒律就是“取之有道”这个“道”，在西方就是发育自基督教伦理的商业伦理规则和法律，在中国就是依靠商人们的道德自觉。显然，前者是比较靠得住的制度安排和来自于心灵的滋养。

---

① 约瑟夫·A. 马恰列洛：《失落的管理艺术：德鲁克论现代管理与人文精神》，清华大学出版社 2012 年版，第 45 页。

二、发挥市场配置资源的主体作用的关键是处理好政府和企业的关系，核心是明确政府不能直接参与创造财富的活动

要想发挥市场配置资源的主体作用，就要说明政府不是配置资源的决定性力量，这必然涉及对政府职能的新的认识和定位，这其中最为重要和关键的是如何看待和构建新环境下的政商关系。

由于社会文化环境和经济体制的不同，世界各国的政商关系呈现出不同的特征。中国的情况是政府的政策制定过程不透明、不清晰，带有一定的随意性。政府手中握有大量的资源，政府各宏观管理部门权力和职责边界不清，状态是政府发球，企业接球。企业面对政府部门的一个个"通知"，这些通知有可能与现行的法律法规是抵触的，还可能是朝令夕改的，可是它们却是管事的，弄得企业疲于奔命。在 20 世纪 90 年代初，确立市场机制的初期，法律不健全，政府的宏观和企业的微观运行都处于不规范的状态，那个时候，无论机制、人才、信息和动力，企业占优，一些雄心勃勃的企业家凭借胆量和智谋搞定几个掌握权力的政府官员就能打开体制的缺口，获得稀缺的资源，实现爆炸式的增长。一些国有企业凭借其特殊垄断地位和所谓国家战略和安全，对政府的有关政策进行施压和无形的抵制。

2005 年 9 月 27 日，美国政治学家 Scott Kennedy 在《金融时报》专栏上这样评论了所目睹的中国企业的政治行为：企业政治战略研究告诉我们，企业组织激烈竞争从来不仅仅是产品市场上的较量，如何在公共决策领域赢得话语权，从而以政治优势在市场竞争中占取先机是每一位企业管理者必须面对的调整。与成熟市场经济体制中的企业家相比，中国企业经营者承载着双重任务：一方面，他们追逐市场利润；另一方面，他们需要获取社会认知合法性所赋予的安全感，而政府官员正是可以给予他们合法性的人。

对于"政府"的职责，我们中国人一直以来都不是很清楚的。党政不分、政企不分、政社不分和社会各主体概念中的"凡事找政府"的两个层面的混乱导致政商关系的复杂。一个现代政府的职责如下：公共性职责、服

务性职责、确立政府的道德角色和整合社会的力量。以上对政府职责的定位，没有一项是与“政府直接参与创造财富活动”有关的。近年来查处的许多腐败官员的案例显示，贪官必受贿，受贿源头多是企业主。

在一个现代开放的社会，不同主体唯有通过建立契约，并依靠契约精神，方能有平等关系。不同主体各自明确和承担好自己的使命与职责，对于企业而言，客户该是老大；对于政府而言，民众和所有为社会创造财富的人都是老大。没有健康的政商关系，中国经济转型必须依靠的创新就是一句空谈。商业背后总是出没着权力的魅影，就绝不能走上好的市场经济的道路。

三、政府的当务之急

众所周知，中国历史上的工商业长期处于压抑甚至被异化的状态，政商之间不可能有对等的关系。就中国的传统和现实而言，目前处理好政商关系的关键不在企业家而在官员。

（一）政府应放弃对经济管制权的迷恋

2008年，全球经济一片哀鸿遍野之际，我国的4.1万亿元投下去后经济指标非常的好看，风景这边独好。国进民退下的政府无所不能，给我们的错觉就是还是政府的手有力，于是在一定程度上，各级政府对经济管制权更加的迷恋和上瘾。我们经常说，政府介入市场过多；我们更经常说，中国这个需要改革，那个需要改革。但透过现象，覆盖这些的最为核心的框架是什么？核心就是经济的自由度。李克强总理多次提到“释放制度的红利”。党的十八届三中全会以来的财税改革、土地改革、金融改革和上海自贸区，哪一个不是涉及经济自由度的？

2013年，国务院分批取消和下放了416项行政审批等事项，2014年要进一步简政放权，再取消和下放行政审批事项200项以上。李克强总理同时指出，对于确需设置的行政审批事项，要建立权力清单制度，一律向社会公开。

（二）放弃政府对企业家的直接任命

在新一轮的国资、国企的改革中，各地纷纷推出了一些新的举措。有的省份的经验是选拔地方党政序列中排位较前的副职先后升任省属国企担任主要领导，认为这一从党政向国企跨越的人事安排，即用官员担任董事长的安排是国企改革的主要抓手，目的是就是如何把党的政治优势转为企业发展优势。选拔官员担任企业家不符合“市场在配置资源中起决定性作用”的新要求，原因如下：

1. 选拔官员担任企业家不符合“市场在配置资源中起决定性作用”的新要求

人力资源亦是“市场在配置资源”中的“资源”，企业家是市场经济中最重要和稀缺的资源，因为他们是能使资本最大限度增值的人，是资源最优配置的搅拌者。

“选拔官员担任企业家”想必是组织部主导下的“选拔”，而非市场机制。任志强先生认为：国企改革的核心不只是在于混合所有制，关键在于是按市场化的治理结构聘用管理者。

2. 党政官员与企业家应有的特质几乎没有交集

创新是企业家精神的灵魂，熊彼特关于企业家是从事“创造性破坏(creative destruction)”的创新者观点，凸显了企业家精神的实质和特征。创新是企业家活动的典型特征，从产品创新到技术创新、市场创新、组织形式创新等等。创新精神的实质是“做不同的事，而不是将已经做过的事做得更好一些”。党政官员所在的中国行政组织的工作伦理与市场经济下的企业有极大的不同，在党政组织里，为了保证行政效率，各级公务人员应绝对地忠诚、服从、高效执行，高级别的官员需要妥协、维稳等能力。在中国现有组织部的考核序列里，有个性、有创新能力者一般难入法眼。做到地方党政序列中的副职官员想必在这一序列中也是工作了二十年以上了，思维方式、知识、视野早已成型，转到企业家岗位，怕是不太可能具有企业家精神与气质了。正如亚当·斯密所说：在这个世上，君主与商人气质最为不符。

3. 在官员与企业家之间应构建坚固的“防火墙”

资本是市场经济最重要的要素，资本是个好东西，但它一旦与权力结合，无论采取何种方式，就是个最坏的东西。专制权力最大的对手是资本，如何在权力与资本之间构建强大的防火墙，是中国社会走向现代化和好的市场经济的必须，也是最大的难事。中国当今社会中，“官员”等同于“权力”，“企业家(商人)”等同于“资本”。习近平总书记提出：要想当官就不要想着发财，官员不要与企业家勾肩搭背！“选拔官员担任企业家”极有可能造成官员担任企业家后，利用其原有的政治资源和人脉关系为本企业谋利益，这对没有聘用官员的国企就是一种不公，特别是对那些在国企分类监管中被划为市场竞争类的企业，对同类的民营企业是更大的不公。

（三）提升国家治理能力，为企业家提供较为确定性的环境

安全感缺乏导致的中国商业人士移民大潮是2010年以来最壮观的一道风景线，对历史稍有一点了解和记忆的人都不会也不该用“资产阶级的软弱性”来指责他们。柳传志面对媒体的采访时谈道：绝大多数企业家把谋取利润、增加社会财富作为最终的目标，环境不好的时候，就把事业做得更小；环境更恶劣的时候，宁可离开这个国度，去一个安全的地方。

如果说西方企业家最核心的工作是创新，中国企业家最核心的工作则是应对不确定性。所谓不确定性，可以划分为市场的不确定性、制度(政策)不确定性。创新分为技术的创新、商业的创新与体制的创新。我们的企业家在种种的不确定性的陷阱里打滚，我们总是忙于应对政策的不确定性。而西方的企业家则是应对市场的不确定性，忙于技术和商业的创新。我们的企业怎能与他们竞争？一个时代的企业家应该全身心地去了解顾客的需求、满足顾客的需求，不断提高顾客的满意度，而不是忙于揣摩政府和官员的喜好，忙于与官员结交关系，思考如何暗箱操作，研究如何回避政策的风险和钻政策的空子。这一切依赖于政府的主动改革。

参考文献

[1]约瑟夫·A. 马恰列洛：《失落的管理艺术：德鲁克论现代管理与人文精神》，

清华大学出版社 2012 年版。

[2]张志学、张建君:《中国企业的多元解读》,北京大学出版社 2010 年版。

[3]邱震海:《当务之急:2014—2017 中国的最大风险》,东方出版社 2014 年版。

[4]柳传志:《反对暴力,支持改革》,《财经》2012 年 10 月 15 日。

(成刚:中共上海市委党校第五分校(上海市经济管理干部学院)经济管理教研部主任,企业管理学教授)

政府转型与现代化收入分配治理体系构建

王赞新

【摘　要】 体制转型、社会转型和技术转型，使收入分配治理面临着严峻考验，同时也为政府收入分配职能转型提供了契机。随着政府收入分配职能的深度调整，要将收入分配治理从市场与政府二元治理向社会领域延伸，构建起市场、政府和社会三方相互制约、相互支撑的三元治理结构，并在此基础上形成基础性制度和信息化技术支撑体系，提高治理能力和效率。这是当前收入分配治理模式演变的基本方向和现实路径。

【关键词】 政府职能　收入分配治理　社会组织　基础性制度　技术支撑

一、政府收入分配职能的发展与转型

新中国成立以来，随着收入分配制度和体制的改革创新，政府的收入分配职能也随之相应发展演变。在计划经济时期，所有市场交易行为被取缔，所有组织和个人的生存依附于国家，不存在市场交易中的要素分配机制，更不存在利益主体之间的协商博弈，政府直接对所有社会资源进行垄断性分配，政府的职能和行为边界覆盖整个收入分配的全过程。这是一种集中化、计划化和平均主义的收入分配体制，极大地窒息了经济和社会发展的活力，因而无法长期维系。改革开放以来，尤其是社会主义市场经济体制建立以来，我国基本上形成了市场主导初次分配、政府主导再分配、市场机制与政府干预相结合的收入分配治理模式。然而，由于市场与政府功能边界不清晰，政府收入分配职能出现了一定程度的越位与错位。表现为政府过多地干预、参与初次分配，使初次分配中存在过多的行政垄断和准入限制，而应该充分发挥政府职能的再分配调节职能却出现弱化甚至出现“逆向调节”的问题。市场作用与政府职能错位，使收入分配领域中的市场失灵与政府失灵相互叠加，这是导致我国收入分配领域存在一些突出问题的根本原因。

当前，收入分配问题逐渐从经济领域向其他领域深化展开，同时，社会转型、体制转型以及工业化、城市化、信息化、全球化等现代性因素所引发的“大转型”交织在一起。这些因素既是政府收入分配职能转型的挑战，也为政府收入分配职能转型提供了契机，指引了方向。在新的历史条件和时代背景下，政府在初次分配中的职能，应当从直接干预与参与要素分配中退出来，而是要为要素分配提供公平、透明的市场环境，为维护要素分配的公平正义提供必要的公共政策和制度保障；在再分配领域，要着力发挥政府作用，构建完善的再分配调节机制，切实发挥好税收、社会保障、公共支出等再分配工具的分配调节功能；在此基础上，政府要积极鼓励与引导社会组织参与收入分配活动，构建起市场、政府、社会相互制约、相互支撑的收入分配治理结构；同时，应加强收入分配基础性制度的建设和信息化技术支撑体系建设，为要素分配和再分配调节构建完善的制度和技术支撑体系。

二、政府职能转型背景下的现代化收入分配治理体系

政府收入分配职能的调整和转型，必将推动收入分配治理模式的深刻变革。收入分配问题及其治理将渗透到经济社会生活的各个方面，同时将有更多制度、技术和工具手段参与收入分配治理，与政府职能转型一

道，构建起符合我国发展阶段和基本国情的现代化收入分配治理体系。这其中，政府、市场与社会之间的良性互动与相互制约、体系运行的基础性制度和信息化技术支撑，构成了现代化收入分配治理体系成长的两大主轴。

在政府和市场二元主导的收入分配治理模式下，资本和权力具有自我加强和力量扩张的本能，必然会导致权力与资本结合过度主宰社会财富的局面出现。从西方国家经验看，收入分配治理经过复杂的演变过程，最终形成了市场、政府和社会三大力量共同塑造分配过程和结果的治理框架，既避免了资本对社会财富的过度主宰，也阻止了全能型政府的形成。西方社会的治理模式我们不能照搬照抄，但其经验和方法值得我们借鉴。党的十八大提出要继续深化收入分配制度改革，优化收入分配结构，就必须调动各方面积极性形成改革合力，为深化收入分配制度改革营造良好的社会环境；十八届三中全会将“推进国家治理体系和治理能力现代化”作为全面深化改革的总体目标，开启了我国重塑市场、政府、社会关系，推进国家治理模式创新的新篇章。这是我国收入分配治理体系创新的时代背景，也为在收入分配治理体系中引入社会力量提出了明确的要求和发展方向。将收入分配治理从政府与市场二元体系向社会领域延伸，发挥社会力量在利益均衡与利益协调上的重要功能，构建政府、市场与社会之间的良性互动、相互制约、相互支撑的治理结构，是现代化收入分配治理体系的基本构架。这其中关键是要合理地界定政府、市场和社会的行为边界，充分发挥三者在收入分配治理中的自主作用，以共同实现收入分配机会、过程、结果的效率和公平目标。

信息化、城市化、全球化的张力使收入分配治理的社会条件和技术条件都发生了根本性变化，收入分配治理的过程与对象也日趋多元化、动态化、复杂化。要形成公平合理的收入分配过程和结果，一方面依赖于收入分配体制的科学性，另一方面也依赖于基础性制度和现代信息技术的运用、支撑与牵引。由于忽视基础性制度和信息化技术手段的保障与支撑作用，使制止和打击灰色收入和非法收入、实施收入分配再调节往往难以取得预期的效果。构建收入分配治理体系运行的基础性制度和信息化技术支撑，就是要在体制转型、社会转型和技术转型的背景下，为收入分配治理提供有效的制度和技术支撑与保障，提高收入分配治理的科学性、有效性，提升收入分配治理的整体绩效。

三、基于市场、政府、社会良性互动的现代化收入分配治理体系构建

（一）充分发挥市场的要素分配功能

成功的收入分配治理都是与成熟的市场经济制度和完善的市场经济体系密不可分的，这是机会平等和过程公平的基本保障。充分发挥市场的收入分配功能，首要的是要进一步划清政府与市场在初次分配中的运作边界和职责权限，真正使市场机制有效、自主地发挥决定性作用。要切实打破目前很多领域存在的政府配置资源、市场决定收入、使大量资源开发利用以腐败的形式成为个人收入的局面，真正做到市场主体能够在公平、公正、公开的市场规则下，在诚信经营与遵纪守法的行为规范下，能够自主地在市场中进行公平的竞争，在此基础上各种生产要素依法依规公平地进行流动、交换、配置，并获得合理的报酬。当务之急，在于切实推进垄断行业改革和公平准入改革。不打破垄断格局，不解决公平准入问题，不形成合理的国有资产和国有资源收入全民分享机制，初次分配中的机会不平等和过程不公平就会持续存在。而要解决这些问题，关键在于深化市场化改革，发挥市场的决定性作用，加大力度去扭转、纠正、根治市场交易中有关要素分配中的不合理、不公正、不规范的制度、政策、措施、行为，完善市场规则，维护市场公平竞争的秩序和环境，取缔非法经营活动，制止利用非法手段牟取暴利。

（二）切实加强政府的再分配调节职能

构建现代化收入分配治理体系，其中的关键之处，是政府要从初次分配领域中的过多干预和参与中退出来，真正发挥好在再分配中的再分配调节职能。在税收方面，要重点解决当前“逆向调节”的问题，需要在保持

税赋基本稳定的前提下，优化税收结构，减少间接税，增加对财产、资源使用、所得、赠予的征税力度，充分发挥税收对财富分配格局的调节功能。出台更有力度的财产税与资源税政策，成为抑制暴富、促进共富的重要工具。同时宜尽快完善个人所得税，适时出台包括房产税、遗产税等旨在调节高收入群体收入的新税种。社会保障不仅是全体国民稳定安全预期的基本来源，也是对财富分配格局产生重大影响的基本制度安排。① 应当进一步加大政府的社会保障投入，并改革投入机制，以政府投入带动社会和市场投入，提高整体社会保障水平，确保社会保障待遇能够与经济增长同步。与此同时有计划、有步骤地推动医疗、养老等社会保障项目的城乡对接与地区统筹，缩小以至消除不同群体之间、不同地区之间的社会保障待遇差距。在公共支出方面，要切实推进政府职能转变和财政支出结构优化，使目前普遍存在的“建设型财政”“养人型财政”切实向民生型财政和公共服务型财政转变。财政支出的对象要向民生、农村、落后地区、低收入群体倾斜，财政支出的领域要向国民教育、基本社会保障、公共卫生、社会救助和基本公共服务倾斜，确保民生和社会福利支出增速快于经济建设支出，增幅快于财政收入增长。

（三）发挥社会组织在收入分配治理中的重要作用

经过三十多年的市场化改革，市场经济对社会生活带来了两大显著影响：一是利益分化作为市场经济的必然结果随着市场经济的壮大与成熟不断发展。在实践中表现为群体利益矛盾的激化，即地域（东、中、西部）群体利益矛盾、城乡群体利益矛盾、管理层与被管理层群体利益矛盾、劳资群体利益矛盾日趋尖锐化。② 二是在市场经济条件下，原有一套基于阶级分析话语的收入分配治理体系逐渐失去效用，取而代之的是一套新的基于资本话语的收入分配治理体系，甚至出现了权力利用资本压制、践踏社会个体特别是弱势群体的现实。这表明，在社会转型和社会治理模式转型的时代背景下，我国收入分配问题的实质，是现有的基于市场与

① 郑功成：《构建长久公正的收入分配制度》，《人民论坛》2012 年 9 月下，总第 378 期。

② 景跃进：《演化中的利益协调机制：挑战与前景》，《江苏行政学院学报》2011 年第 4 期。

政府二元治理模式逐渐失去效力，而新的基于市场、政府和社会三方治理的模式还没有建立起来，传统治理模式的衰落与新治理模式的建设之间不对应。将收入分配治理的视角从传统的市场和政府路径延伸到社会层面，不但能为收入分配制度改革注入新的动力，也能为构建我国现代化收入分配治理体系奠定坚实的基础，还能为形成公平、合理而富有效率的收入分配格局释放出巨大的活力。为借助社会组织的力量抵御资本力量对社会个体和弱势群体的侵害提供必要的组织依托，同时培育形成利益协调的自组织秩序，推进利益表达的组织化和利益协商的理性化，为平衡社会利益格局提供组织化载体。具体来说，需要合理引导和规范行业组织、慈善组织、中介组织、公益协会等社会组织参与收入分配协商、博弈、调节，并建立起适应中国实际的利益凝聚、诉求表达、压力施加、利益协调、调解仲裁等群体利益协调机制，使不同利益群体间通过对等博弈和理性协商，协调利益关系、弥合社会裂痕、缓和阶层对立。

四、基于基础性制度和信息化技术支撑的现代化收入分配治理体系构建

（一）形成基础性制度支撑

基础性制度指的是一种能起到制约、派生或影响其他制度的原生性行为规则，在整体的制度框架中居于基础位置。[①] 在收入分配治理体系框架中，基础性制度包括社会信用制度、财产登记制度、现金管理制度、财务管理制度等。它们相互关联，作为技术性制度，不直接发挥作用，但对收入分配表层制度发挥着支撑其运转的功能，可以简化表层制度并降低表层制度运行的成本。在全面深化改革的时代背景下，基础性制度改革逐渐处于滞后的状态，这是构建现代化收入分配治理体系中必须要引起重视的重大问题。通过基础性制度的建设与创新可以为构建现代化收入分配治理体系提供强大的推动力并取得重大成就。比如，建立统一的社

① 冯冰：《基础性制度成为深化改革的障碍》，《中国改革报》2007 年 8 月 21 日，第 4 版。

会信用代码制度，对全体公民和法人信用实行实名管理，每个公民和法人都使用唯一的信用代码，并以此代码记录其就业、创业、投融资、不动产交易、出入境、消费等活动，他们的财产和收支情况也记录在同一个机构、同一个信息平台，形成一个全国统一的信用信息交换平台，并依法在一定范围内接受税务机关等部门的监管和查询。这样才能从法律层面建立强制性措施为政府加强再分配调节提供得力的工具而不是依赖道德上的约束，只有这样，税收调节居民收入才有了可能性。再比如，建立统一的不动产登记制度，给合法的个人与法人财产“确权”，既是平等保护产权的需要，是政府的法定职能，同时也使个人和组织隐匿不法收入和财产越来越难，是打击灰色收入、非法收入，治理腐败问题的重要手段。我国过去对基础性制度重视不够，欠账较多，需要高度重视、合理规划，分步实施，构建完善的收入分配基础性制度体系，为推进现代化收入分配治理体系建设提供坚实的基础。

（二）加强信息化技术保障

在信息化时代，收入分配治理的社会条件和技术条件正在发生根本性变化。与收入分配治理相关的过程与对象日趋多元化，相关信息量急剧增加，数据更新更加频繁，信息交换的准确性、及时性尤为重要，信息化支撑体系成为收入分配治理取得预期效果的基本条件和内在要求。具体来说，信息化技术手段和机制的支撑和牵引，可以提高收入分配治理的宏观管理决策水平；提高收入分配治理体系运行的管理水平和工作效率；有效监控和记录个人支付、收入和财产状况，提高收入分配治理的针对性、科学性和公平性。当前，我国收入分配治理中的信息化问题还没有引起实践工作部门和理论工作者的广泛重视，收入分配治理信息化支撑体系建设还处在初级阶段，收入分配治理信息化程度低，互联互通程度低，信息登记分散，多头管理，部门信息封闭，无法满足信息化时代和经济社会快速发展条件下收入分配治理发挥应有作用的需要。要突出重点，分步实施，坚持边建设、边应用、求实效的原则，整合现有分散信息和系统，打破系统“割裂”，消除信息“孤岛”，实现信息的共享，最终实现覆盖全国、网络共用、信息共享的收入分配治理信息管理平台，全面实现收入分配治理各个领域的信息化，为推进信息化条件下的收入分配治理现代化提供技术保障。

五、结语

政府职能转型与现代化收入分配治理体系构建，是我国收入分配制度改革的现实途径和目标取向。构建现代化收入分配治理体系，就是要将发挥市场的作用、发挥政府的作用、发挥社会的作用、发挥基础性制度和信息化技术的作用结合起来，形成实现收入分配效率和公平原则的体系结构和整体合力。发挥市场的作用，就是要充分尊重市场主体的权利，在发挥市场经济和自由竞争的自发调节作用的基础上实现合理合法的要素所有者收入；发挥政府的作用，就是要求政府从直接干预和参与初次分配中退出来，以税收、社会保障和公共支出等工具发挥好再分配调节职能；发挥社会的作用，就是通过积极引导和规范社会组织的成长，健全社会组织参与收入分配和利益均衡的渠道，将收入分配治理体系从市场与政府延伸到社会领域；发挥基础性制度和信息化技术的作用，就是要主动适应社会管理和信息技术的新发展、新要求，将行之有效的基础性制度和日新月异的信息化技术及时有效地运用于收入分配治理，构建综合交叉和复合的基础性制度和信息化技术支撑体系。

发挥政府的作用，需要政府职能的切实转型；发挥市场的作用、发挥社会的作用、发挥基础性制度和信息化技术的作用，也需要政府的推动和引导。因此，在转变政府职能的同时更好地发挥政府的主导、协调和推动作用无疑是构建现代化收入分配治理体系的关键，这也是解决我国收入分配实践中一些亟待解决的现实问题的关键所在。

参考文献

[1] [英]卡尔·波兰尼：《大转型——我们时代的政治与经济起源》，冯钢译，浙江人民出版社 2007 年版。

[2] 何显明：《政府转型与现代国家治理体系的建构》，《浙江社会科学》2013 年第

6期。

[3] 王赞新:《收入分配改革的历史线索与目标取向》,《学习时报》2012年9月10日第4版。

[4]孙立平:《转型与断裂:改革以来中国社会结构的变迁》,清华大学出版社2004年版。

(王赞新:湖南省委党校副教授)

政府购买公共服务：公共治理创新的实践路径

陈　华

【摘　要】 政府购买公共服务是我国转变政府职能、深化行政体制改革、实现公共治理创新的重要路径。我国政府购买服务在实践中取得明显成效的同时，存在认识偏差、法律制度缺位、模式局限、机制缺失等诸多问题。要推进我国政府购买服务，亟须注意以下几大关键点：实现从“工具创新”到“价值创新”的理念转变，弥补法律制度的缺失，大力进行主体体系和功能建设，建立健全资金投入、监督评估和竞争机制等三大运行机制等，从而实现政府购买服务的可持续发展，实现公共治理创新。

【关键词】 政府购买　公共服务　治理　机制

一、政府购买公共服务：公共治理创新的实践路径

党的十八大强调，要改进政府提供公共服务方式。《中共中央关于全面深化改革若干重大问题的决定》提出，要加大政府购买公共服务力度。《决定》进一步明确指出，“推广政府购买服务，凡属事务性管理服务，原则

上都要引入竞争机制,通过合同、委托等方式向社会购买”。

在我国,政府购买公共服务是指根据预先订立的合同(协议)或赋予的特许权,由政府财政提供资金并由政府向服务供应者购买其提供(生产)的商品、服务或公共设施,以满足使用者服务需求的一种制度安排和实施机制。

政府购买公共服务是实现公共治理创新的重要路径。从国际趋势看,现代公共治理呈现出治理主体多元化、治理机制多样化和治理过程多向化等三种主要特征:治理主体多元化,意味着政府不再是公共治理的唯一主体,公共治理的主体应当是包括政府、企业和社会组织等在内的多种力量;治理机制多样化,即根据公共事务的不同性质和特征,综合运用包括行政机制、市场机制和社会机制在内的多种机制,从而实现有效治理的目的;治理过程多向化,即公共治理不再是以往自上而下的单向度方式,而是多向度、互动的网络化过程。

从我国公共治理转型的目标来看,要实现国家治理体系和治理能力现代化的战略目标。这个目标意味着要切实转变政府职能,使政府成为有限、有效、负责任的“服务型政府”,实现政府与社会的合作共治。而政府购买公共服务是实现这一战略目标的重要路径。这是由于:一方面,推进政府购买公共服务,有利于政府切实转变职能,深化行政体制改革。通过政府购买服务的发展,可以改变政府大包大揽的做法,把政府部分职能转移给社会、市场,政府从公共服务的直接提供者转为公共服务的组织者、监管者。而社会自组织也将在公共服务的承担过程中不断得到锻炼,增强公共治理的能力。另一方面,推进政府购买公共服务,有利于构建新型公共服务体系,创新公共服务方式。长期以来,我国公共服务几乎都由政府或者事业单位等机构来提供,服务供给主体单一、成本过高和效率低下等已成为我国公共服务发展的主要问题,加快构建新型公共服务体系,创新公共服务提供方式已刻不容缓。政府购买服务通过公共服务提供主体的多元化、提供方式的市场化社会化、流程平台的优化整合等,将为新型公共服务体系的建构提供基础性作用。

二、目前我国政府购买公共服务存在的主要障碍

我国的政府购买公共服务，“经历了向西方社会管理制度模仿学习阶段到适应自身社会发展并逐步改造与创新的阶段，直至演变成一种适合中国社会的规范机制”[①]，或者说，我国的政府购买服务经过若干年的发展，经历了从制度模仿、移植到制度创新的过程，至今在各地的实践已取得不少的成效，但仍然存在诸多障碍和问题，主要有以下四个方面。

（一）认识障碍

认识障碍主要包括对社会组织本身，以及对政府购买公共服务的认识有一定的局限。政府在对社会组织的认识方面，主要存在以下偏差：有的地方政府及政府官员由于对社会组织信任度的不足，存在种种顾虑，其态度因管理的需要而呈现出一时一地的不同；有的政府官员对社会组织的认识模糊，对社会组织寄予了不切实际的过高期待，具有明显的“从众心理”因素，没有注意“志愿失灵”的风险。因此，政府有必要切实转变观念，明晰对社会组织及其功能的认识，同时明确自身的权力责任，真正放手部分公共事务。

在对政府购买服务方面，同样存在认识上的偏差：有的地方政府对政府购买公共服务缺乏理性的认识，对哪些公共服务可以采取这一方式，而哪些服务不宜采取这一方式，并没有清晰的理解，一窝蜂、不加分辨地推行，导致有些本应由政府承担的公共服务都以购买的形式转嫁到社会组织，并没有考虑政府购买服务的适用性条件；有的地方政府则是为了方式创新而创新，使许多政府购买服务只是成为一种“形式性购买”；还有的地方政府或出于对同行的效仿，或出于对上级政策的表象化执行，只是作为一种“政治任务”来做，并不关心购买服务的实际社会经济效益。

---

① 陆春萍：《我国政府购买公共服务的制度化进程分析》，《华东理工大学学报》（社会科学版）2010年第4期。

（二）法律和制度障碍

从法律等规范性文件来看，与政府购买公共服务相关的主要有《中华人民共和国政府采购法》（以下简称《政府采购法》）。《政府采购法》的第二条对"政府采购"进行了界定："本法所称政府采购，是指各级国家机关、事业单位和团体组织，使用财政性资金采购依法制定的集中采购目录以内的或者采购限额以上的货物、工程和服务的行为。"可见，目前政府采购的范围包括货物、工程和服务，但是其中规定的十大类服务项目都是针对行政机构自身使用的服务，并不包括面向公民的公共服务。尽管各个地方都在进行探索和试验，也制定了一些地方性的法规和指导意见，但各地的实践还存在较大的差异和分歧。国家层面法律的缺失，阻碍政府购买公共服务的深入发展。

（三）模式障碍

模式的局限性主要体现为现有的政府购买公共服务模式大多数是形式性购买和委托性购买，而竞争性购买较为缺乏，在一定程度上限制了服务的水平和质量。从政府购买服务的模式这一角度出发，国内学者对我国现有政府购买进行了区分，以社会组织的独立性程度、竞争性程度这两项指标为维度，分成三种组合模式：依赖关系非竞争性购买（形式性购买）、独立关系非竞争性购买（委托性购买）、独立关系竞争性购买等。[①]而从各地的实践看，形式性购买和委托性购买占比例较高，这两种模式操作简便，但竞争性不足。而竞争是提高服务质量和水平的重要途径，竞争性不足在一定程度上影响了服务质量的提高。

政府购买公共服务的竞争性不足，究其原因，主要是由于现有社会组织的数量和能力有限导致。从目前来看，能够承接公共服务职能的社会组织数量不多，使得地方政府在向社会组织购买服务时，有时会面临参与者"只此一家"的尴尬境地，成为缺乏竞争的"霍布斯选择"，这就使得政府

---

① 王浦劬：《政府向社会组织购买服务：中国与全球经验分析》，北京大学出版社 2010 年版。

购买服务的订单很多情况下不是通过充分的市场竞争订立，而是通过双方彼此熟悉，以协议的形式签订，也由此带来了服务质量和费用的合理性及透明度等一系列问题。因此，通过促进社会组织的发展、提高购买的竞争性，从而提高服务质量是深化政府购买服务的关键。

（四）运行机制障碍

在政府购买服务的运行过程中，对服务的监督和评估是服务质量的重要保障。但在实践中，对服务的监督和评估环节始终是难点所在，容易存在滞后和空白。

在对政府购买公共服务的监督方面，对合同关系的管理是个实践难题。合同是政府购买服务的基础，是对双方权利责任的约束。敬义嘉认为，在合同关系的管理上，主要存在两种形式：委托代理关系与管家关系。[①] 在委托代理关系下，政府与社会组织的合同关系建立在缺乏信任的基础上，为了避免代理人（社会组织）的投机行为，政府需要通过各种外部监督和控制，促使其有效履行合同要求，为此需要一个清晰的可执行的合同，作为合同双方关系的基础。而在管家关系下，政府与社会组织之间的合同关系建立在相互信任和共同目标的基础上，政府通过各种非正式手段，包括信誉、信任和互惠合作等来管理合作者，这种情况下的合同往往是关系合同，缺乏对双方权利义务的清晰界定。两种管理模式各有其利弊，过度的不信任和信任都会带来管理成本的提高和合同关系的僵化，关键是如何在控制与信任之间实现一个平衡点。

在对政府购买公共服务的评估方面，体现为评估的滞后和模糊。纳尔逊将市场中的商品或服务分为查验品（search goods）和体验品（experience goods）两大类。前者可以在购买前进行查验来评估质量，而后者只能通过使用和消费后的体验来确认。[②] 政府购买的公共服务大多数具有“体验品”的属性，其服务质量是否符合要求，需要等用户消费之后才

---

① 敬义嘉：《中国公共服务外部购买的实证分析》，《管理世界》2007 年第 2 期。

② 句华：《政府如何做精明的买主——以上海市民政部门购买服务为例》，《国家行政学院学报》2010 年第 4 期。

能作出评价，因此在服务质量评估方面具有一定的滞后性。同时，在购买服务实践中很少把服务与费用相联系，当服务提供者交付服务之后，政府就支付了所需费用，很少把用户体验与费用支付挂钩。对此，有些地方政府采取了“试错法”的尝试，通过签订一些小额合同来检测服务提供方的服务质量。[①] 这种方式尽管有一定效果，但同样存在问题：“试错”有一定的资金和时间成本，但并非所有的政府购买服务都有足够的时间和资金成本来试错；而且这种检验只是针对服务提供方本身资质及其能力的检验，并非针对具体项目和服务的检验。

三、推进政府购买公共服务的关键点

（一）在观念上，对政府购买服务的认识，应当实现从“工具创新”到“价值创新”的转变

政府购买服务是一种新型的公共服务提供方式，表面上是一种工具的创新。但其根本上，应是公共治理理念的根本转变，是从“政府本位”向“社会本位”理念的根本转型。政府购买公共服务最终要达到“社会本位”，这是政府购买公共服务的核心和最终目标。实现“社会本位”，并非意味着政府放任不管，而是要改变以政府为中心、一切从政府需要出发的状态，改变单纯依靠行政指令、行政隶属或行政依附关系大包大揽地直接提供公共服务的行为，注重多方治理、责任共担和利益回归，还原公共服务公益性和社会性的属性及过程。

（二）建立健全政府购买公共服务的相关法律和制度规范

如前所述，目前我国的政府购买服务在法律和制度规范方面存在明显缺失。要发展政府购买服务，首先要改变这一做法无法可依的困境。源头问题解决了，才可能在实践中持续发展。应从制度规范方面完善政

① 比如，上海浦东新区政府在与 NPI(恩派)合作的最初阶段，民政部门先和 NPI 签订了两个小的项目合同，一个是上海老年服务社会化研究，一个是政府采购 NGO 服务研究。通过两次的尝试性合作，政府在某种程度上查验和确认了 NPI 的服务质量。

府购买服务，包括明确政府购买服务的主体资格、资金来源、购买内容、购买对象、购买流程、合同管理和评估等一系列基础性问题，为政府购买服务提供制度保障。因此，或者专门为政府购买公共服务制定法律法规或规范性文件，或者通过修订《政府采购法》，将政府购买公共服务纳入其中，同时增加相应的条款和内容，以确保政府购买服务有法可依和有章可循。

（三）大力进行政府购买服务的主体体系和功能建设

政府购买服务的主体体系包括社会组织、机构和企业等各种力量。应当大力加强主体体系和功能建设。

一方面，政府应当从舆论、资金和政策等方面提供公开、公平、公正的政策环境，支持包括社会组织在内的各类主体的发展、壮大，打破限制社会力量进入公共服务领域的行政障碍，为政府购买服务提供有力的抓手。具体措施如下：一是政府每年向社会公布具备承接政府职能转移和购买服务资质的社会组织、机构和企业目录，为社会组织、机构和企业创造更多更好的成长机会。二是通过孵化机制、公益创投等方式从创办、起步阶段就对社会组织给予关键性支持，包括免费提供办公场地和设备等，为社会组织的发展提供规范化的指导。三是对社会组织承担公共服务实行更多的税收优惠政策，形成社会组织发展的长效机制，以此改变目前社会组织作为公共服务承担主体所呈现出的数量不足和能力偏弱的困境。

另一方面，社会组织自身也应当积极探索如何完善内部治理，在公共服务的承担中发挥更大的主动性。目前社会组织往往缺少有效的内部治理结构，日常管理、财务管理较随意，由三五人主导组织的现象比比皆是。作为社会组织，应当努力健全内部治理结构，建立规范化的财务管理、日常管理制度，提高治理能力。同时，应积极探索如何在公共服务提供中发挥更大作用。比如在公共服务的需求方面，很多项目是政府通过调查了解到居民需求后，再向社会组织招标。但由于信息的偏差，往往使服务需求与公益资源存在错位，难以完全有效对接。因此，社会组织应当主动提前进行居民需求分析和规划，再向政府申请项目。通过这种主动参与，不仅让有限的资源得到更高效的使用，更重要的是，对项目的参与有助于社会组织本身能力的发展。

（四）建立健全政府购买服务的三大运行机制，以确保其可持续发展

投入机制、监督评估机制和竞争机制这三大机制是政府购买服务可持续有效运行的保障，应着重建立健全这三大机制。

1. 建立和完善投入机制

逐步把政府购买服务纳入公共财政体系。目前，从各地实践看，政府购买服务项目的资金来源主要有三种：专项资金、预算外资金、预算内资金。其中，预算外资金所占的比例较高，导致投入不稳定、资金缺乏保障。为形成稳定的投入机制，应当逐渐把政府购买服务纳入公共财政体系当中。政府各相关部门在编制年度财政预算时，提出拟购买的公共服务项目报同级财政部门审核；财政部门审核后纳入财政预算统筹安排。同时，利用福利彩票公益金，开拓购买服务的资金渠道，形成财政预算资金承接成熟项目、福利彩票公益金开拓购买新项目的衔接机制。

2. 探索和健全有效的监督评估机制

首先，要善于调动社会公众、大众媒体的监督力量，实现政府购买公共服务行为全程公开化、透明化。通过电子政务等方式，建立政府购买公共服务的网络平台，公开相关事宜，并能实时查询相关信息。同时，引入第三方监督，防止政府的权力寻租现象。对承接服务的社会组织推行财务报告公开制度，并由第三方进行审计。其次，建立社会组织信息披露制度，承接服务的社会组织必须公开自身的相关信息，包括组织机构代码、证书、服务项目、服务方式等，通过建立信用评价体系，对社会组织在公共服务领域的表现进行统一评价，为政府购买公共服务的决策提供依据和参考。最后，尽快建立政府购买公共服务的绩效指标，构建科学合理的绩效评估体系。在购买合同中，细化所购买公共服务的数量、质量、费用标准和服务要求等，并确立量化的参照值，使政府购买公共服务的绩效评估具有实际可操作性。同时，评估并非等服务完全交付之后再进行，可提前介入，在公共服务提供过程中进行局部、小范围的评估，这样可以提前发

现问题并及时纠正。

3. 引入竞争机制

合同外包理论认为，政府购买公共服务取得效率和绩效的基本要求是适度竞争的存在，竞争是带来效率的基本原因。因此，应在积极探索适合中国国情的政府购买公共服务模式过程中，适度引入竞争因素。比如在委托性购买中增加竞争性谈判因素、增加开放的招投标平台、增加多方监管和第三方评估，“从而使委托购买模式进一步升级为适合我国国情的开放合作购买模式，即项目划定、政府筹资、平台公开、合同管理、双向委托、评估兑现、多方监督、合作发展”。[①] 此外，在目前广泛采用的委托性购买基础上，探索更多竞争性购买的做法，比如在加强对承接服务的社会组织检查评估基础上，对服务不到位的社会组织实行淘汰，最终形成激励社会组织提升服务质量的行之有效的机制。

（陈华：南京行政学院市情研究中心副主任、副教授）

① 林闽钢：《推进政府购买公共服务的着力点》，《中国社科报》2014 年 1 月 29 日。

推进国家治理体系现代化与后物质主义价值观

曾宪亢

【摘　要】 后物质主义价值观揭示了现代化进程中经济与社会的发展对文化的影响，以及文化层面的变化如何对政治领域产生影响。随着中国现代化进程的不断推进，中国社会面临着向后物质主义价值观的转型。推进国家治理体系现代化需要关注后物质主义价值观可能带来的变化，积极回应人民群众参政意愿，推进政治体制改革，发展人民民主；高度重视人民群众现实关切，建立有效的沟通、引导和反馈机制；提升社会幸福感，促进国家治理与人民需求相统一；坚持国家治理目标的全面性，努力实现五位一体协调发展。

【关键词】 国家治理体系　现代化　后物质主义价值观

党的十八届三中全会通过的《中共中央关于全面深化改革若干重大问题的决定》中，将“完善和发展中国特色社会主义制度，推进国家治理体系和治理能力现代化”作为全面深化改革的总目标。推进国家治理体系和治理能力现代化需要在发挥中国特色社会主义政治制度优越性的基础上吸收借鉴人类政治文明的有益成果。后物质主义价值观理论作为西方政治文化研究的重要理论，探讨了经济、文化和政治的相互关系，有助于我们理解和把握现代化进程中政治文化的变迁，同时对推进国家治理体系和治理能力现代化有重要的借鉴意义。

一、现代化和后物质主义价值观

现代化是一个复杂的概念。有学者指出，“现代化理论产生于二次大战之后的美国”，“现代化最简单的直接的意义就是实现农业社会向工业社会的转变”。① 美国学者布莱克则认为，“现代化过程极为复杂，无法将其用寥寥数语归纳之，否则就将大错特错。”②另一位美国学者亨廷顿指出，现代化是“包含了人类思想和行为各个领域变化的多方面进程”。③英格尔哈特提出，“现代化理论一直分为两派。一是马克思主义学派，认为经济、政治和文化是紧密相关的，一个社会的经济发展决定其政治和文化特征。另一派是韦伯学派，认为文化决定着经济和政治生活。”④首届世界现代化论坛公告将现代化定义为“18 世纪以来人类文明的一种深刻变化；它既包括政治、经济、社会、文化各个领域从传统向现代的巨大转变，目前也包括人的全面发展和自然环境的合理保护”。⑤ 无论是将现代化主要看作是实现农业社会向工业社会的转变，抑或是从总体性的角度出发对其进行多维度阐释，现代化过程都意味着一个社会的巨大变化。

西方发达国家的现代化进程大致经历了两个时期，第一个时期是从农业经济向工业经济转变，西方从农业社会走向了工业社会；第二个时期是从工业经济向知识经济转变，西方逐步从工业社会向知识社会转变。第一个时期的现代化进程通常被称为经典现代化，第二个时期的现代化进程被部分学者称为后现代化。相较于西方发达国家，中国的现代化进

---

① 杜新华：《现代化概念刍议》，《学术论坛》2002 年第 5 期。

② ［美］C. E. 布莱克：《现代化的动力》，段小光译，四川人民出版社 1988 年版，第 11 页。

③ 钱乘旦、陈意新：《走向现代化国家之路》，四川人民出版社 1987 年版，第 22 页。

④ ［美］罗纳德·英格尔哈特：《变化中的价值观：经济发展与政治变迁》，黄语生，《国际社会科学杂志》(中文版)1996 年第 3 期。

⑤ 阿尔伯特·马蒂内利：《现代化论坛宣言——首届世界现代化论坛的综合公告》，何传启译，2013 年 8 月于北京。

程有鲜明的中国特色。中国是在社会主义制度条件下朝着现代化目标不断前进的，这同任何一个西方发达国家是根本不同的。同时，西方发达国家分两个时期依次完成的现代化进程，在中国却是同时发生的。中国在积极实现工业化的目标，又在努力向信息社会、知识社会迈进，且由于地区发展的巨大差异性和不平衡性，不同地区的现代化程度和发展状况不尽相同。如果借用后现代化的概念，那么中国就是同时在进行现代化和后现代化。因此，在推进国家治理体系现代化的过程中，不能仅将视野停留在经典的现代化，即由农业社会向工业社会转变，而应当将现代化第二个时期，即后现代化同样考虑在内。在后现代条件下经济发展、社会环境、公众心理的变化会对社会的政治态度和国家政治发展产生怎样的影响？对这一问题的探究需要借助对业已进行后现代化的西方发达国家研究的成果。后物质主义价值观的崛起无疑是在发达国家步入后现代化时期最为显著的政治文化变化之一。

后物质主义价值观的最早提出是在1977年出版的《寂静的革命：变化中的西方公众的价值与政治行为方式》一书中。英格尔哈特从调查英、法、联邦德国、意、荷、比等六国民众所得数据中发现，“发达工业社会的政治文化可能正在经历一场转型。它似乎正在改变特定几代人的优先价值观，因为条件的变化影响着他们的基本社会化过程”。[①] 年老群体更多地强调经济和人身安全，而年轻群体则更多地强调自主和自我表现。据此，英格尔哈特提出了“后物质主义”的概念，其基本内容是强调自主、自我表现和生活质量。基于匮乏假设和社会化假设两个假设，他进一步预测西方发达国家将会有一个从物质主义价值观到后物质主义价值观的转变过程。

在此后的著作中，英格尔哈特基于更长期和广泛的调查数据，系统阐发了经济与社会政治的发展如何影响文化的变迁，以及变迁后的文化如何反作用于社会政治。这种后现代化的变迁主要有：“从短缺价值观向后现代或者说安全价值观转变”，“科层权威的效能和可接受性日益减弱”，

① ［美］罗纳德·英格尔哈特：《发达工业社会的文化转型》，张秀琴，社会科学文献出版社2013年版，中文版序第1—2页。

“日益强调个人自由和感情经验，反对任何形式的权威”，“科学、技术和理性逐渐丧失威信”等。[①] 这种反作用主要在三个层面改变了西方发达国家社会政治生活。第一是民众政治态度层面。民众对科层制和政治权威信任减弱，更希望能够在政治决策中发挥自己的作用。第二是民众参与政治的方式层面。西方社会已从以政治动员为主要特征的精英主导型政治参与转变为以特定政治议题导向为主要特征的引导精英型政治参与。第三是国家政治结构层面。在传统左右两派政治分化之外，在物质主义者和后物质主义者之间同样产生了一种相对独立的政治分化，这种分化更关注的是生活的质量问题，比如环境保护、个人自由等。英格尔哈特依据自己的研究把现代化分为两个阶段，第一个阶段是传统权威向世俗—理性权威的转变，第二个阶段是从生存价值观向自我表现价值观的转变。

二、推进国家治理体系现代化面临后物质主义价值观

在《发达工业社会的文化转型》中文版序言中，英格尔哈特写道，“中国尚未进入后现代价值观开始主导较年轻人群的阶段”，但中国改革开放后经济和技术取得的巨大进步，使他相信，如果自己的理论是正确的，“在接下来的几十年里，中国将经历代际价值观转变的过程，较年轻的群体将比他们的长辈更明显倾向于性别平等，宽容外来群体，以及更重视言论自由”。[②]

2007 年世界价值观调查数据显示，中国处于朝向后物质主义的代际价值观转变的初期，但有明显的迹象表明，年轻群体中后物质主义价值观的特征逐渐凸现。在 1936—1945 年出生的人群中，后物质主义者与物质主义者的比例仅为 1∶30，而在 1986—1995 年出生的人群中，这一比例变为了 1∶4.3。[③] 中国经济的长期高速增长、社会保障制度的不断完善

① [美]罗纳德·英格尔哈特：《变化中的价值观：经济发展与政治变迁》，黄语生，《国际社会科学杂志》（中文版）1996 年第 3 期。

② [美]罗纳德·英格尔哈特：《发达工业社会的文化转型》，张秀琴，社会科学文献出版社 2013 年版，中文版序第 1 页。

③ [美]罗纳德·英格尔哈特：《发达工业社会的文化转型》，张秀琴，社会科学文献出版社 2013 年版，中文版序第 8—9 页。

和独生子女政策使得90后、00后、10后群体同他们的祖辈、父辈相比生活在物质条件富足的环境中。

这就满足了社会代际价值观转变的匮乏假设，即物质必需品和安全与生存相关，在物质必需品和安全条件匮乏的情况下，人们会将“物质主义”的目标置于优先的地位，而在物质条件富裕的情况下，人们更可能会追求归属感、自我表现、知识等“后物质主义”目标。这一假设利用了马斯洛的需求层次理论。需求层次理论把人类的需求按从低到高分为生理上的需求、安全上的需求、情感和归属的需求、尊重的需求以及自我实现的需求五种。低一层次的需求相对满足之后，人类就会追求更高一层次的需求，这成为驱动人类行为的动力。很明显，物质主义需求建立在需求层次的最低两层，而后物质主义的需求则是更高层次的需求。一个国家主要社会群体的需求层次结构是同这个国家的经济发展水平、受教育水平等息息相关的。

在中国数千年的历史长河中，绝大多数阶段都处于物质必需品匮乏的情况之下。古人认识到了“仓廪实而知礼节，衣食足而知荣辱”的道理，但中国传统的农耕社会从未摆脱靠天吃饭和温饱问题的困扰。新中国成立后，虽然经济、社会领域取得一系列重大成就，但在计划经济时代物质必需品依然匮乏，人们只能凭粮票、油票、肉票等购买有限的生活物资。改革开放之后，伴随着生产力的巨大发展和科学技术的不断进步，中国人逐步解决了自己的“米袋子”和“菜篮子”问题。1997年，中国在改革开放后首次遇到了市场“需求不足”的问题。1998年3月初，国家有关部门宣布中国经济首次从卖方市场转为买方市场，中国逐渐彻底告别了物质必需品匮乏的情况。1982年起，计划生育成为我国的一项基本国策。晚婚、晚育、少生、优生意味着一个家庭可以给下一代提供更好的物质条件、更多的关怀和更优质的教育。这也使改革开放后出生人群中更易出现后物质主义因素。

在这里必须要提及的是建立社会代际价值观转变理论所依赖的另一个假设，即社会化假设。因为，不同代际价值观的差异也可以理解为，随着年龄的增长，人会变得日趋物质化。社会化假设是说，物质条件的变化并不会立竿见影地对价值观产生影响，“在很大程度上，个人的基本价值观反映的是其未成年阶段的生活条件，并且价值观的变化主要是通过代际的人口更替实现的”。① 物质条件的变化所带来的价值观变化产生的政治效果往往会在十五到二十年之后才得以显现，因为这样一段时间以后在新的物质条件下成长起来的一代才得以长大成人。社会化假设基本符合马克思主义的观点，即经济基础决定上层建筑，观念的上层建筑变化往往有一定滞后性。英格尔哈特则通过近四十年的跟踪研究，用群组分析的方法给社会化假设以有力的支撑。

从调查的结果中可以窥得中国社会转向后物质主义的趋势。纵向来看，2000 年和 2007 年的调查数据显示，两次调查之间，“物质主义者比例呈现小幅下降，后物质主义则正好相反”②，而具体到不同代际来看，改革开放后出生的 80 后群体中后物质主义者比例出现了明显的上升。横向来看，相对于德、法等发达国家，中国仍处于现代化的第一个时期，后物质主义者的比例还很低。③ 但从中我们可以推论，随着中国现代化进程的不断推进，中国社会将会向后物质主义有明显的转化。推进国家治理体系和治理能力现代化的过程是同中国逐渐实现现代化的过程相伴的，这决定了推进国家治理体系现代化将面临向后物质主义价值观的变化。

但应当注意的是，中国的后物质主义必然会有中国自己的特色。首先是马克思主义和中华传统文化的影响，其次是由于地区经济发展的不平衡性，后物质主义的发展也会呈现巨大的地区差异性，再次是由于中国经济迅猛发展所带来的社会迅速变化，改革开放后出生群体的代际差异更加巨大。④

---

① ［美］罗纳德·英格尔哈特：《发达工业社会的文化转型》，张秀琴，社会科学文献出版社 2013 年版，中文版序，第 3 页。

② 王正绪、游宇：《经济发展与民主政治——东亚儒家社会的公民价值观的链接》，《开放时代》2012 年第 6 期。

③ ［美］罗纳德·英格尔哈特《发达工业社会的文化转型》，张秀琴，社会科学文献出版社 2013 年版，卢春龙序，第 40 页。

④ 陶文昭：《后物质主义及其在中国的发轫》，《毛泽东邓小平理论研究》2008 年第 6 期。

三、推进国家治理体系现代化应积极关注后物质主义价值观

后物质主义价值观的提出是当代西方政治文化研究的重要成果之一，它揭示了经济与社会的发展对文化的影响，以及文化层面的变化如何对政治领域产生影响。推进国家治理体系现代化，应当坚持发展的观点，重视人民群众切实需求，关注经济、社会、文化发展对建设现代化国家治理体系的新要求。从这一层面来说，后物质主义价值观理论对于推进国家治理体系现代化具有重要的借鉴意义，需要我们积极关注后物质主义价值观发展可能带来的人民群众的新诉求。

（一）积极回应人民群众参政意愿，推进政治体制改革，发展人民民主

经济社会发展带来的朝向后物质主义价值观的转变在民众政治态度层面表现为民众希望能够在政治决策中更多地发挥自己的作用。随着中国特色社会主义现代化建设事业的不断推进，人民群众表达自己政治意愿、参与政治决策的愿望会更加强烈。中国的历史和现实决定了中国不能照搬照抄西方的民主制度，而应当充分发挥我国社会主义制度优越性，建立符合中国国情、有中国特色的政治制度。这就需要在推进国家治理体系现代化的进程中关注人民群众在政治态度层面的新变化，积极回应人民群众日益强烈的参政意愿，推进政治体制改革，发挥人民民主。党的十八大报告指出："人民民主是我们党始终高扬的光辉旗帜"，"政治体制改革是我国全面改革的重要组成部分"，"必须继续积极稳妥推进政治体制改革，发展更加广泛、更加充分、更加健全的人民民主。必须坚持党的领导、人民当家做主、依法治国有机统一，以保证人民当家做主为根本，以增强党和国家活力、调动人民积极性为目标，扩大社会主义民主，加快建设社会主义法治国家，发展社会主义政治文明"。这就为推进政治体制改革、发展人民民主指明了方向。要在坚持党的领导前提下更加注重健全民主制度、丰富民主形式，保证人民行使民主权利，更加注重发

挥法制在国家治理和社会管理中的重要作用。具体而言，就是要发挥人民代表大会作用，健全协商民主制度，完善基层民主制度，推进依法治国等。

（二）高度重视人民群众现实关切，建立有效的沟通、引导和反馈机制

在西方发达国家向后物质主义的文化转型过程中，民众参与政治的方式发生了变化，产生了由精英主导型政治向引导精英型政治的转变。在精英主导型政治中，小部分政治精英通过工会和政党动员群众参与政治，普通群众所做的一般仅是简单的投票行为；而在引导精英型政治中，民众对政治的参与以议题为导向，依托于临时性的团体，旨在造成特定政策的变化。在我国，近年来，部分引发社会广泛关注的事件发生也有着引导精英型政治的影子。群众因某一议题而聚集或在网络上不断发表言论，以求影响政府的决策。这种变化的产生与人民群众受教育程度的提高和以互联网为代表的信息技术的迅猛发展有着密切的关系，而这些议题则往往体现了人民群众对某些现实问题的重大关切，处理不好极易酿成群体性事件。这就提醒我们，在推进国家治理体系现代化的过程中，必须高度重视人民群众的现实关切，通过建立有效的机制，使人民群众能够在关系切身利益的问题上和政府保持有效沟通，表达自身利益诉求，同时也能使政府的相关决策过程更多地为人民群众知晓，解除部分群众的困惑，增加群众对政府政策的信任和支持。

（三）提升社会幸福感，促进国家治理与人民需求相统一

在以增进物质需求为主的经济发展阶段，经济增长和物质改善能增进社会幸福感，但当经济发展进入到中等发达国家水平后，经济增长带来幸福感增强的效应就会减弱，经济之外的后物质主义因素会逐渐凸现，社会宽容、社会尊重、自我实现、休闲、环境等因素在社会幸福感中发挥更重要的作用。我国近年的人均 GDP 已达到了中等发达国家的水平，经济发展水平的提升带来社会幸福感增强越来越有限，而各种社会矛盾逐渐凸显和可能存在的“中等收入陷阱”提醒我们，推进国家治理体系现代化必

须要能够满足人民日益增长的物质文化需求，要能够提升社会的幸福感。具体来看，推进国家治理体系现代化要逐步完善社会保障制度，增强社会安全感，营造平等宽容的社会氛围，为实现个人价值创造更宽松的环境等。

（四）坚持国家治理目标的全面性，努力实现五位一体协调发展

伴随着后物质主义价值观转型而来的是民众对环境等问题的关注，德国绿党等新兴政党的兴起体现了后物质主义者的价值诉求。中国面临双重的现代化任务，既要实现工业化，也要实现信息化。这决定了在推进国家治理体系现代化的过程中既要以解放和发展生产力为主要目标，又要关注环境保护等影响人民群众生活质量的关键因素。这就需要坚持国家治理目标的全面性，努力实现党的十八大提出的经济建设、政治建设、文化建设、社会建设、生态文明建设五位一体的协调发展。首先要加强顶层设计，从国家治理的全局出发统筹不同领域的治理目标，确保不同目标相互协调，防止因目标冲突、重复造成社会资源浪费。其次要建立科学治理决策机制，确保国家治理决策的制定合法合理合情。再次要完善治理绩效评价体系，改变单纯以经济效益为标准进行的衡量，更多将社会效益、环境效益等纳入绩效评价体系。

（曾宪亢：南京政治学院马克思主义学院硕士研究生）

（二）加强治理体系及能力建设

切实转变政府职能 提升文化治理能力

陈福今

【摘　要】 推进文化体制机制创新，是党的十八届三中全会全面深化改革战略部署的重要组成部分。本文从切实转变政府职能、进一步简政放权、健全服务监督体系等方面，论述了推进文化体制机制创新、实现国家文化治理体系和文化治理能力现代化的若干基本思路。

【关键词】

推进文化体制机制创新，是党的十八届三中全会全面深化改革战略部署的重要组成部分。进一步深化文化体制改革，需要完善文化管理体制，建立健全现代文化市场体系，构建现代公共文化服务体系，并提高文化开放水平。一言以蔽之，要使中国特色社会主义文化制度更加成熟更加健全，必须实现国家文化治理体系和文化治理能力现代化。如何进一步明确政府在文化体系中的职能定位，通过有效的政府治理推进文化体制机制创新，已成为摆在我们面前的重要任务。

一、进一步转变政府职能，提升文化治理能力

2013 年开始的新一轮行政体制改革，以大部门制推进作为改革龙

头，迈出了文化管理体制改革可喜的一步。在前几次机构改革基础上，这次组建了国家新闻出版广播电影电视总局，来统筹规划新闻出版广播电影电视事业产业发展，监督管理新闻出版广播影视机构业务以及出版物、广播影视节目的内容和质量，负责著作权管理等。这一步，对于完善文化管理体制无疑是至关重要的。然而，新部门的组建毕竟是第一步。要深化文化体制改革，实现政府有效的文化治理，还需要以全面深化改革为契机，加快政府文化管理职能的转变。

回顾1988年以来的政府职能转变历程，从重点实现政府经济职能转变，到社会职能转变的突破性进展，目前政府文化职能和环境职能的转变已经提上议程。如何全面正确履行政府文化职能，是当前亟待解决的课题。在全面深化改革的历史阶段，加快发展社会主义市场经济、民主政治、先进文化、和谐社会和生态文明，要求在完善和发展中国特色社会主义制度目标指引下，大力推进经济体制、政治体制、文化体制、社会体制、生态文明体制和党的建设制度改革，推进国家治理体系和治理能力现代化。全面深化改革就意味着系统性、整体性、协同性的改革，离不开文化治理体系和治理能力现代化。

推进文化体制改革，完善文化治理体系，提升文化治理能力，必须加快政府文化职能转变。政府职能转变是深化行政体制改革的核心，也是完善文化管理体制和文化生产经营机制、建立健全现代公共文化服务体系和现代文化市场体系的保障。十八大以来，政府职能转变的方向已经明确，那就是推动政府职能向创造良好发展环境、提供优质公共服务、维护社会公平正义的根本转变。

首先，切实转变政府文化职能，要促进政府职能向创造良好文化发展环境转变。这就必须着力解决政府与市场、政府与社会的关系问题，充分发挥市场在文化资源配置中的决定性作用，更好发挥社会力量在文化发展中的作用。政府的职责在于创造良好发展环境，为市场主体和市场体系发展创造条件。一方面，要统筹规划，提高作为市场主体的文化产业规模化、集约化、专业化水平；另一方面要完善文化市场准入和退出机制，促进文化资源合理流动。在明确政府职责、优化政府文化职能配置前提下，进一步改善政府对文化的宏观管理，加强文化管理的制度建设，提高文化监管能力，推进文化治理过程中的法治行政进程。

其次，切实转变政府文化职能，要促进政府职能向提供优质的基本公共文化服务的根本转变。为此，需要全面正确履行政府文化职能。实现基本公共文化服务均等化，是政府正确履行文化职能的关键。基本公共文化服务具有公益性、基础性、均等性和便利性。政府在对文化宏观管理、创造良好公共文化服务供给环境的同时，要确保那些涉及公民基本文化权益和社会公共利益的公共文化服务和文化产品，都能实现有效供给。在基本公共文化服务财政投入、基本文化设施和服务机构建设、基本文化产品和服务供给等方面努力实现均等化，是政府不可推卸的责任。

第三，切实转变政府文化职能，要促进政府职能向维护社会公平正义的根本转变。社会公平正义既是重要的制度设计，又是社会主义核心价值观的重要内容。在制度层面，要以实现基本公共文化服务均等化为基础，完善公共文化制度体系，保障公民在享受文化权益方面的权利公平、机会公平和规则公平。在价值层面，要使社会公众享受文化产品和文化服务的过程成为一个践行社会主义核心价值观的过程。倡导富强、民主、文明、和谐，倡导自由、平等、公正、法治，倡导爱国、敬业、诚信、友善，是政府文化职能的灵魂之所在。

二、进一步简政放权，为提升文化治理水平创造良好条件

职能转变意味着政府角色和作用的转化。在全面深化改革的时代，政府角色从单纯的行政管理者变成公共治理的主导者和参与者。就文化领域而言，政府的角色经历了三个大的发展阶段。第一阶段是改革开放前的“办文化”，文化事业的发展由国家全资投入，国家文化事业单位负责运营。当时受计划经济体制的约束，不存在现代意义上的文化产业和文化市场。第二个阶段是改革开放后的“管文化”，此时虽然开始出现文化产业，政府主要还是通过行政命令或通过规章制度对文化事业进行微观管理，并对文化行为进行规制。第

三个阶段是全面改革时代的“兴文化”，这一阶段文化市场开始发展，政府以全新的姿态参与并主导文化发展，保障公共文化产品和服务供给的有效性。在全新的历史条件下，提升政府文化治理水平，是全面正确履行政府文化职能的根本途径。文化治理不同于单纯的文化管理，政府尽管发挥主导作用，却只是参与国家治理的一方，市场和社会在文化发展和公共文化服务中的作用不可忽略。要完成从管理向治理的华丽转身，充分发挥市场和社会在文化治理体系中的作用，政府就必须简政放权。

（一）充分发挥市场在文化资源配置中的决定性作用

简政放权贯穿了中国行政体制改革的全过程，这次改革有了突破性进展。其最大的亮点就是，通过简政放权使市场在资源配置中起决定性作用，从而彻底改变计划经济时代延续下来的政府配置资源的旧格局。简政放权的目的在于，真正做到该管的管住管好，该保障的保障好，该服务的服务好；不该管的、不该做的不干预不伸手，切实提高政府治理的科学化水平。就文化领域而言，政府推进简政放权，发挥市场在文化资源配置中的决定性作用，这无论对于文化管理体制机制创新，还是对于健全现代文化市场体系，抑或构建现代公共文化服务体系，都具有非凡意义，必须认真对待。为充分发挥市场在文化资源配置中的决定性作用，要最大限度减少中央政府对微观事务的管理，必须深化行政审批制度改革。凡是市场机制能够有效调节的文化经营活动，应该一律取消审批。通过减少投资项目审批、减少文化经营活动审批事项、减少资质资格许可、减少文化行政事业性收费、逐步改革工商登记制度等，从体制机制上最大限度地给各类文化市场主体松绑，从而激发文化市场主体创业、创新、创造的积极性。

着眼于巩固行政审批制度改革的成果，新一轮行政体制改革大力推进权力清单制度。2013 年 5 月《国务院关于取消和下放一批行政审批项目等事项的决定》发布以后，行政审批制度改革迈出重大步伐。在此基础上，2014 年 1 月，国务院常务会议要求公开国务院各部门全部行政审批事项清单，此举被认为是中央政府首次向社会公布权力清单。截至2014年3月，国务院分批取消和下放了416项行政审批等事项，今年年内还将再取消和下放一批行政审批事项。根据3月份国务院公布的权力清单，与政府文化管理职能相关的行政审批改革成效显著。除专司文化管理之职的文化部、新闻出版广电总局公布权力清单外，其他相关部门如发改委、工业和信息化部、国家民委、公安部、民政部、知识产权局、新闻办、宗教局、文物局、档案局等，也都公布了自己的权力清单。从清单中可以看出，文化行政审批事项大为减少。松绑必然带来活力。由权力清单带动的行政审批制度改革，必将有助于政府文化治理能力的提升。

（二）更好发挥社会力量在文化治理中的作用

按照简政放权的要求，凡是公民和其他社会组织能够自主决定的文化事务，政府一般不再干预。在新的历史时期，大力发展社会组织的方向已经确定：逐步推进行业协会商会与行政机关脱钩，重点培育、优先发展行业协会商会类、科技类、公益慈善类、城乡社区服务类社会组织，建立健全统一登记、各司其职、协调配合、分级负责、依法监管的社会组织管理体制。新的改革采取这一系列措施，为的是加快形成政社分开、权责明确、依法自治的现代社会组织体制。沿着这个方向，推动文化社会组织发展，加强文化社会组织能力建设，是提升文化治理水平的必然要求。更好发挥社会力量在文化治理中的作用，必须公平对待社会力量提供公共文化服务，鼓励社会力量参与文化建设和文化创造。一要加大政府购买公共文化服务力度，扩大政府文化资助和文化采购，充分调动社会力量在公共文化服务中的积极性和创造性。二要广泛开展文化志愿服务，充分发挥公民志愿者个人在参与公共文化治理中的积极作用。三要根据相关政策培育文化非营利组织，鼓励社会力量、民间资本兴办公益性文化事业，参与公共文化服务体系建设。

（三）下大气力完善文化管理体制

政府在文化职能上简政放权，离不开改革和完善文化管理体制。从

“十一五”期间到现在，文化体制改革已取得显著成效，经营性文化单位完成转企改制，保留的事业性质文化单位内部机制改革在深化，文化市场的综合执法在加强，政府文化行政部门的文化职能转变取得新进展。目前，文化体制改革已经挺进“深水区”，开始涉及深层次的矛盾和问题，触及一些利益格局的调整，这要求我们通过进一步深化改革建立健全新型文化管理体制。新型文化管理体制的健全和完善，首先需要理顺文化治理中政府部门与其所属的文化企事业单位之间的关系，最大限度地给市场主体和社会参与国家治理的空间。推动政府部门由“办文化”向“管文化”转变，再由“管文化”向“兴文化”转变。从管理走向治理，绝不意味着政府不再管理文化事务，而是根据经济调节、市场监管、社会管理和公共服务的职能结构，按照政企分开、政事分开的原则，确定政府文化部门新的角色定位，从而建立适应政府文化职能转变的新的文化管理体制。文化管理体制改革的重要内容之一是事业单位改革。分类推进文化事业单位改革是当务之急。文化事业单位的人事制度、分配体制、经费保障制度等都有待创新，法人治理结构有待建立。创新了体制机制，提升了政府文化治理能力，文化之兴便指日可待。

（四）充分调动基层文化治理积极性

简政放权当然还包括向地方和基层政府下放文化管理权限。放权就是要给地方治理地区文化事务的权限。凡是直接面向基层、量大面广、由地方管理更方便更有效的文化事项，一律下放给地方和基层管理。新一轮改革通过放权，可以更好地发挥地方和基层政府的作用，使文化职能更加贴近地方、贴近基层、贴近群众。当前，简政放权日渐取得明显成效，在中央政府通过“减、放、转、并”简政放权的同时，地方政府正在探索如何做好“接、放、管”的工作，这给深化文化管理体制改革带来新的光辉前景，也为进一步从整体上提升政府文化治理水平创造了良好条件。

三、健全服务监管体系，提高公共文化服务的质量和效益

文化是民族的血脉，是国家软实力的基础，是人民幸福的重要体现。

围绕着推进国家治理体系和治理能力现代化的总目标，为全面落实到2020年文化改革发展的总体部署，推动社会主义文化的大繁荣大发展，增强国家文化软实力，增进人民文化福祉，国家颁布了《国家"十二五"时期文化改革发展规划纲要》。按照《纲要》提出的目标，到2015年，覆盖全社会的公共文化服务体系基本建立，城乡居民能够较为便捷地享受公共文化服务，基本文化权益得到更好保障；现代文化产业体系和文化市场体系基本建立，文化产品创作生产体系不断完善；文化内容创新和传播能力大大增强，精神文化产品和社会文化生活丰富多彩，更好地满足人民群众的精神文化需求；全民族文明素质明显提高，国际文化竞争力显著提升。要实现这一宏伟目标，必须更加着重提高公共文化服务的质量和效益。

"十一五"以来，为提高公共文化服务的质量和效益，中央政府高度重视，各地公共文化服务体系建设投入不断加大，设施体系逐步完善，公共文化产品日益丰富，服务方式和手段不断创新。经过"十一五"期间的努力，我国覆盖城乡的公共文化服务体系框架已经基本建立。截止到2012年年末，全国文化系统已有表演团体2089个，广播电视播出机构2579个，文化馆3286个，博物馆2838个，公共图书馆2975个。然而从战略目标要求看，到2020年建设完备的覆盖城乡、结构合理、功能健全、实用高效的公共文化服务体系，需要我们付出更大的努力。

（一）努力实现基本公共文化服务的均等化

推动社会全覆盖、公民人人享有的公共文化服务体系发展，实现基本公共文化服务的均等化，是提高公共文化服务的质量和效益的首要任务。要以保障人民群众基本文化需求为出发点和落脚点，按照公益性、基本性、均等性、便利性的要求，以公共财政为支撑，以公益性文化单位为依托，以全体人民为服务对象，以人民群众看电视、听广播、读书看报、进行公共文化鉴赏、参与公共文化活动为主要内容，通过保障公民基本文化权益、满足公民基本的文化需求，体现社会的公平正义。为此，需要在现有基础上提高文化服务总体水平，努力提高基本公共文化产品的总量和质量，提高基本公共文化服务的供给能力，认真落实文化惠民工程，尤其要致力于消除城乡二元结构，促进城乡文化一体化。

（二）努力实现基本公共文化服务的标准化

标准化是实现均等化的有效手段，也是构建现代公共文化服务体系的内在要求。通过标准化，科学界定基本公共文化服务的内容和范围，明确相应的基本公共文化服务标准，明确中央和地方各级政府在基本公共文化服务中的事权和责任，基本公共文化服务的均等化才能落到实处。标准化从内涵上讲，包括确定公民基本文化权益、规范各类机构公共文化服务质量、建立基本公共服务供给的合理机制等。从外延来看，基本公共文化服务标准化包括服务种类和保障、服务设施和资源配置、服务数量和质量、人员编制和经费投入、服务管理技术标准和考核评价标准等。制定出基本公共服务的标准，不仅政府责任更加明确，公民基本文化权益的保障也会更加有力。

（三）努力实现文化服务供给方式的多样化

中国是发展中的大国，公共文化服务尚处于发展阶段，覆盖面的扩大和服务水平的提高都有一个过程。因此，公共文化服务的体系和模式建设要具有渐进性，不能急于求成一步到位。当今世界复杂化、多元化发展趋势明显，社会的信息化、城镇化、老龄化等对公共文化服务提出了新的挑战。单纯依靠政府直接供给公共文化服务，不能满足人民群众多样化的文化需求。所以，公共文化服务的体系和模式建设要具有开放性。如今，政府购买公共服务成为新的改革热点，吸收民营资本投资，完善政府采购制度，都是公共文化服务的开放性的必然要求。从国家治理的角度看，国家与公民之间的互动是文化治理过程的特征，如何在保持多样性的同时实现不同文化群体之间的相容和整合，缩小社会文化差距，也是提高公共服务社会效益的要求所在。为此，公共文化服务的体系和模式建设还要具有包容性。要充分考虑到文化模式发展渐进性、开放性和包容性的要求，掌握文化服务供给的多样性发展规律，更好地保证公共文化服务的质量和效益。

（四）努力实现文化市场监管体系的规范化

李克强总理在谈到行政体制改革时指出，放和管是两个轮子，只有两个轮子都做圆了，车才能跑起来。推进国家文化治理体系和治理能力现代化，一方面要完善现代公共文化服务体系，建立健全现代文化市场体系；另一方面，在简政放权，充分发挥市场和社会在文化治理体系中的作用的同时，必须完善文化管理体制，改善和加强宏观管理，把该管的管住管好。公共文化服务重在社会效益。基本公共文化服务的均等化需要政府推动，基本公共文化服务的标准化需要政府保障，公共文化服务供给的多样化需要政府规范。所以，政府要管住管好文化体系，既要把基本公共文化服务供给当成责任和使命，做实、做好、做出成效，又必须建立健全文化市场监管体系，建立健全公共文化服务体系的监督和评价机制，不断规范文化监管，提高政府监管效能。在把非基本的公共文化服务交给市场和社会的同时，综合运用法律、行政、经济、科技等手段，以有效的监管治理保证公共文化服务的质量和效益。

（陈福今：国家行政学院原常务副院长）

推进社会治理现代化

丁茂战

【摘　要】 社会治理现代化是全新的概念，推进社会治理现代化是全新的任务。本文首先对现代化、社会治理现代化、中国社会治理现代化的特殊性进行了分析研究，然后从三个领域九个方面提出了中国现代化转型期面临的社会矛盾和问题。推进社会治理现代化，就是要因应现代化的新要求，在国家治理体系现代化的总体布局中，对国家社会治理体系进行系统布局，文章从六个方面对推进社会治理现代化提出了应对措施。

【关键词】 现代化　国家治理现代化　社会治理现代化

推进社会治理现代化，是全面深化改革的重要目标，是实现国家治理体系和治理能力现代化的重要内容，必须把握其中的深刻内涵，找准制约社会治理现代化的主要矛盾，明确当前和今后一个时期的主要任务。

一、社会治理现代化的基本内涵

现代化概念产生的历史并不太长。现代的（modern）诞生于 1585 年，使现代（modernize）诞生于 1748 年，现代化（modernization）诞生于

1770年。现代化起点是第一次科技革命触发的第一次工业革命，是由第一次工业革命带来的社会的全面转型，即农业社会向工业社会、农业经济向工业经济、农业文明向工业文明的转型。随着20世纪以来技术发散式、爆炸式的增长，尤其是以信息技术为代表的新技术群与工业革命的融合，全球正在进入二次现代化新阶段。现代化使人类社会发生了深刻转型，现代社会与前现代社会已有本质区别：一是分工越来越细，劳动生产专业化；二是告别乡村文明，社会生活城镇化；三是世界变小了，人类视野全球化；四是人类生活有了网络空间，人际交往虚拟化。

社会治理现代化是一种相应的社会治理模式。包括经济治理、政治治理、文化治理、社会治理等在内的国家治理体系，有了国家就已存在。但随着生产力的进步和经济社会发展方式的变化，为了保障国家正常运行秩序，推进国家的经济发展和社会进步，国家治理体系一直在进行相应的动态调整。在科学技术革命触发和工业革命引领下，伴随着现代化、二次现代化带来的劳动专业化、生活城镇化、视野全球化和交往虚拟化，国家治理制度不可逆转地走上现代化的道路，经济治理市场化、政治治理民主化、文化治理自由化、社会治理多元化已经成为西方发达国家普遍的制度安排，就全球范围来讲，一种与现代化转型相适应的全新的社会治理制度，正处于形成、发展和完善过程中。无疑，社会治理现代化是因应国家现代化的必然结果，是社会治理从前现代化向现代化迈进的过程，也是国家现代化和国家治理现代化的重要组成部分。

我国社会治理现代化，既遵从了人类制度演进的一般规律，又具有鲜明的中国特色。

第一，中国传统文化的基因。自夏朝建立到1911年辛亥革命成功，尤其是秦始皇统一中国后，中国国家治理制度一方面表现为中央集权制，另一方面表现为县以下乡村依靠乡规民俗的自治。中国历史上的这种国家治理制度，持续时间之久远、历史积淀之厚重，是没有哪个国家可以与之比拟的，这已经内化成了民族的基因。对此，无论优劣、无论好坏，它就在那里。这也是辛亥革命以来，在大陆的民国政府也好，新中国政府也好，改革开放以来的党和政府也好，其国家制度安排中挥之不去的治理文化。这样厚重的文化，是抹不掉的。

第二，高度集权国家治理制度的基础。正是因为中国传统文化的基因，加上国际共产主义经典学说的指导、苏联社会主义实践的示范、西方资本主义国家的封锁、落后生产力水平的约束，新中国成立后，我们走了一条全新的国家治理道路，建立了高度集权的治理体制。高度集权治理制度，结构是宝塔型的，中央政府处于塔尖；信息传输是纵向的，自上而下，每个人、每个家庭都被固定在宝塔型治理网络的网络结点上。“单位制”，这是集权治理制度的最大特色。

第三，优先推进经济治理现代化的改革特点。基于高度集权的传统社会主义的改革，没有现成的模式可供借鉴。我们从社会主义初级阶段国情出发，选择了以经济体制改革为重点的渐进改革路径。随着改革推进，市场化体制因素的逐步增强，与市场体制相适应的社会治理有了相应发展，但社会治理体制转型总体滞后于经济治理体制转型，社会治理现代化水平落后于经济治理现代化水平，与传统社会主义、高度集权计划体制相应的社会治理手段仍然在发挥重要的作用。

第四，中国特色社会主义的发展方向。习近平总书记指出，“一个国家实行什么样的主义，关键要看这个主义能否解决这个国家面临的历史性课题。”中国最大的历史性课题是实现现代化，实现中华民族伟大复兴的中国梦。实现这一伟大梦想必须实施跨越式发展战略，模仿资本主义制度，亦步亦趋、步人后尘是不可能实现赶超的，同时，完全照搬西方现代化道路，也难与中国本土历史文化相融。改革开放以来的成功实践告诉我们，中国特色社会主义是实现中华民族伟大复兴的唯一选择，是国家治理现代化的必由之路，是推进社会治理现代化的根本原则。

二、国家现代化转型带来的社会治理问题

在推进社会治理现代化的征程中，我们面临的问题很多，形势可谓错综复杂，但其中最大问题和主要矛盾就两条，第一，推进和发展的基点是高度集权的国家治理制度；第二，推进和发展的路径选择是优先解决经济治理现代化的问题。目前，社会主义市场经济体制框架已经基本确立，同

时，农业产值占 GDP 比重也下降到了 10%左右，农业劳动力占总就业人口比重已经下降到 35%以下，国家已经实现了工业化，正在实施新型工业化战略，城镇化率也已经超过 50%，城镇文明已经成为新的重要文明形态。在整个转型过程中，尽管社会治理顺势而为，也已经取得较大成效，但社会治理现代化建设滞后的问题日益突出，社会治理面临许多棘手的新问题。

（一）利益格局重组，沉淀出生活保障困难群体和心理失衡群体

我国改革开放过程也是社会各类群体利益格局重组过程，总体上看全体人民均从改革开放中受益，但有的人得到的多，有的人得到的少，从目前的生产力水平和人民群众富裕程度看，沉淀出了部分生活困难群体，由所得多寡造成的心理失衡问题则更加严重，人民群众对公平正义的呼声更加强烈了。

第一，分配制度改革滞后。经济快速发展，分配改革跟进滞后、操作困难，社会主义分配原则没有得到充分体现，不同群体贫富差距较大。比如，城乡之间，改革开放后产生的农民工群体，从事工人职业却没有享受城镇职工同等的工资收入和社会保障，并且在乡村土地并入城镇的土地增值收益中，农民拿到的很少，国家资源配置也一直向城镇倾斜，农民利益相对受损，再加上一些家庭发生的天灾人祸，在整个社会逐步沉淀出了一个生活困难群体。再比如，不同行业之间，特别一些国有企业员工，因垄断地位获得的收益高得离谱，有的国有商业银行处长年薪高达 70 万元，而有些城镇下岗职工家庭靠低保度日。

第二，民生保障尚不“给力”。民生保障，计划体制下虽然保障水平低，但托底相对较好，也相对公平。市场制度建立后，原有保障体制解体，但新的体现公平原则的保障制度还没有健全完善，造成部分群体几乎沦为“漏保”人群，尤其是权力干预保障，带来明显不公。就业、医疗、教育、养老、住房的新保障体制还没有健全，这对部分群体已成沉重负担，再加上权力介入，稀缺的就业岗位、稀缺的优质医疗服务、稀缺的优质教育服务流向权力主体、富人群体，一些党政机关在住房问题上甚至还在搞自我

服务。

第三，部分人群非法致富。改革是由计划向市场转轨过程，长期处于权力和市场共同配置资源的“双轨”状态，部分官员和企业家抓住这个转型“空档期”，钻了制度不健全的空子，通过腐败或不合法经营，“一夜暴富”。比如，这些年房地产市场的发展，初期实行土地协议出让，实际上成为相关领导个人拍板，即使在今天实行“招拍挂”制度后，权力仍然在干预着这个制度，土地资源通过权钱交易进行配置，腐败了部分官员，暴富了部分地产商，坑害了农民和国家利益。这种资源配置中的权钱交易带来的腐败和暴富现象，不但造成了利益分配的巨大差距，而且带来严重负面心理反应，甚至影响部分群众对党的信心。

（二）社会扁平化运行，造成治理和服务未能有效覆盖到的“盲区”

在传统的计划体制下，国家通过中央政府的指令，依托既有的管理体制对整个社会实施管控，社会每个成员都在国家管制网络中，从而保障了社会秩序。随着计划体制解体和市场制度基本建立，互为依托的社会管理体制逐步失去管控能力，最终导致治理和服务覆盖不到的“盲区”。

第一，垂直管控制度失效。改革开放前，国家通过自上而下的层级和严格的组织程序，将“宝塔尖”的指令传输下去，确保信息畅通和指令落实，从而实现对整个社会所有个体的管控和服务。目前，高度集权的计划体制已经让位于市场制度，指挥大多数社会个体的信息指令已不是来自“宝塔尖”的中央政府，而市场自主选择信息、自主决定行为，垂直传输管道对大多数人已经没有意义，“宝塔尖”已经无力指挥市场主体，社会扁平化运行了。但是，在垂直管控制度失效的同时，这个体制架构本身还没有完全被替代，适应扁平化运行的社会治理和服务体制机制还没有健全和完善，部分社会个体还没有被新制度所覆盖，存在一定的管理真空。

第二，“单位制”管控制度失效。改革开放前，每个社会个体都是“单位人”，在城镇有党政部门、事业单位、企业部门、街道社区等，在农村有人民公社、生产大队、生产小队。单位几乎负责每个个体生活的全部，单位既是职业场所，又负责提供住房、医疗服务、子女入托入学服务、退休保障，生老病死全包了，一言一行都管了。经过三十多年改革，社会保障服务已经从单位分离出去，用工也成为单位和择业者自主选择的权利。但与此同时，转移出去的社会保障和社会治理及服务的职能，新的治理平台还没有照单全收，相应制度还有待健全和完善，社会保障不力在一些社会成员身上有所反映，上不起学、看不起病、住不起房问题还存在。

第三，户籍管控制度失效。户籍管制是传统管控体制的最基本、最重要的“托底”的制度安排。1958 年国家制定的户籍制度对人口自由流动实行严格限制和政府管制，明确将城乡居民区分为“农业户口”和“非农业户口”两种户籍。通过这一户籍制度和居委会、人民公社制度安排，时刻掌握所有成员及其家庭的信息，从而实现管控；通过这一制度安排，将社会保障与其相应挂钩，提供相应公共服务。改革开放后，随着农民工群体日益庞大和城镇化加速发展，人们获得了事实上的自由迁徙权利，通过户籍对社会成员实施管控的安排逐步失效，通过户籍提供社会保障制度渐成障碍，人户分离已经成为普遍现象。

（三）现代化步伐显著加快，市场化信息化城镇化全球化催生治理新难题

我国现代化面临的约束条件有两大特点，一是生产力水平低，与西方发达国家差距大；二是计划体制，面临经济体制的根本性变革。这就决定了中国的现代化进程快、变化大，社会急剧转型，带来的社会问题比其他国家更多更集中。社会现代化转型过程中，除了制度层面上原有体制不适应、待变革之外，现代化发展进步的庞大“增量”，也制造了诸多新问题。

第一，网络催生社会新形态。互联网是伴随我国改革开放进程加速发展起来的。该技术于 1969 年诞生于美国，我国从 1986 年才在部分高校开始原始技术研究，1996 年刚刚发展到 20 万用户，但目前已经有近 6 亿网民、4.6 亿多手机网民，其中微博用户已经达到 3 亿多人。目前，互联网已经成为各种思想和信息的主要集散地，成为一个新的人际交往领域，虚拟社会已经形成。面对如此快速发展的领域，如何让这个社会服务

个人、服务国家、服务世界，如何使这个社会既充满活力又有秩序，这既是中国难题，也是世界难题。

第二，世界太小成为一个村。随着信息技术和交通技术飞速发展，全球化成为现代化重要内容，没有一个国家能够在封闭的环境中建设现代化。全球化，意味着人员交往、经济融合、文化互通已经没有国界，没有一个国家能够隐瞒发生在国内的重大事件，地球正在成为名副其实的一个村。目前，每年入境游客超过 1.3 亿次左右，国内居民出境将近亿人次，2012 年国际民用航班航线高达 381 条，2013 年经济对外依存度为 45.4%，还大量互派留学生、访问学者，开展各种国际交流活动，这比过去的一个村子活动还多还热闹。从改革开放前的半封闭到现在的全方位开放，如何参与这个“地球村”的社会治理，既保证国内活动和秩序，又为世界和平稳定做贡献，这是前所未有的课题。

第三，文化价值理念多元化。思想文化、价值理念是社会运行的基础要素，是社会发展进步的根和魂。市场经济把个体命运交给了自己，经济制度的根本性变革最终必然要反映在思想价值上，这种制度必然催生个人奋斗精神、个人主义价值观，这与传统的集体主义价值观背道而驰。同时，虚拟社会各种思潮的影响，全球化带来的世界各种文化的交流混合，各种思潮弥漫整个社会。在这种历史条件下，文化价值理念必然是多元化的，有信共产主义的，有不信共产主义的；有信宗教的，有不信宗教的；有认同传统文化的，有不认同传统文化的；有为人从善的，有为人从恶的。多元文化局面不可能改变，必须顺应形势发展，找到应对挑战的办法。

三、推进社会治理现代化面临的主要任务

推进社会治理现代化，就是要因应现代化的新要求，在国家治理体系现代化的总体布局中，从民族特征、中国特色、时代特点出发，坚持中国特色社会主义的发展方向，对国家社会治理体系进行系统布局。

（一）理顺顶层治理架构，完善社会治理领导格局

俗话说，“下面千条线，上面一根针”。要想下面的“线”忙而不乱，

首先顶层这根“针”要管用。党的十八大提出加快形成党委领导、政府负责、社会协同、公众参与、法治保障的社会管理体制，这里首先要构建党委领导、政府负责这个顶层的领导格局，尤其是中央政府层面的领导格局。最近几年，一些地方政府对社会治理的领导体制做了一些探索，但终因中央层面既有格局没有率先作出相应改革，地方改革没有产生预想的效果。比如，北京市成立了名为社会建设工委隶属市委的、又叫社会建设工作办公室隶属市政府的社会工作机构，把隶属市委组织部的社会领域党建工作、隶属市民政局的社区和社会治理工作相关职能整合给了这个机构，但由于社会领域党的工作由中央组织部部署给北京市委组织部，社区和社会组织工作由国家民政部部署给北京市民政局，这给北京市社会工作机构开展工作造成很大困难。前些年，中央又将社会治安综合治理委员会更名为社会管理综合治理委员会，把社会治理职能归并给了这个部门，从而各地作了相应调整，使地方在这个方面的改革探索更加困难。顺理顶层治理架构，完善社会治理领导格局，这是推进社会治理现代化的前提条件。

（二）完善社会规范体系，建设社会治理制度环境

实现社会治理现代化，根本上靠法治。社会规范体系是通过共同行为准则来指导和约束人们行为、维护社会秩序的基本手段。社会规范体系不健全，或不遵守共同行为准则，是产生社会矛盾、引起社会冲突的重要根源。要在社会生活的各个领域加快建立和完善个人行为的规范体系，通过自律、互律、他律，把人们的行为尽可能地纳入共同行为准则的轨道。当前，要针对社会转型期特殊性，在解决突出问题上下功夫。一是要建立健全政府科学决策机制，特别是风险评估机制，把可能出现的社会风险、环境影响、矛盾纠纷及各类不稳定因素予以充分考虑，确保决策的合法性、合理性、可行性、安全性。二是要建立和完善诉求表达机制，建立规范、有序和高效的诉求表达渠道，教育和引导诉求方依法有序理性表达诉求。三是要建立和完善矛盾纠纷滚动排查和预警机制，要针对所在地区社会管理中的热点、重点和难点问题，进行经常性的分析排查，要按照“见

微知著、抢得先机、争取主动、防止激化”的要求，及时解决排查出的问题。四是要建立和完善社会矛盾调解机制，构建和完善人民调解、行政调解、司法调解相互衔接的大调解工作机制。五是建立健全社会治安防控体系，发挥公安机关警务力量的主导作用，同时要发挥保安和志愿者的作用，防控范围上要实现现实社会与虚拟社会全覆盖，特别要加强对重点人群的管理与服务。

（三）更加依托社会力量，重组社会治理队伍结构

推进国家治理现代化，在经济领域要求处理好政府和市场关系，发挥市场在资源配置中的决定性作用；在社会领域要求处理好政府和社会的关系，要从我国社会管理现实条件和社会转型要求的实际出发，逐步加大对社会力量培育，推进社会治理队伍结构重组。要继续发挥政府、事业单位、国有企业以及各类法人单位对所属成员的社会管理和服务工作，增强公民的单位归属感。要发挥工青妇等现有群众组织、社会团体的社会管理和社会服务作用。对于社会力量建设，要积极完善培育扶持的政策措施，推动社会组织发展壮大。要适当降低准入门槛，让公民有更多的机会利用这种载体实现自我管理和参与社会管理。要完善社会组织内部治理结构，规范行为，增强活力。完善法制监督、政府监督、社会监督、自我监督相结合的制度体系，促进社会组织健康发展。同时，要加强志愿队伍建设，倡导志愿服务道德理念，构建志愿者社会管理和社会服务的制度机制，努力形成社会管理人人参与、人人共享的良好局面。

（四）立足城乡自治组织，打造社会治理托底平台

城乡社区是社会的基本单元，是人们生活和工作的共同体和人居的基本平台，改善民生的依托在社区，维护稳定的根基在社区，社会管理的重心在社区，社区应该可以成为“单位制”解体的替代物。城乡社区一直都是政府实施社会管理的基层组织，强化社区社会管理职能，节约成本、顺理成章，是最佳的制度选择。城乡社区的社会治理工作需要实现区域

全覆盖，消除社会管理和服务盲点，并且通过提高管理和服务水平，实现社会管理广度和质量的双提高。抓好城乡社区社会治理工作，前提是全面掌握各类主体信息、确保心中有数，关键是做好民生服务、为民解忧。要以提高社区治理能力为核心，拓展职能、强化队伍、整合资源、提高待遇，全面加强社区建设，使社区成为国家履行社会管理职能的基石。要强化社区党组织建设，通过党建带动社会建设、促进社会管理，充分发挥党组织的领导核心作用、战斗堡垒作用。

（五）坚持活力有序导向，净化社会治理虚拟空间

网络和信息技术，是支撑现代化的巨大力量，由此促成的虚拟社会，是社会治理现代化的紧迫课题。要按照既有活力又有秩序的要求，发展中国特色的社会主义虚拟社会，坚持虚拟社会的正确发展方向，发挥虚拟社会在国家现代化建设中的正能量作用。要把虚拟社会和现实社会作为一个整体来把握，坚持积极引导、依法管理，确保整体管控和运行安全，健全网络管理法律法规，建立网上动态管理机制，逐步建立虚拟人口数据库和虚拟社区数据库，加强对网上重点人群实时动态管控。要严密监视和堵塞不良信息、虚假信息，对于造谣生事者要依法严惩。健全网上舆情引导处置机制，及时跟踪舆情动态、研判舆情走势、评估舆情影响，积极主动地引导网上舆论。要促进建立网络媒体自律公约，推动网站自我约束、自我管理。要建设专业化的网络管理队伍，逐步健全网络管理制度。

（六）加大社会保障力度，夯实社会治理民生基础

物质是基础，公平是前提，正义是根本。推进社会治理现代化，要向民生保障的源头延伸。一是要持续提升民生保障水平。要坚持我们党在社会主义初级阶段的基本路线，通过发展的办法来提高社会保障能力，不断提高就业保障水平、工资收入水平和教育、医疗、社保、住房等的社会保障水平。二是加快推进公共服务均等化。要正视社会急剧转型、政策措施滞后带来的对公平正义底线冲击的现实，加快纠正收入分配和社会保

障上的严重不公，努力推进城乡之间、地区之间、不同群体之间公共服务均等化。三是加大对生活困难群体的帮扶和救助力度。公平正义还要体现在对弱势群体、特殊困难群体的救助和帮扶，是政府义不容辞的责任，是社会主义优越性的体现。要加大投入力度和制度建设，确保那些困难家庭住得起房、上得起学、看得起病、养得起老。

（丁茂战：国家行政学院研究室主任）

政府治理的典型范式及其演变轨迹

王玉明　邓卫文

【摘　要】政府治理范式演变的根本原因是政府行政生态的变化，每种政府治理范式的形成和演变都以一定的政治、经济、社会环境和理论为基础。社会生产力的发展，生产关系的变化，人们思想或理论的进步，国家政治路线的调整等，都会不同程度地引起政府治理理念、方法、模式的变化。一定时期的政治、经济理论和管理思想会对政府治理范式的选择产生至关重要的影响。从人类政府管理的历史来看，政府治理范式呈现四个发展阶段和演变趋势，即：极权型政府治理范式，放任型政府治理范式，超能型政府治理范式，有限型政府治理范式。特定的政府治理范式与特定的政府权力结构和职能结构相对应。

【关键词】政府治理范式　演变轨迹　政府职能

政府治理范式是指政府权力和职能的结构形式以及政府与社会、市场、民众之间的关系模式。政府治理范式的基本要素是权力结构和职能结构，具体表现为政府对社会公共事务的管理模式，以及政府在动员社会资源中的角色和功能。所谓“范式”(paradigm)，托马斯·库恩在《科学革命的结构》一书中作了这样的界定：它是表示在科学实践活动中某些被公认的范例，包括概念、定律、理论、观点、应用以及使用工具等在内的范例。[①] 在库恩看来，“范式”具有方法、模型或模式的内涵。“范式”对复杂的现实世界具有一种解释功能和预测功能。库恩认为，一种范式只要能够解释现实中的大部分现象，解决大多数人们所希望解决的问题，它就能处于支配地位。当这种范式与现实世界发生矛盾时，就会受到人们的怀疑，最终导致范式危机，从而出现对现有知识或概念、理论、方法的重新整合，形成一种新的范式，这就是范式转换(paradigm shift)。[②] 库恩范式理论为理解和阐释政府治理范式的历史演变提供了一个基本的分析框架。从政府治理范式的发展历史来看，也存在范式转换的过程，不同历史时代的政府治理范式也不同。

政府治理范式演进的根本原因是行政生态环境的变化。一个社会采用什么治理模式，是受社会的整体发展水平决定的，也是人们选择的结果。恩格斯指出：“每一历史时代主要的经济生产方式与交换方式以及必然由此产生的社会结构，是该时代政治的和精神的历史所赖以确立的基础，并且只有从这一基础出发，这一历史才能得到说明”。[③] 每种政府治理范式的形成和运作都以一定的政治、经济、社会环境和理论为基础。从政府管理的历史来看，其中一定时期的主流政治、经济理论和管理思想，对政府治理范式产生至关重要的影响。基于此，政府治理范式总体上呈现四个发展阶段和演变趋势，即：基于“天命论”和“君权神授论”的“极权型政府治理范式”，基于古典自由主义的“放任型政府治理范式”，基于凯恩斯主义的“超能型政府治理范式”，基于多种理论和实践探索的“有限型政府治理范式”。

一、极权型政府治理范式及其职能结构

极权型政府治理范式是在一定的社会、经济、自然环境及其与内部环

---

① Thomas samuel kuhn. The structure of scientific Revolutions, Chicago: University of Chicago Press, 1970, p23.

② Thomas samuel kuhn. The structure of scientific Revolutions, Chicago: University of Chicago Press, 1970, p12.

③ 《马克思恩格斯选集》第1卷，人民出版社1972年版，第237页。

境相互作用中生成的，其中封建时期的政治思想和意识形态对政府治理范式产生了重要的影响。为极权型政府提供合法性依据的政治思想和意识形态主要来自各种形式的“天命论”和“君权神授论”，这些是极权型政府的重要理论基础。

中国封建社会是典型的极权型政府治理范式，其实质和核心是皇帝独裁，维系这个庞大上层建筑的支柱为各级官僚。这种极权型政府治理范式的理论基础主要来自两个方面：其一，孔子思想是封建专制主义思想的总根源；其二，外儒内法是中国封建专制主义的统治思想。其中“天命论”既为封建王朝的建立提供了合法性基础，但也为推翻一个王朝提供了合法性依据。因为君主可以“受命于天”，而“乱党”和“暴民”也可以“替天行道”推翻王朝的统治。[①] 在中世纪的西方，也盛行类似于“天命论”的“君权神授论”，它曾经为罗马天主教会在欧洲的统治提供了合法性基础。托马斯·阿奎那是“君权神授论”的代表人物。他认为，统治万物的只有一个上帝，正如蜂群中的蜂王；封建的等级秩序是上帝的安排，服从上帝和教会的君主政体是最好的政体，也最符合上帝的本意。极权型政府治理范式分为君主专制政府和非君主专制政府两种情形。前者是奴隶社会和封建社会基本的政府模式，后者如法西斯模式是一种特殊时期的极权型政府模式。

在政治领域，极权型政府的主要职能是：建立和维持中央集权的政治框架；鼓励政治效忠和强化传统合法性；形成某种与其统治相一致的新政治意识；削弱对贵族领主或特殊封建制单位的传统效忠；增加不同阶层对其统治与目标的认同，在中央集权政权的政治制架之内为这些群体提供晋升机会；维持他们对一切具有政治重要性的群体的政治控制；创造权力工具和贯彻目标的工具，其形式主要是各种行政单位，并使之以能够获得最大效率的方式组织起来。[②] 极权型政府是与中央高度集权制相辅相成的，地方缺乏自主权和自治权。

在经济领域，极权型政府加强对经济资源和经济活动的控制。在中

① 燕继荣：《政治合法性研究的一般理论》，《学习时报》2005 年 1 月 4 日。

② S. N. 艾森斯塔得：《帝国的政治体系》，贵州人民出版社 1992 年版，第 146 页。

国封建社会，在国家垄断和经营之外发展起来的商业、贩运和制造业，只有相对很小的规模。商业活动总是屈从于官吏的管制与征敛。政府对主要货品实行垄断，在较早时期是盐铁，后来是茶叶、丝绸、鸦片、烟草和食盐。在西方极权型政府中都存在着不同类型的垄断，这表现为国有的矿山、工场和商业船队，以及对盐铁之类重要物资的专营，通过土地税和“人头税”等手段控制经济。君主经常操纵通货，通过以他的铸币与地方通货竞争，他就能够削弱大地主、大富豪的经济力量。在西欧君主专制政体进入鼎盛时期，国家还强迫教会缴纳大量捐税，推行重商主义政策，成立贸易公司，鼓励航海和殖民，加强对殖民地的掠夺等。[①] 还对社会中主要必需物品加以控制，其中最主要的是对粮食的生产和分配的控制，由此来维持统治者对社会的普遍控制。

在军事领域，对极权型政府来说，领土的扩张和征服，通过外交权术而取得的“国际政治”成就，对这些统治者来说是至关重要的，并经常地构成了他们的基本政治目标。在极权型政府的大部分历史时期，以实现这些目标为取向的政策占据着主导地位。为了实现这类目标，统治者就必须发展出某些旨在动员和有效地控制军队以及外交机构的对内政策，维持一支常备军，或至少能够迅速动员一支军队。

二、放任型政府治理范式及其最小职能

在西方社会，从极权型政府演进到放任型政府，其根本原因是资本主义生产关系的发展并取代封建的生产关系，其思想基础是政治自由主义和古典经济自由主义，而古典经济自由主义起着直接的推动和导向作用，市民社会的初步形成是放任型政府的社会基础。随着自由主义的兴起，各种“天命论”和“君权神授论”失去了市场，因而也就失去了作为合法性基础的作用。在西方近现代史上，自由主义运动是一场影响广泛和深远的政治运动，可以说，现代社会的面貌在很大程度上是自由主义塑造的。自由主义思想家主要关注国家权力如何受到限制，崇拜个人自由，信奉资

① S. N. 艾森斯塔得：《帝国的政治体系》，贵州人民出版社 1992 年版，第 129 页。

本主义的自由竞争，反对政府对社会事务、特别是对社会的经济贸易活动的干涉，主张放任主义。

西方早期崇尚重商主义。重商主义主张政府对国家经济尤其是对外贸易领域实行干预，制定保护工商业的政策。到17—18世纪，资产阶级对重商主义提出了质疑和批判，于是古典自由主义经济理论应运而生。它的主导思想是强调自由放任、自由竞争和市场机制的自动调节，批判和否定政府干预经济活动。斯密认为市场会把自己的资本投放到客观上最有利于社会的产业中去，给国民提供尽可能多的收入和就业机会，“经济人”的行为能带来资源最佳配置的结果。[①] 在古典经济自由主义看来，政府是一个有缺陷的机构。原因有三：政府干预的第一个问题是决策者缺乏信息。由于缺乏信息，政府不能按最佳用途规划资源。第二个问题是“目标置换”(goal displacement)。官僚主义者在不正当动机的驱动下，为了实现谨慎目标，甚至会牺牲更重要的无法衡量的目标。政府的第三个弊端是有权势的利益集团(或个人)利用政府谋私利的能力，即寻租行为。[②] 因此，斯密主张政府没有必要过多地干预个人的资源配置过程和经济发展过程，当好一个“守夜人”足矣。

斯密将政府的职能总结为三项：(1)保护社会，使其不受其他独立社会的侵犯。(2)尽可能保护社会上每个人，使其不受社会上任何他人的侵害或压迫。(3)建设并维护某些公共事业及某些公共设施。[③] 古典经济学家萨伊也认为，“除非发生某些特殊事件，如政治变动或自然灾害等，或除非政府当局愚昧无知或贪得无厌，否则一种产品供给不足而另一种产品充斥过剩的现象，决不会永久继续存在”。[④] 政府旨在维持宏观均衡的干预不仅是多余的，而且是有害的。政府实行自由放任的政策，基本上不对国民经济进行干预。在美国，直至19世纪中期内战前，联邦政府、州政府、地方政府只是在资本短缺、交通运输能力不足成为经济发展和工业化

---

① 亚当·斯密：《国民财富的性质和原因的研究》，商务印书馆1974年版，第27页。

② 胡鞍钢等：《政府与市场》，中国计划出版社2000年版，第72—73页。

③ 亚当·斯密：《国富论》(下卷)，商务印书馆1988年版，第29页。

④ 萨伊：《政治经济学概论》，商务印书馆1982年版，第145页。

的最大障碍时，才起了一定的作用，即使在内战以后，"除了授予建筑铁路用地，通过移民土地法，建立邮政系统和一些其他措施之外，政府在经济领域几乎没有起什么作用"。[①] 在英国，政府的主要兴趣就在外事活动和维持治安。

当然，在放任主义时代，政府仍拥有一定数量的社会管理职能，政府要建设并维持某些公共事业及某些公共设施，也就是后人所言的提供公共物品。从19世纪起，西方各国随着资本主义经济的迅速发展，诸如失业、贫困、环境、卫生等问题也日益严重。于是，资产阶级政府为了其阶级统治的稳固和社会的稳定，不得不承担越来越多的以增进全民福利为核心内容的社会事务。

三、超能型政府治理范式及其职能扩张

20世纪初，随着西方资本主义国家从自由竞争阶段进入垄断阶段，政府管理模式也从放任型政府向超能型政府转变。第一次世界大战后，西方国家从垄断资本主义进入国家垄断资本主义阶段。随着资本主义固有矛盾的加深，市场的弊端和局限不断暴露出来。1929—1933年爆发了空前的经济危机，迫使人们承认政府干预经济社会事务的必要性。此时，凯恩斯主义应运而生，取代了自由放任经济理论。凯恩斯批判了"供给会自动地创造自己的需求"的萨伊定律，极力主张政府应当通过宏观的财政政策和货币金融政策鼓励消费，引导需求。政府通过财政金融政策对经济进行调节，就可以"解决"失业问题。为了调节有效需求，凯恩斯认为政府应承担起直接投资的责任。[②] 凯恩斯主义主张通过经济"计划化"，对国民经济进行中长期调节。

凯恩斯主义强调政府干预，尤其是宏观干预的必要性，导致了西方各国政府对经济和社会大规模干预的全面开始。凯恩斯主张，首先，政府应负起直接投资的责任；其次，政府应承担再分配的责任，不能听任贫富悬

① 希尔斯曼：《美国是如何治理的?》，商务印书馆1990年版，第500页。
② 凯恩斯：《就业、利息和货币通论》，商务印书馆1983年版，第325—326页。

殊日益扩大;再次,政府职能应当扩大。政府应实行对经济生活的全面干预,政府不仅要履行传统的职能,而且要对充分就业、物价稳定、经济增长、国际收支平衡、收入均等化等负责。相对于放任政府,超能政府的基本特征是政府职能的扩张和政府规模的扩大。经济大危机后,各主要西方国家采取政府对社会经济生活的全面干预政策和全面的社会福利政策。政府职能的大规模扩张始于20世纪30年代中期,扩张主要在经济职能和社会职能两个方面。在凯恩斯主义影响下,几乎所有西方国家都采取了对社会经济生活的全面干预政策和全面的社会福利政策,政府职能大规模扩张。主要表现在经济职能和社会职能两个方面。

西方国家经济职能的扩张。主要表现在以下方面:(1)国有化运动。在两次世界大战特别是二战后,西方国家掀起了大规模的国有化运动。如1945年英国工党强调其国有化和福利国家的承诺,将英格兰银行、矿山、电力、煤气、运输业企业国有化,后来又将钢铁、邮政以及全国公交公司国有化。保守党政府将原子能、电视台、糖业、电力、铁路、海港、民用航空、石油和天然气等企业国有化。(2)政府规模的扩大。政府工作人员数量不断增加。以美国为例:政府雇员在全美劳动力中的比例,1929年为6%,1984年为17%,20世纪40年代是政府干预的全盛时期,该时期的比例高达16%~28%。同时,从20世纪20年代以来,政府支配的资源量呈递增之势。如美国20年代以前政府财政收入占国民生产总值的比例不足10%,60年代以后则上升至30%以上。[①] (3)严格的政府管制。政府管制的重要手段是行政立法,发布规章。到20世纪70年代,美国联邦管制机构平均每年发布规章7000多件。[②] 在美国,在经济萧条时期建立了一套严格的管制制度。

西方国家社会职能的扩张。主要表现为福利政策的实施和福利国家的建立。战后,社会保障的范围进一步扩大,社会福利开支占到这些发达国家财政支出的30%~50%。如美国在20世纪30年代,国会通过社会保险法案,60年代通过约翰逊总统的“伟大社会”计划得以扩展,其目的

① 凯恩斯:《就业、利息和货币通论》,商务印书馆1983年版,第325—326页。

② 尼古拉斯·施普尔伯:《国家职能的变迁》,辽宁教育出版社2004年版,第29页。

是消减贫困，为所有美国人争取平等机会，拓展国民的健康、教育文化事业。

中共十一届三中全会前的中国和苏联也是超能型政府模式。这时期的中国整个生产经营活动被纳入国家行政协调和指令的框架之内。为了完成计划指标，政府不仅严格规定企业生产的产品种类与数量，而且负责为企业制定生产进度、工作规程等具体操作程序。同时企业所需主要生产资料则由主管部门按计划供应。政府与企业相互融合共处于“一体化”状态之中的状况不仅使政府企业化，更使企业管理政府化。[①] 苏联建国初期实行“战时共产主义”，1921 年实行“新经济政策”，通过一系列法令迅速确立了土地、工业、银行和保险以及国内外贸易的全部国有。苏共从 1928 年起，形成了高度集中的各级经济管理体制。国有企业的生产单位都受各自的党组织监督，按政府各部委的中央指示行事。[②] 到 20 世纪 60 年代中期，苏维埃国有领域占有几乎全部的全国工业生产总值。[③]

四、有限型政府治理范式及其职能边界

随着社会进入后工业社会和信息时代，全球化、知识经济、信息技术、公众需求的多样化等一系列行政环境的变化，对政府治理提出了新的挑战，传统管理模式越来越不适应现代社会发展的需要。人们对政府提出了更高的要求和期望，希望政府公共部门提高服务水平和服务质量，对政府职能进行重新定位，对政府治理结构进行重新调整，构筑符合新形势的更有效的政府模式。而这种政府模式的基本价值取向就是建立有限政府。建立有限政府关键是重新认识政府的角色，重新界定政府与市场、政府与企业、政府与社会的职能边界。

凯恩斯主义虽然给西方国家带来了几十年的黄金时代，但也潜伏着新的问题和挑战。从 20 世纪 60 年代末 70 年代初起，西方国家普遍面临着“滞胀”局面，反对政府干预的呼声越来越高，于是新自由主义或新保守

① 尼古拉斯·施普尔伯：《国家职能的变迁》，辽宁教育出版社 2004 年版，第 31 页。
② 杨冠琼：《当代中国行政管理模式沿革研究》，北京师范大学出版社 1999 年版，第 276 页。
③ 尼古拉斯·施普尔伯：《国家职能的变迁》，辽宁教育出版社 2004 年版，第 64—65 页。

主义经济学迅速兴起。但许多新自由主义经济学家极端强调个人自由权利，大力宣扬经济领域的全面“自由化”，主张全面私有化和市场化，全面否定社会福利制度，否定公有制，反对政府干预。结果新自由主义没有使西方国家走出困境。20 世纪 80 年代后期，新自由主义在西方国家开始受到冷落。其中“第三条道路”理论的提出及其实践，是西方国家建立有限型职能范式的重要尝试。第三条道路认为建立“公民社会”是推动国家和政府改革的基本途径。第三条道路并不主张废除福利制度，而是对福利制度进行改革。其中改革的重要一环是建立社会投资型国家，不仅国家、企业、个人、整个社会都参与，甚至还借用国际力量。另外，20 世纪 90 年代以来，西方政治学家和经济学家在“市民社会”理论发展的基础上，提出治理理论。1995 年，联合国全球治理委员会将“治理”界定为个人和机构、公共部门和私人部门管理其相关事务的诸多方式的总和。[①]治理理论强调在公共事务中公共部门与私人部门持续的互动和政府上下部门间的互动。治理意味着政府与市场、政府与社会关系的重构。治理理论还强调公民参与社会公共事务管理。这种理论正在影响着西方国家的公共政策体系和行政制度的变革，也为建立有限政府提供了一个理论参照。

构建有限政府职能范式关键是重新认识政府的角色，科学界定政府与市场、政府与企业、政府与社会的职能边界。

第一，政府与市场的职能边界。政府是市场竞争规则的制定者，而不是市场竞争的直接参与者。在市场活动中，市场竞争是主导机制，而政府干预是从属机制。凡是能够通过市场竞争机制解决的，都应该通过市场竞争机制来解决。世界银行 1991 年度的发展报告认为，促进经济发展的过程中，政府和市场起着互补的作用，政府应支持而不是抵制市场的作用。“第一，政府不要急于干预经济，而要尽量让市场自行运作，直到确实需要政府介入为止；第二，政府应根据市场自行调整和平衡；第三，政府不应靠主观臆测而应根据经济规律采取简易透明和公正的干预措施。”[②]世界银行 1997 年世界发展报告认为，在市场经济条件下政府的必要职能：

---

① 尼古拉斯·施普尔伯：《国家职能的变迁》，辽宁教育出版社 2004 年版，第 65—66 页。

② 陈振明：《公共管理学》，中国人民大学出版社 1998 年版，第 181—182 页。

一是解决市场失灵问题，二是为促进社会公平。“绝大多数成功的发展范例，不论是近期的还是历史上的，都是政府与市场形成合作关系，从而纠正市场失灵而不是取代市场。”①

第二，政府与企业的职能边界。市场经济的本质特征就是通过市场机制的作用进行资源配置，无论国有企业还是非国有企业，它们都是市场活动的主体。企业应是自主经营、自负盈亏的商品生产者。政府对企业行为通过法律、政策手段进行规范和管制，间接或直接地对企业产生影响。政府与企业的职能关系总体上说是政府依法管理、提供公共服务，企业依法经营、照章纳税。在中国，厘清政府与企业的职能边界，关键是处理好政府与国有企业的职能关系。将政府的国有资产管理职能与社会经济管理职能分开，使企业真正成为市场主体；建立和完善新型的政企分开的投融资体制，收缩国有投资的战线，凡准市场化经营性的国有企业，政府要逐渐退出。

第三，政府与社会的职能边界。随着现代社会的迅速发展，社会事务趋于复杂化、多样化，面对政府对自身精力有限性和社会问题无限性的矛盾，政府要有所为而必须有所不为。一是社会组织自己能管好的事政府不要去插手，给社会留下发挥主动性创造性的空间。政府职权确立绝不是政府自身的事，政府不能为自己授权，有些公共服务不能由政府单独决定，而取决于公民的需要即公民的授权。二是政府要增强社会的自我组织、自我调节与自我管理能力。三是借助社会的力量有效地输出公共服务。政府不能与民争权、与民争利，只要公众愿意做、方便做和有能力做的，政府都不能越俎代庖。随着经济的发展和社会的进步，随着“第三部门”的壮大和发展，政府正在把社会公共事务交由社会自我管理。

（王玉明：广东行政学院行政学教研部教授；
邓卫文：广东行政学院行政学教研部副教授）

---

① 世界银行：《1997年世界发展报告：变动世界中的政府》，中国财政经济出版社1997年版，第3页。

以社会治理创新
促进国家治理现代化

余永庆

【摘　要】 社会治理体系是国家治理体系的重要组成部分，推进国家治理体系和治理能力现代化必须创新社会治理体制。维护社会公平正义、保障和改善民生、依法治理是创新社会治理体制的价值目标和关键要素。当前我国社会治理体制创新面临着价值理念错位、政府转型滞后、社会政策缺乏科学性、法制体系不健全等困境。建构多元主体参与的社会治理结构、完善社会政策体系、建立公平正义保障机制、加强法制建设和健全社会风险预警和应急体系是推进社会治理现代化的路径和策略。

【关键词】 社会治理　体制创新　国家治理　现代化

党的十八届三中全会提出全面深化改革的总目标是完善和发展中国特色社会主义制度，推进国家治理体系和治理能力现代化。什么是国家治理体系？习近平总书记指出："国家治理体系是在党领导下管理国家的制度体系，包括经济、政治、文化、社会、生态文明和党的建设等各领域体制机制、法律法规安排，也就是一整套紧密相连、相互协调的国家制度。”[①]由此可见，作为解决国家治理中的社会问题的社会治理体系是国家治理体系的重要组成部分，推进国家治理体系和治理能力现代化必须创新社会治理体制。“社会治理是以实现和维护群众权利为核心，发挥多元治理主体的作用，针对国家治理中的社会问题，完善社会福利，保障改善民生，化解社会矛盾，促进社会公平，推动社会有序和谐发展的过程。”[②]创新社会治理体制，提升社会治理能力，对于维护最广大人民群众根本利益，实现社会公平正义，增强社会发展活力，维护社会安定有序，确保人民安居乐业具有重要意义。

一、社会治理现代化的核心内容与价值诉求

（一）维护社会公平正义：社会治理现代化的关键

党的十八大报告明确提出："加紧建设对保障社会公平正义具有重大作用的制度，逐步建立以权利公平、机会平等、规则公平为主要内容的社会公平保障体系，努力营造公平的社会环境，保证人民平等参与、平等发展权利。"如此表述充分表明公平正义是推进社会治理现代化的重要价值目标。社会治理的过程必然涉及社会资源的调整和配置。“社会资源是指一个社会及其社会个体赖以生存和发展所需的人力、财力、物力、机会等生产和生活资料。”[③]社会资源和社会机会配置的公平，关系到社会心理的平衡，进而关系到社会的和谐稳定。可以说，社会公平正义关乎现代社会治理的社会安全基础。为了确保中国社会的安定有序和健康发展，就必须把维护社会公平正义作为创新社会治理体制的重要价值追求，通过不断建立和完善各种体制机制，公平合理地配置社会资源和社会机会，进而形成各种能够良性调节社会关系的社会组织和社会力量。

---

① 习近平：《切实把思想统一到党的十八届三中全会精神上来》，新华网2013年12月3日。

② 姜晓萍：《国家治理现代化进程中的社会治理体制创新》，《中国行政管理》2014年第2期。

③ 教育部中国特色社会主义理论体系研究中心：《抓住社会资源和机会公平配置这个关键》，《求是》2013年第7期。

（二）激发社会活力，维护社会秩序：社会治理现代化的深层目标

社会治理的目的在于实现社会的安定有序，确保社会安全，保证人民群众的安居乐业。但实现社会的安定有序绝非是通过强化社会控制、限制人的自由选择和发展来实现，而恰恰相反是要通过各种体制机制的设计来激发和增强社会活力来实现。给人以一种美好生活实现的机会和希望是社会最大的活力，反之社会失去公平正义，社会流动陷入僵化，人们对美好生活的追求受到各种体制机制的制约和限制，社会就不可能有活力。因此，创新社会治理各项体制机制，“让一切劳动、知识、技术、管理、资本的活力竞相迸发，让一切创造社会财富的源泉充分涌流”，[①]使社会在充满活力、充满进取中实现动态平衡稳定是推进社会治理现代化的深层次目标。

（三）保障和改善民生，维护群众基本权益：社会治理现代化的基础

教育、社会保障、就业等民生问题关系到人民群众的切身利益，直接影响到人们生活水平的提高和质量的改善，享有最基本的民生也是人民群众最基本的权益。民生问题解决不好，最基本权益不能得到保障，必然会引起人民群众的不满，导致社会矛盾冲突的激化，进而影响整个社会的和谐稳定和有序发展。党的十八大报告提出“在改善民生和创新管理中加强社会建设”，党的十八届三中全会强调“紧紧围绕更好保障和改善民生、促进社会公平正义深化社会体制改革”，这些论述都强调了保障和改善民生在实现社会治理现代化中的基础性作用。

（四）健全法制，依法治理：社会治理现代化的保障

法治是当今世界各国治国理政的基本方式。“制度的关键是增进秩序……秩序鼓励着信赖和信任，并减少着合作的成本。当秩序占据主导地位时，人们就可以预见未来，从而能更好地与他人合作，也

① 《中共中央关于全面深化改革若干重大问题的决定》，新华网2013年11月16日。

能对自己冒险从事创新性试验感到自信”。[①] 据此，可以看出制度是社会发展和人际合作的关键，是社会治理的重要“资本”。法制具有根本性、全局性、稳定性和长期性的特征，把社会治理纳入法治化轨道，用法律、制度来约束社会治理参与各主体的行为，确保社会治理机制的规范化和可持续性，避免政府治理活动的随意性，是实现社会治理现代化的根本保障。实现社会治理现代化，必须要善用法治思维、法治方式来协调社会关系，化解社会矛盾，从而保障社会治理活动能够实现和达到预期的目标。

二、社会治理创新面临的现实困境

（一）社会管控思维导致现代社会治理理念难以确立

随着经济社会的不断发展，人们的思想和生活方式不断改变，权利意识、民主法制意识不断增强，这就要求我们必须建立与之相适应的多元参与社会治理模式，树立政府与社会相互协作、寓管理于服务中的现代社会治理理念。但是，在实践中一些地方政府仍然按照传统思维，把社会治理等同于“社会管控”，政府想凭借行政力量，通过行政强制方式实施社会管理，以实现所谓的“社会绝对稳定”。在此理念下，为了实现社会的“绝对稳定”，在“社会稳定一票否决制”的压力下，各级政府把精力和资源主要放在对群体性事件、上访等影响“社会绝对稳定”问题的管控上，而不是想方设法解决这些社会矛盾发生和出现的根源性问题，更不愿意通过建立多元参与、政社互动、依法治理的现代社会治理方式来实现社会有效治理。这种理念下的社会治理根本无法做到源头治理，也与实现社会治理现代化的核心价值理念相违背。

（二）政府转型滞后导致多元主体参与治理模式难以实现

随着经济社会的不断发展，社会事务和社会问题变得越来越复杂多

---

① ［德］柯武刚、史漫飞：《制度经济学》，商务印书馆2002年版，第33页。

样，利益关系纵横交错，社会需求千差万别，政府包揽一切的传统社会治理难以为继，迫切需要多元主体的参与和社会的协同。党的十八大明确提出要形成“党委领导、政府负责、公众参与、社会协同，法治保障”的社会治理新体制。但是，在实践中很多地方由于对政府自身定位不准、对社会组织的作用认识不足、对公民权利缺少应有的尊重，政府仍然把自己作为社会治理唯一主体，对社会事务大包大揽，忽略甚至排斥各种社会组织和公众在社会治理中的地位和作用，其结果导致多元参与、协作治理的社会治理模式难以实现。

（三）社会政策制定缺乏科学性导致社会建设效能低下

以改善民生为重点的社会建设是实现社会治理现代化的重点和基础。相比于经济建设，我国的社会建设一直相对滞后，特别是作为保障和改善民生的制度依托和推进社会建设最主要工具的社会政策建设在很长一个时期内没有受到足够的重视，致使当前我国的社会政策体系还存在一些亟待解决的问题。这些问题既包括制度本身的问题，也包括制度运行机制的问题，主要体现在政策制定民主参与机制不健全、参与主体单一、参与渠道不畅、弱势群体利益难以表达、社会政策输送渠道单一、社会政策发展滞后于社会需求等。这些问题造成了我国很多社会政策得不到社会的认同，导致社会建设效能低下。

（四）法制体系不健全导致社会治理法治保障滞后

把社会管理纳入法治化轨道，实现从“人治”到“法治”的根本转变，是加强和改进社会管理的治本之策，也是社会治理体系和治理能力现代化的本质要求和衡量标准。社会关系的调整与社会利益的表达，都必须严格遵循法定依据、法定职权和法定程序。这就需要一方面要有完备的法制体系，能使社会治理有法可依；另一方面法制必须要得到充分尊重和运用，在社会治理中法制必须要得到贯彻执行。然而在现实中一方面我们存在着法制建设比较滞后、法制体系不完善的问题，甚至有些领域还存在着一些法律空白，造成社会治理的很多问题无法可依；而另一方面包括政府在内的各社会治理主体运用法治思维和法治方式能力不够，在协调社会关系、化解社会矛盾、维护合法权益等方面时常存在有法不依、有法难依、执法不严、违法不究等现象。

三、实现社会治理现代化的路径选择

（一）创新社会治理体制，构建多元参与社会治理结构

构建多元主体参与的社会治理结构，一方面要进一步推进简政放权，强化政府服务职能，另一方面要按照政事分开、政社分开的原则，提高社会自治与自我服务能力，形成政府与其他社会管理主体共同参与社会治理的体制机制，实现多元共治。首先，要加快政府职能转变，明确政府管理边界，理清政府与社会的关系，有序转移政府社会治理权力，凡是社会能承担的职能，都要交由社会来做。其次，政府要加强扶持引导，助推社会组织健康有序发展。社会组织是社会治理的主体之一，社会治理要充分发挥社会组织协同作用。应坚持鼓励发展和监管引导并重的方针，完善培育扶持的政策措施，推动社会组织发展壮大。要推动政府与社会组织之间的分工协作以及不同社会组织之间的相互配合，构筑政府与社会组织多主体协作网络，在共同分担社会责任的基础上形成多元协同治理机制。最后，要培养公民意识，引导和组织社会公众有序参与社会治理。要积极搭建公众参与平台，畅通参与渠道，拓展公众参与领域，创新参与机制，规范公众参与的主体、范围、方式、程序、效力、救济及反馈回应机制，提高公众参与效果。

（二）建立科学合理的社会政策运行机制，提高社会建设效能

社会政策，是国家在社会领域制定和实施的一系列的法律、制度和政策措施的总称，旨在保证民众的基本权利，增进社会的整体福利，促进社会公正，维护社会安全，实现社会良性运行。社会政策是推动社会发展、促进社会和谐的有效工具。完善社会政策体系，首先要完善社会政策运行中的决策机制，社会政策的制定要严格遵循相关程序，要建立健全社会

政策公共需求调查机制，提高社会政策满足社会需求的针对性和有效性。其次，要完善社会政策运行中的评估机制。社会政策的发展创新是一个循序渐进的过程，在此过程中应有一套系统的机制对其进行评估与调整，当涉及政策层面存在缺陷或社会情况变化导致现行政策落后、过时等情况出现时，要及时对社会政策进行改革与调整，使社会政策更加贴合服务对象的需求，更加有效地解决社会问题。最后，还要注重协调好具体社会政策之间的关系，注重社会政策的体系建设。

（三）建立健全公平正义保障机制，维护群众基本权益

实现社会公平正义，是社会良性运行的基础，建立健全实现社会公平正义保障机制是创新社会治理体制的重要内容。首先，要建立健全制度化的利益表达机制，创造平等化的利益表达权利格局，通过制度安排，保证不同群体实现利益表达机会的平等，使各个利益主体都能够有畅通、规范的利益表达渠道。其次，要建立健全社会利益协调机制，保证利益关系得到公平协调。最后，要建立健全完善的社会保障机制，充分发挥其社会公平的调节器与和谐社会的安全阀作用。

（四）加强法制建设，健全社会行为规范体系

法治是实现社会治理现代化的保障，也是社会治理现代化的重要体现。首先，要加强社会治理法制体系建设。这就需要一方面要修订完善现行的社会治理的法律法规以转变政府职能、加强民生、维护社会公平、激发社会活力为出发点，对现行有关社会治理的法律法规进行修订、完善、整合，使其更具可操作性，更符合现代社会治理的特性；另一方面，要制定出台创新社会治理必需的新的法律法规，要积极总结地方治理改革创新经验，及时将优秀的地方治理创新做法上升为国家制度。其次，要建立健全社会规范体系，以社会规范来约束社会各方行为。一是要大力弘扬我国优秀传统社会规范，注重发掘传统社会规范的价值，并加以弘扬利用；二是要以社会主义核心价值观为引领，加强社会公德、职业道德、家庭美德、个人品德建设，培育自尊自信、理性平和、积极向上的社会心态，引

导人们自觉履行法定义务、社会责任、家庭责任，自觉维护社会秩序。三是加快推进社会信用体系建设，以促进个体自我行为约束，形成诚实守信良好风尚，为社会治理创造和奠定良好基础。

（五）建立健全社会风险预警和应急体系

社会风险预警与应急体系是指防范和应对社会风险的一系列制度安排。当前中国正处在社会转型期，这个过程伴随着社会关系的不稳定、社会发展的不平衡、社会分化的加剧、社会越轨的普遍性和社会矛盾的突出化等多重因素交织，建立健全社会风险预警和应急机制势在必行。首先，要加强社会风险预警机制建设，研究制定城乡社会预警指标体系，建立预警监测机构，根据预警指标体系进行随时监测，对可能的社会风险进行全面评估和预测，做到早发现、早报告、早控制、早解决，提升社会风险的识别能力和预警能力。其次，要加强突发事件应急处置能力，建立健全应急预案，加强应急队伍建设，加大应急演练，调高突发事件应急处置能力。

（余永庆：中共青海省委党校公共管理教研部副教授）

深化社会体制改革 实现社会治理现代化

敬海新

【摘　要】 社会体制改革是实现社会治理现代化的重要路径。当前社会体制的问题主要表现为：社会事业发展滞后，社会管理体制虚化，社会管理机制弱化，社会结构发展失衡，等等。要按照十八届三中全会《中共中央关于全面深化改革若干重大问题的决定》的部署，创新社会治理体制，加快社会事业改革。

【关键词】 社会体制　社会治理　社会事业

社会体制改革是当前中国整体改革的重要组成部分，它既承接经济体制改革的深化和完善，又为政治体制改革创造更为良好的社会环境和条件，是未来五到十年中国改革发展和创新驱动的关键点，也是当前社会建设的关键，因而在当前改革发展中具有突出的作用和地位。

一、社会体制改革的背景和意义

对于社会体制的含义，学界大体有四种理解：一是从社会事业的角度，把社会体制等同于社会事业体制；二是把社会体制等同于社会管理体制；三是把社会体制界定为社会利益分配和社会参与体制；四是把社会体制界定为公共服务体制加社会管理体制。丁元竹教授的理解比较有代表性："社会体制是为了实现公平与公正的目标，社会建设的各类主体，包括政府、社会组织和私人部门在处理社会事务和提供公共服务过程中的角色、作用、相互关系等制度安排"。①

2004 年，党的十六届四中全会正式提出了"建立健全党委领导、政府负责、社会协同、公众参与的社会管理格局"，标志着我国的社会管理体制开始从国家全面控制和包办代替的传统管理模式向多主体合作参与的现代治理模式转变。2006 年，党的十六届六中全会通过了《中共中央关于构建社会主义和谐社会若干重大问题的决定》，要求"坚持社会主义市场经济的改革方向，适应社会发展要求，推进经济体制、政治体制、文化体制、社会体制改革和创新"。党的十八大报告明确提出了包括社会管理体制、基本公共服务体系、现代社会组织体制、社会管理机制的社会体制改革的任务。党的十八届三中全会《中共中央关于全面深化改革若干重大问题的决定》明确了当前社会体制改革的重点：创新社会治理体制，加快社会事业改革。当前，深化社会体制改革的规划基于以下三个社会背景。

（一）社会发展有了新要求

随着社会领域的一些新变化，社会发展的新要求、新价值凸显出来：一是更加注重民生问题。民生问题与人民幸福安康息息相关，搞好民生工作，也有利于社会问题的解决。二是更加彰显社会公平正义。社会公平正义是社会建设成功与否的"试金石"。郑杭生教授认为，社会正义就是指社会资源和社会机会配置的公平性和平等性。这要求把公平正义落实到我国微观和宏观社会制度的方方面面。三是更加重视社会治理创新。创新社会治理体制是当前社会建设的关键，需要在深层次上理顺三大部门的关系，既避免政府失灵、市场失灵以及可能的社会失灵，也要避免三大部门的越位、错位、缺位和虚位。

---

① 丁元竹：《理解社会体制改革的目标与方向》，《北京工业大学学报》（社会科学版）2011 年第 2 期。

（二）社会发展有了新挑战

陆学艺教授把当今中国的发展现状概括为四句话："经济高速发展，政治基本稳定，社会矛盾突显，文化繁而未荣。"[①]当前社会发展出现了一些新的挑战，比如利益主体和利益诉求日趋多元的社会背景下，如何统筹兼顾多元利益？公众权利意识增强，如何做好新时期的群众工作？风险社会下，各种类型的风险如何应对？互联网时代，如何驾驭虚拟社会？这些挑战都对政府和社会提出了更高的要求，也彰显了社会体制改革的迫切性。

（三）社会建设跨入了新阶段

很多学者认为中国的社会建设应该分三个阶段，第一个阶段主要是发展社会事业，保障和改善民生，以此来解决社会问题，化解社会矛盾。第二个阶段是党的十八大以后，着力推进社会体制改革，创新社会政策，完善社会管理。第三个阶段就是21世纪中叶2040年前后，要形成与社会主义市场经济体制相适应的、与现代化经济结构相协调的现代化社会结构。加快社会体制改革已经成为应对发展中各种困难的重要手段，是社会建设跨入新阶段的重要标志和重要工作。

二、当前我国社会体制的现状与存在问题

改革开放以来，我国社会建设取得了巨大成就，表现在：社会事业蓬勃发展，基本民生逐步改善，多元社会管理体制基本成型，社会治理水平提升。党的十八大报告指出，当前是我国经济持续发展、民主不断健全、文化日益繁荣、社会保持稳定的时期，是着力保障和改善民生、人民得到实惠更多的时期。李克强总理在2014年政府工作报告中指出，在财政收支矛盾较大的情况下，党和政府始终把改善民生作为工作的出发点和落脚点，注重制度建设，兜住民生底线，推动社会事业发展："过去五年，各项

---

① 陆学艺：《当代中国社会结构与社会建设》，《红旗文稿》2010年第18期。

财政民生支出保持‘刚性增长’轨迹，医疗卫生支出累计2.52万亿元，年均增长29.3%；城镇保障性住房和棚户区改造住房建成1800多万套，覆盖面提高到12.5%；城乡居民社会养老保险制度实现全覆盖，1.3亿60岁以上老人按月领取养老金。”

另一方面，社会建设滞后于经济领域的进展，社会体制改革滞后于经济体制改革的步伐，就业结构性矛盾较大。住房、食品药品安全、医疗、养老、教育、收入分配、征地拆迁、社会治安等方面群众不满意的问题依然较多，生产安全重特大事故时有发生。社会信用体系不健全。我国社会体制的问题可以概括为四个方面。

（一）社会事业发展滞后，公共服务体系欠缺

社会事业是指国家为了社会公益目的，由国家机关或其他组织利用国有资产举办的，从事教育、科技、文化、卫生、体育、就业、社会保障、环境等与民生密切相关的社会服务活动。公共服务供给不足，总体水平低，而且发展不平衡，公平性差，具体表现在：一是分配不够合理，收入差距、分配不公问题凸显。资料显示，少数人占据了多数财富，多数人只享有小部分利益，中等收入者群体比重过低，低收入者群体规模过大，分配结构严重失调，是当前中国收入分配结构的显著特征。① 收入分配不公不仅容易引发社会积怨，而且还影响合理的社会流动。缩小收入差距，改革收入分配制度，已成为当下调整社会结构、维护社会公平、改善民生的紧迫任务。二是就业形势依然严峻，招工难和就业难并存。下岗失业问题、高校毕业生就业问题、进城农民务工问题、特殊群体就业问题等不容忽视。三是保障能力有待提高，强需求与弱保障矛盾突出。社会保障体系保障能力仍然不强，城乡之间、地区之间的保障水平与层次还不统一、不协调，还无法完全适应现代社会的发展。此外，教育不公平，优质教育资源相对短缺而且分配不均，一些地区上学难、上学贵问题仍然存在。医疗卫生改革滞后，看病难、看病贵问题仍然存在。

---

① 颜烨：《当前收入差距持续扩大的动因和机制》，《长白学刊》2010年第2期。

（二）社会管理体制虚化，社会组织参与不够

党的十八大提出："加快形成党委领导、政府负责、社会协同、公众参与、法治保障的社会管理体制"，"加快形成政社分开、权责明确、依法自治的现代社会组织体制"。而在现实社会生活中，中国三个领域（政府、企业、社会组织）联动的社会结构和整合机制还没有很好形成，突出表现为：政府机关独当一面，越位缺位和错位问题突出；经济交往原则被错误地引入公共权力领域和公共领域；社会组织发展依然面临着体制、机制、法制、经费、人力等方面的困境，弱不禁风却有行政化倾向，离真正的主体地位还有很大的距离。特别是社会组织培育和发展暴露出诸多问题：结构上，总量偏少，发展不均衡；规模上，大型、枢纽型、公益型社会组织数量偏少；性质上，具有官民二重性，独立性不足；运作上，服务社会效率低，社会公信力不足；管理上，内部规章制度缺乏，管理不完善。

（三）社会管理机制弱化，社会管理方式落后

我国社会多元利益表达机制的构建滞后，制度化的利益表达渠道不畅通、不完善。社会治理方面的法规建设还比较滞后，有些领域还存在着一些法律空白。社会管理方式管理手段陈旧，不够灵活，在社会治理实践中，救火式、运动式的应急处置方式运用多，源头治理少；公众社会参与的制度性保障机制不健全，许多社会问题的解决由于缺乏老百姓的参与，管理成本超重，而且效率不高。特别是在化解社会矛盾、维护社会稳定的问题上，高投入、低效益的现象比比皆是，在社会管理上往往事倍功半。

（四）社会结构发展失衡，社会运转活力不足

社会结构是指一个国家或地区占有一定资源、机会的社会成员的社会结构组成方式及其关系格局，包含人口结构、家庭结构、社会组织结构、城乡结构、区域结构、就业结构、收入分配结构、消费结构、社会阶层结构等，其中社会阶层结构是核心。从国际经验来看，较为理想的社会阶层结构，一般都是中间大、两头小的"橄榄型"结构：即拥有社会资源很多、社会

地位很高的阶层和拥有社会资源很少、社会地位很低的阶层的规模都很小，而拥有较多的社会资源、过上小康生活乃至更高水平生活的中间阶层占大多数。我国目前社会阶层结构呈“倒T型”或“葱头型”，用陆学艺教授的话，就是“该大的没大起来，该小的没有小下去”。中国现在的社会阶层结构明显滞后于经济结构，尚未培育出一个稳定壮大的中间阶层，这容易产生诸多矛盾和冲突，也是当今中国发生诸多经济、社会问题的主要原因。

三、社会体制改革路径选择

当前，要以民生为抓手，以创新社会治理体制为重点，加快推进社会体制改革，实现社会治理现代化。

（一）加快推进社会事业改革创新，健全公共服务体系

要加强社会事业发展的顶层设计。树立社会事业的科学发展理念，明确社会事业发展的思路与方向，推动社会事业管理机构职能转变，形成全社会助推社会事业发展的社会氛围；要克服条块管理的弊端，避免“碎片化”现象发生。党的十八届三中全会决定提出要通过整合执法主体，推进综合执法，着力解决权责交叉、多头执法问题；特别是要加强食品药品、安全生产、环境保护、劳动保障、海域海岛等重点领域的执法力度。[①] 要从社会事业发展的整体性和系统性出发，着力解决影响社会事业发展的根本性问题，以创新思维促进社会事业自上而下和自下而上发展的有机结合，最大限度地减少社会事业改革阻力，增进社会事业发展活力。

要完善社会事业财政体制。深化社会事业财政体制改革，优化社会事业的财政分配制度，不断优化财政支出结构，调整财政投入分配格局，在扩大社会事业投入的同时，公平合理地配置财政资源。不断理顺中央和地方在社会事业发展中的财权与事权关系，加强财政转移支付制度改革。对于涉及人民群众基本生存与发展的民生项目，施行政策上的倾斜；

① 《中共中央关于全面深化改革若干重大问题的决定》，人民出版社2013年版。

要有效地运用财政资金引导社会资本，不断完善社会事业投融资体制，拓宽社会事业发展融资渠道。

改革社会事业供给方式。厘清政府、市场、社会在发展社会事业中的关系，建立体现公平与效率的社会事业供给机制。在发挥政府主导作用的前提下，引入并利用市场竞争机制，增强社会事业的供给能力，特别是完善向社会组织购买服务的制度，充分发挥社会组织专业、人才等方面的优势，扩大社会事业供给。

（二）积极探索改进社会治理方式，提高社会治理水平

社会治理，是指政府、社会组织、企事业单位、社区以及个人等行为主体，通过平等的合作型伙伴关系，依法对社会事业、社会组织和社会生活进行规范和管理，最终实现公共利益最大化的过程。要贯彻十八届三中全会决定的精神，在“四位一体”的治理结构中，提高社会治理水平。一是系统治理。综合发挥党委、政府、社会组织和公众参与在社会治理中的作用，“实现政府治理和社会自我调节、居民自治良性互动”①，促进国家力量与社会力量，公共部门与私人部门，政府、社会组织与公民的协同治理，实现政府行政功能同社会自治功能相互补充，政府管理力量同社会调节力量相互推动，政府调控机制同社会协调机制相互联合。二是依法治理，各级政府和领导干部要树立法治思维，坚持运用法律作为社会治理的基础，“加强法治保障，运用法治思维和法治方式化解社会矛盾”②，把依法治国落在实处。三是综合治理。就是运用法律手段、经济手段、道德手段与必要的行政手段相结合的综合性社会管理方式，依法管理、综合施策，形成在道德精神统摄下权治、法治、德治相统一的治理体系。合理规划，实现社会管理科学化；完善范式，实现社会管理规范化；健全法规，实现社会管理法制化。四是源头治理，即从源头上预防和减少社会矛盾，要关口前移，把社会矛盾消灭在萌芽状态之中，而不是停留在应急性、灭火式的管理上。要改变重事后处置、轻源头管理的思想，增强危机意识。要从

①② 《中共中央关于全面深化改革若干重大问题的决定》，人民出版社 2013 年版。

“捂、推、拖”的方式向“抓早、抓小、抓苗头”的方式转变，源头治理的重要工作是密切联系群众，民生为先，服务为先，保障和改善民生，凝聚民心民力；是实现更高质量的就业，千方百计增加居民收入，推进城乡社会保障体系建设；是以人为本，强化服务意识，寓管理于服务之中，不断增强群众安全感和满意度。

（三）探索建立多元主体参与机制，激发社会组织活力

2012年11月21日，李克强同志在国务院全国综合配套改革试点工作座谈会上指出：“经济领域要更多发挥市场配置资源的基础性作用，社会领域要更好地利用社会的力量，包括社会组织的力量，把应该由市场和社会发挥作用的交给市场和社会。这也是改革的方向。”构建多元主体参与机制也是社会治理的方向，在社会治理中，除了提高政府的社会治理能力和成效，还要不断增强社会自我管理能力。在发挥好党委领导核心作用和政府主导作用的基础上，还要发挥好各种社会力量在社会管理中的协同、自治、自律、他律、互律作用，充分调动人民群众参与社会管理的积极性、主动性、创造性，形成推动社会和谐发展、保障社会安定有序的合力。一要发挥政府的主导作用，强化社会管理和公共服务职能，提高服务管理能力；二要发挥人民团体、基层自治组织、各类社会组织和企事业单位的协同作用，把政府不该管、管不好也管不了的事项转移给社会组织承担，逐步打破政府和准政府组织一统天下、公共资源在行政部门内部循环的局面。三要依靠人民进行社会体制改革。公民个人是社会体制改革的重要力量，要通过表达自身的利益和需求、行使政治权利、履行法定义务等多种途径参与到社会体制改革中来。

（四）建立健全社会公共安全体系，确保社会安定有序

稳定的公共安全机制。第一，针对食品安全，通过专门的机构设置、系统的制度建设来完善食品药品安全监管。第二，针对生产安全，深化安全生产管理体制改革，建立安全预防控制体系和隐患排查治理体系，遏制重特大安全事故的发生。第三，针对社会安全，通过创新立体化社会治安防控体系，依法严密防范和惩治各类违法犯罪活动，来加强社会治安综合治理。依法加大互联网网络管理，确保国家网络和信息安全。第四，针对国家安全，完善国家安全体制和国家安全战略，为中华民族的伟大复兴提供长远发展的外部环境和最强有力的保障。

健全的矛盾调处机制。具体包括：第一，源头化解机制，通过推进决策民主化、科学化，加强民生工作，解决攸关老百姓幸福生活的住房、就业、教育、医疗、社会保障等实际问题，从源头上预防和减少社会矛盾的产生。第二，矛盾调解机制，把行政调解、司法调解、人民调解、仲裁调解有机结合，构建"大调解"工作体系。第三，群体性事件预防处置机制，做好群体性事件排查、研判、预警等工作，切实加强各级政府和领导干部应对突发事件的能力。

完善的舆情监控机制。主要包括：第一，立体监控机制。成立专门机构，对国内主要门户网站及论坛的信息进行全天候捕捉和收集，对舆情信息进行科学分析、准确研判评估并制定操作性较强的预警方案。第二，舆情引导机制。特别是针对突发危机事件或敏感问题，要及时对外发布权威信息，对舆情进行正面回应，引导网络舆论热点。第三，建立舆情应对机制，对正面的、负面的、中性的社会舆情采取不同的应对策略。

（敬海新：中共黑龙江省委党校哲学教研部副主任）

食品安全的生态治理与政府信任重塑

栗晓宏

【摘　要】 食品安全的风险性具有放大效应，直接影响政府的公信力导致政府信任危机。本文提出，由管理向治理转变，由政府主导的威权管制模式转向社会自我治理与政府平等合作的合作治理模式，同时治理理念由“政府本位”向“公民本位”转变，重建政府信任。

【关键词】 食品安全　治理　政府信任

一、从风险社会食品安全的新变化反思政府信任危机

近年来，各级政府和食品监管部门采取了一系列监管措施，食品安全水平不断提高，食品安全总体形势趋好，但监管任务依然严峻。时至2013年，假羊肉、镉大米等频发的食品安全事件仍然触目惊心。随着科学技术与食品加工技术的发展与进步，越来越多的食品添加剂被非法地加入到了食品生产中，越来越多的化肥和农药被用到庄稼地里。种地农民感叹，“地越来越薄，没了化肥和农药，收成就没有指望。一些叶菜，不洒农药，很可能一个菜叶都不剩，化肥用得比较多，十亩地有的得上到一

吨肥，而且为了省钱，还不用价格高的肥料。在一些人看来，如今的人种地越来越糊弄，只要能保证产量，其他的能省则省，能简则简。很多时候，农户把农家肥宁可在田头扔着，都懒得撒到地里。”[①]公众在食用食品时，往往产生不安心的主观认知，对食品安全问题产生恐慌和不信任感。食品安全问题已经随时可能引发社会食品安全系统性风险。

“食品安全问题所带来的风险的后果主要表现在：一是实际上已经超出了人们的预测能力和控制能力，其结果的确定性是不可推算和估量的。例如，转基因食品的安全问题的风险性评估就具有无法计算的风险性和不可预警的操作性。但是，由于人们追求利益的动机，现在转基因作物已经在中国的土地上开始种植并有扩大的趋势。这个问题已经引起了政府的高度重视，在人们对转基因的风险性后果还没有完全弄清的情况下，如果任由这种作物发展下去，转基因的食品将直接影响人的健康和生命安全，直接影响着人类的社会安全秩序，给国家带来粮食安全问题、社会问题，甚至给国家政治层面上的安全带来不可预测的影响。二是食品安全问题带来的是生态性破坏，导致的是生态系统的崩溃。我们知道，化学生物、废弃物、放射性物质会给生态环境造成不可逆转的破坏，但是各种超过标准使用农药和化肥的农产品有可能带来的是生态系统的崩溃。食品安全问题的实质在风险社会的理论视域中，实际上已经从自然界，如气候多样性的风险、自然灾害的自然风险等外部风险转入人类社会结构的内部机理之中，构成的是人为风险。”[②]因此，面对食品安全问题带来的深层次风险，国家食品药品监督管理总局提出要加强食品安全的风险监测评估工作，制定国家食品安全风险监测计划，扩大医疗机构等对食源性疾病隐患的监测网络体系，将监测评估数据作为其发布预警、完善标准、执法检查和调整监管等工作的重要依据。但是问题关键在于，这种由专家和学者掌握话语权的评估体系和评估方式只有通过公众的监督和参与才能让公众感到信任。面对着食品安全问题的日益严重性和人民群众的食

---

① 人民日报记者：《菜农卖的菜自家吃不吃?》,《人民日报》2014 年 4 月 8 日。

② 这部分节选自本文作者：《风险社会视域下对食品安全风险性的认知与监管》,《行政与法》2011 年第 9 期。

品安全诉求，如何才能防范食品安全问题带来的国家安全性风险是重要的理论认知，因为“风险社会不仅仅是一个认知概念，还是一种正在出现的秩序和公共空间。在后一种意义上，它更具有现实性和实践性。”①

在现代传媒高度发达、公众对健康安全高度关心的时代背景下，食品安全问题具有显著的放大效应，一旦出现事件，哪怕是个别的不大的事件，也会在国内外迅速传播扩散，成为公众关注的热点、媒体聚光的焦点。如果政府再应对不力、处置不当，个别问题、局部问题就会演变为全局性问题，酿成重大的公共危机，这将直接影响政府的公信力。那么，只是谴责企业单纯追求利益的做法，依靠企业自身的诚信来保证食品安全，依靠生产者的道德良知来对自己进行严格的约束等行为在巨大的利益面前显得苍白无力和没有什么约束力。对企业生产行为只有通过政府的监管手段才能起到约束作用，在良好的监管制度的约束下，企业的生产行为才能够有所顾忌，逐渐走向正规生产。因此，在食品安全问题面前，不只是生产者和消费者之间的生产与消费的关系，而是消费者、生产者和政府三者利益攸关的关系。但是，由于地方保护主义盛行，地方政府在解决食品安全问题时采取的对策往往是为了自身利益而滥用权力，对有问题的生产企业采取的是纵容、干预执法、封锁消息、垄断资源等方式为生产企业保驾护航，丧失了政府应在公众面前具有的公信力，使政府的管理规制偏离方向，损害了政府的公共形象，降低了政府的公信力，甚至有可能诱发公共安全危机，给国家和社会带来不必要的损失。

二、风险社会食品安全的生态治理：政府信任重建

（一）合作治理模式：由管理向治理转变

面对这些不可估量的风险，需要政府以一种积极作为的方式去有效的规制这些可能出现的风险。因为“风险的泛在性、不确定性以及危害性使得个人对风险缺少足够的认知，也欠缺相应的信息和知识，无法从容不

① 杨雪冬：《风险社会与秩序重建》，社会科学文献出版社 2006 年版。

迫地去应对风险；而风险问题通常又涉及大量的科学政策问题，自由市场很难去对诸多社会现象所蕴含的风险和收益进行评估，在不同的甚或难以相互权衡的价值之间进行衡量；因此风险社会要求行政法的转型，要求必须结合国家和社会的力量，进行有效率的风险规制”。①

政府信任重建已成为世界各国政府改革的重点，构建责任型政府是行政改革的必然趋势。政府的施政理念从单一的“管理”转向多元的“治理”，食品安全由管理向治理转变，治理的主体可以是公共权力机构，也可以是市场和社会组织。甚至在很多情况下，公民直接行使权力，达到自治的效果。不完全是以政府命令、控制和规制为主，对于食品安全来说，既需要政府监管部门切实履职、积极作为，也需要企业、媒体、消费者以及社会各界的共同参与；既需要政府监管理念和模式的转变，也需要通畅透明的食品安全风险交流机制，从而在全社会形成对待食品安全问题的科学理性的平和态度。正如著名的风险规制学专家史蒂芬·布雷耶所言，“对公共机构的信任，不仅源于政府的透明度，对相关利益团体的回应，或媒体对优先次序的强调……还源自这些公共机构能把困难的工作做好”。②

从目前现实情况来看，对于监管部门来说，即使监管责任明确，监管部门往往有时也倾向于不作为，期待所谓的“无为而治”。造成这一结果的原因主要有两方面：一是日常监管的成本高，监管难度大，监管的成本远远大于监管的收益，如果面临的是小企业、小作坊，由于其分散性、隐蔽性，监管部门很难做到全方位深入地排查，即使勉强去做也需要很多的资金支出。如果面临的是大企业，它们往往关系到地方税收、就业，与其他政府机构有千丝万缕的联系，日常对其进行严格监管往往面临很大阻力和压力。二是日常监管的收益低，如果监管部门勤勉工作，将食品安全危机消灭于萌芽之中，那么在工作绩效考核时往往体现不出来。食品安全部门更愿意采取集中行动而非常规化行动，因为集中行动的收益更大（效果更易突出），所以食品安全不能单靠监管。我国一些地方在食品安全事

---

① 王泽鉴：《危险社会、保护国家与损害赔偿法》，《复旦法学》2005年第2期。

② 史蒂芬·布雷耶著：《打破恶性循环：政府如何有效规制风险》，宋华琳译，法律出版社2009年版。

件发生后，已经有意或无意地出现了合作治理模式的探索。比如，武汉鼓励市民参与治理“地沟油”，设置举报电话、给予现金奖励，并每天定时向媒体公布相应检查情况；烟台市食品药品监督局就市民关心的热点难点问题与市民代表进行交流，构建以行政监管为主体、技术监督为支撑、社会监督为基础的社会化监管体系；上海市在染色馒头事件曝光之后，当即成立了由市政府领导为组长，质监、工商、公安等相关部门及部分市人大代表、政协委员组成的联合调查组。第三方监督的重要性在已经暴露的食品安全事件中已经得到充分体现，重大的食品安全事件要么是由媒体报道出来的，要么是公众举报后引起有关部门重视的。因此在食品安全治理方面，由政府主导的威权管制模式转向社会自我治理与政府平等合作的合作治理模式，应该是克服我国当前食品安全治理困境的一个可行选择。

合作治理模式就是要调动和发挥媒体、公众的各方积极性，站在与政府监管部门平等的位置上，共同监督、维护食品安全。构建合作治理模式，首先，以解决实际问题为导向，制定和实施法律规则，在制定食品安全法律规则的过程中，必须有普通民众、专家、非政府组织等政府以外的社会主体全程参与；[①]公众可以就任何一项规定提出异议，而立法机关必须做出实质性的说明，并且吸纳公众提出的有意义的建议。其次，建立多维度的合作关系，这包括政府与企业、政府与公众、政府与媒体、企业与公众以及各个主体之间的多方关系，逐步形成由政府牵头，专家、业界、媒体、志愿者等全社会广泛参与的风险交流机制，探索适合我国国情的食品安全风险交流模式，提升消费者食品安全认知水平，消除公众对食品安全现状的片面认识和恐慌心理。再次，建立无缝链接、层次分明的责任共担体系，畅通投诉举报渠道，完善奖金发放程序、加大发放力度，严格执行举报保密制度，保护举报人合法权益，落实食品安全有奖举报制度。最后，建立信息共享制度，由政府向公众提供充分的信息，推进信息公开，细化具体措施，健全工作机制，发挥各级消费者协会的自身优势，提高公众食品安全自我保护能力和维权意识，支持消费者依法维权；发挥食品相关行业协

① 齐萌：《从威权管制到合作治理：我国食品安全监管模式之转型》，《河北法学》2013 年第 3 期。

会、农民专业合作经济组织的作用，引导和约束食品生产经营者诚信经营等将是食品安全社会监督工作的重要方面。

（二）治理理念：由“政府本位”向“公民本位”转变

通常将风险规制界定为：政府运用公共权力，通过制定一定的规则和措施，对个人和组织的行为进行限制与调控，以达到降低风险的危害性的目的。政府制定规制措施是行政权力运行的结果，其必须符合行政法上的合法性原则，并符合合理性的要求。“人们对安全食品的需求的必须和对安全食品监督的无力使得监管食品安全应作为公共产品由政府向社会提供。”[①]因此，食品安全监管是政府的义务与责任，对食品安全进行有效监管是政府提供给公众的公共服务。这就要求政府以正义与民生为理念导向，追求政府的公共利益管理价值，处理好企业经济利益与政府公共利益之间的关系，处理好公众健康要求与政府公信力之间的关系，保障公众的生命权、健康权与知情权。

传统政府以资源控制为核心，对社会公共服务实施垄断性控制和管理。现代公共服务改革就是要打破过去传统的政府主导模式，即政府“替民做主”式的公共服务供给模式，转变为公众需求导向模式，服务类型、服务数量、服务效果等均以公民为中心。因此，必须开放政府公共服务的关键性程序，让公民参与公共服务的政策制定、公共服务流程再造、公共服务的绩效评估以及问责等。为适应新的行政生态，政府应转变观念，树立以公民为本的治理理念。

政府作为国家与微观经济实体的中间连接体、上层建筑的核心部分，发挥着经济、政治、文化、社会的多方面职能。然而各国实践证明，政府并不总是以公正地处理微观经济实体之间的纠纷、无私地为社会提供公共产品、维护微观经济实体的经济利益的慈善形象而出现的。由于食品链环节很长，从种植（养殖）、生产到消费需要经过很多环节、程序，低质量产品或问题产品的生产地和销售地是分离的，在食品安全监管中，如果监管

---

① 罗琳娜：《论政府监管食品安全的责任》，《法制与社会》2011 年第 1 期。

部门和监管人员意识到食品安全与自己切身利益相关，会主动监管，监管的绩效就可能较高。尤其是当监管者拥有“特供”，可以代替低质量产品或问题产品时，比如2009年有媒体报道，为保障“两会”期间的食品安全，卫生系统制订了公共卫生保障工作方案和应急预案，通过定点采购食品、菜肉留样等措施，重点加强人禽流感的防控工作。60名卫监人员进驻到28家食品原材料及供应商的单位中，对食品源头进行定点检查，所有食品进行定点采购，对直接入口的食品也会进行严格检测。反之，如果监管部门和监管人员具有“局外人”心态，认为自己所监管的环节出现问题不会造成严重后果，不会影响到自己的切身利益，对所监管产品的质量不敏感，认为食品安全问题不会影响到自己，那么食品安全监管的效果将大打折扣。那么他们就无法让普通消费者对其监管行为产生信心，造成当前在食品安全问题上，公众宁可相信网络流言，也不愿意相信政府公告，所以政府及其监管人员树立以公民为本的服务理念非常重要。

以公民为本位，政府需要：

1. 对消费者进行食品安全知识普及

主要包括了解食品的配方、制作方式、运输渠道和潜在危害等与食品相关的各种信息。日本的一些经验也许值得参考。比如，日本的很多食品生产企业会主动邀请消费者参观生产现场，如果消费者对产品有疑问，企业会积极地给予答复；在日本的超市里，有些农产品在标签上会注明产地农场的信息，有些生产企业甚至还会在产品上公布其合作伙伴的信息。日本于2005年实施了《食育基本法》，在全社会开展各种食品安全知识教育，重视食品安全问题，培养公众安全消费的知识和能力，并取得了较好的成效。在美国，食品安全教育更是正规学校教育必不可少的内容。为了增强消费者对食品安全重要性的认识，自1994年起，美国还将每年的9月定为“国家食品安全教育月”，其间，政府和民间团体会开展各种培训活动，宣传与食品安全相关的知识。随着食品安全风险的加大，全民性的食品安全教育成为防范食品安全风险的必要途径，也是世界各国当下普遍采取的有效方法之一。从我国目前情况看，消费者的食品安全意识不强，食品安全知识相对匮乏，因此有必要建立多层次、广覆盖的食品安全教育体系和网络，如通过各种媒体、网络课堂、学生课堂、相关行业组织的社会课堂、社区讲座等途径开展食品安全教育,使食品安全教育成为公民的必修课。

2. 需要加强食品安全工作人员业务素质

加强对食品安全检查机构的检查者和服务者的培训,使他们与时俱进,掌握相关的食品安全的食品加工、微生物学和化学相关的知识,提高自身的业务能力。培养专业技术人才,提高安全防范水平。违规违法生产、滥用添加剂的现象较为严重,但质量检验却不能检查出全部的问题食品,原因在于我国现阶段的检验水平较低,且检验人员的专业知识有限,不能够准确检验出商品是否含有违法添加剂,比如三鹿奶粉事件,成千上万批奶粉,每一批都通过了质量检验,但却没有查到添加了三聚氰胺,若不是大量儿童因为食用问题奶粉致伤甚至致死,恐怕是不会检查到奶粉里添加了化学制剂。三鹿奶粉的教训让我们意识到只有具备先进的设备和专业的人才,才能保证质量检验的安全性,同时这也是阻止问题食品流向市场的最后一道防线。

3. 使食品生产企业经营者增强社会责任感

使之明确食品生产经营者应具有的法律责任,加大普法教育的深度和广度,只有这样,才能从根本上遏制在食品安全问题上的各种违法现象的产生,达到食品生产加工的合法化、正规化。政府在保障农产品和食品产量的同时,也要承担一定的"安全成本",财政投入向食品安全方面倾斜,在提高标准后对企业进行培训和补贴。

总之,政府在食品安全的生态治理中,治理能力越强,公众对政府解决现实问题的预期就越有信心,对政府的信任度也就越高。食品安全治理应由以往的单向、强制向合作、沟通协商、诱导、指导、建议、劝导、奖励等方向转变,凝聚多元共识,重塑社会信任,再造政府公信力。

参考文献

[1]汪洋:《食品药品安全重在监管》,《求是》2013 年第 16 期。

[栗晓宏:吉林省委党校(吉林省行政学院)教授]

论实现有效政府治理的四项改革要素

孙彩红

【摘　要】 有效的政府治理是国家治理体系和治理能力的重要组成部分。政府治理是现代化政府管理的重要标志之一，对进一步深化行政体制改革提出更高要求。从治理维度审视，有效的政府治理在治理内容、治理主体、治理途径、治理效果上，对深化政府改革的关键要求分别是：与时俱进转变政府职能，政府与内部和外部主体合作实现治理主体多元化，政府管理方式和管理过程创新，对政府管理结果和绩效的客观全面评估。

【关键词】 政府治理　行政改革　职能转变　治理方式

党的十八届三中全会审议通过了《中共中央关于全面深化改革若干重大问题的决定》，成为我国全面深化改革的行动纲领。《决定》中提出全面深化改革总目标是，“完善和发展中国特色社会主义制度，推进国家治理体系和治理能力现代化。”其中，行政体制领域改革目标就是实现有效的政府治理。这是对新阶段行政改革领域提出的新要求，是这次决定中的亮点之一。从政府管理发展到政府治理，是一个扬弃的过程，是政府管理现代化的重要标志之一。

20世纪90年代出现了治理理论，其基本特点和运行机制强调管理主体多元化、参与性、透明性和责任性。联合国下属的全球治理委员会1995年发表的报告指出，“治理是各种公共的或私人的个人和机构管理其共同事务的诸多方式的总和”。[①] 这种治理模式强调政府与社会的合作，自上而下的管理和自下而上的参与相结合，而且在治理主体上不仅涉及政府公共部门，也涉及私人部门，以及不同部门之间的互动关系。从国际到国内，不断出现了地方治理、政府治理、全球治理等概念，其中一个基本共同点就是强调治理主体多元性和治理过程的民主性。“从20世纪90年代以来，在巴西的阿雷格里港、印度的喀拉拉邦和西孟加拉邦和南非等国家的一些地区出现了参与式治理的成功实践，这引起了社会活动家和政策制定者的极大关注和期待。”[②]参与治理逐渐成为政治学和公共行政学研究的一个热点，主要目的是提高政府管理质量和更好实现公共利益。

“有效的政府治理”出现在党的十八届三中全会决定中，不仅是国家治理体系与治理能力现代化目标要求的具体体现，也是对时代发展和政府面临诸多挑战的现实回应，还是主动顺应世界政府改革趋势和潮流的一种选择。“从统治、管理到治理，言辞微变之下涌动的……是一次政府、市场、社会从配置的结构性变化引发现实的功能性变化再到民主参与的主体性变化的制度型塑。”[③]政府治理的目的，核心仍然是经济社会环境的全面协调可持续发展。正如有学者所说，“民主制度只是一种手段，它最终要落实到国家的治理水平。”[④]因此，虽然治理强调公共事务管理领域的主体多元化，但最终还应以提高政府质量与水平为目标。政府治理维度和具体内涵，至少应包括治理什么、谁来治理、怎样治理、治理效果如何这样四个基本要素。下面就从有效政府治理的四个维度来分析其对行政改革关键领域提出的现实要求。

---

① 张胜军：《为一个更加公正的世界而努力》，《中国治理评论》2013年第1期。

② United Nations. Participatory Governance and the Millennium Development Goals, New York, 2008, p. 24.

③ 江必新：《实现国家治理的现代化》，《人民日报》2013年12月3日，第2版。

④ 张维为：《中国触动：百国视野下的观察与思考》，上海人民出版社2012年版，第23页。

一、治理什么：要求与时俱进转变政府职能

这是解决政府治理内容问题，是履行职能的范围，对应着政府职能转变这一根本问题。政府治理要求政府职能履行逐步退出市场能有效配置资源的领域，加强社会公共事务领域的治理。政府职能转变一直是我国行政体制改革的核心。纵观20世纪80年代以来三十多年政府职能转变历程，有一条主线，就是围绕着政府与市场关系来展开。政府与市场的关系始终是一对矛盾体，不仅对于英美澳等发达国家是这样，而且对发展中国家也是如此，只不过关系侧重点和问题不一样。其实，政府职能总是根据不同历史发展阶段的经济社会发展任务在不断调整，不是一劳永逸的。所以，政府职能转变也要与时俱进。

在十八届三中全会决定中，专门提出政府职能转变问题，其中强调，“加强中央政府宏观调控职责和能力，加强地方政府公共服务、市场监管、社会管理、环境保护等职责。”[①]这是在党的文献中第一次明确对中央与地方政府职能进行划分，这对于各级政府更好地履行职能无疑至关重要。

（一）中央政府有效履行科学宏观调控职能

坚持政府职能转变的与时俱进性，在政府与市场这一核心关系中，政府治理内容要在“市场在资源配置中起决定性作用和更好发挥政府作用”[②]的前提下来确定。政府职责首先是有效履行科学宏观调控职能。我国市场经济是社会主义市场经济，对政府弥补市场失灵有着更高要求，必须更好发挥政府作用来避免市场经济自发性和盲目性等弊端。要建设和完善全国统一开放、竞争有序、城乡统一的现代市场体系，推进城乡要素平等交换和公共资源均衡配置，这些都是市场发挥决定性作用的基础，因此都要更好发挥政府宏观调控作用。让市场发挥决定性作用只是政府

---

① 《中共中央关于全面深化改革若干重大问题的决定》，《中国共产党第十八届中央委员会第三次全体会议文件汇编》，人民出版社2013年版，第35页。

② 同上，第21页。

进一步从直接的配置资源中退出，通过健全宏观调控体系，来有效引导、发挥间接宏观调控与治理职能。

（二）地方政府重点加强履行四项职能

进一步加强市场监管职能。尤其是不断减少行政审批之后，政府的市场监管职能必须跟上，主动积极加强对各类市场主体的过程监管，发现违法行为要及时纠正和惩治，提高市场主体违法成本和代价。与科学发展观要求相一致，对市场主体的监管，不仅包括对实体企业和有形产品监管，还包括对金融、服务企业等无形产品监管。

进一步加强公共服务职能，实现“发展成果更多更公平惠及全体人民”的目标。关键是保障基本公共服务的足量与均等化，缩小城乡之间、地区之间差距。公共服务均等化并不是简单“平均主义”，而是要掌握不同地区之间、城乡之间基本平衡原则，改变当前越是落后地区越是得到更少基本公共服务这种不均衡现状。同时，提供的基本公共服务还必须是优质的，达到一定标准和要求，从而保证实现优化公共服务的目标。但目前基本公共服务质量要求还没完全实现。例如，在义务教育方面，有些小学校舍和硬件设备都很差，这很难说是优质基础教育服务。因此，政府履行好提供基本公共服务的职能，就不仅要在数量上，而且在质量上都要加强。

进一步加强社会保障职能。政府要提供维护社会公平正义的制度保障。要实现人人享有出彩机会，政府必须采取有效制度来确保这种机会公平、权利公平、规则公平目标的实现。当前，影响社会公平正义的矛盾和问题接连出现，也削弱了人民群众对政府的信任。因此，维护社会公平正义，促进人民实现平等发展的权利，是中国共产党的政治目标，也是政府的一项重要职能。

进一步加强环境保护职能。保护环境与生态是统筹人与自然和谐发展的根本，也是经济可持续发展的关键。而且保护环境是具有正外部性的公共产品，不可能靠市场来提供。在十八大报告中把生态建设作为五位一体建设的重要组成部分，也要求政府加强在环境与生态保护中的职能履行。这样才能更好地保障资源环境与经济的可持续发展。

二、谁来治理：要求转向多元主体合作

这是解决治理主体问题，对应的是政府在履行职能过程中，与其他多种主体的关系。治理主体从单一走向多元，是一种世界性政府治理模式的趋势。国外有学者提出了一种参与式政府治理模式，是指“致力于寻求一个政治性更强、更民主、更集体性的机制来向政府传达信号，更注意国家和社会之间的关系以及广大公众参与决策的机会”。① 尤其是近二十多年来不少国家的政府在解决公共事务和公共领域问题时，都不断吸纳其他社会主体参与，通过合作达到管理目标。例如，孟买城市政府管理和公共服务中就实行了 NGO 组织、社区和公民直接参与方式，改善了政府与公民关系。②

有效的政府治理，一个突出转变是从政府单一主体向社会、企业、人民群众多元主体的转变。在某一领域管理中，可能是三方主体，在某一领域职能履行中，又可能需要四方主体来共同解决问题，而不是盲目追求管理主体的多元化。关键是理顺政府与其他的社会多方主体以及政府内部主体之间的关系。

（一）政府外部要实现政府、社会和人民群众多主体合作

人民群众是改革的主体，也是实现政府有效治理的主体。政府要根本转变观念，把人民群众从行政管理相对方转变为参与治理的主体。其实，从法理上讲，人民作为治理的一方主体，有宪法根据，是“一切权力属于人民”的重要体现。政府行政人员对民众同时具有领导和服从的使命，既要领导和引导人民群众在经济社会发展中发挥集体智慧，又要服从人民群众的实际需要和长远利益，将政府管理科学化与民众创新的管理艺

① [美]盖伊·彼得斯：《政府未来的治理模式》，吴爱明等译，中国人民大学出版社 2001 年版，第 59—60 页。

② Marie-Helene Zerah. “Participatory Governance in Mumbai’s Urban Management”, Development and Change, 2009, No. 5, pp. 853—855.

术有机结合起来，才能更好地应对诸多现实挑战。

社会主体主要是各类社会组织，政府要根据不同领域适度向社会放权，给社会组织参与政府治理的有效空间。社会组织作为社会公共事务管理的主体，需要一定条件。首先提高解决社会公共事务领域问题的能力，包括组织内部人事、财务等有效管理。其次要政府提供和创造机会，在公共事务管理过程中吸纳各种不同的社会组织参与进来，尤其是促进实现社会组织资源的整合。由于中国各地经济发展不平衡，社会组织和社会力量在各地发展也不平衡，要求在培育和发展社会组织方面有分类指导的制度设计。同时，根据政府治理的阶段性实际需要，确定培育社会组织的重点。

（二）政府内部要理顺横向部门和上下级政府之间的关系

政府主体要不断优化组织结构来保障实现有效治理。在与时俱进转变政府职能的核心任务之下，实现有效政府治理，要不断调整与优化政府组织结构。一方面，按照职能调整、撤并和重组政府部门之后，关键是实现部门内部协调，利于某项职能的集中有效履行。逐步实现机构编制法制化，优化人员配备，保证政府组织的高效运转。另一方面，需要政府横向部门之间为解决共同社会发展问题开展有效合作。尤其需要实现不同部门之间的管理信息和数据共享。再一方面，要理顺政府内部上下级之间关系，实现各级政府都按照本级政府职能来科学合理设置机构，解决上下级政府同构问题。比如，沿海地区与内陆地区，经济发达地区与较为落后地区，当地政府所面临经济社会发展问题是不完全一样的，解决问题的侧重点也不同。因此，在大部制改革过程中，不同地方的政府需要根据当地实际来调整与优化政府机构。关键一点还要依赖在上下级政府之间“建立事权和支出责任相适应的制度”，需要中央政府在财政体制上进行配套改革。

三、怎样治理：要求管理方式和过程创新

这是解决政府有效治理的途径问题，也是对创新政府管理方式和过

程提出的要求。政府管理方式的变革随着经济社会发展需求而进行。要实现有效政府治理，要求政府管理方式在多层面上实现创新，尤其是管理手段和过程创新。

（一）从多个领域创新政府管理方式

政府管理方式创新有诸多空间。一是创新提供公共服务的方式，利用合同、委托等方式购买公共服务。目前已有不少地方政府在向社会购买养老公共服务，有些地方以公开招投标方式把城区环卫、绿化服务承包给专业公司，减轻财政负担。二是创新社会治理方式，尊重人民主体地位，激发社会组织活力。在一些特殊人群治理上，改变简单强制性管理，运用更加柔性与人性化的方式管理。三是创新监管金融与企业的方式。给企业与金融领域更多自由和公平准入机会的同时，要加强事中与事后监管，并且及时把监管结果公开，使企业运作处于社会监督之下。四是政府统计与决策方式创新。政府应对大数据时代挑战，不断完善统计制度与决策方式，通过与掌握各类大数据信息的优势企业合作，实现合作治理。例如，“国家统计局与 11 家企业签署大数据战略合作框架协议，共同推进大数据在政府统计中的应用，不断增强政府统计的科学性和及时性。”①政府通过与这些优势企业合作的方式，从中分析和判断隐含的宏观经济与社会问题，更好地实现决策方式创新，也为更好地履行职能提供重要基础。

（二）以法治实现政府治理过程创新

有效的政府治理过程，重要的是坚持依法行政方式。这与依法治国基本方略相一致，也是建设法治政府的目标要求。尤其对于地方政府而言，不要盲目追求立法数量而不顾立法质量，要走出“立法就是依法行政”的误区，加强有法必依、违法必究。比如环境治理领域，应严格有效执行环保法和环境评价法等系列法律法规中关于社会公众参与的规定，加强

① 《国家统计局畅谈大数据合作》，http://www.news.cn/xhft/20131202b/wz.htm，2013 年 12 月 2 日。

对违法行政主体的惩罚。这种法治方式还必须以公开透明过程为前提。政府信息公开,是其他社会主体参与政府治理的一个基本前提。政府行使权力的整个流程和环节都要有相应公开机制,以此保障人民群众对政府治理的知情权和监督权。

四、治理如何:要求提升政府绩效评估

这是解决如何评价治理结果的问题。达到什么要求才是实现了有效的政府治理,需要从哪些维度来衡量与评估,这些都是提升政府绩效评估要明确的现实问题。评价政府治理结果,要突出如下方面。

首要的是,改变过分突出 GDP 的指挥棒。这一点在中央《关于改进地方党政领导班子和领导干部政绩考核工作的通知》中已有明确规定,其中强调,“不能仅仅把地区生产总值及增长率作为政绩评价的主要指标”①,首要的是按照地方政府职能体系来构建科学的评价指标体系,把改善民生等公共服务与社会和谐作为考核评价的重要内容,加大环境保护、安全生产等市场监管等指标的权重。

其次,突出统筹城乡发展的结果指标,尤其是农村公共服务、社会管理、环境治理的结果指标。平衡各项治理指标的权重,引导地方政府努力实现经济与社会平衡与可持续发展、城乡之间平衡与协调发展;力争实现基本公共服务均等化和全体人民更公平享有发展成果。

再次,与政府治理主体多元合作相对应,政府治理结果的评价要更多发挥社会群众作为评价主体的作用。加入社会公众主体的评价,要根据不同领域情况增加公众评价的权重。在吸纳公众参与评估过程中,注重制度化建设,包括公民参与的人员选择、参与评价的范围和领域、参与评价的方式渠道等,从而有效控制评价过程的成本,提高公民参与政府治理效果评价的效益。

总之,有效的政府治理是国家治理体系和治理能力现代化的一个重

① 中组部:《改进地方领导班子干部政绩考核工作》,http://politics.people.com.cn/n/2013/1209/c1001—23791579.html,2013 年 12 月 9 日。

要组成部分，也给进一步深化行政体制改革提出了更高要求，必须从政府职能转变、结构优化、运行方式等关键领域取得实质性进展，用有效的政府治理目标把重要领域的行政体制改革统一起来，实现改革的整体性、协同性。当然，政府治理是一个扬弃过程，充分利用现有已被证明有效的政府管理法律与制度，在行政体制改革过程中从强调政府机构、职能等内容改革，转向强调内容改革与管理方式等形式和程序改革并重。从全面深化改革和发展角度，既要考虑政府改革内部环境，又要综合考虑政府改革面临的外部环境，通过进一步解放思想以及多层面的治理创新，提高政府治理能力。这样，才能通过有效的政府治理，一方面满足国家治理目标需要和民主政治发展需求，另一方面满足经济社会全面发展和全面建成小康社会的目标要求。

（孙彩红：中国社科院政治学研究所副研究员）

论国家治理体系中的社会协商*

祁海军

【摘　要】 随着社会的转型和改革的深入，社会矛盾与问题存在的复杂性和广泛性凸显，协商民主的内涵逐步扩大。协商主体不断增多，协商事项范围不断扩大，协商的内在程序化制度化要求不断增强，亟须在党的领导下构建更加有效的协商体系和机制，创制更多的民主协商平台和渠道。

【关键词】 国家治理　社会协商　协商制度化

党的十八届三中全会提出，“协商民主是我国社会主义民主政治的特有形式和独特优势，是党的群众路线在政治领域的重要体现”。要求在党的领导下，“以经济社会发展重大问题和涉及群众切身利益的实际问题为内容，在全社会开展广泛协商，坚持协商于决策之前和决策实施之中”。推进协商民主广泛多层制度化发展，要求我们不断发挥我们党领导的统一战线在协商民主中的重要作用，人民政协作为协商民主的重要渠道作

* 本文为国家社会科学基金项目“社会主义核心价值体系融入国民教育的方法途径研究”(12BKS093)阶段性成果。

用。全会同时强调，要“构建程序合理、环节完整的协商民主体系，拓宽国家政权机关、政协组织、党派团体、基层组织、社会组织的协商渠道。深入开展立法协商、行政协商、民主协商、参政协商、社会协商”[①]。

随着社会的转型和改革的深入，社会矛盾与问题存在的复杂性和广泛性凸显，协商民主的内涵逐步扩大。协商主体不断增多，协商事项范围不断扩大，协商的内在程序化制度化要求不断增强，亟须在党的领导下构建更加有效的协商体系和机制，创新更多的民主协商平台和渠道。着眼于国家治理体系和治理能力现代化的要求，需要以国家与社会的良性互动、公民广泛参与、社会有序协同为重点，探索社会协商的实质内涵、实践困境、方式方法、程序环节、平台渠道和体制机制。

一、社会协商及其功能

（一）社会协商的概念

社会协商又称为社会协商对话。1987 年党的十三大报告在政治体制改革部分曾经提出，要建立社会协商对话制度，立足于正确处理和协调各种不同社会利益和矛盾，着眼于“这部分群众与那部分群众之间具体利益和具体意见也不尽相同也需要有相互沟通的机会和渠道……重大情况让人民知道、重大问题经人民讨论”[②]。同时指出，必须使社会协商形成制度，并提出一系列初步构想和原则意见。随后，学界对社会协商对话的内涵、原则、制度、机制进行了初步研究。然而纵观学界对社会协商的研究发现，学界对于社会协商的界定主要还是从党群关系出发，把社会协商界定为领导机关开放活动的提高，这部分与那部分群众、政府与群众之间的协商，达到上情下达、下情上达、彼此沟通、相互理解的目的。[③] 这样的

① 《中共中央关于全面深化改革若干重大问题的决定》，http://www.ce.cn/xwzx/gnsz/szyw/201311/18/t20131118_1767104.shtml。

② 中共十三大报告：《沿着有中国特色的社会主义道路前进》，http://www.chinadaily.com.cn/dfpd/18da/2012—08/28/content_15713593.htm。

③ 时鉴：《社会协商对话制度——社会主义民主原则的扩展》，《理论学刊》1989 年第 4 期，第 22 页。

界定本质上并不错，只是没有明确社会协商的具体参与主体、协商层次、事项范围以及协商渠道建设。同时，研究者缺乏自觉的公民意识和法治意识，常常以人民群众的视角来思考公民，从党的政策角度来理解法治，没有厘清政治与法治、人民与公民的区别与联系。特别是由于彼时社会组织较少，其发育程度和社会影响也较小，社会组织并没有被当作协商主体，协商主体只包括党委政府、群众和人民团体。那时人们还不清楚社会本身有其组织形式，认为政府之外的一切都可以称之为社会。

近年来，始有学者从社会治理理论出发，提出从利益分配和社会和谐着眼，要深入开展社会协商，推动社会协商制度化建设，解决社会利益分配和矛盾问题。[①] 2013 年，党的十八届三中全会重提社会协商，意义十分重大，内涵也更加丰富。社会协商既是群众路线教育实践活动在我国政治领域的重要体现和重大理论成果，又是协商制度本身逐步发展完善和程序化系统化的必然结果。所谓社会协商是指政府与公民或社会组织主体围绕社会重大问题和群众切身利益问题公开地进行积极对话、平等谈判、交换意见，协调平衡各方利益、缓和社会矛盾、加强社会协作、达成社会共识。社会协商从社会治理理念出发，承认国家安全和社会稳定不仅仅依赖政府这一主体的独治，而是还要承认市场主体和社会组织主体对国家安全和社会稳定的作用，发挥社会各方的共治功能。因此，其主体不能不包括社会组织。承认社会组织具有社会协商的平等主体地位，就要对社会组织所关心的公共事项内容（包括重大事项和公众切身利益问题）进行协商，倾听公众呼声，取得公众理解和支持，完善公共政策。

社会协商不同于传统协商的地方，就是社会组织作为协商主体的公益性。作为政府、企业之外的第三方组织，社会组织参与社会协商必须以公益为目的而不得营私营利。社会组织作为公民有序参与社会治理的平台，对社会治理发挥着减压器和缓冲阀的积极中介功能，需要发挥其公益性、志愿性、互惠性作用，整合社会资源，加强政府、企业和公众的无障碍沟通互动，增强社会本身的自组织能力，促进社会和谐、社会公正、社会团

① 王中汝：《利益分配、社会协商与和谐社会》，《中共福建省委党校学报》2007 年第 10 期，第 40 页。

结、社会信任。深入开展社会协商，是加强政府和社会互动，推进治理体系和治理能力现代化的必然要求。

（二）社会协商的功能

社会协商不仅从理论上完善了我国协商民主体系，扩展了协商民主渠道，而且实践上具有不可替代的社会功能。

1. 促进协商民主广泛多层制度化

中国式的协商民主，是按照历史唯物主义的逻辑形成和发展起来的，是对历史唯物主义民主观的继承和发展。具有中国特色、蕴含中国智慧的中国式协商民主制度，是把历史唯物主义理论与中国实践结合的产物，是对历史唯物主义民主观的继承、丰富和发展。现有的协商民主制度以党委政府为强势主导，不承认社会组织平等主体地位，往往协而不商、商而不协，导致协商主体单一、协商事项范围有限、协商氛围缺乏、协商结果难以资政。伴随着当前社会转型和政府职能转变，社会组织逐渐发展壮大，成为社会公共领域的一支重要的力量。社会组织能够有效弥补政府和市场失灵，为公益发声建言，为社会提供公共服务。社会协商能够适应社会结构变化和社会治理新形势，承认社会组织参与协商的主体地位，扩大协商范围、层次，拓展协商制度覆盖面，增强协商制度整体性和层次感，提升协商制度的约束力和有效性，有利于现有协商民主制度进一步扩展体系化。

2. 增强社会合作与社会团结

改革开放以来，利益、思想和阶层分化趋势一直存在，公民个体的独立性、自主性、选择性和诉求的多样化多元化都有所增强。这不仅导致利益冲突事件频发高发，人民内部矛盾进一步复杂化，而且也弱化了社会自组织能力，导致社会团结与合作难以实现。社会协商能够整合社会资源，平衡社会各阶层利益，减少社会内部摩擦损耗，降低社会治理运行成本，增强社会的柔性和弹力，有效推进社会合作与团结。

3. 提升决策的合法性与有效性

在社会转型期，传统的乡绅宗法自治走向社会法治，陌生人社会的公民逐渐通过各种社会组织参与政治，把作为公众自治重要平台的社会组织纳入协商民主制度体系，显然有利于提高决策民主化程度，提高政治参与的有序性，扩大决策的民意基础，提升公共政策的合法性和有效性。

4. 展现制度包容性

中国特色社会主义制度仍然是一个开放的制度，不能故步自封。这里的意思就是说，不能仅仅在经济上承认多种所有制的合法存在，而同时在政治上不承认或者限制社会力量的政治参与。这里既有一个制度自信的问题，也有一个制度应因时而变的意思。把社会协商纳入协商民主制度体系予以规范化程序化，既能使社会组织健康发展，同时又能减少其对社会的冲击和负面作用。经济上承认多种所有制形式的合法存在展示了制度包容性，而政治上承认社会组织的合法主体地位，深入开展社会协商，更加充分地展现了中国特色社会主义的政治自信和制度包容。

二、社会协商面临的困境

自 1987 年党的十三大报告提出社会协商对话以来，社会协商民主还缺少实质性进步。究其原因，固然与国内外环境、经济社会发展形势以及现有政治体制有关，但是最重要的还是以下几个方面的原因。

（一）思想观念滞后

长期以来，人们的思想观念长期滞后于经济社会发展，不仅影响我们党的执政和政府行政，还形成一些潜在的氛围，影响社会协商的开展。我国传统思想认为，政府应该是一个保姆型、家长型、全能型的为民政府。这种根深蒂固的思想不仅导致党委政府这样思考问题，而人民群众亦寄此种希望于政府。

近年来，这种思想虽然有所减弱，但并没有完全消失。虽然十八届三中全会已经提出要推进国家治理体系和治理能力现代化，详细界定政府和市场的边界，“独治”思想逐渐转变为“共治”思想，但是由于路径依赖和体制惯性，政府职能迟迟无法转变。相当长时期内，这种思想在以下三个方面来说，还很难消除。从党委政府层面来讲，担心社会组织的发展壮大会对社会稳定甚至党的领导形成挑战或冲击。从社会层面来讲，目前社会组织缺乏责任感和公信力的现状使公众担心其难以承担社会责任，也无法严格追究责任；与社会组织相比，公众更愿意相信党委政府。从社会组织层面来说，一部分社会组织由于体制依附性较强已经被完全体制化，另一部分则因体制发展空间有限处于民间灰色地带，前者分享了权力而没有尽到责任，后者则分担了责任而没有分享权力，同时缺乏规范约束和科学管理。

因此，如果社会组织只分享社会治理权力而不分担社会责任，政府不下放权力而要求社会组织分担责任，公众不提高素养、转变观念而欲享有良好公共服务，就是不可能的。如果社会组织的发育成长都成问题，更谈不上开展社会协商。

（二）体制障碍较大

权力与责任是对等的。目前体制下，政府既然掌握绝对的权力和最大的资源，就必须承担绝大部分的社会治理责任。因此，不管是什么原因导致的矛盾冲突或利益纠纷，公众第一时间所想的就是向党委政府“讨说法”，敦促党委政府出面处理。但是随着经济社会的发展，两个平等主体横向之间的矛盾和纠纷会越来越多，在这样的事情上，政府从上至下纵向的指令性管制优势很难发挥，又不能放任不管，因此，必须让社会组织参与进来，分担治理责任，发挥缓冲作用，通过社会协商来解决。

然而，现行体制从以下几个方面来说，不利于社会协商的开展。首先，社会组织本身的法律地位不明确，社会组织法迟迟没有出台，许多社会组织仍然还是民间自愿的非正式组织，处在灰色地带。政法、统战、政协、民政、文化与科技管理各部门监管责任不明确，其活动范围和方式、资金来源也缺乏规范。其次，现有协商民主体系不完善，政治性协商开展较多，社会协商开展太少。在政协和统战部门看来，社会协商在传统意义上往往意味着按照习俗成例“私了”或私自协商解决问题，没有权威性，政府也很少给予鼓励，造成社会协商与法治建设缺乏配套。第三，既有协商民主制度不大注重社会协商资政的有效性，往往注重走形式、重程序、讲场面，而不注重实质和效果，开展社会协商缺乏体制支撑和社会氛围。第四，现有协商体制造成相当一部分社会组织依附性较强，未能发挥其积极作用。特别是由于体制化社会组织的领导者大都是人大代表或政协委员，他们实际上处于听会而不是参会状态，自身积极主动性不强。

（三）主体发育不足

这些年来，社会组织虽然大量出现，但其数量与质量都发育不足，严重制约着社会协商的开展。一方面，体制支撑不足。中国传统社会一向是熟人社会，以乡绅宗法自治为主。在陌生人社会，乡绅自治转变为民主法治，其道德成本下降的同时法治成本急剧上升。如果不重视社会组织的发育，很可能导致社会进一步失序。党委政府不注重给社会组织提供足够发展空间，倡导纵向到底横向到边的大包大揽思维，管得太宽太具体，管得住不代表管得好。另一方面，社会组织自身人才资源匮乏、管理不善。党委、政府、人大、政协四个体制平台几乎囊括了中国社会绝大部分精英人才和优质资源，这就导致社会组织缺乏领导管理人才、缺少资金资源，一定程度上造成社会组织的“供血不足”，社会自组织能力下降。由于政治体制上的“双轨制”，体制内与体制外差别很大，这些精英人才和大量优质资源很大程度上并不向社会开放和流动。人才与资源长期的单向流动，使社会陷入失血、失序、无主和断裂状态。同时还有一部分社会组织管理不善，违背其公益性，挥霍了公众的信任，造成公众对社会组织的反感甚至排斥心理。这些都不利于社会组织的发育成熟、发展壮大。

（四）平台渠道缺失

现行体制下，社会组织参与社会协商的平台和渠道极为有限。这主要表现为以下几个方面：首先，社会组织并无对口的党委部门来管理，体制平台缺乏。其意见和建议、呼声与诉求，往往无从传达。其次，在现有“党管媒体”的管理原则下，许多社会组织很难在官方媒体中表达意见。只有官方的、体制内的社会组织才能受到重视。第三，社会组织的性质如何确定以及参与社会协商的程序、地位、范围缺乏法律规范，对此很难把握，导致地方政府不敢开展社会协商。第四，由于现行法律规定没有区分政治性和一般性合法集会，对于公开集会一般从严掌握审批。因此，社会组织很难通过公开集体行动来表达意见。第五，因重大事项或重大决策临时召集的听证会、评估会，没有把社会组织作为主体包括进来，导致民意代表已经同意或赞同的事项遭公众反对或抵制。

三、推进社会协商制度化的途径

完善中国共产党领导的政治协商制度，更好地体现人民意志和人民当家做主地位，不仅取决于国家治理体系的现代化，还取决于社会自组织能力的提升，以及国家与社会的有效沟通、良性互动。古人曾经这样强调社会组织有序的重要性，“闻有吏虽乱而有独善之民，不闻有乱民而有独治之吏”。[①] 推进社会协商制度化一方面有利于对社会组织本身的规范，促使其发展壮大，从制度上增强社会自组织能力；同时也可以用制度来约束政府权力，加强政府与社会的互动沟通，推进政治、经济、社会与其他各方面的改革配套衔接，促使中国特色社会主义协商民主制度更加完善、成熟定型。

（一）树立有效政府、有序社会的共治理念

现代政治发展以及社会治理理论研究表明，激发社会创新活力、实现有序政治参与，必须树立“有效政府、有序社会”的现代理念。在社会协商过程中，社会组织发挥着多重的功能，一方面对政府权力有所限制，同时又对政府的权力进行监督。另一方面，社会组织在与国家政府的互动中为公众代言，补充而不是取代政府的工作，提高而不是降低政府的效率。有效政府与有序社会紧密相连、相互支撑。一个缺乏制度效力和效率政府的社会难以有序，一个社会失序的政府也难以体现制度效力和效率。

有效政府、有序社会共治理念的树立需要提升公众的思想文化和法治道德素养。政府带头转变职能，转变思想，有所为有所不为，加快社会

---

① 韩非：《韩非子·外储说右下》，中华书局 2007 年版。

组织的引导培育、发展壮大，鼓励它们承担社会责任。以政府职能转变为契机，探索有效政府的制度配套、成效评估、效率提升办法。成立社会组织党工委，探索有中国特色的社会组织管理模式，加大体制内外人才的互动交流，敢于从社会组织中吸收优秀人才作为领导干部后备人选，同时也要把党内优秀的干部放到社会组织中去历练。把社会协商纳入法治建设范畴，积极推动社会组织法立法，把社会组织纳入协商民主体系，用共治共享、责任分担的理念引导社会舆论，促使公众有序地、热情地参与协商，在全社会形成理性协商氛围。

（二）构建有效的协商民主体系

现有的协商民主制度虽然体现了人民当家做主的制度设计初衷，然而实际执行时，具体协商主体和事项范围覆盖都比较窄，同时缺乏层次性和体系性，制度体系很不完备，没有达到实际目的。最明显的是一些“裹挟民意”或“民意反复反弹”的事件不断发生，冲击着既有的协商民主制度。当然，这并不是说我们基本的协商制度失效，也不能说明我们党委政府在决策时没有进行协商，而是协商的程序、范围、主体、时机、方式需要完善，哪些事需要协商、何时进行协商、在什么范围内协商、谁与谁协商、哪些必须协商哪些可以协商、协商结果如何处理、协商的成本谁来承担等等都需要顶层设计逐步明确。

党的十八届三中全会提出要构建广泛多层协商制度体系，必须增强协商民主制度的整体性、约束力和层次感。社会协商作为协商民主的重要内容，其整体性、约束力和层次感也必须加强。整体性就是要使社会协商与其他协商互相衔接配套，增强协商制度连贯性、协调性。约束力就是制定社会协商制度以后，对相关协商民主制度执行情况进行督促检查，纳入科学发展和绩效考核，增强协商制度和协商结果对政府的约束力。层次感就是在国家机关、地方机关、基层单位和社会组织采取不同的协商方式、适应各层次特点的协商办法，把握好协商民主制度的原则性与灵活性。

（三）重视培育社会协商主体

社会协商目前面临着两难困境：一方面缺乏协商主体，政府不知找谁协商有效；另一方面大量社会组织名不正言不顺、不清不白地存在于灰色地带，亟待法律确认和认可。要解决这种缺乏协商主体的状况，关键在于政府要重视协商主体的培育与引导。

社会组织的培育和引导可以采取以下方式进行。首先，转变和精简政府职能，逐步剥离机关和事业单位的临时聘用人员，对他们进行教育、培训，使之具有承接政府职能和提供公共服务的良好能力。其次，转正一批具有一定社会声望、运行良好的社会组织，对它们进行分类评级，按照评估结果在一定期限内进行资金支持或政策扶持。第三，做好公益性社会组织的性质认定、资质权限的规范，对合格社会组实行一定的税收减免政策，鼓励公众到社会公益组织就业。第四，完善社会组织培训教育机制。在两新组织内成立党团组织，纳入培训主渠道，加强专业素养、法治思想、社会责任和奉献精神教育。第五，积极引导官方媒体报道社会组织的社会影响和正面作用，提高社会组织的声望。

（四）打通法制化、制度化渠道

社会协商目前最大的困难还在于社会组织的身份不被认可，其存在不尴不尬，同时缺乏参与协商渠道。

要打通社会协商的法制化制度化渠道，目前亟须做好以下工作：首先，积极推动社会组织法立法，使社会组织的法律地位得到承认。其次，探索在党的委员会成立社会组织党工委，把社会组织中党员团员的管理教育抓起来。第三，发挥政协的重要渠道作用，使社会组织作为一个界别能够纳入统一战线范畴。第四，重视社会组织在纸质媒体、广播电视以及互联网等具体协商渠道中的建言献策、互动沟通作用，搭建多种渠道平台，降低协商成本，提高协商效率，方便社会组织参与协商。

（祁海军：中共河南省委党校哲学教研部副教授）

简化审批　强化监管　提升政府治理能力

李荣华

【摘　要】 “管而不死、活而不乱”是政府治理的理想状态。要达到此目的，就要求政府妥善处理管制与活力之间的关系。当前政府治理面临的问题是重审批、轻监管。审批过多过滥束缚市场与社会活力，监管不力又使市场与社会失序。因此要使市场与社会既具活力又有秩序，一方面，政府需要通过简化审批、放松规制来激活市场与社会的活力；另一方面，政府还应加强监管，以确保市场和社会的秩序。简化审批与加强监管是一个问题的两个方面，不可偏废，把握好两者的关系就是政府治理能力和治理艺术的理想境界。

【关键词】 简化审批　强化监管　政府治理能力

审批与监管都是政府治理的重要手段，而在不同的经济社会环境中灵活处理审批与监管则是政府治理的艺术，能娴熟地运用这种艺术，就是政府能力的提升。因为这种艺术的运用关乎市场和社会活力与秩序之间的关系，如何审时度势，灵活运用简化审批、放松规制和加强监管这两只手，是衡量政府治理能力的试金石。政府若习惯于长期形成的观念意识，沿袭传统的行政审批这种单一的方式，在出现一些问题的时候，惯性地采取审批的方式，通过长期使用的前置审批将权力集中在政府部门手中，就会窒息社会的创造力。而若在简化审批的同时没有加强事中与事后的监管，则又会形成市场与社会的紊乱。因此审时度势地简化审批、加强监管，是政府治理方式的变革，是激活市场与社会活力又保证市场与社会有序的良方。

一、简化审批是激活市场与社会活力的有力举措

行政审批作为政府管理经济社会生活的重要手段，它体现了政府的一种权力配置，这种权力配置策略应随着经济社会生活的变化而在不同时期适时进行变革。

（一）简化审批的含义

简化审批首先意味着减少审批。我国现行行政审批制度大都脱胎于计划经济或由计划经济向市场经济转型时期，行政审批曾为经济和社会发展起过积极作用，也为经济体制转型提供了有力的支持。行政审批既保证了政府对社会经济活动的有效控制，又支撑了我国政府从直接控制到间接控制的平稳过渡。我们既不能因为现在行政审批对市场经济的束缚而否定它曾起过的积极作用，也不能因为它曾经起过积极作用而止步不前，因为经过 20 多年的发展，我国市场经济已逐步走向成熟，现行行政审批制度如果不顺应这种变化就会成为市场经济发展的桎梏。始于 21 世纪初的行政审批改革在国家层面已取消或下放审批两千多项。[①] 被媒体称之为“权力清单”的国务院办公厅《关于公开国务院各部门行政审批事项等相关工作的通知》已正式颁布，而随着《国务院关于清理国务院部门非行政许可审批事项的通知》的颁发，被称之为“负面清单”的工作也陆续展开。但在地方层面，行政审批改革还需要假以时日。

其次，简化审批还意味着简化审批程序，要通过改革，将行政审批流

---

① 薛澜：《行政审批改革的最大难点》，《人民论坛》2013 年第 25 期；赵洋：《打好行政审批制度改革的攻坚战》，《金融时报》2012 年 10 月 13 日。

程加以合并、简化。要改革行政审批中由于部门繁多、机构重叠而造成的程序烦琐、责任不清的现象。因为这种程序使得本来很容易审批的事项，由于审批部门相互争权夺利或相互推诿，结果把简单的程序复杂化。所以，我们还必须通过简化程序来清理不必要的审批流程，合并重复的环节，划清彼此的审批界限。

再次，简化审批还意味着充分运用现代科技成果，大力发展网上审批。通过网上审批使市场与社会主体从申报到审核、办理，全程实行网上办理审批，让其“足不出户”即可完成项目备案，政府内部程序完成对接。网上审批能改变传统的行政审批方式，申请人既可以直接在网上了解、咨询或提交申请，还可以对相关服务进行评价和投诉，而不必反复跑到相关部门现场咨询和办理，因此能达到电子政务事半功倍的效果，从而提高办事效率并降低行政成本。

（二）简化审批有利于建立权力清单和负面清单

过度依赖于审批则打压市场主体的创造活力，束缚经济发展的内生动力，阻碍社会经济的进一步发展。简化审批不是取消审批，而是改变以往的过度依赖于审批。

简化审批有利于消除目前审批范围模糊的现状，以最终确立权力清单和负面清单。由于以往审批范围没有科学界定，造成其边界难定。诸如哪些事项该行政审批，哪些事项不该行政审批；哪些事项应该谁审批，哪些事项不应该谁审批；哪些规范性文件对哪些行业，哪些规范性文件不对哪些行业；哪些行为应设定行政审批，哪些行为不应当设定；等等，都没有一个法定的清晰的边界，这种情况在实施中已造成极其严重的后果。一方面，一些职能部门要求新设行政审批项目的积极性很高，使行政审批的项目愈来愈多，范围愈来愈宽；另一方面，一些行政主体视行政审批为权力的象征，企图通过扩大行政审批范围来膨胀自己的权力，从而导致行政权力的滥用，严重败坏行政机关的威信。范围过大的行政审批容易造成政企不分，束缚市场主体的手脚，影响市场主体积极性的充分发挥。而通过简化审批，建立权力清单和负面清单，则从根本上消除了这种审批扩张冲动的土壤。

（三）简化审批有利于激活市场与社会活力

过度审批束缚市场与社会活力，简化审批就是对市场与社会松绑。市场和社会在解除了约束其发展的桎梏后会生发出巨大活力，这种活力会自动提高生产效率和增强社会活力。所以我们应从“人民是国家主体”角度出发，把很多权力还给人民，而不是限制它。① 通过审批改革实现放权给社会、放权给市场、放权给地方，从而释放市场与社会的活力。

二、强化监管是保持市场与社会秩序的重要手段

行政监管是政府对经济与社会事务的控制。政府监管的目的不是取代市场，而是为了矫正市场失灵。世界各国经济社会发展的历史表明，政府监管是同市场化相伴随的，而不是此长彼消的对立关系。我们应认识到简化审批已势在必行，但简化审批的同时，我们还要加强监管。如果审批简化又没有制定相应的后续监管，就容易造成管理上的缺位，就很有可能在此过程中出现新问题，出现“一放就乱”的状况。

（一）深刻认识强化监管的意义

强化监管是政府履行职能的基本要求，是维护良好市场与社会秩序的必要手段。只有强化监管，才能有效维护经济与社会秩序的正常运行，维护广大人民群众的合法利益。如果疏于监管，放任自流，就会导致无序的市场和混乱的社会，造成经济社会发展和人民群众利益的损害。监管是政府部门的职责，失去监管，政府部门也就失去了立身之本。

（二）不断丰富监管主体，逐步形成政府监管机构与社会组织互补的监管体制

监管体系的完善需要一个过程，我们需要一场监管理念的革命，需要

① 刘熙瑞：《审批制度放与管的平衡》，《人民论坛》2013 年第 25 期。

认识到监管不能完全由政府包办。要不断丰富监管主体，发展壮大社会中介组织，并使之协同进入监管领域，使其成为监管主体的一部分，与政府的监管机构形成互补关系。在监管体系完善中，要重视行业协会的作用。强调发挥行业协会作用，是因为行业内的事情自己最清楚，发挥行业协会的作用就是让内行盯着内行。行业自律是维护市场秩序很重要的方面，也是非常有效的机制。

（三）加大监管投入，强化监管责任

一方面应认识到在简化审批的背景下，我们的监管与实际需要相比，还远远不够，需要大大加强；同时，在简化审批的背景下，政府的公共管理责任也需要强化。不管是纵向的管理，还是横向的管理，要强化政府的责任和政府部门的责任，推行监管问责制。在立法、体制方面不断健全和完善监管责任，加强顶层设计，将碎片化的各自为政的监管行为整合在一个完整的适应科学发展的现代监管体系中。同时在法律中应该把问责制原则体现出来，使问责制建立在法制规范的轨道上，保证权责的平衡。

三、“放”“管”并进，两轮齐驱是政府治理能力的最好体现

既具活力又有秩序的市场与社会是政府治理的至佳状态，那么作为政府治理市场与社会两种重要手段的审批与监管在政府治理中起着什么作用呢？

在审批与监管两者的排列组合中，只有审批没有监管或只有监管而没有审批的治理状态是不存在或者是极少的，我们不作详细分析，那么除此之外，审批与监管只有“强”与“弱”两种情形。这样，审批与监管就有四种搭配情形：强审批与强监管，弱审批与弱监管，强审批与弱监管，弱审批与强监管。政府治理市场与社会若采取强审批与强监管，则市场与社会的秩序有余而活力难保；弱审批与弱监管则市场与社会“活”是“活”矣，但其秩序难保；强审批与弱监管是秩序优先兼顾活力的选择，看起来似乎是既有秩序又有活力，但由于监管弱化，短期可能出现秩序与活力皆佳的局

面，但从长期发展来看，其强审批要达到的秩序可能难以持续；弱审批与强监管则是活力优先兼顾秩序的选择，若能通过简化审批，激发市场与社会活力，而后期监管又做得比较好，使市场与社会不失序，那么就有可能出现活力与秩序并存的治理结果。当然政府治理结果是各种治理手段综合作用的产物，但审批与监管不失为两个非常重要的变量。既然如此，那么这两个变量各起什么作用？政府治理在不同历史条件下应如何匹配呢？

行政审批是行政主体和法律授权的组织根据公民、法人或其他组织的申请，依法审查，准予其从事某种特定活动、认可其资格资质、确认特定民事关系或特定民事权利能力和行为能力的行政行为。它主要包括审批、核准、备案、认可、特许、登记及发放证照等形式。从该定义可以看出，行政审批实质上是市场和社会的准入，或称之为行政许可，行政相对人只有经过审查，经过“批准”“同意”“年检”发放证照等方式，准予其从事特定活动，认可其某种资格和资质，或者确立其特定主体资格、特定身份，才能进入市场和社会。它是一种事前管理，从管理的有效性和成本来说，行政审批是对可能发生的系统性问题，通过事后补救难以消除影响或者需要付出更大代价的事项，所采取的事前管理监督手段。国家一旦对某一事项实施行政许可，就意味着对该事项的管理方式前移，防止人们任意、自由地从事这一事项。因为它是建立在普遍限制和禁止基础上的解禁行为，因而，它对绝大多数人而言，是一种对自由的限制，主要是限制不利于公共利益的行为，防止权利和自由的滥用，其目的是维护公共利益和公共秩序，推动经济和社会的健康有序发展。也即行政审批有控制风险、维护秩序的作用，它优先考虑的是秩序，对自由有一定约束。而市场与社会的活力之源是自由，那么对自由的不合理约束和限制就会束缚或抑制活力。而行政监管是政府对经济与社会事务的控制。它与行政审批相同之处是两者都是政府治理市场与社会的手段，两者都以维护秩序为目的，区别是前者是事前的管理，后者是事中与事后的管理，并且前者相对容易，后者相对困难。

政府治理市场与社会的手段不是一成不变的，而是要根据市场与社会、政府自身的变化以及政府在某一阶段的目标等因素，采取灵活的不同治理手段组合来适应这种变化。例如我国在由计划经济向市场经济过渡的转型时期，政府监管市场的经验不足，政府治理能力不高，侧重于审批管理。这种选择有效地防止了市场管理经验不足等而可能导致的市场失序。但市场与社会是不断变化的，政府治理的水平也是不断变化的，政府在一定阶段的治理目标也会发生变化，如果政府治理手段一成不变就不能适应这种变化。

21 世纪以来中国各届政府都在不断地探索政府治理的有效途径，始于 2001 年的行政审批改革已进入第十三年，改革已经取得了阶段性成果，特别是 2014 年 3 月 17 日国务院审批制度改革办在中国机构编制网公开了涵盖 60 个国务院部门的《国务院各部门行政审批事项汇总清单》①，这是行政审批改革的突破性进展。但是毋庸讳言，行政审批改革仍远未到决胜阶段，不仅因为这个“清单”还没有涵盖国务院所有部门，而且地方各级政府的权力清单公布还需假以时日。

在行政审批改革取得突破性进展后，事中和事后的监管更是任重而道远。正如李克强总理形象地指出的那样：“放和管是两个轮子，只有两个轮子都做圆了，车才能跑起来。大量减少行政审批后，政府管理要由事前审批更多地转为事中事后监管，实行‘宽进严管’。”②放管并进、宽进严管对政府治理能力提出了更高的要求。国家领导人对此有深刻的洞察：“事前审批是别人找上门，事后监管则是自己要下去，到现场了解情况，实施监管”；“发现问题就必须叫停、处罚，这往往要得罪人”；而且“我们一些政府机关和干部在行政审批方面通常是轻车熟路，但在市场监管方面办法还不多，经验也不足”。③

市场与社会在变，政府治理的方式也在变，我们已经看到了希望。

---

① 徐隽：《为公开行政审批事项汇总清单叫好》，《中国机构改革与管理》2014 年第 4 期，第 1 页。

②③ 李克强：《在国务院机构职能转变动员电视电话会议上的讲话》，新华网，2013 年 5 月 14 日。

参考文献

[1]中编办理论学习中心组:《深化行政体制改革　推进国家治理体系和治理能力现代化》,《求是》2004 年第 3 期。

[2]薛澜:《行政审批制度改革的最大难点》,《人民论坛》2013 年第 25 期。

[3] 高小平:《国家治理体系与治理能力现代化的实现路径》。

[4]刘振刚:《对行政审批制度改革的几层关系的辨析》,《北京日报》2014 年 1 月 6 日。

[5]王澜明:《深化行政审批制度改革应"减""放""改""管"一起做》,《中国行政管理》2004 年第 1 期。

[6]杨国英:《行政审批改革远未到决胜阶段》,《东方早报》2014 年 2 月 17 日。

[7]李世卓、张卫清:《行政审批事项,全部网上解决》,《深圳特区报》2013 年 12 月 17 日。

[8]深圳市人民政府办公厅:《深圳市网上办事大厅政务服务事项注册发布管理暂行规定》,《深圳市人民政府公报》2013 年第 46 期。

(李荣华:深圳行政学院公共管理教研部教授)

创新网络舆情生态治理 提升政府治理能力*

张 勤 李 静

【摘　要】 面对纷纭繁复的网络，我们需要怎样的网络舆情生态环境？现有网络空间中各种形式的话语表达与激情讨论释放出来的倒逼力量十分强大，网络舆情所显现的政府治理能力危机也成为当代网络政治学必须关注的重要议题。网络空间不仅是民情民意表达的场所，更是方便政府与公众沟通的一种方式。为构建新的网络生态环境，政府应转变职能，在规范网络生态秩序、创新网络治理、有效化解网络舆情时，必须正视网络舆情生态环境的特点和不足，在提高政府网络舆情治理能力的同时，建设好网络舆情的生态环境。树立良政善治理念，由管理向治理转变，由“政府本位”向“公民本位”转变，由“倒逼”向“自觉”转变。提高治理能力，构建一个真正意义的回应型与服务型政府，只有这样才能实现网络风险的生态治理和提升政府治理能力的双重目标。

【关键词】 网络舆情　网络生态　生态治理　政府能力

---

* 本文系国家社科基金项目(批准号:11BGL104)，江苏省社会科学规划项目“加强江苏社会组织建设研究”(批准号:13WTB026)和江苏省政府、省行政管理学会重点招标项目的阶段性成果。

一、从转型时期网络舆情的高发反思政府信任危机

互联网的技术革命，尤其是新媒体的涌现对旧有信息传播格局形成巨大冲击，从 BBS 到门户网站、从博客到微博等日新月异的新媒体改变了网络舆情的生态。舆情是舆论(public opimoin)的情况表现，“舆论是社会中相当数量的人对于一个特定话题所表达的个人观点、态度和信念的集合体”。在网络社会中，网络舆论事件层出不穷。网络舆论主要是由网络中的媒体言论与论坛及新闻跟帖共同反映与形成的一种舆论形式。它不仅能影响互联网行业发展的变化，同时也影响到网络舆论生态的变化。一般来说，大众媒体的生态环境分为政治、经济、文化环境三个层面，网络舆情在政治、经济、文化环境三个层面的共同作用下，逐渐占据与传统媒体竞争的优势地位，网络传播舆情的环境与以往传统媒体传播舆情的环境相比，已发生了质的变化。网络舆情的草根化、多元化、多极化和匿名化的相互交织作用，形成新的网络舆情生态。

由于我国正处于社会转型、体制转轨时期，社会矛盾激增，基层社会公众缺乏通畅的诉求表达渠道。网络的普及与新媒体所具有的开放性及互动性，使更多的社会公众有普遍的热情参与其中，有效地表达自己的观点和利益诉求。有学者认为，网络舆情是在网络环境中形成或体现的民意情况。① 如何理解网络舆论与民意之间的关系，寻找提升网络时代政府化解网络风险能力的对策，是当前政府改革创新中提升政府治理能力的核心问题。网络舆论是一种公开表达的意见。而民意(general will)是民众心中对于社会公共事务处理的想法、意见、愿望和评价，以不公开表达为前提。网络舆论的基础是民意，但民意并不一定表达为网络舆论。政府如何从舆情来判断、捕获到真正的民意，用以输入政治系统，用什么标准判断、如何判断舆情的性质？从网络舆论传输的过程来看，主要存在两种传输路径，即两个舆论场：一是党和政府的主流媒体舆论场，如人民网、新华网、官方论坛与微博、客户端、国家主要电视台、通讯社等各大媒

① 丁柏铨:《论网络舆情》,《新闻记者》2010 年第 3 期。

体网站的新闻跟帖；一个是民间舆论场，网民通过微博客、BBS、QQ、在相关的博客或民间论坛等议论时事、针砭社会、评论政府的公共管理水平。网络时代两个舆论场并存的特点，反映了它与传统媒体不同的状态。

当网络产生热点议题时，公众渴望了解问题的真相，囿于官方迟缓，反而使公众对事件猜测不断，甚至谣言充斥，就容易导致两个舆论场各说各话，以致信息对立。对于互动模式，我们先将议题或事件作为起点，把政府对舆情的回应作为终点，但也不能简单理解成机械的过程，网络舆情与政府互动及回应不是简单的线型关系，实际上互动在每一个过程中都有体现，并非每一次互动过程都经过这样亦步亦趋的体现。网络媒体具有"议题设置功能"，当事件或议题受到公众的广泛关注时，多数网站特别是新闻网站和大型门户网站信息的发布、转载者和以版主为主体的对信息进行置顶、加精等的把关者将舆情的相关信息在网站的醒目位置加以呈现，并开设相关专题，汇集各方对该议题的信息，形成多维信息链。当政府的回应不是一步到位，民意的表达与政府的互动不能同时回应时，舆情有可能被再度激发。

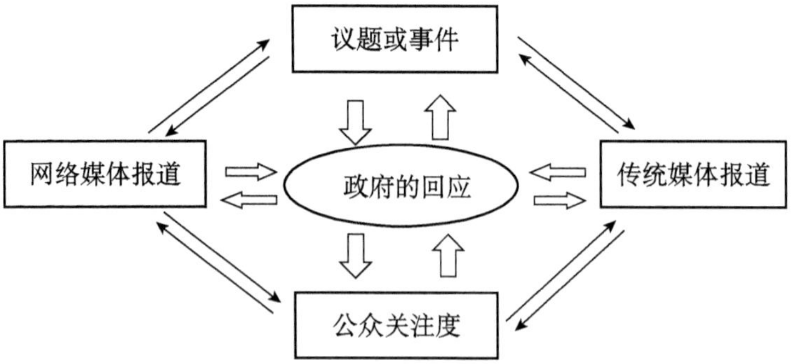

图 1　网络舆情互动模式图

如何推动网络媒体与传统媒体形成良性互动，相互放大正面舆论，使二者沟通起来，互相交流，共同分享？网络媒体所具有信息的海量性、即时性、数字化等特征，使网络媒体通过链接、转载、专题等形式把报道传统媒体的信息和不同的观点、评论集纳在一起，并经过选择、过滤、放大、调控，构建一个事件发展的全景图以及观点的大碰撞。网络媒体还通过论坛、评论栏目，就传统媒体报道的热点或重大问题设置话题，组织网民展开讨论，进而迅速形成网上舆论。在某种程度上，网络舆论既引发自传统媒体，又集中和放大传统媒体舆论。[①] 长期以来，一些政府部门习惯于机制固有的局限和惯性，以“领导判断”对网络舆情进行定性，往往导致“民意堰塞湖”，必然给政府信任和网络治理能力带来巨大的挑战。

二、转型时期网络舆情有助于倒逼政府转型

党的十八届三中全会明确提出：“深化政府行政管理体制改革，转变发展方式、推进社会转型，迫切需要转变政府职能”。网络舆情的发展助推网络空间力量的增长，对政府的公共治理形成了强大压力，而网络空间力量的增长形成话语权优势和集体行动的便利有助于形成“倒逼机制”，倒逼政府职能转型和服务型政府建设提速。

（一）网络舆情凝聚多元意见，形成新的行政生态与提升治理能力

对网络舆情认知的政治化将会造成政府与社会关系更加敏感。对于“政治—行政”系统而言，网络舆情属于危机事件，而危机事件具有两面性。危机可能造成损失或带来灾难，但危机并非就意味着灾难，如果不能及时处置，可能导致严重后果；如果处置得当及时，方法科学有效，可能会是新的发展契机，成为新的发展机遇。多元意见既包括主流意见，也包括非主流“异见”，无疑为民主的发展提供了新的路径。网络舆情应被视作一个中性的概念，而不能被标签化、符号化甚至指标化。不能简单地理解为只要出现网络舆情就会形成破坏社会稳定和安定团结的局面。

政府职能转型的关键在于科学界定自己的职能，其根本在于分权，体现为政企分开、政事分开、政市分开。网络空间扭转了传统体系中话语权的垄断，“我看到同样的分权心态正逐渐弥漫于整个社会之中，这是由于

---

① 曾德保：《营造网上正面舆论强势的几点思考》，《中华新闻报》2007年8月15日。

数字化世界的年轻公民的影响所致。传统的中央集权的生活观念将成为明日黄花”[①]。从技术层面看，网络空间不仅为公民参政提供了新的工具，而且“直接成为民主政治的场域，成为公民参与政治的运行手段，以全新的作用方式改变着公民政治参与的理念”[②]。网络空间作为一种新型的社会化媒体，给公民的政治参与提供了一个更为开放的言论自由空间，网络舆论的传播，对遏制权力滥用、有效促使政府及公职人员不断增强政府施政行为的透明度、推动政府职能转变，有效保障民众的“四权”、加强廉政建设发挥了重要作用。

（二）网络舆情有利于促进政府信息回应，创造公民参与的新环境

现代社会随着政府服务理念的不断增强，政府的行为逐渐转化到为社会、为公众提供全面服务的功能上来，政府信息回应制度的建立就是这一服务功能的运用。从政府的视角来看，通过服务，合理地行使其权力，实现其治理的目的；从公民的视角看，通过政府提供的服务，实现其应有的权利，满足其权利的要求。政府信息回应的本质就是服务行政，政府信息回应的基本原则正体现着这一精神。因此，信息回应的目的在于保障公民的知情权。“在确保国家安全、法人利益和公民隐私不受侵犯的前提下，政府实行信息公开，是对公民权利（知情权）的一种基本尊重”[③]。信息社会中没有高效便捷的政务信息沟通交流的通道，有效的民众参与机制和官民沟通机制就难以建立，政府就难以了解来自基层与企业的服务需求，就难以针对民众与企业的需求提供具有良好回应性的服务。因此，政府应该转变理念，利用网络舆情真正推动政府信息回应更应具有“以人为本”的亲和力和公信力。要积极打通两个舆论场，让主流声音和正确言论第一时间发声，及时引导网络舆情常态发展。

---

① [美]尼葛洛·庞帝：《数字化生存》，海南出版社 1997 年版，第 270 页。

② 陆斗细、杨小云：《近几年来网络围观议政现象研究的回顾与思考》，《湖南师范大学学报》2013 年第 3 期。

③ 陶文昭：《电子政务研究》，商务印书馆 2005 年版，第 183 页。

(三)网络舆情力促政府完善公共服务，增强政府公共服务能力

随着社会体制转轨和社会转型，社会关系形塑和利益诉求的彰显，公众的民主意识觉醒和多元利益诉求的凸显，草根阶层力量的崛起与精英主流文化的式微，政府回应机制的缺失和公信力的流失，倒逼政府及时疏浚民意通道，实现从工具理性回归到价值理性上来，运用先进技术手段管理的同时，政府应更注重自身的责任，政府的公共服务意识在网络舆情的推动下越来越强。在运用电子政务技术和现代化社会发展过程中，政府应更注重将自身的价值理性融入网络空间与技术的研发之中，把保障人民群众最基本的公共服务需求作为政府的主要职责，实现公共服务的价值目标。

新媒体的崛起使我国的舆论监督发生了新的变化，尤其是网络空间发展为我国舆论监督开创了新的局面。新公共管理理论提出，政府的社会职责就是根据顾客的需求向顾客提供服务，政府服务以顾客或市场为导向，只有政府秉持“顾客导向”意识，才能满足多样化的社会需求并促进政府服务质量的提高。所谓“顾客导向”是“通过调查、倾听顾客意见、建立明确的服务标准，向顾客做出承诺以及赋予顾客选择‘卖主’的权利，以实现改善公共服务质量的目的”①。网络舆情事件主要涉及公共道德伸张、公共秩序维护、公民权利的保护、公共权力的监督等一系列重大的社会问题，也体现了更多公众具有积极的社会参与意识，具有自我实现和被尊重的强烈需求，法治与维权意识不断增强。在社会转型过程中，公众这种强烈的责任意识与维权意识，力促政府调整管理与服务理念，开放网络的表达，积极推进网民有序的政治参与，进一步提升公众的公民意识，利用网络营造反腐倡廉的清新政气。

(四)网络舆情助推行政问责的完善，拓宽行政问责的渠道

网络舆情不仅为舆论监督开了先河，也增加了政治行为的公开化和

① 李鹏：《新公共管理及应用》，社会科学文献出版社 2004 年版，第 109 页。

透明度，为建立廉洁政府和责任政府提供了重要途径，也充分体现了多元化政治行为和公众广泛参与的特征，为行政问责机制的发展带来了新的契机。我国行政问责制自 2003 年开启以来，已取得了有目共睹的成效。诚然，由于问责制推行只有短短的几年时间，囿于现行体制环境的制约，法律制度还不够完善，问责主体不够明确，异体问责相对薄弱，个体自律和行业自律的道德意识缺乏等，存在问责对象泛化、问责内容较少、责任界限模糊，影响了问责的效果。

而网络舆论监督迅速兴起与发展，显示出不同于传统的问责方式，信息传播速度加快，网下事件几乎能够在网上实现"同步直播"，一旦网络问责事件发生，网络论坛、QQ 群、博客、微博等一系列媒介平台同时引发舆论热议。网络在问责事件的过程中，会不断追寻新的信息点，通过发帖、灌水、加精、置顶等不同形式参与讨论，质疑、爆料、问责等又影响着媒体的报道方向。从行政生态视角来看，这是公众行使应有的监督权，对国家机关及其工作人员的权力行使进行监督制约的有效途径。变传统问责路径自上而下的自体问责为自下而上的异体问责路径，由传统依赖权力问责转变为网络信息时代的自主式参与问责，大大拓展了行政问责的路径和空间。网络问责的放大效应可对现实的体制内问责产生直接影响，产生倒逼效应，使网络问责最终归根于体制内的问责。

网络问责的过程也是一个网络信息无限传播的过程。网络的互联、便捷、对时空的零依赖、低成本等特点带来了媒介运行模式与舆论格局的根本性变革，让如影随形的网络监督与行政问责成为可能。一方面，网络汇聚起来的信息洪流与所形成的舆论压力具有强大的社会影响力，为公众关注公共事务提供了新渠道，有效激发公众的社会活力，监督问责政府官员的渎职腐败行为。另一方面，网络舆情助推行政问责会使每一问责的事件都能在更大范围内受到广泛关注和充分讨论，原本属于一村一县的事件经过网络的扩散上升至公共领域、公共空间，原本属于地方政府管辖范围的本土本地事件上升为"全国层面"关注的热点事件。

三、信息时代网络舆情的生态治理：政府治理能力提升

网络舆情的扩散在很大程度上改变了我国的行政生态，如何客观、科

学地应对舆情引发的网络公共事件，准确把握好社情民意，促进社会稳定健康地发展，这对政府治理能力提出了更高要求。

（一）树立良政善治理念，由管理向治理转变

在古希腊时期，亚里士多德曾经提出，一个好的社会应该是一个中道的社会，从结构上看，应该是一个中等阶级占主导地位的社会。然而，现代化的发展，恶性的市场竞争，以及政府不恰当的表现，造成了弱者生存困难、社会矛盾凸显、群体性事件不断，政府信任的下降已经成为全球面临的共同难题。因此，政府信任重建已成为世界各国政府改革的重心之一，构建责任型政府成了政府改革必然趋势。“大众麦克风时代”的网络舆情正在逐步推动政府的施政理念从单一的“管理”转向多元的“治理”，以实现政府良政善治的政策表达与突发舆情的及时应对。

因此，面对因网络舆情而放大的社会矛盾，政府应从刚性的压制转向柔性的治理思维，以求达到社会的柔性稳定。柔性稳定，就是借助于各类社会力量，通过新媒体让各种利益诉求有效表达以化解矛盾、解决问题的方式，来处理社会管理中发生的事件，而不是用刚性强制或高压手段来实现社会稳定。概言之，不仅依赖法律规范，更彰显道德伦理、文化民俗，有效沟通，进行劝导，达到良好治理的愿望。应把复杂的政治社会问题解决柔性化、人本化，积极引导，冷静应对，不是简单化，意识形态化。政府要强调公共服务意识职能，借鉴“顾客导向”意识，因为“顾客驱使的制度迫使服务提供者对他们的顾客负有责任”[①]。英国政府实施的最优价值与公民“宪章运动”，美国政府“顾客至上”的公共服务运动，都致力于满足公众日益发展的公共服务需求。借鉴西方国家的改革经验，政府应具有“顾客导向”意识，在网络互动中构建公民与政府的信任关系，超越传统的静态信任而更加关注公众与政府网络互动中的情感需求的满足以及信任的直观体现。“应该习惯性地把群体诉求看成推动建立公平公正的利益表

---

① [美]戴维·奥斯本、特德·盖布勒：《改革政府：企业家精神如何改革着公共部门》，周敦仁等译，上海译文出版社2006年版，第130页。

达机制和社会分配体制的正常推力和正面动力”①。人民网舆情监测室曾提出了“政府治理2.0时代”的概念，鲜明概括了在信息时代，面对网络舆情政府应该如何获得民意后即时进行意见表达和迅速回应。政府在治理网络舆情时要切实转变观念，要真正体现“公民本位”与“社会本位”的原则，把“善待网络”的理念落到实处，充分认识到网络舆情在提高政府执政能力方面不可替代的作用。

（二）加强网络治理，由“政府本位”向“公民本位”转变

网络空间的公共治理能力彰显政府满足公众需求、解决现实问题的可能性，政府公共治理能力越强，公众对于政府解决现实问题的预期越有信心，从而对政府的信任度也越高。反之，当政府不能有效解决或应对网络舆情等社会治理的议题时，或网络治理出现舆论失控或恶化失态时，社会公众就会对政府的观点、言行持怀疑态度，并减少对政府治理能力的依赖，从而降低了对政府的信任。

如何从网络的治理出发，寻找提升新媒体时代政府形象传播能力的对策，是当前政府完善公共服务的核心问题。党的十八大明确提出，“推动政府职能向创造良好发展环境、提供优质公共服务、维护社会公平正义转变”。网络舆情的发生在很大程度上是由于民生问题与公共服务的缺失，也就是说，公共服务供给和民生问题是形成网络舆情的主要话题。据《中国新媒体发展报告（2011）》透露，“网络舆论最关注腐败与民生问题，并且，在67%的重大舆论事件中，网络舆论起到了推动政府解决问题的正面积极作用”②。2012年，“在中央和地方政府财税与金融杠杆作用下，CPI和PPI双双下滑，房价、电价、油价上涨趋缓，先跌后涨，与普通市民日常消费的切身体验、观感和愿望仍存在差距”③。“民生主题凸显”为当年网络舆情的一大特征。

---

① 戴建华：《寻求社会的柔性稳定》，《新华日报》2012年8月28日。

② 丁肇文：《网络舆论最为关注反腐民生，正面推动近七成重大事件》，《北京晚报》2011年7月12日。

③ 人民网舆情监测室：《2012年中国互联网舆情分析报告》人民网，http://www.peopleyuqing.com/topnews/topcontent/2012—12—21/6046.html。

传统理念的政府以资源控制为核心，对社会公共服务实施垄断性控制和管理是其典型的特征。而现代社会公共服务改革的一项重要任务，就是打破过去在公共服务供给方面实行的政府主导模式。服务型政府建设要求公共服务的方式从政府主导变为公民主导，要不要服务、要什么样的服务、要多少服务以及服务效果的测评等，都要以公民需求为中心，由公民来决定。因此，必须开放政府公共服务的关键性程序，让公民参与公共服务的政策制定、公共服务的问责、公共服务的流程再造以及公共服务的绩效评估等，用柔性的开放思维，对网络舆情及公众持续关注的热点问题和涉及民生的重大舆情，政府各部门按照主管责任联络沟通、厘清权责关系，迅速做出对策回应和处置意见，缓和内在的矛盾冲突。

（三）规范网络生态秩序，由“倒逼”向“自觉”转变

随着网络舆情事件的频繁上演和不断扩散演化，网络舆论监督力量正在日益增强，基于舆情本身所引发的网络炒作，成为倒逼政府部门转型，推动权力关系调整、促进官民互动的新生力量。2013年1月15日，中国互联网络信息中心（CNNIC）发布的《第31次中国互联网络发展状况统计报告》的数据显示：“截至2012年12月底，全国网民规模达5.64亿，全年共计新增网民5090万人，2012年中国互联网普及率为42.1%，较2011年底提升3.8个百分点”。[①] 网络舆情为加速推进公共事务的讨论和解决，凸显舆论监督和网络反腐力度提供了一个广泛平台的同时，大量的网络公共事件所带来的网络体验表明，网络监督的相关法规尚不健全，网络生态环境监管治理仍不到位，网络公共事件所体现的负面效应也不容小觑，一些有组织的“网络水军”能在一定程度上左右网络舆情，甚至绑架主流的网络民意，打破了网络舆论的生态平衡，导致网络生态环境有失健康。法国社会学家涂尔干提出，当社会存在法律和道德的失范时，无论是整个政治社会还是国家，都不能建立起现在所缺的规范体系。

面对纷纭繁复的网络舆情，从“网络水军”的置顶造势，到“网络暴力”

---

① 2012年中国互联网络信息中心：《第31次中国互联网络发展状况统计报告》。

的“人肉搜索”，再到一些网民的情绪鼓噪和宣泄，发布虚假信息、操纵舆论以及网络“围攻”、发泄私愤等，使得网络舆情生态环境波诡云谲，网络舆论生态环境令人担忧，搞“人肉搜索”侵犯他人隐私、践踏网络生态环境等行为已经走到法律的边缘了，这些消极甚至偏激的心态和行为都在不断稀释着网络的正能量，无限放大了社会群体之间的利益矛盾与冲突。对此，亟待加以规范。

完善网络法律法规，创造健康文明的网络舆情生态环境，离不开法治的规范和公民的理性参与。党的十七届六中全会提出，加快形成法律规范、行政监管、行业自律、技术保障、公众监督、社会教育相结合的互联网管理体系。可见，营造网络生态环境，首先要从法规制度上加以规范，构建网络舆情监督的法治规则，做到依法治网，按照《全国人大常委会关于维护互联网安全的决定》《互联网信息服务管理办法》《互联网新闻信息服务管理规定》等一系列法律法规，抵制网络不良现象，增强网络安全意识，规范网络生态秩序。其次，在自律上加强网络道德建设，培育网民的理性思考能力，自我规范网络行为，明确监督主体的权利及义务，丰富网络社会治理方式，与网络法规形成刚柔并济的治理模式。再次，从现有网络的相关法规来看，还有与网络发展进程不相适应的地方，亟待加强完善。在网络立法方面，发达国家的有益经验值得借鉴。

因此，政府在与网络的互动的生态治理中，除了完善法规制度外，更应以平等的姿态、真诚的交流、高效的处置和积极应对，在互动的过程中重塑政府信任。对自身失责行为要勇于认错，避免言行失当诱致新的舆情事件，用实际行动凝聚多元共识，寻求“公约数”，由以往的单向、强制、权威向合作、柔性、信任方向转变，由“压抑”向“包容”转变，由“被动”向“主动”转变，由“倒逼”向“自觉”转变，消除分歧，重塑社会信任，再造政府公信力，修复事件产生的各种矛盾，还公众一个健康和谐的网络舆论生态。

（张勤：南京工业大学公共管理与社会治理研究所所长；
李静：南京工业大学行政管理研究生）

协商民主：社会治理的有效方式

佘建卿　佘　颖

【摘　要】 实现社会治理能力现代化，协商民主是有效方式。因为协商民主能够实现社会治理的目标，能够实现社会治理参与主体多元化的要求，能够实现社会治理趋向人民群众的立足点。运用协商民主方式实现社会治理，一是人民代表大会有必要吸收协商民主的优势，运用协商的手段，开展平等对话和协商，把表决建立在充分讨论、磋商的基础上。二是人民政协在选举、投票之前进行充分协商，尽可能就共同性问题取得一致意见。三是在政府公共决策形成之前，把协商真正纳入决策的程序，形成深入了解民情、充分反映民意、广泛集中民智、切实珍惜民力的决策机制。四是在基层社会民主治理中，运用协商民主方式才能保证公民参与政策制定过程，公民通过协商、讨论和对话过程达成共识，以实现维护公共利益的目的。人大、政协、各级政府和基层社会自治组织与社会之间通过协商民主方式形成良性互动关系，就能有效实现人民当家做主治理国家。

【关键词】 协商民主　社会治理　有效方式

党的十八届三中全会提出了“推进国家治理体系和治理能力现代化”。

实现治理能力现代化就是要创新社会治理体制，改进社会治理方式，建设既充满社会发展活力又保持社会和谐，即使社会安定有序又使人民安居乐业的平安社会。实现社会治理能力现代化，协商民主是有效方式。

一、协商民主是社会治理的有效方式

协商民主是不同的行为主体共同为协调相互间的关系，对公共政策等重大问题经由公共协商过程，在自由、平等的不同的行为主体之间进行讨论、对话和争辩，在此基础上达成共识，从而使公共政策符合更多行为主体的利益的行为，是政治主体（个人或社会集团）之间为治理社会而寻求共识、协调行为的重要方法和途径。

（一）协商民主能够实现社会治理的目标

创新社会治理体制的理念和目标就是着眼于维护最广大人民根本利益，最大限度增加和谐因素，增强社会发展活力，提高社会治理水平，全面推进平安中国建设，确保人民安居乐业、社会安定有序。协商民主，通过反映群众诉求，规范社会行为，协调社会关系，调节利益格局，能有效化解社会矛盾，解决社会问题，增强社会活力，实现社会治理共同的目标。

（二）协商民主能够实现社会治理参与主体多元化的要求

社会治理要求主体趋向多元，由政府一元主体变成党委、政府、社会各方、公民多个治理主体，社会各界共同参与国家事务和社会公共事务的治理。协商民主通过党委、政府、社会各方、公民多个主体的共同协商，寻求共识、达成协议、协调行为的方式实现社会治理。协商民主对社会事务的治理要求从局限于政党、利益集团、政治精英扩展到整个社会，使不同单位集团和普通民众在一定意义上获得平等的话语权，充分体现多元主体对社会治理的参与。

（三）协商民主能够实现社会治理趋向人民群众的立足点

社会治理的立足点是趋向人民群众，协商民主是把解决影响社会和谐稳定的突出问题和人民群众最关心最直接最现实的利益问题作为突破口，及时反映和协调人民群众各方面各层次利益诉求，把人民群众满意不满意作为协商的出发点和落脚点，依靠人民群众创新社会新局面。

（四）协商民主是实现社会治理的有效方式

社会治理包括法治的、行政的、协商民主的、自律的等方式。协商民主是在党委领导下，政府起主导作用，鼓励和支持社会各方面参与，共同协商，达成一致意见，可以减少社会矛盾和摩擦，实现政府治理和社会自我调节、公民自治良性互动。协商民主的优势在于通过建立公示、听证、对话、协商等制度、机制，加强与群众的沟通、协调，能有效地运用法治思维和法治方式化解社会矛盾，运用法治与道德、制度化与人性化、效率与程序、协商与互律相统一的方式治理社会。

二、运用协商民主方式实现社会治理

（一）运用协商民主治理国家大事

人民代表大会制度是我国的根本政治制度，是人民实现当家做主治理国家的重要保证。在人民代表大会制度下人民主要是通过选举、投票渠道和制度保证人民权力的实现。但是要使人民代表大会制度更好地表达民意，有必要吸收协商民主的优势，运用协商的手段，开展平等对话和协商，把表决建立在充分讨论、磋商的基础上。一是要通过建立人大代表与选民的联系、沟通、商谈机制，使人民代表大会真正成为充分表达民意、维护人民权利的重要形式。二是要建立完善公民旁听制度、听证制度、代表接待日、人大信息网、代表述职评议制度，不断拓宽公民参与社会政治过程的渠道。三是在人大立法过程中坚持面向公民公开征集立法建议项目和对法律法规起草修改的意见，确保公民的立法建议权。通过在媒体上刊登法规草案，召开听证会、座谈会和专家咨询会，开设网上论坛等形式，拓宽公民参与立法协商的渠道。通过这些协商民主方式就能形成人大和社会之间的良性互动关系，有效实现人民当家做主治理国家。

（二）运用协商民主实现政治协商

政治协商是中国共产党创造的一种政治文明形式，也是党坚持科学执政、民主执政、依法执政的重要体现。人民政协通过选举、投票行使权力和人民内部各方面在选举、投票之前进行充分协商，尽可能就共同性问题取得一致意见，是我国社会主义民主的两种重要形式。要建立健全各项制度，明确协商的内容、形式和程序，切实推进各党派团体、各族各界人士对国家和地方的重要事务，在决策之前和就决策执行中的重要问题进行广泛协商，通过协商作出正确的国家和社会治理决策。为提高协商的有效性，还需要创新形式，搭建中国共产党党委、政府及有关部门领导与政协委员和旁听群众直接对话、讨论、商议的平台，只有这样才能使协商真正成为中国共产党和政府实行科学民主决策治理国家的重要环节。

（三）运用协商民主建立政府公共决策机制

推进政府决策的科学化、民主化，就必须加强政府与公众的互动交流，在政府与公众之间建立一种良好的合作协商关系，把协商真正纳入决策的程序，形成深入了解民情、充分反映民意、广泛集中民智、切实珍惜民力的决策机制。制定公共政策凡涉及群众切身利益，诸如土地征用、房屋拆迁、劳动就业、社会保障、教育医疗、环境保护、城市规划、公用事业的价格调整等，都应该通过公开听证、协商对话、媒体讨论、决策咨询、精英吸纳等多种形式，让各方的利益主体参与讨论。通过不同意见的对话和协商达成妥协和共识，就能加强政府公共决策的民意支撑，增强政府公共决策在满足公民和社会需求方面的科学性、有效性。要充分利用网络的快捷、开放、互动和不受时空、身份限制的特点，建构一个政府与公众平等对话的网上政务论坛，实现政府与公民网上互动、交流、沟通和协商，就能使公共决策更加符合民意，公共决策的执行受到公民更为有力的监督。

（四）运用协商民主实现基层社会民主治理

在基层用协商民主方式才能保证公民参与政策制定过程，公民通过协商、讨论和对话过程达成共识，以实现维护公共利益的目的。一是要进一步推进村民协商自治，积极探索乡村基层民主建设，建立一套民主规则和民主程序，把民主选举、民主决策、民主管理和民主监督制度落到实处，使农村民主治理逐步走上规范运作的轨道。社区议事会、民主议事会、民主恳谈会能有效实现村民的平等对话和不同利益群体之间的协调沟通，具有可控性协商民主的性质，是实现村社民主治理的好方式。二是要大力发展基层社区自治，实现社区管理的民主化。重视发挥居委会、业主委员会的协商议事作用，确保人民群众按照公共生活的共同需求和意愿，运用法律和道德等手段自己管理自己的公共事务和公益事业。三是要积极推进企事业民主管理、民主决策和民主监督，强化工会、行业协会和非营利性组织在谈判、协商中的作用，努力维护广大职工合法权益，协调平衡各市场主体的利益，实现社会公正，促进社会全面和谐发展。

参考文献

[1]李立国:《创新社会治理体制》,《求是》2013 年第 24 期。

[2]郑慧:《中国的协商民主》,《社会科学研究》2012 年第 1 期 。

(佘建卿:重庆市梁平县委党校高级讲师;

佘颖:重庆市人民银行经济师)

试论国家治理过程中政府公信力的提升路径

王　蔚

【摘　要】　提升政府的公信力，是提升国家治理能力的题中应有之义。当前政府的公信力面临着前所未有的挑战。本文试图从社会、政府和公众三方面分析政府公信力下降之因，从强化“责任、科学、服务、法治、公开、廉政、诚信、效率”八个意识的角度思考提升政府公信力的解决办法，即建设人民满意的科学型、服务型、法治型、公开、廉洁、诚信、高效的政府，以重建公众对政府的信心。

【关键词】　政府　公信力　国家治理　服务型政府

政府公信力的好坏是推动整个社会信用体系建立的关键。党的十八大指出：“创新行政管理方式，提高政府公信力和执行力。”党的十八届三中全会在明确全面深化改革总目标之一是“推进国家治理体系和治理能力现代化”后再次强调“深化行政体制改革，创新行政管理方式，增强政府公信力和执行力，建设法治政府和服务型政府”。可见，政府公信力的问题提升到了国家政治层面，并成为全面深化改革的一个重点问题，充分显示了党中央对提升政府公信力的决心和信心。因此，在推进国家治理现代化的过程中增强和提升政府的公信力是一个亟待解决的迫切问题，具有重大的理论和现实意义。

一、提升政府公信力的理论和现实意义

政府公信力是政府工作的立身之本，它是公众对政府的履职评价，是政府合法性的重要依据，是政府行政能力的客观结果，包括诚信度、依法行政程度、信息公开化、服务水平、政务民主化等具体内容。在中国全面深化改革的启动阶段，政府治理水平和公众的期待之间仍有一定的差距，需正确定位政府角色，塑造政府良好信用，进而提升政府公信力。

（一）政府公信力是社会信用体系的核心

社会的正常运转，需要有完善的信用体系来作为支撑，政府应力所能及地维护社会秩序与市场秩序，如果政府自己率先违反信用原则，在不守信用的基础上行政，就会破坏整个社会的信用基础，导致社会主义市场经济停止不前、行政合法性丧失。

（二）政府公信力是社会事务治理的基本前提

在社会事务的治理过程中，公众能否给予政府普遍的信任、支持与配合，靠的是政府公信力。各级政府不应该是一个执政型、专门行使权力的政府，而应是一个服务型政府。要不断满足公众在公共资源和公共服务方面的正当需求，促进社会保障体系的建设和发展，及时回应公众合理、合法的公共利益诉求，形成公众对政府高度的信任感和强烈的归属感。

（三）政府公信力是社会和谐发展的必要条件

和谐是社会主义核心价值之一，也是公民的内心向往。公众不希望社会带给大家的是不安全感。政府推动和谐社会构建是一个建设社会信用体系的过程，充当着示范者、引领者、倡导者和组织者的重要角色。要增强政府的公信力，必须将法治与德治结合起来，恢复公众对政府、社会、企业和个人的信任，进而推进政府合法执政、依法行政，最终实现群众迫切需要的和谐稳定的社会发展环境。

（四）政府公信力是完善市场经济体制的关键要素

市场经济其本身便是一种信用经济。要建立良好的市场经济秩序，地方政府首当其冲要做到严格遵守市场经济的基本规则，不左右市场，不干预和影响市场经济在资源配置中发挥的决定性作用。反过来，建立一个完善的市场经济体制，也更有利于提升政府的公信力。

本文认为，在全面深化改革的过程中，增强和提升政府的公信力能发挥极大的正能量作用：良好的公信力能够增强社会诚信，提高政府的信任度和归属感；能够转变政府职能，巩固政府合法性；能够促进经济发展，塑造政府良好形象；能够融洽政府与民众之间的关系，凝聚各方力量；能够维护社会稳定，构建和谐社会。这些对政府本身具有非常深远的重要意义。

二、当前我国政府公信力存在的主要问题及不利影响

（一）当前我国政府公信力存在的主要问题

1. 地方政府职能转变不够到位

一些政府机关和部门领导干部工作作风比较漂浮；或因自身利益，搞形象工程、以“突出的成就”实现“数字绩效”。还有一些借支持地方经济发展之名，行保护地方主义之实的行为，给市场的对外开放造成了极大的障碍，造成当地政府在外来投资者心目中不够诚信的印象，严重破坏政府的信用。

2. 公共政策的制定和实施不够稳定

政策本质上是为解决社会普遍性问题，需要稳定性。然而现实中最突出的现象是政策多变，一些地方政府在决策时不从实际出发，工作中不求科学，决策时不求民主，导致很多决策失误，造成了一些不应有的损失。同时由于制定政策缺乏规范，使政策多变和表现得不够稳定，使人们对未来政府缺乏足够的信心。

3. 公共权力行使不够透明

管政府在公共权力的行使过程中，对政务信息的公开的确有了一些

进步，但离群众期望的理想公开度、透明度还有距离，公开的面还不够广，公开的内容还不够多，向公众公开的信息也不够准确、不太可信，公众应有的知情权和参与权没有得到应有的保障，加深了公众对政府的不信任。

4. 行政执法的标准不够规范

在具体的行政执法工作中，一些政府既没有制定出统一的、规范的行政执行标准，也没有按照既定的必要程序和步骤来施行，执法操作的灵活性过大；一些政府自由裁量权太大，办关系案，同样的事情对不同的人给予不同的处理和对待；一些行政人员执法不力，投机取巧，使市场监管和市场秩序出现混乱，假冒伪劣产品使消费者的权益受到坑害，群众对政府的信任受到打击，在社会上造成了极其恶劣的影响。

5. 官本位思想还比较严重

有着深厚传统的"官本位"思想至今影响着当下的中国社会，使"管制统治"的思想根深蒂固，一些地方政府官员在脑海中明确划分干部和老百姓的身份，公众不被视为一个平等主体，甚至还存在侵害人民权利的现象，这是传统官僚文化所带来的影响。

6. 权力制约机制和政府问责机制相对缺乏

很多损害政府公信力现象的发生，都是因为在政府的行政作为中，对政府部门或个人的权力缺乏有效的约束，对不诚信的政府或官员没有及时进行问责或惩处，行政问责制度执行不到位。

7. 政府官员腐败现象比较严重

这是政府公信力流失的关键因素。人民把权力交由政府行使，政府的职责应是为人民群众提供良好的公共产品和生活居住环境，这是现代民主政治的一项基本原则。如果政府官员利用人民委托的权力来谋取自己的私利，公共权力腐败必然滋生。最近在网络、电视等现代媒体中频频曝光的腐败案件导致政府的信誉受损、公信力流失。

（二）政府失信的不利影响

1. 增加政府行政成本

对政府组织和政府内部成员来说，政府失信的直接后果会导致产生政务遮掩、公文旅行等，无形中增加了不必要的行政成本。对公众而言，政府失信则降低了公众对政府的信赖感，造成各种直接或间接的资源损耗，进一步破坏政府形象，降低行政成本贡献率。

2. 阻碍地方经济投资

在投资环境诸多要素中，政府公信力是衡量投资环境好坏的最低层次的标准。不诚实的行为会影响到当地政府的声誉，直接影响资金流入和地方经济发展的外部环境，会对当地经济的稳定和发展形成障碍。

3. 破坏传统社会美德

在整个社会诚信体系中，政府是一支很重要的推动力量，构筑着整个社会的诚信体系。这种独一无二的政府示范功能，使得在许多特殊领域，企业和公众纷纷仿效政府行为，一旦政府失信则会给企业和公众带来负面影响，削弱社会和企业的诚信、造成个人的道德沦丧。

三、当前政府公信力缺失的主要原因分析

（一）社会因素方面

1. 意识形态的原因

“衙门”作风是中国传统的管理模式。这种管理模式与当前的现代化社会是相背离的，成了社会主义民主法制建设的一个严重障碍。但这种有着几千年历史的传统管理模式，影响力十分强大。导致公众对政府极度依赖的，主要还是“官本位”使人们保留着盲从权威的习惯和奴性意识。

2. 社会变革的原因

一是社会结构发生了深刻变动，由原来的工人阶级、农民阶级和知识分子阶层变化为国家和社会的管理阶层等十个阶层，阶层的多样化带来了管理的复杂化和高难度化。二是经济体制发生了深刻变革。由原来的计划经济变化为现在的市场经济，政府对经济社会的控制力正在逐年下降。三是思想观念发生了深刻变化。公众的维权意识、民主意识、法治意识在不断加强。四是利益结构发生了深刻变化。利益明显呈现出多元化

趋势，在国家利益、集体利益和个人利益以外，又出现了行业利益、部门利益、局部利益等多个利益群体。

（二）政府自身因素方面

1. 政府体制机制还需完善

我国先后颁布了一系列经济方面的法律法规，在一定范围内对诚信机制具有强制力和道德约束力，在一定程度上减少了诚信方面的风险。但是这些法律法规都不适合于规范和制约政府及其行政人员的诚信体系。完整的诚信法律法规目前基本上还处于空白状态。政府决策机制不够健全，政府行为的制约机制不够健全，行政问责制度落实不够到位，政府系统内部的监督机制没有达到预期的效果，执法机关的监督机制没有得到很好的体现，司法监督和制约机制不够到位，社会监督力量非常缺乏，导致政府的不诚信行为得不到有效制止和及时纠正。工作人员的腐败、渎职行为对政府诚信的危害极大，使公众对政府丧失信心。政府工作人员的法律意识比较淡薄，导致人们对政府公信力产生怀疑。

2. 政府职能转换不够到位

在全面建设小康社会的过程中，公众对政府期望的理想值不断升级。但一些地方政府 GDP 欲望膨胀，忽略了政府的公共服务职能应该由政府来进行，有些公共事务没有人去管或管不好，市场监管没有做到位，使得伪劣假冒产品泛滥等，导致相对较低的公共服务能力。不合理的机构设置也导致了政府职能模糊、部门职权交叉混淆、多头管理等现象。政府职能的“越位”与“缺位”衍生并存，提高了摩擦和产生矛盾的概率，降低了政府的行政效率。

3. 政府责任意识略显单薄

政府责任是行政权力的核心，政府的政策和行为必须以公众的意志为依托，要对人民负责。然而，一些地方政府的问责监督考评机制不够健全，“为人民服务”“做人民公仆”等口号往往在具体实践中就会无法得到落实。一些地方政府为了“金杯”“银杯”而不珍惜老百姓的口碑，为了“金奖”“银奖”而不在乎老百姓的夸奖，大兴“政绩工程”和“形象工程”的不良现象比比皆是。

4. 公共政策信息透明度低

在公共政策的实施过程中做到公开、公平、公正和透明，这是政府公信力的基石。如果政府决策及公共政策的实施过程做不到透明和公开，公众就很难向政府表达自己的意愿。虽然近年来大部分行政机关已经采取了一系列积极有效的措施，群众的知情权、监督权逐渐受到重视，但很多地方政府公共政策信息透明度过低，公众认为政府说话不算数，使得公众与政府之间的矛盾很容易激化。

5. 政府执法力度还不够强

有的地方政府在行政执行上没有统一的规范和标准。一方面，法律意识和责任意识不够强，对政府行为的约束方面，没有匹配的法律、法规和制度，导致政府执法较大的主观性和随意性；另一方面，缺乏完备的行政执法的法律依据，不遵守办事程序。

6. 公务员素质有待提高

政府与人民之间形成了一种权力委托关系，这种关系必须以诚信作为支撑。但事实上一些领导干部政绩观发生偏离，在日常工作中往往很随便就向社会公开作出承诺，但事后又无法落实或根本就没有去落实；很多时候一些领导干部不注重加强学习，忽视了提高自身思想品德修养的重要性，而逐渐腐化变质，极坏地影响了政府的形象。

（三）公众意识因素方面

1. 公众的期望值较高

政府满意度＝政府绩效/公众的期望，[①]从逻辑上讲，政府的满意度受政府绩效的影响，也受公众期望的负面影响，或者受两者结合所形成的综合影响，也就是说，公众对政府的期望值过高，超出了其本身能够接受的承载度，或者公众对绩效的认识不够准确，都会相对降低公众心目中的政府公信力。

---

① 刘祖云：《制度化：行政作风建设的现实选择》，《中国党政干部论坛》2004 年第 7 期。

2. 公众的认识不够全面

公众评价政府是站在自己对政府的认识或对政府绩效的认识、理解角度来评价和评估的，而公众的利益已经呈现多元化，公众受自身利益因素的影响，对政府行为本身执有偏见，导致公众对政府绩效的认识和理解不准确、不全面。

四、提升政府公信力的有效路径选择

（一）不断深化行政管理体制改革，强化责任意识，建设人民满意的政府

1. 合理调整政府机构和职能

要尽量减少行政层次，转变政府相关职能，建立新的公共服务管理体系，完善公共服务管理职能，不断降低行政成本，促进公共事务管理的市场化和社会化。要健全政府职责体系，对跨行业的部门加大协调力度，建立协调机制，加强行政执法部门内部建设，确保行政行为依法依规，不断提高政务信息化、公开化水平，使政府与公众之间实现良好沟通。

2. 逐步完善公共财政体制

对公共财政体制实行改革，转变生产投资型财政，推行公共服务型财政。将公共服务领域纳入政府统一财政预算体系，增加政府公共财政在公共服务领域、公共环境改善方面的投入，各项财政支出要做到公开、透明、严谨、高效。切实规范政府投资行为，提高政府资助的公开性、公正性，增加经济社会效益。

3. 大力确保政府政令畅通

政令畅通是政府开展各项工作的一大前提。要加大决策执行的监督力度，严格实行责任追究，进一步完善专家论证制度和政府听证制度。要完善监督、评估和考核机制，实现政府执行决策的各个方面都有更高层次的监督和群众来参与监督。把决策执行情况的群众反馈意见和群众对政府决策的信任度，作为考核政府实绩的主要依据。

4. 积极体察民情回应民意

要以换位思考的心态，将符合大多数公众利益作为政府工作的出发

点，实事求是地研究和制定决策。要通过深入基层，走访群众，协调解决群众生活中的困难和问题，兼顾多方面的利益，平衡不同社会群体的利益和需求，加大对公众特别是弱势群体需求的投资力度，让各个阶层都感觉得到群众得实惠、社会显公平、政府可信任。

（二）全面提高政府科学决策能力，强化科学意识，建设科学型政府

1. 要大力提高决策透明度

实行依法决策、民主决策，使政策制定既符合客观规律，又具操作性，保持政策的稳定性和连续性。地方政府及其部门在制定重大行政事项时，都必须以国家政策和法律法规等作为依据来进行决策。

2. 要积极拓宽公众参与渠道

关注公众的需求，通过举行座谈会、听证会等多样化的活动方式，广泛听取社会各界对公共决策持有的不同意见和看法，拓宽群众参与决策的渠道，扩大群众在公共政策方面的参与度，以提高决策的可执行性和执行效果。

（三）认真履行公共服务职能，强化服务意识，建设服务型政府

宏观经济环境、公共服务的质量和科技发展等，是国际经济论坛进行全球竞争力排名的三项指标。虽然近几年来中国经济持续高速增长，但中国竞争力排名却在逐年下降，这从另外一个侧面告诉我们，中国必须要建设以服务为导向的政府，以服务促公信。要将实现人民群众的根本利益作为政府开展各项工作的前提和基础，更加注重改善民生，努力为群众提供充足优质的公共产品和公共服务，努力解决与人民群众息息相关的实际困难和问题，加强经济调节和市场监管，保障公共服务体系，推进社会管理创新。

（四）着力构建现代法治政府，强化法治意识，建设法治政府

法律是公众意志的集中体现，是公正的标尺。切实转变政府原有的管理理念和管理方式，依法推进行政审批改革，减少审批环节，提高工作

效率，提供公众所迫切需要的公共服务，从根本上提高政府执法人员的工作水平和办事效率，提高政府官员的法治思维和法治能力。

（五）全力实施政务信息公开，强化公开意识，建设阳光政府

政务信息公开是指政府主动地将政务信息、群众关心的地方法规及政府作出的重大决策等重要事项，定期向群众进行公开、公示。提升公信力建设，其基本前提就是要做到公开和透明。各级政府必须通过公开政府的各项重大决策，公开当地的法律法规，公开公共管理标准，公开政务办公流程、办事条件、办事机构、办事时限、办事结果等方式，以确保“政府的权力在阳光下运行”。

（六）切实加强公务员政风建设，强化廉政意识，建设廉洁政府

官员个人魅力是软权力，影响重大，能为政府信用“增值”，而官员个人的恶行则要政府信用来“买单”。必须加强公务员政风建设，提高依法行政水平。政府官员和公务员要切实规范行政行为，以廉洁赢公信。要将反腐败作为一件大事来抓，“老虎”“苍蝇”一起打，常抓不懈。

（七）不断提升政府危机管理能力，强化诚信意识，建设诚信政府

政府信誉的高低，在很大程度上取决于政府在应对危机事件和应急救援时表现出来的应急处置能力。因此，各级政府要进一步健全应急响应机制，提高危机管理能力。一是要建立健全一个全面整合的危机管理系统。二是要加大应急处置的人、财、物方面的投入。三是要建立及时畅通的信息传输机制。在突发事件发生时，政府要做到积极主动、从容应对，在采取合理有效的措施控制局面、实施救援、挽救损失的同时，还应及时走到公众的身边，站到公众的面前，或通过新闻媒体如实迅速地公布事态的进展和状况，消除公众的恐慌心理，以争得公众的谅解、支持和配合，进而提升政府公信力。

（八）充分发挥政府群团部门优势，强化效率意识，建设高效政府

政府各部门都有各自的行业优势，要结合当地实际情况，强化责任，忠实履行自己的职责，找准着力点，增强针对性，创造性地开展工作，切实有效地提升政府公信力。要充分发挥各群团部门自主治理的作用，并调动它们服务社会的积极性，各级部门、各级行业单位以及公众多元协同、公同治理。

参考文献

[1]李贵成:《提高政府公信力的社会学思考》,《理论导刊》2009年第4期。

[2]武晓峰:《近年来政府公信力研究综述》,《中国行政管理》2008年第5期。

[3]叶育登:《信息的透明度 政府的公信力 社会的凝聚力》,《中国行政管理》2008年第4期。

[4]舒小庆:《政府公信力:价值、指标体系及其实现途径兼论我国诚信政府建设》,《南昌大学学报》(人文社会科学版)2008年第6期。

[5] 刘先江:《中国共产党执政公信力建设的历史考察》,《湖南师范大学学报》(人文社会科学版)2011年第4期。

[6]陶振:《试论政府公信力的生成基础》,《学术交流》2012年第2期。

[7]李良栋、张伟:《以政府创新促进政府公信力的提高》,《中国党政干部论坛》2008年第7期。

[王蔚:湖南省委党校、湖南行政学院科社(政治学)教研部副主任、教授]

国家治理视域下灵巧型政府建构探讨

黄建军

【摘　要】 21世纪金融危机后全新兴起的灵巧型政府理念摒弃传统思维中大小政府之争，并反思政府规模争论中的理论不足和实证冲突，提出了未来灵巧型政府改革方向的理论建构。本文通过梳理国外近年来政府规模问题研究进展，进而分析和引介灵巧型政府建构所蕴含的理念特征及优势，以期为中国国家治理改革提供理论借鉴和实践素材。

【关键词】 灵巧型政府　小政府　大政府　政府规模

一、导语

1996年1月23日美国总统克林顿在国情咨文中激昂宣布："大政府时代结束了。"到了2012年，美国大选议题之一即为大小政府的选择，候选人罗姆尼声称将美国带回小政府时代，他批评奥巴马选前扩张性支出、放出"利多政策"等行为一味扩张政府规模和财政支出，增加政府债务和财政赤字，是种政见支票的浮滥。但由于"普勒现象"(Pogo Phenomenon)的存在，人民倾向于政府增加支出提供更多公共服务，而不愿减少公共服务，所以奥巴马选举政策实践策略明显奏效并赢得选举。但紧随其后，美国国会“财政悬崖”(fiscal cliff)的艰难谈判并一度陷入僵局却又显示出“普勒现象”后财政幻觉的代价。

美国选举过程中有关大小政府的政见争论表明：政府规模问题一直存在，其难以随任何人所谓“大政府时代结束”的宣称而结束。对于政府规模的衡量标准，不同人基于不同立场、知识和价值判断而异，加之全球金融危机冲击后世界各国赤字高企，强调缩减政府规模以降低财政开支或意欲扩大政府规模以加强经济治理等不同观点均有支持者。政府规模“越小越好”(smaller is better)还是“越大越好”(bigger is better)依然百家争鸣。

而美国前总统克林顿2011年所出版的《重新运作：为什么强劲经济增长需要灵巧型政府》(Back to Work: Why We Need Smart Government for A Strong Economy)一书指出：当今政府在应对国家社会经济发展所面临的挑战中不可或缺，历史上的反政府情结是由于没有认识到何种类型政府匹配对应的国家与社会。① 他认为建立公私合作的灵巧型政府将是一国未来国际竞争制胜的关键因素。基于此，本文通过梳理国外近年来政府规模研究的最新进展，进而在此基础上分析灵巧型政府建构理念，以期为中国政府国家治理提供理论借鉴和实践素材。

二、需要大政府还是小政府

在人们心目中，政府部门总与繁文缛节(red tape)、官僚主义(bureaucracy)、文山会海(paperwork)有关联。② 如美国政府自身统计显示：为应对联邦政府各类文件、申报表格等文书工作和信息采集，2011年民众和商业机构为此约花费91.4亿小时，比2010年上升4个百分点，与2000年民众花费的74亿小时相比上升近23%，③由此带来巨大的人力和其他辅助成本代价。那么政府究竟在国家治理过

① Clinton, Bill. Back to Work: Why We Need Smart Government for A Strong Economy [M] New York: Knopf, 2011.

② Anne Kim. When Paperwork Attacks! Five Ideas for Smarter Government [J]. Policy Brief, March, 2012.

③ Information Collection Budget of the United States Government for Fiscal Year 2012, http://www.whitehouse.gov/sites/default/files/omb/inforeg/icb/icb_2012.pdf.

程中扮演何种角色，其规模发展存在哪些形态呢？类似美国政府这类管理成本代价是否必需？在不同时期，研究者和实践者对其也有不同的认识。

（一）政府规模的不同认识

伴随国家建立，随之而来的政府通常被认为是一定时间内掌控国家的执行机构，更宽泛角度则将其视为立法者、管理者、仲裁者。大政府(big government)之所以称为“大”，其意强调一是政府征收社会资源之多，二是政府主导社会发展之巨，进而由此带来雇员、公共服务支出庞大，政府卷入事务过多等，同时伴有腐败、低效、过多干预地方或私人部门事务、拒绝改革、缺乏责任的官僚、缺乏部门间权力制衡等弊端。[①] 大政府理念源于凯恩斯理论，因为其认为市场机制中公共物品供应乏力、外部性(externality)等因素导致市场失灵现象，政府只有以积极财政货币政策来加以干预才能实现国家有序发展。其实早在17世纪大政府就被认为是绝对正面的词汇，[②]到1929年世界经济危机中，西方各国政府通过增加支出刺激经济、创造就业机会等成效显著，进而在二战之后形成全球化的大政府时代。特别是欧洲福利国家逆势而上，政府触角不断扩展到社会各个领域，甚至形成保姆式国家(the nanny state)。

而在自由主义者眼中，政府提供过多公共服务是制造“搭便车者”“必要恶”的源泉，大政府无法提供对个体基本权利的尊重。所以新的理念有限政府(limited government)被视为自由市场主义的重要原则，政府干预公民事务的权力通常被成文宪法等严格限制。[③] 与传统大政府观念相反的是，有限政府不赞成政府通过财产调节和社会财富再分配促进社会公平。[④] 伴随政府失灵、让国家回退(rolling back the state)、新公共服务等

① Micheletti, M. End of Big Government? [J]. Governance, 2000(2). pp265—278.

② Argyriades, D. Good Governance, Professionalism, Ethics and Responsibility. [J]. International Review of Administrative Sciences, 2006(2). pp155—170.

③ Cima, L. R., & Cotter, P. S.. The Coherence of the Concept of Limited Government. [J]. Journal of Policy Analysis and Management, 1985(2). pp266—269.

④ Kelman, S. Limited Government: An Incoherent Concept [J]. Journal of Policy Analysis and Management, 1983(1). pp31—44.

理念的兴起扩散，此后有限政府建设变成为 20 世纪 80 年代以来政府改革的主题。

但极端的自由主义者依然不满足于有限政府的建设理念，他们认为小政府才是最终的国家追求目标。小政府主义（minarchism）概念其字面上由 min（imal）、archy（government）加后缀 ism（system）所合成，表示最小政府体制（system of minimal government）。其主张在自由社会里，政府的大小及所扮演的角色应该最小化——只要有能力保护每个人的自由、防范侵犯自由的行为即可，以此最大化每个人的自由。诺齐克在他的《无政府，国家和乌托邦》一书里定义最小政府角色应该是："限制在提供保护以制止暴力的最小功能"，并在书的最后说"最弱意义国家（ultra-minimal state）把我们当作不可侵犯的个人……把我们当做拥有个人权利的人，并带有由此构成的尊严"。[①] 其他小政府主义者则会使用功利主义或经济学的理论来阐述观点，如哈耶克、艾茵·兰德、弗里德曼等人，但均强调政府应该限制在"守夜人"（night watchman）的功能上，实行自由放任的经济政策（laissez-faire）将促进经济繁荣。因为经济学家认为"小即是美"（small is beautiful），避免大政府增加腐败和寻租机率，或更为温和的观点认为：大政府只是有时推行政策会对经济增长产生反作用。[②] 美国里根总统时期的小政府改革同时呼应英国撒切尔的政府改革法案在 20 世纪末期形成一股热潮。

但颇为讽刺的现实是："美国人一边希望政府越来越小，一边希望提供的服务越来越多，造成依靠政府合同外包业务等为政府服务的影子员工（shadow workforce）激增，这些员工甚至超过联邦政府的文职公务员、邮政服务人员及军人的总数。"[③]"影子员工"的兴起看似政府不得已而为之的变通，表面上看似政府规模缩减，但为了满足民众公共服务需求不得不招聘大量"影子员工"，也就理所当然地造成政府行政经费运营支出逐

① Robert Nozick, Anarchy. State and Utopia [M]. Oxford: Blackwell publisher Ltd, 1974. pp. 333—334.

② Alesina, A., & Angeletos, G. M. Corruption, Inequality, and Fairness [J]. Journal of Monetary Economics. 2005(7). pp1227—1244.

③ Paul C. Light. The True Size of Government [M]. Washington, D. C.: Brookings Institution Press, 1999, p48.

年增加。而我们到底需要什么样规模的政府呢？奥斯特罗姆在2009年诺贝尔经济学奖发言中坦言："学者总是批评政府雇员规模而不是探析其原因"。所以，当前深入总结和分析已有理论实证研究将对我们未来进一步对该问题探索极具裨益。

（二）不同视角下的政府规模分析

社会科学研究需要理论的支撑，政府规模研究的理论背景多元多样，较为典型的有：基于民众优先理论（citizen-over-state theories），强调政府规模增加是由民众对政府服务项目需求增加而引发的，即需求驱动型。此视角下的政府规模研究认为：政府作为公共产品提供者并降低公共产品的负外部性，进行收入分配调节和解决利益集团问题，对政府规模的扩张持理解态度。而国家优先理论（state-over-citizen theories）则与上述相反，指政府部门天然具有扩大其规模的内在诱因，即供给驱动型。在此理论视角下论证多从官僚制、财政幻觉、政府垄断及利维坦式国家等出发，对政府规模扩张持批判态度。[①] 其他还有从历史和经济视角出发的决定论和路径依赖或布坎南分类学来解释政府规模的扩张等，不一而足。

虽然有关政府规模问题自其诞生以来一直为历史上研究者所关注，但真正深入的学理分析和实证验证则是出现在各种理论推动下和统计数据发展支撑下的20世纪中后期。由于对政府规模的理论假设和实证验证必然需要涉及衡量其规模的标准，但政府规模的抽象性和难衡量，使得学者通常借用相关数据来间接测算政府规模。一般而言，政府财政支出、行政成本、转移支付和补助、国有企业规模等均易于测算和获取数据，常被用做间接衡量政府规模大小的标准。在此基础上形成分析政府规模大小的溢出效应，特别是分析其对经济社会发展的影响，典型的是通过大量的跨国数据来验证政府规模与经济增长的关系。如格鲁斯曼（P. Grossman）通过分析1929年至1982年数据测量美国政府规模大小，指出：政府支出最初对总体经济增长有积极影响，但政府决策不可避免带来效

① Garrett, T. A., & Rhine, R. M. On the Size and Growth of Government [J]. Federal Reserve Bank of St. Louis Review, 2006(1), pp13—30.

率低下的公共产品进而导致支出增加。其分析证实政府规模增长与经济增长速率负相关。[①] 理查德(Richard V.)和洛威尔(Lowell G.)分析发现,精简政府对经济发展和增长都有正面影响,其认为大规模的转移支付对经济有负面影响,因此美国联邦政府 1991 年至 1997 年的连续精简促进了经济增长速率。[②] 实证研究进而还测算出政府支出占 GDP 理想比例为 15%到 25%,[③]其中发达国家政府支出占 GDP 比重至少在 20%。

一些学者通过进一步研究,区分发达国家和发展中国家、人口经济大国和小国的不同政府规模影响,深化了对不同国家政府规模的差异化讨论。如二次方程模型中,经济自由度伴随税收增加而增加,但当税收达到 GDP 的 20%时,发达国家经济自由度开始下降,而其他发展中国家直到税收占 GDP 的 39%时,经济自由度才开始下降。[④] 也有实证研究强调政府支出和税收增加并不会伤害经济增长,从历史来看,大政府时期的经济增长并没有停滞。[⑤] 不但不影响,甚至还促进经济发展,因为更好绩效表现的政府通常是较大政府并征收较高税收,而表现差的政府则相反。所以大政府并不意味着不好,不能将大政府总是与坏政府相联系,问题是如何让更好的政府变得更大才是研究的关键。[⑥] 而在对不同规模国家的研究中,使用 42 个小国的财政数据分析表明,国家经济规模与政府规模显著负相关,人口总数在 200 万以下的发展中国家由于其经济规模倾向于建设大政府。[⑦]

---

① Grossman, P. J. Federalism and the Size of Government [J]. Southern Economic Journal, 1989(3). pp580—593.

② Vedder, R. K., & Gallaway, L. E. Government Size and Economic Growth [M]. Joint Economic Committee of Congress, 1998.

③ Tejvan Pettinger, The Rahn Curve Econo mic Growth and Level of Spending[J]. Economics, April 23, 2008.

④ James E. Mahon, Jr., Government Size, Economic Freedom, and the Fiscal Contract [R]. Williams College Working Paper, 2010.

⑤ Madrick, Jeff. The Case for Big Government [M]. Princeton: Princeton University Press. 2010.

⑥ La Porta, R., et al. The Quality of Government [J]. Journal of Law, Economics, and Organization, 1999 (1). pp222—279.

⑦ Medina Cas S, Ota R. Big government, High Debt, and Fiscal Adjustment in Small States [R]. IMF Working Papers, 2008. pp1—45.

表 1　政府规模与经济发展关系代表性实证研究的不同结果

	政府规模衡量尺度	跨国研究范围及时间	对经济增长影响
Engen, Skinner (1992)	政府支出	107 个国家，1970—1985 年	政府支出与税收增加对经济增长影响为负
Ghura(1995)	政府消费	撒哈拉非洲 33 个国家，1970—1990 年	政府消费与经济增长负相关
Kelly(1997)	公共投资、社会性支出	73 个国家，1970—1989 年	公共投资对经济增长有正面影响
Knoop(1999)	政府支出	美国，1960—1985 年	政府规模缩减对经济增长和社会福利不利
Darand Amie Khalkhali(2002)	政府总体支出	19 个 OECD 国家，1971—1999 年	显著负效应，但 20 世纪 90 年代除外
Romero-Avila, Strauch(2008)	总体税收和单项税支	15 个欧盟国家，1960—2001 年	政府消费和转移支付对经济有负面影响，但政府投资对经济有正面影响
Colombier(2009)	总体税收和政府支出	21 个 OECD 国家，1970—2001 年	政府规模增加有稳定的正面(虽然很小)影响
Bergh and Karlsson(2010)	总体改革收入和支出	24—27 个 OECD 国家，1970—1995 年，1970—2005 年	政府税收和支出对经济增长的负面影响稳健
William R. D., Emmanuel A.,(2012)	政府支出和国债	175 个国家	政府规模扩张对经济发展负效应

上述分析可见：有关经济增长与政府规模关系的研究结论充满了互相矛盾(表 1 列出近二十年代表性研究结果)。如对发达国家的实证研究有人认为政府支出每增加 10 个百分点，对应的年经济增长率下降 0.5 到 1 个百分点。① 也有像学者阿布迪伟(Abdiweli)②和安德里(Andrea A.)③等却认

① Bergh, A., & Henrekson, M. Government Size and Growth [J]. Journal of Economic Surveys, 2011(5). pp872—897.

② Ali, A. M. Institutional Differences as Sources of Growth Differences [J]. Atlantic Economic Journal, 2003(4). pp348—362.

③ Asoni, A. Protection of Property Rights and Growth as Political Equilibria[J]. Journal of Economic Surveys, 2008 (5). pp953—987.

为政府部门对经济增长并非总是负效应，其认为司法公正、较低的腐败、良好的官僚层级结果等共同促进经济增长。也有学者指出，政府规模扩张的不同阶段对经济有不同影响，在其扩张的初期会促进经济增长，而扩张后期则损害经济增长。这也就形成了由巴罗(Barro)、阿米(Armey et al.)等和瑞恩(Rahn et al.)等、斯库里(Scully)的理论研究和实证验证所呈现的理想政府规模的倒U型曲线，通常称为“BARS”曲线(分别为其名字的首字母)，以统一用来解释阿米(Armey)曲线(衡量政府财政支出与经济增长关系)和瑞恩(Rahn)曲线(衡量政府支出水平与经济增长关系)。(图1)在政府规模扩张的第一阶段(A到B)，政府对经济增长有正效应，但随着政府规模持续扩张，经济增长将出现下降趋势。

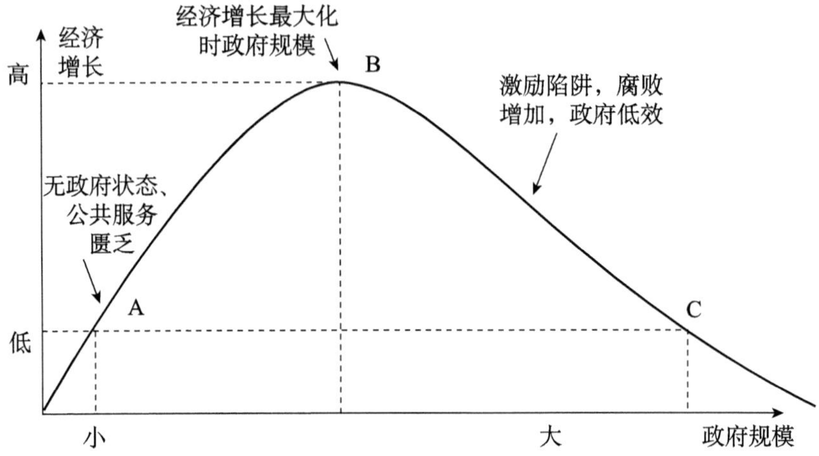

图1　BARS曲线，政府规模与经济增长关系

来源：Chobanov D.，Mladenova A. What Is the Optimum Size of Government，Institute for Market Economics，2009；Mitchell，D. The Impact of Government Spending on Economic Growth，The Heritage Foundation，No. 1831，2005

三、建构灵巧型政府

21世纪以来，一场全球性金融危机带来经济迟滞的同时，有关政府监管漏洞暴露无遗，也令学者和实践者重新思考政府规模问题，并反思传统政府规模争论中的理论不足和实证冲突，提出未来政府改革方向应该着眼于灵巧型政府建构。灵巧型政府不同于传统意义的电子政府（E-government）、数字政府（Digital Government）、智能政府（Intelligent Government），更跳出了将政府作为一种工具进而争论大政府小政府的工具主义研究的陈旧思维。灵巧型政府概念最初来自美国科罗拉多州议员 2010 年提出的《责任、透明、回应性政府审计法案》（SMART Government Act），该法案名字首字母缩写构成灵巧型政府（SMART Government）理念。到 2011 年克林顿有关灵巧型政府的新作出版，将灵巧型政府理念从单纯的政府审计和预算扩展到政府的整体改革朝向和目标，进一步扩大了该理念在美国各州实践和学术界的影响。

灵巧型政府理念强调现代社会中政府建构要具有以下特征：

首先是智能化、可扩展性和互通性。信息技术的广泛采用，使得现代政府可以全天候通过网络化的电子政务为居民个人或组织机构提供全天候的公共服务和信息咨询，信息公开和透明化也被认为将“带来政府更加负责的行政行为及效能提升、开支削减”。① 但智能化政府建设背景下却时常遭遇部门分割下的信息壁垒和信息孤岛，不统一的数字化标准、各自为政的数据采集平台无法实现信息共享、互相扩展和联通，并造成数据采集的重复作业。灵巧型政府建设中强调以顶层设计信息共享标准和激励规则，并形成相应的制度保障政府资源可扩展和互通，以充分发挥信息时代政府效能。

其次、蕴含政府建构要朝向开放性、合作性和可持续性。开放性与合作性既要对政府内部不同层级不同部门间打破传统壁垒，还要对公共服务对象的个人和组织予以开放和合作。一个开放、协同、合作的灵巧型体系是将政府为主体的政府行政过程转变为以社会公众为主体，政府、市场、社会三方协同互动的公共价值塑造过程。美国学者摩尔（M. Moore）在 1995 年提出公共价值（public value）作为强调公共管理追求的目标。在这一进程中，灵巧型政府契合公共价值追求，强调政府行为主体人的作

① Carter, L., & Bélanger, F. The Utilization of E-government Services [J]. Information Systems Journal, 2005 (1). pp5—25.

用，信息技术和社会工具仅起催化剂作用，象征着行政部门在政策制定与执行上的一个根本性变革，提升组织能力、获取政策执行的认可度和接受度，降低行政阻碍实现行政过程的可持续。特别是在“政府资金日益缩减时代的行政管理改革目标更要瞄准提升组织能力，以最少公共支出实现公共组织的可持续性”。[①]

最后，意在增强政府回应性、灵活性和实用性。辅以信息技术形成灵巧型政府建设框架，通过包括信息交换分析、事件捕捉分析、用户接入等，实现差异性公共服务输出、绩效评估等。当前经济压力驱动下的政府服务需要更多的创新型思维和解决方案，不断回应和灵活满足不同公民的不同服务需求。而实用性则强调制度刚性和执行弹性，以实现政策有效性和真正因地制宜因时制宜地采取最适合策略，即使在信息时代，不同国家的不同类型政府也趋向于采取不同的政策工具，信息流动全球化并没有改变政府政策工具使用的路径依赖和习惯。

实践中，灵巧型政府框架勾勒重组州政府与地方政府关系的改革方案，以期为纳税人和公民提供更好的公共服务。其改革方案包含五个要素：聚焦结果、调整责任与权力、调整州政府角色、促进区域合作、鼓励州与地方政府部门整合，并在市一级层面破除乡土观念（parochialism）。通过这些调整减轻政府财政压力，[②]同时还达到促进就业、提高教育、减少贫困、降低犯罪、提高医疗健康服务水平等五大政府目标。加州一向作为美国政府公共创新的发源地和试验地，其不断推动的灵巧型政府建设实践正在引领未来政府改革的方向。

综上所述，创造更好的持续经济增长和公民服务质量提升是源自灵巧型政府而非小政府或大政府这种机构组织外部形态变化。灵巧型政府并非一味要求政府规模的缩减或扩张，[③]其通过对市民需求灵活、现实的

---

① Brown M. Enhancing and Measuring Organizational Capacity. Public Administration Review. 2012(4). pp506—515.

② California Forward, Smart Government: A Conceptual Framework, Nov. 2, 2011, CAFWD. org.

③ Harlan Green, Smart Government Creates Better Growth, Popular Economics Weekly, January 18th 2012.

回应更能提升公共服务满意度，全新组织架构下合作型公共部门更易提供无缝隙服务并提升政府效率。正如学者通过对71个发达、发展和转型中不同类型经济体1996年至2003年的实证研究表明，政府规模和政府质量都对经济增长有重要影响，但改善国家层面的政府治理能力是促进经济发展的首选，[①]而灵巧型政府恰恰着眼于国家层面的治理能力改进，在给定成本收益比率中实现政府改革价值最大化创造。

当然，本文并不是要给出一条实现此目标的确定性路径，因为对公共部门而言，现实也许永远不存在合理的规模，政府改革也永无止境，我们希望通过不同理论借鉴和互动，取经世界各国改革理念的合理内核，给中国未来改革提供新思维。虽然“中国行政管理改革有着强烈向西方学习模仿的过程，特别是向英国和美国，但改革设计毕竟发自内部，中国特有的结构性因素和文化因素依然影响改革方案设计”。[②] 未来实践者和研究者需以中国现实背景考量下的改革设置长远战略目标，推动各方利益攸关者的参与互信、分享与整合以创造更好的公共价值。

（黄建军：中共江苏省委党校讲师）

---

① Cooray, A. Government Expenditure, Governance and Economic Growth. Comparative Economic Studies. 2009(3). pp401—418.

② Christensen T, Lisheng D, Painter M. Administrative Reform in China's Central Government . International Review of Administrative Sciences. 2008(3). pp351—371.

网络文化视角下推进我国地方政府治理能力现代化的途径探析

吴　韬　杨宇白　钟启超

【摘　要】 改革开放以来，我们党开始以全新的视角审视和思考国家治理体系问题，持续推进我国政府行政体制改革进程，并取得显著成效。然而，基于网络文化的视角，我们看到，我国地方政府要适应互联网发展的趋势，应对网络文化浪潮的冲击，推进政府治理能力现代化，还面临诸多挑战，还存在一些须改进的地方。本文给出网络文化视角下推进我国地方政府治理能力现代化的主要途径，即：树立"网络治理"理念，定位"网络政府"角色，构建"网络行政文化"体系，推行"网络治理"模式，营造"网络文明"环境等。

【关键词】 行政管理方式创新　政府治理能力现代化　网络文化

党的十八届三中全会明确提出："科学的宏观调控，有效的政府治理，是发挥社会主义市场经济优势的内在要求。必须切实转变政府职能，深化行政体制改革，创新行政管理方式，增强政府公信力和执行力，建设法治政府和服务型政府。"[①]这是现阶段我国适应世界多极化、经济全球化、

① 《中共中央关于全面深化改革若干重大问题的决定》，人民出版社 2013 年版。

社会信息化和文化多样化，深化行政体制改革的必然要求。改革开放以来，我们党开始以全新的视角审视和思考国家治理体系问题，持续推进我国政府行政体制改革进程，并取得显著成效。然而，基于网络文化的视角，我们看到，我国地方政府在推进政府治理能力现代化方面还存在一些亟须改进的地方，亟待适时加以分析研究并积极应对。

一、网络文化的内涵及其对我国政府治理能力的影响

对于网络文化的概念，难以用精确的词语来概括，目前，学术界也尚无公认的定义。这里给出学术界一些关于网络文化内涵的阐释。网络文化是以计算机技术和通信技术融合为物质基础，以发送和接收信息为核心的一种崭新文化。[①] 一般来说，在以网络为核心的社会实践中，人的创造性活动与信息网络的影响双向互动，生发出影响人的生存和发展的网络文化。广义的网络文化，是指网络时代的人类文化，它是人类传统文化、传统道德的延伸和多样化的展现。狭义的网络文化，是指建立在计算机技术和信息网络技术以及网络经济基础上的精神创造活动及其成果，是人们在互联网这个特殊世界中，进行工作、学习、交往、沟通、休闲、娱乐等所形成的活动方式及其所反映的价值观念和社会心态等方面的总称，包含人的心理状态、思维方式、知识结构、道德修养、价值观念、审美情趣和行为方式等方面。[②]

综上所述，网络文化作为一种全新的文化形态，具有丰富的内涵。厘清网络文化的真正内涵是一个十分重要的问题，然而对于网络文化这样一种全新的文化形态，目前还很难科学、准确地界定它，这仍是一个值得深入研究的重要课题。本文认为，网络文化是指一切与信息网络有关的物质、精神创造活动及其成果，是人、信息网络、文化三位一体的社会多元文化现象，是人类社会发展到知识经济和信息时代的特殊产物，是人类先进文化的重要组成部分。

---

① 匡文波：《论网络文化》，《图书馆》1999 年第 2 期。

② 李晓衡、高征难：《建设先进网络文化的思考》，《南华大学学报》（社会科学版）2005 年第 1 期。

2014年2月17日，习近平总书记在中央党校省部级主要领导干部学习贯彻十八届三中全会精神全面深化改革专题研讨班开班式上的重要讲话中明确指出，推进国家治理体系和治理能力现代化，要大力培育和弘扬社会主义核心价值体系和核心价值观，加快构建充分反映中国特色、民族特性、时代特征的价值体系。坚守我们的价值体系，坚守我们的核心价值观，必须发挥文化的作用。[①] 因此，推进国家治理体系和治理能力现代化，大力培育、弘扬和坚守社会主义核心价值体系与核心价值观，高度重视并充分发挥文化的作用极端重要。

文化是民族的血脉，是人民的精神家园。五千年来，中华民族创造了灿烂悠久、博大精深、魅力独特的文化，并通过不断地传承，不断地创新，凝聚成了当代最具中国特色的社会主义先进文化。当今世界，信息技术革命日新月异，互联网的发展突飞猛进，并已经融入政治、经济和社会生产生活的方方面面，相应地，网络文化的浪潮也随之扑面而来，势不可挡。当前，我国正处在这个大潮之中，受到的影响也越来越深。网络文化是人类社会发展到知识经济和信息时代的特殊产物，它作为信息全球化背景下全新的文化形态，又是一种时域文化，具有鲜明的时代特征。网络文化不仅极大地影响着人们的思想观念、思维方式和社会生活，而且对政府治理能力产生重大而深远的影响。推进国家治理体系和治理能力现代化是一项复杂而庞大的系统工程，也是经济全球化和信息全球化背景下，我国政府切实转变政府职能，深化行政体制改革，创新行政管理方式，增强政府公信力和执行力，全面提高政府科学化、民主化决策，建设法治政府和服务型政府的一项重大战略性课题，需要在实践中不断地探索、总结和改进。新时期新形势下，如何顺应互联网时代的发展趋势和潮流，应对网络文化浪潮的冲击，推进政府治理能力现代化，是摆在我国地方政府面前的重要课题，必须引起高度重视。

---

① 《习近平在省部级主要领导干部学习贯彻十八届三中全会精神全面深化改革专题研讨班开班式上发表重要讲话强调完善和发展中国特色社会主义制度推进国家治理体系和治理能力现代化》，《人民日报》2014年2月18日第1版。

二、网络文化视角下推进我国地方政府治理能力现代化面临的挑战

20 世纪 80 年代末，治理理念在西方新公共管理运动中诞生。政府治理能力则是在该理论兴起之后，运用它研究政府在“多中心”治理体系中能力和作用的一个新概念。[①] 对于政府治理能力的定义，目前国内外学术界还没有完全统一和明确，对其也没有统一而权威的界定。政府治理能力作为一个国家或地区竞争力的核心内容和主导因素，极端重要。因此，推进政府治理能力现代化必须要顺应时代的发展要求，对其进行全方位、多角度的研究。当前，站在新的历史起点上，我国正处于经济全球化与信息全球化大潮流的前沿，不可避免地深受网络文化浪潮的影响。放眼世情、把握国情和立足现实，基于网络文化的视角来审视我国政府治理体系建设和治理能力现代化，要适应互联网时代发展的趋势，应对网络文化浪潮的冲击，推进我国地方政府治理能力现代化还面临诸多挑战。

（一）传统政府治理观念根深蒂固，树立好“网络治理”理念较难

伴随着互联网的迅猛发展，网络政治悄然兴起。越来越多的民众通过互联网获取最新的政治信息、追踪重大的政治事件、发表个人的政治见解、进行各种政治交流和互动，并积极参与到政府公共事务管理的整个过程中，进而表达自身利益、意愿和诉求。[②]“网络治理”理论认为，在治理过程中，政府同其他行动者一道共同加入公共政策过程之中，政府只是作为行动者之一。在网络治理模式中，已经不存在某种绝对性的支配力量，各种组织站在同一水平线上，这种“网络治理”理念倡导的是合作治理、互动治理的治理思路，其实现有赖于信任机制和协调机制的培育和落实。[③]

---

① 刘广磊、任泽伟:《关于政府治理能力的研究述评》,《中共乐山市委党校学报》2011 年第 5 期。

② 宋迎法、李翔:《中国网络政治研究综述》,《重庆工学院学报》(社会科学版)2009 年第 10 期。

③ 鄞益奋:《网络治理:公共管理的新框架》,《公共管理学报》2007 年第 1 期。

然而，长期以来我国在计划经济条件下形成的传统政府治理方式，是以权力导向型管理为主要特征，政府处于社会的中心和主导地位，对政治、经济和社会生活进行大一统式的“全能”管理，这体现了政府全能主义和权力本位思想。尽管我国一直以来要打破这种传统管理模式的束缚，积极推进政府管理改革创新，以适应信息网络社会不断发展生成的、对政府公共管理模式干预和影响的“网络治理”方式，但是很难奏效。特别是一些地方政府官员信息化素养较差，电子政务应用水平较低；“官本位”观念较重，面对网民仍习惯于“说套话”“打官腔”或态度冷漠；应对网络媒体缺乏敏锐性，对网络舆论反应迟缓，个别政府管理者“不触网”，甚至对互联网存在抵触心理、“敬网远之”……这些现象依然普遍存在。可以说，在我国相当一部分地区，传统的政府治理观念已经根深蒂固，要让政府管理者转变传统治理观念，树立好“网络治理”的理念十分困难，这将需要一个长期转变适应的过程。

（二）现代网络社会发展日新月异，定位好“网络政府”角色较难

信息全球化的今天，信息资源的获取和占有已不再只是政府和少数人的权力。互联网对政治、经济和社会生活的全面渗透，极大地提高了信息在全社会的共享程度和传播速度，这使得广大民众获得了最广泛意义上的信息知情权。现代网络社会发展日新月异，它不仅催生了网络政治，而且为民众表达民意、参政议政提供了一个新空间和新平台。关注网意、解读网意、善用网意，是网络问政至关重要的前提，也是科学执政、民主执政和依法执政的新要求。[①] 从某种意义上讲，网络社会中民众的网络民意，也检验和衡量着政府扮演“网络政府”这一角色的优劣。近年来，我国地方政府不断加大政府信息公开力度，增加行政透明度，促进政府向高效、透明、廉洁、服务政府转化，取得了显著成效。然而，我们也看到一些地方政府在扮演“网络政府”角色方面，还存在一些不到位的地方，其“网络政府”的角色还需要进行新的定位。诸如，在推进电子政务建设，打造

① 王海英：《网络问政下的政府角色》，《中共福建省委党校学报》2010年第11期。

“网络政府”过程中，一些地方政府管理者面对网民意见和诉求时，应对策略简单化，处理方法程式化，解决问题轻率化，缺乏“灵活性”和“实质性”，这常常使得简单问题“复杂化”，微小事件“扩大化”。

（三）传统文化与网络文化碰撞，构建好政府“网络行政文化”体系较难

互联网对政治、经济和社会生活全方位地渗透，加快了知识、思想和文化的传播速度，这使得多元文化在互联网世界进行汇聚、碰撞。行政体制改革之所以能够发起、发生，是由于行政文化上的新觉醒。[①] 中国在推进政府行政体制改革过程中，政府行政文化仍不可避免地会受中国传统文化的潜在影响，而中国的传统文化已深深地浸入了民族的基因。越是具有民族国家内涵的网络文化才是真正的网络文化。[②] 五千年来，中华民族在长期的历史发展过程中通过创造、积累、传承而形成了悠久灿烂、博大精深、特色鲜明的民族文化，这些传统的、民族的文化深深地影响着政府行政文化，尤其是当今网络文化日益盛行的时代，中国传统的、民族的文化“遭遇”网络文化，势必产生汇聚碰撞，有融合，也有冲突。我国地方政府要适应网络社会的发展潮流，应对网络文化浪潮的冲击，打造“网络政府”，实行“网络治理”，势必要构建起与之相适应、相融合的“网络行政文化”体系，既要突破传统政府行政文化的影响制约，又要发展传统的、民族的文化，还要吸收网络文化中的积极因素，实现文化的大融合、大发展，这将是一项复杂而庞大的系统工程，任重而道远。

（四）知识经济时代公民民主意识大幅提高，推行好“网络治理”模式较难

在当今的知识经济和信息时代，人类更加便捷、高效地获取信息，进行通信、交流，社会公民民主意识大幅提高，参与政府管理、经济治理和社会发展的积极性空前高涨。公民通过互联网络参政议政，活跃在越来越多的政府公共事务的大舞台上，并与政府部门构建起相互依存的互补合作关系。而传统政府管理模式的缺陷和局限性以及政府难以企及的、不

---

① 周文彰：《加快建设中国特色社会主义行政文化》，《行政改革内参》2012 年第 12 期。

② 曾长秋、汤长安：《对近年来网络文化研究的综述》，《怀化学院学报》2004 年第 8 期。

可治理的公共事务领域的增加，使得政府一方面要进行“金字塔”式的层级管理，另一方面又要直接面对互联网络亿万网民的诉求和意愿，实行“网络治理”，这本身就对政府和政府管理者提出了较高要求和严峻挑战。

（五）西方社会思潮及其思想文化观念充斥网络空间，营造好“网络文明”环境较难

当今，一些西方国家借助以互联网为代表的新兴媒体，大肆鼓吹和宣传西方的价值理念和思想文化，这些西方社会思潮及其思想文化观念充斥着互联网空间，不仅对我国学术界产生了较大影响，而且对中国网民的价值观也产生了较大影响。这既反映了一些西方国家在思想文化领域掌握着话语权，也反映出我们还不大注重发挥思想文化这一强大思想武器的重要作用，对新兴媒体上打着“传播文化”的幌子，却进行隐蔽宣传非主流价值观和思想观念的行径，没有引起足够的重视，缺乏警惕。可以说，我们要打造良好的“网络文明”环境仍面临严峻的形势。

三、网络文化视角下推进我国地方政府治理能力现代化的实践途径

（一）打破传统政府治理观念桎梏，树立“网络治理”理念，不断推进我国地方政府治理能力现代化

我国地方各级政府要加强对“网络政治学”这门新兴学科的深入学习和研究。党校、行政学校和各类干部培训学院要发挥培训优势，对各级党员领导干部进行“网络政治学”的系统培训，切实转变各级党政领导干部的传统政府治理观念，使“网络治理”理念“进教材、进课堂、进头脑”，切实提高政府管理者驾驭“网络政治”的水平和能力。各地各级党委政策研究机构、科研院所要加强对“网络政治学”的系统研究，针对地方的现实问题，深入调查研究，为推进政府治理能力现代化提供决策咨询服务。

（二）顺应现代网络社会发展趋势，找准“网络政府”角色定位，不断推进我国地方政府治理能力现代化

我国地方各级政府要顺应现代网络社会发展趋势，积极进行“网络治理”理念下现代政府角色的本位回归研究，最大限度地吸纳网络民意，合理满足网民对政府的期待。要从理论研究和实践探索两方面，对现行地方政府角色进行反思，找准“网络政府”的角色定位，力求廓清政府的角色“本位”，避免“网络政府”出现角色“错位”“缺位”和“越位”的情况。

（三）促进传统文化与网络文化融合发展，构建政府“网络行政文化”体系，不断推进我国地方政府治理能力现代化

我国地方各级政府要注重研究传统文化、民族文化与现代网络文化之间冲突与融合的对立统一关系，实现传统文化、民族文化向网络文化的演进融合，继承和发扬中华传统文化“和而不同”的文明本质、“天人合一”的主体思想、“包容”的特征、人格价值、人文情怀和人伦情怀以及开放变革的基本精神，[①]大力培育和弘扬社会主义核心价值体系和核心价值观，同时赋予网络文化“古朴、原生、和谐”的民族特性，发挥中华文明的重要影响力，激发网络文化的正能量，从而促进中华传统文化和民族文化与网络文化融合发展，使之成为中国先进文化的重要组成部分。要大力倡导网络文明，积极引导，科学管理，严格规范社会公民的网络行为。要通过构建政府“网络行政文化”体系，打造积极向上的“网络行政文化”软环境，不断加强具有中国特色的社会主义网络文化建设。

（四）加速社会民主化的进程，探索“网络治理”新模式，不断推进我国地方政府治理能力现代化

我国地方各级政府要继续大力推进政府信息公开，探索“网络治理”新模式，加速社会民主化的进程。要大胆推进“网络治理”的政策创新，坚

① 陈剑：《中华文化的七个基本精神》，《党政干部参考》2014 年第 3 期。

持发展靠政策推动、难题靠政策突破、活力靠政策激发，在政策创新上先行先试，通过探索发展中的突破性政策，构建更加灵活、开放、高效的“网络治理”政策体系。要关注、关心网络公民的意愿和诉求，真正做到“不回避、不应付”，不断加强“网络治理”的理论研究和实践探索，做网络治理的参与者、服务者和推动者。

（五）注重文化的先导力，培育和弘扬社会主义核心价值体系和核心价值观，不断推进我国地方政府治理能力现代化

文化先导力，是一种探索力、先遣力和先行力，具有先于实践的精神特性，并与政治、经济、社会建设相辅相成。[①] 当前，我国要推进国家治理体系和治理能力现代化，就必须大力培育和弘扬社会主义核心价值体系和核心价值观，就必须加快构建充分反映中国特色、民族特性、时代特征的价值体系，就必须坚守我们的价值体系和核心价值观，而这一切也都必须充分发挥文化的重要作用，注重文化的先导力，重塑社会主义先进文化的力量。因此，我国地方各级政府主管意识形态的部门要善于用思想文化来支撑宣传，把传播主流的价值观作为一种具有影响力和渗透力的宣传方式；同时，还要高度关注和重视新兴媒体的发展，诸如微博、微信等，做好网络舆论的有效引导，牢牢占领和巩固新兴媒体上意识形态领域的主阵地，大力传播正确的思想文化，从而营造良好的“网络文明”环境。

（吴　韬：云南行政学院信息中心讲师；
杨宇白：云南行政学院信息中心编审；
钟启超：云南行政学院组织人事处助馆）

① 高占祥：《文化先导力》，《党政干部参考》2014 年第 1 期。

加快政府职能转变 推进中介组织健康发展

朱苳予　孙　莹

【摘　要】 党的十八届三中全会提出要加快政府职能转变，适合由市场和社会组织解决的事项，应交由市场和社会组织承担，这为中介服务业的发展提供了难得的机遇。但是目前就中介组织的发展来看，仍然存在脱钩困难、培育受限以及监管缺失等问题。文将围绕现阶段中介组织发展所存在的核心问题，提出对策建议，从而进一步推动中介组织积极健康地发展。

【关键词】 中介组织　脱钩　培育　监管

党的十八届三中全会提出要加快政府职能转变，适合由市场和社会组织解决的事项，应交由市场和社会组织承担，这为中介服务业的发展提供了难得的机遇。近几年，各省各地重点围绕法律规范、政府监管、行业自律和源头治理四个方面，在全国范围内开展了清理和规范市场中介组织工作，取得了阶段性的胜利，使中介组织在服务质量和水平上均有较大程度的提高。但与目前经济社会发展的迫切要求相比，现有的中介组织的发展仍存在着成分复杂、行政化色彩浓厚[①]、发展条件受限以及缺少监

① 郭国庆：《社会中介组织发展中的问题与对策研究》，《国家行政学院学报》2006 年第 1 期。

管和培育等诸多问题，这些问题如果不能及时解决，势必对中介组织的良性发展造成阻碍，进而影响各地简政放权和加快政府职能转变的步伐，给经济社会发展造成不利影响。

一、中介组织现存的主要问题

（一）中介组织成分复杂界定模糊

目前，由于国家尚未对中介组织制定专门法规，其他现行的各项法律法规中，也未对中介组织的概念、范围加以明确，甚至连称呼都一直未能统一，所以导致中介组织概念宽泛、笼统，没有准确的定义，也无权威机构给予严格的界定。虽然各地在立法过程中，依据目前中介组织服务的特点，采用了统一的“市场中介组织”的称呼，但由于中介组织本身所涉及的问题很多，比如涉及现有的各行各业，种类非常多，组织形式和活动方式的多样性也使其在运行的过程中呈现出各自不同的问题等。正是由于中介组织的这些特点，导致难以对中介组织进行清晰、准确、完全的界定，给中介组织治理工作带来了极大的不便，将成为中介组织改革发展面临的首要难题。

（二）现有中介组织的行政化色彩浓厚

中介组织作为市场的主体本应在企业、政府、市场之间，行使服务、沟通、公正、监督职能，保证现代市场经济高效运转。中介组织的存在，本应有利于为交易双方提供完善、周到的服务，以便降低交易成本。但是就目前来看，中介组织虽然打着市场主体的幌子，从事委托经营，但它们从来都没有脱离与行政权力的关系。如中介组织中“两块牌子，一套人马”的现象仍然普遍存在；个别政府部门把中介组织作为“二政府”和“小金库”；有些中介组织的负责人，本身就是退休政府官员担任或现任政府官员兼任；有些中介组织甚至成为政府精简机构的“缓冲区”。这些中介组织从主管部门获得必要的生存资源，反过来，中介组织也成为主管部门的权力延伸带。因此，在 2014 年中介服务业改革发展中，实现“去行政化”“去利益化”应该成为政府工作重点。

（三）中介组织发展培育的相关法律环境不完善

目前为止，我国还没有统一的、完备的中介组织法。现行的与中介组织有关的法律、法规比较分散，没有形成完整的体系，散见于公证法、律师法、社会团体登记管理条例等各种规范性文件中。

刑法中所涉及的内容，操作性弱。中介组织具有专业技能优势、业务权威性和合法身份，加之此类犯罪表面看来没有暴力行为和危险状态等原因，发现和侦破此类案件的难度较大，也使不少违法中介组织逃避了打击。虽然我国刑法中有涉及中介组织犯罪的内容，但刑事处罚规定过于粗略，操作性不强，弱化了对此类犯罪的打击力度，也弱化了违规违法惩治力度。

（四）中介组织监管自律缺位

在现有的市场环境和体制框架下，中介组织的自律组织体系仍不健全，应有的作用还不能得到充分发挥。一些已经建立起行业协会的中介组织仍未建立行业诚信档案、业务质量检查指导制度、行业自律性惩戒制度、规则和程序等。中介组织的自律监管措施往往流于形式，造成监管的效果不明显。而更多的中介组织“自顾自”，根本未建立起行业协会，自我监管的意识和行动就更加薄弱和被动了。

二、大力推进中介组织健康发展的对策建议

针对中介组织的改革发展问题，最终应聚焦在三个方面，即：如何脱钩、如何培育以及如何监管。现就从这三个方面着手，借鉴国内先进地区在中介组织改革发展方面的先进经验，结合现实情况提出对策建议。

（一）强力“脱钩”确保中介组织的市场主体地位

1. 摸清底数，科学界定，积极推进，严格准入

必须严格规范行政审批的中介服务，一方面要摸清究竟有多少审批

前置中介服务项目，清理没有法定依据的中介服务项目，对保留下来的项目实施"目录化"管理。

对中介组织的生存和发展状况进行认真研究，实行分类管理、规范管理。目前的中介组织既有营利性的，也有非营利性的。营利性的中介组织更多地属于企业组织，具有市场化特征，应在工商部门登记，接受其监管和服务；非营利性的更多具有 NGO 的性质，应接受社团组织管理机构的监管和服务。政府既要为愿意进入中介组织的市场主体提供广阔的空间和积极的政策支持，同时又要设计严格且可行的准入标准（例如对中介组织法人诚信的规定，很多上级主管部门规定了多达百条的繁缛规定，但并不具备很好的约束作用。而国外如质检部门对中介组织法人诚信的规定只有寥寥十几条，却能全面规范并使其严格遵守条约规定，这不能不引起我们的反思并应加以借鉴）。政府和行业主管部门应积极推动市场在资源配置中的决定性作用，为市场主体松绑，激发企业活力。

2. 政企分开，政事分开，政社分开

以"中介组织"之名作为事业单位改革突破口，将中介组织划分为"保留、过渡、转企"三大类，逐步推进，实现政企分开、政事分开、政社分开。

（1）本着"先分类化解操作的困难"的改革精神，各地可根据本地实际情况仿效温州事业单位改革的措施，将中介组织划分为"保留、过渡、转企"三大类。

"保留类"的中介组织应是公益一类事业单位及个别实行无偿服务的公益二类事业单位这些主要依靠财政拨款的单位。另外必须具有"法定机构"资质，这些单位出具的鉴定或检验报告必须是各领域内唯一合法的文书，"具有绝对的垄断地位"。划入"保留类"的事业单位其业务范围要严格界定在政府委托的服务领域之内。即使承接少量的市场委托业务，所得收益也全部要上缴财政。[1]

"过渡类"中介组织暂时实行行业行政主管部门与国资委双重管理，行政隶属于原行业行政主管部门并暂作为其下属事业单位管理，资产权

① 叶双莲：《中介结构脱钩改制 领导干部不得在中介兼职任职》，温州网 2011 年 8 月 25 日。

属划转至国资委，保留独立法人资格。这类机构主要缓解行业主管部门的负担，减轻工作压力。目前，有些地方某些单位实行了全面解散中介组织和行业协会的做法，虽然做到了改革要求，可是收到的效果甚微，实质上将原有行业协会和中介组织所承担的工作转嫁给政府部门承担，这样加大了政府部门的工作量，工作质量和效果大打折扣。这类“过渡类”中介机构可以有效解决此类问题。

“转企类”中介组织，就是那些原本就是以经营性业务为主、市场化程度较高的事业单位，它们的“变身”似乎简单一些。“改企重组类”的事业单位与原行政主管单位全面脱钩，转制为国有企业，改由国资委管理。转企类中介组织人员最担心的无非是能否“同工同酬”。建议效仿温州中介组织改革的办法，采取“老人老办法，新人新办法”的策略。[①]

后两类中介组织中基于实际情况考虑，如果政府机关和行业主管部门工作人员不得不在其中任职，那么改制后工作人员的行政级别都取消，以后应只保留技术级别。另外退休领导以及相关亲属子女不得以各种形式任职于这三类中介组织之中，更不得在中介机构入股、参与中介机构的分红，真正实现政企分开。

(2)中介组织与主管部门行业部门在人、财、物、场所等方面不得有任何交叉，实现政事分开。

政府工作人员不得以各种名义和巧立名目参加中介机构组织安排的消费活动；政府部门不得在中介机构报销费用，甚至直接由中介机构给机关部门发放奖金、福利等。

(二)加大政策扶持力度培育市场中介组织系统化发展

必须打破原有市场中介组织由事业单位垄断的特点，缓解中介市场“低、小、散”等弱点，同一性质的中介机构必须确保达到三家以上。否则行业主管部门要负责引进或对现有脱钩的中介机构进行拆分。

如上文已经提到的，政府应出台积极的政策为那些愿意进入中介组

---

① 任江波：《温州事业单位改革：以“中介机构”之名》，《21世纪经济报道》2013年1月16日。

织市场并且能够按照规定行使中介组织功能的市场个体提供更广阔的空间。建立健全中介服务充分竞争机制，激发中介服务业发展活力。通过改革，用市场的方式来配置资源，真正做到“有爹的孩子和没爹的孩子一个样”。

政府不得对中介组织干预过多。对仍保留在中介机构的职能、业务必须及时停止；对于中介机构可以自行开展、受理、提供服务的事项，政府部门必须立刻放手，给予中介组织自行发展的空间，实现政社分开。[①] 出台政府中介服务采购管理办法，建立中介服务政府采购机制，公开招标确定服务机构，防止指定机构服务。通过政府购买支持市场中介组织发展，政府是中介服务的需求者。

（三）加强监管规范市场中介组织的良性成长

1. 完善立法，制定规章，明确细则

（1）应当对中介组织的相关法律法规进行完善，抓紧出台社会中介组织法、民间组织法、行业协会法等专门法律、法规及其实施细则。

（2）中介机构审批部门要与行业行政主管部门研究沟通，建立严格的准入制度和退出机制。行业主管部门对本系统行业申报设立的社会中介机构要进行严格的资格审查，使一些不具备条件的单位和个人不能从事相关的中介活动。

（3）行业行政主管部门要建立中介机构信用等级评价制度，并指导行业协会组织实施，依法对中介机构及执业人员的中介执业活动实施有效监督等。

（4）对中介组织腐败要加大打击力度，根据社会中介组织欺诈、违规和腐败行为的性质和严重程度，采取行政处罚、经济赔偿和刑事追究等多种处罚措施，加大中介组织及其从业人员的违法风险和成本。

2. 加强监管，社会监督，严格自律

（1）对中介组织的违规腐败行为形成强有力的行政监管机制，必要时

① 孙瑞灼：《莫让“寄生中介”截留改革红利》，大江网—江西日报 2014 年 3 月 17 日。

可协调工商、财政、审计、监察、金融、反贪污、反洗钱等部门联合执法．适时组织开展一些检查、评比、考核等工作，奖励先进，弘扬正气，同时对一些不遵守行业行规、不遵守国家法律法规、弄虚作假、不诚实守信的单位和个人要及时进行调查处理。①

(2)依法保障相关组织和单位、公众、媒体对中介组织及其领导层以及行业协会业务运行和财务收支的监督、批评、建议、控告、检举等权利，形成中介组织结构合理、程序严密、制约有效的权力运行机制和社会监督机制。

(3)建立健全中介组织行业自律制度，完善职业道德准则和惩戒措施，推动行业诚信建设，规范从业人员的行为，树立行业荣誉感，充分发挥中介组织自我管理、自我约束的主动性和积极性，这才是重中之重。

行政审批制度改革的不断推进，行政审批事项的持续减少，已成为当前全面深化改革的重要突破口，让民众看到了政府锐意改革的决心和勇气。政府必须进一步加强对中介组织的改革，防止其截留改革红利，阻碍市场和企业从改革中受益，应彻底激活社会潜力，最大化地释放改革的红利。

[朱苠予：辽宁行政学院社会管理(应急管理)教研部讲师；
孙莹：辽宁行政学院公共管理教研部讲师]

① 林跃勤：《社会中介组织腐败预防与规范治理：基于行业协会的视角》，《社会科学战线》2012年第1期。

（三）创新行政管理方式

新媒体时代地方政府公共服务创新路径初探

唐琦玉

【摘　要】 新媒体在政府与社会公众间架起了一座畅通、便捷、高效的服务桥梁，为地方政府公共服务的持续创新和实现政府治理现代化提供了广阔的空间。新媒体时代地方政府公共服务的创新路径：（一）提高认识，树立现代服务理念；（二）整合资源，加强门户网站建设；（三）再造流程，实现部门协同服务；（四）建立 CIO 制度，实施现代人才战略；（五）拓宽服务，缩小“数字鸿沟”；（六）强化监督，提高公共服务质量。

【关键词】 新媒体　地方政府　公共服务　创新路径

随着以互联网和移动通信设备为核心的新媒体的快速发展，人类步入了一个崭新的时代——新媒体时代。相对于电视、广播、报纸、杂志等传统媒体，新媒体具有跨时空、传播快、信息量大、互动性强、自主性高等特点。新媒体对公共服务和政府治理将带来根本性变革，深刻改变着传统的公共服务方式，打破了原有的地方政府公共服务体系和政府治理体系。因此，如何有效运用新媒体手段创新地方政府公共服务、提升公共服务能力和政府治理水平将成为一个十分重要的课题，也是一个复杂的社会系统工程。

一、提高认识，树立现代服务理念

随着我国经济的快速发展和地方政府治理转型的不断推进，地方公共服务需求全面快速增长与地方公共服务相对短缺、不平衡以及公共服务质量相对低下之间的矛盾日益突出。新媒体地出现在一定程度上促进了传统公共服务理念逐步向现代服务理念的转变。但不少地方政府部门，尤其是基层政府，对信息化建设的认识仍然停留在办公自动化或传统公共服务简单计算机化的层面上。脱离新的公共服务理念的树立来谈信息化建设，难以实现对公共服务信息化建设的理性认识。在理念层面上彻底转变，树立以公众为中心的服务理念，强化以人为本意识、顾客至上意识和诚实信用意识，加强对信息化公共服务的理性认识，是实现公共服务信息化建设的首要环节。

（一）树立以公众为中心的服务理念

公共服务信息化的建设不仅是为了适应新媒体时代的发展要求，最根本的是要最大限度地满足公民和企业的需求。因此，地方政府必须彻底转变传统的以政府为中心的行政理念，树立以公众为中心的现代服务理念。首先，将公共服务信息化的建设情况纳入政府绩效考核的指标体系中去，以信息化公共服务的实际效果作为绩效评估的衡量标准。通过政绩考核的方式固化政府行政人员以公众为中心的服务理念，推进政府与公民关系的转变。其次，大力宣传为公民服务的理念，强调以公众和企业的需求为出发点。加强行政人员的思想教育和培训，强化政府行政人员的服务理念。重视服务理念的实践，加强公民与政府之间的互动交流，确保信息化建设进程中，以公众的利益诉求代替传统的行政计划，切实以公众的需求为中心而非以政府为中心，以提升服务质量。

（二）加强对信息化建设的理性认识

目前，我国一些电子化公共服务方案非常宏观，功能、效益设计得大而全面，可是实际效果却不尽如人意，往往出现巨大的资源投入和与之不匹配、相对比较薄弱的电子服务实际效果之间的矛盾。之所以出现这种状况，在于我们对电子化公共服务建设缺乏正确的定位，没有理性认识。面面俱到的建设方案并不意味着大而全面的实际效果。有效的做法：选定一个能够取得实际效果的公共服务项目，做深、做透、做好相关的每个环节。召集专家组总结、改进、完善。然后根据建设过程中的步骤和经验，选择下一个服务项目，继续推进。将电子化公共服务项目的目标定位低一点、项目选择小一点，分项目地试点建设，待有了能力后再扩展，可以避免一定的风险。尤其要优化地方政府公共服务信息化技术，加强公共服务信息化规划和设计，不断改善基层服务流程，畅通服务信息，提高公共服务质量，实现地方政府公共服务流程更加便捷、行为更加规范、过程更加人性、品质更加标准。

二、整合资源，加强门户网站建设

地方政府信息资源和服务门户网站建设是地方政府电子政务建设的重点内容，也是推进地方政府治理体系和治理能力现代化的重要途径。

（一）整合政府信息资源

在以往以及新媒体时代的公共服务活动中形成的信息资源，都有一个如何信息化、电子化的问题。公共服务的信息化建设进程中，整合政府信息资源，包括对政府公共服务信息资源的开发、利用及共享，以此实现公共服务资源的有机结合。首先，政府公共服务信息资源的开发、利用。横向上，政府的信息资源包括内部信息资源和外部信息资源两方面，即与政府业务流程相关信息资源以及在公共服务领域对社会提供的服务信息资源两部分。其整合应以公众需求为动因，通过建立应用支持平台，来实现政府公共服务信息资源整合后的经济效益和社会效益。纵向上，政府的信息资源集中在不同的机构和部门间。不同级别的政府机构、不同职能的管理部门对公共服务信息化建设的方面不同，其信息资源整合的内容也不同。因此，地方政府应根据不同机构和部门制定不同的策略，实现信息的开发和利用。应重视电子政务顶层设计，实现统一规划，整合地方公共服务资源，健全社区服务体系，尤其应加快数据库建设，不断丰富地方公共服务内容，增强公共服务能力，适应地方民众公共服务需求。其次，地方政府公共服务信息资源开发和共享。其关键在于打破行业界限。采用统一的规划和标准，为实现公共服务资源跨部门、跨系统的共享和利用提供制度基础，实现信息资源最大限度的公用化。只有政府公共服务资源做到最大限度的公用化，电子服务才能发挥最大效率，从而实现地方政府公共服务资源整合化、公共服务时空便捷化、公共服务平台人性化、公共服务流程一体化和公共服务结果高效化。

（二）加强政府门户网站建设

地方政府服务门户网站是地方政府在线提供信息和服务的主要渠道，它强调对各个地方政府部门提供的信息和服务进行整合，强化信息化支撑、全程化服务、系统化治理，着力打造“一口受理、一网代办、一章审批、一心为民”的公共服务平台，为社会公众提供“一站式”公共服务，解决服务基层群众“最后一公里”的问题。我国应努力建设和完善国家级综合门户网站、专业性门户网站和“一站式”服务网站，使公众能够在任何时间和任何地方都方便地获得政府的在线服务。[①] 从各国的经验来看，政府门户网站建设必须重视以下几个关键环节：第一，需求导向是基础。以公民和企业的需求为导向，是新媒体时代政府工作必须坚持的原则。门户网站的建设必须从公众的需要出发，整合各地区、各部门的服务信息资源，尽可能使公民和企业的需求都可以在政府网站呈现，且通过一个站点就能获得所有政府部门和机构的服务信息资源。第二，交互功能是关键。新媒体的最大特点就是互动性强，不仅体现在政府各部门、机构之间，也体现在政府与公民、企业之间。只有各部门机构之间的信息系统能够交互，数据与信息才能够交换，服务才能够协同完成。第三，网站设计是前提。友好的信息呈现方式是必要。政府门户网站是公众获得电子化公共服务的重要渠道。因此，科学设计服务网站、优化网页是不可忽视的重要

① 娄策群、刘光荣：《国外电子政务发展的经验以及对我国电子政务发展的启示》，《图书情报工作》2006 年第 6 期。

环节。通过科学设计地方政府公共服务网站，健全地方公共服务体系，畅通地方公共服务信息，满足基层民众日益增长的公共服务需要，提高广大民众的生活水平和生活质量。

三、再造流程，实现部门协同服务

我国地方政府的信息化建设是从单个政府部门的信息化建设为重点逐步展开的，没有统一规划和标准，单单只是在既有流程上实现传统公共服务的电子化和信息化，因此容易造成地方政府业务流程的割裂。在地方公共服务的信息化建设中，地方政府应持续推动政府流程再造，尽量打破部门之间的壁垒，弥补部门之间的服务漏洞，实现无缝隙的协同服务。

（一）政府流程再造的基本内涵

政府流程再造（Government Process Reengineering, GPR）是指，在一定的政治环境下，对政务流程进行审视和再思考，通过对原有流程进行清理、简化和整合，以实现政务作业流程的科学化和高效化，也即通过流程优化设计，使政府能够更好地为公众服务。政府流程再造旨在重新设计传统的官僚制组织过程，理顺政府政务流程，为顾客提供便捷化、整合性的公共服务。[①] 也有学者认为，政府流程再造是指以现代信息技术、系统思想为基础，以最大限度地满足公众服务需求为出发点，把与公众服务有关的各个方面，按一定的方式有机组织起来，形成一个完整的服务流程的过程。[②] 其主要内容是：以公众服务为核心，以“一站式”公众政务为目标，以“服务链”为纽带建立服务型的政府。其中“服务链”是政府流程再造的核心。从而通过地方政府流程再造，改善服务流程，畅通服务信息，创新服务方式，打造服务平台，为民众提供优质高效的公共服务。

---

① Linden R. M：《无缝隙政府：公共部门再造指南》，王大海译，中国人民大学出版社 2002 年版，第 168 页。

② 王树文、李青：《政府改革与政府流程再造》，《理论学刊》2004 年第 12 期。

（二）政府流程再造的基本思路

首先，转变隶属关系。在传统的行政体制下，地方政府各部门上下级之间存在着严格的隶属关系，各部门形成了只“对上负责”的行政观念。新媒体的交互性，拉近了政府与社会公民的距离，要求地方政府与公民之间的关系要从统治者与被统治者转变为服务者与被服务者的关系。而从本质上讲，地方政府一切活动的最终目的都是为了最大限度地满足社会公民的需求。因此，必须打破传统行政体制下部门上下级之间的隶属关系，转变为部门之间相互协作的关系。只有这样，从根本上打破地方部门间的协作藩篱，为实现地方无缝隙的协同服务提供可能性。其次，实行“订单式”管理。“订单”可以理解为社会公民对地方政府部门的服务请求。订单管理分两个层次：外部订单管理和内部订单管理。外部订单是指公民对政府的服务请求，内部订单是指政府内部各部门之间的服务请求。政府所有的工作都围绕“订单”展开。社会公民一旦有公共服务的需求，相对应的基层部门和公务人员就应在规定的时间内积极处理，如公民在互联网上提出疑问或投诉，相关负责人做出快速解答，做好自己在整个政府流程中负责的方面。这样，各个岗位之间就以订单为中心相互衔接起来，实现无缝隙的协同服务，形成一条完整的“服务链”，最终实现有效的地方公共服务，满足地方公共服务需求的全面增长、升级和日益多样化的需要。

四、建立CIO制度，实施现代人才战略

（一）建立政府首席信息官制度

首席信息官（Chief Information Office，CIO）制度起源于美国，是为促进电子政务建设健康发展而设立的一项制度。政府首席信息官即政府CIO，是一名在政府部门中全面负责本部门信息化系统的战略、规划、协调和管理的专职官员。实质上，CIO就相当于法人，在信息化建设中对所有的建设项目承担法律责任，以此可以降低或防止投资的风险。与此相

应，CIO 应该具有一定的权威性和资源配置权，以便在信息化建设中更好地发挥统领作用。他们应该承担的职责如下：首先，制定与信息化建设相关的战略规划、政策法规、质量标准等；其次，指导、监督和评估信息化建设项目的实施情况；最后，向上级汇报电子政务建设进展情况，并提供决策建议。

（二）实施信息化人才培养战略

新媒体的应用，实质上就是传统公共服务工作的信息化过程，为此要求地方政府行政人员必须掌握一定信息基础知识和应用技术。但是，这绝不意味着简单地了解电脑和移动通信工具的应用就可以胜任信息技术工作。实施地方公共服务信息化的工作流程，相关地方行政人员应该具备比较全面的信息技术的操作能力和资源信息的管理能力。只有这样，才能够保证地方公共服务信息化建设的顺利进行。地方信息化人才的战略培养是新媒体时代的必然要求。因此，首先，引进信息化人才。地方行政信息人才是既通晓信息技术又懂得地方政府管理业务的复合型人才。地方政府中的信息化人才可大致分为三种类型：第一类是掌握计算机、网络等信息资源，具有基本信息技术知识的人。第二类是专业型人才，可分为三个层次，包括软件人才、硬件人才和网络人才。第三类是政府 CIO。这类人才既要掌握专业化的信息技术，具有信息化专业知识的背景，又要懂得基层行政管理，熟悉与之相关的业务。[①] 为了确保地方政府公共服务电子化建设的顺利进行，地方政府一方面需要大量有能力掌控电子化建设过程的领导者，即政府 CIO，另一方面又需要在电子政务理论研究领域中有重要贡献的学术型人才。但由于我国管理体制的特殊性和机制的僵化，难以吸引和容纳高素质的信息管理人才。地方政府部门在信息人才的市场竞争中处于劣势。对此，我国地方政府一方面要不断地改革政府机制，转变传统行政体制，从根本上解决人才流失现象。另一方面，制定相关的地方优惠政策或奖励措施，吸引信息化管理人才加入到地方政

① 孔繁玲：《我国电子政务人才教育与培养制度化探析》，《光明日报》2007 年 8 月 20 日第三版。

府电子化公共服务建设的队伍中来。同时，高校及科研机构可以适当加大对基层电子政务人才的培养，以缓解当前基层信息管理人才的短缺现象。其次，强化教育培训。公共服务电子化建设成功与否的关键就在于是否有一支高素质的人才队伍。必要的信息技术知识教育和培训是信息化人才培养的重要途径。地方政府应当根据新媒体时代的要求，有针对性地对地方公务员进行信息基础知识的教育和培训，普及计算机和网络知识，提高政府公务人员的操作能力。

五、拓宽服务，缩小"数字鸿沟"

（一）缩小"数字鸿沟"

要尽可能地减少数字鸿沟对电子化公共服务发展的影响，具体做法有：第一，加强基础设施建设。基础设施落后，是制约中西部地区、农村地区等不发达地区公共服务发展的重要因素。中央和地方政府必须加大对信息弱势地区的扶持力度。制定各项优惠政策，提高互联网的普及率，降低宽带费用，提供更多的网络基础设施。第二，推行信息化教育。不论公民的语言、种族、性别、年龄、收入、信仰或受教育程度如何，都应该平等地享受政府提供的公共服务。各级地方政府应该为信息弱势群体提供更多的帮助和受教育机会，让他们尽可能拥有使用信息技术产品的能力。地方政府可以在社区、乡（镇）街道定期开办信息技术知识培训班，组织信息弱势群体学习。第三，优化信息系统。随着新媒体时代的发展，政府传统的公共服务正逐步转变为基于互联网技术、移动通信技术、数字技术之上的现代公共服务。这就使很多缺乏信息技术应用能力的弱势群体被边缘化，由于无法使用信息化工具就被排除在公共服务对象之外，这种现象随着信息技术的发展日益凸显。这就要求尽量使政府信息系统简单化、易操作，不要让公众在寻求服务的第一个环节就被拒之门外。另外，尽量根据公民的需求和偏好，设计友好的界面、布局合理的网页、简单的操作步骤等，避免公众耗费大量的时间成本寻找所需的公共服务项目。

(二)拓宽服务途径

目前,在传统的公共服务基础之上,地方政府提供服务的主要途径就是政府服务网站。地方公共服务途径的单一性使公共服务的覆盖面变得有限。因此,只有拓展多样化的公共服务途径,地方政府才能实现真正意义上的公共服务职能,建设人民满意的服务型政府。事实上,除了地方政府服务网站外,还有如数码电视、移动电话、信息亭、呼叫中心以及其他任何具有接收和送达功能的信息交流工具和手段都可以作为数字终端成为地方公共服务供给的途径。之所以目前我国没有大力推广多元化的服务途径,技术的不成熟是其关键因素。因此,地方政府要重视信息技术的研究,成立专门的技术研究小组,有计划地对不同的技术项目进行开发、研究、应用。同时,注重科研方面的投入,加大资金支持力度,丰富公共服务内容,增强公共服务能力,适应广大民众公共服务需求;并制定相关的优惠政策,促进技术研究领域的迅速发展,吸引大量人才投入到技术研究中。

六、强化监督,提高公共服务质量

为了确保新媒体时代公共服务建设的顺利进行,对其进行事前、事中、事后全方位的监督显得尤为重要。加强对新媒体时代公共服务建设的监督,不仅有利于实现资源利用最大化,也有利于公共服务质量的提高。

(一)内部监督

所谓内部监督,主要是指在行政部门内部的监督管理,包括政府部门内部的各种监督管理手段与机制,以及部门主管领导、人事管理部门以及工会的监督。部门内部上下级之间的监督管理,是一种最为直接、经常性的督查办法。第一,建立预防性监督机制。预防性监督机制,本质上就是要通过健全规章制度、完善改革措施、改善行政人员的经济环境以及加强对行政人员的思想教育等手段,把事后查处变为事前预防,从源头上遏制违法乱纪行为的产生。第二，建立绩效评估机制。建立以服务公众为导向的绩效评估体系。绩效评估是一种系统的、科学的管理手段，是政府对电子化公共服务投资决策的检验机制。绩效评估可以避免或降低投资风险。因此，建立科学的绩效评估机制，将公共服务建设纳入党政机关的绩效考核范畴，进行科学、规范的考核，是充分利用资源、有效提高公共服务质量的重要手段。

（二）外部监督

所谓外部监督，主要是作为行政系统之外的其他权力系统的监督管理，主要包括国家权力机关监督、司法监督、政党监督、社会监督。其中，社会监督又包括社会组织监督、群众监督以及舆论监督。第一，强化行政监督制约机制。主要包括：加强国家权力机关的监督作用。通过立法确定各级人民代表大会及其常委会的最高行政监督权。人大及其常委会有权对公共服务建设过程进行监督，确保新媒体时代公共服务建设的顺利进行。同时，提高纪检、监察机关对本地区及其下级的公共服务建设的监督能力。并要加强司法监督，尤其要重视审计机关对已经移交检察机关的与公共服务相关的案件的司法监督。第二，建立广泛、灵活的社会监督机制。由于新媒体的介入，公民参与公共服务的规模和频度都远高于以往，需要建立一个广泛、灵活的社会监督机制，包括：必须加强群众监督，尤其强化公民的监督意识。同时，可以建立民意测评机制，为公民充分、自由地表达自己的看法提供渠道，把民意汇集到相关的部门机构及其他社会组织。相关的组织机构作为公民的代表对公共服务进行监督。注重发挥舆论监督作用。抓紧制定相关的法律法规，明确规定新闻媒体的权利、义务和责任，使其能依法履行监督职能，以提升公共服务能力，为广大民众提供方便、快捷、低成本、高质量的公共服务。

（唐琦玉：湖南行政学院公共管理教研部主任、教授）

社会治理创新：理论蕴涵、实践困境与路径探寻

刘雅静

【摘　要】 社会治理创新是现代政府治理模式变革的理性选择。针对目前我国社会治理创新中面临的政府管制模式制约、公民社会力量微弱、公民治理能力低下等障碍，可以通过推进行政改革，发挥政府作为重要治理主体的主导性作用；拓展公民社会参与路径；提升基层民众社会治理能力；建立社会治理创新的互动衔接运作机制等途径探索并践行有中国特色的社会治理创新模式。

【关键词】 社会治理　公民社会

社会治理创新是当今世界各国共同关注的议题，也是完善治理理论的时代性与战略性要求。针对我国转型时期多样化的关系与问题特征，党的十八届三中全会强调要“创新社会治理体制”。因此，如何更新社会治理理念、改进社会治理方式，对我国当前社会稳定运行和社会关系和谐而言，具有重大的现实意义。社会治理不仅仅是一种形式上的变革或管理风格的细微变化，而是在政府的社会角色及政府与公民的关系方面所进行的改革，引领着公共事务治理模式的变革与创新。社会治理在新的社会历史条件下为众多的行动主体彼此合作、共同参与公共事务管理提

供了一种具有启发性的理论视野和一个具有可操作性的实践框架，也为我国政府治理模式变革提供了新的思路。

一、理论蕴涵：社会治理是现代政府治理模式变革的理性选择

所谓社会治理，是指在网络技术与信息技术的支持下，政府、民间组织、公民个人等社会多元要素相互协调，合作治理社会公共事务，以追求最大化的治理效能，最终达到最大限度地维护和增进公共利益之目的。这种治理方式改变了政府与社群团体、公众在传统行政生态中的管理与被管理、控制与被控制的关系，强调政府与社会各方的相互协作与相互协调，促进各方利益的有效融合。具体来说，其有如下内涵：首先，社会治理主体具有多元性。除了政府之外，民间组织、企业、家庭、公民个人在内的所有社会组织和行为者均可以参与社会公共事务治理。其次，强调各主体之间的自愿平等与协作。政府不再仅仅依靠强制力，而更多的是通过政府与民间组织、政府与企业等的协商对话、相互合作等方式建立伙伴关系来治理社会公共事务。第三，社会治理的直接目的是提高社会公共事务的治理效能，最终目的是最大限度地维护和增进公共利益。社会治理过程中，政府、民间组织、公民个人等主体充分利用各自的资源、知识、技术等优势，发挥出对社会公共事务"整体大于部分之和"的治理功效。

社会治理是当代社会公共管理职能社会化的结果。[①] 传统公共管理是以政府为中心的"统治""管理"，社会和市场则处于边缘地带。政府通过对权力的独家垄断，建立起对社会的垂直控制体系。与传统的政府公共事务治理主体不同，社会治理则强调除政府外，市场、社会组织也应当成为社会治理的主体。治理主体的多元化在一定程度上优于二元对立的治理模式，能够更好地适应现代社会的发展，顺应社会的潮流和民众的需要。社会治理因此成为目前世界各国共同关注的议题，这也是完善公共事务治理的时代性要求和战略性要求。

中国的改革是一个创造多元社会主体和复兴社会主体性的过程。多

① 虞谷民：《政府与社会公益组织协同机制探析》，《党政论坛》2012 年第 8 期。

元化的社会治理主体要求与政府分享治理权力并结成伙伴关系，对社会公共事务进行协同共治，从而在社会整体性治理中实现合作共赢的局面。然而，在我国传统由党政部门主导型的社会管理模式下，政府部门几乎是社会管理中的唯一主体，这就大大压缩了其他社会主体参与社会治理的空间，导致了其他治理主体的利益表达与利益诉求严重受阻。同时，也使得政府容易陷入"利用国家机器解决一切社会问题"的窠臼里面，从而带来一系列的利益冲突与社会矛盾，加剧社会管理困境。这说明，以政府部门为单一治理主体的社会管理模式，已无法有效应对极为复杂的现代社会。现代社会是一个以公正求统一的社会，是由自由人与负责人构成的社会，而不是由统治者与被统治者构成的社会。因而，作为一种治理的社会，现代社会应是一个不断开放的"域"，以前完全由政府部门支配的社会管理模式，已不适合现代社会治理的需要，必须不断吸引其他社会主体加入社会治理领域，从而实现社会公共事务的协同共治。这预示着公共管理领域内的一场变革已在所难免，一种取代传统管制行政的治理模式正呼之欲出。而社会治理所推行的调控方式使政府的地位和传统角色发生了根本的变革：政府成为一个整体的一部分，一个体系的组成部分，其决策权的行使以便利和观察社会活动为依归，适应了当前经济社会发展方式变革的需要。从根本上来说，社会治理这一新范式是我国政府治理模式变革取向的必然逻辑，也是实现有效社会治理的理性模式与路径选择。

二、实践困境：制约社会治理创新的障碍分析

（一）政府管制行政模式的影响

社会治理的实施需要"多元主体"参与治理。在行政过程中，政府应自觉将集权、等级制、命令限定在必要的最小范围内，主动将公共权力分配给社会，注重各社会群体的互补性功能和协助性作用，并且通过合作与相互竞争来实现多元主体的治理。然而，我国现有的社会管理仍未摆脱传统的管制行政模式的影响。传统管制型政府是一种注重管制而轻视服务、注重管理过程而忽视管理结果、以政府为本位而非以公民为本位的政

府。在这种模式下，政府凭借着强制性的公共权力，对社会生活全面干预并垄断公共事务的管理，承担着“统治者”的角色。行政权绝对处于单向支配地位，政府官员的意志绝对凌驾于社会之上，不容社会各方的质疑与反驳，协商与合作更谈不上。久而久之，社会治理的相对方容易对政府产生不满情绪，甚至积聚成强烈的对抗心理，社会治理措施将因相对方有形或无形的拒绝和抵制而大降功效。另外，管制行政中，由于缺乏对行政权力的制约，理性的有限性使官僚体制易滋生官僚主义，从而损害行政效率。

（二）公民社会力量微弱

公民社会是各个成员作为独立的单个人的联合，因而也就是在形式普遍性中的联合，这种联合是通过成员的需要，通过保障人身和财产的法律制度，和通过维护他们特殊利益和公共利益的外部秩序而建立起来的。公民社会主张普遍利益、公共领域及公共精神等。它既与国家互动合作，使政府权威具有合理性与合法性，又制约、平衡和控制国家权力。然而，受过去高度中央集权体制的影响，当前我国社会的独立性并不强，国家对社会资源在很大程度上进行控制和垄断，国家吞没社会，政府吞没民间，社会并没有完全从国家中分化出来。首先，公民社会的载体——社会组织大部分都严格处于政府的权力控制之下，在社会治理方面成为政府的衍生之物，在政府的统一部署下对社会的人力、物力、财力等资源进行分配、安排和管理。其次，在政府严格而全面的控制之下，政府与社会之间往往是一种自上而下的、单一的“权力—服从”型关系。社会被当作公共权力指向的对象，过多地强调社会、公民必须服从政府的管理，他们的意愿和要求却缺少理性、有序表达的渠道与机制，更不可能以自身的力量影响政府决策行为。可见，在微弱的公民社会中，各社会群体无法通过独特的方式、渠道进入一个稳定的利益表达场所，在共同利益的基础上将分散无序的个体潜在影响力形成一股合力，以实现对社会的治理。

（三）公民治理能力低下

随着社会主义民主政治不断推进，我国公民治理能力确实有了很大的提高，然而仍然存在着诸多的问题，公民意识在苏醒，但仍缺乏自主力量。受传统专制制度、臣民文化和社会公共领域缺失的影响，长期以来，一些基层社会公众也习惯于接受统治和控制，默认或认同周遭事物，缺乏监督和批判精神，公民参与决策与治理的能力低下，至于走向由基层公众自己主导的公民治理更是遥遥无期。在社会治理中，不少公民喜欢扮演“搭便车者”和“看门人”的角色，这无疑会影响社会治理的效果。此外，我国当前的政治体制还不能很好地保证公民参与渠道的畅通，长期习惯公共权力主宰型的地方政府在很大程度上压缩着公民参与社会治理的空间，公民大众与公民组织缺乏对社会治理政策的实质性影响。

三、路径探寻：社会治理创新的实现

构建社会治理创新的局面，变革当代中国政府与公民社会关系的基本途径，需要政府、社会组织和公民等多元治理主体的共同努力。从公共权力和社会资本两方面入手，在变革和重塑政府治理模式的过程中，在基于信任的基础上，构建一个政府与社会组织、公民合作的广泛的社会治理格局，是我国真正实现社会有效治理的路径选择。

（一）推进行政改革，发挥政府作为重要治理主体的主导性作用

政府是社会治理的主导力量，这是相当长时期内的现实。政府的主导性是由政府的权力特征决定的。在我国，政府集中掌控着管理社会事务的各种资源，作为社会公共利益的代表者、维护者，在社会治理中处于主导地位或支配地位，这是社会治理的政治基础。

1. 由管制型行政向合作型行政转变

管制行政已不能完全满足社会的实际需要，而社会治理是试图超越管制行政的一种新型治理模式，它可通过弱化权势的力量，使社会群体主动参与、积极配合，顺利实现对社会的治理。协同理念将替代管制理念成为政府行政的价值范式，从而实现人类社会治理模式的人性回归。社会治理冲破了管制行政的思维模式，要求政府突破工具理性的思维惯性，转向从价值理性出发，以社会和公众为中心，及时、准确地了解社会和公众

的需求，实行合作行政。[1] 而当前我国社会的管理活动仍受制于“统治”或“管制”理念，僵直、强制、单向的管理方式日益暴露出不少弊端。因此，合作型行政是行政管理理念的转变和行政作用空间拓展的逻辑必然。在行政过程中，政府可将货币、法律、知识、伦理等要素作为社会系统的控制参数影响社会各方形成规范的思想指向与价值体系，从而引导社会治理中各方的平等参与、相互信任和相互合作。在这种氛围中，政府本着平等、独立、民主、责任、宽容的人文精神，融入现代行政管理的精髓，通过与社会各方的沟通、协作、激励、扶持等措施，调动社会各阶层参与行政的积极性并以行政指导、行政奖励或行政规划等强制性较弱的方式来促进各方利益的有效融合，实现对社会的共同治理。可见，改变政府在社会治理中“唯我独尊”的观念，可极大推进管制型行政向合作型行政的转换。

2. 建立保障社会治理创新实施的程序性制度

没有完备的程序性制度框架设计，社会治理创新就缺乏有效性和现实性。要建立配套的保障社会治理顺利实施的程序性制度，首先应完善和规范相关的法律政策，依法管理、监督各社会集团、群体，明确政府的指导和监督职能，为社会各群体进行社会治理提供制度空间；通过科学合理的司法和行政框架，明确各自的法律地位、职责权限和运作规则，增强社会各组织、各团体自我管理的能力，为创建新型的社会治理创新体系提供优良的法制基础。其次，制定各部门社会治理的工作制度，作为行政行为的外部控制机制。通过政务公开制度、公示听证制度、信访调解制度、行政问责制度等程序性制度规制政府的行政方式和政府与社会各群体的关联方式，约束政府机构一些脱离社会现实的无规则的行政行为，促使其与社会群体协同运作，实现社会治理的有序结构，从而形成社会治理的工作机制。最后，要建立和完善践行社会治理创新的评估和监督制度。科学确定评估的内容和指标体系，把外部的评估如社会各集团、各群体的参与度和对政府工作的满意度作为评估的主维度，把治理主体多元化、治理权威多样性、社会各群体的动态协作性、各阶层内部的协调性、社会的稳定

① 杨仁忠：《从〈决定〉看社会公共领域在创新社会治理体制中的独特作用》，《理论探讨》2014 年第 1 期。

作为评估的重要内容，形成政府工作绩效的导向。实现监督主体多元化，对在社会治理过程中将个人意志凌驾于社会之上，独自主宰社会事务，甚至因违法用权而侵害社会利益的政府部门及公务员应追究责任。

（二）拓展公民社会参与路径

1. 发展和培育社会组织，壮大社会治理多元主体实力

公民社会组织是社会治理赖以实现的"关键加入者"，社会治理的实施需要政府确认"多元主体"参与治理的资格并主动分配公共权力给公民社会，注重与公民社会的沟通、协调与合作，实现对社会的共同治理，以求公共利益的最大化。① 社会组织是公民社会的重要载体，是一个社会结构中必要的组织形态，是公民社会的推动力量。因此，增强我国公民社会的力量就必须加快发展社会组织，提倡多部门的合作，即"政治国家与公民社会的合作，政府与非政府的合作，公共机构与私人机构的合作，强制与自愿的合作"。为此，必须让社会组织有持续的发展空间和更多的自主权利，使政府、社团、公众等各种不同的力量处于一种平衡的状态。在现代社会里，社团将和政府、企业在越来越广泛的领域里合作交融，而不是彼此对立、互不相干。社团与政府、企业的广泛的、深度的合作，将为建设一个多元化的、丰富和民主的社会奠定基础。发展社会组织必须：首先，完善和健全各类社会组织的管理法规和政策，明确政府的业务指导和监管职能，为社会组织的发展创造自治空间；通过科学合理的司法和行政框架，明确社会组织的法律地位、职责权限和运作规则，建立自律机制，实现其成员的自我管理，为发展新型的社会组织提供优良的法制基础。其次，从政策法律上确保社会组织的正规性、参与性和自主性，提高其自治程度，使社会组织具备与政府建立信任合作关系的坚实基础。最后，加强指导和沟通协调，建立政府与社会组织的沟通、协调机制，畅通信息交流渠道。制订涉及社会组织利益的法规规章、公共政策、行政措施、发展规划时，应主动征求和听取相关社会组织的意见和建议。

① 杨仁忠：《从〈决定〉看社会公共领域在创新社会治理体制中的独特作用》，《理论探讨》2014 年第 1 期。

2. 提高社会组织的公信力和动员能力

公民是多元治理主体的基本细胞，社会组织中的公民参与很大程度上依赖于该组织的公信力和社会动员能力与水平。然而，由于多种因素的制约和影响，我国公民过多相信政府，而对社会组织信任度不够，公民参与度也就不高；过度营利也导致社会组织缺乏社会公信度。因此，提高社会组织的公信力和动员能力，需要政府继续强化宏观调控而缩小行政干预和职能辐射范围，在政策导向、经费筹集、授权委托、业务活动、公信力铸造等方面给予社会组织以大力支持和帮助。① 同时，社会组织也应该充分利用“社会事业社会办”所提供的广阔舞台，强化公民的民主参与意识和公民精神，进而促进社会组织的蓬勃发展和独立运作，实现自我管理、自我服务、自我协调、自我监督功能，积极参与社会治理，以达成多元主体的正和博弈关系的和谐发展。

（三）提高基层民众社会治理能力

社会治理视域中的“公民”应该是具有现代公民意识和公民能力的合法公民，这是社会治理得以实践的社会基础。同时，作为社会公共事务最根本、最直接的践行者和基本单位，公民个人的意识、态度、方式和能力，对于提高社会治理的绩效至关重要。然而，在我国现实社会生活中，基层公民普遍缺乏公共精神，存在“搭便车”现象，公民治理能力低下，无法对社会进行有效的治理。欲使公民主动地参与社会治理，积极寻求与政府和其他主体进行合作共治，必须强化公民的主体意识和公民能力。而公民能力不仅是公民个人努力的结果，而且依赖于国家为公民提高自身能力创造条件。为此，首先应建立完善的公民教育体系，发挥其培养公共精神、提升公民治理能力的作用。注重教育时间、地点和方式的灵活性，通过不定期举行公民能力培训等活动，对公民进行灵活性、多渠道的公民意识教育，帮助公民更好地树立公民精神，提高参与治理能力。其次，要进一步拓展和创新基层民众有序参与社会治理的形式与渠道。通过“民主

① 程关松：《在法治中国理念引领下创新社会治理体制——以纠纷的解决为中心》，《江西社会科学》2013 年第 11 期。

选举、民主决策、民主管理、民主监督”为基本内容的民主政治活动形式，逐步提高基层公民大众以“自我管理、自我服务、自我教育、自我监督”为基本特征的公民治理能力。

（四）建立社会治理创新的互动衔接运作机制

社会治理创新的成效与政府、社会组织、公民等治理主体之间的互动与协作程度也是密切相关的。社会治理是一个开放的系统，系统的存在靠机制支撑，其发展也要依靠机制整体功能作用的发挥。机制合理能促进系统的发展，机制不合理则会阻碍甚至破坏系统的发展。因此，将这些治理主体互相制约、相互协作的行为衔接机制有效地融合，社会治理才能具备有利的条件和环境。这需要对各治理主体的内部结构以及运作模式进行相应的调整和优化，使它们在功能上互相取长补短，实现协同增效。

1. 要实现组织网络的衔接

组织网络的衔接可将社会治理活动过程中的人、财、物、信息等资源，在一定的时空内进行合理、系统、有效的整合，构建多边、多重互动组织网络。在治理过程中，致力于各治理主体之间的多边互动，使社会治理从单向、双向活动发展为多向、多重互动活动，以形成一个立体的、开放的、互动的组织网络机制并充分发挥这个网络的功能，使社会各方平等地享有参与治理的机会。为此，政府部门应参照公民社会的网络化、扁平化的组织体系，改革政府组织网络。同时，公民社会也应借鉴政府组织网络管理的有效性，重塑公民社会组织网络和社会结构，促进公民社会同政府组织网络的有效衔接。

2. 要实现工作制度的衔接

应通过行政问责、公示听证、信访等工作制度，形成社会治理的长效工作机制，避免不同治理主体同时运作时出现关系紊乱的局面。这就要求政府必须从传统的行政化管理模式向协调、服务的方向转变。其余各子系统相互之间应主动联系沟通，并在各系统内建立常规的工作联系制度，着力完善与外部环境有效衔接的工作制度，并可将工作制度的衔接纳入绩效管理和绩效考评之中，最终形成一条环环相扣、功能强大的工作制度链。

3. 要实现技术平台的衔接

现代网络信息技术是社会治理的技术支撑，为社会治理各主体之间信息的获取、分析、评价提供了技术平台。各主体可运用现代信息网络技术超越时空障碍实现资源共享，进而形成一个彼此依赖的、动态的自组织网络系统，构筑政府、社会组织、公民一体化，点、线、面相结合的动态性、柔性化的社会治理系统。

（刘雅静：宁夏行政学院公共管理教研部教授）

创新城镇化统筹管理体制[*]

肖万春

【摘　要】　当前我国城镇化快速推进中面临的经济风险、社会风险和生态风险都不同程度地存在，且在局部地区还有进一步恶化的趋势。要有效防范城镇化风险，促进城镇化健康发展，必须创新城镇化统筹管理体制：实行省管县、县辖市体制，建立完善跨行政区域的城镇化协调发展管理体制，创新市镇行政管理体制。

【关键词】　城镇化　统筹管理　创新体制

党的十八届三中全会明确提出“完善城镇化健康发展体制机制”①。当前我国无论是发达地区还是欠发达地区，城镇化快速推进中面临的经济风险、社会风险和生态风险都不同程度地存在，且在局部地区还有进一步恶化的趋势。城镇化发展既要充分发挥市场的决定性作用，也必须有效发挥政府的宏观管理作用，政府的有效管理是防范化解城镇化风险的

---

* 本文系2014年度湖南省社会科学基金重大课题“破解城乡之间和城市内部‘两个二元结构’、提高城镇化水平和质量的思路与对策研究”（项目编号为14ZDA06）的阶段性研究成果。

① 《中共中央关于全面深化改革若干重大问题的决定》，人民出版社2013年版，第24页。

基本条件。但如果政府人为地拔高城镇化发展速度，过度或不当地干预、分割城镇化发展，不但不能促进城镇化发展，反而会制约城镇化发展。因此，针对我国城镇化发展中存在的政府行为干预严重、管理层级过多、区域城镇化发展行政性分割、应急体系不健全等问题，建立一个符合于市场化发展要求的城镇化统筹管理体制更显迫切。

一、实行省管县、县辖市体制

针对市管县体制中县（县级市）被统得过死、缺乏应有活力等弊端，要有效地化解城镇化风险，就必须改革我国目前的行政区划管理体制，彻底变革市管县体制，实行省管县、县辖市体制。城镇化进程中的城乡分割二元化格局的打破，重要的是在发挥中央和省级政府规划职能的基础上，充分调动县域政府推进城镇化建设的主导性和创造性。改革开放三十多年来，我国工业化程度显著提高，经济实力显著增强，已经具备“以工促农、以城带乡”的条件，如果充分发挥县级政府的调控引导作用，就能有效防范化解城镇化风险，促进城乡融合。

因此，给县级政府扩权，还权于县，赋予县级政府更大的人事权、更多的财权、更大的资源支配权和经济社会发展的决策权，加快以扩大县权为目标的省管县体制改革，实行县辖市，是城镇化管理体制创新的核心。当然，由市管县体制向省管县体制变革，是一个系统工程，涉及方方面面，不能搞“大跃进”，要在试点形成一套成功经验的基础上，逐渐推广。省管县体制改革要遵循“全国一盘棋”。从全国来说，省管县体制改革要与行政区划变动相结合，行政区划的变动涉及各方面的利益，要慎重，建议把一些特大城市提升为直辖市，原则上不另设省；同时各省域在进行省管县改革时，又要立足各自的实际，不能完全照搬别人的模式。综观已有的改革实践，市管县体制向省管县体制转变可以分三步走：第一步是实行试点，可以按照一个省域中县域经济的实力，分别从上、中、下三个梯次中各选取前 1—3 名县作为进行省管县体制改革的试点县，这种试点改革的模式是人事权、财权、决策权的全面下放，通过试点主要是要明确省要管哪些、下放到县里的权力应该是哪些、下放过程中会产生哪些新的矛盾和问题、如何解决，以逐渐积累经验。第二步是虚化地级市，在省域范围内实行“市县分置”，即“市”只管理城市（包括郊区）自身一块，县改由省直接管理。这是在试点经验的基础上，在省域范围内推行省管县体制改革，这一步的改革内容主要是虚化地级市，缩小地级市的管辖范围，实行“市县分置”，县和地级市都直接由省管辖。第三步是撤销地级市，地级市成为省辖市，在行政级别上和县平行，县下的县城和一些中心城镇可改为县辖市体制，实行省县两级政府的地方行政管理体制。

现有的单一“镇”政区的体制已不适应形势发展，必须创新县辖市管理体制。县域经济的快速发展导致县域内乡镇的进一步分化，一部分条件较好的经济强镇向小城市方向发展。改革开放以来，我国经济发达的中心镇经济规模达到许多县级市、甚至西部的很多地级市的水平，并具有巨大的发展潜力。权力小、责任大、能力弱是这些乡镇普遍存在的矛盾，特别是缺少决策权和独立的财政，因而严重影响这些乡镇的施政能力。经济强镇对自身城市规划与建设、管理的职能、水平提出了新要求；同时，城区非农产业的高速发展，必然导致社会管理事务的高要求，而一般镇的“适农性”体制特点及其管理模式已经越来越无法适应这种城市性社会管理事务发展的要求，迫切需要革新目前的政区体制，实行新的城市型管理体制。从我国的国情来看，乡镇改革仍存在一定缺陷，即没有解决一部分强镇发展中的政区体制矛盾，可以将部分县市的部分乡镇，即人口规模较大、经济实力很强的少数镇，实行“县下辖市”改革，把条件特优秀的镇作为小城市政区进行管理。近几年来，实行大规模乡镇合并，产生了一批规模较大的强镇，已经为县下辖市提供了良好条件。由此可见，实行县辖市体制将成为必然。尝试实行县下辖市，要根据各县域的经济水平、空间格局、城镇体系布局、交通网络系统和未来发展前景等条件，按照一定标准，选择县以下个别规模较大、条件优越的乡镇改设为市。这一制度与现有的县辖乡镇制度融合，形成完善的基层政区制度。县下辖市的“市”，隶属关系不变，其行政等级一般等同于乡镇，仍归属县领导，由县统筹，某些管理权限相对乡镇可以适当放宽，县辖市的建成区人口集聚规模大致在10万人以上。总之，县辖市是乡镇政区制度的发展，并非替代，是我国城市制度的完善和规范，乡镇建制仍然是县以下政区的主体，在县辖市体制下，县下政区将形成市—居、镇—居、乡—村多模式并列，功能性质各异、合作分工、紧密联系、互为一体的新格局。

二、建立完善跨行政区域的城镇化协调发展管理体制

建立完善城镇化协调发展管理体制，就是指要形成一个既能充分发挥各级行政组织的积极性，又能充分发挥中央和省级政府的规划、战略上协调调控作用的管理体制。“省管县、县辖市”体制改革，精简了行政管理层级，扩大了县级政府的财权、资源支配权和项目建设的决策权，有利于县域经济和农村小城镇、村镇建设，有利于城乡经济社会的融合。但是也要认识到，实行“省管县、县辖市”体制后，有些问题发生了新的变化：县辖市与原地级市（也就是区域中心城市）之间如何协调，各区域城镇之间的发展如何协调，如何有效地形成组团式城市群等。这些问题在市管县体制下，主要是运用行政权力进行协调。这种协调不是市场经济原则的协调，往往造成城市挤压农村的后果。实行“省管县、县辖市”体制后，从体制上一定程度地断掉了区域中心城市依靠行政手段抽走农村经济资源的渠道，有利于农村城镇建设和农村经济发展，但是，区域中心城市与县辖市、小城镇之间在行政上没有隶属关系，因此，如何统筹区域中心城市与县辖的市、镇的发展，以及如何协调省域之间的城镇化统筹发展等问题就显得非常突出。

（一）建立完善跨行政区域的多中心城镇化体制

跨行政区域城镇化协调发展的实现，关键是要实现以组团式城市群发展为核心的多中心城镇体系网络化，形成不同层次的多中心城市群。因此，要促进跨行政区域城镇化统筹发展，必须着力建立健全多中心城镇化体制，促进城镇体系空间结构布局优化，实现“小县域、大县城”模式，实行县下辖市。多中心管理体制，就是指在城市群内存在相互独立又统一协调的多个决策中心，包括正式综合的区域政府组织（城市、镇等）和大量重叠的特别管理区（针对某些需要而成立的、具有单一职能的管理区域，

如学区、大气污染控制区等)。在多中心体制下可以由不同规模的组织提供最好的公共商品生产和消费的组合以及各种公共服务,更能满足公众的需求。多中心体制面临的主要问题是如何实现超越各行政区或特别管理区的更大空间范围的公共利益。实现这种公共利益只能通过各级行政组织的合作、竞争和协商来提供大规模的公共服务。事实上,这种合作是相当困难的。因为在很多情况下,城市群内各地方政府之间有关公共设施、服务消费和受益分布并不均匀,而在多中心体制下各地方政府都有自己的否决权,从而难以组织城市群公共设施和服务的统一行动。这就必须创新多中心城镇化管理体制,在实现"省管县、县辖市"管理体制、适当扩大中心城市市区管辖范围的基础上,建立跨行政区域的联合协调组织。可以考虑建立城市群建设协调委员会,协调委员会由各行政区域政府行政主要负责人建立联席会议制度,以城市群核心城市政府作为召集人,下设规划协调办、综合协调办等若干具体办事机构,定期协商解决区域内的重大问题,也有临时决定紧急磋商的权力。这种联合协调组织不仅是各级行政组织协作的咨询机构,也应是拥有一定实权的执行机构。相对城市群内各级行政区域政府而言,它致力于解决更大范围内的协调发展问题。它不是一个综合性组织,而应着重建设成为一个针对若干城市群内重大问题的专题性协调解决机构,重点应是针对基础设施建设与空间发展,以及两者与自然环境的结合。它享有对城市群内环境整治与重大基础设施建设的认可及资金的分配权,对城市群内金融贷款拥有倡议权等,使其具有一定的经济调控能力与投资管理能力。它负责城市群发展规划的组织编制,并要求以下各个层次规划以此为参照,享有对下层次规划的否决权。这个组织的规模、紧密程度和调控职能强度可以随着城市群发展的实际需要做相应的调整。

(二)建立健全城乡、区域产业融合体制

这是跨行政区域城镇化统筹协调发展管理体制创新的重要内容。跨行政区域的城乡统筹发展是以产业融合发展为依托的,只有依托城乡、区域产业融合集群发展提高城乡、区域关联度,才能加快城市新型工业、现

代服务业对传统农村产业的改造和跨区域城乡人口流动，促使乡村生活方式逐渐融入城市，城乡、区域统筹发展才能实现。因此，建立跨行政区域城乡产业融合体制机制，实施支持性的跨行政区域城乡产业融合的财政体制、金融体制、科技管理体制、人才管理体制、对外开放体制、文化卫生体制等，整合和对接城乡、区域资源，促使各类生产要素从分割走向融合，从固化走向流动，在产业要素的流动和融合中实现城乡、区域统筹发展，这是跨行政区域城镇化统筹发展体制创新的重要内容。当前的重点是打破行政区域的空间界线，以经济圈域经济分工合作理论为指导，根据国家产业发展规划，制定多层次的网络化经济圈域产业集群发展规划，推动跨行政区域产业的分工协调发展，整合经济圈域内各企业资源，发展培育区域特色主导产业，强化农村产业与中心城市产业的融合。当然，强调跨行政区域的产业集群发展，并不是要否定各区域内的特色产业发展。在制定产业工业园区和集群发展的同时，既要强调跨行政区域城乡产业的融合与合作，也要高度重视区域特色产业的培育，要把发展特色产业集群作为区域产业发展的主要形式。各区域在制定产业集群发展规划的时候，要按照地方资源禀赋特点、产业发展现状、产业链形成规律，选择最具比较优势的产业或产品，制定产业集群发展规划，调整优化产业集群布局；要依托地方传统产业、资源资本等优势，扶持做大做强骨干企业、优势企业，引导龙头企业自我扩张，延伸产业链；着力支持龙头企业通过兼并、收购、合资合股、合作等各种经营方式，整合同行业、同类型企业优势，组建大型集团化公司，构筑特色产业板块，推动产业创新、产业集聚和产业扩散，提升集群的产业能级。

（三）建立完善跨行政区域城乡资源环境一体化管理体制[①]

这是跨行政区域城镇化统筹协调发展体制创新的着力点。现代城镇化发展是一种“资源节约型、环境友好型”城镇化发展模式，它的一个基本要求是，城乡、区域的生产、消费、分配、交换都要体现资源节约和环境友好，也就是要实现城乡、区域的“两型产业”“两型消费”

① 肖万春：《加快长株潭“两型社会”建设中城乡统筹的体制创新》，《湖湘论坛》2009 年第 4 期。

“两型分配”的一体化。因此，从管理体制上建立完善土地等资源开发核算、污水垃圾处理等生态环境保护的城乡、区域一体化，是跨行政区域城镇化统筹协调发展体制创新的重要内容。没有城乡资源环境一体化管理体制，就不可能实现城镇化的科学发展，“两型城镇化”建设目标的实现也只能是空话。

（四）建立完善跨行政区域的城乡、区域一体化流通体制

针对当前我国城乡、区域流通体制市场分割的问题，要有效化解城镇化风险，必须创新流通体制，建立市场化、开放化、一体化的大流通体制。建立跨行政区域城乡区域一体化流通体制的根本举措，是从城市群整体性高度编制现代流通业发展规划，合理布局建设一批如粮食批发市场、食用油批发市场、果品批发市场、蔬菜批发市场、水产品批发市场、鲜活农产品批发市场、工业原材料批发市场等大型专业批发市场，采用一流的物流、交易运作技术和科学的经营管理理念与方法，建设功能完善的新型批发市场和配送中心，搭建电子商务交易平台，兼顾现货和期货交易，扩大交易范围和交易场地，进一步鼓励城市连锁企业向农村发展，构建产供销相结合的以经营业态多元化、连锁网络城乡化、物流配送现代化、企业管理科学化和服务内容系列化为特征的大型流通企业，加强农产品及其加工品标准化体系和监测体系建设，形成具备商流、物流、信息流的跨行政区域的城乡区域一体化综合流通体系。

三、创新市镇行政管理体制

城镇化发展必然要以市镇为依托，设市设镇的模式和市镇行政管理体制效率的高低直接影响市镇的健康发展。要有效地降低城镇化效率损失风险，促进城镇化健康发展，必须进一步创新市镇行政管理体制。

（一）转撤县（乡）设市（镇）体制为“切块”设市（镇）体制

从设市设镇模式来看，设市设镇的模式也直接决定城镇化发展的规模和素质。虽然说设市设镇与城镇化不能画等号，不是市镇设得越多城镇化水平就越高,但是设市设镇是城镇化发展的客观要求,是城镇型社区管理的客观要求。科学合理的设市设镇,有利于提高二、三产业在城镇的集聚规模效益,有利于促进城镇化持续发展。从全世界来看,设市设镇的模式主要有两种类型,“切块设市(镇)”和“撤县(乡)设市(镇)”。世界上绝大多数国家普遍实行的设市模式是点状设市(镇)模式,或者说是切块设市(镇)模式。1983 年以前,我国普遍采用的设市(镇)模式也是这种模式。1983 年以后,撤县(乡)设市(镇)模式开始逐步推行,这主要是从精简机构方面考虑的,因为切块设市(镇)必然要增加一套行政机构。随着我国市场经济体制改革的深化,尤其是省管县行政区划体制的实行,今后我国设市设镇的主要模式应该采取“切块”设市(镇)模式,适当增加县辖市、省辖市和中央直辖市。对于县辖市(镇)可采取“城郊合治”新的“适度切块”设市(镇)体制,在今后的县域设市模式实践中,集合“城乡分治”的切块设市和“城乡合治”的整县设市两种模式的优点,摈弃两者的缺点,建立按照“城郊合治”的原则“适度切块”设市模式,即“切块”的面积大一些,有一个合理的城郊比例,给新“切”的市留有充分发展的地域空间。适度切块设市能使县域中最发达、城镇化水平最高或者最有发展潜力的镇“切”出来设置为“市”,实行城市管理体制,集中发展非农经济,从本质上区分了城市和乡村的不同概念,既符合城市的基本特征,反映了城镇化的真实水平,又避免了“虚假城镇化”现象。

(二)分类改革市镇内部管理体制

从市镇行政管理体制来说,市镇行政管理体制可以分为两个不同的层次,即市镇内部管理体制和市镇外部管理体制。加快城镇化加快健康发展,必须理顺市镇管理体制。当前,我国市镇内部管理体制僵化,不适应市场经济发展的要求,主要采取两种管理模式:地级以上城市市区的内部结构是区—街道—居委会体制,县级市市区是街道(镇)—居委会体制。这种不管城市规模大小采取一刀切的市镇内部管理体制模式,存在的最大弊端是:一方面管理层级多,管理效率低;另一方面是一些特大城市或大城市街道、居委会管理任务太重而管不过来,从而严重影响了市镇建设和社会发展的稳定。这就内在要求市镇内部行政管理体制必须根据城市规模的大小分类设置：市区人口超百万的大城市和特大城市可以在把市辖区划小的基础上，将街道、居委会两级合并成一级，设立社区居民委员会，即市—区—社区体制；中小城市一般不设区、街建制，改为市—社区居民委员会体制。① 这样大中城市市区内部都精简了一个管理层，从而大大地提高了市镇内部的管理效率，有利于市镇经济社会发展。为此，必须进行两项调整：一是市、区、社区或市、社区间管理职能的调整。要扩大社区居民委员会的行政管理职能，赋予社区居民委员会具有维护社会稳定、发展社区文化、提供信息服务和法律服务、促进社区就业、营造公平环境等职能。二是区和社区管理规模的调整。一般而言，社区居委会管理的规模应比原街道小而比原居委会大，根据各城市的实际需要而定。

（三）市镇外部管理体制实行三级市制

市镇外部管理体制指的是市镇上下级行政领导关系体制。有效率的市镇上下级行政领导体制的一个主要标志是层级小、权责利明确。目前，从行政级别上我国有四个等级的市，即省级市（直辖市）、副省级市、地级市、县级市，此外，还有少量的在当地享受副地级待遇的省辖县级市。这样就形成了多种多样的城市行政体制：省管市体制、市管市体制、市管县体制、地管市体制。随着城镇化发展和市场经济发展，这些市体制产生的矛盾越来越突出，特别是以代管形式存在的市管市体制矛盾尤其尖锐，严重制约了城市与城市、城市与中小城镇、城镇与农村之间经济社会的协调发展。因此，必须适应城镇化发展规律的内在要求，结合省管县体制的改革，创新市镇外部行政领导管理体制。市镇上下级行政管理体制改革的长远目标要实现三级市制，也就是中央直辖市、省辖市和县辖市。为此，整个行政区划体制都要进行改革，以市制创新为契机，推动行政区划体制改革，调整行政区域单元管理幅度，适当增加中央直辖市和省辖市，调整

---

① 戴均良：《城镇化发展的战略方针与城市体制创新》，《中国方域：行政区划与地名》2001年第5期。

各级行政建制之间的职能任务和职权，减少上级行政建制对下级行政建制的事务性管理，从而为减少行政管理层次创造条件。这就要求进一步改革行政审批制度，大幅度取消行政审批事项，确立市场在资源配置中的决定性地位。只要减少了行政审批制度，行政管理的幅度就可以扩大，下辖的政区单元就可以增多，市镇上下级行政领导体制才会有效率。

［肖万春：中共湖南省委党校（湖南行政学院）经济社会发展研究中心、决策咨询中心主任］

政务服务中心建设:反思与重构

张　廉　贯德荣

【摘　要】 政务服务中心是行政审批权集中行使的机构,也是反映政府形象的重要窗口,其以方便快捷的办事方式受到群众和社会各界的普遍欢迎。但在深化行政体制改革和创新社会治理方式的今天,这种源于地方政府自发的改革创新形式存在着诸多矛盾和问题,制约着政务服务中心的发展,亟须改革和完善。

【关键词】 政务服务中心　困境　重构

20世纪90年代以来,地方政府为了方便群众办事,改进工作作风,优化经济社会发展环境,借鉴开发区招商引资的做法,陆续建立了以集中办理行政审批事项为主要内容的"一站式"政务服务中心,对推动经济社会发展起到了重要作用,受到群众和社会各界的普遍欢迎和赞誉。但在深化行政体制改革和创新社会治理方式的今天,存在着诸多矛盾和问题,制约着政务服务中心的发展,亟须改革和完善。

一、加强政务服务中心建设的现实底蕴

政务服务中心历经十多年发展,从招商引资窗口到一站式行政审批

再到构建政务服务体系，为转变政府职能、优化管理方式发挥了重要作用。在深化行政体制改革，切实转变政府职能，增强政府公信力和执行力，建设法治政府和服务型政府的今天，加强政务服务中心建设具有坚实的现实底蕴。

（一）坚实基础：政务服务中心建设取得的伟大成就

政务服务中心经过十多年的发展，已经成为我国依法行政和促进政府职能转变的重要载体与有效形式，并取得了显著的成就。在我国，目前各级各类政务服务中心有近三千家，基本形成了地方政府与职能机构纵横交错、实体大厅与网上大厅遥相呼应的体系，初步建成了政府部门与中介机构协同服务、受理窗口与运行后台通力合作的统一平台，[①]建立了基本的规范和服务标准，建成了统一的网上审批服务系统，实现了全过程网上办理，建立通过电子监察、视频监控、服务对象评价、义务监督员监督、民意调查等手段，多方共同参与的审批监督评价体系等，这些伟大成就为进一步加强政务服务中心建设提供了坚实的基础。

（二）历史契机：政府职能转变的加快与行政体制改革的深入推进

从 1988 年开始，我国行政管理体制改革把转变政府职能作为核心和重点，取得了明显成效。如明确强调要实行政企分开、政资分开、政事分开、政府与市场中介组织分开，并取得了一定的进展；明确界定政府主要职能，即履行经济调节、市场监管、社会管理和公共服务职能，政府职能有所厘清，交叉重叠现象大为减少；明确提出政府要全面推进依法行政，建设廉洁、勤政、务实、高效政府，并强调要实现建设法治政府的目标，使得法治政府建设深入人心等。但不可否认，政府管理的越位、错位、缺位并存，机构设置与权力分配不科学、不合理，行政权力运行公开性不够，权与利挂钩、权与责脱节等现象依然突出。为此，党的十八大提出，要深化行政体制改革，深化行政审批制度改革，继续简政放权，推动政府职能向创

---

① 中国行政管理学会课题组：《政务服务中心建设与管理研究报告》，《中国行政管理》2012年第 12 期。

造良好发展环境、提供优质公共服务、维护社会公平正义转变。十八届三中全会又强调，必须切实转变政府职能，深化行政体制改革，创新行政管理方式，增强政府公信力和执行力，建设法治政府和服务型政府。2014年政府工作报告也指出，要深入推进行政体制改革，深化投资审批制度改革。党和政府对转变政府职能和改革行政审批制度的历史抉择，为加强政务服务中心建设提供了难得的机遇。

（三）社会认同：政务服务中心自身价值的客观反映

政务服务中心承担了各级政府的政务服务功能，它是政务服务体系和社会治理体系的有效载体和便利途径，是政府职能转变的浓缩，它有效集成了群众办事所需的政府信息，能方便群众办事，节约成本，优化发展环境；它是转变执政理念，转变政务服务模式，转变机关工作作风，树立政府良好形象的要素整合；政务服务中心将建设工程、政府采购、产权交易、药品采购等容易滋生腐败的重点权力领域置于政府统一构建的平台上规范运行，在一定程度上实现了综合治理腐败的行政机制，强化了对各部门行使行政权力的约束，这些价值已得到社会的广泛认同。在新的历史条件下，面对新形势新任务和出现的新问题，为了最大化地实现政务服务中心的价值，根据深化行政体制改革和加强政府职能转变的要求，必须大力加强政务服务中心建设。

二、加强政务服务中心建设面临的困境

随着我国经济社会快速发展，各类行政审批业务量迅速扩大，在公众对政府服务要求日益提高的情况下，政务服务中心出现了许多新问题和诸多困境亟须解决。

（一）政务服务中心建设缺乏规范化

政务服务中心并不是依法定程序产生、由法律授权的行政管理机构，是仅仅依靠政府的“红头文件”建立、运行，其存在和发展仍然缺乏有效的法律依据，没有相关法律、法规对其给予定性和定位，并对其权限作出明

确的界定。这种模式，首先使政务服务中心在职能定位、机构规格、服务权限、标准名称、职员编制、窗口权限等方面存在区域差异，缺乏科学化、规范化、标准化的规制和引导。其次，窗口人员的选拔配置带有明显的随意性，缺乏规范化的选拔机制和培训进修机制，导致服务人员整体业务技能及服务意识较差。再次，政务服务中心的领导管理体制不够规范和科学，“一变四不变”(即地点变，审批主体、审批权力、审批责任、审批人员隶属关系不变)的格局致使中心、各部委在对窗口业务权限、职员管控上存在交织，难以进行系统、规范、高效的组织领导。①

(二)政务服务中心体制机制不完善

首先是政务服务中心体制不合理。各地政务服务中心在机构名称、机构性质、编制职数、功能定位等方面形态各异，发展不一。如在机构名称上，有“政府服务中心”“政务中心”“行政审批与投资服务中心”“行政服务中心”等不同的称谓；在机构性质上，虽然多被赋予了对行政审批活动进行组织、协调、监督、管理的责任，但绝大多数是事业编制单位，存在权责不对称的体制性障碍，导致各地政务服务中心管理机构履职困难。各窗口单位在隶属关系上分属不同单位，在业务沟通、协调联合办理上存在难点，难以依托联办平台的搭建推进业务的“一站式”办理。其次是政务服务中心管理的职能不强。中心与各窗口单位只是一种协调服务关系，虽然各地赋予政务服务中心一定的管理权力，但在条块分割的行政管理体制下，政务服务中心权力实际上很难完全运用到位。少数单位还存在“两头受理，双轨运行”的现象；一些部门以种种理由不愿将其服务项目纳入政务大厅；有的单位把窗口作为咨询处和收发室，把即办件变为承诺件，影响办事效率。

(三)政务服务中心绩效管理缺乏科学性

首先是偏重考核，缺乏绩效管理意识。当前大部分政务服务中心没

① 郑旭然：《浅议通辽市政务服务中心建设中存在的问题及解决途径》，《北方经济》2013年第8期。

有将绩效考核和管理区分开来，绩效管理没有被重视，更多的是看重传统考核，导致政务服务中心形成一种单方评价指标，工作人员将注意力过多地放在了寻找评价体系反映出的指标上，忽视了政务服务中心应有的价值。其次，缺乏与可衡量的目标相适应的高效组织结构。当前，在政务服务中心管理上，原单位对窗口及工作人员的考核不清晰，赏罚不明，影响了窗口工作人员的工作积极性。再次，绩效沟通、绩效评价机制不尽如人意。我国当前多头管理和政令不一给政务服务中心的绩效考核造成不便。现存的多数评价指标难以量化，缺乏可操作性，难以反映真正的绩效。最后，考核制度激励力度不够，执行不力，落实不到位。目前，很多地方政务服务中心考核制度并没有及时将考核结果与奖惩兑现，或者考核没有反馈制度，使工作人员对于流于形式的考核缺乏重视。在原单位进行晋级晋职时，考虑窗口工作人员不多，使考核失去了改进工作、提高工作效率的作用。

（四）政务服务中心软硬件基础薄弱

首先是电子政务建设滞后。电子政务缺乏统一规划，各部门之间相互独立，部分已建成的电子政务系统模式不一，各系统存在独立性、封闭性状况，使得各系统间难以互联互通、难以兼容，信息数据资源难以共享，造成极大的资源和财力浪费。其次是中心布局展示不清晰不全面。有些中心空间布局较为混乱，业务联系密切的有关环节在空间上分隔较远，群众在大厅里上下来回奔波。有些中心流程指示和路线指示、区域指示等不明显、不清晰，文字过多，图形展示复杂且色彩不醒目，导致大多数群众到处寻找办理区域。虽然各政务服务中心均设有咨询台、服务台，提供了业务办理说明指南，并在政府网站上有相关说明和指导，但有些服务台对中心各窗口的服务职能不是完全掌握，甚至有些窗口工作人员不是十分清楚自己的工作内容。再次是信息公开不完全。虽然政务服务中心对公共资源交易的相关信息能主动公开，接受公众的监督，但只公布结果，不公布详细信息。在这样的不完全的信息公开中，可能仍会存在暗箱操作。

（五）政务服务中心队伍建设有待加强

一是窗口工作人员素质参差不齐。有些进驻单位忽视窗口队伍配备，如有些部门将聘用人员派到窗口，个别部门派驻的首席代表由退休返聘人员担任，导致窗口服务质量难以有效提高。二是窗口工作人员自身发展受阻。窗口工作人员长期在窗口，存在着被“边缘化”的现象，致使他们在诸如个人成长等方面受到一定的影响。三是严格管理与调动工作积极性间存在矛盾。政务服务中心作为政府窗口，决定了中心严格管理的必然性，但由于常年面对单调、重复的工作内容，使得窗口工作人员产生懈怠情绪，有时未能做到优质、高效服务。四是窗口工作人员业务培训难以有效开展。由于中心与各窗口之间没有隶属关系，业务培训一般由各部门自行负责，而各窗口与所属部门之间由于距离、时间、人员安排等原因，有些集中的业务培训不能及时参加，导致窗口人员对有些政策法律变动掌握滞后，影响服务质量。

三、加强政务服务中心建设的基本思路

（一）亟急需重视并处理好三大关系

一要重视并处理好审批功能和服务功能的关系。对于窗口单位而言，有些单位既有审批功能也有服务功能，有些只有服务功能。在实践中，重视审批功能轻视服务功能的现象突出。行政审批是一种事前管理方式，既是行政权力的体现，更应是一种职责和义务。在审批过程中，应强化责任意识和服务意识，加大对审批权的管控。对于没有行政审批权的窗口单位而言，应更好地搞好决策调研、标准制定和后续监管工作，做好审批事项上下游政务服务工作，做好百姓办事前后的咨询服务、技术服务等工作。

二要重视并处理好政务服务中心与进驻单位之间的关系。政务服务中心在日常政务工作中的主要职责是服务，只有政务服务中心高效服务窗口及其工作人员，窗口及其工作人员才能更好地为广大群众服务。同

时，政务服务中心要发挥好思想上、组织上、日常管理上的领导作用，要加大对窗口工作人员的考勤、考核、教育的力度，对窗口工作人员的各项活动进行有效的指导和把关，以提高服务质量。

三要重视并处理好实体中心与虚拟中心的关系。目前大多数地方普遍重视以服务大厅为核心的实体平台建设，实体中心趋于完善，但是网上虚拟平台建设与应用落后于实体平台，实现与公众直接的互动和沟通、向公众和企业开放更多的政府信息服务、网上网下两个平台无缝隙对接仍有很大差距。当前，应整合政务信息资源，实体平台与虚拟平台同步发展。要将政务服务中心信息化建设纳入电子政务建设总体规划，利用现代信息技术手段搭建基础信息共享、交互平台，协调处理好实体中心与虚拟中心的关系。

（二）完善政务服务中心的法治环境

中国的改革已进入关键期和深水区，我们既要坚定不移地推进改革，又必须确保改革在法治轨道上进行，发挥法治的引领和保障作用。政务服务中心建设也是一场改革，也必须以法治思维和法治方式有序推进。

首先，必须确立机构地位，推动政务服务中心的合法性建设。当前应出台关于政务服务中心的法律法规，或是制定统一的全国性政务服务中心管理制度，成立中央层面的政务服务中心管理机关，提升政务服务中心的机构地位，使政务服务中心成为政府的常设行政机构，在机构定位、岗位设置、人员编制等方面给予保障，为机构实体建设提供法治保障及制度基础。

其次，要制定政务服务规范，促进公共服务标准化体系形成。需确立服务窗口建设、服务窗口环境、服务内容、服务模式、服务程序等方面的标准，进一步明晰窗口职能和权限，将服务的内容、程序、环境等事项用规章制度的形式加以规范，妥善解决诸多部门之间交叉、重复的审批问题。需制定进驻中心行政审批项目的筛选机制、审批流程、窗口单位和工作人员的考核办法及服务规范，把窗口工作人员的日常管理和考核与个人的评优奖惩、晋升晋职、提拔任用等挂钩，用规范化的制度保证政务大厅工作人员改进工作作风、提高行政效能。

最后，要创新政务服务中心的管理体制。应通过法律的形式，在进一步减少审批事项的基础上，将部门行政审批职能集中配置并整体进驻中心，加大部门对窗口的授权力度，推行首席代表制，增加即办件，增强窗口的办事能力，解决纳入政务服务中心的政务服务效率问题。要培育发展社会中介组织，强化对社会团体、行业组织和中介机构依法分类管理、完善自律机制，不断提高其公共服务能力，引导更多非政府公共组织加入政务服务多元化。

（三）加强电子政务建设，全面推行网上行政审批

首先，需加快立法步伐。应制定相应的法律法规，规范政府网站及其信息发布，确保政府公共信息资源无偿地向公众公开；尽快制定和出台发展电子政务的整体规划，为电子政务的有序发展指明方向，避免低水平重复建设。

其次，需实施安全保障措施，完善信息安全保障体系。要形成科学合理的安全管理体系，全方位、系统地对相关信息加以管理；要完善相关的安全保障制度，特别是信息安全相关的法律法规的制定和执行，提高立法水平，加大执法力度；要将安全保障措施落实到电子政务建设和运维的全过程中，强化安全技术的掌握和运用。

最后，应着力建设和完善电子政务运行平台。要建设和完善项目管理平台，将审批事项的集中管理、清理下放、集中审批等规范化、常态化；建设和完善网上审批平台，将行政审批流程各环节的具体要求整合到审批平台中，实现按照审批实际情况定制审批流程；建设和完善网上电子监察平台，实现对审批过程网上全程监督；建设和完善网上办事平台，方便群众办事，使群众足不出户即可申请行政审批，咨询审批业务，查询办理结果或进展情况、存在问题及解决办法；建设和完善政务公开平台，创新政务公开方式。通过电视问政、官方微博微信等形式将群众关心的信息、事项向社会公开，并通过制定政务公开法及相关配套法规使公开成为一种法律义务。

（四）监督权力运行，积极打造服务型政府

一是要充分发挥政务服务中心的日常监督作用，严格审批业务的监管。要将各部门审批权中的"所有权"和"使用权"适度分离，将"使用权"相对集中于政务服务中心运行，形成对审批权行使过程的有效监督，从而形成决策、执行、监督适度分离而又相互制约的权力监督制约机制。二是建立和畅通办事群众的投诉机制，发挥政务大厅投诉中心的作用，使窗口单位和窗口工作人员始终处于群众监督的氛围之中，确保权力行使的全程监督。三是加强纪检监察机关和审计机关的专业监督，推行纪检监察的驻点监督，安排专人常驻中心，把中心作为对窗口单位实行效能监察、财务监察和源头治腐的阵地。四是全面加强政务服务中心的人员管理、授权管理和办件管理，逐步完善政务服务的网上公告、网上受理、网上办理、网上审批和网上监管功能，逐步实现通过网络办理审批、交费、咨询、办证等事项，真正把政务服务中心建设成为服务型政府的重要载体。①

（五）大力加强队伍建设

首先，要授予政务服务中心有效的人事调配职能，强化政务服务中心与窗口单位共同管理格局。为提高政务服务中心的服务质量，应严把窗口人员的入口关，政务服务中心应具备对窗口人员明确的人事调配权，在人员调整前负责对各部门拟派驻窗口的工作人员进行考察了解，考察要从政治素质、业务能力、身体素质等多方面入手，对考察中不符合条件的人员不予接收。进驻单位拟对人员调整时，应先与政务服务中心协商，经政务服务中心同意后方可调整，杜绝随意更换窗口人员的情况发生。同时，政务服务中心要进一步加强与各窗口单位的联系与沟通，及时通报窗口人员的思想、工作等方面的表现；窗口单位领导应重视窗口工作，关心窗口人员，对窗口出现的问题和困难要及时研究、有效解决。

其次，要完善管理考评激励机制。政务服务中心应会同窗口工作人

---

① 中国行政管理学会课题组：《政务服务中心建设与管理研究报告》，《中国行政管理》2012年第12期。

员及监察人员组成绩效考核小组，定期巡查大厅办理事项情况，把窗口人员的工作表现与个人奖惩、升级和晋职挂起钩来，最大限度地调动其工作积极性、主动性和创造性；应建立透明有效的绩效沟通机制。政务服务中心应与窗口工作人员进行有效的沟通，以求达成共识和理解，并帮助工作人员实现其期望，起到对工作人员的激励效果。应完善绩效考评指标体系，强化正负激励效应，有效激励员工完成自己的使命，更好地服务群众，更好地提升自我。

最后，要加强培训工作。政务服务中心要切实加强与窗口单位的沟通与协调，采取分散式培训方式，利用工作以外的时间对窗口人员进行业务培训，同时提倡菜单式培训方式，对业务培训不要求系统全面，针对每个个体不同情况，有侧重地对业务上存在的盲点进行重点培训，为窗口人员的业务技能与素质的提高提供强有力的保障。

（张廉：宁夏行政学院副院长、法学教授；
贾德荣：宁夏行政学院法学部副教授）

社会组织发展在提高地方政府治理能力中的作用研究

——基于政府与社会组织合作提供社区公共服务的事例

周　晓

【摘　要】 治理理论的引入使社会组织成为国家治理中不可或缺的角色。作为治理的多元主体之一,我国社会组织一直被认为应该在治理体系的构建中发挥重要作用。本文首先分析了社会组织和政府建立合作关系的基础:社会治理体系现代化的需要,政府治理有效性的需要以及社会组织对政府的博弈性依附。然后以吉林省社会组织提供社区公共服务为例,考察总结了社会组织在与政府的合作中对提升政府治理能力的影响,以及产生影响的途径。影响主要体现在促进公共服务由政府体系向机构服务的转型,提升了政府对公共服务项目的管理水平和支持力度,提高了政府引导社会力量参与公共服务的意识与能力,加大了政府培育社会组织的力度。产生影响的途径主要包括合作关系的建立,职能的厘清,组织领导者的能力,服务的社会效益以及问题的发现与解决。

【关键词】 社会组织　地方政府　治理能力　作用

党的十八届三中全会把“完善和发展中国特色社会主义制度,推进国家治理体系和治理能力现代化”作为全面深化改革的总目标,同时明确提出了“创新社会治理体制”,并把“激发社会组织活力”作为创新社会治理体制的一项重要内容。这是我们党和国家第一次在国家的大政方针中用“治理”取代“管理”，因此被看作是一次理论提升与创新。

治理与管理最主要的区别之一就是治理主体的多元化，并且治理主体之间应该是“通过合作、协商、伙伴关系、确立认同和共同的目标等方式实施对公共事务的管理”。[①] 社会组织作为在近些年得到迅猛发展的社会力量，在新一轮的治理体系建设和治理能力提升中被寄予了更高的期望，期冀其能具有更高层次的独立性与自治性，成为社会治理的重要主体之一，逐渐与政府构建起平等的伙伴关系。这对于我国一直以来政府独大的管理模式和政府治理能力来说无疑是新的挑战。本文主要基于社会组织与政府合作提供社区公共服务的事例，分析社会组织发展对地方政府治理能力提升的作用机制。

一、社会组织和政府建立合作关系的基础

作为治理理论构架中社会治理的主体之一，社会组织与政府合作治理具有多种理论模式，有学者总结了七种二者之间的合作治理理论，包括：政府与社会组织互补关系理论、合作伙伴关系的理论、自主治理—多中心与发展理论、治理理论、“第三方政府”理论、“网络化治理”理论、法团主义。[②] 这些理论基于西方国家的实践与经验，对我国社会组织与政府治理之间关系的建立具有重要的借鉴作用，但又不足以完全适应我国的政治经济社会现实。我国学者针对本土社会组织的发展，相继提出了“分类控制”“参与中成长”“参与式管理”“行政吸纳社会”“嵌入式监管”等概念和分析范式，[③]为研究我国的社会组织及其与政府的关系提供了成功的理论支撑。在我国的政治体制框架内，社会组织与政府合作关系的基

① 俞可平：《治理与善治》，科学文献出版社 2000 年版，第 6 页。

② 田小彪：《政府—社会组织合作治理与政府治道变革》，《公共管理与政策评论》2012 年第 2 期。http://www.zhongdaonet.com/NewsInfo.aspx? id=9574。

③ 王诗宗、宋程成：《独立抑或自主：中国社会组织特征问题重思》，《中国社会科学》2013 年第 5 期，第 50—66 页；刘鹏：《从分类控制走向嵌入型监管：地方政府社会组织管理政策创新》，《中国人民大学学报》2011 年第 5 期，第 91—99 页。

础主要体现在下述三个方面。

（一）社会治理体系的现代化需要社会组织的加入

“要摧毁盘根错节的传统权益，常常需要新的社会势力参与政治，因此一个正在进行现代化的制度还必须具有将现代化造就的社会势力吸收进该体制中的能力”。[①] 我国政府长期以来一直是全能主义的政府，几乎包揽了国家治理的各个方面。社会主义市场经济的发展促使政府职能转变，同时市场经济的发展也催生了社会不同利益阶层和利益群体的产生，迫使政府从注重经济效益向注重社会公平的价值转变。可以说，社会治理体系的现代化一方面是自上而下的需要，即政府需要新的社会力量加入到社会治理中来，以扩大体制权力，巩固合法性基础，减少治理成本，探索治理创新，增加治理灵活性；另一方面也是自下而上的需求，即不同利益阶层与群体和新生社会团体表达利益诉求的压力。这种压力的产生表明政府在国家治理的某些方面出现了能力局限，因此无法实现对社会的有效治理。只有将各类治理主体纳入到治理体系中来，才能更好地保持国家治理的动态平衡。社会组织作为我国目前比较成熟的一支社会力量自然成为社会治理体系中的重要主体之一。

（二）实现政府治理的有效性需要社会组织的加入

从治理理论出发，治理的终极目标就是“善治”，而“善治就是使公共利益最大化的社会管理过程。善治的本质特征就在于它是政府与公民对公共生活的合作管理”。[②] 在我国的治理体系中，政府是治理的首要主体，特别是在地方治理中，因为“一是地方政府是国家在地方的代表，它们拥有一套完整的组织系统，并且垄断着暴力以及其他重要资源；二是地方政府是地方治理涉及的各种关系的聚集点”。[③] 作为治理的首要主体，政

---

① ［美］亨廷顿：《变化社会中的政治秩序》，王冠华、刘为等译，三联书店 1996 年版，第 129 页。

② 俞可平：《治理与善治》，科学文献出版社 2000 年版，第 8 页。

③ 杨雪冬：《近 30 年来中国地方政府的改革与变化：治理的视角》，《社会科学》2008 年第 12 期，第 4—16 页。

府治理的有效性决定着治理体系构建的有效性。而实现政府治理有效性的一个重要因素就是社会参与。社会组织的加入是一种有组织的社会参与，既可以承担政府无力顾及或不愿承担的职能，还可以为公共政策的制定提供信息、建议和咨询等。此外，社会组织的参与还可以一定程度上遏制地方政府的自利倾向。“当治理问题与地方政府的服务提供和政策制定有关时，衡量这些治理问题的尺度主要是机会和平等问题……随着这些团体直接参与公共政策制定过程，公平、机会和政治参与也会增加。”①

（三）社会组织与政府的博弈性依附

在治理理论的基础上，主体的独立性一直是研究者强调的重点，但实际上社会组织对政府某种程度上的依赖是不争的事实。在发达国家，这种依赖更多的来自于对政府资金支持的依赖。例如，加拿大的不列颠哥伦比亚省政府就承担了运作 NGO 的平均资金的 80%～100%，并且大多数省级 NGO 为了赢得与政府签订的服务合同而相互竞争并帮助政府推进某项议程。② 我国社会组织对政府除了资金的依赖，还有制度性依附。“从行为主体的角度来考察，不触及宏观政治制度架构，甚至主动利用传统的主流政治资源，既可以理解为既定约束条件下的无奈选择，也可以理解为降低变革成本的理性选择。”③但社会组织对政府的依附并不是完全被动的，特别是自身发展较好的社会组织在与政府的关系构建中体现了一种博弈模式，即通过自身职能作用的有效体现向政府争取更多的权益；而政府在社会组织所提供的良好社会效益基础上，也会转让和下放某些职能和权力，并会形成对社会组织所提供服务的依赖，但同时也会运用政府的资源对社会组织进行约束。从总的趋势上来看，社会组织的社会定

① ［英］卡洛林·安德鲁、迈克·戈登史密斯：《从地方政府管理到地方治理》，周红云编译，俞可平：《治理与善治》，社会科学出版社 2000 年版，第 192 页。

② ［加］布鲁斯·哈迪：《加拿大不列颠哥伦比亚省非政府组织的现状与挑战》，张永华译，《非政府组织的发展与管理——中国和加拿大比较研究》，上海交通大学出版社 2009 年版，第 55 页。

③ 何显明：《市场化进程中地方治理模式变迁及其内在逻辑——基于浙江的个案研究》，《中共浙江省委党校学报》2005 年第 6 期，第 14—22 页。

位与职能作用日益明确，社会地位与影响也日益凸显。

二、治理架构下社会组织发展对地方政府治理能力的影响

在我国，社会组织的出现与发展本身就是对政府治理能力的一种考验。在新的政策环境下，培育社会组织成为社会治理的主体之一可以看作是提升政府治理能力的一种途径。与发达省市相比，吉林省是一个发展相对滞后的省份，社会组织发展基本还处于量多质差的状态。但近几年一些领域的社会组织，特别是涉及社区公共服务的社会组织的发展还是取得了一些比较显著的成果。正是基于对这类社会组织的考察，我们观察了其对地方政府治理能力的影响。

（一）促进了公共服务由政府体系向社会机构的转型

吉林省各级政府在促进社会组织发展方面相对保守，近几年在国家政策的推动下开始在养老、慈善等领域主动引入社会组织参与公共服务，并取得了良好的效果，这在一定程度上激发了政府向社会组织转让和购买公共服务的动力，提高了政府部门对社会组织职能作用的认识。在对长春市某社区的调研中，社区的卫生中心是民办的非营利组织，负责整个社区的基础医疗服务。其中专职服务费用的80%由机构自行承担，政府按照接受服务的人口数支付每人3～20元不等的服务费。在另一个社区，社区养老服务的人口普查、入户调查、资料统计、热线电话等工作则基本由社工服务站承担，并协助社区养老项目的实施。调研中街道政府对社会组织的工作十分认可，认为政府在公共服务领域内承担和管理的太多，应该向社会机构服务转型，并协助社会组织争取更多的上层政府的财政支持。

（二）提高了政府对公共服务项目的制度化管理水平和持续性发展的扶持力度

社会组织对公共服务项目的承担与管理促使政府提高管理的规范化程度，并且愿意为项目的持续发展提供扶持，有助于提高政府公共服务的

水平与能力。长春市某社区组织通过政府的支持获得了某公益基金“夕阳红工程”的资金支持，为社区内老龄人口提供社区养老服务。项目同时接受第三方监管。基层政府为了保证资金的到位与项目的顺利进行，积极配合项目的实施与管理，可以说全程参与了项目的运作，包括签订规范的项目合同、发放需求调查问卷，填写老年人身体状况评估表、完成居家老年人的调研报告、组织项目督导评估会议等。基层政府官员对此深有感触，认为是一次难得的学习机会。尽管公益基金的项目为期两年，但政府对于这项服务的持续发展抱积极态度，并且已经开始着手下一步的政府财政资金的支持。可以说，高水平的社会组织对服务内容的规范运作与管理促使基层政府在相关方面能力的提升。

（三）提高了政府引导社会力量参与公共服务的意识与能力

随着社会组织承担公共服务内容的增加，政府越来越明确地体认到社会组织的作用，并开始主动动员各种社会力量对公共服务进行投入。上文提到的承担“夕阳红工程”社区所在的基层政府围绕该工程的内容，动员辖区内的工商业户加入到公益项目中来，为社区养老服务提供力所能及的人力和财力，如一些餐饮单位为老年人提供按成本计算的用餐服务，口腔诊所以基础费用为老年人提供口腔护理，一些企业为社区组织的老年人活动提供一定的资金支持等。在这个过程中，社会组织扩大了社会影响力，基层政府也提高了引导社会力量参与公共服务的意识和能力。

（四）促使政府转变意识，加大培育社会组织的力度

为了更好地规划社会组织在公共服务领域的活动，吉林省各级政府部门都开始学习考察南方社会组织发展较好省市的经验与做法，并且深刻地认识到了差距所在。在调研中，一些政府官员认为对社会组织的发展无论是思想认识、资金投入还是对社会组织参与公共服务的专业化、多元化等方面与发达省市都有十分明显的差距，并把政府在培育和引导社会组织发展方面的滞后自嘲为“北方特色”。从中可以看出差距的对比对政府部门的触动。在调查中，尽管社会组织的发展仍然存在诸多问题和困难，但无论是政府部门还是社会组织自身都对社会组织的发展趋势持积极态度，特别是政府部门更是肯定了社会组织的作用，认为发展趋势向好，参与社会公益工作的人会越来越多。

三、社会组织发展促进基层政府治理能力提升的途径

"小政府、大社会"一直是社会治理追求的目标，并认为社会治理可以弥补政府失灵与市场失灵。但从我国的现实国情出发，"中国政府的失灵，却在于尚未完全转型的政治体制和经济体制所引发的政府在资源配置、社会治理以及政府管理模式等方面的低效性"。[①] 因此"多元治理概念的引进并不是要削弱甚至废除政府职能，而是要在新的基础上重构政府职能"。[②] 这种重构是政府治理能力提升的具体体现。但政府治理能力的提升不可能由政府单方面实现，需要政府与市场和社会之间的相互作用与促进。社会组织作为多元治理的主体之一，尽管与政府体现了一种依附关系，但仍然通过其特定的职能定位改进着政府治理模式，积极影响着政府治理能力的提升。通过对吉林省社会组织参与社区公共服务的调查，我们可以看到社会组织的发展从以下几个途径发挥了对基层政府治理能力提升的影响。

（一）通过针对性服务与政府建立起合作关系

我国社会组织的发展首先要与政府建立起某种体制框架下的联系与合作。提供政府责任需要、而社会公众又有需求的针对性服务的社会组织更加容易发展壮大，并能够影响政府的决策。政府在与这类社会组织的合作中更愿意主动提供服务，推广、复制合作模式。

---

① 马运瑞：《中国政府治理模式研究》，郑州大学出版社 2007 年版，第 105 页。转引自薛澜、张帆：《治理理论与中国政府职能重构》，《人民论坛·学术前沿》2012 年第 4 期，第 6—15 页。

② 薛澜、张帆：《治理理论与中国政府职能重构》，《人民论坛·学术前沿》2012 年第 4 期，第 6—15 页。

(二)通过发展自主性而非独立性厘清与政府的职能分工

许多学者在涉及治理的研究中,往往强调社会组织的独立性,但在我国的体制框架内,“在以政府逻辑为主导的多层次制度逻辑共同作用下,中国社会组织的特征表现为依附式自主”,“组织自主性意味着组织可以按照自己的目标来行事,其目标设定及自身运行过程中的决策方式都是自行确定的”。① 从吉林省社会组织提供社区公共服务的经验看,社会组织对政府的依附性明显,但一些社会组织的自主性也很明显,并且自主性越高的社会组织,和政府之间的职能界限也越清晰,政府对组织的运作干预得也越少。

(三)通过组织领导者的能力获得与政府更大的谈判空间

在考察调研中,我们发现社会组织领导者的能力对社会组织发展的作用非常明显,在促进政府资金与政策扶持等方面的作用也很明显。好的组织领导者能够通过自身资源与谈判技巧获得政府对其发展的重视,在获得支持的同时也能获得更大的自主性。这种能力除了个人自身的能力外,还有两个重要的基础,其一是组织领导者自身的资源(最典型的代表就是退职的政府部门领导担任社会组织领导者。社区组织的领导者往往拥有这种身份),其二是社会组织拥有比较雄厚的经济实力(一些提供公益服务的非营利组织和行业协会通常具有这种实力)。领导者自身的能力加上社会资源以及组织的经济实力经常能够使社会组织拥有更有力的话语权,在与政府的沟通中促使政府给予其平等的待遇。

(四)通过服务的社会效益加大政府购买公共服务的力度

近些年中国各级政府不断增加对公共服务的投入。《中国统计年鉴》显示,我国 2011 年公共支出占国家财政支出比例为 45.4%,2012 年在很多民生方面的支出增速已经超过了国家财政收入的增速。与国家财政公

---

① 王诗宗、宋程成:《独立抑或自主:中国社会组织特征问题重思》,《中国社会科学》2013 年第 5 期,第 50—66 页。

共支出的增速相比，我国政府购买公共服务还处于起步阶段，吉林省更是从近几年才正式试点政府购买，主要集中在向社会组织购买社区养老、社区救济等服务项目，而且规模很小，政府财政支持有限。但通过试点取得良好社会效益，相关政府部门已经开始推进保障政府购买的相关措施，并开始了对承担购买项目的社会组织的评估试点。

（五）通过发现服务中遇到的问题与困难影响政府决策

政府治理创新的一项重要内容就是让社会各方面利益群体可以通过更多的渠道表达利益诉求，并参与到政府决策过程中来。在社会组织与政府合作的过程中，社会组织可以通过向相关政府部门反映问题和困难，并提供解决问题的建议与信息等行为，直接影响政府决策。这在吉林省的实践中已经有了明显体现，最直接的表现就是各级政府逐年增加了政府购买社会组织服务的财政支出。2014 年 3 月吉林省政府办公厅印发《关于政府向社会力量购买服务的实施意见》，同时制定出台了《2014 年省级政府向社会力量购买服务指导性目录（第一批）》。政策的出台必将进一步推动政府和社会组织间的合作，也势必会影响政府的相关决策。

从理论与实践经验分析，我国社会组织的发展对政府能力的提升具有积极作用，尽管发生作用的途径仍然有着诸多限制，但也必将影响政府治理的价值重塑，有助于责任政府的实现。

［周晓：吉林省委党校（吉林省行政学院）行科所研究员］

中国行政体制改革研究会

——《中国行政改革论坛》(2014)

创新政府治理 深化行政改革

魏礼群　主编

（下册）

国家行政学院出版社

目 录

（上册）

主旨演讲

主论坛演讲

专题论坛演讲

（一）重构政府市场关系　完善政府治理体系

优秀论文

(下册)

闭幕式讲话

附录

大都市农村的危机诱因及基层治理机制创新

——以上海浦东为例

毛力熊　郑晓燕

【摘　要】 浦东农村作为一个特大型城市的郊区，城乡之间、南北之间、外来人口与本地人口之间多重的三元结构矛盾也日渐突出。并且，随着浦东农村土地制度和集体资产制度改革的不断推进和深化，也对农村经济形态、利益格局、社会结构和社会关系等产生巨大冲击。农村问题逐渐成为影响浦东社会稳定的关键要素。本文在调研基础上分析了浦东农村矛盾和问题产生的诱因，并试图提出新的基层治理机制以缓解、缓和农村治理中的诸多问题和矛盾。

【关键词】 浦东　农村危机　基层治理　机制创新

浦东农村经过二十多年的快速发展，无论在农村形态还是在农村经济发展、民主自治、文化生活和社会结构等方面都发生了巨大的变化。

浦东农村作为一个特大型城市的郊区，城乡之间、南北之间、外来人口与本地人口之间存在三重的二元结构矛盾正在日益凸现。并且，随着浦东农村土地制度和集体资产制度改革的不断推进和深化，对农村经济形态、利益格局、社会结构和社会关系等已经产生巨大冲击。

农村问题正成为影响浦东社会稳定的关键要素。本文在调研基础上分析了浦东农村矛盾和问题产生的诱因，并试图提出新的基层治理机制以预防和缓解农村治理中的危机发生。

一、农村危机产生的诱因源于多个方面

（一）当前农村公共服务供给与农村居民公共需求之间存在较大的落差，这种差异性容易导致不满加剧，引发农村危机的产生

具体表现在三个方面：

1. 农村居民需求的多元性、增长性与政府供给的单一性、有限性之间的矛盾

比如南北片地区之间村民的公共服务需求层次不同，北片地区村民最急需的公共服务侧重于优质的养老服务、教育、社区文化活动、就业培训等，很难有效满足；比如农村同一社区内部居民多元化的需求也难以得到满足。

2. 城乡之间公共服务水平的差距比较悬殊

比如，在基础设施配套方面，村所拥有银行、邮局、学校、文化广场、公园等基本公共服务设施的数量与城区相比差距比较大。

比如，优质的社会事业资源城乡差距也比较大。城区学校的教学质量明显高于郊区学校，全区 6 所市实验性示范性高中和 5 所市示范幼儿园几乎都在城区，义务教育阶段老百姓心目中的“好学校”“好教师”大多集中在城区。优质医疗资源、文化体育设施主要集中于城区。

3. 大量外来人口拥入农村，导致公共服务资源更为捉襟见肘

目前，浦东许多村出现外来人口与本地人口数量倒挂现象，不仅增加村社会管理成本，挤占公共服务资源，还给农村危机发生埋下了严重隐患。

(1)增加了村公共职责。在一些镇与开发区交叉地区，外来人口集中居住在生活成本比较低的镇和村，工作却在开发区内，为开发区创造税收和财富，但对其居住的镇和村来说，却要承担大量管理和服务功能，负担比较重。以曹路镇的新星村为例，外来人口有 3000 多人，这些人主要服务于周边工业园区，到合庆、张江、唐镇等地方上班，但这些人的管理等支出都要由新星村来承担，负担比较重。

(2)给当地环境治理造成很大负担。如村公共厕所的使用者主要是外来人员,但公共厕所的清洁、维修都是由村财务负担。

(3)存在大量安全隐患。许多外来人员住在违章搭建的建筑内,给社会管理和公共安全带来隐患。外来人口聚集地往往是公共安全服务薄弱环节。目前在浦东居住的外来人员中有前科劣迹的就有 2.1 万人,占外来人口总量的 1%左右。外来人员的违法犯罪问题较严重,在整个违法犯罪主体构成中所占比例较高。据统计,2012 年来沪作案人员达 9506 人,占浦东作案人员总数的 77.3%。

(4)挤占了本地村民的公共资源。

(二)农村公共服务生产缺少社会组织的参与,应对农村危机缺乏必要的社会力量的支持

目前,农村公共服务的生产仍以政府为主体,大部分公共服务项目都是由政府部门自己设计、自己发动、自己运作、自己总结,“自娱自乐”。这种模式已经不能满足农村多样化、多层次的需求。

社会组织参与公共服务规模较小、方式单一、领域有限。一是从服务主体来看,主要参与者是农村社会内部的志愿者组织(如平安志愿者、爱国卫生志愿者、党员志愿者、健康自我管理小组等),与城区民政局注册的社会组织(社会团体、基金会和民办非企业单位)提供的专业化、标准化服务相比不可同日而语;二是从服务的手段与方式来看,一般采用志愿者服务的方式,缺乏先进的服务理念和服务模式。

(三)村级组织事权与财权不对等、不匹配,应对农村危机缺乏足够的财力保障

据统计,村委会职能主要有公共管理、综合治理、经济发展引导,还有各条线工作,例如农业、治保调解、安全生产、环保、妇女工作等,同时,还要管理和服务农村大量外来人口。根据 2012 年度新区行政村收支情况看,全区 372 个村,全年可支配收入为 136 457.62 万元,平均每个村可支配收入为 366.62 万元,而全年村总支出为 152 105.66 万元,每个村平均支出为 408.89 万元,村支出费用大于村可支配收入,入不敷出,不能满足村正常运转的需要。

新区每年以奖代补维持村级组织运行的补贴平均每个村只有 50 万

元到110万元左右,远远不能满足村的开支。村委会职能的完成主要靠村集体经济的增值。另外,由于每个村集体经济收益情况不同,用于公共福利方面的开支也存在很大差异,由此也造成村公共服务和治理的不均衡现象。为维持村组织的正常运转,甚至有些村还出现了收支赤字现象。24个镇中,村均可支配收入大于村均支出的镇只有9个。

(四)村两委职责越位、缺位、错位严重,应对农村危机缺乏完善的组织体制和机制

1998年《村民委员会组织法》的通过和实施,使村民自治进入了一个新的发展阶段,但实践中也暴露了村级自治体制的一些缺陷。群众性自治组织异化为压力型行政组织,具体表现为:

1. 村委会自治功能弱,行政功能强

村委会虽是群众性自治组织,在现行管理体制下,实际上成了乡镇政府在农村基层的行政机构,承担了大部分行政职能。不仅要承担管理公共事务、促进经济发展等"村务",还要完成乡镇政府下达的计划生育、卫生创建、文明创评等"政务"目标;考评上也更多是对上级政府负责,而不是对选举他们的村民负责,出现重行政管理轻村民自治的情况。据统计,某镇各科室向村委会布置协助承担的行政工作有137项,需要做的台账有234本,需要向科室上交的工作报表有132个。因而在面对拆迁、征地、维稳等各种利益矛盾时,村两委往往被直接推向了老百姓的对立面。

2. 村党支部公共服务功能弱,经济功能强

《中国共产党农村基层组织工作条例》规定了村党支部的主要职责,明确了其"领导核心"作用实现的具体途径。但是,大部分村党支部书记兼任村集体经济负责人,尽管大部分农村的集体经济运行状况正常,但也有少部分村集体资产使用混乱,一些村干部利用集体经济谋一己私利,使村集体经济蜕变成了"村干部经济",引发村民和村干部之间的矛盾,导致村民和政府之间的对立。另外,镇政府在对村干部的考核中,发展壮大集体经济也是一项重要考核指标,例如,某镇《对村级工作管理及实施考核奖励意见》中,单列"经济工作考核奖励",由税收收入、招商工作、实事工程、可支配净收入考核奖励组成。经考核测算后,党政正职享受考核总额

100%，副职享受85%，委员享受75%。2012年村干部经济考核奖最高的能拿到15万元左右，最低的也有5万元。

因此，对照《中国共产党农村基层组织工作条例》和《中华人民共和国村民委员会组织法》规定，村两委职责存在比较严重的越位、缺位、错位现象，导致村两委轻自治功能、重行政功能，轻服务功能、重经济功能。

3. 村民转居民后，(村)居委会治理转型艰难

目前，浦东村转居过程非常艰难。一是机构设置和人员配备不健全。居委组成人员多是"村改居"遗留下来的村干部。二是虽然集中居住，但集体资产还没有分，居民与农村有着密切联系。三是农民集中居住后，思想观念和生活方式存在诸多不适应。如不交小区物业管理费，造成社区物业管理跟不上。有些居民认为："不是我们要住，是政府要我们住，以前在村里根本不要交这钱(物业管理费)。"还有一些居民把小区绿化铲除种上蔬菜，甚至在小区养鸡养鸭，影响小区其他居民生活环境，也为小区管理带来问题和矛盾。

二、防范和应对农村危机，关键是创新农村基层治理机制

(一)增加在农村公共服务与治理的投入，为农村危机的预防和缓解提供有力的财政保障

公共财政是政府保障和改善民生的重要手段。目前，村支出项目包括管理费用①、公共福利②、支农③、经营性支出④和其他。应根据城乡统筹(统筹兼顾)、量力而为、分类管理的原则，建立农村公共服务和治理方面的财政保障机制。建议区财政为村庄基本运行提供资金保障：一是村干部津贴由区财政保障。二是村庄治理中产生的公共服务费用(包括村

---

① 管理费用是村级组织因管理活动而发生的各项支出，包括：村两委班子人员报酬及补贴，条线工作人员报酬及补贴，接待费用和会务费用。

② 公共福利是指用于文化教育、医疗卫生、计生、民政福利、村民生活补贴、养老金补贴、社区活动、综合治理、环保服务等各项社会公益性福利支出。

③ 支农支出是村级组织主要用于农业、农村基础设施建设及维修维护支出和农业生产服务、补贴等项支出。

④ 经营性支出是村级组织发生的各项经营支出，主要包括税金、经营性固定资产折旧等。

教育卫生类、公用设施类、公共活动类、村庄环卫类、社区安全类等五个方面)[①]以常住人口数量为依据由区财政给予一定比例的补贴,其余部分由镇财政或集体经济支出。

(二)探索农村公共服务多元化供给模式为农村危机的预防和缓解提供广泛的社会支持

通过政策制定和机制建立,实现农村公共服务多元化供给,主要从四个方面入手。

1. 购买方式

一是探索在农村养老、教育、体育、就业培训等领域引入内部市场机制,即在政府提供的公共服务中引入竞争机制,具体做法是政府以"服务购买券"的方式直接发给有资格的村民,村民个人选择自己满意的服务,从而提高公共服务的效率和水平。这种方式适合在经济比较发达、市场竞争比较充分的农村地区。二是完善合同外包机制。即区或镇政府与社会组织签订合同,根据合同约定政府向社会组织支付费用,社会组织承接、生产合同规定的服务项目。这是最典型的政府购买公共服务的方式。

2. 购买内容

一方面,为了充分享受市民政局公益招投标优惠政策,建议浦东农村公共服务政府购买内容以市民政局公益招投标划分的项目领域为依据,包括五大类:社区安老服务、济困服务、扶幼服务、助残服务、其他社区公益性服务。另一方面,村社区公共服务包括村公共活动、村庄环卫、社区

---

① 按照《浦东新区2011年关于村级组织运行费用补贴专项资金使用管理办法》,对村社区公共管理费用和村社区公共服务费用实施补贴。村社区公共管理费用是指村干部人员经费和村日常办公经费,其中:村干部人员经费包括按镇村干部岗位设置意见所选聘任用的村干部报酬、补贴、福利等费用;村日常办公经费包括办公费、车辆使用费、办公房使用费等。村社区公共服务费用包括村教育卫生类、公用设施类、公共活动类、村庄环卫类、社区安全类等五个方面的经费,其中:教育卫生类,包括村卫生室经费、献血计生及独子费、幼托费和村民教育培训等;公用设施类,包括村公共活动中心、村民健身点及村公共绿地,村级道路、河道及桥梁,上下水、供电通信市政设施等的使用、管理及维护等费用;公共活动类,包括各类村民会议、老年活动、社团活动和文体活动等;村庄环卫类,主要包括村内垃圾收集、村庄公共场所、村路沟桥、村公共绿地等的保洁、保绿等费用;社区安全类,主要是村联防费用。

安全也可以探索政府购买。随着经验的积累和政府、社会各方广泛的认可，进一步拓宽到公共卫生、基础教育、文化服务、农村公私合营基础设施建设等方面。

但由于浦东区域面积大，每个村经济条件、风俗习惯、农民观念等各不相同，购买与村民个人利益切身相关的公共服务时应根据村民需求来确定。例如：浦东部分镇探索推行村级养老日托服务，在同一个镇也出现了不同情况，如新场镇。在经济发达的村，村民思想开放，乐意到村养老日托服务站。在经济不发达、开放程度不高的村，村民思想保守，认为到养老日托站就是子女不孝顺，不愿意去养老机构，导致一些日托服务站空置。农村社区公共服务具体项目的购买工作应按村民需求来确定，如购买养老日托服务就需要关注服务对象的确定，应考虑到年龄、家庭情况等因素；对服务人员的要求与培训；购买服务的时间、内容及费用等，既要考虑老人的服务需求，也要适应政府财政的承受能力。

3. **购买平台**

浦东新区尚未建立统一的政府购买公共服务平台。根据现有资源，一是充分利用市级平台。市社区服务中心作为社区公益服务项目招投标的工作平台运作已经比较成熟，参与申报市级公益招投标的项目可以按照其要求进行运作。二是整合虚拟平台。以镇政府为主，充分利用和整合镇、村两级公共服务中心网络平台，在公共服务中心网络平台发布购买服务信息（服务的项目、标准、预算等）及公开社会组织提供公共服务情况、资金使用情况等信息，从而使购买方、承接方均处于公开、公正、透明的环境。新区建立统一的政府购买平台之后，应在新区平台进行。三是建立实体平台。在新区公益园设立针对农村公共服务购买的窗口，通过项目推介会、公益招投标、参观接待等形式促成供需对接。

4. **承接主体**

一是城市公益性社会组织业务范围向农村地区拓展。建议出台鼓励性政策，引导那些发展成熟、经验丰富、诚实守信、乐于为农村社区建设出力的民间组织将其业务范围向农村扩展。二是区、镇主导成立一些覆盖区域或镇域的具有本地特色的公益性民间组织。可以借鉴城市经验，由镇政府主导培育具有本土特色的社会组织，对其成立、运行所需的资金、办公场所、员工报酬、业务等提供一定的支持，促进本土社会组织成长，以满足本地村民的需求。

（三）构建新型农村公共治理机制，为农村危机预防和缓解提供坚实的体制保障

探索建立适合浦东农村经济社会发展的公共治理新机制，即在决策权与执行权分离、社会职能与经济职能分离、政府职能与自治职能分离的基础上，完善农村公共服务和社会管理体系，完善集体经济组织运行机制，加强和改进农村党组织的领导。

1. 组织架构

参照佛山南海区“政经分离”[①]和温州“三分三改”的做法，在浦东农村试点推行“三分离”。在村党组织领导下，村民（代表）会议作为村行政最高决策机构，集体经济组织成员（代表）会议为村集体经济最高决策机构，村民委员会是村行政执行机构，集体资产管理委员会是集体经济执行机构。村民（代表）会议和村委会成员与集体经济组织成员（代表）会议和集体资产管委会成员不得交叉。通过三分离使基层党组织回归党建主业，自治组织回归社会管理和服务职能，集体经济组织回归集体资产经营管理职能。组织架构如图 1 所示。

2. 职责分工

强化村党组织的领导。村党组织通过村民（代表）会议和集体经济组织成员（代表）会议的领导与指导，做到整合资源、价值引领、服务保障、凝

---

① 南海区“政经分离”的做法：广东省佛山市南海区针对本地工业化城镇化程度较高、外来人口较多、集体经济实力较强等特点，以推行“政经分离”为核心，以“统筹城乡发展、强化基层党建、推进自治共治、创新集体经济管理”为目标，大力推进基层治理体制机制和方式方法的改革创新。南海区通过实行选民资格、组织功能、干部管理、账目资产和议事决策“五个分离”，全面理顺基层各组织关系：党组织负责搞好党建工作，自治组织负责搞好自治和公共服务，集体经济组织负责发展集体经济，使三大组织回归本位，村居自治职能（含社会管理职能）与集体经济管理职能实现分离，村居民身份和社员股东成员身份也实现分离。为确保改革成效，南海区要求所有村居党组织、自治组织和集体经济组织分开进行选举，明确集体经济组织领导成员由社员股东选举产生。

聚人心。

调整和规范村委会的职能。在新型村级治理机制下，村委会的职责得到规范和限制：一是对村民（代表）会议负责并报告工作，执行村民（代表）会议的决定；二是承接政府委托和购买的社会管理和公共服务；三是办理本村公益事业、调解纠纷、协助维护社会治安等村级自治事务。

完善集体经济组织的经营管理体制。成立由集体经济组织成员组成的集体经济组织成员会议（代表会议）和集体经济管理委员会。村集体资产的出租、出售等处置方案及对外投资需经集体经济组织成员会议（代表会议）和集体经济管理委员会讨论通过后实施。

发挥村民监督委员会功能。主要职责是监督党和政府在农村的各项方针政策、决策部署的贯彻落实情况，监督村民（代表）会议决议、决定和村民自治章程、村规民约的执行情况，监督村务、财务等公开情况，监督村集体资金、资产、资源管理使用情况，监督对群众反映问题的落实办理情况，监督村“两委”成员廉洁自律情况等。

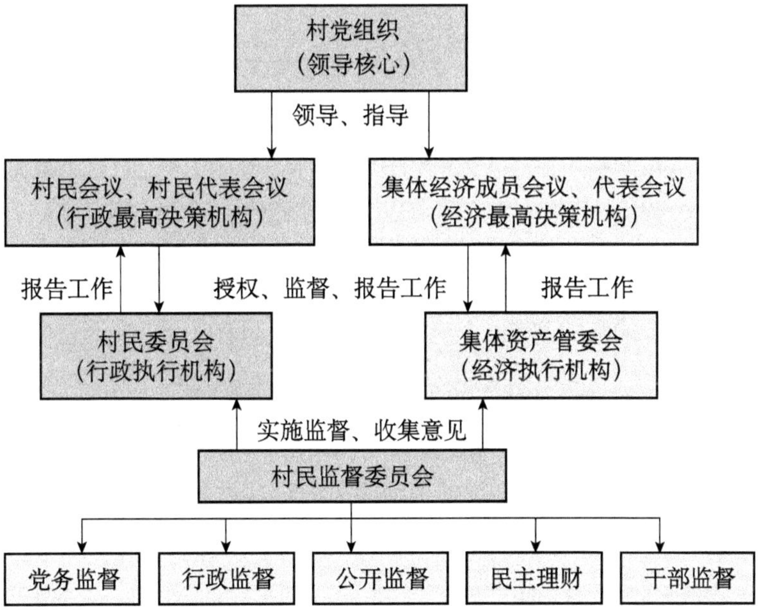

图1　新型农村公共治理机制组织架构

3. 工作流程

建议继续深入推进“四议两公开”即“4＋2”工作法，即农村所有村级重大事项都必须在村党组织领导下，按照“四议”“两公开”的程序决策实施。“四议”：党支部会提议、“两委”商议（行政事务由党支部和村委会商议，经济事务由党支部和集体资产管理委员会商议）、党员大会审议、行政事务由村民代表会议或村民会议决议[经济事务由集体经济组织成员（代表）会议决议]；“两公开”：决议公开、实施结果公开。

4. 配套措施

新型治理机制的架构触动了村两委干部的利益，为了推进“三分离”的顺利实施，要从增加待遇、落实保障等方面激励村干部，使他们从集体经济管理职能中剥离出来。在新的治理机制下，村党支部领导方式和工作方式的转变，对村干部的能力素质提出了更高要求。要把加强农村基层干部队伍建设作为新型村级治理机制配套建设的重要内容。（1）拓宽来源，着力改善村级干部队伍结构。从机关选派优秀党员干部驻村任职。[①] （2）落实保障，提高村干部待遇。一方面把村干部纳入行政事业编制，解决其基本保障问题；另一方面，村干部的工资和奖金由区、镇财政共同支付，形成村干部待遇“固定工资＋绩效工资”和定期增长机制。（3）强化激励。从在职村（社区）党组织书记、村（居）民委员会主任中选拔优秀者录用为公务员，事业单位人员可以到区或者到乡镇（街道）任职。

（四）创新农村基层民主自治模式，为农村危机的预防和缓解提供必要的政治基础

随着浦东新型农村社区建设的不断推进，农民集中居住以后在基层民主管理等方面产生了许多新的情况和问题，这就要求对农村治理进行探索，可以在拓展村民参政议政渠道等方面进行探索。

---

① 具体可以借鉴如皋做法：2010年以来，如皋市委组织部在市委、市政府的领导下，以创先争优活动为载体，针对农村干部队伍建设中的薄弱环节，坚持“因岗选人、因人选岗”，先后选派了56名能力强、活力强、潜力强的机关副科级以上的“三强干部”，到村级班子软弱、村级基础脆弱、村营收入薄弱的“三弱村”担任驻村“第一书记”。

1. 完善“镇管社区”模式

实践证明，“镇管社区”体制在城郊地区城市化进程中有其存在的重要性和必要性。在完全城市化区域以设立街道模式为宜，在城郊城市化进程中的大型居住区以“镇管社区”模式为宜，甚至在农村化地区也可以探索“镇管社区”模式。在现有“镇管社区”运行模式的基础上，不断加以完善，做优社区。一是加速平台建设，延伸政府职能。要加速政府职能平台向社区延伸，根据区域面积、人口数量、实际需求合理设置社区事务受理、社区卫生、社区文化、综合治理等各类服务中心建设，不断健全和完善功能，提高服务质量，畅通政府管理的渠道。二是完善社区“共商共治共决”机制。对于城镇化程度不高的地区，赋予更多的公共服务职能；在城市化程度较高的社区，在强化治理和公共服务提供基础上，突出社会自治。

2. 搭建多层次的村民议事平台

在条件不成熟的农村地区，根据镇及社区具体情况和特色，在镇和村成立多样化的村民自治平台，实现村民自治，推动社区自治的经常化。镇级居村议事平台，参加主体和讨论事项可以多元：针对讨论事项所涉及的相关人或职能部门来确定议事主体，既可以是村民个人，也可以是政府职能部门和村民代表等。一方面畅通社情民意沟通渠道，切实保障村民的参与权、知情权和监督权，另一方面，减少政府与村民误会和矛盾。例如：张江镇在社区成立听证会、协调会，扩大居民参与小区停车、物业管理等社区公共事务的参政、议政范围。合庆镇“1＋1＋X”治理模式：一个领导核心，指的是在村党组织领导下的村民自治；一本《村民自治章程》，是依据村民委员会组织法制定的村民自治大纲；“X”，即具体的实施细则，是村里的各项办事准则和规章制度，从而形成了党组织领导下的充满活力的群众自治模式。“1＋1＋X”就“政策法规之外，道德情理之中”、事关群众切身利益的村务事项作了明确规定，做到了“村情民知、村事民决、村务民管、村绩民评”。“1＋1＋X”实现了从机制和制度上保证“干部清白、群众明白”，是基层农村党组织领导下对民主管理、民主决策、民主监督的生动实践。

参考文献

[1]丁文喜:《突发事件应对与公共危机管理》,光明日报出版社 2009 年版。

[2]郭占锋、李小云:《关于农村公共危机管理的若干问题》,《农业经济问题》2010 年第 8 期。

[3]彭幸国:《河南省农村危机管理现状分析》,《洛阳师范学院学报》2010 年第 2 期。

[4]郭勇平:《农村公共危机管理的现状分析和对策研究》,《经营管理者》2009 年第 3 期。

[5]韩庆林:《农村危机管理是实施新农村战略的必然选择》,《经济纵横》2007 年 12 月刊创新版。

(毛力熊:上海市浦东新区行政学院副校长、副教授;
郑晓燕:上海市浦东新区行政学院讲师)

治理视阈下地方政府培育社会组织的问题与对策

李　巍

【摘　要】 培育社会组织是政府职能转变的需要，是满足公众诉求与公共服务的需要，也是地方政府竞争的需要。中央强调对社会组织培育扶持的十年间，各地方政府在培育的过程中凸显了诸如行政化培育出的社会组织名不副实、政府向社会组织购买服务中竞争性不足且难以规避社会组织投机行为、社会组织培育的专业型平台发展不完善等一系列问题。针对以上问题，结合各省市地方政府的实际情况提出以下对策：理顺政社关系，由行政化培育向社会化培育转变；规范政府向社会组织购买服务，规避社会组织投机行为；发展完善社会组织培育的专业性平台，科学评估培育效果，提高培育效率。

【关键词】 治理地方政府　培育　社会组织

党的十八届三中全会审议通过的《中共中央关于全面深化改革若干重大问题的决定》作为引领中国改革全面深化的纲领性文件，开启了推进国家治理体系与治理能力现代化的历史新时期，也掀开了地方政府加快完善地方治理体系、谋求地方治理能力现代化的新篇章。在《决定》绘出的全面深化改革蓝图中，无论是紧紧围绕使市场在资源配置中起决定性作用，还是切实转变政府职能，深化行政体制改革，以及创新社会治理，加快形成科学有效的社会治理体制，或者是推进协商民主广泛多层制度化发展，社会组织都是加快完善现代市场体系、承接政府转移职能、参与社会治理的重要主体，需要在改革中得到培育、生长。从2004年9月出台的《中共中央关于加强党的执政能力建设的决定》到2006年10月做出的《中共中央关于构建社会主义和谐社会若干重大问题的决定》，再到2012年1月《“十二五”经济社会发展规划纲要》中都强调要对社会组织培育扶持，发挥其提供服务、反映诉求、规范行为的作用。各级地方政府多年来在培育社会组织的工作方面进行了大量的实践探索，也遇到了必然的现实阻碍。当前在治理视阈下，明确地方政府培育社会组织的逻辑，发掘培育中遇到的实际问题，探究解决对策，无疑对正在积极实践中的地方政府治理能力现代化有着重要的理论现实意义。

一、治理视阈下地方政府培育社会组织的逻辑

“治理是20世纪晚期时代精神中关于政府的主流观点”。[①] 治理理论认为，公共治理的主体是多元的，社会组织是政府和市场之外的重要治理主体，善治是治理理论的追求目标，善治就是一种良性的治理结构，它需要不同治理主体的合理分工合作努力，不同主体能够形成一种良性的伙伴关系。当代中国的地方治理存在制度环境、文化习俗、公民社会发育不完善等种种困境，无疑要以地方政府为主导发展培育社会组织即培育治理主体。

培育社会组织是政府职能转变的需要。治理视阈下，要求政府以外的社会组织承担一部分由政府转移出来的职能，弥补政府失灵与市场失灵，以第三部门的特殊优势承担行业协作、社会管理的相关职能，必要时对政府的行为进行监督、规范，防止政府自身道德价值观念与社会公民的价值观念产生偏差。某种意义上说，社会组织是承接政府职能转移的重

① J. Pierre，“Introduction：Understanding Governance.” In J. Pierre，*Debating Governance*，*Authority*，*Steering*，*and Democracy*. Oxford：Oxford UniversityPress，2000. p1—10.

要载体,社会组织的发达程度决定了政府职能转型的成功与否。就我国而言,社会组织的发展还处于起步阶段,社会组织有效参与到地方公共管理中还需要较长时间的发展,因此,推动政府职能转型就必须培育社会组织,同时地方政府有责任积极引导社会组织进入有效公共管理、公共服务的层面。

培育社会组织是满足公众诉求与公共服务的需要。市场经济时代,一方面社会阶层结构日益多元化,社会转型、企业转制和政府职能转变等促使社会人口结构发生了深刻的变化,"单位中国"趋于瓦解,"单位人"更多变成"社会人";收入差距、年龄差异、性别差异、文化阅历、健康状况等导致多层次利益诉求。另一方面,人民群众的文化水平普遍提高,伴随而来的是人民群众需求的增多。多层次与不断提高的公共服务需求,使各级政府主管部门作为公共服务的唯一提供主体应接不暇,远不能够充分满足、有效回应。公共产品供应不足、利益诉求得不到回应所产生的社会矛盾越来越多。随着公众自我管理及参与社会意识的增强,加之网络时代信息沟通的增强,少部分人开始自发形成草根社会组织,或参与到已有的社会组织中,但更多的人无法找到妥当的诉求渠道与合适的参与平台。地方政府有责任培育相应的社会组织,对公民多层次利益诉求、多种服务需求采取有效回应。

培育社会组织是地方政府竞争的需要。在市场化和中央政府放权的基础上,地方政府已经日益成为具有一定"自主性"和利益结构的主体,地方政府之间必然存在着竞争关系。这种竞争关系不仅存在于地方政府间的经济建设,也存在于地方政府间的社会建设、政治建设和文化建设。地方政府培育社会组织属于社会建设和政治建设,间接有利于经济建设。国内学者陈振明将新公共管理运动塑造的政府概括为"竞争性政府"(competitive government)。所谓的"竞争性政府",是指一个在管理方式上利用市场竞争机制和现代管理技术来完善政府功能、增强政府灵活性、提高政府绩效和效率的政府。[①] 当代中国,地方政府间的竞争不仅有利

① 陈振明等:《竞争性政府——市场机制与工商管理技术在公共部门管理中的应用》,中国人民大学出版社 2006 年版,第 3 页。

于完善政府功能，提高政府绩效，更有利于地方政府在资源配置中获取优势资源，抢占先机。

二、地方政府培育社会组织过程中的问题解析

中央强调对社会组织培育扶持的十年间，各级地方政府也相继出台了一些地方性政策法规，各地按照“发展是前提，建设是核心，培育发展是基本手段，发挥社会组织的积极作用是根本目的”的要求，加大了对社会组织培育扶持的力度，但在培育过程中也凸显了一系列问题，解构分析这些问题，才能更好地在工作中消除掣肘，真正为地方政府治理能力现代化提供原动力。

（一）行政化培育出的社会组织名不副实

当前很多地方政府已经把社会组织的数量看作政绩的一个考核指标，所谓行政化培育就是指各级政府通过从自身内部分化或者完全依靠行政手段培育出社会组织的方式。脱胎于政府机构、分化出来的社会组织，本质上就是政府的附属物，无论从人员组成还是机构运作几乎与政府的步调完全一致，偏偏在联系本组织末梢成员上不具备根本的凝聚力，起不到社会组织的作用；而完全依靠行政手段培育出的社会组织，往往会在社会组织的数量上满足政府部门一时的政策导向，而社会组织内部的自治能力常常没有建构起来，独立性、自主性差，即在组织的质量上很难保证。

这种行政化培育出的名不副实的社会组织存在种种弊端。首先，行政化培育的社会组织与政府有千丝万缕的联系，常常把处理好与政府的关系作为第一要务，对于自身建设无暇顾及，导致组织后劲严重不足，常常夭折。其次，行政化培育的社会组织难以取得公众的信任，从而降低了社会组织的吸引力和民间合法性，不利于调动社会成员的志愿精神和公益精神，社会组织的社会资源号召力明显不足；再有就是行政化培育的社会组织自主治理的能力很低，政府行政长官的意志常常间接影响到组织内部事务，组织成员的积极性与创造力难以发挥，社会组织的工作职能也

常常遭到扭曲。

(二)政府向社会组织购买服务中竞争性不足且难以规避社会组织投机行为

当前,政府购买服务作为政府转变职能、提高服务效率的重要手段,已经在客观上对于培育社会组织起到了资金保证、项目保证、服务对象确定的三方面支持。社会组织在承接购买项目的过程中,组织自身得到了发展。但由于我们国家政府向社会组织购买服务的工作才刚刚开始,购买的程序、服务结果评估都没有十分明确的规定,尽管党的十八大以来国务院办公厅以及地方各级政府相继出台了一些购买意见指南,但真正能够与实际工作衔接紧密的可操作性规章制度仍有待进一步研讨。对于政府购买服务中向谁购买、怎样购买的核心问题进行考察,我们发现政府向社会组织购买服务实际工作的开展很大程度上受到社会组织数量及社会组织身份的影响。即使是开展政府购买服务工作较早、制度化内容较丰富的上海市,在公开招标中最终能获得项目的也大多为非独立的社会组织,购买行为的“内部化”特征十分明显。[①] 比如 2011 年在上海市嘉定区政府购买中,中标的 19 家单位中,除去 2 家企业、5 家事业单位外,有 11 家都是政府自创或体制内转型组织,10 家的重大决策是政府主管部门制定或组织制定的,承接项目最久、获得购买资金最大的和谐家庭服务中心则是专门为承接区残联的服务项目由区妇联牵头于 2009 年成立的。[②] 竞争性购买服务已开展较好的地方,由于购买经验不足,兼顾培育社会组织的目标还有待建立,购买过程中很难规避社会组织的投机行为。在购买过程中一些不具备资质的社会组织为了谋求政府项目的资金支持,不惜巧做文章,尽可能在申报过程中从形式上满足政府项目的需要,现实过程中,这样的购买项目常常也会让社会组织放弃自身擅长的服务项目而舍本逐末,当购买项目的服务期限结束后,社会组织自身擅长的服务内容

---

① 王浦劬、莱斯特·M. 萨拉蒙等:《政府向社会组织购买公共服务研究:中国与全球经验分析》,北京大学出版社 2010 年版,第 31—37 页。

② 吕纳、张佩国:《政府购买中政社关系的策略性建构》,《社会科学家》2012 年第 6 期。

已失去核心竞争力。即便是社会组织在购买项目履职期间能够胜任，但由于服务结果评估的模糊性，且是否接续购买服务、是否向同一家社会组织购买服务等重要决策内容很难有一个客观公正、有利于社会组织的判断。因而社会组织往往是有项目兴无项目亡，组织服务类别以政府购买项目为指南，频繁更替，专业发展欠缺，无疾而终。

（三）社会组织培育的专业型平台发展不完善

2001 年国内第一家专门进行社会组织能力建设的机构“恩玖信息咨询中心”成立，对草根组织的培育和发展产生了广泛的影响；2009 年 10 月全国首家由政府和基金会联合筹办的南京爱德社会组织培育中心成立；2010 年 3 月，深圳市民间组织管理局启动“社会组织孵化实验基地”；2010 年 7 月，全国首家政府、社会组织、企业合作互动，以培育社会组织为目标的“上海市社会创新孵化园”成立。不论是南京的社会组织培育中心，还是深圳的社会组织孵化基地、上海的创新孵化园还是北京的枢纽型社会组织，我们都可以看作是社会组织培育的平台。社会组织培育平台的作用主要是给予社会组织以资金、技术、人才、培训等软件和硬件的支持，一方面培育处在发展初期的社会组织，尤其是公益慈善类社会组织；另一方面，给予社会组织的中后期可持续发展能力的支持，往往是社会组织软件方面的支持。

组织生命周期理论认为，组织的成长和发展是一个具有若干阶段的持续性的过程。组织理论家强调资源对于组织发展具有关键性作用，资源包括物资、信息、能量和人员等诸多方面。组织发展对于资源具有依赖性。L. David Brown 所提出的“支持型组织”理论，明确指出支持型组织主要为其他各类社会组织提供广泛的支持性活动，并且认为支持型组织以其解决稀缺资源和有限能力等问题的专业性成为许多社会组织寻求发展的平台。[①] 这类“支持型组织”也称为社会组织孵化器即“Non-Profit Incubator”。从内涵上看，实质上就是围绕社会组织的发展需求而建立

① L. David Brown and Rajesh Tandon, “Strengthening the Grassroots: Nature and Role of Support Organizations”, *IDR Reports* Volume7, Numbed, 1990.

的载体和服务网络平台。

培育社会组织的过程中不仅需要从无到有的培育，更需要从弱到强的培育。一个组织从出壳、成长到成熟，需要一个较长的过程。在我国目前的情况下，由于公民社会发育尚不成熟，更由于历史和体制的原因，许多社会组织，特别是那些初创的草根型社会组织由于缺乏经费、场地，及对政策的把握等方面的支持和扶助而面临诸多困境。大量的社会组织因为缺乏其发展所必需的资源而无法继续生存下去。处于不同生命周期的社会组织对其培育扶持的侧重点和内容都应有所不同，而我国目前各级政府建立的社会组织培育基地，行政化色彩浓厚，社会组织培育的专业型平台欠缺。很多地方的基地仅仅以培育的社会组织数量作为工作目标，培育出的社会组织综合发展能力欠缺，根本无法承担社会所赋予的职能，可持续发展更是无从谈起，离社会组织培育的最初愿景越来越远，同时缺乏科学的评估模式和评估方法来检验社会组织的培育效果。

三、地方政府培育社会组织问题的对策探讨

针对以上问题，结合各省市地方政府的实际情况提出以下对策：

（一）理顺政社关系，由行政化培育向社会化培育转变

治理能力现代化的前提要求各级地方政府将社会事务、部分职能转移或委托给具有相应能力的社会组织承担，构建政府与社会组织的新型合作伙伴关系。这其中理顺政府与社会组织利益、权责关系是实现政府职能转移、构建和社会组织良性互动的前提。

相互增权的理念认为国家与社会双方会主动寻求建立伙伴关系以治理公共事务，最终达到强国家强社会的发展模式。社会组织和国家的共同成长过程中会形成一种共生态：政府借助社会组织进行管理，而社会组织借助政府的权威和经济力量来发展自身，最终形成一个国家行政能力强大、社会组织富有活力的新局面。而这种新局面的前提是政府与社会组织保持各自的独立性，为此在培育社会组织的过程中，各级地方政府首

先要考虑到社会组织自身独立性的建立，对于“二政府”“影子政府”现象一定要从源头上杜绝。

党的十八大提出：“加快形成政社分开、权责明确、依法自治的现代社会组织体制”，这为培育社会组织的目标和实现这一目标的原则、途径提供了重要指导。社会组织的本质是社会各利益群体表达意愿、合作共事、实现愿景的组织。社会组织应该发端于公民社会，服务于政府与公民社会之间的关系互动。社会组织具有动员社会资源功能、社会服务功能、社会协调功能、民主咨政功能、维护社会稳定功能及环境保护功能。在各级政府主导的培育社会组织工作中应该逐步实现由行政化培育向社会化培育的转变。地方政府出台扶持政策，有意识地搭建公民参政议政、自主管理的平台，把培育重点放在培育公民社会大环境上。同时对于培育社会组织的示范类项目要积极公布信息，让广大基层百姓及时获悉。

（二）规范政府向社会组织购买服务，规避社会组织投机行为

政府向社会组织购买服务重在营造竞争氛围，通过社会组织等服务主体的竞争打破先前的政府垄断，进而提升社会参与和公共治理水平。而政府购买服务作为权力和利益竞合的平台，涉及不同利益主体博弈，内部购买、变相购买、虚假购买等现实问题也不容忽视。尤其当前社会组织等服务主体的官民二重性强、自身独立性弱，易造成“左右互搏”“提线木偶”、徇私舞弊、监管失真等棘手问题。因此，规范政府向社会组织购买服务，建立健全有针对性的招投标制度，增强购买服务的公正性，增强社会组织的独立性，增强购买过程的公开性，增强项目实施的透明性，显得尤为迫切。当前，政府购买服务原则上须通过公开招标方式进行。对只能从有限范围的服务主体购买，或因技术复杂、性质特殊而不能确定具体服务要求、不能事先计算出价格总额的社会服务项目，经同级财政部门批准，可采用邀请招标、竞争性谈判方式购买。对只能从唯一服务提供主体购买的，向社会公示并经同级财政部门批准后，可采取单一来源采购方式组织采购。

对于政府购买服务过程中社会组织的短期投机行为，在招标说明中要有规避性内容，对于社会组织的资质、服务内容要有明确规定，同时对于服务项目的服务结果要有第三方评估机构的评估，对于社会组织在购买服务过程中的变化要有及时监控，同时甄别组织投机行为与个人投机行为。

（三）发展完善社会组织培育的专业性平台，科学评估培育效果，提高培育效率

在各级政府建立社会组织培育基地的同时，提倡完善由社会组织项目负责的专业性平台。对于不同类型的社会组织由培育型社会组织制定专门的培育规划书，针对培育的不同时期设定培育重点指标，包含社会组织的人员专业资质、服务受众数量、服务对象满意度、组织良性运营指标等。由专业平台培育出的社组织自身的独立性与专业性能够有一定保证，有望自我构建公益生态系统，组织从小到大成长发育过程中抵御风险的自身免疫力同样有所积聚。

建立科学的评估模式和评估方法来检验社会组织的培育效果。政府在评估社会组织培育效果时，应充分联合国内国外专家，以“组织的可持续发展”作为核心评估指标，探索科学的评估模式，以此杜绝出现更多畸形的社会组织浪费社会资源。政府可以鼓励、扶持社会力量对培育出的社会组织进行评估监管，通过鼓励相关利益群体参与评估的方式，发挥社会监管的作用。这种由社会广泛参与的做法，不仅可以充分激发社会的活力，提高社会组织监管的公开透明性，还可以有效预防腐败，提高培育的效率与效果。

（李巍：吉林省委党校公共管理教研部副教授，吉林大学商学院在站博士后）

建立新时期政府与社会协同治理机制的基本思路

梁　亮

【摘　要】 党的十八届三中全会在党的文件中首次提出了创新社会治理体制、提高社会治理水平的新部署。因此,在全面深化改革新的历史背景下,构建政府与社会协同治理机制成为一个重要的课题。总体来看,目前国内外学界对协同治理从多种视角进行了深入的研究,提供了可资借鉴的理论资源。但比较而言,国内立足于全面深化改革新的历史背景下政府与社会协同治理机制研究相对不足。而源自国外学者的研究和阐释由于与我国的国情、历史文化和时代背景不同,对我国政府与社会协同治理的参考借鉴意义大于实践指导意义。因此,亟待立足于我国国情,特别是全面深化改革背景下的更有针对性的本土化研究。

【关键词】 新时期　政府　社会　协同治理　机制

一、新时期政府与社会协同治理的新特点

(一)国家对政府与社会协同治理的需求更加迫切

当前我国已经进入全面深化改革新的历史时期,既处于发展的重要

战略机遇期，又处于社会矛盾凸显期，社会大转型导致新的社会事务和新的社会问题大量产生。全球化和信息化使风险的传播和扩散加速，并放大风险和危机的影响。这一切在给我国发展进步带来巨大活力的同时，也给政府管理带来诸多新情况新问题。因此，化解社会矛盾，最大限度增加和谐因素，维护最广大人民根本利益，确保人民安居乐业、社会安定有序、国家长治久安，需要政府和社会有新的作为和举措。

（二）政府改革提出新要求

新一轮行政体制改革提出建设法治政府和服务型政府的新要求。建设法治政府和服务型政府，重点就是要从政府管理转向有效的政府治理，而政府与社会协同治理是实现有效政府治理的最佳方式。有利于明确政府与社会在社会治理中的相互关系模式及相互作用方式，实现政府与社会良性互动。充分发挥政府与社会独特的治理优势，形成政府与社会治理合力，探索和发现政府与社会协同治理规律，实现社会治理的科学化、规范化，提高社会治理水平和质量，实现公共利益最大化。

（三）增强社会发展活力得到强调和重视

党的十八届三中全会提出，创新社会治理，增强社会发展活力。这意味着在公共事务治理过程中，社会将由政府治理的补充力量转变为重要治理主体，在政府让渡的更大空间里有新的作为。因此，迫切需要创新社会治理体制，改进社会治理方式，实现政府治理和社会自我调节、居民自治良性互动，推进国家治理体系和治理能力现代化。

（四）公众对自治和自我价值实现的需求不断提升

在新的历史条件下，随着物质生活需求不断得到满足，公众自我管理、自我服务的需求不断提升，在创新社会治理体制中的主体地位将得到凸显。过去政府一元主导的社会管理模式将被社会多元治理所取代，公众参与社会治理的空间逐步扩大，治理能力将逐步得到释放，有利于培养公民参与治理的意识和素质，这也是建立政府与社会协同治理机制的内在要求。

二、构建新时期政府与社会协同治理机制的理论依据

（一）公共治理理论

该理论形成于20世纪70年代，是公共行政学引入治理概念，并对其加以发展和改造而形成的包括政府行政管理和公共部门管理在内的新的学科范式。它强调多元主体治理、扩展治理客体及变革治理机制和手段等内容。

（二）公共选择理论

该理论产生于20世纪40年代末，并于五六十年代形成了基本原理和理论框架。它是运用经济学的分析方法来研究政治决策机制如何运作的理论。该理论认为，在经济市场上追求自身利益最大化的“理性经济人”，在政治市场同样不会是利他主义的，不会自觉追求公共利益的最大化。政府不是一个抽象实体，只是在个人相互作用基础上的一种制度安排。所以，政府及其官员在政治市场同样也会反映出“经济人”理性的特征，不会总是一心一意地追求社会总体福利最大化目标。

（三）协同理论

协同论亦称“协同学”或“协和学”，是20世纪70年代以来在多学科研究基础上逐渐形成和发展起来的一门新兴学科，是系统科学的重要分支理论。协同论创立者德国斯图加特大学教授、著名物理学家哈肯认为，千差万别的系统，尽管其属性不同，但在整个环境中，各个系统间存在着相互影响而又相互合作的关系。

（四）博弈理论

博弈论产生于1928年，又被称为对策论，既是现代数学的一个新分支，也是运筹学的一个重要学科。它主要研究公式化了的激励结构间的

相互作用。博弈论考虑游戏中的个体的预测行为和实际行为，在双方平等的对局中各自利用对方的策略变换自己的对抗策略，达到取胜的目的。

三、构建新时期政府与社会协同治理机制的条件

（一）树立政府与社会合作伙伴关系的理念

改变政府支配社会、社会依附于政府的关系状态，建立政府与社会之间有机的、双向互动的关系模式的理念，是建立政府与社会协同治理机制的前提。

（二）科学合理划分权力范围

进一步转变政府职能，政府严格按法定权限、程序行使权力和履行职责，在确保履行社会治理职能的同时，为社会行使权力让渡空间，是建立政府与社会协同治理机制的关键。

（三）加强社会组织能力建设

社会组织是社会的重要载体。社会组织加强自身能力建设，有足够能力承接政府转移的职能，是构建政府与社会协同治理机制的保证。

（四）建立和完善相关制度

政府与社会协同治理必须在法律和秩序的框架内进行，以确保协同治理的合法性与有效性。因此，制度强化、制度改革和制度建设是建立政府与社会协同治理机制的重要保障。

四、构建新时期政府与社会协同治理机制的原则

（一）政府主导原则

政府与社会是新型社会治理模式中缺一不可的、必须同时具备的两个要素，协同治理是政府治理和社会治理都得到充分发育的理想状态。

但在中国当今背景下，政府应站在共同体的立场上，对涉及全局性、长远性的公共利益公共事务实施必要的管控与协调。

（二）公共利益最大化原则

政府与社会协同治理不仅仅是基于工具理性，更是基于伦理价值理性而展开的合作关系。克服政府理性“经济人”的趋利行为，防止政府部门利益侵害公共利益，实现公共利益最大化是政府与社会协同治理的终极价值追求。

（三）可操作性原则

对政府与社会协同治理的研究不能只做宏观的一般性描述，更要有中观及微观的具体阐述，以增加对实践的指导作用。唯有如此才有利于改进社会治理方式，创新社会治理体制，建立与社会主义市场经济体制相适应的社会体制，解决社会矛盾和社会问题。

（四）循序渐进原则

政府与社会协同治理的广度和深度将随政府与社会关系不断地调整而变化。就广度而言，不仅限于提供公共服务方面，还要在公共政策倡导、政治参与方面有所作为。就深度而言，不仅立足于提供充足高质的公共产品，还要在建设法治政府、服务型政府，增强社会发展活力，建设公民社会方面有所追求。

五、构建新时期政府与社会协同治理机制的对策

（一）以实现公共利益最大化为目标

政府与社会协同治理目标应放在“公共性”的框架中思考。因此，处理和解决好政府与社会各自目标的差异性与公共利益统一性的关系，实现公共利益最大化，是政府与社会协同治理中的首要问题。

（二）以相互信任为基础

要树立政府与社会合作伙伴关系的理念，改变政府支配社会、社会依附于政府的关系状态，建立政府与社会之间有机的、双向互动的关系模式，以信任作为建立政府与社会协同治理机制的基础，以此确保政府与社会协同治理的良性发展，而建立信任关系的关键在于信息互通和利益趋同。

（三）以提供公共服务为基本内容

构建政府与社会协同治理机制是新形势下创新社会治理体制的一种现实选择，是构建与社会主义市场经济体制相适应的社会体制的必然要求。随着政府职能的转变和社会力量的增强，政府与社会协同治理的内容将由公共服务延展为公共政策倡导及政治参与。

（四）以共同协商为治理方式

国家代表统合性力量，社会代表自主性力量，通过共同协商，可以使两种不同力量形成治理合力。治理不是控制，而是协调，是一个持续的互动过程。因此，进一步转变政府职能，实现政社分开，明确政府与社会的权力范围，改变传统的政府治理模式是构建政府与社会协同治理机制的关键。

（五）以新科技为技术支撑

通过发挥技术理性的工具作用，提高政府与社会协同治理的技术含量，增强治理效果和质量。

（六）以评估分析为纠偏手段

通过建立评估指标体系，对政府与社会协同治理的效果、效益及效应进行动态监控、检验及调整，以确保政府与社会协同治理能够按照治理目标持续、有序、规范地运行，避免无效协同。

参考文献

[1]《中共中央关于全面深化改革若干重大问题的决定》。

[2]胡锦涛:《坚持沿着中国特色社会主义道路前进　为全面建成小康社会而奋斗——在中国共产党第十八次全国代表大会上的报告》。

[3]俞可平:《治理与善治》,社会科学文献出版社 2000 年第 1 版。

[4]郁建兴、任泽涛:《当代中国社会建设中的协同治理——一个分析框架》,《学术月刊》2012 年第 8 期。

[5]吴兴智:《公共治理:服务型政府的理想治理模式》,《学习时报》2013 年 10 月 8 日。

[6]周红云:《从社会管理走向社会治理》,《21 世纪经济报道》2013 年 11 月 20 日。

[梁亮：黑龙江省委党校(黑龙江省行政学院)教授]

网络舆论：如何从应对管理走向综合治理

郝继明

【摘　要】 网络舆论的井喷式发展，给政府工作带来了极大的挑战和压力。现实中政府对网络舆论总是被动应对、匆忙应对、紧张应对甚至胡乱应对，严重损伤了自己的公信力。对迅猛发展的网络舆论，我们必须进行方式方法和管理机制上的创新：要将原先政府部门习惯的对网络舆论的“应对管理”推进到全新的“综合治理”，更加突出科学性；要将“简单被动”的应对管理推进到“快速主动”的应答管理，更加突出主动性；要将“单兵作战”的应对管理推进到“多兵作战”的协作管理，更加突出协同性；要将“自说自话”的“灌输式”管理推进到“摆事实、讲道理”的“回应式”管理，更加突出回应性；要将任凭网络舆论“自生自灭”式的放任管理推进到“为我所用”式的引导管理，更加突出引导性。

【关键词】 网络舆论　应对管理　回应机制

网络舆论的井喷式发展，给领导工作带来了极大的挑战和压力。现实中一些领导干部对网络舆论总是被动应对、匆忙应对、紧张应对甚至胡乱应对，严重损伤了党和政府的公信力。

习近平总书记指出：做好网上舆论工作是一项长期任务，要创新改进网上宣传，运用网络传播规律，把握好网上舆论引导的时、度、效。

所以，对迅猛发展的网络舆论，我们必须进行方式方法和管理机制上的创新：要将原先政府部门习惯的对网络舆论的“应对管理”推进到全新的“综合治理”，更加突出科学性；要将“简单被动”的应对管理推进到“快速主动”的应答管理，更加突出主动性；要将“单兵作战”的应对管理推进到“多兵作战”的协作管理，更加突出协同性；要将“自说自话”的“灌输式”管理推进到“摆事实、讲道理”的“回应式”管理，更加突出回应性；要将任凭网络舆论“自生自灭”式的放任管理推进到“为我所用”式的引导管理，更加突出引导性。

一、要切实转变观念，变应急为治理

“应急”这个词本来就有紧急应付、急切对付之义。应付，会使人认为政府不但怠慢、敷衍，而且是在不得已的情况下才被逼做的；对付，会使人认为政府高调、强势，高高在上，居高临下；如果再加上个别地方政府和工作人员在实际工作中确有应付、对付之嫌，就更加固化了部分网民和群众对政府的习惯性“成见”，带来网络负面舆论暴风骤雨式地指向政府。

网络舆论治理绝不仅仅是一种事后控制行为，不能在出现舆论热点事件并造成一定社会影响之后才被列入政府的议事日程，匆忙应急。当某一社会事件成为网络舆论热点并已经造成广泛社会影响时才考虑如何治理，就显得滞后和被动了，治理的努力也会事倍功半。鉴于此，必须抓好以下几项工作。

舆论来源于现实的社会生活又会影响社会生活的发展走向，网络舆论是社会转型的心理和情感在网络社会的反映。比如对于“谣言”，传统的应对观念要么是埋怨，要么是压制，其实这两种观念和做法在新形势下都是不对的。因为这样做的结果往往是越压，谣言越多，演变越广、流传越快。最根本的方法在于研究谣言背后的深层次社会问题并加以整治。在西方学者眼中，谣言早已不是邪恶的洪水猛兽，而是具有研究价值的社会舆论。领导干部必须正视，这是一种社会情绪的发泄，是舆情负面的反映，是当前中国社会日趋“常态化”的畸形舆论表达，是一种特殊的信息形态的舆论。如果只去追查谣言的始作俑者，而否认谣言的本质是一定群体的社会舆论活动，就必然只会应急。

所以，各级政府特别是党员领导干部要增强舆论意识，提升舆论敏感性，自觉接受舆论监督和舆论批评。不惧怕，不作秀，真正在平时的工作中把网络作为预防、发现、查处问题的有力工具；要坚持注重实效、不图形式，注重节俭、不讲排场，注重利民、不扰群众，注重责任、不搞应付的导向，免得让现实社会中偶然出现的老无所安、弱无所助、急无所济、危无所帮一再成为网络舆论炒作的焦点。

正面舆论正面强化，负面舆论正面引导，才能掌握舆论的主动权、制高点。要学会做好解释和说明工作。一项政策和决策的出台、实施有一个过程，人们对公共事务的参与也有一个过程，其间难免因各种因素而导致事情一波三折，结果与预期不符，甚至大相径庭。这就需要政府做好解释、说明、沟通工作。特别是在当前“习惯性质疑”成常态的情况下，更要强化政府对公共政策和公共事务的解释力。人民网“强国论坛”设置了一些国内著名专家、知名学者的个人网页，将他们的理论观点录入其中，定期或不定期让他们在网上与网民见面，回答大家普遍关心的问题。新华网在“新华评论”栏目，针对社会上存在的容易误导人们思想的理论热点问题，设置专门的辩驳性网页，邀请理论专家、学者到网站做客，从学理上予以透彻阐释，分析要害所在，解疑释惑，效果都很好，值得借鉴。

二、要抢好“第一时间”，变时机为先机

目前，国内已有不少单位对网络时代舆论引导的“第一时间”进行了具体时间的量化规定。2011 年 6 月，南京出台了《关于进一步加强政务微博建设的意见》，其中明确规定，对于灾害性、突发性事件，要在事件发生后的一小时内或获得信息的第一时间，进行微博发布。2011 年 11 月 26 日，宁夏回族自治区银川市某饭店开业，气势恢宏的祝贺条幅中，“银川市人民政府”等赫然在列，网民随即拍照并向“问政银川”质询。“问政银川”9 分钟后即查清该饭店冒用政府名义的违规行为，并在 20 分钟内赶往现场责令其改正，及时解除了负面舆情。

抢抓第一时间，变时机为先机，要把握好第一时间说什么、如何说的问题。这是最为重要、最为关键的核心。表态得当，就能将舆论第一时间引导到对自己有利的位置；否则，就会给自己带来无穷无尽的麻烦。如果抢第一时间是为了说假话、推卸责任或高调对抗则反而会加深危机。在第一时间的表态只有凸显出坦诚的态度，让网民或公众在第一时间看到一个真诚的、有人情味、对公众负责任的政府形象，才能增强公众对政府的信任，才能避免网民情绪化发泄，也才能避免或平息危机。

三、要注重统筹协调，变“散力”为“合力”

网络时代的舆论引导，单靠政府的单兵作战，力量已经显得微薄；而单靠传统的单一的新闻发布方式也已经过时。政府必须懂得用治理的方式来引导舆论，不仅要学会利用网络、微博等新平台第一时间快速进行新闻发布，还同时需要打出组合拳，即引进专家学者等第三人或者中间人机制、网络评论员机制，再加上传统的新闻发布会等，多头并进，才可能有效引导舆论和进行危机公关。

政务微博一定要与政府网站不同。既要比政府网站反应快，更要比政府网站生动、形象、有可读性。要坚决杜绝部分政务微博官话套话多、公文式语言多的“高不可攀”或者仅将政府网站简单套上微博新外套的“缩写版网站”做法。对网民的批评、质疑甚至谩骂，不能动不动就删帖或拉黑，更不能关闭评论功能，这样不仅平息不了网民的批评和质疑，只会引发更大的舆论关注。

在用好政务微博的同时，政府部门要统筹协调，尝试开通微博群，使政务微博从独唱变为合唱，改变个别账号单兵作战的格局，创建多部门在微博矩阵中联合办公的新时代。2011 年 5 月 25 日，南京在全国建立第一个“微博城市广场”，实现电子政务微博化。进一步整合南京微博资源，合力提高传播力，取得了很好的效果。

四、要坚持公开透明，变缺位为到位

以往，有些地方习惯以“报喜不报忧”或“轻描淡写”的方式进行信息处理，要么封锁消息不发布，要么选择性发布，要么滞后发布，要么前后不一。这些“缺位”“错位”的表现在“眼球经济”凸显、粉丝成为“资源”、话语更加精辟的网络和微博平台中，必然会使一部分受众产生逆反心理。现在的政府必须彻底明白，网络是一个透明的时代，蒙混是很难过关的。如果情况存在不确定性，也应该告诉公众，这样才能赢得公众的信任。杭州“飙车案”和云南“躲猫猫”事件中，网民强烈质疑的不仅是事件本身，更在于相关部门没有告诉公众真相。所以，“躲猫猫”关键错在“躲”真相。“躲”真相也“躲”伤了政府公信力，降低了网民的政治信任感。

越是领导干部，听到的经过过滤的好情况、好消息越多，而对偏于负面的消息知之甚少，使得他们往往对流言闭目塞听。还有的地方信奉“沉默是金”的信条，对流言不屑一顾，采取“鸵鸟政策”，任由各种小道消息肆意传播，结果“自己不说别人说，干部不说群众说，当地不说外地说”。还有的地方压、堵、删、封，人为制造没有“网络”的情形。实际上，网络能产生谣言，也能“自净”谣言，关键看你会不会用。

五、要做到低调坦诚，变被动为主动

舆论危机发生后，你虽然无法改变事实，但你可以用坦诚的态度改变公众的看法。大多数网民基于其“草根”的特性，比较在乎的是尊重和态度。很多网友参与网络热点讨论主要目的就是为了满足成就感和“被重视”的感觉。在目前这种媒体环境下，一个事件在网民的关注和参与下，瞬间就能形成舆论风波，最后形成舆论审判。舆论审判不重证据，采用的是道德标准，而非法律标准。这就要求我们在态度上不能斤斤计较，不见得非要把是非辨得清清楚楚。另外，舆论审判习惯性地对被告进行“有罪推定”，不容被告解释、举证。针对这一特点，在出现危机后，我们就不能过多地辩解、喊冤或简单地迅速采取强硬手段，还是必须着眼用坦诚的态度来感化网民。

互联网是纸包不住火的时代，说谎马上就会有人揭穿。特别需要注意的是谎话往往需要无数拙劣的谎言来圆，直至最后败露。如果由于情况不明发布了错误的信息，事后也应该及时纠正，不能企图蒙混过关，因为虚假信息迟早会大白于天下。陕西“华南虎”事件中，有关部门就是在这上面出了问题。情况未核实，就仓促发布了虚假的消息，事后虽然发现了问题，但却缺乏坦诚的态度，不愿更正，企图硬扛到底，最后落得个贻笑大方的结局。

要改变对抗式的回应方式，对抗不是公关，是挑衅。负面报道出来后，当务之急是要尽快消除负面形象。只有说服公众或网民有关媒体的报道或说法是不符合事实的才能消除负面影响，说服人不是比嗓门，并不是谁表现更愤怒，谁嗓门高，谁就有说服力。反驳对方只会拉大你们的差距，加大你们的裂痕。相反，放下身段，低调、心平气和、坦诚相待往往更能打动人，更能改变人的看法。所以，再大的愤怒也要收敛，再大的委屈也要忍受。

经常听到有人讲“摆事实，讲道理”，好像摆了事实人家就相信你。实际上，这句话只说对了一小半。最关键的还是要看你以什么方式来摆这个事实，讲这个道理。如果以一副“得理不饶人”的气势汹汹的姿态出现，在公众不相信你、反感你的情况下，不管你怎么讲这个道理都不会有多少人听，更不会有多少人信。网络里，许多网民容易情绪化，非理性色彩浓厚。他们虽然在乎事实，但更在乎的是你的态度。即使自己冤枉，也不要急于自辩清白。要千方百计先把公众情绪理顺，先平息公众怒火再说道理。在关系未转化前，说什么都是无用的。

六、要着眼平时预防，变应对为回应

回应是一个具有连续性特征的社会科学范畴，是指多元主体在一定的社会结构中，基于共同利益诉求的应答、认同及实践的互动过程。互动有利于化解由于政府和大众之间的信息不对称造成的误解，从而协调各方关系，提升人们对公共权力和公共政策的认同感。一种良性的互动状态，必然要求参与互动的主体相互之间能够有一种理解和认同。

一些地方政府将网络概括为：基层组织进不去，思想政治工作进不去，国家强制力进不去。之所以如此，是没有一个好的舆情治理机制。舆情往往是内隐的，需要载体和渠道来抒发和表达，网络就是理想的表达渠道。网络舆情集中体现了网络民意动向和潜在的政治热点，对领导干部来说，提早把握网络舆情，可以与网民进行更好的政治互动。所以，构建网络舆情收集、分析、研判与回应机制就显得非常重要。

首先，政府网络主管部门要对容易引发公众舆论爆发的社会热点问题有高度的敏感性，要成立专门的组织，建立健全网络舆情收集渠道，强化新闻网站的舆情监测功能并进行重点收集，收集尽可能多的前瞻性的信息，及时洞察网上舆论苗头，了解网民动向。其次，采用科学的方法对舆情进行分析研判。重点把握舆情涉及的具体社会问题，舆情表达的具体内容，反映出的公众情绪、态度和意见，舆情表达的人群结构和地区分布，舆情发布者的意图和倾向性、导向性，判断出舆情产生和变化走向及趋势。舆情研判应当吸纳各种专业力量参与，包括各领域专门人才，如社会科学院的专家学者、政府政策研究室、宣传部门舆情专家、资深新闻从业人员等。再次，要加强相关部门的沟通和联系，及时反映和回馈相关舆情信息，加强合作，防微杜渐，防患于未然。第四，对可能引起网络事件的各种要素及其所显现出来的信号和征兆随时能进行严密的动态监控，对其发展趋势、可能发生的类型及其影响程度做出科学合理的评估，并向有关部门发出警报。舆情收集、分析、预警、研判与回应机制是一项综合性工作，绝不是单单一个计算机系统或者一套班子人马就能顺利实现，它既要求有一系列严密的网上检测体系，也需要一系列的组织、人员、经费、制度等保障。

七、要提升治理能力，变教导为引导

舆论治理能力既不能简单地理解成党和政府的执政能力，也不能简单地理解成新闻媒体的传播能力，而应该理解成在舆论的形成、发展和消亡过程中，各主体之间相互作用、相互影响，最终形成和谐共振的能力。舆论治理不仅是全方位的，而且是全过程的。

在我国现阶段的舆论引导实践中，追求轰动效应而忽视远期效果的问题较为严重。比如某些政策性内容，如果不顾及受众的关注点，总是习惯地把与群众生活不相关的领导活动、会议新闻放在头条位置上，往往会引发群众的不满，导致相反的舆论出现。议程设置理论强调整体影响和总体效果，特别强调在很长一段时间内对公众意见的影响，从而形成良好的舆论氛围。这就为“舆论导向”的实践提供了一种新的思路。一些“正确”的舆论引导当时看起来效果不错，但若放到中长期的媒介议程设置效果中考察，就可能是一种误导。如对某些领导为民做主的频繁报道，表面上看实行了良政，而从长远来看是在渲染一种封建意识，因为它不能启发群众“当家做主”的意识，而是在宣传“非法治”“非制度”的做法。

从心理学出发，公众能否接受外在信息，除了合理的逻辑外，还取决于接受时的心理状态，如受众的心理需要、自我形象和心理平衡的状况等。如果能够满足公众的“价值感”需要，或进一步满足“自我满足感”需要，就会对信息产生认同。利用这两种心理需要进行的说服，能够稳定公众的行为，满足公众的精神需要。说服的过程也是一个传播的过程。因为现在的网民宁可相信事实，也不相信说教。

舆论引导的基本方式是说服。说服即用充分理由劝导，使人心服。所以，引导要善于小中见大，由微知著。注意对典型个案的剖析，放在社会大背景下研究、解剖，既能反映问题，引起重视；又能有理有据，解决问题。要注意媒体报道的科学性与慎重性。注意报道的宽泛性与接近性，注意报道的权威性与指导性，注意报道的“人性化”和“理性化”。做到不过誉、不诋毁，实事求是。

要关注网民心理，培养和形成网络社会的理性情感和道德规范。为此，要在互联网开展中国特色社会主义理论体系的宣传普及活动，把马克思主义理论研究和建设工程的成果及时推向各大新闻网站，抢占网络制高点，增强中国特色社会主义理论体系的说服力、凝聚力、感召力和战斗力，使这一思想理论体系贯穿于网络社会各组织、各阶层，落实到网络经济、网络政治、网络文化发展之中，形成网络社会的思想基础、意识形态、评价依据、情感导向和行动指南，并融入网民群体的精神之中，成为网民的行为导向和“主心骨”。要经常在互联网上倡导文明办网上网，净化网络环境；动员各类网站开设未成年人思想道德教育的网页、专栏，为广大未成年人创造良好的网络文化氛围；有组织地建设一批非营业性的互联网上网服务场所，为未成年人提供健康有益的绿色网上空间。此外，还应要求学校加强对校园网站的管理，规范上网内容，积极防范和最大限度地化解互联网给青少年带来的负面影响。

参考文献

[1]邹建华:《微博时代的新闻发布和舆论引导》，中共中央党校出版社 2012 年版。

[2]姜胜洪:《网络谣言应对与舆情引导》，社会科学文献出版社 2013 年版。

[3]李伟权:《政府回应论》，中国社会科学出版社 2005 年版。

[4]高红玲:《网络舆情与社会稳定》，新华出版社 2011 年版。

[5]杜骏飞等:《政府网络危机》，中国发展出版社 2011 年版。

[6]毕一鸣、骆正林:《社会舆论与媒介传播》，中国广播电视出版社 2012 年版。

[7]叶国平:《舆情制度建设论》，天津人民出版社 2013 年版。

（郝继明，南京市行政学院教授、教务处处长）

权力清单制度与政府管理创新

杨小云

【摘　要】 权力是政府行政的核心和合法性依据，政府职能实质上是行政权力在实践中的具体体现。政府管理创新的核心要义即是依法对行政权力进行界定和合理配置，并在此基础上推动政府职能转变和机构改革，推进管理方式创新，提升政府有效管理能力，推动法治政府和服务型政府建设。本文结合当下我国政府"权力清单"制度建设实践，从政府管理创新视角作了具体分析，并就两者间的逻辑关系从政府管理理念创新、制度创新和职能创新三个维度作了探讨。

【关键词】 权力　政府管理　权力清单　制度

党的十八届三中全会提出："推行地方各级政府及其工作部门权力清单制度，依法公开权力运行流程。""权力清单制度"由此进入公众视野。从其建立的现实背景看，实际上是各级政府为了适应新形势下内外环境变化而对自身职能定位、管理方式、工作方法、技术手段等诸多方面做出的创造性调整和变革。从其工具性层面看，将"权力清单"作为政府管理创新的新尝试，其主要目标在于通过"全面清权、减权放权、标准配权、公开晒权、依法行权"，完善制度建设，进一步提升政府与市场、与社会间的良性互动关系，规范行政权力的运作，强化行政权力的责任和监督机制。在一些具体领域，如市场监管、公共服务等方面，通过权力清单制度，清理、确认和整合审批事项，进一步简政放权，让政府做到“有所为有所不为”，最大程度上激发市场活力，节约行政成本，这也体现了当前我国社会主义市场经济和社会发展的实际需要，同时也是实现政府管理创新的必然选择。

一、权力清单制度：一个关于政府管理创新的新视角

（一）权力清单与权力清单制度

党的十八届三中全会首次在国家层面明确提出“权力清单制度”；同时在公报中也指出，“坚持用制度管权管事管人，让人民监督权力，让权力在阳光下运行，是把权力关进制度笼子的根本之策。而开列权力清单，让权力公开透明，自然是把权力关进制度笼子的必要一环，也是建设廉洁政治的题中应有之义。”可见，权力清单制度已经被赋予更高层次的要求。

那么，何为权力清单？简言之就是要把各级政府和各政府部门所掌握的各项公共权力进行全面清理，并以清单形式公之于众，主动接受社会监督。何为权力清单制度？权力清单制度就是要明确界定每个职能部门、每个岗位的职责与权力边界，让民众都知晓权力的“家底”。即权力只能在某个部门、岗位被明确赋予的职责和边界之内活动。某个权力岗位能做什么、不能做什么，便一目了然，这不仅是强化制度建设的重要一环，更是制度自觉、自信的具体体现。

作为一项制度，权力清单制度将权力边界和权力设置作为首要考量对象，同时将权力公开运行视为前提和基础，而权力公开运行并不仅仅要公开权力清单，还包括公开权力的过程和结果。这是推动政务公开、加强依法行政、强化群众监督、预防腐败的重要举措，对于政府自身改革和廉政建设具有极其深远的意义。在实践层面，早在 2005 年河北省邯郸市探索性地在国内公布了市长权力清单，这是我国最早的地方政府权力清单之一。2013 年初北京市西城区政府制定权力清单，使人们见证了地方政

府以法治的思维和方式推进政府管理职能转变的努力。十八届三中全会之后，广东、江苏、四川、上海等地以及国务院部分职能部门也相继推出政府行政权力清单。

（二）作为政府管理创新的权力清单制度

政府管理创新是一个常谈常新的话题，更是一项持续的系统工程。随着经济社会的不断发展，我国政府管理创新的重点也由最初的简政放权为主转变为全面建立与社会主义市场经济体制相适应的行政管理体制，而权力清单制度可谓是对推动这一转变的现实回应。

首先，权力清单的应有之义在于明确政府权责界限，规范权力运行，推进法治政府建设。按照权力清单制度的基本要求，"权力清单"是对政府权力的规范，即政府"可作为"的清单，清单以外都不可作为，体现了"法无授权不得为"的理念。同时政府必须严格按照法定权限、程序行使权力和履行职责，规范权力运行，公开权力流程和结果，让权力自觉接受社会监督，通过制度规约使权力在阳光下运行。通过界定公权力进而明确政府管理的边界，使政府职能更加合理规范，进一步推进法治政府建设。

其次，权力清单制度建设对政府自身而言，在于进一步改革和优化政府结构，提升政府管理水平，推进服务型政府建设。权力清单制度作为地方政府和行政机关改革行政审批制度和政务公开制度建设的新举措，是政府提升管理水平、强化自身建设、推进服务型政府和法治政府建设的有益尝试。早在党的十七届五中全会上就已经对政府管理创新提出了要求，即："进一步转变政府职能，深化行政审批制度改革，加快推进政企分开，减少政府对微观经济活动的干预，加快建设法治政府和服务型政府。"十八届三中全会决定推行权力清单制度，再一次聚焦于政府改革，期望以权力清单制度为突破口，对政府职能部门的职权与责任进行明确的界定，对政务流程进行合理的标准化规范，同时，强化政府自身改革和加强制度建设，用法律法规调整政府、市场、企业之间的关系，实现政府行政权力程序化、法制化、便民化和运行过程的社会化、规范化，进而推进服务型政府建设。同时，权力清单回应了政府管理过程中防止行政机关的自由裁量权过大滋生寻租行为。建立“权力清单”,就是要把权力关进制度“笼子”,让权力在阳光下运行。通过制度规范权力运行,能够在更大程度上强化社会监督,防止行政机关的自由裁量权过大等滥用职权行为的发生,以及由此可能造成的政府公信力减弱等问题出现。通过建立权力清单制度推动政府转变职能,使政府找准定位,明确目标,使之真正成为社会发展的推动者、有序市场的服务者和公共权力的守护者,在推进社会管理创新和促进经济社会协调发展方面“大有所为”。

二、权力清单制度与政府管理创新的逻辑分析

政府管理创新往往是为了有效回应由于行政环境、行政任务的变化而引起的行政职能、行政方式、行政体制等各方面的新变化。推动地方各级政府公开权力清单,旨在划定政府“权力边界”,明确“权力家底”,让政府主动接受社会监督,从而推动政府职能转变、深化行政体制改革。作为政府管理创新的制度性尝试,正是遵循这一基本逻辑。而在实践层面,一项制度安排能否有效推进政府管理创新,则主要需从以下几个方面做具体分析。

(一)从政府管理理念创新的角度分析

政府管理的理论创新,总是在一定的理念基础上发展并建构起来的。即便是早已存在的理念,随着时代的发展和社会的进步,也会被注入新的内涵。实践的发展推动政府管理理论不断丰富。[①] 无论是理论创新还是实践发展都在不断地更新着政府管理理念。而纵观整个人类政府管理史的发展,公平、公正、人本的理念一直是人类追求的最高目标,然而不同阶段和不同的制度安排往往也暗含其特有的价值理念。

建立权力清单制度,推动政府管理创新,从这一制度和实践的出发点来看,打破强势政府、赋权于民,建设法治政府和服务型政府是其初衷,由此可以看到无论是就权力本身还是权力运行过程及结果,有序参与、公平

① 石国亮、梁莹、李延伟:《国外政府管理创新要略与前瞻》,中国言实出版社 2012 年版,第 55 页。

效率、为民服务的理念是其核心。

首先，有序参与是权力清单制度建设的基础也是保证，也是政府管理创新理念的核心理念。随着西方国家“新公共管理运动”的兴起，学术界对于公民参与给予了极大关注，他们从公共管理和公共政策角度，将公民参与视为政府与公民社会合作治理的重要途径，“公民参与”一词在公共管理中得以广泛运用。同时，公民参与也被看作是政府管理的逻辑起点和核心内容，这是因为公民参与是实现善治目标的重要途径。[①] 在我国推进社会建设的要求中也明确指出，要健全“党委领导、政府负责、社会协同、公众参与、法制保障”的社会管理格局。此外在政府管理、法制建设、公共服务等诸多领域，参与理念已经成为其核心话题之一。就权力清单制度而言，公开权力运行流程，将权力运行的全过程置于社会监督之下，公开透明运行，其基础是公民的有序参与。因为只有这样才能真正取得权力清单的预期目的，才能在制度框架内稳步推进政府管理创新。这同时也对政府的引导和管理方式方法提出更高要求，特别是在当下新技术新媒体的出现，以及“网络问政”等多种新型政治参与形式的出现，对政府科学有效管理提出迫切要求。

其次，公平效率是权力清单制度建设中的关键，也是政府管理理念创新的应有之义。公平作为政府管理的传统指导理念贯穿于政府管理活动发展的始终，效率更是衡量政府管理水平的一个重要指标。权力清单同样强调在社会主义市场经济条件下，政府主要职责就是为各类市场主体创造机会均等、公平竞争的市场和社会环境，为全体人民提供高效、优质的公共服务和公共产品，保障和促进社会公平正义。这里面就涉及两个关键因素——公平与效率问题。正如弗雷德里克森所言：“新公共行政学把社会公平加入到了传统的目标和基本原理中。实用的或传统的公共行政学试图找出下列两个问题中的任何一个问题的答案：(1)我们怎样才能利用有限的资源来提供更多的或更好的服务(效率)？(2)我们怎样才能花费更少的钱来保持我们的服务水平(经济)？而新公共行政学则增加了

① 封莹莹：《社会资本——公民参与与政府治理》，浙江大学硕士论文，2011年3月，第19页。

这样一个问题:这种服务是否增进了社会公平?”[①]权力清单制度的初衷即是追求权力在全社会的公开公平运行,通过对权力流程的合理设置追求政府服务效率,也是当下政府管理创新不可或缺的重要组成部分。

此外,为民服务理念是权力清单的主要内容,也是政府管理的主要目标。无论是从理论创新还是实践发展角度来看,建设服务型政府已经成为当下以及今后我国各级政府管理创新追求的目标之一。为民服务作为“服务型政府”概念和实践的一个基本的核心理念,更是重中之重。因此无论是以服务型政府建设为目标的政府管理创新、还是以权力清单制度推进政府管理创新,为民服务既是立足点也是落脚点,更是政府管理创新不可忽视和偏移的主要目标。

(二)从政府管理制度创新的角度分析

我国各级政府在管理中干预过多,管制过严,越位、缺位、错位现象也现实存在,“看得见的手”摁住“看不见的手”一直广受诟病。虽然一直在改,但实际效果并不理想,简政放权往往陷入“精简—膨胀—再精简—再膨胀”的怪圈。要从根源上解决行政审批制度顽疾,最核心的问题是如何有效管住政府的行政权力。权力清单管理是此项改革的有效抓手和突破口。“清单之外无权力”,将使权力扩张冲动无法成为现实。通过权力清单管理正本清源,为政府权力套上“缰绳”,把权力关进制度的笼子,收敛政府的手,放活市场的手,补强社会的手,以此提高行政效率和激活市场活力。[②] 就权力清单制度而言,既是客观现实问题倒逼而成,更是政府创新的内在要求,以权力配置与运行为重点的权力清单制度建设,就是试图通过强化制度建设,一方面公开政府“权力家底”,建立健全一套与权力相对称的目标责任管理制度,分门别类地明确行权者的行为规范;另一方面,通过权力的透明运行,促进政务公开,方便授权者监督。在此静态和

---

① [美]杰伊·M. 沙夫利兹、阿尔伯特·C. 海德:《公共行政学经典》(英文版),中国人民大学出版社 1987 年版,第 426 页。

② 《权力清单与政府转型》,中国共产党新闻网,http://cpc.people.com.cn/n/2014/0401/c91141—24789238.html。

动态转换的过程中让权力接受评价、质疑和监督，在有效提升政府管理水平的同时也展现了政府管理创新的制度自信，在良性互动、和谐发展的过程中，达到了公开透明行政的政府管理制度和方式方法的创新，也拓展了制度性文明建设的深度和广度。

（三）从政府管理职能创新的角度分析

现代公共管理理论主张行政职能重心应该以服务职能取代行政职能。党的十六大把政府职能明确概括为经济调节、市场监管、社会管理和公共服务。如此概括，厘清了社会主义市场经济条件下政府与市场、社会的关系，表明我们从认识上解决了政府的职能定位问题，也为政府进一步转变职能、全面履职和转变管理方式指明了方向。[①] 而权力清单制度，就是要通过建立制度发挥权力清单在政府管理中的正功能，助推政府管理和国家治理水平的现代化。从这个角度来看，权力清单制度本身作为一种对公权力的管理手段，在推动政府职能创新方面具有如下功能：一是界定权力边界，规范权力运行，遏制权力滥用，预防和杜绝腐败；二是强化政府的内部协调与内部监督，提升政府的责任感，提高政府效能；三是推动法治政府和法治社会建设；四是摆正政府与市场主体和人民群众的关系，建立起权力行使的制衡机制。

总之，推行权力清单制度建设，依法公开权力运行流程，完善党务、政务和各领域办事公开制度，推进决策公开、管理公开、服务公开、结果公开，既是一种政府责任意识的主动担当，同样也是强化政府管理和服务的职能创新的现实需要，在实践层面应当最大程度发挥出权力清单制度的应有功用，助推法治政府和服务型政府建设。

三、总结

建立权力清单制度是新时期全面深化改革的新尝试，也是推动政府管理创新、推动政治生态良性运行和协调发展的重要一步。然而，权力清

① 石国亮、梁莹、李延伟：《国外政府管理创新要略与前瞻》，中国言实出版社 2012 年版，第 2 页。

单制度本身也需要相应的监督、评议、问责机制做保障，如果相关制度设计得不到保证，权力清单只能是“一纸清单”。这也就是一些学者担忧的：做到按“单”用权比实现权力入“单”的任务更为艰巨。而要切实发挥权力清单作用，除了要进一步完善权力清单制度本身之外，更要考虑这三个问题：一是权力清单制度的可持续性；二是权力清单制度建设与实践相结合的问题，也就是操作性的问题；三是要在制度建设的过程中明晰公权力与公民“私”权利的关系与边界问题。

如《权力清单：改革新起点》一文指出的，期待权力清单发挥应有作用，不妨从广度和深度两方面做文章。[①] 就广度而言，权力清单制度既要实现国务院部门“全覆盖”，还要在地方普及开来，毕竟地方政府特别是基层政府与群众打交道更为密切，也是群众监督的重点。就深度而言，关键在于监管。权力清单不能“一晒了之”、束之高阁，既要在晒权的同时，听取基层和群众意见，不断加以优化，更要切实加强监管。建章立制，方能将权力关进制度笼子，才能做到权为民所谋。

（杨小云：中共青海省委党校公共管理教研部教师）

① 《权力清单——改革新起点》，《中国纪检监察报》，http://csr.mos.gov.cn/mos/cms/html/122/380/201402/40206.html。

网络公关监管主客体关系：失衡与重塑

苏忠林　曾　青

【摘　要】 网络公关监管客体偏好推动网络公关异化、异化现象倒逼监管主体进行监管、监管主体对网络公关异化回应性差等网络公关监管主客体关系失衡引发了应如何重塑网络公关监管主客体关系以优化网络公关行为的思考。本文认为网络公关监管缺乏明确的主管部门，相关法律法规存在盲障，监管客体低风险规避等多因素作用导致了这一关系失衡。通过明确职责，构建“三管齐下”的监管格局；立法先行，破除法律法规的盲障；加大打击力度，提高网络公关异化的成本等方式方法将极有可能重塑网络公关监管主客体关系，优化网络公关行为，消除网络公关异化现象，充分保障受众权益。

【关键词】 网络公关异化　监管主客体　关系失衡　重塑

网络公关，即网络公共关系，是指组织为了塑造良好的组织形象，提升组织知名度，借助于联机网络、通信设备和数字交互式媒体，与公众双向互动沟通以实现组织公关目标而开展的一系列活动。网络技术的飞速发展使得网络公关成为政府和企业实现公关目标不可或缺的方式。而企业逐利的本质致使其在开展网络公关活动中不断暴露杜撰口碑、歪曲事实、操纵舆论、暴力营销[1]等网络公关异化现象，因而必须强化网络公关监管以有效遏制网络公关异化现象。但由于目前我国网络公关监管尚缺乏明确的主管部门，相关法律法规存在盲障，监管客体低风险规避等致使网络公关监管主客体关系失衡。本文将对网络公关监管主客体关系失衡现象及原因进行分析，并提出重塑网络公关监管主客体关系的建议。

一、网络公关监管主客体关系失衡的主要表现

在市场运作机制下，网络公关监管客体往往利用自身匿名度高、分辨率低、流动性大等特性以及先进的网络工具和技术手段巧妙避开政府监管，使得网络公关监管主客体常现资源掌握极不对称的局面，致使监管主体处于极为被动状态而无法达到网络公关监管机制的预期效果。这一监管主客体关系失衡主要表现在监管客体偏好推动网络公关异化、网络公关异化倒逼监管主体进行监管，以及监管主体对网络公关异化回应性差等方面。

（一）监管客体具有推动网络公关异化的风险偏好

网络公关监管客体往往具有推动网络公关异化的偏好，并从其滋生的网络公关异化现象中实现正面收益内化而负面影响外化的目的。据北京市公安局统计，2013 年 50%以上的网络发帖均出自网络公关。企业这种推动网络公关异化的偏好主要体现在以下几个方面：一是借助网络推手扩大品牌的宣传力度和企业的销售业绩，刻意炒作、杜撰口碑，以影响其公关对象的购买决策，实现企业臆想中通过炒作形成正面积极的口碑效应进而开拓市场的目的；二是借助网络“打手”或“枪手”通过人为操作在互联网上大量炮制、散布诽谤言论攻击、诋毁、谩骂竞争对手，如利用论坛、贴吧等发表对个人或企业的恶评，以各种社会身份拟定问答稿件，伺

① 苏忠林、李鑫：《网络公关异化：现象、原因与监督》，《中国行政管理》2011 年第 4 期。

机对竞争者品牌制造线上线下双管齐下的品牌诽谤等；三是为了掩盖事实真相、混淆视听，借助网络删手利用信息删除技术、信息屏蔽技术和信息转移技术等不同的删帖技术随意删除针对本企业的负面网帖或针对竞争对手的正面网帖。这种低风险规避的态度和做法使得多数网民以一种非正常的“围观”形式被动表达态度和诉求。而在健全的市场经济语境里，网络公关客体行为致使网络公关异化的成本应当较高，企业应当采取有效的风险规避措施来防范可能遭受的风险损失，促进企业生存环境的良性互动。

（二）网络公关异化倒逼监管主体进行监管

尚处于初步探索阶段的网络公关监管，其主体的行动严重滞后于网络公关异化现象，形成网络公关异化倒逼监管主体进行监管的局面，成为网络公关监管主客体关系失衡的又一表现。倒逼机制原是银行经济学的术语，在强政府干预的经济体制条件下，大量的国有企业和地方政府出于自身利益往往压迫商业银行不断增加贷款从而迫使中央银行被动地增加货币供应，形成所谓的倒逼机制。[①] 而网络公关语境中的倒逼机制却恰恰显示出了政府监管的薄弱而非强政府干预。网络公关语境中监管主体的行动往往是在监管客体通过论坛发帖、网络软文、博客、网站专题、搜索引擎竞价排名、搜索屏蔽等多种方式不遗余力实现其私利最大化致使网络公关被异化、市场正常秩序被扰乱、广大民意被绑架、他人权益被侵害之后迫于维持正常的市场经济秩序、保障公民合法权益的需要而产生。由此可见，监管主体的监管缺乏有力的前置约束机制，归因于此这一倒逼机制产生出明显的负外部性，即监管客体形成自我约束的惰性疏于自我控制自身行为。

（三）监管主体对网络公关异化回应性差

网络公关监管主客体关系失衡还表现在监管主体对网络公关异化回

---

① 陈国华：《以倒逼机制推动广东产业转型升级》，《南方农村》2012 年第 6 期。

应性差。党的十八届三中全会作出的《中共中央关于全面深化改革若干重大问题的决定》强调所制定的政策方针、所作出的战略部署和重大决定对现实的回应性。政府如果没有有效的回应性与敏捷的回应机制，政府的责任性无法真正转化为有效的公共服务，也就无法真正实现责任政府的服务性。① 在网络公关监管中，由于网络公关异化所带来的相关利益主体权益和正当利益严重受损、社会影响较为恶劣等一系列严重后果时，监管主体缺乏有效灵敏的回应。监管主体在缺乏完备的网络舆情的监测、预警机制的基础上，对既已造成恶劣影响的网络公关异化现象又尚缺完善的网络危机应急预案；难以在网络公关行为异化后充分掌握主动权态度鲜明地发布正面信息以占领舆论制高点遏制媒体和公众的“想象空间”拦截恶意公关的负面报道；难以有效采取行政、经济或法律手段规制推动网络公关异化的幕后推手以给予其有力反击。诸如此类的弱回应性使得网络公关行为难以有效优化，而强回应性是实现国家与社会、政府与公民对接互动，在社会风险和转型危机的大潮中一起摸石头过河②，从而达至善治的有效路径之一。

二、网络公关监管主客体关系失衡的成因分析

网络公关作为组织通过网络建立公共社群关系的有效途径，能够为组织获得及时便捷的信息反馈，促进组织与其公关客体加强沟通协调，进而帮助组织树立良好的组织形象。而良好的网络公关监管机制能有效约束和规范网络公关活动，遏制网络公关异化现象的发生。但由于网络公关监管尚缺乏明确的主管部门，使得网络公关监管呈现多头管理局面；相关法律法规存在模糊性和盲障性导致网络公关监管难以做到有法可依；监管客体低风险规避使其偏好推动网络公关异化等导致网络公关监管主客体关系失衡。

---

① 陈国权、陈杰：《论责任政府的回应性》，《浙江社会科学》2008 年第 11 期。

② 俞可平：《全球化：全球治理》，社会科学文献出版社 2003 年版。

(一)网络公关监管尚缺乏明确的主管部门

导致网络公关监管主客体关系失衡的一大重要因素在于网络公关监管尚缺乏明确的主管部门,从而形成多头管理、多头难管、多头不管的残局。网络公关因其与传统公关的巨大差异使其无法类同传统公关拥有极为明确的主管部门,如工商部门和广告协会可作为传统公关的主管部门,而网络公关因其传播手段、传播效果、受众群体等多方面的特质使其在现阶段无法界定出其明晰的主管部门。就现状而言,国家互联网信息办公室、工业和信息化部、公安部、国家工商总局等四部门及其下设机构都承担着网络公关监管的责任和工作,多部门交叉监管的结局必然是"一放则乱、一管则死",监管成效极差。早在2011年,该四部委在全国范围内联合开展了为期两个月的整治非法网络公关行为专项行动,各地共排查检测网站77.8万家、网站信息5.1万条、网页4.3万个、网站链接3.1万条,清查专线、托管服务器4.1万个。[①] 但网络公关因其市场准入门槛低、信息传播速度快、匿名性高等多方面特性使其鱼龙混杂,极易造成网络公关异化现象死灰复燃。因而其监管机制应是持续性、及时性、长期性的,而目前的多头监管的格局必然极大程度导致网络公关监管主客体关系失衡。

(二)相关制度的模糊性及法律法规的盲障性

相关规制网络公关行为的制度的模糊性和法律法规的盲障性亦是导致网络公关监管主客体关系失衡的重要原因。蒂莫西·A.O. 恩迪科特在《法律中的模糊性》一书中指出,语言的模糊性在许多情况下常常导致法律适用中的不确定性,而法律适用中的不确定性又常常对法律及审判理论提出挑战。[②] 就涉及网络公关监管的相关法律条文与规章制度而言,目前中国互联网网络治理的法律法规中专门性法律虽已有2部、包含

① 东方网—文汇报:《电信管理部门关闭非法网络公关网站6600个》,http://it.sohu.com/20110902/n318136667.shtml,2011年9月2日。

② 蒂莫西·A.O. 恩迪科特:《法律中的模糊性》,北京大学出版社2010年版。

互联网法律规范的相关性法律已有13部、行政法规有40部、部门规章及规范性文件有542部、司法解释24件；[①]中国互联网协会虽先后制定了《中国互联网行业自律公约》《抵制恶意软件自律公约》《博客服务自律公约》等一系列自律公约；草根性质的网民虽亦通过网络公共生活的需要制定了一系列自律公约，如《人肉搜索公约1.0Beta版》等，但一方面，部分制度仍呈现制度模糊性，另一方面，部分法律规章仍存在盲区。如部分自律公约仍然无法有效约束部分网民的行为，给予了其一定的活动空间，显现出此类制度的模糊性，使其无法具有足够的强制性和权威性。尤值得一提的是，虽相关互联网治理的法律条文众多，但旨在解决网络公关活动中暴露的争端的法律存在盲区。基于这些因素，法治建设的落后导致了网络公关监管主客体关系的失衡。

（三）监管客体低风险规避

企业、网络公关公司及其附庸网络“水军”、网络推手、“打手”等作为网络公关监管客体具有推动网络公关异化风险偏好的重要原因在于其推动网络公关异化的预期巨额收益与可能存在的潜在风险间的巨大鸿沟。即一方面是通过杜撰口碑、歪曲事实、操纵舆论、暴力营销等方式获得的巨额预期收益，另一方面是相关法律规章的模糊和政府监管的盲障使其行为受到的约束力弱。在此种弱约束力下的网络公关异化成本较为低廉。以删帖为例，按帖子来源（网站、版块、新闻、博客、论坛帖子、搜索引擎快照等）和删帖实效（快删和慢删）的不同，删帖收费也有所不同，一般每条收费300～12000元不等，但总体删帖成本相对低廉。权衡利弊之下致使这些网络公关监管客体采取低风险规避的态度和做法毫无节制地助推网络公关异化以牟取私利最大化。这种低风险规避的态度和做法造就了其将网络作为动员和抗争的工具，也使得多数网民以一种非正常的“围观”形式被动表达态度和诉求，成为导致网络公关监管主客体关系失衡的一大驱动。

① 汪波：《中国网络监督与政府治理创新（1994—2012）》，北京师范大学出版社2013年版。

三、重塑网络公关监管主客体关系

鉴于网络公关监管主客体失衡是缺乏明确的主管单位、相关法律法规的模糊和盲障以及监管客体低风险规避等多因素共同作用的结果，因而通过明确监管职责、构建“三管齐下”的监管格局，立法先行、逐步破除法律法规的盲障，加大打击力度、提高网络公关异化的成本等方式方法极有可能重塑网络公关监管主客体关系，优化网络公关行为，消除网络公关异化现象，充分保障受众权益。

（一）明确监管职责，构建“三管齐下”的监管格局

基于网络公关技术手段、传播效果和受众群体等多方面的复杂特质，其主管部门难以一刀切式地确立和划分到单一部门，在明确监管职责的基础上，构建“三管齐下”的监管格局不失为一剂良方。即通过网络空间客观存在的虚拟网权（虚拟公决权、虚拟裁判权和网络集体行动权）对网络监管客体行为进行监管和规制，以互联网信息办公室和工商总局及其下设机构为主的政府部门的监督管理，以及政府之外的行业组织、行业协会对网络公关监管客体行为进行监管，如公关行业协会、互联网协会、商会、消费者权益保护协会、网络推手联盟等，形成“三管齐下”、协同监管的格局，为促进网络公关行为良性发展配备多道防护网，过滤可能发生的网络公关异化现象。

此种监管格局下，虚拟网权、政府部门以及政府之外的监管主体通过如下方式实现各自的监管职责：首先，虚拟公决权、虚拟裁判权和网络集体行动权此三种虚拟网权通过相互制衡、相互协调构建理性互动的沟通协商公关场域有效祛除网络暴力现象，实现网络“水军”、网络“推手”“打手”等异化公关直接推动者的自律。其次，以互联网信息办公室和工商总局及其下设机构为主的政府部门强化信息甄别能力并形成强劲的信息侦查机制；强化网络公关监管的技术性引导，如从技术层面加强新闻论坛跟帖管理，在善意提醒、内容审核、删除反动淫秽帖的同时，积极遏制负面消极跟帖的广泛转载，并推行有限实名制，即在用户注册时必须实名注册，

而发帖时，则使用匿名；[①]进行行业整顿和开展行业自律教育等方式优化政府监管，提高政府监管效率，促使政府扭转现行监管体系中居于劣势地位的局面。最后，通过行业组织、协会等其他监管主体对其保荐、监督的企业进行监管的市场化方式弥补政府监管失灵，有效避免网络公关异化现象的发生。

（二）立法先行，逐步破除法律法规的盲障

实现网络公关法治是重塑网络公关监管主客体关系，优化网络公关行为的必备前提。而网络公关法治的实现路径大致可分成如下两条：一是由政府积极推进的从外至内的生成路径，即相关政府部门作为网络公关监管的主体，应当依据网络公关发展态势在立法层面逐渐修正、调整已有法律法规，适时制定并出台新的法律法规，以弥补现有法律的不足，使得网络公关有法可依，从法的权威性角度促使网络参与者严格遵守。二是通过行业自律和网民自律形成的由内而外的生成机制，即相关协会、网民草根组织在充分提高自身自律意识的基础上达成行业或群体共识，制定约束本行业或本群体行为的行为准则和自律公约，如由中国网络推手联盟制定的《中国网络推手职业道德规范》，提出包括“不得捏造或者歪曲事实、散布谣言，不得有意误导、伤害网民”“不得无故恶意抨击、诋毁他人或企业”等网络推手自律的十条职业道德规范，这一规范能够给予网络推手一定的威慑和约束。

以立法形式实现有法可依的网络法治无论采用哪种实现路径，都应当是为实现网络公关的共性价值，即理性、权利保障和权力制衡。

目前我国针对网络法治的法律法规已数目较多，对网络公关的运作方式和操作手段也已具有明确规定，在有法可依的基础上必须加大执法力度，让法律法规不仅仅起到威慑作用，更应该让僭越法律法规的群体及其行为受到一定的惩处和制裁。

---

① 魏小雨、张勇红：《“网络实名制”及其适用》，《华北水利水电学院学报》（社科版）2010年第6期。

（三）加大打击力度，提高网络公关异化成本

犯罪成本理论认为犯罪成本和定罪率提高了，犯罪率就会下降。在市场经济语境中，网络公关异化成本的提高也必然在很大程度上优化网络公关行为，抑制网络公关异化现象的产生。网络公关异化既是一个社会问题，也是一个经济问题，网络公关监管客体需要投入一定的资源来滋生网络公关异化现象，而与此同时，其公关对象消费者、诽谤打击对象、广大网民以及对其行为进行控制和监管的相关政府部门也会付出一定的代价。我们认为，要消除网络公关监管客体推动网络公关异化的风险偏好，必须加大打击力度，提高网络公关异化成本。

具体来说，网络公关异化的成本应当包括行为成本、物质性成本、心理惩处、法律惩处、社会惩处、定罪概率等六个方面。行为成本即网络公关监管客体为推动网络公关异化所耗费的有意识的努力。物质性成本即其为推动网络公关异化所耗费的财力、物力等物质性付出，及其可能受到的物质性惩处（如罚款）。要扭转目前存在的网络公关异化成本低廉而对其控制成本上升的困境，必须采用技术的、法律的、经济的等多种手段管制网络公关行为。如通过有限实名制、加大删帖难度、智能 ID 跟踪等技术手段，加大罚款力度、对屡禁不止的没收营业执照等经济手段，和健全法律体系等法律手段打击网络公关异化行为。

四、总结

网络公关的成功源于它的开放性、自由性、便捷性等特性，[①]然而也正是它的这些特性为网络公关异化等非法活动提供了土壤。在民意被扰乱、是非被混淆、乱象丛生后，网络公关必然面临严峻的信任危机。要避免网络公关成为单纯牟利而无底线的推手，消除这类网络公关异化现象的发生，必须强化对网络公关客体及其活动的监管。就目前而言，重塑网络公关监管主客体关系是切实达到监管目的的重要前提。

---

① 张梅贞:《网络公关》,武汉大学出版社 2012 年版。

我们提出的构建“三管齐下”的监管格局、破除法律法规的盲障、提高网络公关异化成本等重塑网络公关监管主客体关系之道，其本质是促进网络公关良性发展。通过重塑网络公关监管主客体关系，实现监管效应最大化，从而消除网络公关监管的梗阻。

需要指出的是，我们所提出的重塑网络公关监管主客体关系，在实践操作中，既要确保以企业为代表的网络公关监管客体的利益不被损害，又要充分保证网络空间个人隐私和信息不遭到不适当的对待。只有这样才能保证对网络公关活动进行监管时不因监管过度而因噎废食。

（苏忠林：中南财经政法大学公共管理学院副教授；
曾青：中南财经政法大学行政管理专业 2013 级硕士研究生）

论开发区治理中的自律与他律

赵丽江　陈海林

【摘　要】 开发区在我国已有近三十年的发展历史，然而目前我国开发区存在着诸多治理困境，如：开发区扩张乱象难以遏制，开发区产业集约化程度不高，开发区发展负外部性矫正困境以及征地、拆迁冲突频发等。实现开发区的善治需要发挥自律和他律的共同作用，通过完善开发区内部约束和外部制约机制，理顺开发区治理体制，建立科学有效的激励机制、沟通协调机制，并且制定开发区的行为规范，积极借助外生机制的作用等来实现对开发区的协同治理。

【关键词】 开发区　治理　自律　他律

一、引言

开发区是指国家或地区为了吸引外部生产要素，促进本地区的经济发展、科技创新而划出一定的区域范围并在其中实施特殊管理政策和管理手段的特殊区域。[①] 由于开发区在管理、政策和资源等方面的优势，开

---

① 张玉亭：《城市化的开发区土地困境，问题与对策》，《天津农学院院报》2006 年第 4 期，第 47—51 页。

发区在发展过程中创造了大大领先于同地区的平均发展速度，成为该地区的经济发展引擎。各级政府争相设立各类开发区，2003年我国各类开发区已达到6887个，经过国家多部委联合整改，截至2006年底，我国各类开发区数量减少了77.16%，剩余1568个。到2013年底，我国共有国家级开发区近200个，省级开发区776个，地市级开发区近千家。①

早期的开发区主要是依靠土地、税收等方面的优惠政策来吸引企业入驻，进而实现产业集聚，开发区的“政策租”是吸引各类企业入驻的主要源泉。② 目前，我国逐渐取消了对开发区的优惠政策，为促进开发区的持续发展，必须进一步发掘和完善促进开发区发展的内生性机制，如：完善开发区的管理体制、建立新型开发区治理机制等。开发区设立之初，各地按照“小政府、大社会”的原则建立管理模式，目前主要有政府直接管理、政府委托管理和政府委托开发三种管理模式，其中政府委托管理模式是各地开发区广泛使用的管理模式。③ 然而，开发区这种“超级自治”的“城中之城”广泛存在导致了城市治理体系的“碎化”，给城市的治理、发展带来了诸多不便。④ 基于此，很多学者提出了“政区合一”的管理模式，打破“经济区”与“行政区”之间的壁垒，扩大开发区的辐射效应。⑤ 更有学者提出应该建立“跨域合作模式”，以解决目前我国各地开发区产业结构高度趋同的问题，减小各开发区之间的竞争，促进各开发区之间的合作。⑥

开发区在扩张过程中存在哪些治理困境？如何才能确保在开发区空

---

① 《2013年中国经济开发区建设情况总结》，中商情报网 http://www.askci.com/news/201312/17/13505809.shtml。

② 郑江淮、高彦彦、胡小文：《企业“扎堆”、技术升级与经济绩效——开发区集聚效应的实证分析》，《经济研究》2008年第5期，第33—46页。

③ 韩伯棠、方伟、朱美光、李强：《行政区与高新技术开发区合一的管理模式研究》，《北京理工大学学报》（社会科学版）2005年第3期，第41—45页。

④ 王慧：《开发区运作机制对城市管治体系的影响效应》，《城市规划》2006年第5期，第19—27页。

⑤ 郗振宇：《以“政区合一”为目标的开发区管理体制探索》，硕士学位论文，浙江大学，2008年。陈洁琳：《我国开发区社会管理创新研究》，硕士学位论文，江苏大学，2013年。

⑥ 陈元志：《长三角跨域合作的商业模式创新——以异地联合建设开发区为例》，《改革与战略》2012年第28(5)期，第131—135页。

间不断扩张的情况下继续保证其发展经济的优势？本文将从开发区治理中的自律和他律两个维度出发，通过分析开发区治理中自律和他律的适用性和实现方式，结合开发区的内部治理机构、权力制约机制以及在扩张升级过程中出现的冲突和矛盾，并且利用博弈论的方法来分析这些矛盾和冲突产生的根源，最后，从自律和他律两个维度来探寻实现开发区持续、协调发展的路径。

二、开发区治理中的自律与他律

（一）自律与他律的缘起与发展

“自律”最先是作为一个伦理道德的原则。康德指出，“人应该关心履行责任时所需做的牺牲，而不是这样做所能带来的好处，这样他就能理解责任之命令的权威”，即人们应该通过树立责任意识来约束自身的行为。“他律”则是与“自律”相对的外在约束力量。然而，“自律”和“他律”已经突破伦理道德领域的局限，被广泛应用于公司治理、社会组织治理以及政府治理等研究领域。蔡磊等（2010）指出，有限责任公司治理中的自律是指通过公司章程、机构设置等内部治理规制和权力制约机制来确保公司目标的实现和利益相关主体的利益不受损害；他律则是指通过国家的法律制度、社会舆论监督等外部力量来规范公司的合法经营。[①] 曾海若（2010）指出，行政自由裁量权的正当行使也需要自律与他律共同规制，自律是指在行政自由裁量的领域构建裁量的基准制度，他律是指由外部因素对自由裁量权加以控制与监督。[②] 由此可见，组织治理中的自律指组织通过完善内部治理结构、权力制约机制以及规章制度等内部因素来约束组织行为；组织治理中的他律则是指通过借助组织外部具有强制效力的法律规范、制约机制以及社会监督等外部力量来监督和规范组织的行为。

---

① 蔡磊、马晶晶：《法经济学视野下有限责任公司治理中的他律与自律》，《云南大学学报》2010 年第 23(3)期，第 69—76 页。

② 曾海若：《行政自由裁量权的自律与他律》，《贵州社会科学》2011 年第 5 期，第 124—127 页。

(二)开发区治理中的自律与他律

由于信息不对称、交易费用过高以及偏好显示机制失灵等因素的影响,外部力量无法对开发区治理实现完全有效的规范和监督,这时就需要开发区在发展过程中发挥自主治理的作用,进行自我约束和自我监督。埃莉诺·奥斯特罗姆(Elinor Ostrom)指出,要更好地实现公共治理,必须借助自主组织的集体行动理论,以补充现有的由外部力量组织的集体行动理论:企业理论和国家理论。[①] 开发区治理中的自律是指开发区治理通过完善内部治理结构、权力制约机制以及治理规则和制度,以实现开发区在发展过程中不仅促进当地的经济发展,而且还重视维护国家整体利益和公共利益的自主行为,它是开发区的自我规制和自我治理行为。但是,由于组织内部治理的缺陷,使得目前我国开发区治理必须还有外部力量的规制。开发区治理中的他律是指通过强制实施国家相关法律法规,引入外部激励机制,同时发挥社会监督的力量,从而实现对开发区治理行为的规范和监督。

三、开发区治理困境分析

目前我国开发区正处于产业调整和转型升级时期,开发区的经济发展和社会治理都面临着诸多矛盾和困境。

(一)开发区扩张乱象屡禁不止

由于在资源、政策和管理方面的显著优势,开发区的设置往往能带动地区经济的快速发展,同时,开发区的设置本身也具有很强的正外部性,如给地方带来扶持资金、政治资源等,因而,设立各种级别各种类型的开发区已经成为地方政府发展经济、提高政绩的重要手段。开发区扩张乱象主要有以下表现:第一,开发区数量不断增多,呈现出居高不下的态势。2003 年我国各类开发区已达到 6887 个,经过国家多部委联合整改,截至 2006 年底,我国各类开发区数量减少了 77.16%,剩余 1568 个。然而,截至 2013 年

① [美]埃莉诺·奥斯特罗姆:《公共事务治理之道》,上海译文出版社,第 67 页。

年底,我国各类开发区数量又回升到 2000 多家。① 第二,开发区种类繁多。目前我国经济开发区从行政级别上可以分为国家级开发区、省级开发区、省直管市级开发区以及市县级开发区;从产业角度可以划分为经济开发区、高新技术开发区、旅游开发区等多种类型。种类繁多的开发区类型不仅为地方设立开发区提供了便利,也不利于对开发区进行统一管理和调控。第三,开发区土地面积扩展现象严重。已设立的开发区不断向周边地区扩张,以获取发展所需要的土地资源。如 2007 年湖北省各类开发区总面积为 976.9 平方公里,截至 2012 年底,湖北省开发区总面积已达到 4213.4 平方公里,比 2007 年增长了 313%。② 开发区的"疯狂扩张"不仅不利于国家进行管理和调控,而且对国家整体产业结构调整、产业布局都有很大的不利影响,因此国务院多次发文要求严格控制开发区的审批和规划,并在开发区土地规划、面积范围、经济指标等方面都有严格限制,旨在抑制目前我国各地开发区的扩张乱象,然而收效甚微。

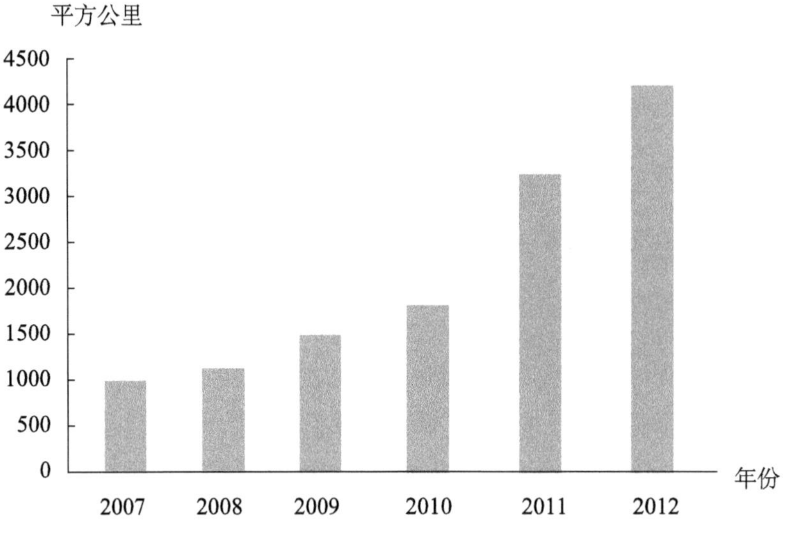

图 1 湖北省开发区总面积变化图

数据来源:湖北省统计年鉴

① 《2013 年中国经济开发区建设情况总结》,中商情报网 . http://www.askci.com/ews/201312/17/13505809.shtml。

② 数据来源:湖北省统计年鉴。

（二）开发区产业集约化程度低，产业结构严重趋同

郑江淮（2008）在研究中指出，企业选择入驻开发区最主要的原因是“政策租”，而非产业集聚效应。而在很多市县级开发区选择入住的企业较少，政府在选择入驻企业的问题上自主性很低，开发区只是多数企业的简单集中，并没有产生产业集约化的效应。此外，由于目前我国开发区扎堆现象严重，开发区并没有形成明显的产业特色，多数开发区的产业结构高度雷同，这不仅不能发挥资源优势的作用，还加剧了开发区之间的竞争。如，湖北省各类开发区共有 140 个，其中省级开发区就有 89 个，如此规模庞大的开发区群实在难以实行差异化发展。对比湖北省 X 市四个开发区的主要产业，可以发现其主导产业都是纺织服装、食品加工、机械电子、医药化工等行业，产业结构高度趋同。

表 1　　湖北 X 市四个开发区主导产业对比

开发区名称	主要产业
X 高新技术产业园区	纺织服装、食品加工、机械电子、医药化工
X 市工业园	食品加工、服装纺织、机械电子、医药卫材料
X 经济开发区	食品加工、纺织服装、机械电子、无纺布卫材产业、医药化工产业
X 彭场工业园	无纺布卫材产业、蔬菜食品加工

信息来源：湖北省 X 市政府网站

（三）开发区负外部性矫正困境

由于大量企业集聚、大量流动人口进入而产生的负外部性效应对当地居民的生活和发展带来很多不利影响。一方面，由于大量企业和人员拥入而带来的“拥挤效应”，使得当地政府提供公共产品的压力增大，开发区企业和居民日益增长的公共产品需求和目前我国经济开发区提供公共服务的能力有限之间的矛盾已成为开发区治理中的重要矛盾。另一方面，企业集聚带来的环境污染、交通拥堵、社会治安等问题也影响着开发区的协调、持续发展。近年来，因为企业环境污染而引发的居民上访、抗议乃至群体性事件时有发生。如：湖北潜江经济开发区环境污染对当地居民的生存状况产

生了极大的威胁，被人民网报道后引发了社会极大的关注。

(四)开发区征地、拆迁冲突频发

我国经济开发区的发展大多伴随着大量的“土地征收”和“房屋拆迁”现象的发生。如：武汉东湖高新技术开发区在发展过程中便产生了佛祖岭社区、流芳街社区以及豹澥镇社区等大型还建小区。土地是开发区最重要的资源之一，同时也是农民最重要的资源。由于在土地征收补贴和拆迁补贴数额上的差异，以及在征地、拆迁过程中不合理甚至不合法拆迁手段的运用，使得经济开发区在发展过程中因征地、拆迁而引发的上访、抗议事件不断，“征地拆迁”已经成为我国引发社会矛盾最多的源头之一。

四、自律与他律机制不健全是开发区治理困境的根源

(一)权力制约机制缺失

开发区作为地方经济发展的引擎，开发区管委会被授予很大的经济管理权限。这种体制赋予了开发区较大的自主权，为发展经济减少了许多束缚，但同时也使得经济开发区权力约束大大减小。以武汉经济开发区为例，武汉经济开发区管委会的行政级别高于汉阳区和蔡甸区，这就使得武汉经济开发区在区域内的经济行为，如土地开发、招商引资、拆迁征地等都不受行政区的限制。此外，虽然中央政府出台了关于开发区申请的标准，但是目前我国并未出台严格的开发区管理法律，甚至连一部正式的国家级开发区管理条例还没有发布。目前武汉经济开发区管理主要依据《湖北省经济技术开发区条例》以及开发区自行颁布的《武汉经济开发区管理办法》，其管理效力有待加强，而且地方政府出于经济发展考虑，一般都会对经济开发区予以保护。

(二)缺乏科学、有效的激励机制

经济开发区建立之后的第一要务便是招商引资，许多地方都将招商引资作为考核干部政绩的一个非常重要的标准。经济开发区在发展过程

中缺乏有效的产业规划，在目前开发区之间日益激烈的招商引资竞争中，“政策租”和社会资本已经成为各开发区招商引资最重要的资源，企业入驻便是终极目的，这无疑难以使经济开发区形成产业集约化发展。此外，长期以来以 GDP 为政绩考核主要标准的绩效考核标准则加剧了这种状况，很多地区只顾局部利益、不顾整体利益，只顾眼前利益、不顾长远利益，在土地政策、税收政策、环保标准等方面一再放宽，致使经济开发区的产业集约化和产业生态化难以实现。不合理的激励机制不仅使得地方政府在发展过程中为了追逐能实现自身利益最大化的激励点而放弃自律原则，也使得上级政府难以通过激励手段对开发区的发展实行有效的引导和控制。

（三）内治机构不健全

目前我国绝大部分开发区采用的是政府委托管理的管理体制，即开发区管委会作为市政府委派机构代表市政府对开发区进行经济管理，管委会直接对市政府负责。开发区内的其他职能依然由原属行政区内的政府机构履行。管委会这种管理模式在开发区早期曾经对开发区的招商引资起到了很大的作用。然而这种管理模式是对“小政府、大社会”的片面解读，是将政府的经济职能和其他职能简单划分。随着开发区规模不断扩大、人口不断增多，开发区对基础设施和公共服务的需求也越来越强烈，而且开发区由单一的产业园区向功能齐全的新区转变的趋势也越来越明显，管委会的机构设置模式明显不能适应社会对公共服务日益增多的需求。如：武汉开发区管委会是武汉开发区的管理机构，从图 2 可知，管委会下设机构中几乎一半为党、团、工会组织机构，其余则为经济发展机构，履行社会职能、提供公共服务的政府机构严重缺失。此外，开发区议事机构的缺失也加剧了开发区治理困境。

（四）沟通协商机制不健全，规则意识薄弱

政府与民众之间的沟通协调机制不健全，导致在征地拆迁过程中，政府与被征地拆迁民众之间缺乏正规的议价机制，增加了政府与民众之间

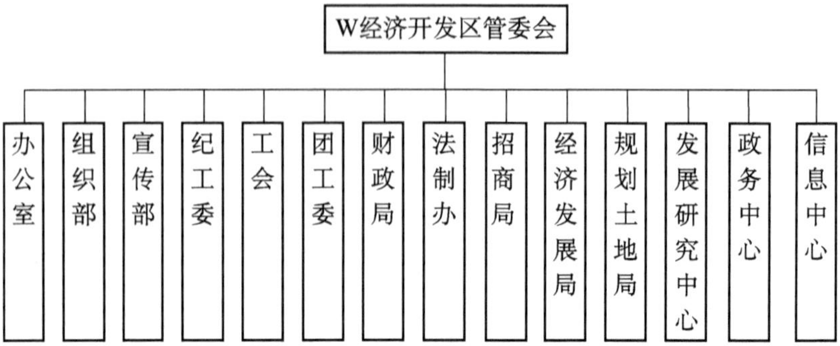

图 2 W 开发区管理机构图

资料来源:W 开发区网站

的矛盾。如图 3 政府与居民之间的博弈矩阵所示,政府可用的策略空间为 S1={强制执行,协商谈判},居民可用的策略空间为 S2={支持,拖延,拒绝}。

		居民		
		支持	拖延	坚决反对
政府	强制执行	(S1,S2)	(S1−C1,S2−C3)	(−W,−U)
	协商谈判	(S+C1,S2)	(S1+C1−C2−C4,S2+C4)	(−C5,0)

图 3 政府与居民间的博弈矩阵

(S1,S2)表示在策略集(强制执行,支持)下,政府与居民可获得的收益,C1 表示强制执行策略会给政府形象带来的损失,C3 则表示居民为拖延行为付出的成本,C2 表示拖延征地时间给政府带来的损失以及维稳成本,C4 为居民通过拖延行为可与政府谈判得来的收益,−C5 则指政府为协商谈判付出的代价,(−W,−U)则表示在居民坚决反对的情况下,政府还强制执行可能带来的后果,这也就是“暴力拆迁”等行为可能带来的不可预料的后果。通过分析可得,坚决反对是居民的严格最劣策略,应最先摈弃。当维稳成本大于由于居民拖延而带来的附加成本时,即 C1>C2+C4 时,该博弈的可实现纳什均衡,即(协商谈判,拖延)策略。所以,在目前我国社会维稳成本居高不下的情况下,虽然居民可能采取拖延策略应对政府的征地拆迁工作,但此时,政府的最佳选择仍然应该是通过合理的渠道、方式与居民进行协商谈判，而非采取强制手段。然而由于目前我国政府与居民间沟通协调渠道不畅，而且部分拆迁主体规则意识薄弱，动辄以暴力拆迁，加剧了开发区治理中的不稳定因素。

五、开发区治理中自律与他律实现路径

开发区治理困境的原因是多方面的，有开发区内部治理机构的不健全，也有开发区权力制约机制的缺失等，开发区的有效治理需要自律和他律的共同作用。只有促进开发区自身、地方政府、中央政府以及社会力量等多元主体的协同治理，才能实现开发区发展的自我规制和外部约束，进而实现开发区的集约化、生态性发展。

（一）创新开发区的内部约束和外部制约机制

完善开发区内部约束机制，地方政府应该要加强对开发区土地面积、土地规划的控制，制度严格的审核标准，对于不符合标准的项目申请、土地规划应该坚决“叫停”，而不是盲目扩大开发区的范围，盲目设立新的开发区。中央政府则应该尽快出台关于开发区的申请和审批、监管和考核的法律法规，并应该明确划分开发区的管理机构，加大对于违规扩张、乱建乱拆等行为的处置力度，增大违规建立开发区的成本，通过成本收益机制来约束地方政府和开发区的行为。发挥社会舆论的监督作用，完善社会舆论相应机制。

（二）建立科学的激励机制，实现开发区集约化和生态化发展

改变传统的以经济增长为核心的绩效考核标准，建立起包含优化产业结构、实现生态环保生产在内的经济考核指标，努力促进开发区集约化生产和生态性发展。通过税收优惠、金融支持等政策扶持开发区内具有发展前景的产业发展，如高新技术产业，重视知识产权的保护和鼓励，培养开发区企业的技术创新能力；适时调整、淘汰能耗高、污染大以及市场需求较小的“夕阳产业”，通过取消对“夕阳产业”的优惠政策，加大其对环境污染和生态破坏的整治力度，规范园区企业间的竞争与合作制度，促进

开发区内产业结构的优化升级。逐步改变以“政策优惠”为主要吸引条件的“招商引资”模式，着力提升开发区的投资环境和生产环境，完善园区基础设施，提高开发区内的公共服务水平，通过打造优越的投资环境，吸引更多优质企业入驻。

（三）理顺开发区管理体制，推进“政区合一”的多功能新区建设

一方面，应该理顺开发区管委会与市政府、区政府间的关系，管委会作为开发区的经济管理机构，主要承担开发区的产业规划、招商引资、项目审批以及产业调整等工作；而区政府则应该提高公共服务水平，创新公共服务方式，为开发区的发展提供数量更多、质量更高的公共服务，为经济开发区的发展提供一个优越的投资环境；完善开发区管委会内部约束机制，加大对于开发区建设用地、项目审批等方面的监督，杜绝盲目扩大开发区范围，盲目上马新项目的“乱象”。另一方面，应该在有条件的地区继续推进“新型开发区综合配套试验改革”，实现“经济区”与“行政区”的融合，赋予开发区更多的自主权，将开发区转为一种新的“行政区划”。通过创新政府治理方式，通过运用市场化工具，如：合同承包、税式支出、使用者付费、政府间产权交易等方式，将政府的主要职能从“划桨”转到“掌舵”上来；通过运用社会化手段，培育社会组织，增强政府与民众、社会组织之间的合作，通过政府购买公共服务的方式，提高政府提供公共服务的效率。

（四）健全沟通协商机制，规范开发区治理程序和方式

一方面，政府应该构建由政府、开发商企业和居民共同参与的协商沟通渠道，通过协商和谈判来确定征地拆迁的时间、范围以及赔偿等问题。如政府应该制定科学的土地征收和房屋拆迁的补偿制度。目前我国土地征收的补偿费用主要由土地补偿费、青苗补偿费、土地附着物补偿费、安家补偿费等 7 项构成，其中土地补偿费是最主要的部分，而土地补偿费为该土地前三年平均生产值的 6～10 倍，[①]这其实是很低的，远不足以解决

① 《中华人民共和国土地法释义》，第四十七条，法律教育网，http://wenda.tianya.cn/question/51f9c9e6ab6433e8，2009 年 9 月 15 日。

失地农民的生计问题。此外，政府应该探索土地增值收益分配机制。据研究，目前我国农民仅能获取土地增值收益的5%～10%，[①]而且方式单一；政府应该加强对“征地”和“拆迁”程序和方式合法性的监管，加大违法成本，坚决避免出现“暴力拆迁”。

另一方面，政府应该着力解决农民失地后的就业问题，帮助失地农民转换“生计模式”，通过对失地农民提供技能培训，增强失地农民再就业能力；借助外生机制和社会力量，如：社区社会组织、企业等，为农民就业提供帮助，实现农民生计模式的转变是促进开发区稳定发展的有力保障。

（赵丽江：中南财经政法大学公共管理学院教授、博士生导师；
陈海林：中南财经政法大学行政管理专业2013级硕士研究生）

① 中央电视台：《土地财政 难以维系：农民仅得土地收益5%～10%》，http://www.chinadaily.com.cn/hqpl/zggc/，2010年12月28日。

省直管县体制改革推进的难点及对策分析

张丽新

【摘　要】 本文基于市管县体制背离制度设计的初衷以及阻碍县域经济发展的实践，提出推进省管县改革的必要性，但由于在推进省管县改革过程中面临着许多难点增加了改革难度，因此，提出推进省管县体制改革的可行性对策，从而创新地方行政体制。

【关键词】 省直管县体制　行政体制改革　对策

我国自古就有“郡县治，天下安”的说法，县域经济的发展一直是安民富民的基石。由于县域的地位特殊、责任重大，一头连着百姓祸福安危，一头系着国家民族的兴衰存亡，有着一荣俱荣、一损俱损的牵扯与关联。县域发展已经成了历久弥新的话题。如何对县域实施有效管理，促进经济社会发展，是摆在政府面前的现实和紧迫的课题。

一、省直管县改革的必要性

（一）推进省直管县改革是克服市管县体制弊端的必然选择

市管县体制是以城市为核心，依据行政权力关系，带动周围农村地区发展，形成城乡一体的区域整体，实行初期曾起到了积极的促进作用。[①]但是，随着市场经济的深入发展，市管县体制的弊端凸显出来，表现在：地市级政府掌握了大量经济社会管理的权力，县级政府自主权过小，容易出现挤占县域资源的现象，使县域发展受限；市管县体制下，信息传递较慢，政府回应能力差，不利于提高效率；市管县体制试图以行政手段来实现城乡协调发展，但实际上广大农村被忽略了，并没有产生集聚效应。市管县的体制束缚必然造成县与市的矛盾，县域经济发展的实践要求对现行体制进行扬长避短式的改革和创新。

（二）推进省直管县改革是减少行政层级、提高政府管理效能的客观需要

行政管理层级扁平化是各国政府行政体制改革的大势所趋。目前，地方行政层级实行二级或三级制的国家、地区约占总数的67%，实行四级以上的只有21个，仅占11%。这种扁平化的行政层次有利于促进区域合作，引导地方政府间在交通、能源、科技、环保等多领域的合作。

从我国的历史上看，只是在很短的三百五十年里建立过多级行政层次，在更加广大的历史空间内一直保持在三层上下。据统计，从秦至民国末两千一百多年，两级制、虚三级制和三级制的时期为一千五百年。

各国的实践以及我国的历史经验表明，一个国家的行政层级越少，管理幅度适度，上情更容易下达，决策部署更容易贯彻执行。减少行政层级是我国行政体制改革最重要的内容，通过推进省直管县改革，促使政府管理更加符合实际，更加机动灵活，从而提高整个政府管理系统的效能。

（三）推进省管县改革是发展县域经济、实现区域经济协调发展的内在需要

我国县域面积为896万平方公里，超过总国土面积的93%。目前，我国县级总人口达9.35亿，占我国总人口的73.3%；而全国县域全年生

① 何显明：《省管县改革：绩效预期与路径选择》，学林出版社2009年版。

产总值15万亿元左右，仅占全国GDP的50%。全国已转移的农村劳动力中县域经济吸纳了近70%。如果县域经济不能较快发展，会直接影响到城乡一体化进程，也会影响到三农问题的解决。我国县域经济发展缓慢，一个重要原因在于县级经济管理能力比较弱，自主发展的空间较小。实行省直管县改革可以不断强化县域经济发展动力，提升县域经济完整性和综合性以增强调控能力。

二、省直管县改革推进过程中面临的难点问题

从1992年起，一些地方开始探索省直管县财政管理试点。国家层面最早是2005年温家宝在农村税费改革工作会议上提出“具备条件的地方，可以推省直管县试点”。2006年、2009年、2010年的中央一号文件都提出鼓励省直管县财政管理体制改革的要求。“十二五”规划纲要中提出扩大县域自主权，稳步推进扩权强县改革试点。党的十八大明确提出：“优化行政层级和行政区划设置，有条件的地方可探索省直接管理县（市）改革”。各地不断探索，形成诸多模式，比如财政直管与体制创新的浙江模式、强县带动与弱县激励的湖北模式、市县分置与扁平管理的海南模式等。

有人认为，省直管县体制就是取消地市这个层级，这是存在误区的。实际上省管县体制改革并不是简单地取消一个层级，而是指：省市县行政管理关系由目前的“省—市—县”三级体制转变为“省—市和县”二级体制，对县实行省直接管理。这一体制的基本目标是，在压缩行政层级同时，省与市、县之间进行纵向职责和权限的重新配置，建立起各级政府职责、权限、财力相匹配的分工体系。

从目前全国推进以及试点的情况来看，只有海南省是完全意义上的省直管县，既包括了财政上的又包括了行政上的省直管县。各省在实际探索和推进过程中面临很多难题。

（一）管理体制不顺

1. 各级政府职能定位不明确

目前大部分地方进行省管县改革过程中，政府间职能划分尚未真正

解决。例如财权事权不匹配。大部分地方进行的只是在财政体制上省管县，在具体操作方面各地也参差不齐。反映较大的问题是：财政体制上县直接与省结算，但人事任命权等其他权限仍保留在市里，这就容易产生“两个婆婆”的问题。

2. 人大和司法体制尚未调整理顺

有专家认为，目前实行真正意义上的省直管县还面临许多障碍，如司法制度，我国是省、市、县三级法院制度，如果市、县平级之后，势必面临公、检、法管理体制的相应变化。例如，根据宪法和地方组织法规定，地方各级人大依法对行政区域内的行政机关行使监督职能。省直管县后，试点县政府直接对省政府负责，地方人大对于试点县难以行使有效监督职责。同时，根据选举法和相关法律规定，省人大在法律监督、工作指导和联系方面，只对应设区的下一级市级人大，不直接对应县人大，省级人大代表的选举名额也直接分配给地市。

从司法体制方面看，涉及行政权与司法权交叉问题，地方社会管理权限提升后与法院、检察院诉讼管辖及服务功能存在不对等。如省直接管理后的县享有更多的经济社会管理权限，经济社会总量提升，需要司法机关提供良好的司法环境和服务。但由于级别管辖的限制，县级法院作为基层法院，又无权受理管辖大标的案件，从而导致服务保障能力和水平受限。

（二）省级管理幅度大、任务重

省直管县改革在客观上提出一个非常重要的问题，就是省能否管得过来？多数学者认为，直接管理的县市数量以 40 个左右为宜。如果按照这一标准，全国只有 8 个省、区符合，25 个省区超出这一控制幅度。不少省级区划里县级单位有 80～100 个不等，如四川下辖县级单位 181 个，河北下辖 172 个，河南 159 个。一些大省下辖诸多县，如果省级改革不到位，造成管辖范围太大、事务太多，肯定疲于应付，给管理留下真空。

而人口众多、辖区面积大的省份面临的问题更突出。比如从人口规模看，人口总数超过 6 000 万的省份有 8 个，人口规模超过世界上一些国家；从辖区面积看，新疆、西藏、内蒙古三个自治区共有 400 多万平方公里，规模也与世界中等规模的国家相当。再加之由于历史原因，省与省之间行政区划也存在不均衡现象。尤其是自然条件相差悬殊、公共基础设施水平较低地区，县域自主发展能力更弱，更容易依赖省的管理和指导。这些都给省的管理以及省与县的沟通带来诸多困难。

（三）市县关系不协调

市管县体制实施多年，已经形成的管理结构和利益权力集团是省管县改革的重大障碍。随着省管县改革的实施，市与县之间将由原来管理与被管理的上下级关系转变为平等的竞争与合作关系。地级市作为改革利益流出团体，基于自身利益最大化，在可能的限度内会采取地方保护主义措施。

1. 存在着“抢地盘”的冲动

各地级市为了扩大规模、寻求发展空间会变相“吃”县。比如近年来，撤县建区个案不断增多。2012 年 10 月苏州市的昆山作为江苏省第一批省管县试点县（市）直接向省政府负责并汇报工作。这意味着 GDP 超过 2000 亿元、多年占据我国“百强县”头把交椅的昆山，与苏州关联度越来越小。苏州为防止省里继续将其下辖县市直管，迅速将吴江合并为下辖区。

同样，常州把百强县武进市“吃掉”，深圳的龙岗、宝安，广州的增城、花都，汕头的潮阳，惠州的惠阳，珠海的斗门等，无一例外地由县（市）改为区。此外，这种情况在辽中南、山东半岛、福建沿海等经济发达的匀质型地区同样存在。

2. 权力虚扩或实权截留现象

省对县的扩权在实施过程中往往遭遇到地级市干扰，一些地级市的权力“先放后收，放小不放大、放虚不放实、明放暗不放”的现象时有存在，也就是所谓的“省县两头热、地市级中间冷”和“放权不落地”，使本应赋予的权力未真正放开，本应享有的政策未落实。如 2007 年在海南省政策研究室调查中，县市强烈要求下放的权项共 138 个，而省厅局提出可以下放的权项只有29个，甚至有些还要附带条件。有些地市以权力界定不清为由减少实际下放权力；还有些地级市将一个权限分成十几个权限下放，表面上权力下放多了，但实际上却没有实质变化。

（四）权力监督不到位

在省管县实践中，省级政府由于直接管理的县过多，受到管理能力和监督成本等限制，常常是监督不及时，把权力一放了之，任由县政府行使；市一级政府也以“省管”为由，不予监督；与此同时，县级政权系统内部的监督也流于形式，使得对县级权力行使的监督和约束处于一种真空状态。

此外，在我国省直管县体制改革过程中，对县级政府的扩权尚未形成相应问责机制，致使县级政府权力扩张失去约束。比如分权扩权后，县域自主权加大，容易产生膨胀心理，可能出现新的开发热和建设热，导致各县之间盲目攀比、重复建设，甚至引发恶性竞争，造成资本投入的巨大浪费。

三、深化省直管县改革的对策

省直管县体制改革是当前我国深化行政管理体制改革的重要路径，更是优化中央到地方垂直权力配置、实现政府良性治理的重要路径，因此，深化省直管县改革具有重要意义。

（一）理顺管理体制

省直管县改革必须通过改革消除一系列障碍因素，构建科学合理的管理体制。

1. 明确省、市、县政府的职责权限和重点

总体而言，围绕政府职能转变，应该使政府职能有“越位”的马上“退位”，政府职能有“缺位”的要“到位”，政府职能有“错位”的应“正位”。

具体而言，省、市、县三级政府要结合各自实际，在全面履行职责基础上突出各级政府的职责重点，形成全面衔接、分工合理的职能体系。省政府及所属部门应该集中力量在规划发展、政策指导、统筹协调、执法监督

上，省的所属厅局要把主要职责和精力放在指导、协调、监管和服务上。市级政府的重点职责是贯彻执行中央和省制定的政策法规，创新社会管理体制，强化公共服务，推动经济发展，提升区域中心城市的地位和品位。同时，赋予县级政府与其能力相匹配的财权、用人自主权、事权等。

2. 完善相关的配套体制

进一步理顺人大、司法体制的管理权限，调整和完善垂直管理体制，理顺条块关系。各垂直管理部门与县政府建立起有效工作配合和衔接机制。

（二）适当调整区划设置

省直管县后，省级政府的管理幅度过大给管理带来诸多挑战，应对行政区划进行必要调整。目前，从国内学者研究来看，总结起来主要有：

1. 参考重庆从四川析出的做法，增设直辖市

重庆模式是中央实行划小省区、增加省级单位数量，进而实施宪法架构下省直管县体制的一次有益尝试，这种模式好处在于增加机构少、震动小，而且由于城市规格升级，还比较容易被地方接受。

目前，我国直辖市的数量过少，这样就很难形成多个规模较大的经济发展中心，可以考虑借鉴重庆模式，适当增加直辖市设置。如青岛、大连、宁波等这些大城市升格后应充分发挥在区域经济发展中的辐射和带动作用。

2. 合并地级市

2011 年 8 月安徽宣布撤销原地级巢湖市，其区县分别并入合肥、马鞍山、芜湖三地。这是我国第一个被撤销的地级市。巢湖原本就只是一个县城，下辖的几个县长期各自独立发展，并没有融合为一体，形成聚合力。此次区划调整为合肥以及安徽省带来更大的发展空间和战略机遇。此外，我国面积不足 200 平方公里的地市有 9 个，所在省可以根据自身实际情况进行适当调整。

3. 整合县域

为把省级管理幅度降低到合理水平，还可以考虑把一些辖域偏小的县进行区划重新调整或合并，减少省直接领导县的数量，也是改革的一个措施。我国从秦汉以来，县的数量一直保持在 1000 个左右，变化起伏不大。如今，县的数量是秦朝的近三倍、清朝的两倍多，达到历史最高点。如河北省的陆域面积跟吉林、广东、贵州差不多，但河北省县的数量是吉林的三倍多，是广东和贵州的近两倍，有的县面积非常小、只管理几个乡镇，可以考虑通过合并以减少县的数量。

此外，国外也有并县实例。如法国由于市镇规模不均衡，小到地域狭隘、人口稀少的村落，大到巴黎、马赛、里昂等高度自治、区域广阔的大都市。在工业化、城镇化过程中不断调整行政区划，将36800多个小市镇整合为4000多个市镇，近年又计划再精简到2000个至2500个左右。

（三）促进市县协调发展

1. 建立对地级市利益补偿机制

推进省直管县体制改革，不是削弱城市发展，而是通过管理体制创新，发挥市县比较优势，在发展壮大县域经济的同时，加快推进中心城市发展，促进中心城市和周边县域优势互补，形成市县共同发展的良好局面。所以省政府在推进扩权强县同时应兼顾地级市调整过程中变动的人员及机构的利益，建立补偿机制，规划地市发展空间和产业布局，以便更好地发挥地级市的带动和辐射作用。①

2. 提升县级自主发展能力

（1）有区别地加大对一些县的放权扩权力度。尤其是要加大对经济薄弱县扩权的研究，为经济薄弱县的发展提供相关制度保障。

（2）在经济事项、社会事项扩权的同时，还要在人事权上适当地使县与省直接对接，增加县在扩权后的话语权，为其创设更大发展空间、放射更大能量，使省直管县改革发挥好示范作用。

（四）完善监督机制

1. 加强地级市对扩权县权力运行进行监督

地级市在改革过程中是未受益者，而扩权县是受益者。让未受益者

---

① 周仁标：《“省管县”改革的动因、困境与体制创新研究》，安徽师范大学出版社2012年版。

对受益者进行监督，能保证监督的客观和公正，因为它们不具有共同利益关系，可以避免监督过程中的一些问题，从而达到较好效果。

2. 强化跨行政区的区域监督

为保障权力和政策有效落实和执行，必须建立一个权威的跨区域政府间的监督机构，全程监督地方政府间行为，确保区域合作，避免出现诸侯经济。

3. 改进地方政府绩效考核机制

设计并建立一套科学、规范、行之有效的干部考核机制，全面考核干部对区域内发展贡献，使政府在发展经济立足长远，尤其是加强区域政府间的基础设施建设、公共服务、社会管理、环境保护等方面合作力度。

其实，政府层级变化有一个自然的发育过程，不能强力推行。我国各地的经济发展水平、城市化程度、人口、辖区面积、社会历史传统等都存在很大差别，可以实行不同行政层级管理体制。总之，要让各级政府及领导干部明确省直管县改革的未来愿景，培育对改革的共识：省管县改革只是一个模式，一个手段。通过改革不断探索出适合县域发展的体制机制，这才是稳大局、管根本、谋长远的出路。

［张丽新：中共黑龙江省委党校公共管理教研部副教授］

统筹城乡发展中我国基本公共服务均等化机制研究

吴根平

【摘　要】 党的十八届三中全会对深入推进城乡一体化建设作出了重要战略部署，指出城乡二元结构是制约城乡发展一体化的主要障碍。近年我国政府将工作重心更多倾向于注重保障和改善民生，但城乡基本公共服务结构性矛盾还比较突出。实现统筹城乡一体发展战略还需要加快建立和完善城乡融合与一体化发展基本公共服务均等化体制机制。

【关键词】 城乡一体化　基本公共服务　均等化　城乡二元结构

改革开放以来，我国实行了一系列旨在促进城乡经济协调可持续发展的改革措施，但城乡差距扩大的趋势继续发展，城乡二元经济结构的矛盾仍趋于强化。2012 年《国家基本公共服务体系"十二五"规划》明确地提出了我国基本公共服务的目标是逐步完善城乡居民的基本公共服务体系，基本实现基本公共服务均等化。① 党的十八届三中全会指出，城乡二

① 国务院:《关于印发国家基本公共服务体系"十二五"规划的通知》,《中华人民共和国国务院公报》2012 年 7 月 30 日。

元结构是制约城乡发展一体化的主要障碍，而实现城乡一体化发展关键在于加快推进我国基本公共服务均等化进程。

一、基本公共服务均等化与统筹城乡发展的内在必然性

（一）基本公共服务均等化有利于破解城乡二元结构制度性障碍

城乡二元经济结构一般是指以社会化大生产为主要特点的现代城市经济和以小生产为主要特点的落后农村经济并存的经济结构。在我国城乡二元结构主要是指城乡有别的治理体制，包括城乡之间的户籍壁垒、城乡分割的市场体系、城乡有别的投入机制和城乡不同的资源配置制度等，导致城乡工农业产品不能平等交易，城乡之间要素不能自由流动，城乡居民权利与发展机会不平等。我国目前总体上已经进入了改革的攻坚期，经济社会发展的不平衡性是制约发展的制度性障碍，解决城乡二元结构分立所带来的诸多问题已经越来越显得迫切和必要。长期以来，人们一直认为城乡二元结构的存在是由于城乡经济发展的不平衡性导致的收入分配之间的差距，其实这种城乡经济发展的不平衡性主要根源还在于农村基本公共服务的严重短缺，表现在城乡之间的基本教育、基本医疗、社会保险、文化与基础设施、户籍制度和土地制度等方面，也带来城乡之间收入差距的继续加大，这种贫富极化最终又会加剧城乡之间的矛盾。

（二）基本公共服务均等化战略有利于破解农村“三农”发展难题

城市化过程中被“忽视”的农村、农业和农民问题是最大的短板。此前在经历了家庭联产承包责任制释放了第一次“改革红利”后，吃饭问题解决了。但此后农村的发展停滞不前，导致劳动力大迁徙、城乡差距持续拉大等问题。党的十八大报告更加明确地指出，解决好农业、农村、农民问题是全党工作的重中之重，“三农”问题是关系改革发展稳定全局的基础性战略性问题。城乡一体化的一个重要任务是农村城镇化、农民市民化，关键是实现工业化、农业现代化与第三产业的发展。现在中国已经过了宣扬“政府用 10％的支出养活了四分之三人口”的阶段，农村发展到了

提升农业生产效率、提升农民生活质量、释放积压劳动力的阶段。现阶段我国政府的政策选择只能是面向广大农村与农民的城镇化，让农民成为新的市场主力，充分实现各种生产要素向农村集聚，着力提升乡镇的功能和品质，推动农民思想观念、生产生活方式的转变，不断提高农民生活水平，让农村居民享有与城市居民同质化的生活。目前从中央到地方，城镇化被当作经济增长的一种手段而非结果，其弊端就在于重城市硬件建设，而轻公共服务及制度等软件建设，使得农民无法转化为市民，导致人的城镇化严重滞后。这种城乡基本公共服务非均衡的制度安排，严重阻碍了农民市民化的进程，致使中国城市化效率低下。

（三）基本公共服务均等化有利于推进新型城镇化和新型工业化进程

城乡发展一体化相对于城镇化是层次更高、更具全局部署的，而城镇化发展要有助于打破城乡二元结构、实现城乡发展的均衡和一体化，进而实现城乡一体，城乡发展一体化也更全面，更符合我国发展的实际情况和未来发展方向。未来城镇化的发展将是一种新型城市化的发展进程，传统城镇化发展主要靠重工业单边发展来推进城镇化，而未来城镇化发展的最大特征就是要破除二元不平等的结构，实现城乡一体化的基本公共服务，这是未来城镇化发展的鲜明方向。目前，来自农村内部的潜力可以进一步挖掘，但空间不大，推动农村社会经济发展，更需要借助外力的推动和拉动。这种推动主要体现就是工业化和城市化的拉动。发达国家的经验也证明，解决农民问题最终要靠工业化、城市化推动。

（四）基本公共服务均等化战略有利于让农民平等参与现代化进程，共同分享现代化成果

党的十八大报告提出必须要坚持和维护社会公平正义，这也是有中国特色社会主义的价值优势。目前我国处于经济社会发展的重要时期，社会不平等、两极分化等影响社会公平正义的现象越来越明显。经济社会发展的终极目标是人的全面发展、社会和谐安定。目前城乡一体化进程中城乡二元结构所造成的种种不均衡问题更加直观和突显，消除城乡差距在城乡一体化中更为必要。在城乡统筹发展中实现基本公共服务均等化有助于缓解城乡之间发展的不平衡问题，创造更多的公正平等的机会。过去国家强调“做大蛋糕”，现在整个国家更强调如何“分好蛋糕”，追求社会公平和正义。因此，加快推进城乡基本公共服务均等化作为基本的民生问题，以发展保民生、以民生促公平很有必要。加快建立覆盖全国城乡的基本公共服务体系，要把更多财政资金投向公共服务领域，投入教育、就业、医疗、社会治安、社会保障等基本公共服务领域，不断提高基本公共服务质量，切实解决好人民最关心、最直接、最现实的利益问题，使公共服务成果更好惠及广大人民群众。

二、统筹城乡发展中我国基本公共服务均等化面临的问题分析

（一）公共服务失衡现象比较突出，基本公共服务体系还不够健全

推进基本公共服务均等化，让城乡居民享受到与经济社会发展水平相适应的均等化基本公共产品和服务，是保障公平正义、促进社会和谐的本质要求，也是我们发展经济做大财富蛋糕之目的所在。总体来看，我国已经建立了基本公共服务的制度框架，基本公共服务体系建设渐趋成熟，但基本公共服务体系的建设仍然面临着诸多困难与挑战，主要表现为：供给能力不足，规模和质量仍不能满足人民群众日益增长的公共服务的需要；发展不均衡，农村落后贫困地区和社会弱势群体的基本公共服务还不能充分保障；体制机制还不完善，城乡二元结构的分设和区域间不衔接，政府职能还没有转变到以提供基本公共服务为主的理念上来，基本公共服务提供主体和供给方式还很单一，地方政府事权与财权不相匹配，还没有建立城乡统一的基本公共服务机制；基本公共服务的监督问责机制缺失，对地方公共财政的支出还缺乏有效的监督机制和问责机制，公共财政使用的合理性、有效性还不足。

（二）农村基本公共服务水平还比较薄弱，基本公共服务存在着结构化矛盾

我国长期以来的城乡二元结构体制致使城乡差距不仅没有随着改革

开放得以缩小反而进一步拉大，因此完善农村基本公共服务体系是缩小城乡公共服务实际差距的重要因素，是新阶段农村反贫困的关键所在，是提高农村人口素质的路径依赖。经过 2000 年的农村税费改革，以及 2006 年我国终结了延续两千六百多年的向农民征缴“皇粮”制度，实现了国家对农民由过去吸取为主转向供给的转折，也拉开了实现城乡基本公共服务制度的序幕。长期以来，在农村主要靠农民积累的公益金来解决某些公共服务事项，这与城市形成极为明显的差距。由于农村公共服务制度的缺失，农民在义务教育、公共医疗、社会保障等多方面的公共需求远远得不到满足。我国长期以来的城乡分割的二元经济社会体制和政策使得城乡公共服务供给体制没有得到根本性的转变，农村公共产品的供给主要是依靠农民自己而不是依靠公共财政，直接导致在城乡一体化进程中城乡居民在基本权利和发展机会上严重不均，也形成了城乡经济社会的结构错位失衡。

（三）公共财政投入仍然不足，公共财政体制还不够健全

改革开放三十多年来，经济的快速增长带来了国家综合实力逐步增强，财政收入规模迅速扩大，至 2010 年，我国经济总量已经达到 5.88 万亿美元，年均增长 9.85％，我国已经由以解决温饱为主要任务的生存型社会向以促进人的全面发展为目标的发展型社会过渡。然而我国公共产品需求增加同公共产品供给短缺低效的矛盾却越加突出，导致关乎民生的基本公共服务一直缺位，特别是农村的基本公共服务供给严重不足。近年来我国进一步加快了基本公共服务体系建设，大幅度增加公共服务财政投入，从 2007 年到 2012 年教育、就业、社会保障、医疗卫生、住房、文化、体育等方面的财政支出累计达到 12.7 万亿元，年均增长幅度为 26.3％，大大高于公共财政收入的增长幅度。[①] 目前我国财政支出结构中用于民生的比重仍然偏低，改善民生需求与财政供给的矛盾依然突出，基本支出与项目支出需进一步细化，支出的及时性、均

---

① 张东豫：《构建和谐社会与城乡公共服务均等化》，《中南财经政法大学研究生学报》2007 年第 1 期。

衡性、有效性需进一步提高。西方国家公共服务占公共财政支出的比重普遍达到50%～80%左右，以高福利著称的北欧丹麦2007年政府用于教育、社保和公共卫生的支出占国家财政支出比重高达70.25%，其他发达国家如德国、澳大利亚、加拿大和美国分别高达68.8%、58.7%、56.73%和57.11%，①而我国2012年中央财政支出结构中社保、医保和教育支出占的比重是18.1%。② 2012年全国财政收入11.7万亿元，占GPD比重22.56%，表明我国有更多的财力投入解决基本公共服务均等化。

（四）地方政府公共服务职能还不够明晰，基本公共服务机制尚需完善

科学的宏观调控，有效的政府治理，是发挥社会主义市场经济体制优势的内在要求。必须切实转变政府职能，深化行政体制改革，创新行政管理方式，增强政府公信力和执行力，建设法治政府和服务型政府。政府的职能要转向以提供优质公共产品与良好公共服务为主要职能，切实实现城乡一体化中的基本公共服务均等化的发展目标。加快推进城乡基本公共服务均等化建设需要进一步落实政府的公共服务职能，改善政府的社会管理和服务方式，切实提高为人民服务的能力和水平，集中体现在保障和改善民生等方面。目前，政府在提供基本公共服务的职能定位上还存在“错位、缺位、越位”现象，政府与政府之间、政府各职能部门之间还存在着权责不够明晰、职能交叉错位等现象。政府对市场仍然有过多干预，设置了过多的行政壁垒，能源、基础设施、金融等关键领域的准入门槛还偏高，民资很难进入。在宏观调控过程中，政府更多的是用行政手段、财政手段来解决市场问题而不是发挥市场配置资源的决定性作用，公共服务的管理和监督机制还不健全等一系列基本公共服务机制还亟须完善。在新一轮的改革中，政府要把伸得太长的手缩回来，进一步简政放权，向服

① 包立南：《中国和美国政府财政收入和支出情况比较》，2011年11月13日，http://blog.sina.com.cn/s/blog_683963c00100ue8h.html。

② 冯琦：《2012年中央财政支出结构》，2012年3月8日，http://news.xinhuanet.com/photo/2012—03/08/c_122805670.htm。

务型政府转变，让市场在资源配置中真正发挥决定性作用。

三、积极推进统筹城乡发展的基本公共服务均等化战略的政策建议

（一）加快建立和完善城乡融合与一体化发展体制机制，缩小城乡基本公共服务水平差距

研究制定适合本地城乡一体化发展的基本公共服务规划体系，统筹土地利用和城乡规划，在城市发展的空间布局上加强基本公共服务对人口集聚和吸纳能力的支撑，使基本公共服务设施布局、供给规模与人口分布相适应，合理确定区域的空间架构和功能布局，编制城乡基本公共服务均等化战略规划，建立将农民工群众纳入进来的全体公民的城乡统一的城市公共服务体系，制定统一的公共服务均等化的标准体系，明确统一城乡基本公共服务制度的实施路径和阶段任务。积极推进城乡基本公共服务均等化必须建立破除城乡二元结构体制的体制和机制，建立城乡统一的公共服务体制和公共产品供给体系。健全宏观调控体系，全面正确履行政府职能，优化政府组织结构，提高科学管理水平。加快政府职能转变，建立适应社会主义市场经济要求的公共服务型政府是我国政府改革的方向和趋势。

（二）实行新户籍治理制度，推进农业转移人口市民化，建立统一的城乡建设用地流转制度

城乡一体化受制于两大核心的体制因素：人和土地。人的城乡二元化结构体现在户籍的二元化以及区域之间的户籍多元化，公共资源配置的失衡更是让附加在户籍上的种种利益与限制严重地阻碍了劳动力的自由流动。土地的二元化主要是城市的国有土地制度和农村集体土地制度，集体土地无法用市场的方式自由流转，让农民“脱农”或者说“脱地”无法获得公平的补偿，也让大多数期待进城的农民因缺少了财产性支撑而有心无力。党的十八届三中全会提出，推进农业转移人口市民化，逐步把

符合条件的农业转移人口转为城镇居民。有序放开城市落户限制,逐步取消城乡户籍差别,以合法稳定住所或稳定职业为依据,实行新户籍治理制度。农民取得城市户口以后,与原城市居民一样,尽同等义务,享受同等权利。在此基础上逐步形成城乡统一的劳动力市场,推动健康城镇化和城乡一体化进程。要打破政府对农地征用的行政垄断,推进农地非农化的市场化改革,赋予农民更多财产权利,能使农民实际持有土地财产权。在国家土地利用规划和有关法律的调控下,建立城乡统一的农地转用市场,使市场在农地非农化配置中起决定性作用,让农民合理分享农地转用的升值利益,促进城乡一体化发展。

(三)加快建立覆盖城乡的公共财政体制,促进城乡基本公共服务均等化

党的十八届三中全会提出,适应城乡一体化的经济社会发展需要,加快建立覆盖城乡的公共财政体制,不断增强各级政府公共财政在基本公共服务中的保障能力。进一步加大公共财政对基本公共服务的投入力度,加强基本公共服务的财政预算约束,优化财政支出结构,提高公共服务支出占财政支出的比重。完善财政支出标准体系,确保公共财力主要用于解决民生,大力提升欠发达地区和薄弱环节基本公共服务水平,改变过去农村公共服务主要由基层政府和农民自筹的状况,扩大公共财政在农村公共服务的覆盖范围。进一步推进事权财权相一致的公共财政改革,合理划分中央与地方的财权事权和支出责任,确保各级政府权力与责任相协调。调整中央与地方各级政府的财权分配格局,增强政府宏观调控能力,优化政府财力资源配置。加快形成统一、规范、透明的财政转移支付制度,建立财政转移支付同农业转移人口市民化挂钩机制,创新转移支付制度,充分发挥专项转移支付和一般转移支付两者优势,推进专项性一般转移支付管理改革。加大中央和省级政府对县乡镇基层政府财权转移支付力度,适当提高一般性转移支付比重,规范专项转移支付。

（四）建立基本公共服务多维供给模式，形成公共服务供给主体多元化

我国社会的转型带来公民对公共服务需求的多样化，政府垄断公共服务的单一供给模式已经难以满足公共需求，建立政府、私人组织和第三部门等多元主体共同参与的合作供给模式是必然的选择。公共服务主体提供模式呈现出多维互动性，在公共服务供给方式上要转变思想，创新机制，坚持政府主导，充分调动社会资源，逐步形成有序竞争和多元参与的基本公共服务供给机制，提高服务效率。建立以政府为主导、社会广泛参与、公办与民营并重的基本公共服务供给模式，充分发挥市场调节机制的作用，以及借助和支持社会力量参与来推动基本公共服务提供方式多样化。充分利用债券、信贷等多种融资形式，拓宽基本公共服务资金来源。鼓励和引导社会资本投资建立非营利性公益服务机构，探索公共服务项目经营权转让机制和民间投资公共服务的财政资助机制，更多地采取直接补需方的方式，增强公民享受服务的选择权和灵活性。积极采取政府采购、合约出租、特许经营、政府参股等形式扩大政府择优购买公共服务的规模，提供基本公共服务的民办机构在设立条件、资质认定、职业资格与职称评定等方面与事业单位享有平等待遇。

（五）建立基本公共服务均等化的制度保障体系，强化绩效评价考核和公共服务监管问责机制

建立基本公共服务绩效评估监督机制，将基本公共服务绩效纳入政府考核问责体系，规范并引导政府和公共服务部门的职责行为。当前要加快完善制订城乡公共服务指标考核体系，增加公共服务等指标的权重，城乡应分类统计，使城乡间、地区间发展指标能准确提供政策决策信息，更好地指导农村综合改革，把基本公共服务供给作为考核政府工作的重要约束性指标。加强对政府基本公共服务的监管和问责机制，加强对基本公共服务项目过程的监督和检查，形成各负其责、逐层逐级抓落实的推进机制。健全基本公共服务预算公开机制，规范资金使用。加强对各级政府履行基本公共服务职责的动态监测、评估，形成全社会共同关注、合

力推进基本公共服务均等化的良好氛围。将基本公共服务均等化实现度评价结果纳入各级政府领导干部政绩考评体系。开展基本公共服务财政资金绩效评价，对挪用下拨资金、不按规定使用资金和未按时达标的政府部门和责任人按相应规定进行处罚。

（吴根平：江苏省徐州市行政学院副教授、教研室副主任）

地方政府创新管理方式激发社会组织活力问题研究

杨　梅

【摘　要】 社会组织活力是指社会组织旺盛的生命力。激发社会组织活力既需要中央政府的顶层设计，又要求地方政府开拓创新。吉林省长春市各区构建了党委政府宏观领导、相关部门具体孵化培育、社会组织广泛参与的上下一体、统筹推进、合作共管的社会组织工作格局，值得我们认真学习借鉴。

【关键词】 地方政府　政府管理方式　社会组织　社会组织活力

党的十八大报告首次提出要加快形成政社分开、权责明确、依法自治的现代社会组织体制。党的十八届三中全会进一步提出要创新社会治理体制，激发社会组织活力，为新形势下地方政府引导社会组织发展指明了方向，即通过引导、帮助、扶持、激励等措施让社会组织迸发出旺盛的生命力。为深入贯彻落实党的十八大以及十八届三中全会关于加快形成现代社会组织体制、激发社会组织活力的重要精神，充分发挥社会组织在服务改善民生、助推社会管理中的重要作用，吉林省长春市各区积极创新政府管理方式，将社会组织发展纳入重要议事日程，构建了政府主导、社会组织广泛参与的上下一体、统筹推进的工作格局，值得我们认真学习借鉴。

一、激发社会组织活力的重要举措

（一）建立健全发展社会组织的领导体系和工作网络

长春市绿园区成立了由区委书记、区长任组长，相关区级领导任副组长，区直主要部门和街镇一把手为成员的全区培育和发展社会组织领导小组，下设办公室，办公室设在区民生工作局。理顺了区民生局和民政局共抓社会组织的职能分工和工作关系，其中，民生工作局侧重全区社会组织的规划指导、培育扶持、活动组织、宣传表彰和政府购买服务项目的组织实施、社会组织发展扶持专项资金的管理使用；民政局侧重全区社会组织的审批登记、年度检查、监督管理和等级评估等工作。成立区社会组织指导服务中心，下设在区党组织服务民生指导服务中心，构建了区社会组织指导服务中心、街镇社会组织指导服务科、社区社会组织服务室三级服务网络，形成了上下一体、统筹推进的工作格局。

（二）搭建社会组织孵化培育平台

按照具有协同性、服务性、互惠性、公益性、自愿性、群众性的原则，重点发展公益服务类、社会事务类、文体娱乐类、慈善救济类和社区维权类等五大类社会组织。绿园区在区民生大厦打造了近千平方米的社会组织孵化基地，建立了准入、退出等一整套孵化机制，对全区公益性强、社会急需、运营规范的社会组织进行专业化、全方位的孵化培育，提供场地、资金、信息、推介等支持，帮助社会组织发展壮大，引领带动全区社会组织整体发展。目前，已有区文体协会、逸轩社民俗文化艺术协会、太极拳协会、华益爱心协会、鼎力相助志愿者协会等 15 家社会组织进驻。同时，在街道、社区层面，采取整合办公空间、利用社区文体活动中心以及租赁、借用辖区闲置办公用房等灵活多样形式，分别建立社会组织孵化基地，在办公场地、政策资源等方面为社会组织发展创造有利条件。

（三）加大社会组织扶持力度

绿园区、宽城区等地先后制定下发《关于进一步培育和发展社会组织

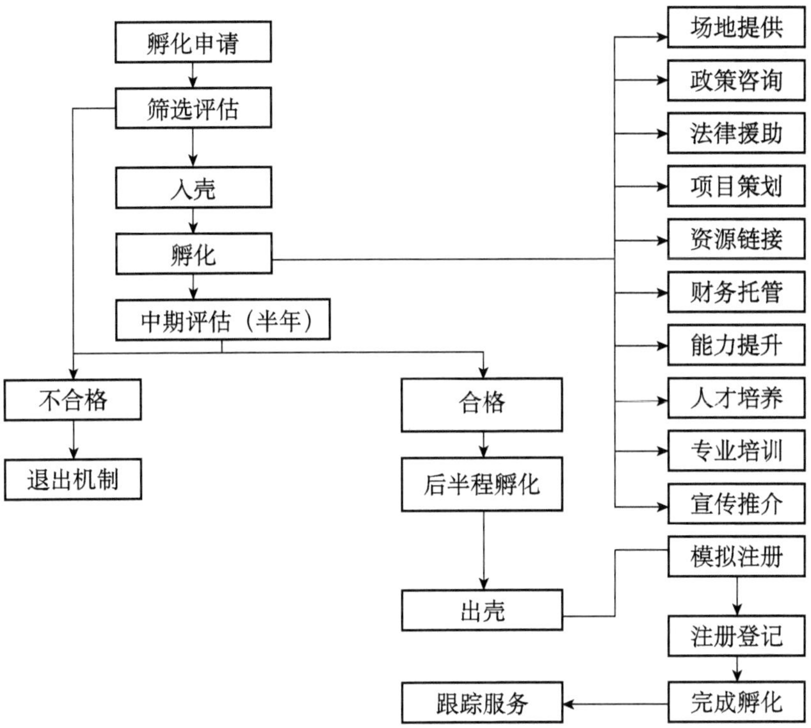

图 1　长春市绿园区社会组织孵化图

的实施意见》《关于政府购买社会组织公共服务的实施意见》《关于为社会组织发展提供资金扶持的意见》等配套文件，出台了一系列有利于社会组织发展的扶持政策。设立社会组织扶持发展专项资金，列入财政预算，对重点培育的社会组织通过开办扶持、以奖代补、专项扶持等方式给予支持。如，对新成立且符合条件的社会组织，最高给予 1 万元开办补贴；对社会组织等级评估获 4A 级和 5A 级的，分别一次性奖励 3000 元和 5000 元。

（四）探索推行政府购买公共服务机制

聚焦教育、医疗、文化、体育等群众最基本的公共服务需求，绿园区 2013 年共确定了重症残疾儿童艺术培养、太极拳普及推广、社区文艺演出、新市民健康促进、残疾人“民俗工坊”等 5 个购买服务项目，引导符合条件的社会组织承接，既为社会组织发展成长提供了空间，更为群众提供了优质高效的公共服务。

（五）强化社会组织日常监管

坚持培育与监管并重，牢牢把握社会组织发展主动权。加强社会组织党组织建设，合理设置党组织，具备条件一个，组建成立一个。目前，绿园区445家社会组织中已有72家成立了党组织。建立了登记部门、主管部门、街镇、社区共同参加的协同监管机制，指导社会组织按照章程开展业务活动，落实工作报告、责任追究等各项制度，促使其规范有序发展。成立由相关部门、街镇、专家和社区群众四方共同组成的评估小组，每年对社会组织进行一次等级评估，将评估结果与社会组织的淘汰退出、享受优惠政策、承接政府购买服务项目等挂钩，推进了社会组织的诚信自律和良性发展。

二、激发社会活力面临的主要问题

（一）社会组织总量不高，作用发挥有待提高

具体体现在两个方面。一方面是数量不多。目前，长春市绿园区仅有各类社会组织445家，其中登记类184家，备案类261家，平均每万人拥有社会组织7个。而社会组织发展比较发达的地区，如珠海市平均每万人拥有14个社会组织。另一方面是规模不大，具体是指社会组织的资产规模较小，形成规模发展的社会组织较少。绿园区仅有太极拳协会、逸轩社民俗文化艺术协会等发展规模较大。以上两个因素直接制约社会组织在社会管理和公共服务等领域的作用发挥。

（二）培育扶持政策不够全面，机制亟须健全

绿园区政府相继出台了《关于进一步培育和扶持社会组织的实施意见》《关于政府购买社会组织公共服务的实施意见》等相关配套文件，从登记注册、培育扶持和购买服务等方面在政策上给予规范，但是同先进地区

相比，在政策的制定和执行上仍存在着一些不足。缺少政府职能转移的相关文件，同时政府购买社会服务的目录不全面，社会组织购买服务的机制不健全。

（三）社会组织稳定性不强，社会工作人才匮乏

“专业的不社会、社会的不专业”特征明显。社会组织具有自主性、志愿性的特点，其成员是自主加入的，再加上工资福利待遇、社会保障机制不健全等因素的影响，基层社会组织很难留住专业的社会工作人才。绿园区现在从事社会服务的人员主要依靠的是社区工作者及各类志愿者，社会组织服务水平相对落后，社会组织以兴趣爱好类居多，骨干人员大多为社区已退休人员，如正阳街道辖区的“刘大嘴劝和工作室”“丰和社区红领巾之家”“互助社区晓航艺术团”等，他们主要在文体活动和服老助小方面发挥作用，但是流动性非常大，难以形成长效机制。

（四）区级、街道（乡镇）、社区三级社会组织发展不平衡

党的十八大以后，我国确立了优先发展行业协会商会类、科技类、公益慈善类、城乡社区类等四类社会组织的目标。在此精神的指导下，绿园区明确了成立区、街道（乡镇）、社区三级社会组织服务网络的工作思路。2013 年 9 月，率先成立了近千平方米的吉林省首家区级社会组织孵化基地——绿园区社会组织孵化基地。但是，由于场地、资金、人员等条件的限制，街道（乡镇）、社区两级社会组织服务网络建设进展缓慢，亟待推进。

（五）社会组织监管难，直接制约培育发展

在党的十八大以及十八届三中全会提出的加快形成现代社会组织体制、激发社会组织活力精神的指引下，绿园区社会组织也呈现出竞相发展的良好态势。另一方面，由于基层社会组织专职监管人员匮乏，加之担心批准成立社会组织后，监管难、取缔更难，普遍的做法是在社会组织申请登记成立之时严格设置准入门槛，直接制约了社会组织的培育和发展，违背了激发社会组织活力的初衷。

三、域外激发社会组织活力的重要经验

为充分激发社会组织活力，发挥社会组织提供服务、反映诉求、规范行为等方面的重要作用，深圳、珠海、广州、北京等地采取了一些积极措施，取得了良好效果。

（一）深圳市的主要做法

目前深圳市常住人口 1300 多万，拥有各类社会组织突破 7000 家，其中社会团体 3360 家，民办非企业 3564 家，基金会 76 家。该市在社会组织培育发展工作方面主要采取了如下措施。

1. 改革登记管理体制

深圳市通过行业协会“民间化”改革、行业协会直接登记等方式，逐步深化社会组织登记管理体制改革。目前已明确工商经济类、社会福利类、慈善公益类、社会服务类、文娱类、科技类、体育类和生态环境类等八类社会组织由过去的“双重管理”转为“直接登记”。同时，引入行业协会竞争机制，探索实行“一业多会”，进行“去垄断化”改革。

2. 推进政府职能转移

2013 年以来，深圳市积极推进《深圳市具备资质条件承接政府转移职能和购买服务的社会组织目录》《深圳市政府转变职能目录》和《深圳市政府职能部门购买服务目录》等“三个目录”编制工作，建立健全政府向社会组织转移职能和购买服务机制。

3. 加强社工人才队伍建设

市级层面成立由市委副书记任组长，市委组织部、市民政局、人事局和各区等三十多个成员单位组成的市社会工作领导小组，办公室设在民政局，增设社工处，各区成立了社工科或社工办，健全社工领导和管理体制。

（二）珠海市的主要做法

珠海市有各类社会组织 1422 家，其中市级社会组织 80 多家，按照珠

海市户籍人口100多万平均分配，每万人拥有社会组织近14家，按常住人口统计，每万人拥有社会组织也近9家，位居全国之首。该市为激发社会活力采取了如下主要措施。

1. 深入推进登记管理制度改革

开展社会组织直接登记，降低登记门槛，除法律规定需前置审批的外，所有社会组织1元注册资金即可实行直接登记，通过简化环节、优化流程、委托下放权限、方便群众办事等多种方式培育扶持社会组织发展壮大。取消对社会团体筹备成立和社会团体分支(代表)机构设立、变更、注销登记，同时加强监督检查力度，社会组织监察执法大队对未按要求进行年检及开展活动的社会组织及时予以撤销登记。

2. 创新社会组织党建机构

开展“三纳入、双隶属、一体化”创建组织模式，即党建工作纳入社会组织注册登记、年检和评估环节；结合党员登记，建立“党员双重隶属、过双重组织生活”制度，吸收组织关系不在社会组织党组织的党员参加社会组织党组织的组织生活；以党组织为核心，以党建带动群团组织建设，发挥党组织和群团组织的各自优势，实现了党的建设、群团组织建设和社会组织发展的共赢。

3. 搭建信息公示平台

在平台上提供社会组织的各类信息，同时，公布具备承接政府职能转移和购买服务资质的社会组织目录，为政府部门转移职能和购买服务提供服务平台和依据，使社会组织的活动接受广大市民的监督。通过一站式信息服务，为广大市民提供社会组织相关的通知公告、信息发布、政策法规、社会组织相关信息公示、查询，并整合了网上办事、投诉等相关功能。

(三)北京市的主要做法

目前，北京市由社工委和社团办两家机构负责全市社会组织工作，社工委直属北京市委、市政府管理，负责北京市社会组织购买政府公共服务项目；社团办属于市民政局下设职能部门，负责利用福彩资金支持公益类社会组织良性发展。同时制定了《北京市城乡社区社会组织备案工作规则》，形成了较为完整的社区社会组织备案管理体制。该市社会组织发展、管理方面采取了如下主要做法。

1. 推进社会组织建设与管理改革

2013年4月1日起对工商经济类、公益慈善类、社会福利类、社会服务类四类社会组织，由民政部门同时作为业务主管单位和登记机关，实行民政部门直接登记，解决了社会组织找业务主管单位难的问题。

2. 加大培育扶持力度

一是出台了《北京市政府购买社会组织公益服务项目目录》，明确了政府购买服务内容、项目评审指标和评估标准，实行市场化运作、契约式管理。二是落实社会组织税收优惠政策。三是推进向社会组织转移职能工作，向评估等级在3A级以上的706家社会组织下发了"具备承接政府转移职能社会组织基本情况表"，拟定了具备承接政府转移职能资质的社会组织目录。

3. 加强监督管理

一是强化年检功能，把年检作为监督管理的重要手段。二是开展社会组织评估，出台了《北京市社会组织评估管理实施办法》，形成了市民政局负责顶层设计、制定工作方案，第三方机构接受委托独立开展评估，专家委员会集中研讨、对比评分，市民政局最终认定结果的具有北京特色的社会组织评估模式。三是建立重大事项报告制度，要求社会组织将要开展的重要活动、出现的重点业务、发生的重大事件及时向登记管理机关和业务主管单位报告，实现对社会组织监管由静态向动态转变。四是启动社会组织退出机制，近两年共移送查处违法违规社会组织47个。五是扎实推进政社分开，2000年以来，共有768名党政领导干部辞去了在社会组织中的职务。

四、激发基层社会组织活力的对策建议

（一）破除法律羁绊，适时修改地方法规条款

赋予社会组织"准生证"和"出生证"，是社会组织拥有健康的"体格"

能够保持旺盛生命力的前提保障。降低准入门槛，放松管制，实施登记制度改革，无疑会为社会组织注入新的活力。在传统的管控思维的指导下，社会组织成立登记比较困难，有的社会组织历经数年也难以"正名"，顺利找到业务主管单位并取得由民政部门登记许可颁发的"出生证"更是难上加难。2013 年《国务院机构改革和职能转变方案》对社会组织登记制度进行了重大调整，明确成立行业协会商会类、科技类、公益慈善类、城乡社区类社会组织，直接向民政部门依法申请成立，不再需要业务主管单位审查同意，为地方政府社会组织建设管理明确了方向。因此，当前在国家推进社会团体、基金会、民办非企业相关管理条例修订工作的同时，地方政府应着力改进与本次机构改革方案简政放权主旨精神相悖的条款。在社会组织登记管理上取消不必要的审批，下放权限，取消对社会团体筹备成立和社会团体分支(代表)机构设立、变更、注销登记的审批，下放基金会和异地商会登记审批权限。[①] 2014 年，《吉林省人民政府关于取消、下放和调整行政审批项目的决定》，取消了"全省性社会团体分支机构、代表机构设立、变更、注销登记"的行政审批。吉林省民政厅下发了吉民发〔2014〕22 号《吉林省民政厅关于贯彻落实〈吉林省人民政府关于取消、下放和调整行政审批项目的决定〉有关问题的通知》，对取消全省性社会团体分支机构、代表机构设立、变更、注销登记作出了具体规定。自《决定》发布之日起，民政厅不再受理全省性社会团体分支机构、代表机构的设立、变更、注销登记的申请。[②]

(二)实行登记备案双轨制，破解成立登记难题

2013 年《国务院机构改革和职能转变方案》明确指出，要推进行业协会商会与行政机关脱钩。部分行业协会商会行政化色彩比较浓厚，既有历史的原因，也有现实的因素。近年来，有些行业协会与行政主管部门沆

---

① 顾朝曦:《改革社会组织管理制度充分激发社会组织活力》,《中国社会组织》2014 年第 1 期。

② 《吉林省民政厅关于贯彻落实〈吉林省人民政府关于取消、下放和调整行政审批项目的决定〉有关问题的通知》(吉民发[2014]22 号)。

瀣一气，进行违规敛财活动屡见不鲜。行业协会实际上是行政主管部门的小金库，行政主管部门利用手中的权力充当行业协会的保护伞，严重影响了社会组织管理的秩序，违背了社会组织自治性、公益性、志愿性等本质特征，与党的群众路线教育严重背离。为此，应放宽准入门槛，实行社会组织登记备案双轨制，对符合登记条件的社会组织，依照《社会团体登记管理条例》和《民办非企业单位登记管理暂行条例》的规定进行登记。对尚未达到登记条件、但社会发展又迫切需要且主要在社区范围内开展活动的社会组织，在所在街镇备案，待达到登记条件后再进行正式登记。

（三）购买社会组织服务，引导社会组织承接项目

党的十八届三中全会决定在阐述全面正确履行政府职能中指出，要“加强中央政府宏观调控职责和能力，加强地方政府公共服务、市场监管、社会管理、环境保护等职责。推广政府购买服务，凡属事务性管理服务，原则上都要引入竞争机制，通过合同、委托等方式向社会购买”。地方政府要编制政府职能转移目录和政府购买公共服务目录，及时向社会发布，引导符合条件的社会组织承接项目。深圳、珠海、广州等地均降低了社会组织登记的准入门槛，并且针对本地社会组织的各项工作分别出台了由编办牵头制定的《政府职能转移目录》、由财政局牵头制定的《政府购买社会服务项目目录》、由民政局牵头制定的《承接政府职能转移和购买服务资质的社会组织目录》等系列配套文件，从登记管理，到培育扶持，再到引导社会组织购买服务等，均通过文件形式给予政策上的大力支持，把不该由政府管理的事项转移出去，对本地区社会组织的发展壮大起到了推动作用。

（四）构筑合力监管格局，推进社会组织健康发展

没有监管和约束的权力必然产生腐败。社会组织的发展也离不开日常监管。社会组织的日常监管既靠内部力量也靠外部力量。要充分发挥社会组织的资助者、第三方独立机构和政府监管等外部力量的监督，同时要发挥社会组织成员内部的监督，推进社会组织健康发展。对区级基层政府而言，要建立健全由区业务主管部门、街镇、社区组成的三级社会组织监督管理体系，构建职能部门分工协作、街镇社区属地管理的监管格局。区民生局、民政局和各镇街、社区各负其责，共同监督管理，促进社会组织健康发展。

（五）固本强基，加强社会组织自身能力建设

社会组织的活力是指社会组织旺盛的生命力。“问渠哪得清如许？为有源头活水来。”社会组织要保持旺盛的生命力，除了要具备制度的顶层设计、充裕的资金、宽敞的活动场所、固定的工作人员等比较优化的外部发展环境，社会组织自身的治理能力建设也尤为重要。要切实提高社会组织的内部治理能力、战略管理能力、筹募资源能力、财务管理能力、人力资源管理能力、项目管理能力、公益营销与公关能力、公信力建设能力等综合治理能力。在具体实践上，通过引进专业的社会组织培育孵化机构，如公益组织发展中心（NPI）、国家青年创业计划（YBC）等可以助力社会组织提升综合能力。

［杨梅：中共吉林省委党校（吉林省行政学院）公共管理教研部副教授］

社会转型期冲突调节机制的优化路径

杨　萍

【摘　要】 在中国社会转型的加速期，社会不同阶层或群体间的利益冲突所涉矛盾错综复杂，追本溯源发现这些矛盾及其产生的原因，分析现有社会矛盾调节机制的利弊，以重塑法律权威、建立利益表达、矛盾预警机制为优化路径，不断优化社会矛盾调节机制，才能从根本上化解社会矛盾，构建起和谐有序的社会秩序。

【关键词】 冲突　调节机制　优化路径

社会转型是一种渐进性的社会发展过程，也是一个社会变革的过程，是传统因素与现代因素并存共起作用的时期，因而也是极易出现社会发展失衡和社会失序的时期。[①] 自 1978 年中国改革开放以来，中国社会进入了一个从传统社会向现代化社会转型的加速期，与社会转型相伴随的是社会各方面的深刻变革，许多问题和矛盾也在现代化进程中不断累积和爆发。如果不能及时发现和解决冲突，客观上会增大不同利

① 严励：《秩序的中国解读——转型期中国社会矛盾之研究》，上海社会科学院出版社 2007 年版，第 17 页。

益主体之间的碰撞摩擦，增加矛盾激化和转化的可能性，最终带来社会秩序的失序。

一、社会矛盾冲突多发的深层原因分析

转型时期中国社会矛盾复杂多样，这些矛盾生成的诱因也是错综庞杂的，但无论属何种具体因素，有一点是不变的，即冲突的产生都是现有的不平等所导致的必然结果。

（一）利益格局变动与社会分配不公是冲突频发的根本源头

马克思曾深刻指出："人们奋斗所争取的一切，都同他们的利益有关"。[①] 三十多年的体制改革进程是一场极其广泛而深刻的社会变革，更是一场全民性的利益格局大调整。在这场利益大调整中，中国的贫富差距以惊人的速度扩大，财富越来越向少数人集中，而工农大众收入偏低。

从理论上讲，社会发展成果应由全社会共同享有，发展产生的不利后果，即代价也应由全社会来承担。但在我国却出现了相反的现象，社会发展的成果由少数人享受，而占社会大多数的弱势群体不但难以享受到社会发展的成果，反而承担了绝大多数的社会发展代价。处于社会不同阶层的人们由于利益分化和冲突越来越大，导致彼此间仇视情绪日益强烈，当前普遍存在的"仇官""仇富"现象正是由于利益冲突加剧造成的。

（二）体制转轨过程中政府缺陷是引发矛盾的主要因素

目前，中国在转型期所爆发的各种利益冲突最终往往会演变为官民之间的矛盾和对立，官民冲突已严重影响中国社会的稳定。究其原因是由于经济体制改革与政治体制改革的不配套，导致地方政府在管理服务社会时定位混乱、职能不清、行为出错，进一步加剧了中国社会

① 《马克思恩格斯全集》第1卷，人民出版社1968年版，第82页。

因利益分化而产生的冲突。中国地方政府在各种民间利益纠纷中已成为利益的一方,这是一个不争的事实。由于政府自身存在利益,因此在提供社会管理服务时定位混乱,常出现越位、错位、缺位的情况,再加上政府机关和司法机关不规范的决策、执法和履职行为,从而引发大量的官民冲突。

(三)文化价值的分化与多元化是引发冲突的内在思想成因

在一个社会中,文化价值的统一是重要的社会黏合剂,在人与人的交往中,文化价值的认同是人们沟通交往的前提。与传统社会不同,一个文化多元化的社会,人们的认同是建立在共同遵守的法律和规则之上,而并非建立于思想和情感的认同,而转型期的中国社会在没有建立起一套社会成员共同遵守的规则体系的同时却出现了文化认同的弱化,这成为中国社会人们冲突频发的内在动因。

二、社会矛盾现有调节机制及其局限性

(一)社会现有矛盾调节机制

1. 复兴人民调解制度来缓解矛盾

在政府推动下,自 2002 年开始人民调解制度再次复兴,特别是在人口密集的城市社会,以行业调解、调解工作室等各种形式出现的人民调解迅速壮大起来。在社会冲突调解中,人民调解制度的调解范围一直以来主要适用于社会因家庭纠纷、邻里关系、物业管理等引发的冲突,近年来随着群体性事件的增多,人民调解更多地被应用于因环境污染、公共设施建设等引发的群体性事件。

2. 运用各种行政方式处理纠纷

当前中国地方政府在管理职能上属全能政府,这也使城市社会的矛盾冲突在很大程度上都与行政行为有关,许多矛盾也要进入政府行政通道来解决。目前,行政方式处理冲突的途径主要是信访、行政复议。

(1)信访制度

目前，信访制度已成为具有中国特色的政治制度设计，从信访制度的目标上也可以看到，它的终极目标是解决问题，只要出现社会问题，信访就可以出面解决。[①] 信访在受理矛盾冲突时基本是“零门槛”。正是由于信访的“零门槛”，且容许逐级上访，直至上访到中央政府，这使得我国信访案件的数量连续不断增长。

(2)行政复议制度

我国的行政复议是指行政机关根据上级行政机关对下级行政机关的监督权，在当事人的申请和参加下，按照行政复议程序对具体行政行为进行合法性和适当性审查，并做出裁决解决行政侵权争议的活动。行政复议是为公民、法人和其他组织提供法律救济的行政监督制度。

3. 通过司法途径解决冲突

司法的直接功能就是解决纠纷、调整利益冲突、保护社会主体的合法权益。特别是司法审判，作为纠纷的法律解决的典型形式，通过司法裁判向社会宣示法律处理的结果，昭示法律的精神、原则和规则。通过解决具体纠纷所确立和维护的规范和秩序，可以促进更多的纠纷据此自发地得以解决，从而长久地、间接地实现纠纷解决的功能。[②]

(二)现有矛盾调节机制的局限性

1. 党政色彩过于浓厚

中国城市社会发展实践基本都是在党政部门的主动推动下进行的，社会建设具有很强的行政推动特点。基于这种行政推动特点建立起来的社会冲突调节机制带有浓厚的行政色彩。这种深厚的党政色彩虽然在一些情况下有助于矛盾的解决，但却变相地阻碍了社会自治进程和公民民主参与的自觉性。

---

① 田文利:《信访制度的性质、功能、结构及原则的承接性研究》,《行政法学研究》2011 年第 1 期。

② 靳江好、王郅强主编:《和谐社会建设与社会矛盾调节机制研究》,人民出版社 2008 年版,第 275 页。

2. 许多矛盾调节制度公信力还不高

以行政复议制度为例，按照《行政复议法》的相关规定，有权进行行政复议的机关类型有三种：一是做出该行政行为的行政主体自身，这实际等于行政机关自己审自己，自己监督自己，明显违反基本的公平中立的裁判原则；二是做出该行政行为机关的上级部门；三是做出被申请行政行为的行政主体所属的人民政府。这两类复议机关与做出被申请复议行政行为的行政主体均有行政隶属关系，往往受地方利益或部门利益影响而“官官相护”。在信访制度中，依照《信访条例》的规定，对于绝大部分争议事项，信访部门并不具有处置权，通常只是个二传手，信访制度往往变成了“公文旅行”制度。

3. 多为对社会冲突的局部性调节

我国虽然已初步建立起现代转型期社会冲突调节机制的基本框架，但当前这一时期的冲突调节机制是以局部性调节为特征，还相当不完善，对于引发冲突的根本因素如利益分配制度、社会公平等的“调整”是极其有限的。如针对劳资冲突尖锐问题，虽然有人民调解、行政或司法调解、劳动仲裁、司法诉讼等多种方式进行调节，但都仅限于个案的处理，在如何组建劳动者真正的工会、平衡劳资力量等方面，目前还没有建立完善的机制。行政复议也规定只能针对具体行政行为提起复议，对于影响更广、适用人群更多的行政规定、政策等抽象行政行为不能提起复议、要求行政机关撤销或认定为违法。

三、优化社会矛盾调节机制的路径设计

（一）优化的目标

1. 以实现社会公平为目标

转型时期中国社会矛盾产生的根本源头是利益分配不平等。因此要想从根本上改变中国目前冲突多发的局面，就必须建立社会主义市场经济条件下的利益均衡机制。利益协调目标就是要从抽象的群众利益到最广大人民群众的根本利益，从绝对统一的利益到根本利益至上、多元利益

合理追求、最终实现利益分享。① 社会矛盾调节机制的构建必须以实现社会利益分配的公平公正作为其首要目标，否则即使有再高超的调解技巧、再严密的制度设计、再深厚的审判功底都无法改变冲突频发的局面，无法缓解整个社会、社会中不同阶层间的紧张对立情绪。

2. 以实现政府治理向社会治理的转化为目标

"治理是官方的和民间的公共管理组织在一个既定的范围内运用公共权威维持秩序，满足公众需求。治理的目的是指在各种不同制度关系中运用权力去引导、控制公民的各种活动，以最大限度地增进公共利益。"②治理是一个上下互动的过程，社会矛盾冲突的治理同样应是一个上下互动的过程，它需要合作、协商、认同，需要谋求政府公共部门、私营部门、公民社会等多种社会管理主体之间进行广泛沟通与交流，通过社会成员的共同参与、协商解决，在公平的基础上来处理各种社会冲突。当今中国，虽然在社会矛盾调节机制的建构中不能抛开政府在冲突解决中的主导地位和作用，但单一的依靠政府权威的政府治理已经越来越难以处理好冲突，需要发挥社会组织的作用，通过对社会组织的控制、协调、调动来处理社会矛盾。

3. 以实行法治之治为目标

任何社会，人与人之间的关系、个人与组织之间的关系、组织与组织之间的关系，都是按一定的规则进行的，否则社会就是无序的。社会维稳之所以会陷入越维稳社会越不稳定的怪圈中，其中一个重要原因就在于我们当前的各项冲突调节制度人治的意味过浓。例如，在信访制度中，矛盾是否能解决、解决的结果如何等等，很大程度上取决于领导的重视与否和领导的态度。领导支持则能特事特办，突破规则制度解决问题；领导不支持即使有明文规定问题也很难得到解决。甚至是最应贯彻法治原则的司法审判，在面对群体性事件和影响较大的冲突事件时也无法做到依法审案，往往是依所属党委意见办案。因此，当我们重构社会冲突调节机制

① 靳江好、王郅强主编：《和谐社会建设与社会矛盾调节机制研究》，人民出版社 2008 年版，第 131 页。

② 俞可平：《政治与政治学》，社会科学文献出版社 2005 年版，第 21 页。

时，必须将法治的精神和原则渗透至利益分配、社会治理中去，通过法律化、制度化的方式实现社会利益公平分配的目标，实现政府治理向社会治理转化的目标。

（二）优化的路径

1. 构建合理的利益表达机制

面对经济高速增长而社会发展不够带来的利益冲突和矛盾，各级政府近年来也采取了很多的措施和政策，但却出现了政府尽力施为，而社会却并不认同，矛盾冲突依然频发的现象。究其原因，在于当前大多政策措施在出台、执行过程中受到个别利益集团的影响，进一步加大了社会分配上的差别。中国社会分层和阶层固化，导致在同一社会中存在着不同的阶层和阶层利益，同一阶层中又因为行业、家庭等具体情况的不同而存在着不同的利益集团。这些利益集团有着各自不同的利益诉求，要使这些利益诉求有可能实现，利益集团就必然面临着如何把诉求传达给制定政策的政府，通过对国家公共权力机构施加影响来谋求自身诉求的实现。现在的问题恰恰是我们没有建立起一个让各个阶层、各利益集团都能平等畅通表达自身利益诉求的利益表达机制。在社会分配等一系列重大事项的利益表达上，占社会人口少数的强势群体享有绝对的优势，而占人口大多数的弱势群体却成为沉默的大多数。

如果一个社会的政治制度无法给公众提供政治参与的渠道，那么，随着社会利益的不断分化，一旦到了矛盾激化的时刻，社会群体的政治行为就有可能冲破社会秩序，给社会带来不稳定，最终破坏社会的公共秩序。因此，一个成熟的政治社会，必须构建一个合理的利益表达机制，为各利益群体提供多种利益表达渠道，并兼顾各方的利益。当前在我国构建合理的利益表达机制可以从以下几方面着手：一是完善人民代表大会制度和政治协商制度。二是大力发展社会组织，切实保障人们的结社自由。三是搭建各群体公平博弈的平台，在博弈中实现各群体利益的表达、协商、妥协。

2. 建立健全冲突预警机制

任何社会都会存在冲突矛盾，矛盾冲突的发展变化也总是经历着一个从萌芽到激烈的过程，冲突预警机制的价值就在于防患于未然，将矛盾化解于萌芽状态，以最小代价消除冲突，最大程度减少冲突对秩序的影响。针对目前我国社会冲突发生的主要诱因是各阶层利益冲突的加剧，因此首先要建立起利益冲突风险预警机制。当政府及社会组织发现社会内部出现不同利益群体之间冲突时，要及时找专家分析其本质原因，研究如何防止和规避利益冲突风险，提前发出利益冲突风险警告，提前制定防范政策并且建立起促进利益群体和谐的制度体系，把冲突控制在爆发的临界点以下，引导居民理性处理利益冲突，变冲突为改革机会，变冲突为发展动力。在信访、调解、行政执法、司法等制度中增加冲突预警制度，信访接访人员对所办案件或所受理的来信来访是否会引发当事人上访、缠访等不稳定因素要及时进行科学分析、预测和判断，提前采取必要措施。未按程序进行风险评估或未采纳风险评估结论，造成案件处理不当，引发涉诉信访、影响社会稳定的，要承担责任。接到通报预警的部门应当及时安排人员了解熟悉案情或上访人申诉、上访理由和要求，并通知可能涉及的人员，做好启动处理信访紧急事项预案的准备。

3. 树立法律的权威

对于任何一个社会来说，“秩序是先于其他一切价值的”，是不可或缺的。面对当今多元化的世界，为了社会的进步和发展，为了整个社会在社会稳定和个人自由之间取得平衡，为达到社会的和谐与稳定，社会必须有控制机制，而法律控制是在社会存在和发展过程中必不可少的。在阶层利益收入差距不断扩大，社会阶层间的流动日益困难时，身处比较利益不利的阶层、地区的人，在感到改变贫穷处境希望渺茫时，就会倾向于从体制外寻求利益的补偿。现实中我们也发现，越是身处社会底层往往在冲突中越容易采用破坏性的行为，贫困人口集中的社会，也往往是社会问题频发、冲突矛盾较多的地方。在此情况下，如果没有一个公认的评判标准，没有一个权威的法律体系，通过建立和完善社会保障机制和规范政府间转移支付制度来给比较利益不利的人们以补偿，实现社会公平正义的话，就会威胁到社会的稳定。实行人治需要建立的是个人魅力型权威，实行法治则需要建立起具有现代民主精神的法理型权威。法理型权威重在法律与制度，它所要求的不是对某个具体个人领袖的忠诚，而是对制度和法律的忠诚；它虽然也承认个人的作用，但更注重于领导集团和组织结构在规范的制度范围内运行。[1]

现代民主政治的核心是宪法政治。我国宪法规定中华人民共和国宪法在法律体系中具有最高的地位，任何法律法规都不得与宪法相抵触，党和政府必须在宪法和法律允许的范围内活动等，但在现实中宪法权威一再受到权力的破坏，从而直接导致民众对整个法律制度的不信任。因此要树立法律的权威，引导民众走理性合法维权之路，首先要树立宪法的权威。其次，行政权力必须切实受到法律的制约和控制。我国政府的行政职能带有全能主义的特点，这种特点同样体现在当前的各种矛盾调节制度中，无论是在调解、信访、审判制度中都能看到行政权力的影子，这种全能主义虽然能使一些矛盾得到快速合理的解决，但更多的时候却是破坏了法律、制度和社会规则，引发更大的冲突。

（杨萍：上海市黄浦区委党校讲师）

---

① 严励：《秩序的中国解读——转型期中国社会矛盾之研究》，上海社会科学院出版社2007年版，第210页。

政府在公共养老金制度中的职能定位、责任边界与优化*

杨　健　张金峰

【摘　要】政府养老保障职能的定位受本国政治、经济情况及国际性组织因素的影响。发达国家在公共养老金制度建设方面，通过明晰政府制度设计责任、经济与财政支持、制度实施与管理监督等职能边界，促进制度的稳定与可持续性。借鉴国外有益经验，我国政府应在转变职能的改革契机中根据国情厘清自身养老责任边界，通过加强公共养老金制度的顶层设计、建立并实施持续有效的法规和监管安排、发展多层次的养老保障体系等优化措施，在养老保障职能的重构中促进国家能力建设。

【关键词】养老保障　职能定位　责任边界

一、引言

在现代社会，为国民提供风险保障服务、免除老百姓基本生存的后顾之忧是政府的基本职责。由政府直接举办的公共养老金制度已同安全保

---

* 基金项目：本文系教育部人文社会科学研究青年基金项目（11YJC630282）和国家社科基金青年项目（14CRK004）的研究成果。

障一起成为一国政治的两大重要领域。信赖与安心的养老金制度已关系到国民究竟在多大程度上可以相信政治家与政府的问题。[①] 21 世纪以来，世界上大多数国家和地区的公共养老金制度都面临着财务危机问题。于是，各国纷纷进行制度层面的改革，重构政府在公共养老金制度中的职能定位。

近年来，我国政府积极推进政府职能转变，逐步强化政府在养老保障领域的相关职能。2014 年《政府工作报告》着重指出，政府要坚持建机制、补短板、兜底线，把扩大养老保障制度覆盖面和提高养老金待遇水平作为重要工作。实现更好的养老金治理的先决条件在于政府管理。特别是在我国目前养老金财务压力持续加大且退休金成为绝大多数老年人的唯一收入来源的条件下，分析国外典型福利国家的政府养老保障职能进而归纳出其定位与责任边界规律，对于促进我国政府职能转变、明确公共养老金制度中的政府责任和提高国家建设能力具有重要的理论和实践意义。

二、政府在公共养老金制度中的职能定位

本文所研究的公共养老金制度是指由国家直接立法建立，并在财政上给予最终支持和担保的养老保险，是国家从法律和财政层面上对公民社会权利的一种确立和保障。[②] 政府职能是指政府在干预养老保险制度过程中所体现出来的职责范围及其作用，是养老保险制度中政府行为方向与实质的体现。[③] 发达国家对政府养老保障职能的定位各有不同，改革方向也大相径庭，但仍可从中寻找到一些共有的规律：

1. 与本国的政治传统、阶层力量紧密相关

公共养老金制度中政府的介入程度受一国政治制度、国家意志和阶层

① ［日］高山宪之：《信赖与安心的养老金改革》，张启新译，上海人民出版社 2012 年版。

② 邓大松、杨东：《影响公共养老金改革方向的三种福利因素：市场、职业和民权——基于美国、日本和瑞典公共养老金改革的分析》，《学习与实践》2013 年第 8 期。

③ 段家喜：《养老保险制度中的政府行为》，社会科学文献出版社 2007 年版，第 40 页。

主导力量等因素影响，因而各国养老保障职能也就相应地有所区别。埃斯平·安德森[①]认为影响福利国家体制形成的是植根于国家中的阶级联盟、政治传统和工人阶层力量的强弱，越强调市场经济的国家，其国家养老责任也就越低。如美国和加拿大由于自由主义的霸权地位决定了其政府介入水平较低；德国俾斯麦时期的国家本位主义思想导致政府在养老保障职能中起主导作用；而社会民主主义在政治上占优的丹麦、挪威、瑞典等国，由于其自由主义模式已被破坏，政府介入养老保险制度的水平最高。

2. 受本国社会经济状况的影响

受20世纪30年代经济危机和70年代滞胀危机的影响，西方社会形成了三种不同的政府干预方式的理论学说，与之相对应的政府养老责任也有大小之分。政府干预主义是作为弥补市场缺陷的一种重要手段登上历史舞台的，包括德国新历史学派、福利经济学派、瑞典学派等强调政府应在养老方面起主导作用，其职能主要包括立法、制度设计、经济和财政支持、组织管理责任等。[②] 之后，西方经济受到滞胀的影响而自由主义再度兴起，其理论认为政府责任仅限于提供最基本的福利。而后来的"第三条道路"则试图完善和整合前两种政府干预手段，以实现社会公正。

3. 受国际组织的影响逐渐加深

近年来，世界各国的养老金制度设计越来越多地受到国际机构政策导向的影响。国际劳工组织和世界银行均积极倡导政府合理干预养老金制度。2012年6月国际劳工大会通过的《关于国家保护底线的建议书》(第202号)中的"扩大社会保障覆盖面、给老年人提供最低收入保障是政府首要职责"的倡导得到了大多数国家的认可。世界银行通过贷款政策倾斜的方式对各国养老金的运营也产生了重要影响。其倡议政府不应干涉养老金的运营，各国要有自己的标准和机构运行养老金，同时要起到整合、监督、促进其合理发展的作用以保障其稳定可持

---

① [丹麦]哥斯塔·埃斯平—安德森：《福利资本主义的三个世界》，苗正民译，商务印书馆2010年版，第41页。

② 曹信邦：《新型农村社会养老保险制度构建——基于政府责任的视角》，经济科学出版社2012年版，第26—32页。

续。具体包括：一是政府相关机构应在养老金制度基础方面做好准备，并有实施和运行方面的能力；二是建立法规、监管安排和机构并在可接受的风险范围内运行；三是改革必须涉及足够的建设和执行能力，包括政府的管理方式、缴费征收、数据保存、参保人信息、资产管理、法律规章和监督等方面。[①]

如前所述，国外政府养老责任模式根据其介入程度可分为有限政府、责任政府和无限政府三种类型。政府在公共养老金制度中的职能可归纳为立法责任、制度设计、经济和财政支持、制度实施和管理监督。尽管各国政府承担的养老保障职能内容有所区别，但其共同点是政府的责任目标清晰明确，即满足基本养老需要是制度构建的首要目标。

三、政府在公共养老金制度中的责任边界

政治经济意义的边界是指国家有权力管理的范围。本文的政府养老保障职能边界主要是指政府应根据国情、社情、民情合理地界分自身在养老保障领域的职能权责，不越界也不缺损。分析不同福利模式中的典型国家政府养老保障职能边界具有代表性意义。

（一）在法定范围内进行

政府应在法定的养老保障职能范围内行使权力。发达国家无疑都遵循立法先行，其养老保障规则、具体项目均通过立法来保障职能的正确行使和有所约束。早在 19 世纪末 20 世纪初，早期的工业化国家就陆续以立法的形式建立了公共养老金制度。[②] 1889 年德国《老年和残疾保险法》、1913 年瑞典《全国养老保险法》、1923 年日本《恩赐年金法》、1935 年美国《社会保障法》、20 世纪 70 年代美国福特总统推出的《雇员退休收入

---

① [英]罗伯特·霍尔茨曼：《21 世纪的老年收入保障——养老金制度改革国际比较》，郑秉文译，中国劳动社会保障出版社 2006 年版，第 63—64 页。

② 邓大松、杨东：《影响公共养老金改革方向的三种福利因素：市场、职业和民权——基于美国、日本和瑞典公共养老金改革的分析》，《学习与实践》2013 年第 8 期。

保障法》、英国《2004 年养老金法案》及《2008 年养老金法案》等均通过立法保障了公共养老金制度的执行和实施。

(二)制度设计责任的边界

1. 制度改革始终未偏离国家定位

瑞典、德国和美国作为社会民主主义、保守主义和自由主义三种福利模式的典型"理想类型",[①]其主要的养老金改革始终未偏离其国家定位。美国 1983 年养老金制度的改革依然优先考虑市场效率。而瑞典 1984 年到 1994 年的公共养老金改革重点仍是以民权因素为主导,注重公民的权利保障。2008 年德国"李斯特养老金"改革计划尽管调整了养老金制度中三个层次的比例,但国家主导的法定养老保险依然占据主导地位。

2. 制度设计趋向"统一化、保基本"

从国际养老金改革的趋势看,政府越来越趋向于统一的养老金制度设计,以适应劳动力的流动性。瑞典于 1913 年建立了世界上首个全民一体化的公共养老金制度,提供满足基本养老需求的替代率设计,规定只有国民基础养老金不缴费。而美国和日本也逐渐改革其分割的养老金制度,在保基本的基础上全面覆盖国民。20 世纪 70—80 年代,美国公共养老金制度(OASDI)和日本的国民年金在很大程度上形成了一体化的公共养老金制度,其保障对象逐渐覆盖几乎所有国民,没有任何制度漏损,均只负责保障基本生活层次,避免了劳动力市场的扭曲。

(三)经济与财政支持职能边界

从经济学角度看,政府的经济行为边界是指同样的交易通过政府组织比通过市场组织的边际成本小。最优的政府财政行为应符合边际财政收益大于边际财政成本,并尽量在最优点波动。[②] 世界上比较成熟的养老保险制度,都仅对基础养老保险部分进行国家财政补贴,只为基本养老

---

① [丹麦]哥斯塔・埃斯平・安德森:《福利资本主义的三个世界》,苗正民译,商务印书馆 2010 年版,第 41 页。

② 段家喜:《养老保险制度中的政府行为》,社会科学文献出版社 2007 年版,第 40 页。

金进行财政兜底。如英国政府只对国家基本养老金承担最后责任，并针对面临的财政可持续性风险，不断调整养老金三个层次的比例，以便使政府财政责任降到合理的范围之内。美国、瑞士和荷兰的公共养老金所占份额均未超过 50%。而德国为缓解法定养老保险所面临的财政压力，将法定养老保险从原来占退休人员总收入 85%的主要支柱性角色逐渐转变为基础性角色，[①]以避免类似希腊等国因养老金支出过高而陷入债务危机的危险。

（四）制度实施和管理监督边界

1. 推动经办机构全国统筹以避免不正当干涉

世界银行认为，政府不能为了追求自己的目标和履行自身职责而不正当地干涉公共养老金计划。[②] 公共养老保险经办机构的全国统筹则避免了地方政府的不正当干预。美国和日本的公共养老金制度均实现了经办机构全国统筹、垂直管理。美国社会保障总署（SSA）统筹负责全国公共养老保险有关法律的制定和对全国政策业务的指导。[③] 2007 年，日本由新的特别公共机构——日本年金局管理年金保险的各项业务，为国民提供养老保险管理服务，取得了很好的管理效果。

2. 强化多维度监管以确保养老保险基金安全

为保证基金安全，美国和日本公共养老保险基金在管理、运行方面的规定边界清晰，均实行国家统筹管理、收支两条线、统一运营。基金主要投资于政府债券以确保安全性，并建立由多个部门组成的基金监督委员会加强监管。同时，通过基金的精算管理，在社会和经济承受能力和各项政府收支活动的资金需求之间实现了最优平衡。2005 年，英国组建养老金监管局指导养老金监管工作。通过引进专业裁判或者仲裁者，代表委托人的利益对受托人的不当行为进行有效约束。此外，还通过提供可发

---

① 向征：《德国：养老制度在改革中保持活力》，《法制日报》2013 年 12 月 3 日第 1 版。

② ［英］罗伯特·霍尔茨曼：《21 世纪的老年收入保障——养老金制度改革国际比较》，郑秉文译，中国劳动社会保障出版社 2006 年版，第 63—64 页。

③ 赵巍巍、木公：《美国、日本公共养老保险"国家统筹"及其启示》，《中国社会保障》2013 年第 7 期。

表意见的渠道等辅助性监管机制，使政府监管与社会监督相结合，增强了基金监管的有效性。

四、我国政府养老保障职能的优化

借鉴国外有益经验，我国政府应立足于自身政治、经济和社会情况，对养老保障职能行使中的“越位”行为进行归位，对“缺位”进行补充。

（一）加强政府养老保障职能的顶层设计

顶层设计就是要进一步强化中央政府的制度设计责任，从地方的摸着石头过河的长期试验状态走向定型、稳定和可持续的阶段。政府机构要在制度基础方面做好准备，具备制度的良好实施和运行方面的能力。

1. 管理机构的统一

首先，应建立统一的国家养老金管理机构。通过实行基本养老保险经办管理体制的垂直管理，进而提高中央调控能力，以维护政令畅通、避免多头管理和信息不对称等问题。其次，基础养老金要逐步实现中央统筹。在推进基本养老保险全国统筹的过程中，应按照责权利对等的原则明确各级政府间责任的最优分担，促使各级政府在基本养老金制度发展过程中发挥出各自的积极性和能动性。

2. 建立保基本、全覆盖的统一性公共养老金制度

政府应在养老金制度建设中起主导性作用，但只需对基础养老金部分负财政责任，以减轻负担。同时，针对我国碎片化的养老金制度，政府应加强制度整合，逐步建立起统一的覆盖全体国民的公共养老金制度，适时将公务员群体纳入其中以确保制度的公平性。此外，应在养老金计发办法中建立缴费激励机制，这对扩大覆盖面和更全面的承诺更为有效。[①]政府还要对城镇养老保险制度中的历史债务部分进行补偿，以承担政府应尽的责任。其资金来源渠道包括引入特殊税、国有资产的出售、发行可

① 张金峰、杨健：《后期试点地区新农保制度全覆盖障碍因素分析——以河北省香河县为例》，《地方财政研究》2013 年第 11 期。

认购的债券等。

3. 廉洁高效的管理队伍和法定执行力

第一，应建立廉洁高效的管理队伍。高度透明的政府及其有能力的雇员群体是适当运营和实施公共养老金不可缺少的保障。因此，政府内部应着重培养养老金管理指针的制订、监督和规制工作方面的专家，以提高政府养老金管理方面的权威性和科学有效性。

第二，法定机构必须具备有效的执法权力。雇主有关工资的完整报告，与参保人完全吻合的缴费义务，由独立机构保存的准确记录、准确及时的养老金支付及信息公开等，所有这些都是养老金制度良好治理和有效实施的基础。[①] 因此，养老保险法定机构必须有权去检查用人单位的记录和获取诸如雇主的银行报表、所得税纳税申报表等；有权评估和收集到期未付的缴费信息和评估需要强制执行处罚的社会保障债务；可以优先于其他债权人获得雇主的资产报表附件等，以保障其工作的有效开展。

（二）建立和实施持续有效的法规和监管安排

1. 养老金政策的实施应以法律为保障

目前，我国现行养老金制度的运行主要是依靠行政法规和规范性的政策文件来指导。[②] 政府在社会保障领域仅颁布了《社会保险法》《军人保险法》等几部法律，与养老金制度直接相关的法制尚不健全。因此，政府应借鉴其他国家的立法经验，同时在尊重我国传统、兼顾现实国情的基础上，积极制定出台养老金制度相关法律，尽快弥补这一法律短板。

2. 政府应建立和实施持续有效的法规和监管体系

通过法规和监管体系检查和控制公共部门及私人机构在制度管理、义务履行及投资方面的情况。这包括改革是否充分实现了养老金制度的主要目标、是否合理保障了老年人的基本生活和避免了老年贫困等。还应对养老金制度长期收支情况进行全面的预测分析和评估，对预测期内

---

① ［日］高山宪之：《信赖与安心的养老金改革》，张启新译，上海人民出版社 2012 年版。

② 郑功成：《我国社会保障立法并非照搬其他国家》，人民网，http://lianghui.people.com.cn/2012npc/GB/17346790.html. 2012 年 3 月 10 日。

经济状况任何可能的变化进行严格的监测，确保改革所需的支出水平不超出政府和个人可承受的合理限度。[①] 同时，还要加快建立健全养老金预算制度进而实现养老金精算，以加强对公共养老保险基金的监管。[②]

（三）发展多层次的养老保障体系

我国绝大多数老年人主要依靠政府进行养老保障，如果太多的目标被要求通过公共养老金这一单一的政策工具来实现，其结果必然是不可持续的。因此，单纯依靠公共养老金制度的基本支柱为老年人筹资的思维定式亟须加以改变。

1. 积极发展企业年金制度

企业年金是我国城镇职工养老保险体系的“第二支柱”。2012 年末，我国有 5.47 万户企业建立了企业年金，参与年金计划的比率不足 1%，一些有能力建立企业年金计划的企业仍在制度覆盖之外，企业年金成为三支柱养老保险体系中明显的短板。[③] 因此，我国政府应积极扩大企业年金的覆盖面，实现企业年金的保值增值，借鉴美国 401K 计划，尽快出台明确的企业年金税收优惠政策，使其真正成为养老保障的重要补充性支柱。

2. 积极探索建立个人退休储蓄账户（IRA）

美国的 IRA 作为养老保障体系的第三支柱，自 1974 年开设以来不断发展完善。由于其可以为没有被退休计划覆盖的个人提供税收优惠性储蓄计划，当雇员工作变动或退休时允许雇员将雇主发起的退休计划资产转入 IRA，这使其成为美国私人退休金市场上与 401K 计划并驾齐驱的退休产品。2005 年，IRA 在美国私人退休金市场占有最大份额。借鉴美国经验，我国政府可建立适合国情的以家庭或个人为单位的 IRA，并在部分养老负担较重、公共养老金支出压力大的一线城市先行试点积累经

---

① 杨健：《中国养老金水平协调研究》，上海世界图书出版公司 2014 年版，第 130 页。

② ［英］罗伯特·霍尔茨曼：《21 世纪的老年收入保障——养老金制度改革国际比较》，郑秉文译，中国劳动社会保障出版社 2006 年版，第 63—64 页。

③ 邓大松、薛惠元：《社会保障如何补短板、兜底线》，《中国社会保障》2013 年第 10 期。

验。此外，应鼓励和支持有条件的企业通过商业保险建立多层次养老保障计划，通过税收优惠提高个人购买养老保险的积极性。

3. 完善养老金融体系

在目前养老基金积累相对不足的情况下，应充分发挥金融市场的作用。通过养老金融创新（如以房养老服务中的“住房反向抵押贷款”）[①]开发出更多的老年保障性投资产品。政府财政、政策性金融、商业性金融三方应有机结合，形成与我国养老文化相适应的养老金融体系。同时，还要加强和改进养老基金的投资与监督管理，实现养老资金的保值增值。建议将国有资本经营收益充实全国社保基金，各级地方政府也可以考虑在地方国资控股企业上市时划拨部分股权给当地社保基金。

（杨健：中共天津市委党校助理研究员；
张金峰：河北工业大学人文与法律学院讲师）

① 张建伟：《“以房养老”：国际经验与中国策略》，《天津行政学院学报》2014 年第 1 期。

“邻避效应”与政府应对机制研究

周　超

【摘　要】 随着我国工业化和城镇化进程的加速，地方政府为了当地经济的加速发展、基础设施水平的提高，常会鼓励或者直接参与投资兴建一些企业或公共设施，如垃圾处理厂、污水处理中心、火葬场、能源供应系统、变电所等。这类型公共设施在带来良好的社会效应的同时，也为其周边居民制造出了负外部效应。这就常常会引发以环境保护为主要诉求对象的邻避冲突。本文结合一些案例，介绍了邻避效应的相关概念、产生原因，并就政府如何应对邻避效应机制给了一些建议。

【关键词】 邻避效应　邻避冲突　政府应对机制

邻避效应(not-in-my-back-yard)指居民或当地单位因担心建设项目(如垃圾场、核电厂、殡仪馆等邻避设施)对身体健康、环境质量和资产价值等带来诸多负面影响，从而激发人们的嫌恶情结，滋生“不要建在我家后院”的心理，及采取的强烈和坚决的、有时高度情绪化的集体反对甚至抗争行为。

随着我国工业化和城镇化进程的加速，地方政府常会鼓励或者直接参与投资兴建一些企业或公共设施，如垃圾处理厂、污水处理中心、火葬场、能源供应系统、变电所等。这类型公共设施在带来良好社会效应的同时,也为其周边居民制造出了负外部效应。这些成本负担者将会有较强的动机与较高的组织能力来反对这些邻避设施,这就常常会引发以环境保护为主要诉求对象的邻避冲突。

一、邻避效应相关概念

(一)邻避设施

一般来说,邻避设施具有两个明显特征:一是此类基础设施具有服务公众利益的作用;二是此类基础设施给所在地附近一定范围内居民带来负的外部效应,如污染环境、威胁安全、心理不悦、经济利益受损等。如核电站、化工厂、垃圾处理设施、监狱、殡仪馆等,则在邻避设施范畴之内。

(二)邻避运动和邻避冲突

当居民通过多种方式(非暴力)来表达其反对邻避设施的诉求,并产生了广泛的社会影响,我们称之为邻避运动。但如果这种表达形式演变为暴力活动,出现了和当地政府或项目建设方的直接对抗,便成为邻避冲突。如果出现邻避冲突,将会对社会稳定带来危害。

二、邻避运动案例

(一)厦门 PX 项目事件

厦门 PX 化工项目从 2004 年 2 月国务院批准立项,2007 年 3 月 105 名政协委员建议项目迁址,6 月 1 日市民集体抵制 PX 项目,厦门市政府随后宣布暂停工程,PX 事件的进展牵动着公众眼球;从二次环评、公众投票,到最后迁址,地方政府与公民百姓,从博弈到妥协,再到充分合作,留下了政府和民众互动的经典范例。

(二)上海市民反对沪杭磁悬浮项目事件

2007 年 12 月 29 日,沪杭磁悬浮上海段在上海城市规划网站,低调公示。从 2008 年 1 月 6 日开始，百余沿线居民高喊“反对磁悬浮，保卫家园”的口号，并发展成为每天晚上的“散步”游行。至今沪杭磁悬浮项目尚处于可行性研究阶段，尚无开工时间表。

（三）广州番禺事件

2006 年广州市番禺区垃圾焚烧厂取得广州市规划局下发的项目选址意见书。2009 年广州市政府决定在番禺区会江建立生活垃圾焚烧发电厂，计划于 2010 年建成并投入运营。同年 10 月番禺数百名业主发起签名反对建设垃圾焚烧发电厂的抗议活动。12 月 20 日，番禺区委书记应业主代表邀请，与反对垃圾焚烧的业主座谈，表示已证实会江项目目前已经停止。

（四）澳门美沙酮服务站事件

澳门政府自 2005 年起大力推行美沙酮维持治疗服务，从 2010 年起，社工局拟为戒毒中心另觅服务站新址，然而，选址过程一波三折，前后遭遇三个社区的反对。相比而言，前两次的邻避抗议均发生在一个月内，持续时间非常短暂，政府在选址触礁后迅速妥协。

（五）大连反对 PX 项目事件

2011 年 8 月 14 日，大连市民集聚在人民广场大连市政府门前，要求福佳大化 PX 项目搬出大连，提出“保护环境，保护生命”。大连市委和大连市人民政府于当天作出将福佳大化 PX 项目立即停产并搬迁的决定。

（六）宁波市镇海区反对 PX 项目事件

2012 年 10 月发生在浙江省宁波市，其起因为镇海区部分村民因镇海炼化一体化项目拆迁而集体上访，后因该项目中包含 PX 生产装置，在 10 月 25 日、26 日引起镇海区集体散步，此后的 27 日和 28 日，散步活动蔓延至宁波市中心。最终宁波市政府承诺不再建设 PX 项目，并停止推进整个炼化一体化项目。

（七）北京市民反对京沈高铁项目事件

京沈高铁原计划于2009年6月开工建设，2012年竣工通车。为避免噪音、振动及电磁辐射污染，规划沿线的十余个小区居民拒绝京沈高铁从家门口经过，最终三次环评均未通过。2013年8月，陷入停滞的京沈客运专线最终决定改线。始发站由北京站改为星火站，从星火站以南至北京站之间不再修建高铁，旅客可以乘坐规划建设中的地铁进入北京市区。

（八）广东茂名反对PX项目事件

2014年3月30日上午，茂名市区一些群众为了表达对芳烃（PX）项目的关切，在茂名市委门前大草坪聚集。2014年3月30日，广东省茂名市市民对拟启动的PX项目进行散步。2014年4月1日晚18时30分，茂名市政府新闻发言人通报称，芳烃项目仅是科普阶段，离启动为时尚早。在考虑项目上马时一定会通过各种渠道听取公众意见再进行决策，在社会没有达成充分共识前不会启动。“请广大市民理性表达意见，共同维护社会稳定。”

三、产生原因

通过以上案例，总结出以下几点产生邻避效应的原因。

（一）公民维权意识日益增强和从众心理

随着公民知情权的日益增长、公共话语空间的不断扩大和公民维权意识的不断增强，政府对居民的控制能力减弱，使得原来在西方国家流行的邻避现象在中国也越来越普遍。群体心理学认为，群体中的成员都会存在从众心理，容易受其他成员的情绪所感染，个体往往容易受到暗示，屈从于群体的意见。面对邻避设施的民众，那些潜在的行动者就会被动员起来。参与冲突的民众秉承着“法不责众”的心态，以群体成员的身份容易使个体丧失责任心，不再考虑法律的约束，在群体的庇佑下激化矛盾，从而导致冲突升级。比如茂名事件中，一些不法分子趁群众在市委门前大草坪聚集理性反对 PX 项目之时，开始上路堵塞交通，骑乘摩托车破坏公共设施，打砸沿街商铺，纵火烧车。公安机关迅速行动，果断处置，有效控制了局面。

（二）网络舆情和自媒体的传播

网络舆情是指在互联网上流行的对社会问题不同看法的网络舆论，是社会舆论的一种表现形式，是通过互联网传播的公众对现实生活中某些热点、焦点问题所持的有较强影响力、倾向性的言论和观点。自媒体是指以微博、微信为代表的媒体。在自媒体时代，各种不同的声音来自四面八方，“主流媒体”的声音逐渐变弱，人们不再接受被一个“统一的声音”告知对或错。自媒体是由普通大众主导的信息传播活动，由传统的“点到面”的传播，转化为“点到点”的一种对等的传播概念。由于自媒体的快速传播性和网络舆情的聚集效应，才使得人们能够更容易集结，并且采取统一行动来进行邻避运动。

（三）邻避设施本身对局部的负外部效应

邻避设施会对局部产生负的外部效应。如垃圾掩埋场、垃圾焚化厂、变电所、飞机场、核能发电厂、石油工厂、精神病院、监狱等，会产生包括空气和水质污染、生态影响、景观影响、噪音污染等，以及由此引发的健康问题。也有一些非环境的影响，包括经济和社会影响，如房地产价格下降和社区耻辱。

广州番禺区垃圾焚烧厂的个案中，当地居民考虑到垃圾焚烧会产生大量的高致癌物质二噁英，尽管当地政府强调焚烧技术的成熟性，但依然难以消除居民心中的恐惧和担忧，最后引发当地居民集体到广州市政府门前“散步”请愿。各种邻避冲突均直接起源于居民对邻避设施会对人们的身体健康、资产贬值和心理恐惧造成威胁。

（四）成本与效益的不均衡

邻避设施对周边的居民产生身心及财产的损害，也就是说邻避设施具有很强的负外部性，而这种负外部性和距离邻避设施的远近成反向关系。距离邻避设施越近，受其危害影响越深；距离较远时，危害可能会下降。邻避设施通常对大多数人都有好处，但其环境和经济的成本则集中在特定人群，由此造成成本与效益不对称，并导致了不公平。居民往往会强烈反对邻避设施建造在自家附近（即“后院”）。由此可以看出，“外部性”的出现意味着邻避设施所产生的效益并未透过市场机制来合理地分配，而外部化的成本往往转嫁给设施周边的民众，民众因此而产生不满情绪。

邻避设施提供普遍的社会利益，而这些设施所衍生的成本却要求设施周围的人负担，这也就是少数人担负了大部分人的“集体利益”，其余的大部分人就像“搭便车”一样。受害群体感觉自己付出的成本比大部分人的要多，结果得到和其他人同样的利益，形成利益的不公平感，担负成本的群体相对剥夺感就会较高，这种不对称的收益—成本结构使受害的少数人团结起来，为共同抵制邻避设施的有效运作提供了必要条件。另外，这些成本负担者一般都处于一个共同的，相对狭小的区域内，这些都为共同的反抗提供了可能条件，从而促使他们团结起来，共同抵制，导致邻避冲突。

（五）政府公信力的下降

邻避冲突发生的一个重要原因在于决策过程的不公正和不透明，选址决策过程中并没有利益相关人的参与。在广州番禺的案例中，垃圾处理设施选址决策过程中，往往只有政府参与或政府聘用的机构和专家参与而缺少公众的声音，这种缺乏居民参与的垃圾处理设施必然遭到居民的抗议。在澳门美沙酮服务站的事件中，在选址规划阶段，政府主要依据专家意见进行封闭式决策，挑选出他们认为的最优选址，然后以别无二选的姿态对外公布。选址决策的不透明使民众对政府的信任度降低，这也是导致广州番禺区垃圾焚烧厂和澳门的美沙酮服务站受到抗争的主要原因。在广州李坑垃圾焚烧厂的案例中，业主经过调查发现当地政府官员、专家与厂商之间存在相互联盟之嫌，政府邀请的专家要么是焚烧的厂商、要么是焚烧技术的专利拥有者，利益关联使得专家在技术的安全论证上前后矛盾。地方政府的种种行为使得民众难以相信政府的各种决策和承诺，同时我国的权力是自上而下的压力型政府，一旦有紧急事件发生，中央政府就施压于地方政府使之稳定，公民便形成“大闹大解决，小闹小解决，不闹不解决”的心态，在受到利益侵犯的基础上，民众便诉诸集体行动，期望引起更高一级政府的注意，以有利于事情的解决。

四、政府应对邻避效应机制

（一）提升公信

提高政府公信力，从源头上消除民众对政府行为的质疑，为邻避性冲突化解创造良好的政治生态。长期以来，民众对政府的公信力提出质疑，难以认同政府的行为，缺乏必要的共识。回顾近期发生的邻避型群体性事件，一个显著的原因是民众对政府的工程、项目建设持怀疑态度，即使政府站在公共利益的立场，但由于缺乏正常沟通的管道，民众难以真正理解政府的真实意愿，进而表现出一些抗争行为。政府应清醒地认识到，要减少民众的邻避冲突行为的发生，必须将此问题的解决放在公信力工程建设的大环境中去思考，唯有不断提高政府的公信力，引导民众的共识，创造“ 邻避冲突”化解的政治生态，才能更好地解决邻避冲突行为。

（二）转变思维

政府应转变观念，力争与民众共同面对邻避冲突的风险。随着城市化进程的加快，民众维权意识增强，邻避设施的维权行为会日趋激烈，政府应转变思维方式，对因邻避冲突而引起的行为持包容的心态，放下对手的意识，站在公共利益的基础上，战略性地思考邻避冲突行为，与民众站在同一立场，共同来解决邻避冲突引起的抗议事件。上海磁悬浮项目的暂停，不同程度说明了政府面对因邻避设施而引起冲突应对的思维和行为方式转变，这也为民众权益保护和社会可持续发展确立了新的应对模式和思维方式。

（三）明确定位

政府应明确角色定位，发挥利益主体以外“仲裁者”和“第三方”的功能。在欧美，邻避运动曾推动了法治、政府管理和公民参与水平不断提高。在中国，如能应对得当，也会对政府改革和体制转轨形成积极推动。在城乡建设过程中充分尊重邻避关切，有助于政府从利益冲突的相关方转变为中立的仲裁者，有助于改善政府的形象，使其变成善于倾听、尊重民意的协调者、沟通者，进而成为合格的领导者。这样有利于政府站在公共利益基础上，公平公正地对待邻避冲突的风险，主动地化解邻避冲突带来的群体性抗议行为。

（四）法制建设

发达国家解决邻避冲突的有益经验之一是邻避设施建设过程的法制化和规范化，使得邻避冲突可能产生的风险从源头上控制在法治的范围内，使邻避设施建设中的各个环节有法制的保障，提高邻避设施建设的权威性和规范性，对政府和公民的行为都起到一定约束和规范作用。加强法制和科学知识教育，提高民众的法制意识，丰富民众科学知识，为邻避设施建设创造有利的政治和社会环境。当前，亟须促使邻避冲突的化解走法治化的路径，引导群众维权走法治化轨道，增强民众权益救济的法治性和权威性，降低社会冲突的成本。加强法制与科技的教育，培养公民的认同感，让公共设施的重大决策成为社区共同事务。

（五）舆情引导

此外政府应该设立网络舆情监测引导机制，提前发现问题，综合运用微博、微信等各种新媒体手段来发现舆情、控制舆情、引导舆情，从而有效地疏导化解邻避冲突。

（六）官民互动

完善的公民参与制度，畅通的民意表达机制，是邻避冲突化解的有效路径。因互动而形成的良好格局成为社会的“稳定器”。只有不断完善民众参与制度，畅通民众诉求表达机制，加强民众与政府的互动，确保邻避设施项目充分体现广大民意，才能将邻避冲突风险降到最低限度，保证社会和谐与稳定。

（七）转变决策

转变决策模式，使政府决策从自上而下的“决定—宣布—辩护”模式转化为“参与—协商—共识”模式，充分吸纳民意，增强决策过程中的民主性，使邻避设施建设决策建立在广泛民意基础上，提高决策的透明度，引导民众广泛参与。吸收专家或独立第三方的参与，从公平公正的角度论证邻避设施的科学性和合理性，提高决策本身的科学性和权威性，增强决策本身的说服力。减少决策带来的风险和冲突，为邻避冲突化解创设良好的环境。

（八）合理补偿

完善各种利益补偿机制，成立邻避设施建设的基金，平衡各种主体的利益。确立货币与非货币两大类补偿方式，平衡各种主体的利益。货币补偿可包括税费减免、直接给付金钱、健康保险、其他经济利益保障等；非货币补偿方式可包括增加公益性设施、房屋置换与搬迁、医疗保健服务、房地产价格保证、就业提供、小区环境改善等其他公益性产品。并且灵活谈判，从而避免因谈判僵化而导致的邻避冲突型群体性事件。

参考文献

[1]凌奇、郑义：《邻避行动的应对困局及其治理路径》，《兰州教育学院学报》2013年第8期。

[2]朱清海、宋涛：《环境正义视角下的邻避冲突与治理机制》，《湖北省社会主义学院学报》2013年8月第4期。

[3]李玉娟、李林:《邻避冲突的成因和缓解机制探讨》,《产业与科技论坛》2012年第13期。

[4]董幼鸿:《“邻避冲突”理论及其对邻避型群体性事件治理的启示》,《上海行政学院学报》2013年第2期。

(周超:天津市委党校教师)

（四）加快法治政府建设

城市管理法治化的内涵与理念

张华民

【摘　要】 城市管理法治化是现代法治城市建设的必然要求和重要内容。城市管理法治化不等于城市管理制度化，只有能够体现多数人利益和意志的制度化设计才有利于城市管理法治化的实现。城市管理法治化的价值追求在于公众权益与公民权利的实现和保障，其根本动力在于公众广泛而有效的参与。城市管理法治化的基本理念主要包括法律至上、公众参与、程序公正、权责统一四个方面。

【关键词】 城市管理　法治化　价值　动力　理念

一、城市管理法治化的含义辨析

城市管理是指以城市这个开放的复杂系统为对象，以城市基本信息流为基础，运用决策、计划、组织、指挥等一系列机制，采用法律、经济、行政、技术等手段，通过政府、市场与社会的互动，围绕城市运行和发展进行的决策引导、规范协调、服务经营的行为。广义的城市管理是指对城市一切活动进行管理，包括政治的、经济的、社会的和市政的管理。狭义的城市管理通常就是指市政管理，即与城市规划、城市建设及城市运行相关联的城市基础设施、公共服务设施和社会公共事务的管理。本文中城市管理所研究的对象主要针对狭义的城市管理，即与城市的规划、建设、运行相关联的市政管理。

两千多年前，古希腊思想家亚里士多德针对法治就有一个精辟的解读，即"法治应包括两重意义：已成立的法律获得普遍的服从，而大家所服从的法律又应该本身是制定得良好的法律"。基于先哲的解读，结合现实的需要，本文认为把法治理解为良法善治也许更有意义："良法"是"民主产生之法、民意体现之法、效力至上之法、公平正义之法"，"善治"是"执法为民之治、人权保障之治、权力约束之治、公正公开之治"。而法治化就是一个法治理念不断形成、法治体制不断建立、法律制度不断完善、法治效果不断显现的过程。

要理解城市管理法治化，就必须充分认识法治化的根本性和普遍性。所谓法治化的根本性，是就法治化的本质而言的。现代民主政治提倡的法治应该是体现多数人意志的众人之治，而且多数人意志的表达是自由的、真实的，多数人意志的实现是理性的、规范的。法治化是一个动态的过程，其根本宗旨在于体现多数人的意志、保障多数人的权益，追求的是人类治理的根本价值。法治化的根本性意味着肯定法治的公益性、权威性。所谓法治化的普遍性，是就法治化的范围和对象而言的，即对社会某一领域、某一现象的法治化是指对涉及这一领域、产生这一现象的所有主体、行为、过程实行最大程度的法治，而不是对部分主体、行为、过程实行法治，同时对其他主体、行为、过程实行他治。法治化的普遍性意味着推崇法治的主导性、排他性。

本文正是基于以上对城市管理的界定以及对法治和法治化的理解来阐述城市管理法治化的含义的。本文对城市管理法治化的理解是：由代表多数人利益的相关组织，根据多数人意志形成的规范，运用决策、计划、组织、指挥等一系列机制，通过政府、市场与社会的互动，围绕公众权益和公民权利的实现和保障而进行决策引导、规范协调、服务经营等所有城市管理行为的过程。代表多数人利益的相关组织是城市管理主体，有直接和间接之分，直接组织是通过公众直接选举产生的，间接组织是指由公众直接选举产生的组织再通过一定程序产生并赋予特定职权的组织。根据多数人的意志是指城市管理主体实行城市管理的出发点和归宿以及城市管理的程序都必须体现公众的意志，排斥个别人或少数人意志的专断。运用决策、计划、组织、指挥等一系列机制，通过政府、市场与社会的互动，说明城市管理法治化是一个系统工程，涉及城市发展和运行的不同环节和多方主体，而不仅仅是一个城市管理中的狭义执法过程。围绕公众权益和公民权利的实现和保障进行决策引导、规范协调、服务经营等城市管理行为，是指城市管理法治化的价值追求在于公众权益和公民权利的实现和保障，而不能简单地理解为是为城市管理提供有力的制度保障。

正确认识城市管理法治化还必须厘清城市管理法治化与城市管理制度化的关系。城市管理法治化不等于城市管理制度化，城市管理制度化是城市管理法治化的一种表象。城市管理法治化是一个体现多数人的利益和意志、围绕公众权益和公民权利的实现和保障而进行决策引导、规范协调、服务经营等城市管理行为的过程。城市管理法治化的核心内容是多数人的利益和意志贯穿于城市管理过程并体现于城市管理结果，城市管理规范的制定必须服务于这个核心内容，而且多数人利益和意志实现的程度是衡量城市管理规范和城市管理效果优劣的首要标准。城市管理制度化不能涵盖城市管理法治化的实质内容，只是城市管理法治化的一种表现形式，只有能够体现多数人利益和意志的制度化设计才有利于城市管理法治化的实现，否则将可能成为城市管理法治化的障碍，甚至会使城市管理由形式上的法治化走向实质上的专制化，从而使城市管理问题更加复杂、矛盾愈加激化。

二、城市管理法治化的价值追求

价值追求是事物发展内在品质的需要和体现，也是事物存在的根本原因，它贯穿于事物发展的全过程而标志于事物发展的终点。城市管理法治化的价值追求在于公众权益与公民权利的实现和保障，而不是为了满足城市管理主体的愿望，更不是为了提高城市管理行为的效率。这是一个方向性问题，如果不能准确把握或不愿正确面对，城市管理中的矛盾激化将不可避免。在理论上，我们可从城市管理法治化的内在品质和基本功能两方面去分析。

（一）从城市管理法治化的内在品质分析

城市管理法治化内在品质的主要表现在于：一是承认多数人的管理比个人或少数人的管理具有更大的正当性。无论从智慧、经验还是从管理的动机看，在现代公民社会，个人或少数人的管理都不可避免地存在更大的智慧和经验的局限性和动机的自利性，只有多数人的管理才能最大程度上做到取长补短、相互制约，从而保证管理的科学性和正确性。二是承认多数人的利益比个人或少数人的利益具有更大的正当性。人类社会发展至现代，国家本位、个人本位的价值理念逐步被社会本位所取代，而社会本位价值理念的核心在于对多数人利益的肯定，城市管理法治化正是顺应了时代发展的潮流才显示出其旺盛的生命力。其实，多数人管理与多数人利益是相辅相成的，多数人之所以愿意参与管理而且能够达成一致，就在于这样的管理有利于多数人的利益，同时，多数人的利益之所以能够得到肯定和保护，就在于多数人取代个人或少数人参与了管理。而这其中，多数人的管理只是手段，多数人的利益才是目标、是价值追求。在现代社会，多数人利益的主要体现就是公众权益与公民权利的实现和保障。

（二）从城市管理法治化的基本功能分析

城市管理法治化的存在有其必然性，即原有城市管理机制不能适应现代城市管理的需要。无论是早期资本主义社会单纯追求个人利益最大化条件下形成的小政府的被动性管理机制，还是社会主义国家计划经济时期追求国家利益最大化条件下形成的管制性管理机制，都不能适应现代经济社会发展的需要，使城市管理出现诸多缺陷甚至严重失误。而城市管理追求公众权益与公民权利的实现和保障这一社会价值的法治化管理机制使现代城市管理出现了转机和生机，因为，城市管理法治化追求公众权益与公民权利的实现和保障，不仅有力克服了个人利益最大化条件下城市管理带来的社会不公甚至严重的两极分化，而且最大程度避免了国家利益最大化条件下城市管理造成的国家发展与公民利益不协调甚至公民利益严重边缘化的不良后果，使个人利益、国家利益在追求公众权益与公民权利的实现和保障的过程中得以协调发展。

三、城市管理法治化的根本动力

根本动力是驱使事物向前发展的根本作用力，它产生于事物发展的起点，作用于事物发展的过程，向于事物发展的目标和终点。根本动力不同于一般动力，它对事物的发展力度、发展方向、发展效果起着主导和决定作用，一般动力作用的大小取决于其与根本动力契合的程度。城市管理法治化的根本动力在于公众广泛而有效的参与，包括直接参与和间接参与，而并不在于管理主体热情的高低，更不在于管理主体规模的大小。这是一个本源性问题，如果不能正确理解或不愿主动适应，城市管理法治化就很难有实质意义上的推进。从理论上讲，可以从城市管理法治化的演进过程和现实需要两方面去分析。

（一）从城市管理法治化的演进过程分析

封建社会条件下不可能产生现代意义上的城市管理法治化，因为专制的体制和官僚的理念使城市管理者不需要也不习惯于在体现民意的制度的约束下去行使自己的权力，否则无异于作茧自缚；况且以自给自足为主要特征的自然经济和环境相对封闭且沟通形式单调的社会构成在一定意义上对专制的治理模式有一种合理的依赖，因为经济和社会的封建性会导致城市管理模式的单一，很少有中介的、社团的和杠杆性的治理手段可供选择，民意的表达也缺乏有效的渠道。城市管理法治化肇始于资本主义革命的胜利。资产阶级获得解放并取得政权后为了进一步促进资本的发展，不仅倡导平等、自由的理念以塑造最优的资本发展环境，而且构建起符合资本发展要求的城市管理模式，由专制走向民主、由人治走向法治，从根本上防止了专制化城市管理死灰复燃；民主、法治决定了城市管理的性质，民主、法治的程度决定了城市管理适应资本发展需要的程度，所以民主、法治范围的扩大和内容的丰富就成为资本主义社会城市管理的强烈要求，而民主、法治一刻也离不开公众广泛而有效的参与；同时，随着市场经济得到主导性和全面性的发展，市场经济主体的易变性和广泛性进一步凸显，与资本发展休戚相关的利益主体已由少数人普及至所有公民，因此，广大公民已成为城市管理走向民主、法治的最大推动者，公众广泛而有效的参与已成为促进城市管理法治化的根本动力。

（二）从城市管理法治化的现实需要分析

法国著名思想家孟德斯鸠说："一切有权力的人都容易滥用权力，这是万古不变的一条经验。有权力的人使用权力一直到遇有界限的地方才休止"，"权力不受约束必然产生腐败，绝对的权力产生绝对的腐败"。城市管理权是现代公共管理的一项重要权力，如何防止城市管理权不易被滥用、不产生腐败甚至绝对的腐败呢？体制内部的自我约束和自我监督尽管重要但不是重点，重点在于现代城市管理必须反映现代社会由权力本位向权利本位、由国家本位或个人本位向社会本位发展的要求，从制度上保证广大公民真实有效地参与城市管理，使公众权益与公民权利的实现和保障在公民的参与下得到落实，使城市管理在围绕公众权益与公民权利的实现和保障的条件下得以健康运作。稳定与发展是当今社会的重要主题，稳定的基础是和谐，发展的重点是经济，社会和谐和经济发展也是城市管理的两大重心；社会和谐的关键在于利益的分配是否公平，经济发展的关键在于其发展是否具有可持续性；只有体现广大公众权益与公民权利的实现和保障的分配才能保证最大的公平，只有满足广大公众权利的实现和保障的经济才是可持续发展的经济，任何个人和少数人的利益需要都不可能从根本上保证利益分配的公平和经济发展的可持续，所以城市管理必须反映公众权益与公民权利的实现和保障的要求，而反映公众权益与公民权利的实现和保障的城市管理过程离不开公众广泛而有效的参与。

四、城市管理法治化的基本理念

理念，是作为社会主体的人的一种主观思想认识，是人的思维对事物的规律及本质经过长期认识和判断而形成的观念、信念、理想和价值的总和。城市管理与法治建设相结合的城市管理法治化的基本理念，与传统的城市管理基本理念不同，是指人们在法治条件下开展城市管理所形成的全部观念、信念、理想和价值的总和，是城市管理法治化的灵魂，为城市管理法治化建设提供深层次的、本质性的精神支持。城市管理法治化的基本理念主要包括法律至上、公众参与、程序公正、权责统一四个方面，其中法律至上是前提、公众参与是核心、程序公正是保障、权责统一是关键。

（一）法律至上

我国传统城市管理主要借助已有管理经验、根据相关政策、依赖相关知识进行，法律（指广义的法律，以下同）无论在管理规范建设还是在管理实际运作中都处于形式化、边缘化的尴尬境地。法律至上理念对城市管理过程的要求是：首先，城市管理者必须树立依法管理的观念，在部门政策、组织文件和上级意愿等与法律规定相冲突时，法律规定自然处于优先遵行的地位；其次，城市管理过程的相关实体和程序规范在可能的范围内必须优先以法律形式加以确定，政策、文件等只能在法律规定的范围内对管理过程进行细化和补充，避免依据经验管理而带来的随意性；再次，对于城市管理成功经验也必须优先以法律的形式加以规范和颁行，以增强城市管理执行的稳定性和权威性。法律至上理念是城市管理法治化的前提，也是法治城市建设中公众权利得以实现和保障的重要条件。

（二）公众参与

法治化的城市管理过程是体现多数人的意志、保障多数人的利益的过程，公众广泛而有效的参与是这一过程真正实现的基础。从城市管理角度看，公众参与应该包括除国家机关城市管理主体之外的所有个人和组织的参与，而且这种参与是积极的、有效的参与。公众参与是城市管理法治化的核心理念主要从以下方面理解。首先，现代法治是众人之治而非个人或少数人专制，众人自治的基础在于众人能够通过合理、有效的途径参与治理，否则个人或少数人专制就不可避免，因为“从来就没有什么救世主”,“要创造人类的幸福全靠我们自己”;其次,我国传统城市管理并不缺少制度、程序、监督和责任,问题在于制度不规范、程序不公正、监督不到位、责任不明确,造成这种现象的关键在于公众不能有效地参与城市管理过程;再次,公众参与城市管理才能使城市管理真正能够始终适应社会发展的需要、始终保持与时俱进并充满活力和效率,从而使城市管理法治化建设获得源源不断的动力支持。

(三)程序公正

完善政府关于城市管理的程序规则,是防止城市管理主体专横武断的必备要件。政府有关城市管理的所有行为都必须遵循必要的程序规则,而且这些程序规则必须体现现代法治国家的正当法律程序精神,既要符合程序性正当法律程序(其核心是一切权力的行使必须听取当事人的意见),又要符合实质性正当法律程序(其核心是一切权力的行使必须符合公平与正义)。为了实现城市管理法治化,程序公正必须贯穿于城市管理的全过程,包括城市管理立法、执法、救济以及跟踪反馈、监督问责等过程,而且程序的公正性取决于公众在每一过程中参与的广度和深度、取决于程序保证公众权利得以实现和保障的程度,而不取决于城市管理者对程序设计的关注度和满意度,所以程序公正理念是城市管理法治化真正得以实现的保障。

(四)权责统一

“有权必有责,用权受监督,侵权要赔偿,违法要追究。”在城市管理法治化过程中,必须强调城市管理主体的权责统一,完善城市管理监督体系,健全城市管理责任追究制度。权责统一理念的内容包含两部分,一是赋予权力,二是明确责任,做到有权才有责、无权不担责,避免权力与责任之间的错位或割裂,否则责任的设定就达不到约束权力行使的目的。权责统一理念的实现包括两个过程,一是加强监督,二是严格问责,其中,加强监督是严格问责的重要条件,严格问责是加强监督的重要结果。加强监督有利于发现城市管理过程中管理权行使的违规违法现象,有利于查明违规违法管理行为与承担管理责任之间的因果关系，从而保证罪当其罚，提高法治效果。我国城市管理并不缺少管理权的设定和管理责任的追究，其问题在于管理权的行使和管理责任的追究难以保持统一，经常出现有权无责或有责无权的现象，使责任追究难以发挥应有效果，所以权责统一理念成为我国城市管理法治化得以真正实现的关键。

（张华民：南京行政学院政法教研部主任、教授）

论政府的国际法治思维和方式

程雨燕

【摘　要】 文献综述及现状梳理表明：现有法治政府建设中法治思维和方式的理论及实践仍然缺乏国际视野。然而，一方面基于国际法治的特殊性，国内层面的法治思维和方式无法在国际层面自动适用；另一方面出于在国际层面运用法治思维和方式的现实需要，法治思维和方式具有拓展其国际视野的必要性。政府具备国际法治思维和方式的前提是完善反映国际国内法治连结事项的国内法治；方法是针对国际法治的特殊性作出强调主动参与、形式法治及道德责任的调整；目标是在国际社会中标识中国立场。

【关键词】 法治政府　法治思维　法治方式　国际法治

一、问题的提出

党的十八大报告首次提出“提高领导干部运用法治思维和法治方式深化改革、推动发展、化解矛盾、维护稳定能力”，这是我国依法治国方略的具体体现。在这一阐述中，法治作为治国理念是法治思维与法治方式的基础,法治思维于思想层面支配法治方式,法治方式于操作层面践行法治思维,二者相辅相成共同建构依法治国的路径。十八大之后以“法治思维和法治方式”为研究对象的理论研究以及相关理论指导下的社会实践随之展开,但是通过文献综述,以及中国当前面临的主要国际问题——气候变化治理现状来看,现有法治政府建设中法治思维和方式的理论及实践仍然缺乏国际视野。

一方面,通过文献综述可以发现现有法治政府建设中法治思维和方式的理论研究尚缺乏国际视野的探讨。以“法治思维”和“法治方式”作为关键词在中国知网上搜索共得出17篇论文。文章数量较少,且发表时间集中在2012年末及2013年,即党的十八大之后,显示该表述确为十八大报告的创新。这17篇论文从研究内容上大致可分为四类。第一类是立足于十八大报告的政策解读类,第二类是重点对“法治思维和法治方式”本身的含义、基础理论加以诠释和论证,第三类是对如何实现“法治思维和法治方式”加以研究和探寻,第四类是尝试运用“法治思维和法治方式”结合特定领域的具体问题加以分析。以上四类论文在研究内容的广度上不断扩展,但是完全没有国际法治思维和方式的相关论述。

另一方面,以中国气候变化治理现状为例,可以发现中国在国际问题应对上仍以政策为主导,并未充分有效地树立法治思维和运用法治方式。全球气候变化治理是一项包括近200个国家和其他国际关系行为体,并且关联政治、经济等多维向度的大多边进程,中国作为众多参与国中的“利益攸关方”必然视其为当前所面临的核心国际问题,因此相关处理及应对方式具有一定程度的代表性。我国在签署《联合国气候变化框架公约》及《京都议定书》之外,已经出台了一系列政策与法律应对气候变化,诸如2006年《气候变化国家评估报告》,2007年《中国应对气候变化国家方案》,2007年《中国的能源状况与政策》白皮书,2008、2009、2010、2011、2012年《中国应对气候变化的政策与行动》白皮书,2009年《全国人民代表大会常务委员会关于积极应对气候变化的决议》(以下简称《决议》),2010年《关于开展低碳省区和低碳城市试点工作的通知》,2006年《“十一五”规划纲要》及2011年《“十二五”规划纲要》中的相关部分等。但其中大多为政策而非法律。这表明法治思维和方式的践行目前主要局限于国内问题应对层面，没有扩展至国际问题应对层面，尚未具备国际视野。

二、政府具备国际法治思维和方式的必要性

（一）国际法治与国内法治存在差异

国际法治是国内法治在全球范围的延伸，但是在原有基本要素及内涵保持不变的大框架下又具备了以涉及主权的契约为基础、主体的多元分散型及实施的弱强制性等特殊性。

首先，国际法治主要以涉及主权的契约为基础。国际法与国内法的渊源有所区别，国际法是国家间的法律，其主要渊源是国际法主体本身以协议方式订立的契约，涉及国家的权力与利益，既不同于国内立法机关依据程序制定的国内法，也不同于国内平等主体之间于私法领域依据意思自治原则确立的契约。

其次，国际法治的主体呈多元分散型结构。国际法与国内法的主体有所区别，国际法的基本主体是代表不同主权的国家，至于国际组织、争取独立的民族、非政府组织、法人和自然人则是不同程度上的有限的主体；不同于国内法主体是同一主权管辖之内的公民、法人、社会组织和国家机关。国际社会是一个横向的社会结构，国际法主体在形式上处于平等、独立的地位，既无相互隶属，也无共同的上下隶属关系，从而呈现无中心、多元且分散的构型。

最后，国际法治在实施方面表现为弱强制性。国际法与国内法在实施执行方面有所区别，国际法的实施一般主要依靠国家自觉履行或强制性较弱的国际司法、国际仲裁和国际监督制度，至于自卫、反措施、集体制裁甚至诉诸战争等特殊方式仅具有间接强制性。不同于国内法具有一套行政执法、司法强制执行的具有直接针对性的完整而权威的实施机制。

正是因为以上国际法治不同于国内法治的特殊性，国内层面的法治

思维和方式无法在国际层面完全照搬而自动适用，必须在国际视野下作出符合自身特殊性的调适，从而成为政府必须具备国际法治思维和方式的必要性之一。

（二）国际层面运用法治思维和方式的现实需要

美国学者路易斯·亨金（Louis Henkin）在《各国如何行动》一书中指出：在各国关系中，文明的进展可以被认为是从武力到外交、从外交到法律的运动。[①] 因此，法治思维和方式在国际层面的运用是文明发展的必然趋势，就我国目前的国情而言，也是出于加强国际合作应对复杂问题，处理国际关系树立国际形象，以及形成国际国内法治良性互动的现实需要。

首先，是加强国际合作应对复杂问题的需要。全球化趋势下，由于资源配置差异以及地域、历史等原因，每个国家无论强弱都无法孤立于相互交织的国际关系之外，面对日益复杂的国际问题必须在政治、经济、科技、文化领域达成双边、多边等多层次的国际合作。而运用法治思维和方式依程序合理合法表达国内需要并承担国际义务，即通过公平谈判签订契约正是国际合作的基本方式。

其次，是处理国际关系树立国际形象的需要。在当今社会中，内容日益复杂、形式更加多元的国际关系已经成为每个国家都必须面临的问题，国家形象定位则属于国际关系处理的基础范畴。在国际层面运用法治思维和方式，通过签订、履行或参与磋商国际条约积极展现我国的价值观、政治制度、经济制度、法律制度、文化制度，可以有效丰满国家形象。即通过法治手段塑造的国家形象更容易被国际社会所信服，而国家形象中的法治形象也更容易为国际社会所认可和接纳。正如有学者指出的："在国家学说史中，国家形象与国家法治形象两者相伴而行"。[②]

最后，是形成国际国内法治良性互动的需要。国际法治与国内法治存在一定的互动关系。詹姆斯·罗西瑙（James Rosenau）最早提出"连结

---

① Louis Henkin: How Nations Behave: Law and Foreign Policy, 2nd edition, Columbia University Press, 1979, p. 1.

② 韩春晖：《从"行政国家"到"法治政府"?》，《中国法学》2010年第6期，第61页。

政治”(linkage politics)理论,[①]在“国内—国际事务”连结的框架下阐述了要关注国际环境与国内环境互动关系的观点。国内社会的政治、经济、文化、法律、生态等因素综合影响其国际发展战略,具体表现为是否发起或参与某项国际公约;而依托国际公约建构而成的国际制度又会反作用于国内治理,对国内政策与法律发生影响。例如,中国基于自身生态环境的脆弱现状,意识到应对气候变化国际合作的重要性而加入了《联合国气候变化框架公约》,并为实现承诺而不断提高气候变化政策协调方面的能力以符合国际规范。从而法治思维和方式于国际层面的恰当运用将同国内层面的法治完善形成良性互动。

一言以蔽之,国际国内社会的现实需要成为法治思维和方式拓展国际视野的必要性之二。

三、政府具备国际法治思维和方式的进路

(一)拓展前提:法治思维和方式的国内构建

在法治思维和方式欠缺国际视野的现状下,基于上文提及的国际国内法治之间存在的互动关系,必须首先完善法治思维和方式的国内构建作为拓展其国际视野的前提和基础。以中国气候变化治理为例,根据《京都议定书》中的清洁发展机制碳汇可以作为商品用于交易,国际社会随之形成了碳交易货币和碳金融体系并且希望与中国开展合作,尤其是澳大利亚、欧盟、美国等发达国家,但是我国的碳交易市场尚处于区域试验阶段而无法与国际接轨,其中最突出的瓶颈问题之一即为相关法律制度的欠缺。国内碳交易市场的法制建构可以规避政策不确定性的风险,降低无法获得核准减排认证的风险,以及控制因操作程序不规范和信息不对称等导致的不合理交易成本,[②]从而提升各方参与碳市场的预期以及从

① Robert Putnam: Diplomacy and domestic politics, “the logic of two-level games”, International Organizations, Vol. 3, No. 42(Summer, 1988), p. 430.

② 曹明德、崔金星:《我国碳交易法律促导机制研究》,《江淮论坛》2012 年第 2 期,第 114—115 页。

事碳交易的积极性，最终得到国际社会的认可而与国际碳交易市场顺利接轨。因此，运用法治思维和方式完善国内碳交易市场将是其未来迈向国际市场的第一步。

然而，作为拓展国际视野前提的法治思维和方式的国内构建并不同于一般的国内法治建设，而是必须充分反映国际国内法治的连结事项。首先，顺应国际法治导向有针对性地补足国内法治空缺，使二者之间形成内容对应作为拓展国际视野的前提。因为法治是文明社会所共同接纳和认可的，是国内国际沟通的桥梁，唯有如此方能与国际社会拥有共通的话语体系。其次，在国内法治构建中增加国际合作的法律引导作为拓展国际视野的保障。因为仅仅是国内国际法治具有相对应的内容并不必然形成积极顺畅的国际合作，还必须通过促进型立法确定国际合作的领域、规则、程序、方式、方法，以及国际合作的直接或间接奖励性措施对其加以规范和鼓励。再次，找准本国国情与国际发展的平衡点作为拓展国际视野的根基。因为法治既是全球治理的共通话语体系，也是具备国家立场的上层建筑，如何兼顾自身发展与国际责任是复杂的利益博弈过程，只有在国内法治建构中找准二者之间的平衡点才能具备稳定的政策选择及价值取向。最后，在宪法性法律的高位阶立法中明确国际条约的国内适用作为拓展国际视野的依据。

（二）拓展方法：法治思维和方式的国际调整

要拓展法治思维和方式的国际视野，必须在其现有的国内法治模式基础上针对国际法治的特殊性作出适当的调整。以中国气候变化治理为例。目前全球应对气候变化行动正面临三大难题：一是涵盖大多数国家的国际协议由于涉及过于复杂的国家利益往往只具有象征意义。二是有关实质法治的争论正在延缓气候协议的达成。三是气候协议的减排要求必将在短期内实实在在地限制一国的经济发展。中国要克服以上阻滞，运用法治思维和方式在全球气候变化治理中有所作为，就必须针对国际法治的特殊性适当调整。

首先，针对国际法治以契约为基础的特征，以“去正式化”的思路积极参与国际造法过程。“所谓‘国际造法’(international law-making),是指国家通过条约或习惯等方式,制定、承认、修改和废止国际法规范的活动。”①中国作为世界第一大排放国及第二大经济体,应当在气候协议制定中发挥更大作用,能动推进国际法发展,争取国际规则制订话语权。尤其在运用普遍同质规则处理复杂问题较为困难,即多边条约遭遇瓶颈的现状下,不必过于受制于“正式化”的约束,重视双边或地方条约的突破,在某些方面一致性的基础上通过个案谈判解决具体的利益和权利冲突。

其次,针对国际法治多元分散型的特征,认识到各国际法主体的利益多元性及独立性,应当在一定程度实质法治的基础上强调形式法治,即注重法治的形式标准而不过多纠结于法治的实体标准或价值标准。因为如果在实质法治问题上争论不休而延迟行动,将有损全人类尤其是气候变化中较为脆弱群体的福祉,反而有违追求法治与正义的初衷。有学者指出:在国际社会层面,形式法治概念优于实质法治概念,理由是“实质法治概念所包含的那些实体价值目标(如公正),往往是难于给予精确解释而又容易引发激烈争议的宏大而抽象的理想,这容易使法治变成一个没有实际内涵的空洞口号”。②

最后,针对国际法治弱强制性的特征,应当增强道德责任感作为法治的补充,以促进国际协议的达成并实现自觉履行,即不能将法治思维和方式狭隘地理解为远离道德的思维方式。“如果道德关切发挥一定的作用,那么各个国家在道义上可能会同意加入一个对它们不利的但非常正确的协议。”③需要全人类共同达成协议的事项往往具有公益性质,例如气候协议即是这类无法通过国内短期成本—效益校验达成一致,更无法依赖传统法治执行机制加以实施,但却无疑拥有道德合理性的正确协议,此时必须加强道德对于法治思维和方式的引导。

---

① 古祖雪:《国际造法:基本原则及其对国际法的意义》,《中国社会科学》2012年第2期,第127页。

② 黄文艺:《全球化时代的国际法治——以形式法治概念为基准的考察》,《吉林大学社会科学学报》2009年第4期,第22页。

③ [美]埃里克·波斯纳、戴维·韦斯巴赫:《气候变化的正义》,李智,张键译,社会科学文献出版社2011年版,第239页。

（三）拓展目标：运用法治思维和方式标识中国立场

法治思维和方式拓展国际视野的目标并不仅仅是被动地适应国际社会，而是主动地参与国际社会并标识中国立场。一方面，国际法治发源于欧洲，由于历史原因较少关注亚洲法治文化，以马尔科姆·肖（Malcolm Shaw）为代表的大多数国际法学者都承认当今世界所理解的国际法是以西方文化和政治组织为基础的，[①]从而运用具有地方元素的中国立场来平衡、丰富国际法治极为必要。另一方面，中国于相关领域尚未做出富有成效的努力。同样以中国应对气候变化治理为例。有学者评价目前中国参与国际环境法治的现状："法律手段运用不足，很少通过现有国际环境法律机制解决问题，在参与的国际条约、协定中，直接体现中国重大利益的不多"，[②]这使得运用法治思维和方式标识中国立场成为其拓展国际视野的迫切目标。运用法治思维和方式标识中国立场应当注意以下几个方面。首先，中国立场的形成必须基于准确的自我认识和形势把握。例如，中国近年来积极参与气候变化治理的态度，既是基于气候变化面前生态脆弱性的自我认识，也是基于气候变化已经紧密结合政治、经济、环境议题成为核心利益的形势把握。其次，标识中国立场并不表示以本国利益为绝对中心，而是在国际合作及谈判中让国际社会更为理解中国的现状与问题，合理考量中国利益，形成具有特别针对性的问题解决方案。例如承认中国虽然是大国但仍然属于发展中国家的事实，接受气候协议中"共同但有区别"的法律原则。最后，标识中国立场是一个表明中国观点和态度的由内而外的辐射过程。既要注重中国立场的内部营建过程，运用法治思维和方式制定整体、稳定且一致的策略和议案是对外标识立场的前提；也要注重中国立场的向外传达方式，必须坚持运用法治思维和方式这一在国际社会得到普遍认同的途径，具体表现为善意履行义务、认真对待权利以及和平解决争端。

（程雨燕，中共广东省委党校法学教研部教授）

---

① Malcolm Shaw: International Law, 6th ed., Cambridge University Press, 2008, p. 13.

② 于宏源：《环境变化和权势转移》，上海人民出版社 2011 年版，第 224 页。

论行政执法自由裁量权滥用的防范

魏芙蓉

【摘　要】 行政执法自由裁量权是一把“双刃剑”，既有积极的一面，也有被滥用的可能。在实践中，个别执法主体滥用行政许可裁量权，增加公众办事难度；滥用行政处罚裁量权，谋求部门或个人利益；滥用行政征收裁量权，加重企业和群众负担；滥用办事时限裁量权，降低了行政效率。存在行政执法自由裁量权滥用的原因主要是：行政执法自由裁量权本身具有被滥用的可能，法律规定过于笼统、原则，行政执法人员素质不高，财政保障体制不顺，行政执法监督弱化等。规范和控制行政执法自由裁量权的对策是：立法规范行政执法自由裁量权的行使，细化行政执法自由裁量的具体标准和操作规范，切断行政执法和部门经济利益的联系，提高执法人员的素质，加强对行政执法自由裁量行为的监督。

【关键词】 行政执法　自由裁量权　滥用　防范

在现代行政管理当中，由于行政管理活动的纷繁复杂、经济社会的发展存在差异和立法技术等方面的原因，行政执法自由裁量权是必不可少的。法律、法规和规章在设定管理权限时，不可避免地留有一定的自由裁量空间，由行政机关根据不同管理事项的具体情况做出相应的行政行为，从而实现行政管理的公平和正义，达到管理目的。但是，行政执法自由裁量权是一把双刃剑，它既有发挥积极作用的一面，又有被滥用的可能。因此，控制行政执法自由裁量权不仅是行政法学研究的重要理论问题，而且也是行政主体在管理经济和社会事务中必须解决的一个实际问题。党的十八届三中全会决定要求："完善行政执法程序，规范执法自由裁量权，加强对行政执法的监督，全面落实行政执法责任制和执法经费由财政保障制度，做到严格规范公正文明执法"。本文就实践中行政主体滥用行政执法自由裁量权的表现及危害，滥用行政执法自由裁量权的原因和保障行政执法自由裁量权正确行使的对策做了一些研究和思考，以更好地规范和控制行政执法自由裁量权，发挥其积极功能，最大限度地抑制其负面影响，从而推动政府职能转变和行政管理创新，促进法治政府和服务型政府建设。

一、滥用行政执法自由裁量权的表现及危害

行政执法自由裁量权具有选择性和任意性的特点，在法律规定的范围内，行政主体及其工作人员可以相对自由地决定作为或不作为，这样作为或那样作为。在可以自由选择的空间里，行政主体或工作人员就可能在行政许可、行政处罚、行政征收、行政时限等管理行为中，借着合法的外衣，为了本部门或个人的利益滥用自由裁量权，从而产生社会危害。

（一）滥用行政许可裁量权，增加公众办事难度

为了维护公共利益和社会秩序，需要保留必要的行政许可。但是，在行使行政许可自由裁量权方面存在的问题却不容忽视。在行政许可实施方面，有的部门名为集中办理，实则"前店后厂"；有的对当事人的申请材料无端刁难，索要人情；有的利用许可权力搭车收费或提供"高价"服务；有的只考虑自己不承担责任，而不考虑公众是否方便，不切实际地索要个人需要付出很大成本才能获得的材料；有的本来是行政许可机关发生的工作错误，却把责任转嫁到当事人身上；有的把备案事项变相改变为审批，等等。所有这些都是行政许可自由裁量权没有得到正确运用的表现，

增加了公众办事的难度，制约了经济社会的健康发展。

（二）滥用行政处罚裁量权，谋求部门或个人利益

行政处罚是行政主体对有行政违法行为又尚未构成犯罪的公民、法人和其他组织所给予的一种制裁，是行政主体在管理经济和社会事务中经常采取的手段之一。但是，在少数行政主体或工作人员中却存在着利用行政处罚自由裁量权谋取部门或个人私利的问题。在实施行政处罚的过程中，背离了行政处罚法的立法宗旨，不是把工夫下在纠正、防范违法行为，维护良好的社会管理秩序上，而是在罚款上做文章，把通过罚款增加部门收入作为追求的目标。因此，有的不分当事人违法情节如何，同类违法行为一律顶格上限罚款；有的本来可以通过其他处罚种类实现管理目标，却热衷选择罚款；有的采取“钓鱼式执法”引诱当事人违法；有的只要求当事人交罚款了事，对违法行为却不予纠正；有的搞运动式执法，打战役、搞突击，抓抓放放、时紧时松；有的只热衷于查办赌博、嫖娼等可以大额罚款的案件，而对那些与公众切身利益密切相关的行政违法行为却熟视无睹；有的对罚款下指标、给提成，与部门或个人利益相联系，等等。行政执法成了部门创收的途径。可以说，行政主体执法趋利，滥用自由裁量权，不仅损害公众利益，劣化经济发展环境，同时也严重损害党和政府在人民群众中的威信。

（三）滥用行政征收裁量权，加重企业和群众负担

行政征收，是行政主体根据国家和社会公共利益的需要，依法向行政相对人征集一定数额的金钱或实物的行政行为，通常表现为收税和收费两部分。这种征收行为无论是过去还是将来，都有其必要性和合理性。但是，在实施过程中，少数地方和部门也存在滥用行政征收自由裁量权的问题。有的随意设置各类保证金，把企业的资金归集到自己的账下管理；有的迎合垄断企业和强势部门的要求，不按规定程序设置或调整收费项目和公共服务收费标准；有的资源类收费没有用在开发和保护资源上，而主要用于收费养人；有的专项资金只收不用，大量沉淀在管理机构手中，

用以谋取自身利益;有的对国家和省明确规定的收费项目也存在范围尽量大、标准尽量高、时间尽量延的倾向。行政征收自由裁量权的不当行使,直接加重了企业和公众负担。

(四)滥用办事时限裁量权,降低了行政效率

企业的生产和经营同行政主体的工作效率联系得非常紧密。在许多行政管理事项没有明确规定时限的情况下,有的行政机关背离效率原则,无故拖延,甚至出于不廉洁的动机故意拖着不办。在法律文件对办理时限有明确规定时,有的千方百计找理由让自己宽松;有的不是力求在最短的时限里办完,而是拖延到时限将至时才开始办理。时限的自由裁量如果不加以规范,行政效率低、群众办事难的问题不可能得到根本改变。

二、滥用行政执法自由裁量权的原因分析

行政执法自由裁量权之所以会被滥用,原因是多方面的,而且是多种因素综合作用的结果,主要原因有:

(一)行政执法自由裁量权本身具有被滥用的可能

行政执法自由裁量权有"自由"的属性。行政主体在运用这种权力时不同于完全羁束行政行为。羁束行政行为是法律对行政管理事项有明确具体的规定,行政主体需要严格依照法律规定做出行政行为。而行政自由裁量行为是在行政主体面临复杂的经济社会事务、法律难以对行政管理事项做出具体规定的情况下,由行政主体自主选择、自主决定的行为,在运用自由裁量权时更多的是依赖于行政主体的主观判断,因而容易出现在法定权限内裁量不当、背离合理行政原则的问题。自由裁量的空间越大,行政主体选择的余地也就越大。这就为行政自由裁量权的滥用提供了可能。

(二)法律规定过于笼统、原则

现行有效的法律、法规和规章中,特别是改革开放初期制定的法律性

文件中，对行政执法权的规定过于笼统、原则，如何操作，全靠行政主体自己的解释和裁量。对某些领域，某些行为，一些法律文件仅规定了某某部门要实施管理或参与管理，但对如何管理，是事前、事中还是事后，是采取审批、备案的方式，还是采取规划引导或行政合同的方式，都未作明确规定，留下的空间非常大。再比如，行政处罚是影响相对人权益的一项经常采用的管理手段，自由裁量空间很大。有些法律文件只规定了可以给予处罚，但未规定处罚种类；有的尽管规定了种类，但未规定处罚幅度，或者只规定了幅度的上限；还有的规定处罚的上限与下限相差七八倍甚至几十倍。再比如，对当事人违法所得法律也未具体规定，违法所得是指利润，还是指销售额，还是货值，由于各行政主体理解的不同，把握的标准差异很大。这些粗放的规定，给行政自由裁量权的滥用留下了空隙。

（三）行政执法人员素质不高

行政执法自由裁量权运用得如何，与执法人员的素质有着直接的关系。在现有的行政执法人员中，相当一部分没有经过系统的法律专业知识和行政管理知识的培训，理解法律条文比较肤浅，对案件性质和情节的认定，常因个人能力、水平的限制或不廉洁的动机而出现偏差。还有些行政执法人员不知道为谁执法，缺少现代的法治理念，只会僵硬教条地照搬法律条文，认为只要没有超出法律规定的范围就都是正确的，任意处置行政执法自由裁量权。

（四）财政保障体制不顺

行政执法的主要任务在市、县两级，而市、县级的财力多数薄弱，虽然名义上执法经费由财政保障，但实际上差额拨款仍占有一定比例，还有个别单位完全靠收费、罚款解决经费问题。这种财政管理体制，必然导致行政主体在执法时“向钱看”，因为罚款和收费越多，执法经费越宽裕，工资奖金就越多。在利益的驱使下，忽略了实施行政管理是为了维护良好的社会秩序这一目标，而把收费、罚款这一管理手段作为目标来追求，使行政主体在行使行政执法自由裁量权时偏离了正确的方向。

（五）行政执法监督弱化

对行政主体的执法活动有很多监督的途径，但是，效果却不能令人满意。多年一贯制的行政执法检查，其正作用日益被迎检的对策所化解。办理行政复议、行政诉讼案件的机关，把主要注意力放在合法性审查上，对涉及滥用职权或显失公正的行政行为很少在行政复议决定或行政诉讼判决中涉及。这样就在一定程度上纵容了行政主体随意处置行政执法自由裁量权的行为。

三、防范滥用行政执法自由裁量权的对策

权力的授予与控制总是同时存在的，行政执法自由裁量权也不能例外。对行政执法自由裁量权进行控制，应当遵循两个价值目标：其一是使行政主体的自由裁量权能够有效地行使，实现行政执法的公平和公正；其二是防止行政执法自由裁量权的行使者滥用权力，从而保障公共利益不受侵害。结合行政执法的实际，提出以下几点对策。

（一）立法规范行政执法自由裁量权的行使

对行政主体行使自由裁量权应当通过立法加以规范。有的地方政府下发了规范行政执法自由裁量权工作的指导意见，还有一些行政执法主体在本机关内对规范行政执法自由裁量权制定了文件，都取得了一定成效，为地方立法全面规范行政机关行使自由裁量权做了尝试。在时机和条件成熟的情况下，应当出台法律性文件，对行政执法自由裁量权行使的原则、权限的划分、细化的标准、程序的控制、滥用的法律责任等做出规定，杜绝或减少滥用行政执法自由裁量权的概率。同时，要在法律文件修改完善的过程中，把控制行政执法自由裁量权作为一项原则，对过去一些法律文件笼统、原则的规定进行操作性的细化，必须留有幅度的应缩小裁量空间。

（二）细化行政执法自由裁量的具体标准和操作规范

在行政执法主体内部进行细化，也是规范和控制行政执法自由裁量权的重要手段。所谓“细化”，就是在法律、法规和规章规定比较原则的情况下，由执法主体对属于行政自由裁量权范围内的事项，用制定规范性文件的办法，对自由裁量的方式、范围、种类、幅度、时限等作出规定或制定出标准，把由执法者个人或针对个案随机行使的自由裁量权，改变为由执法机关事前作出规定或制定标准的形式统一行使，压缩或取消执法人员的裁量空间。还要在执法主体内部建立和完善相关制度，用科学的工作程序来保证行政执法自由裁量权的正确行使。例如，行政处罚法关于听取当事人陈述、申辩，组织听证，重大复杂案件集体讨论，有利害关系的执法人员回避，从重或从轻处罚说明理由等方面的规定，对防止行政处罚自由裁量权的滥用具有非常重要的作用，应当严格执行。执法主体要把查处违法案件的调查、审核、决定等职能相对分离，改变由一个处室集中行使行政执法自由裁量权的情况，以实现内部对执法权力的相互制约。

（三）切断行政执法和部门经济利益的联系

公权力与权力行使主体经济利益分离，是现代法治国家的重要原则和显著特征。行使行政执法自由裁量权和自身经济利益彻底脱钩，行政裁量行为的合法、合理才有保证。所有行政事业性收费，必须有法律、法规和省政府主管部门以上机关的文件作为依据，没有依据的，无权收取。设立行政收费项目或调整公共服务收费标准，应当赋予公众知情权和参与权，通过听证会等程序在听取意见之后再作决定。调整完善财政经费保障制度。行政执法主体履行职能所需经费应由财政予以保障。深化“收支两条线”管理改革，加快实现执法机关上缴的收费和罚没收入与其支出安排脱钩。不允许执法主体靠罚款、收费解决执法经费问题。不允许下达罚款指标，不允许用罚款留用或分成等办法调动执法主体或执法人员实施行政处罚的积极性。总之，不能因为财政原因影响行政执法自由裁量权的正确行使。

（四）提高行政执法人员的素质

行政执法人员是行政执法自由裁量权的直接行使者，只有他们具备较高的素质，才能保证行政执法自由裁量行为的合法性和合理性。行政执法人员既要有执法为民的理想信念，又要熟悉法律业务知识，不仅要知道法律条文的具体规定，还要树立符合时代要求的法治理念。因此，要严把执法队伍进人关，采取考试考核相结合的方法，依据其政治觉悟和业务能力决定录用执法人员。防止素质低下的人通过不正当手段进入执法队伍。定期对执法人员进行法律知识培训，使他们掌握每一部法律文件的立法宗旨、行使执法自由裁量权应当坚持的原则和基本要求。对已经建立的行政执法责任制，应严格进行考核，对不适应工作需要的执法人员应当进行动态调整，为行政执法自由裁量权的正确行使提供组织保证。

（五）加强对行政执法自由裁量行为的监督

强化监督对保证行政执法自由裁量权的正确行使具有重要意义。要充分发挥各级人大作为权力机关对行政机关的监督作用，通过执法检查、专项调查、听取汇报、提案、质询等方式对行政主体行使行政执法自由裁量权的行为实施监督，以权力制约权力。行政复议是行政机关内部层级监督的重要法律制度，复议机关应摒弃袒护下属、官官相护的陈腐意识，依法受理行政复议申请，公正做出行政复议决定。复议机关不仅要审查行政行为的合法性，还要审查合理性，发现违法或不当的行政执法自由裁量行为，该撤销的撤销，该变更的变更，并根据情节追究滥用行政自由裁量权的部门或个人的责任。同时，严格执行重大处罚决定、重大许可决定和规范性文件备案制度，把可能发生的违法、不当的裁量行为解决在初始阶段。司法审判监督是法律监督的最后一道防线。行政诉讼法明确规定，人民法院有权对行政机关“滥用职权”和行政行为“显失公正”的进行监督和纠正。各级人民法院应当履行法律赋予的这一监督职能，在规范行政执法行为、维护行政相对人合法权益方面发挥应有的作用。

参考文献

[1]潘从武:《宁夏规范行政处罚自由裁量权》,《政府法制》2010 年第 19 期。

[2]王文序:《如何规范行政自由裁量权》,《中国监察》2010 第 12 期。

[3]应松年:《行政法学教程》,中央党校出版社 2008 年版。

[4]罗豪才:《行政法学》,北京大学出版社 1998 年版。

[5]曹康泰主编:《国务院关于加强市县政府依法行政的决定辅导读本》,中国法制出版社 2008 年版。

[魏芙蓉:中共吉林省委党校教授]

法治进程中政府信息公开制度建设研究

杨冬梅

【摘　要】 政府信息公开制度对民主政治建设和社会经济的发展有重要的促进作用。政府信息公开制度的确立，标志着我国政府进一步走向法治政府、服务政府、责任政府、效能政府。本文从建设法制龙江的重要内容之一的政府信息公开制度建设存在的问题着手，具体包括政府信息公开的分类缺乏可操作性、公开流于表面化和形式化、公开过程具有较强的随意性等。在分析问题的基础上深入剖析存在问题的原因，包括政府治理模式转型不到位、政府信息公开缺乏相应的制度保障和相应的法律及法规不配套。最后提出完善政府信息公开制度的对策建议：加快政府治理模式转型，消除政府信息公开的体制性障碍；加强相应制度建设，为政府信息公开制度实施提供保障；修改完善配套法律、法规和规章，推进政府信息公开工作顺利进行。

【关键词】 法治政府　政府信息公开　制度建设

党的十八大报告提出："完善党务公开、政务公开、司法公开和各领域办事公开制度"，"推进信息公开"，"让权力在阳光下运行"。十八届三中全会提出"增强政府公信力和执行力，建设法治政府和服务型政府"。建立法治政府是时代发展的需要，政府信息公开是建立法治政府的必然要求。20世纪中期以来，随着参与式民主的兴起，政府信息公开呈现出全球化的趋势，成为一种世界范围内的普遍潮流。政府信息公开对于提高政府行政行为的透明度、维护社会公平、保障公民权利具有重要作用，是促进政府信息资源充分利用和优化配置的有效途径，是政府公共服务职能的重要体现，是构建法治政府的前提条件和重要推动力量。

一、法治进程中政府信息公开制度建设存在的主要问题

（一）政府信息公开的分类缺乏可操作性

政府信息依据是否能够公开可分成三类：可公开的信息、依申请公开信息和保密信息。从实践来看，由于政务信息的复杂性，政府的有关部门和社会公众对这三类信息的区分都很难掌握，因而也就加大了操作的难度。目前仅有的一部有关信息公开的单独法规《中华人民共和国政府信息公开条例》（以下简称《条例》），在各类信息的划分上缺乏相对明晰的标准，尤其是在信息公开和信息安全的划分上缺少清晰的边界，因而一定程度上减低了《条例》的可操作性，增加了实施的难度。具体而言，《条例》尽管规定了县级以上各级人民政府及其部门、乡（镇）人民政府必须公开的十几类信息，但同时，又规定在公开前必须对涉及国家秘密、商业秘密、个人隐私的信息进行保密审查，送有关部门批准。由于国家秘密、商业秘密、个人隐私的信息涵盖的范围非常广，因此哪些是可以公开的信息、哪些信息应予保密，事实上难以进行充分的论证和说明，特别是在社会转型期，各种矛盾凸显的形势下，二者之间的界限更显模糊，从而使许多应当予以公开的政务信息因为边界模糊而成为死角和盲区。

（二）政府信息公开流于表面化、形式化

随着《条例》的颁布实施，政府信息公开将会成为未来的发展趋势，但仍有一些部门处于被动公开的状态。在信息公开实践中，由于未能对信息进行整理，缺少相应的信息分类制度和查询制度，在众多信息中，公众

找到所需信息比较困难。在多数情况下，信息公开只是政府机关单向度的一种“社会承诺”，基本上停留在告知的层次，相关的措施也往往被视为政府的职权或办事制度，而不是政府必须履行的义务。政府信息公开的程度较低，基本沿用过去的模式，对政府信息偏重于保密。信息公开的质量差。一些政府部门在政务信息公开中重形式轻内容。部分政府信息公开平台完全是为了应付上级检查。对信息公开的内容带有一定的选择性，公开的只是一些行政法规、规章和一些重大行政事项，公众迫切需要真正有价值的、与自身利益密切相关的信息较难获取到，使得公开流于形式。政府和公众之间缺乏互动和回应，难以形成积极互动的双向反馈机制，公众的知情权无法得到保障，不能真正体现信息公开的精神实质。

（三）政府信息公开过程具有较强随意性

除了存在着形式化倾向外，政府信息公开的随意性过强也是我国目前在推进政府信息公开建设过程中面临的一个较为普遍的现实问题。《条例》规定“行政机关公开政府信息，不得危及国家安全、公共安全、经济安全和社会稳定”，但由于这“三安全一稳定”的规定太过模糊，《条例》中缺乏可操作性的具体规定，使得有的地方政府和部门仍然将信息公开视为一种行使权力的方式，公开与否、公开的范围和程度、公开的事件等等则完全根据自己的需要和意愿进行“自由”裁决。一些地方和部门的政府信息公开多是反映政绩，揭露食品安全、社会治安、突发事件等信息较少。许多政府部门“主动公开不主动”，那些本属于主动公开的政务信息，往往会变成需要公众来申请公开，或者延后公开，造成效能损耗。在依申请公开方面，一些政府和部门对“三安全一稳定”这一原则性条款进行片面化解读，在实践中为信息公开工作设置人为的障碍，要求相对人必须说明申请公开的理由，要求提供相关证明材料并签署不滥用信息的保证等。这些并无法律依据的要求，无疑增加了公众获取信息的难度。更有甚者，有的地方和部门出现不及时回复信息、裁减信息、隐瞒信息，甚至屏蔽信息、提供虚假信息等行为。这种附带条件的、消极和被动的公开大大降低了政务信息公开的效能，带来了不良影响。

二、法治进程中政府信息公开制度建设存在问题的原因剖析

（一）政府治理模式转型不到位

长期以来，在管理型模式下，政府体系与公开透明的要求存在一定的差距，各级行政机关适应传统的管理方式，政府运行长期习惯于操作不公开，缺乏基本的透明度，政府的许多活动都处于不公开状态，习惯于内部发文件，提出要求、做出部署，即使是与群众切身利益密切相关的方针政策、重大决定，公众也无法参与和评价；政府工作体制、机制上习惯于不公开，公众无法知晓和曝光；官员的不恰当言行乃至腐败行为，公众无法监督和问责。尽管多年来一直强调政务公开，但公开的内容、形式不是由公民决定的，行政机关可以在不受控制、不被监督的情况下任意决定其公开内容和范围。这种单一的政府信息公开往往变为政府的信息发布，信息公开也被视为一种政府的办事制度和政府的一项职权，公开与否的主导权完全掌握在政府官员或政府机构的手中，政府可以随意扩大文件保密范围。

（二）政府信息公开缺乏相应的制度保障

从长远的目标来看，政府信息公开的终端状态表现为公共权力在阳光下运行。而政府信息能否做到公开透明，除了受制于政府理念、政府职能等因素，还要受到政府信息公开制度设计本身的影响。这是一项复杂的系统工程。就我国目前政府信息公开建设的现状而言，存在形式化倾向、随意性色彩浓厚和操作性不强等缺陷，制度设计不尽合理是原因之一。其具体表现包括以下几个方面：其一，我国目前尚未从立法层面来思考制度设计的问题。尽管目前中央层面已出台了《条例》，并在 2011 年印发了《关于深化政务公开加强政务服务的意见》；随后地方政府也相继出台了相关的规定和实施意见，但是，这些规定多半只是强调行政事务的公开，而较少涉及党务、立法、司法等其他公共权力和公共事务的公开，因而使得政府信息公开建设的覆盖面显得过于狭窄，而单纯的行政事务公开也难以取得良好的实践效应。其二，尽管我们也强调“公开是原则，不公开是例外”的准则，但在制度设计

上仍然将重点放在公开事项的列举上，而不是免除公开事项的规定上，这就为执行过程中各种人为操作因素的生存和滋长预留了空间，造成了政府信息公开质量不高等问题。其三，在制度要素上，尽管制定了重大决策听证制、重要事项公示制、重点工作通报制、政务信息查询制等相关制度，但这些制度的边界仍然较为含糊，特别是各项制度和机制之间的衔接与配套不够，这也就为少数部门和工作人员拒不公开、有条件地公开等行为提供了机会。目前的政府信息公开制度处于孤军奋战状态，相应的配套制度诸如监督制度、权力救济制度和责任追究制度没有建立健全，体制环境难以同步到位，从而制约了信息公开的成效。

（三）政府信息公开相应的法律、法规不配套

目前的政府信息公开主要依据《条例》，其中一些条文仍存在粗糙性。保密与公开的界限划分不清。缺乏相应的法规的跟进配套，导致实施过程中面临诸多困难。现行《条例》作为国务院制定的行政法规，法律位阶和效力低。而与政府信息公开密切相关的《保密法》《档案法》是全国人大常委会制定的法律，是《条例》的上位法。我国的《保密法》《档案法》规定的保密标准较模糊，范围又较宽泛，如 2010 年修订的《保密法》规定了七个方面的国家秘密，凡属于七个方面之一的，都属于保密范围，而且几乎每个部委都制定了其保密范围。面对如此之多的保密范围，行政机关面临着泄露国家秘密风险，有可能承担行政责任甚至承担法律责任。行政机关完全可以以遵守《保密法》《档案法》为由，不公开自己不愿意公开的信息，而这些信息在《条例》中是属于能够公开的范围的；或者拒绝申请人查阅政府档案资料的请求。此类案件到法院后，由于《保密法》的效力等级高于条例，依据下位法要服从上位法，法院也很难做出判决。

三、法治进程中完善政府信息公开制度的对策思路

（一）加快政府治理模式转型，消除政府信息公开的体制性障碍

政府信息公开制度的建设，关键在于实现政府治理模式的全面转型，

建设服务型政府，消除政府信息公开的体制性障碍。政府模式转型总体上是要建设服务型政府：把“为人民服务”作为政府的宗旨，依据服务需要确定政府的主要职能和机构设置，设计运行机制和程序，以公民对服务的满意度来评估政府绩效，寻求社会公正主导下的社会效率并突出政府责任的一种公共行政范式，其实质是以服务为核心，致力于社会公正和社会发展的责任政府。这是构建服务型政府的过程中应该坚持的基本方向。本质上从官本位、权力本位转为社会本位、民本位，建构一个更富效率、更负责任和更有服务品质的政府。实现电子化政府、“无缝隙化组织”，“一体化”办公、“一站式”服务模式，信息载体电子化、信息传输网络化、资源整合化。

（二）加强相应制度建设，为政府信息公开制度实施提供保障

现代意义上的政府，必然是一座“玻璃房子”。政府的权力运作、决策过程让群众看得见，群众才会对政府产生信任感。但是，从《条例》实施以来的情况看，各级政府信息公开情况距公众的呼声和社会需求还差很远。这些现象的存在凸显了完善信息公开条例配套制度建设的紧迫性。要建立政府信息公开的一套比较完善的配套制度。一是完善信息公开管理制度。建立健全行政机关专门信息机构，建立畅通的沟通机制，强化公开信息的服务意识，建立信息分类查询制度，建立信息筛查和发布机制。进一步完善新闻发言人制度。二是完善信息公开监督制度和责任追究制度。监督制度的建立是确保行政信息能够全面、真实、及时公开的前提。除了加强政府信息公开主管部门和行政监察机关的监督，同时要强化外部的监督，如人大、政协、司法机关和媒体、公众对政府信息公开的监督。建立责任追究机制，可通过社会监督，把群众对公开内容是否满意列入政府部门及其领导班子工作评议，每年进行考核评议。政府信息公开的运行需要多个板块的联动才能实现，而信息公开只是其中的基础环节。三是完善信息公开的权利救济制度。救济制度是信息公开的一个关键性的制度安排，是信息公开的重要保障，它可以启动公众对行政机关信息公开的监督程序。救济制度包括行政救济和司法救济。必须建立有关定密、涉密纠纷的处理和救济机制，如果政府将某一信息定为国家秘密，并拒绝公民针对该信息的公开申请，可以由行政复议机关，最后由法院对该信息秘密性进行审查并裁决，该信息如不属于国家秘密则必须公开，保障公民的知情权。

(三)修改完善配套法律、法规和规章，推进政府信息公开工作顺利进行

我国只是出台《条例》对于保证政府信息的公开是远远不够的，政府还必须制定相关的配套法律、法规，还必须破除各种阻碍，不仅要让公众的知情权在形式上得到尊重和保护，更要在实际行动中得到落实和贯彻。一是适时修改和完善《保密法》《档案法》《统计法》等与《条例》有冲突的相应法律法规内容。二是加快作为行政法规的《条例》能够升级为法律的进程。目前，《条例》毕竟只是国务院制定的行政法规，在信息公开的主体范围上存在巨大的局限，只能约束各级政府，而现实中的诸多问题并不能在行政法规的层面得到完全解决。因此，应尽快制定颁布"政府信息公开法"。以法律形式明确信息公开是政府的法定义务，将使我国公民的知情权法制化、具体化，从而协调信息公开立法与其他法律的关系，减少法律适用中的矛盾冲突，更好地推进整个公权领域、公共领域的透明化，从而更为全面地保障公民的知情权、参与权、表达权、监督权。

参考文献

[1] 江必新、李光宇：《政府信息公开行政诉讼若干问题探讨》，《法学研究》2007年第5期。

[2] 周汉华：《〈政府信息公开条例〉实施的问题域对策探讨》，《中国行政管理》2009年第7期。

[3] 王锡梓：《政府信息公开语境中的"国家秘密"探讨》，《政治与法律》2009年第3期。

[4] 刘恒利：《试析我国政府信息公开的困境及措施》，《法制与社会》2014年第6期。

（杨冬梅：中共黑龙江省委党校，公共管理教研部）

法家的国家治理思想及其当代意义

吕　力　陆文瑜

【摘　要】“治理”定义有两种不同的视角，即政治哲学视角和管理哲学视角。经过批判性继承和创造性发展之后的新新法家是我国现阶段国家治理哲学最宝贵的本土理念，它对于当代我国国家治理实践有着强烈的启示。

【关键词】　法家　新新法家　国家治理　政治哲学　管理哲学

一、国家治理的政治哲学与管理哲学

1989年世界银行首次使用了“治理危机”一词，此后“治理”便被广泛应用于国家政治、经济、社会发展研究之中。自此之后，有关治理的概念与治理的研究日益增加，关于治理的定义多达数十种。斯托克对这数十种定义进行了梳理，提出了有关治理的五种观点。[①] 事实上，治理的定义还远不止以上五种观点。以上五种观点的出发点都是一种政治哲学，即

① 格里·斯托克：《作为理论的治理：五个论点》，华夏风，《国际社会科学杂志》（中文版）1999年第1期。

现实生活中权力的分配与权力的依赖关系。

然而治理的定义还包括一种管理哲学的思想。治理理论的主要创始人之一罗西瑙在其代表作《没有政府统治的治理》[①]和《21 世纪的治理》[②]等文章中将治理定义为一系列活动中的管理机制，它们虽未得到正式授权，却能有效发挥作用。其中，明确指出，"治理"的目的是要"发挥作用"。库依曼和弗利埃特也强调了"作用"的重要性："治理，它之发挥作用，是要依靠多种进行统治的以及相互发生影响的行为者的互动。"[③]

由此可以看出"治理"定义的两种不同的视角，即政治哲学视角和管理哲学视角。按照学界的通论，政治哲学的核心概念是公民权利与国家权力，是公民国家社会治理的正当合法性依据或基本政治原则。而管理的标准定义是：通过与其他人的共同努力，既有效率又有效果地把工作做好的过程。[④] 管理哲学的着眼点在于效果和效率，因此，管理哲学与政治哲学从根本上是不同的。虽然政治哲学与管理哲学存在根本性区别，但是"治理"这一概念却同时具有政治哲学与管理哲学两方面的含义：既强调权力的合法性，又强调结果的有效性。在以往的治理定义中，大多只强调了权力的合法性而忽视了结果的有效性。

二、法家：作为一种国家管理哲学

先秦诸子中，法家一开始就是以一种国家管理哲学的面目出现的。晚周之封建天下，本为不完全之统一，而儒墨道法四家中，墨道法三家皆以"天下"为其主旨，只有法家学说服务于诸侯列国，以诸侯列国"富国强兵"为其宗旨，因此在其学术基础上迥然区分于其他三家。

萧公权指出，由封建天下转为专制天下之过渡时期，政治思想之可能态度不外三种：(1)对将逝之旧制度表示留恋，而图有以维持或恢复之；(2)承认现状，或有意无意中迎合未来之新趋势而为之张目；(3)对于一切

---

① 罗西瑙：《没有政府统治的治理》，剑桥大学出版社 1995 年版。

② 罗西瑙：《21 世纪的治理》，《全球治理》1995 年第 1 期。

③ 库依曼、弗利埃特：《管理公共组织》，萨吉出版公司 1993 年版。

④ 罗宾斯：《管理学原理》，东北财经大学出版社 2005 年版。

新旧之制度均感厌恶，而偏重于个人之自足与自适。[1] 就大体而言之，儒墨二家同属第一类，法家诸子属第二类，道家及老庄属于第三类。

战国时期的最大特点为君权扩张。七国之君以地广势强，多僭称王号，其尤能振作发奋者则国愈盛而君愈威。法家旗帜鲜明地以“富国强兵”为其唯一目的而成为当时的显学。在先秦儒墨道法四家中，儒墨道强调权力的合法性，是典型的政治哲学，而法家则强调结果的有效性，属于典型的国家管理哲学。在群雄并起的战国时代，作为国家管理哲学代表的法家学说发挥了重要的作用，在当时的政治经济状况下，儒墨道根本无法与法家相提并论。

三、法家的实用主义政治哲学

法家学说是典型的国家管理哲学，但并不意味着法家没有政治哲学的内容。相反，为支撑起其国家治理的基本理论，法家建立了一套完整的实用主义政治哲学。

西方的先验主义政治哲学以人的自由、人的自主性为其出发点，或者以抽象的“人类理性”为其基础，构建了一套权利与权力相互制约的国家治理规范。在中国的古代思想中，儒家是以抽象的“仁”的概念，道家以抽象的“道”，墨家以先验的“兼爱”为原则。基于上述理念，儒家勉强形成了礼乐道统的国家治理原则，然而这一套原则是否有效，则不是儒家所着重考虑的内容。举例而言，在西方先验主义政治哲学看来，当政府剥夺民众的应得权利时，民众可以推翻政府，而相似的内容在儒家则不了了之。与儒家相比，道家与墨家则根本无法拿出一个基本可行的国家治理框架。

反观法家学说，在其现实主义政治哲学的基础上构建了一套完备的国家治理框架。法家政治哲学的出发点是其现实主义的人性认识，法家反对抽象的所谓“仁”以及无谓的“善恶之辨”。韩非子说：“人莫不欲富贵全寿，而未有能免于贫贱死夭之祸也，心欲富贵全寿，而今贫贱死夭，是不

---

① 萧公权：《中国政治思想史》，辽宁教育出版社 1998 年版。

能至于其所欲至也。[①]”“富贵全寿”是所有人都想要得到而害怕失去的，而现实生活中又经常失去，这是人们生存与发展的基本矛盾。在物质资料比较缺乏的年代，如果没有恰当的管理措施满足大多数人的基本需要，社会的基本矛盾就得不到妥善的解决。

在春秋战国时代，诸侯列国纷争、生产力发展有限的情况下，法家的这种人性认识显然是非常合理的。从这一认识出发，韩非进一步指出了人们行动的利益导向[②]：“夫卖庸而播耕者，主人费家而美食，调布而求易钱者，非爱庸客也，曰：如是耕者且深，耨者熟耘也。庸客致力而疾耘耕者，尽巧而正畦陌畴者，非爱主人也。曰：如是羹且美，钱布且易云也。”[③]简言之，法家的实用主义政治哲学是以利益为基础的。

四、法家的“势”“术”“法”

如上所述，法家提出了以现实主义人性认识为基础的实用主义政治哲学。需要注意的是，法家虽然提出了上述完整的政治哲学体系，但其目的并不在于此。法家的根本目的是以上述实用主义政治哲学为基础提出一整套完整的国家管理原则，这就是作为法家思想核心的“势”“术”“法”。

由于在法家看来，所有权利和权力的分配都是以利益为基础的，因此，国家必须要调和各种利益分歧并使得有关各方采取能够使国家和社会发展的联合行动，它要求国家在行政管理过程中必须树立权威，这就是国家治理中的“势”。在相同的意义上，现代国家治理涉及多个利益主体，而“法”就成为“使相互冲突的或不同的利益得以调和并且采取联合行动的准则”。法家深刻地认识到统治国家不能只依靠君主个人，国家治理还必须依靠一个廉洁、高效的官吏阶层，这个官吏阶层由于自身握有巨大的权力，君臣之间存在着复杂的利益关系，因此对于官吏的考察、任用便成

① 《韩非子·解老》。

② 吕力：《中国管理思想史上的“法家”与“新法家”》，《商业经济》2009 年第 11 期。

③ 《韩非子·外储说左上》。

为一个复杂的问题，而在法家看来，解决这个问题的方法便是“术”。[①]

五、新新法家：法家思想在当代的治理实践

法家思想是以实用主义政治哲学为基础的国家管理思想，或者说，法家的国家治理是一套以效果和效率为目的的实用主义政治哲学。法家的目的是“富国强兵”，而其基础是“利益人”的现实主义人性认识和实用主义政治哲学。

在先秦诸子中，只有法家开创了管理哲学与政治哲学并重的国家治理实践，因此，无论是理论还是实践，法家在晚周、先秦时代都获得巨大成功。自秦速亡后，后世对法家思想讳莫如深，但不可否认的是，在治理国家的目的性与系统性方面，先秦诸子无出其右者。[②] 秦后汉初，董仲舒作《天人三策》，对战国以来的古今治乱之道和天人关系问题作了系统的阐述，杂糅法家及阴阳五行的观点。这种经过董仲舒改造的儒学其“外儒内法”的实质在此后的两千年间，为历代王朝所重视。从世界历史的视角来看，最早一批资本主义国家如英、法、美等国的国家治理是以自由民主的政治哲学为先导，而后发展的资本主义国家如德、日、俄一概以“富国强兵”的实用主义政治哲学为其国家治理的根本。

无独有偶，在德日俄等国崛起的同时，中国也出现了“新法家”思想，新法家思想的代表人物是章太炎、陈启天、常燕生等人。常燕生说，“中国固有的文化中，过去对整个民族和国家贡献最大，现正切于中国的需要，将来可以给国家发展以具体方向的，只有法家主义思想。”[③]但是，陈启天心目中的国家，就是国家具有至高无上的权力，制定法律来统治人民，[④]在这一点上，陈启天没有继承法家政治哲学的精髓，陈启天忽略了“利益”才是法家思想的枢纽。

在先秦时代的生产力条件下，君主制相对于封建制具有合理性，国家

① 吕力：《新新法家：国家治理哲学的本土理念与实践》，《经济研究导刊》2013 年第 18 期。
② 吕力：《中国管理思想史上的“法家”与“新法家”》，《商业经济》2009 年第 11 期。
③ 常燕生：《国人对于中国共产党运动应有的认识》，《国论》1935 年第 1 卷第 4 期。
④ 陈启天：《中国法家概论》，中华书局 1936 年版。

与君主占有至高无上的地位是合理的，然而，进入 20 世纪之后，国家的至高无上的地位应该受到民权的制约。因此，法家的“势”不再来源于君权神授，而来自于民主基础上的统治合法性；法家的“法”并非是一种绝对强制，而是调整利益关系的手段；法家的“术”不是一种尔虞我诈的权力游戏，而应理解为一种灵活的政府管理手段。① 上述对法家思想的批判性继承，正是“新新法家”的主要思想，经过批判性继承和创造性发展之后的新新法家是我国现阶段国家治理哲学最宝贵的本土理念，它对于当代我国国家治理实践有着强烈的启示。

（吕力：武汉工程大学副院长、副教授；
陆文瑜：武汉工程大学硕士研究生）

① 吕力：《新新法家：国家治理哲学的本土理念与实践》，《经济研究导刊》2013 年第 18 期。

摒弃“保姆式”服务理念
建设法治化的服务型政府

周盛盈

【摘　要】 针对地方政府提出要强化“保姆式”服务理念，本文认为这可能会损害国家、集体和他人的合法权益，妨碍公平、正义价值的实现。建设服务型政府，是法治化的政府，服务的目标、服务的内容、服务的方式均应法治化。

【关键词】 “保姆式”服务　法治化服务　服务型政府

党的十八届三中全会明确提出要建设法治政府和服务型政府，为此必须摒弃“保姆式”服务理念和“贴心式”服务方式，弘扬现代服务型政府的理念和思维：明确的目标、科学的理念、创新的体制机制，运用现代法治思维和方式来为社会提供公共产品和服务。

一、建设服务型政府的目标：法治化的政府

目前，地方各级政府为营造崇商重企的氛围，加大招商引资的力度，努力建设服务型政府，纷纷提出要强化“保姆式”服务理念，全方位提供“贴心式”服务方式。对此，笔者不敢苟同。因为这种服务理念和服务方

式是低层次的，是服务人治化的重要表现，随意性较大，在政府提供公共产品和服务时，可能会损害国家、集体和他人的合法权益，妨碍公平、正义价值的实现。

服务型政府的本质属性，是以公民权利为本位，以提供服务为宗旨。[①] 建设服务型政府和法治政府是相辅相成的，二者互相促进、互相包容，服务型政府是法治的政府，服务型政府的目标具有明显法治的特征。

1. 崇尚法治

服务型政府把法治精神作为政治信仰，尊为社会柱石，奉为至高无上。任何行政机关和公职人员都必须以宪法和法律为准绳，在宪法和法律范围内活动，违反宪法和法律都必须承担相应的法律责任，无任何法外特权。

2. 职权法定

服务型政府的权力是有限的，它为社会提供公共产品，履行好公共服务、社会治理、市场监管和经济调节的职能，是有法律明确授权的。权力的有限性体现在行政机关本身职权的有限性，即政府只能在法律赋予的职权范围内行使权力，不能超越法律授权。

3. 透明廉洁

服务型政府必须定期向公民、企业、社会公布自己的权力清单，公开自己的行政决策程序和行政决策依据，及时公布自己的行政执法过程和行政执法依据，充分保护公民、法人、其他组织的知情权。只有权力透明、职责透明、执法透明，才能使政府廉洁，公职人员清明。

4. 诚实信用

诚实信用原则是私法的基本原则在公法领域的基本反映，即信赖保护原则。政府机关和公职人员作出的决策、承诺将要提供的公共产品，为社会提供的服务必须遵守信赖保护原则。

二、建设服务型政府的思维：现代法治思维

现代法治思维又叫现代法律思维方式，是指在决策过程中按照法律

---

① 傅思明：《服务型政府理念下的法治政府建设刍议》，《理论视野》2009 年第 1 期，第 37 页。

的规定、原理和精神，思考、分析、解决社会问题的习惯与取向，它是一种思考模式或叫思维方式。

服务型政府在行使公权力时，无论是决策，还是执行，或者在提供公共产品和服务时，都应运用现代法治思维，即不断审视其行为是否符合法律的规定和要求，包括服务的目的是否合法，服务的权限是否合法，服务的内容是否合法，服务的手段是否合法，服务的程序是否合法，等等。

1. 服务的目的合法

这是服务方式的逻辑前提。服务型政府决策要坚持以人为本，以社会公共利益为重，人民群众利益至上，认真考量、充分考虑决策目的是否符合法律法规规章的目的和宗旨。

2. 服务的权限合法

这是服务方式的逻辑依据。服务型政府决策应当遵循法律法规及规章的规定，按规定权限履行职责；对于社会公众来说，“法无禁止即自由”；而对于政府来说，“法无授权即禁止”。因此，服务型政府应严格遵循公权力的运行规则，使公权力的行使符合法律法规规章确定的权限。

3. 服务的程序合法

这是服务方式的逻辑路径。服务型政府决策要确保决策程序正当，决策的步骤、方式、时限均符合法律法规规章的规定，并充分听取社会公众的意见和建议，保障社会公众的知情权、参与权、救济权和监督权。

4. 服务的内容合法

这是服务方式的逻辑基础。服务型政府决策要确保决策内容符合法律规范，既体现经济社会发展的总体要求，又不损害社会公共利益和他人合法权益。

5. 服务的手段合法

这是服务方式的逻辑要求。服务型政府决策所运用的具体手段和方法，既要合理、适当，又要符合法律法规规章的规定，避免采用损害社会公众权益的方式，尤其是没有法律规定不得采取限制公民人身自由的方式。

6. 服务的结果合法

这是服务方式的逻辑归宿。服务型政府决策所追求的结果与实际达到的效果，既要相呼应、相一致，又要符合法律法规规章的规定。

三、建设服务型政府的方式：创新的体制机制

建设服务型政府要以提升公共服务为导向，在整体层面确立政府的明确定位，构建与市场经济相适应的职能框架，实现政府职能向创造良好发展环境、提供优质公共服务、维护社会公平正义的根本转变。

1. 规范政府决策程序

各级政府要根据当地的实际情况，尽快制定行政决策程序规范规定，明确行政决策程序范围，全面规范政府常务会议或者部门领导班子会议决策事项和决策程序，充分发挥法制部门的作用；逐步扩大听证范围，完善重大决策听证制度，规范听证程序。

2. 科学制定风险评估机制

各级政府要重点围绕新型城镇化建设、基础教育均衡化、医疗服务大众化、生态文明建设等重大项目进行合法性、合理性、可行性和可控性评估。对决策可能引发的各种风险进行科学预测、综合研判，确定风险等级并制定相应的化解处置预案。

3. 创新公共服务的方式

借鉴港澳地区的先进经验，将竞争机制引入公共服务领域。逐步开放公共服务市场，允许民间资本及境外社会组织和企业进入提供公共服务的领域；逐步扩大面向社会公开招标的范围，采用市场化运作模式，建立完善的公共服务制度。

（周盛盈：中共珠海市委党校教授）

干部平职调整中的“逆向调整”问题初探

——含义、挑战与制度化

杨守涛

【摘　要】 作为公共部门人力资源管理的重要内容，干部平职调整中的“逆向调整”意味着被调整干部从优势地区、优势部门或单位、优势岗位流动到劣势地区、劣势部门或单位、劣势岗位。“逆向调整”因此面临着思想意识方面、态度方面、行动方面以及管理与监督方面的一系列挑战。为了做好干部平职调整工作，必须从引导思想转变，践行民主沟通与民主决议，创新公共事务治理模式，重视那些所谓的劣势地区、劣势部门或单位、劣势岗位等方面逐步实现“逆向调整”的制度化。

【关键词】 干部　平职调整　逆向调整

一、引言

作为干部交流的一种运作方式，干部平职调整工作具有若干重要意义，它“有利于优化领导班子结构，有利于理顺情绪、激发干部的工作积极性、创造性，有利于形成干部工作的正确导向，有利于实现领导人才的最佳配置，推进改革和建设事业健康发展”[①]。不过，干部平职调整工作的诸般意义是一种理论推理而非实际状况，要让这些美好的理论预设转变成现实，还得有效地解决干部平职调整工作中的种种问题，主要有：怎样突破“思想认识方面的制约、岗位环境的制约、福利待遇差异的制约、信息掌握分析不够全面的制约”[②]及其他主客观限制；如何针对“调整规划不规范、调整标准不统一、调整程序不科学、监督管理不到位”[③]及其导致的人岗匹配不当等问题采取创新措施。本文不打算赘言这些既有研究业已广泛讨论的问题，只拟在“顺向调整容易，逆向调整难”[④]这一观点的启发下，较为初步地阐释自己对干部平职调整工作之“逆向调整”的含义、挑战与制度化的认识。

二、“逆向调整”的含义

在干部平职调整研究与实践中，“逆向调整”虽偶有提及，却提得不多，而且对“逆向调整”这一概念也没有明确的界定，因此，有必要对“逆向调整”的含义做一些探讨。需要指出的是，这里对“逆向调整”的讨论是在干部平职调整这一更大范畴下展开的。所以，本文认为，要阐释清楚“逆向调整”的含义，必须从陈说干部平职调整开始。

简要地说，干部平职调整就是指“不涉及级别变动的干部交流活动”[⑤]，平职调整工作实施之后，被调整者的级别不变，但是其任职地点及职位或职务发生了变化，所以干部平职调整又被称作干部平级调整。这种调整不同于一般意义上的干部交流或其他形式的人事变动，这不仅是因为干部平职调整不涉及级别变更，还因为一般意义上的干部交流或其他形式的人事变动在《党政领导干部交流工作规定》《党政领导干部选拔任用工作条例》《中华人民共和国公务员法》等政策文件中都有较为明确

---

① 苏方文：《平级调整干部必须处理好几种关系》，《领导科学》2006年第8期。

② 中共化州市委组织部：《化州市党政领导干部平职调整工作总结》，http://swzzb.maoming.gov.cn/news.asp? id=1830，2014年3月13日访问。

③⑤郭波：《规范干部平职调整问题研究——以湛江市为个案》，《领导科学》2010年第33期。

④ 中共江苏宿迁市委组织部课题组：《宿迁市干部平职调整工作的实践与思考》，《领导科学》2010年第27期。

的规定,即一般意义上的干部交流或其他形式的人事变动制度化程度更高。

干部平职调整有着不同的类别。有论者在未阐明划分标准的情况下指出,“干部平职调整应分为三类:平级重用、平级交流轮岗、领导干部改任同级非领导职务或非领导职务改任同级领导职务”①;也有研究者认为,“就其形式而言,包括结构性平职调整、培养性平职调整、照顾性平职调整、法规性平职调整、处理性平职调整。就其方式而言,包括调任、转任、挂职锻炼”②。如果根据调整前后潜在权势的变化,则可以将干部平职调整划分为三个类别:第一类是“正向调整”,即从劣势地区、劣势部门或单位、劣势岗位调整到优势地区、优势部门或单位、优势岗位,调整后潜在权势有所增加;第二类是“中性调整”,即调整前后的地区、部门或单位、岗位相比基本上无优劣势之分;第三类就是“逆向调整”,即从优势地区、优势部门或单位、优势岗位调整到劣势地区、劣势部门或单位、劣势岗位,调整后潜在权势有所减少。

实际上,不管是“正向调整”,还是“中性调整”,抑或是“逆向调整”,它们在本质上都只是干部平职调整的一种基本类别,只是由于“地域差异、部门差异、行业差异和责权差异”③等等现实条件的影响,不同的调整被赋予了不一样的潜在价值变化,因而被贴上了正向、中性与逆向的标签。接下来将列举“逆向调整”的一些常见情况,以便能更好地理解其含义:一、从条件较好的地方调整到条件较差的地方,比如说,从城区调整到非城区、从沿海发达地区调整到内陆或西部边疆落后地区;二、从党委系统调整到政府行政系统,比如说,从党委书记调整到同级行政正职;三、从职能性较强的部门或单位调整到其他部门或单位,比如说,从县国土资源局局长调整到县统计局局长;四、从常务副职调整到一般副职,比如说,从常务副镇长调整到一般副镇长;五、从领导职务调整到非领导职务,比如说,

---

① 刘定青:《规范干部平职调整问题的思考》,《领导科学》2011年第18期。

② 郭波:《规范干部平职调整问题研究——以湛江市为个案》,《领导科学》2010年第33期。

③ 石显银:《规范领导干部平级调整的建议》,《学习时报》2007年3月19日第8版。

从乡科级副职调整到副主任科员。

三、"逆向调整"面临的挑战

根据前文的阐释，干部平职调整中的"逆向调整"意味着被调整者潜在权势的减少。既然如此，"逆向调整"就会面临巨大挑战。在当前这种缺乏相应制度规范的背景下，"逆向调整"面临的挑战将更大。因为，"官僚化的官员，如同社会的其他代理人一样，很大程度上被自我利益所驱动"[①]，这使得相关人员必然采取一切可采取的措施，以实现自身潜在权势的最大化。这里所说的挑战涵盖了思想意识、态度以及行动这三方面的内容，以及这三方面与其他一些因素一起造成的"逆向调整"监督管理难题。

首先，思想意识上的挑战。在干部平职调整过程中，如果某个干部从大单位调整到小单位，或从条件较好的单位调整到条件较差的单位，则包括其亲朋好友在内的很多人可能会认为是这个干部自身有问题、惹出了事，所以被以"逆向调整"的方式惩处了；而当事干部也可能会觉得组织与领导跟自己过不去、产生不平衡心理。这不仅影响了相关调整工作的顺利开展，也影响了调整工作的各种预设作用的有效发挥。

其次，所持态度上的挑战。与思想认识的偏差相伴而生的，是被调整的干部以及调整工作组织者都不能以正确的态度对待相关调整事宜：就前者而言，他们可能在调整之前避免调整的发生、抵制调整工作，一旦调整成为事实，则又对新的工作消极以待，表现得不适应、不胜任新职。至于说后者，他们可能由于担心无法很好地平衡各种人际关系、害怕麻烦而简单行事，甚至也可能尽量地避免本应积极开展的干部调整工作。

再次，实际行动上的挑战。种种思想意识与所持态度上的挑战都会直接或间接地造成一系列实际行动上的挑战，比如说论资排辈而导致人岗不匹配蔚然成风，又比如说只往干部们公认的好处调整而导致各个地

---

① [美]安东尼·唐斯：《官僚制内幕》，郭小聪等译，中国人民大学出版社2006年版，第2页。

区与各个部门人力资源配置失衡，再比如说被调整的干部通过各种非正常手段避免遭遇“逆向调整”。当然，比这些更严重的是，“有的卖官者就利用这一点，钻‘平职调整’的空子，通过调整干部岗位，大搞权钱交易”[①]，甚至出现调整工作组织者借干部平职调整之机排除异己、给人“穿小鞋”等恶劣问题。

最后，管理与监督上的挑战。前述几方面的挑战让“逆向调整”的监督管理变得极不容易：不仅要做好各方思想工作，还要引导相关人员正确对待调整事宜，同时还要保证调整工作的公平合理性。另外，关于管理与监督上的挑战，还需要指出另外两点：一、当前情况下，媒体与公众等外部监督主体尚未有效地介入干部平职调整的监督，究其原因，“一者因为平职调整本身的新闻效应不大，二者因为平职调整往往‘悄悄进行’，组织部门没有广而告之，也没有给群众提供一个很好的监督平台”[②]；二、实际上，对所谓“逆向”的认识是具有很强主观性的，不同的干部可能会有不同的判断，这在一定程度上使调整标准的制定等相关工作变得异常艰难。

四、对“逆向调整”制度化的建议

“逆向调整”所面临的种种挑战影响的不只是调整工作的顺利开展以及调整工作作用的有效发挥，它还会在一定程度上导致公共权力部门人力资源配置的不合理，破坏干部队伍之间的融洽关系，造成府际协作工作战略一致性与行动协调性的丧失。因此，必须采取措施应对诸种挑战。本文认为，当前的紧要任务就是将“逆向调整”制度化，以便“逆向调整”工作有章可循、更具确定性。为此，至少要做好如下几个方面的工作。

第一，引导思想转变，以便正确认识干部平职调整中的“逆向调整”。也就是说，要促成一种新的思想意识，把干部平职调整中的“逆向调整”与问题干部的惩戒区别看待，不要在二者之间武断地、想当然地建立起某种

---

① 李先乔：《干部平职调整也需规范》，《中国组织人事报》2010年10月12日第4版。

② 中共江苏宿迁市委组织部课题组：《宿迁市干部平职调整工作的实践与思考》，《领导科学》2010年第27期。

联系，也不要主观臆测地将干部平职调整中的“逆向调整”与组织及领导跟自己过不去挂起钩来。需要注意的是，尽管呼吁和推进思想意识的转变是必要的以及重要的，但引导思想转变不能仅仅停留于口号之层面，需要同时采取民主沟通与民主决议等更为实际的措施。只有这样，思想转变才更具有逐步地实现的可能性，“逆向调整”制度化也才可能更为奏效、更具有务实性。

第二，践行民主沟通与民主决议，不要让调整工作沦为党组织的甚至是党组织内少数人的事。有论者曾指出：干部平职调整与一般意义上的干部交流、轮岗、补充不同，一般意义上的干部交流、轮岗、补充政策性与程序性都较强；而干部平职调整一般没有民主推荐、组织考察、任前公示等程序，往往也不征求干部本人意见。① 尽管近年来有所改进，但前述问题依旧广泛地存在于干部平职调整工作中，当然也存在于作为干部平职调整重要类别的“逆向调整”工作中。所以，必须设计和践行民主沟通与民主决议机制，而不能让调整工作沦为党组织的甚至是党组织内少数人的事。

第三，创新公共事务治理模式，最大限度地降低利用公权获取不正当利益的可能性。实际上，就干部平职调整而言，之所以会出现逆向调整难的问题，其中一个基本原因就是利用公权获取不正当利益的可能性没有得到有效管控，以致某些干部渐渐形成了权多权实就能获取更多弄权收益的错误认识。比如说，很多干部会对平职调整到国土、交通、煤炭资源、公共工程等部门或单位趋之若鹜，主要原因就在于在这些部门或单位能有更多的权力寻租机会；同时，目前针对这些部门或单位权力行使的监督机制又因不健全而未能有效遏制相应的权力寻租问题。因此，不断创新公共事务治理模式，最大限度地降低利用公共权力获取不正当利益的可能性也是“逆向调整”制度化的一个重要方面。

第四，重视那些干部们公认的劣势地区、劣势部门或单位、劣势岗位，尤其是处于偏远落后地区的劣势部门或单位以及劣势岗位。具体地说，可以给予被调整到劣势地区、劣势部门或单位、劣势岗位的相关干部以一

① 李先乔：《干部平职调整也需规范》，《中国组织人事报》2010 年 10 月 12 日第 4 版。

定的物质与精神嘉奖，可以在干部考核与提拔等方面给予被调整到劣势地区、劣势部门或单位、劣势岗位的相关干部以更具吸引力的政策待遇，可以从地区发展平衡化、部门权力分化再造、岗位津贴设计创新等方面着手去逐渐减小甚至消除不同地区、不同部门与单位、不同岗位间的优劣势差别，等等。

最后，需要补充说明的是，要逐步实现"逆向调整"的制度化，进而更有效地应对"逆向调整"面临的种种挑战，也像一般的干部平职调整工作规范化之实现那样：需要明确干部平职调整动议的前提，明确干部平职调整的原则，规范干部平职调整的提名工作，建立干部平职调整的竞争机制，加强对平职调整工作的监督；[①]需要一系列的规章、标准、计划与程序。但是，这些在其他既有的干部平职调整文献中已有较为细化和深入的讨论，而且相关观点与主张也同样适用于"逆向调整"，所以这里只是简单提及，而不进行专门的阐释。

五、结语

干部平职调整是一项复杂的政府工作，当前的干部平职调整也由于种种主客观原因而存在着渠道不够畅通、随意性大且封闭性强、被动调整成分比较明显等诸多的问题。[②] 对于干部平职调整及其面临的问题与问题的因应之策，既有的文献已有较多且较深入的讨论，本文在这些讨论的启发下，着重讨论了干部平职调整中的"逆向调整"之含义、挑战与制度化问题。当然，这里关于干部平职调整中的"逆向调整"之含义、挑战与制度化问题的讨论只是一个初步的尝试，更为细化与深入的阐述将留待以后的研究去完成。

（杨守涛，中共北京市委党校讲师）

---

① 黄涛：《注重干部平职调整工作规范性》，《中国组织人事报》2012 年 11 月 5 日第 6 版。

② 中共湖南湘西自治州委组织部课题组：《规范干部平职调整的调查与思考》，《领导科学》2012 年第 6 期。

基于公众参与的政府绩效问责机制研究*

曹惠民

【摘　要】 政府绩效管理研究一般需要解释或回答三个问题：第一，政府绩效水平如何；第二，如何进行相关的制度安排或设计以科学、客观地测度政府的绩效；第三，政府绩效评价资格主体的确定，核心是解决“谁来评价”的问题。我国的政府绩效管理仍然是传统的自上而下的管理导向模式，上级政府之外的社会主体参与有限，参与渠道有限，这使得政府绩效评价和管理远没有实现政府—社会的协同治理。本文在第三个问题的范畴内，着重研究问责机制建立的意义，明确了被评价的政府和其之外的社会主体之间的关系，通过问责机制建立政府绩效评价的倒逼机制，为政府绩效评价施加外部的动力或压力，从而促进政府绩效评价实现从“管理模式”向基于政府—社会协同的“治理模式”转变。

【关键词】 绩效问责　公民参与　制度建构

党的十八届三中全会所提出的“治理体系和治理能力现代化”的改革总目标为我国政府绩效管理的研究和实践提出了新的方向。传统的基于

---

* 基金项目：中央高校基本科研业务费资助项目（12LZUJBWYB088）。

自上而下路径的政府绩效管理模式一直是我国政府绩效管理的主导，它并没有摆脱“唯上”的行政传统，于是在实践中就出现了政府绩效评价无法回应社会公众的诉求、社会公众参与政府绩效评价的渠道有限等问题，这些问题的核心在于缺乏社会公众和政府绩效评价过程的耦合。由于分权思想的流行和地方政府裁量权的放大，在新公共管理和新公共治理的范式下，人们有必要重新反思政府与民众之间的关系。[①] 基于此，有必要建立一种政府与社会协同治理的政府绩效治理模式。我们期望通过基于社会公众参与的政府绩效问责机制的研究和实践，为政府绩效评价从传统的“管理模式”向“治理模式”转变提供理论准备，真正实现建立在政府—社会协同治理基础上的政府绩效评价机制，促进地方政府治理体系的完善和治理能力的提升。

一、政府绩效问责机制的概念及其构成要件

政府所使用的公共权力和资源的所有权人为全体国民，社会公众委托政府代表社会公众行使公共权力、整合公共资源，为社会公众提供优质的公共产品或服务。基于此，政府有义务接受人民的监督和质询。治理范式下政府绩效问责制能使公众参与和政府绩效管理机制的完善有机融合，为政府绩效治理机制的完善和改进提供新的路径。包国宪教授认为，在政府绩效评价过程中，公民和其他利益相关者的参与需要被考虑。公民参与对于提升政府项目的质量和政府机构的回应性具有至关重要的作用，可以增加政府的合法性和信任。[②]

（一）政府绩效问责机制的概念

目前，政府绩效问责并没有一个权威的概念定义，它是一个治理范式

① Ohsugi, Satoru, People and Local Government: Resident Participation in the Management of Local Governments', in Council of Local Authorities for International Relations (CLAIR) (ed.), Papers on the Local Governance System and Its Implementation in Selected Fields in Japan, 2007(1): pp. 4—33.

② 包国宪、王学军：《以公共价值为基础的政府绩效治理——源起、架构与研究问题》，《公共管理学报》2012 年第 2 期，第 89—97 页。

下的一个概念。一般情况下人们对于问责地理解往往是局限在特定的公共危机事件发生后对特定主体所启动的事后问责。政府绩效问责机制是将社会公众的充分有效参与嵌入到政府绩效治理整个过程的一种制度设计。问责的主体除了普通的社会公众，还包括国家体制内的人大机关和相关的审计机构以及国家机构之外的NGO。政府有必要就公共权力的使用、公共资源的整合过程和结果接受公众的质询或问责，同时就此向公众做出解释和说明，促进政府与公众之间的沟通与互动，政府与社会就政府绩效产生的过程达成共识。问责制度的设计是保证政府之外的相关社会主体行使民主监督权，有效、有序参与政府绩效治理的制度保障。本文主要探讨国家机构之外的公众参与政府绩效问责的制度设计。

（二）政府绩效问责机制构成要件

受新公共管理运动及政府绩效评估制度广泛运用的影响，管理主义取向的责任机制继承和发展传统民主问责，进一步探索了公民直接参与公共事务的途径，发展了社会问责的新机制，并使得问责重点从行政过程问责转向更为重要的行政结果问责。[①] 治理方式下的问责制更加关注行政系统与外界环境的交互关系，因此，实现责任不仅仅是政府的管理目标，而且还包含了实现良好治理、沟通政府与社会的工具价值，问责制建设也从政府的被动应对转化为政府积极的认识和主动的要求。[②] 政府绩效问责机制作用的发挥是一个多要素综合作用的结果，特别是针对国家机构之外的社会行动体而言，需要多重的良性互动，绩效问责机制才能发挥作用，促进政府绩效治理回路的实现。

政府绩效问责机制的要件既包括问责的理念、文化等软要素，又包括参与政府绩效问责的主体、客体以及相关的制度平台等硬要素。具体来讲，政府绩效问责机制构成的要件包括：1. 责任意识。主要是政府针对

① Christopher Hood. The "new public management" in the 1980s: Variations on a theme. Accounting, Organizations and Society. 1995,20(2/3):93—109.

② 王柳、陈国权：《论政府问责制与绩效评估的互动》，《国家行政学院学报》2007年第6期，第22—25页。

自己的政策和行为从观念和意识上建立的“责任地图”。2. 问责主体。也即明确谁来行使政府绩效问责的权利。除了传统的党和上级政府之外，还应该建立以公众和第三方机构为主体的社会问责机制，从而使党、上级政府以及社会公众成为政府绩效问责的主体。3. 问责客体。也即政府绩效问责的对象，它包括政府部门的领导及政府部门的工作人员，具体指对公共事务管理的行为和结果负有直接或间接领导责任的领导者以及不当履行(包括不作为或作为不当)职责和义务的公务人员。4. 问责的内容。政府绩效问责主要是针对政府应当作为但是没有作为的或作为不当的政策、制度或行为而开展的责任追溯机制。问责内容包括：(1)突发性的公共事件；(2)政府的重大决策失误或决策不当；(3)公职人员的工作态度和工作效率问题等；(4)其他的被社会公众提出质疑的严重危害或损害公共利益的属于政府(部门)的公共责任范畴内的事务等。5. 问责的机制和平台。目前，政府绩效问责制度和平台还是制度的盲区。虽然部分地区在积极探索，但是相关的制度设计并不系统、不完善。一般而言，它包括：问责的基本法律、问责的制度、问责的渠道与媒介、问责机制实施的结果管理等。此外，社会公众和当地政府对于问责的主观认知和认同就构成了问责文化的主要内容。

二、政府绩效问责机制作用机理分析

政府绩效问责机制是一个由问责主体、问责客体、问责的具体内容以及问责的路径等要素综合作用的过程。这些要素直接关系到政府绩效问责机制作用的最终效果。下面我们就结合政府绩效问责机制作用的机制模型(见图1)做一个简单分析。

首先，识别与确认政府的公共责任。这是政府绩效问责机制启动的一个前提条件。政府的责任如何界定？从政府的政策供给以及行为表现与社会公众的期望之间的关系看，只要政府的行为及结果不符合大多数民众的意见，或者政府的所作所为不是民众所期盼的，或者是损害民众的长期和短期利益的行为，都应该是政府的公共责任所在。其次，选择问责的渠道和方式。政府绩效问责的方式则主要据政府作为不当或不作为的

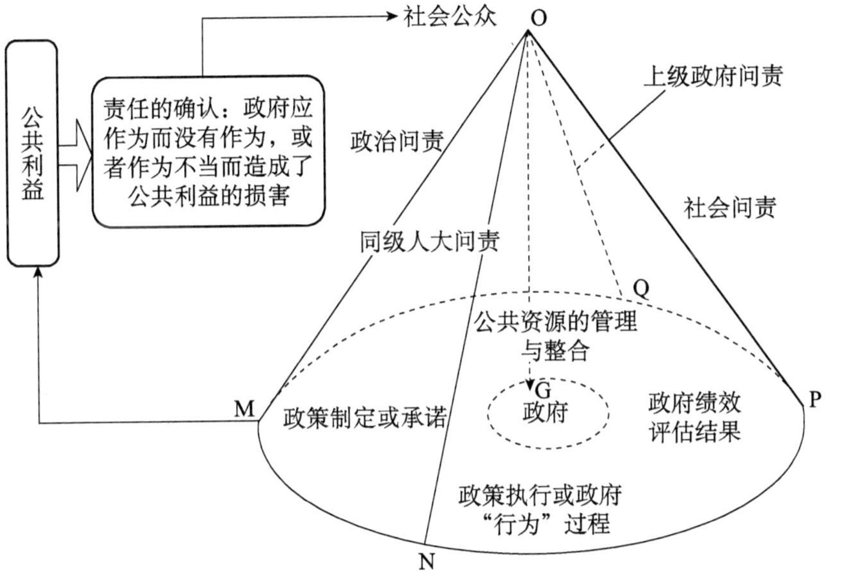

图1　政府绩效问责机制的作用机理示意图

后果的性质严重程度而择机确定，但是问责渠道和方式的选择需要有政府之外的社会主体的积极参与。公众应成为政府绩效问责的重要参与者、见证者和监督者。比如，在澳大利亚地方政府治理的过程中，通过增加社区公众的投票这种方式来促使政府透明度不断增加，为社会公众参与政府绩效问责提供相应的政策和制度设计。①再次，建立科学的绩效问责的程序。科学的问责程序是保障问责效果的重要要件之一。问责主体选择、问责过程设计以及结果管理等都应该建立相应的规范的制度或政策，从而保证公众能充分、有序地参与政府绩效问责。最后，问责结果的运用与反馈。政府绩效问责的目的在于促进政府绩效的提升与改善，最大限度地增进公共利益与价值。所以绩效问责结果的运用以及对社会公众尤其是问责主体的绩效问责信息的反馈就显得尤为重要，因为这是政府在下一个政策周期内"纠偏"的重要保证。

① Aulich C. From Citizen Participation to Participatory Governance[J]. Commonwealth Journal of Local Governance, 2009 (2):44—60.

三、政府绩效问责机制建构的对策思路

公共责任是民主政治时代的一种基本的公共价值取向，它要求政府必须切实履行自己对人民所承担的公共责任；政府绩效管理中既要保证管理人员及其行为对社会公众负责，对结果负责，又要提高政府管理的效率与管理能力。[①] 如果说，政府绩效管理作为政府绩效提升的重要“抓手”，那么问责机制则是政府绩效管理制度本身作用发挥的重要“抓手的抓手”，其价值已经得到了社会的认同，而且有些地方的实践取得了良好的社会效果。

（一）建立以社会公众参与为基础的多元化政府绩效问责主体

问责是在治理语境下构建的一种促进政府或其他公共部门履行其公共责任的倒逼机制。它的一个前提假设即实现政府绩效治理主体的多元化。逐渐将社会公众为基础的多元社会主体嵌入政府绩效治理的全过程，政府绩效问责主体的多元化需要政府与其他社会主体之间的充分有效的沟通。就政府绩效治理的议题达成广泛共识的前提下，使得社会公众能充分、有效地参与政府绩效产生的整个过程，掌握充分的绩效信息，才能将政府绩效问责落到实处。

（二）明确政府绩效问责的具体内容

政府绩效问责究竟“问什么”，我们必须科学界定这一问题。传统的行政问责内容不全面，行政问责缺乏普遍、公开的问责事由标准。要科学确定政府绩效问责的内容，我们认为政府绩效产生之前的公共政策的制定过程、政府在执行公共政策过程中的具体行为选择以及政府行为产生的绩效，加上公共资源在全社会的配置和管理，都应该通过人大的立法程序和政府的制度设计纳入政府绩效问责的具体内容。在整个政府绩效问责的全过程要积极引入社会公众的积极参与，制定科学、合理的问责标准

---

① 周凯主编：《政府绩效评估导论》，中国人民大学出版社 2006 年版，第 142—143 页。

以使问责内容明晰化。

(三)逐步建立、完善政府绩效问责的具体途径

问责途径的建立、完善是政府绩效问责有效、有序进行的重要保障。除传统的行政问责,我们应该逐步建立人大对政府及其相关部门的问责制度;公共媒体借助于其对于社会舆论的独特影响力,同样可发起、实施政府绩效问责(比如武汉的电视问政),武汉电视问政的持续推行表明,公共媒体机构同样可以成为社会公众参与政府绩效问责的具体途径或平台。Yang 和 Holzer 认为,政府绩效评估能够直接地通过公民参与绩效评价过程或者间接地通过公民对政府绩效的感知来促进公民对政府的信任,要通过建立制度安排、增加公民参与和沟通使得政府绩效与政府信任之间更好地进行连接。①

(四)建立政府绩效问责的惩戒和申诉为核心的保障机制

为保证政府绩效问责科学、健康运行,我们应该建立相应的惩戒和申诉机制,前者是保证政府及其部门切实履行其对社会所承担的公共责任,而后者是基于公正、公平原则而建立的一种旨在避免问责机制本身出现误差的一种救济保障机制。政府及其相关的部门在接受人大、政协或其他的社会公众问责的过程中,应该根据问责结果承担相应的责任;同时,政府及其相关部门也可以根据申诉机制向政府的决策部门或向社会做出解释和说明,以最大程度达成共识,避免问责机制本身的误差,通过问责机制的运行逐渐使政府及其相关部门培养“既对上负责,更对下负责”的新行政绩效观。

(五)积极培育政府绩效问责文化

绩效问责文化为政府绩效问责机制的运行提供了良性的“软环境”。问责文化的培育是一项庞大的系统社会工程,它有赖于政府自身的改革

---

① Yang, K., Holzer, M. The Performance-Trust Link: Implications for Performance Measurement [J]. Public Administration Review, 2006, 66(1):114—126.

与创新，有赖于政府与社会之间的充分、有效的沟通与互动，也有赖于政府之外的社会公众自身的素养的提升。当公共行政研究的范式和相关的制度重新设计时，政府和公民都应根据这种转变就改革的方式和手段等议题做好充分的准备。① 绩效问责制度的建立同样需要政府和社会公众做出改变。对于政府而言，要强化公共行政的公共价值、伦理教育；对于社会公众而言，要提升自身参与政府绩效问责的愿望、能力和水平，培养敢于问责政府、习惯问责的公民政治素养。

四、结论

绩效管理是一项系统工程，政府绩效问责机制能够保证政府绩效生产过程的优化，同时也为社会公众的有效参与提供了新的制度和平台，社会公众参与政府绩效的问责在一定程度上给政府及其部门的工作人员施加了外部压力，同时也是促进政府行政改革与创新的动力，问责机制也是促使我们的政府绩效管理向政府绩效治理转变的重要制度。地方政府治理体系的完善和治理能力的提升同样离不开政府绩效问责机制。

（曹惠民：中国矿业大学文法学院讲师）

① Gibson P D, Lacy D P, Dougherty M J. Improving Performance and accountability in Local Government with citizen participation[J]. The Innovation Journal: The Public Sector Innovation Journal, 2005, 10(1): 1—12.

干部道德考核实践的调研与反思

刘　勇

【摘　要】 干部道德考核一直是党委和组织部门考察干部的难点和弱点，这主要是由于道德本身很难量化，实践操作相对困难。近年来，各地对官德考核进行了积极探索，确定了考核内容，构建了考评体系，运用了许多考核方法。这些探索在实践中起了积极作用，但存在的问题也不能忽视。巩固实践成果，关照现实问题，进一步探索干部道德考核的完善路径，就要在关照核心价值体系的基础上，使干部道德考评常规化。在考核实践中，如果能充分把握道德规律，坚守干部道德教育的主阵地，就能收到事半功倍的效果。

【关键词】 干部　道德考核　调研　反思

干部考核一直是党政部门的重要工作，德、能、勤、绩、廉是考核干部的具体内容，其中德居首位，表明道德考核是干部考核的核心。但长期以来，“德”作为软实力，一直是党委和组织部门考察干部的难点和弱点。为破解干部道德考核的困局，从中央到地方的各级党政机关都进行了积极有益的探索和实践。从现状来看，在多年的实践中，考核也的确起到了很好的导向作用。根据中组部数据，81.9%的人认为其所在单位高度重视干部道德建设，而且75%的人认为实际效果良好。笔者在调研过程中也发现，官德考核的确成效明显，但存在的问题也不能忽视。

一、干部道德考核的现状调研

本人近年来一直关注干部道德考核问题，并对一些典型地区如浙江宁波、舟山、绍兴，河北沧州，湖南郴州，江西萍乡等地进行长期跟踪调研。笔者发现，各地在官德考核方面进行了卓有成效的探索，一方面各级党政部门在中央的指导下，基本建立起了一套完整的官德考核体系；另一方面，一些地方还根据自身特点或本地区的条件，采取“述、听、测、访、考、评”①等相结合的方法，多维度、全方位考察了解领导干部的品德。这其中许多做法具有很强的针对性的现实意义。

（一）干部道德考核的内容已基本确立

确定干部道德考核的内容是一个探索过程。2006年，宁波江北区探索建立干部道德考核量化体系，这一考核体系把干部“四德”，即“政治品德、职业道德、社会公德、家庭美德”作为内容，设计相应考核程序来评价干部道德。2007年1月4日，中组部、人事部印发的关于《公务员考核规定（试行）》明确提出：“德是指思想政治素质及个人品德、职业道德、社会公德等方面的表现。”这一《规定》基本确立了干部道德包括“四德”。2010年9月27日，习近平在中国浦东干部学院座谈会上的讲话再次强调领导干部的“四德”，要求始终保持道德品行的纯洁性。2011年11月，中组部印发了《关于加强对干部德的考核意见》（中组发〔2011〕26号），该《意见》一方面对“四德”的内容进行十分明确的界定，另一方面提出干部考核的第五项道德，即“个人品德”，考核个人品德，主要是考察“干部在公道正派、诚实守信、品行端正、情趣健康方面的表现”。至此，干部道德考

① 如绍兴市在考核官德方面就探索了公开“述德”、谈话“听德”、正反“测德”、社区“访德”、综合“评德”，拓展考察范围，不仅了解干部“工作圈”表现情况，更看重8小时外的“生活圈、社交圈”。参见《绍兴官员重用需经8小时外“透视”——干部提拔，先过道德关》，《浙江日报》2011年8月4日。

核的内容在组织层面得到确认;而且,现在各级组织考核官德,基本上都是以“四德”或“五德”为内容来设计考核程序。

(二)道德考核的指标体系已基本完善

根据笔者观察,各地对干部道德考核指标体系的设计大同小异,基本都是在“四德”或“五德”的基础上分解,然后进行制度化设计。宁波江北区的考核体系设计有一定代表性。他们把“四德”设计为四个一级指标、15 个二级指标、33 个三级指标,以此构建一个三层三类的道德考核指标体系。如“一级指标政治品德,权重为 45%,分解为政治立场(55%)、政治行为(30%)和政治学习(15%)三个二级指标,三个二级指标再进行细分,每个三级指标又设优、良、中、差四个评级标准。这样就构建了一套导向鲜明、系统全面的领导干部道德评价指标体系”。① 其他地区建立的考核体系与此大致类似,如江西萍乡市的干部道德考察评价指标体系“设立 4 个一级指标、18 个二级指标,设 5 个评价档次,分别赋予一定权重。总分为 100 分,对总体得分低于 80 分的,或某项一级指标得分少于该项分值 60%的,原则上不予任用。并对生活方式不健康等 10 种行为的领导干部一票否决”。② 以上个案所建立的指标体系虽大同小异,但这些考核体系的设计基本做到了客观全面,他们努力使道德评价成为衡量干部德行的有效标尺,在现实中具有较强的参考价值。

(三)道德考核的方法丰富多样

首先,各级组织基本沿用了传统的干部考核方法。目前,干部道德考核中广泛运用问卷调查、信息查阅、调研走访、座谈研究等方法来采集数据。也有一些地方采取个人述德、组织考德、群众评议、专项考核等方法来考核官德。这些方法多表现于群众的广泛参与,考察过程中,“既关注干

① 宁波市委政策研究室:《探索构建领导干部道德评价指标体系》,《领导科学》2011 年第 3 期。

② 卞民德:《江西萍乡量化考评领导干部道德表现》,《人民日报》2011 年 5 月 10 日第 11 版。

部的上级组织、下级职员和服务对象，又把调查范围扩展到普通党员和群众、‘两代表一委员’、社会组织、干部亲属及利益相关者等社会群体”[①]。另外，现代新兴的媒体及网络技术使广大群众直接参与成为可能，各类考核主体需要充分利用这些手段，搭建参与平台、拓宽参与渠道，让群众方便参与，乐于参与。其次，正反评德的有益尝试。正反评德是近一两年来，浙江、河北、湖北、陕西、广东等地探索实施的干部道德考核方法。以浙江为例，2011 年，浙江省研究制定的《浙江省领导干部德的考核考察评价办法（试行）》规定："正向测评是指通过正向指标，对领导干部德的表现情况进行民主测评；反向测评是指通过反向指标，对领导干部德的表现情况是否存在负面反映进行测评。正反向测评结果相互印证。"[②]除以上具体方法外，一些地方还探索实施了"德情档案"法、"政德监督"法等。这些方法一方面丰富了干部道德考核的内容，另一方面也使考核体系得以运转，增强了考核制度的可操作性。

从现有实践来看，干部道德考核的主旨是将评判权交给社会公众，力求做到制度公平、程序公正，搭建了党员群众参与干部道德测评的平台。更主要的是，现有官德考核方式方法层面的探索，具有较强的科学性、客观性和可操作性，这本身就是制度和机制完善协调的有效路径。而且，官德考核体系在实际运行中也确实收到了积极的效果，如干部更加关注道德修养、工作作风有了良好的转变等。

二、干部道德考核现实问题检视

目前，各地的实践探索为干部道德考核工作拓展了思路，其现实意义是毋庸置疑的，但是，正如浙江省委组织部的王利月所说："官德是人的一种内在本质，不像干部的工作实绩那样，能够通过直观的形式去直接了解和把握。"就是因为官德具有非直观性，从而导致对官德"显化""量化"考核存在诸多问题。

---

① 卢雄勇：《建立科学规范的干部道德考评体系》，《群众》2010 年第 10 期。

② 《浙江推正反双向测评干部德行不达标者不予提拔》，《人民日报》2011 年 7 月 29 日。

（一）官德量化考核的误区

官德量化考核的目标是把道德“显化”，在道德考核的方法上建立起一系列可操作的评价标准和考评指标。这种道德量化标准的设计无疑具有重要意义。但是，我们在使道德“量化”的过程中，量化标准的设计过于复杂。如宁波江北区的道德考核设计了各级各类的变量，每个变量都要经过一定的程序设计进行赋值，赋值后还要进行十分复杂的数学矩阵运算。[①] 在这种情况下，非专业人员根本无法介入或看懂这些运算方式，即使采用现代化的程序运算手段，数据采集和录入也是一项繁重的工作。其他一些地方干部考核评价体系设计正反两面的指标数合计也要 40～50 项，据介绍，这还是用了 KPI 法则。我们完全理解制度设计的初衷，如果指标体系设计粗糙简单，则无法达到真正的量化目标。但是，这种复杂的设计也必然违背干部道德考核的宗旨，因为考核指标、数据运算过于复杂，必然导致现实官德考核中出现形式重于内容的问题，这就偏离了干部道德考核的核心任务与关键领域，出现一定程度的“技术主义”。同时，为这些量化指标采集数据，也将花费大量的时间和精力，不仅会影响官德考核的实际效果，还会导致行政成本的急剧增加。

（二）手段与目的倒置现象

官德考核不是仅为考核而考核，考核只是一个手段，其最终目的是提升干部的政治品德和道德修养，在不断塑造完善自我的基础上，引领社会风气向重德向善的方向发展。依据笔者的观察，现在道德考核过于重视考核形式、考核过程，考核只注重评分结果，对干部道德建设的影响缺乏应有的关注。如果忽视干部道德考核的终极目标，官德考核就可能掉进杜克(Drucker)所说的“活动陷阱”（Activity Trap）。另一方面，现在官德考核体系无疑是一种制度化的设计，这种模式的主旨是将道德考核标准化、系统化、数量化。但是，道德对社会个体来说是一种内在的自觉，属“软约束”范

---

① 蒋旭灿：《宁波市江北区领导干部道德评价体系研究》，同济大学 2006 年硕士学位、论文，第 36 页。

畴，而且，道德的主体色彩十分强烈，用千人一面的方式来考核，本身就是一种悖论。在现实道德考核实践中，许多打分者都是将“优”一钩到底，而且大多数领导干部得分在90分上下，根本没有分数差距。这就不得不让人怀疑分数到底有没有意义？江北区组织部张亦平这样解释：“考核分数仅是参考标准，评价干部的道德，还要综合组织部门综合考察，单纯根据道德考核分数来决定是否任用在实践中是不可行的。”从干部考核的历史经验来看，如果组织部门综合考察真正得到有效运用，干部道德就能够得到客观的评价，那么再建立这样复杂的“官德考核体系”是否必要？

（三）过程与形式的变异问题

现在各地的实践探索实质上是干部道德的民意调查，但是，道德考核的依据是考评主体的主观判断和评价，各级领导、同事、服务对象、邻里，都与考评对象有着各种关系和感情联系，仅凭考评者的印象、好恶很难确保考评的客观公正性。正如罗伯特·劳旦所说：“我们很难知道一个有德性的人处在我们的地位会如何去做，毕竟德性不是日常的行为规范。”① 更何况，干部道德考核最重要的并不是“尺子”的刻度精准与否，而是要形成一种崇尚道德的导向。另一方面，道德量化考核的中心环节是将评判权交给社会公众、组织领导、工作同事和服务对象等知情人，考核过程中，当前的制度供给仍无法避免“跟风”“关系”“作秀”“掺水”等社会现象。这就使得部分地区干部道德考评环节流于形式，群众参与比较消极。有些地方的官德考核甚至被一些舆论或学者称为蒙骗群众的花架子、吸引上级眼球的政治秀。解决这些问题一方面需要培养党员群众的权利意识和民主素养，另一方面需要不断完善制度机制，进而形成真正的约束力量。但从现状分析，这两个条件形成尚需时日。

综合来看，对人的道德进行评价，是一个世界难题，更何况我们现在要评价的是党政干部的道德。仅从我们调研的省份来看，群众评价官德的氛围还未形成，参评者对参照标准的理解有相当的误差。中组部赵湘

① Robert B. Louden, “On Some Vices of Virtue Ethics”, in Virtue Ethics: a Critical Reader , Edin-burgh: Edin-burgh University Press, 1977, pp. 180—191.

江也承认：干部道德评价体系还有一些有待进一步完善的地方。笔者罗列干部道德考核的现实问题并不是否定考核体系存在的必要性，相反，本文正是在肯定其现实意义的基础上，指出问题，并希图通过各方努力来解决现实的困境，并使官德考核回归其价值目标。

三、完善干部道德考核的路径探索

干部“道德考核”这一概念本身就蕴含着双重含义，从词义来看，“考核”的实质是表述制度机制，而道德偏重于诠释伦理价值。所以，考核干部道德，既要构建制度机制和弘扬程序正义，又必须关照政治伦理和培育干部个体道德。如果以这种“双重内涵”为基点，探索干部道德考核的完善路径，应该把握以下几个原则。

（一）干部道德考评的常规化

干部道德是一种持续的、并伴随其终生的内在约束因素，它内在的表现是干部的道德素养，外在的表现是干部的道德行为，道德行为直接受道德素养的影响和指导，这种内外互通的作用过程也是持续的、稳定的。所以干部道德考核也必然要坚持持续性、稳定性，而不宜采取运动式、突击式的方式。基于这样的理念，干部道德考核也要常规化：一要搭建平台，使群众广泛参与官德评价。干部所在单位要建立经常性的道德日志，对干部的各类道德表现进行客观记录，建立道德档案，为干部选拔、任用和年终综合评议提供依据。另外，运用现代化网络和自助终端设备，使群众能够在工作闲暇或茶余饭后通过终端设备进行评价，考评系统根据群众输入的相关数据，在后台自动生成阶段性的考核结果。运用现代设备同时结合组织走访、个别访谈、召开座谈会、民主评议等传统的干部考核方式，让评价主体敢于参与、方便参与。二要不断扩大考核主体。官德考核的准确性取决于参评人员是否广泛。考核干部道德，不仅广泛听取普通党员和群众、干部服务对象、“两代表一委员”、干部亲属等多方面的意见，还要征求统战、纪检监察、民族宗教、安全生产、上级部门、下级单位的意见。总之，要延伸“官德”考核纬度，变单向考核为多向、综合考核。

（二）关照社会主义核心价值观

党的十八大报告提出："用社会主义核心价值体系引领社会思潮、凝聚社会共识……积极培育和践行社会主义核心价值观。"社会主义核心价值观的总结和提炼，一方面为干部道德考核体系建立了目标导向，一方面也必然会影响干部的行为和道德实践，并成为干部道德考核的关键内容。核心价值观关于个人修养包括四方面内容，简洁凝练，内涵丰富并自成体系。爱国、敬业是基础原则，诚信是核心内容，友善是价值目标。在社会主义核心价值观的观照下，干部道德考核一方面可以简便考核程序、优化考核内容，提高官德考核的可操作性和实效性；另一方面，社会主义核心价值观本身就是一种价值取向，这在实际应用中为官德考核确定了最终的价值目标，在这一目标导向下，干部道德考核避免了"为了考核而考核"、为了制度而制度的怪圈，被赋予了全新方向定位和价值目标，即社会和谐向善氛围的营造和干部主体"本我"的重塑，从而最终跳出"活动陷阱"。

（三）道德考核要把握道德规律

干部道德考核的核心是"道德"，道德本身属伦理范畴，道德的培养、发展、演变有其独特的规律性，所以，官德考核体系的建设和完善，也必须以遵循道德本身的发展规律为前提。理论研究表明，道德的本质就是在社会或共同体中建立一种秩序[①]，并最终实现人际关系的和谐。而"政党道德"自然也不会出离这样的目的。关于道德规律的学说众多、观点各异，但对于干部道德考核来说，关键性的规律可以概括为两种，一是由他律而自律，由自律而道德；二是主体客体化，客体主体化。对中国共产党来说，通过九十多年的革命和建设实践，已经形成了自己独特的政党道德规范和执政伦理。这些规范和伦理只有转化为党员和干部的个体道德，政党的道德伦理才能真正得到实现。党的道德理念通过干部道德考核的

---

① 这种观点已经成为一种共识，因为任何一个社会或组织只有在秩序中才能正常运行，而道德的根本目的就是建立这种秩序。参见洪谦：《逻辑经验主义》（下），商务印书馆1984年版，第634页。

制度化设计，不断地向党员干部传递，党政干部基于自身的道德理念对政党的伦理规范进行吸收和理解，进而内化为他们内在的行为准则和价值规范，并在现实中转化为干部的道德活动。[①] 这样就实现了客体主体化和由他律到道德的演进。基于这种认识，我们再去观照干部道德考核的实践过程，通过认识规律、运用规律，干部道德考核就能收到事半功倍的效果。

（四）必须坚守干部道德教育的主阵地

伦理道德有其本质特性，道德的问题必须诉诸道德的方法来解决。古今中外的历史经验都在明示，重视道德教育、崇尚治学修身是培养道德的最优路径。既然道德教育与干部道德考核有着相同的价值目标，那么，当前做好干部道德考核工作，必然要把二者有效结合起来。当然，我们新时期的道德教育，必须反对简单化、绝对化、脸谱化的教育；我们倡导治学修身，也必须坚决反对浅学、空学、假学、歪学、死学。教育和治学要坚持其应然原则。一方面，道德在本质上源于人与人生活中的社会交往活动，而作为干部职业道德的政治品德，本身就是干部生活的一部分。所以，干部道德考核要以日常性考核机制为基础，建立常态化的干部学习制度、干部教育制度。即把干部道德教育、道德考核渗透并融入干部的日常生活、工作和学习中。只有将道德教育考核与干部个人的生活经验相融合，成为其政治生活和日常生活的一部分，道德的教育和考核才能真正发挥作用。另一方面，要不断地引导干部主动学习，自觉提高道德素养。领导干部要把“德”放在首位，养成良好的学习习惯，勤学、善思，自觉加强党性锻炼，以德修身。

四、结论

综合以上，干部道德考核，既是公民政治社会化过程，也是服务型政

---

① 任何道德指令和信条在本质上都是抽象的，只有把抽象的道德与特殊的社会环境结合起来，将道德变成具体的社会行动，道德的律令才有意义。参见唐凯麟：《伦理学》，高等教育出版社 2001 年版，第 166 页。

党建设过程，更是政治伦理的社会传递过程。首先，干部道德考核，在本质上是一种群众参与的政治过程。学者李图强认为："政治生活既是一种学习过程，也是一种选择的结果。"①群众在参与干部道德考核过程中，受到了锻炼、教育和培训，使其提高了民主素质，掌握了参与技能，增强了主体意识，从而成长为一个合格的、理性的政治人。通过政治参与，社会个体将执政党所确认的理想信念、政治思想、民主观念、政治标准、行为方式等内化为自己的政治信念，这就是公民政治社会化。其次，干部道德考核的目的是通过强化干部道德考核重塑干部政治品格，使他们忠于党的理想信念，践行执政党服务于民的宗旨。正如党的十八大报告所要求的，"任何时候都要把人民利益放在第一位，始终与人民心连心、同呼吸、共命运，始终依靠人民推动历史前进。"②真正做到情为民所系、利为民所谋。再次，道德的示范效用。人的道德素养的培育和道德自觉行为的形成固然需要理论的指导和精神的教化，但更需要道德模范的引导和伦理榜样的示范。"特别在政治道德化传统深厚的中国，社会道德风尚的纯化主要依赖于在社会政治舞台前沿的为政者道德表率作用的充分发挥。为政者的道德素质状况决定性地制约着百姓的道德风貌，因为为政之人就是教育者，是'化育'他人之人。"③中国共产党的宗旨既然是执政为民，党的干部必然要站在社会道德的最高点上。所以，十八大报告明确要求党员干部"做社会主义道德的示范者、诚信风尚的引领者、公平正义的维护者，以实际行动彰显共产党人的人格力量"。干部道德考核的最终旨归是促使党政干部提高伦理素质，培育高尚的道德情操，在执政活动中不断向社会传递道德信念，从而对广大群众产生示范作用。

（刘勇：中共浙江省委党校副教授）

① 李图强：《现代公共行政中的公民参与》，经济管理出版社2004年版，第72页。

② 胡锦涛：《坚持沿着中国特色社会主义道路前进　为全面建成小康社会而奋斗——在中国共产党第十八次全国代表大会上的报告》，《人民日报》2012年11月18日。

③ 黄明理：《社会主义道德信仰研究》，人民出版社2006年版，第288页。

论法治政府建设要营造五个“法治友好型”环境

王华华

【摘　要】 作为社会主义国家，我国人民享有广泛的、真实的民主，法治政府建设应当保证法律的正当性和至上性，适宜“以权利制约权力”，实现人民监督政府与政府服务人民的有机统一。改革开放三十六年来，我国法治政府建设既取得了巨大成就，也还存在需要变革的不足，而推进法治政府建设的步伐，必须营造法治变革所需要的五种“法治友好型”环境，即：创造一个符合社会公正的社会资源分配环境，营造一个满足人民民主“真实性”的立法听证环境，建设一个“为人民服务”的服务型行政环境，培育一个社会成员互信的社会资本环境，构建一个治理腐败的公正民主和谐的司法环境。

【关键词】 法治　法治建设　变革　友好型环境

党的十八届三中全会《决定》提出，“建设法治中国，必须坚持依法治国、依法执政、依法行政共同推进，坚持法治国家、法治政府、法治社会一体建设”[①]，而法治中国建设的核心，关键在于建设法治政府。建设法治政府，既是维护社会公平正义的需要，也是维护人民群众根本权益的需

① 《中共中央关于全面深化改革若干重大问题的决定》，人民出版社2013年版，第23页。

要。事实上，改革开放三十六年来，我国治国方略顺利实现从人治走向法治的转型。从2008年开始，最高人民法院把“三个至上”，即“党的事业至上、人民利益至上、宪法法律至上”确立为人民法院工作指导思想。从2009年最高人民法院开始实施的《第三个五年改革纲要》，首次明确司法体制和工作机制改革是政治体制改革的重要组成部分，从“满足人民群众的司法需求出发”，列出六大任务，强调“司法为民”。党的十八届三中全会再一次从“建设法治中国”的高度，来强调法治建设的重要性。法治建设是一个渐进的过程，但是当法治陷入一个停滞不前或比较紊乱的境地时，又需要实施有效的变革，以推进法治发展的步伐。建设法治政府，无疑是推进“法治中国”建设的不二路径。

一、我国改革开放三十六年来法治政府建设的成就

作为社会主义国家，我国人民享有广泛的、真实的民主，法治政府建设应当围绕法治的基本内涵，保证法律的正当性和至上性，适宜“以权利制约权力”，实现人民监督政府与政府服务人民的有机统一。新中国建立六十多年以来，特别是改革开放三十六年来的法治政府建设，取得了巨大的成就，主要表现在：

（一）“有法可依”：立法及法制建设逐步得到完善

建设法治政府，必须让政府有法可依，就是实现政府内部管理法治化和政府对外管理与服务法治化的统一。改革开放以来，我国为了社会主义市场经济建设“有法可依”，不断加强立法工作，社会主义法律体系初步形成。党的十四大报告明确提出要加强立法工作，特别是要抓紧制定和完善保障改革开放、加强宏观经济管理、规范微观经济行为的法律法规。按照这一要求，我国围绕社会主义市场经济的主要环节，开始构建社会主义市场经济法律体系框架，《公司法》《合同法》《中国人民银行法》《劳动法》《对外贸易法》等各类规范市场主体、维护市场秩序、完善宏观调控、建立社会保障制度、促进对外贸易等方面的重要法律陆续颁布，一批民商、经济、行政、社会领域的法律法规相继制定。与此同时，随着2004年新修

《宪法》的出台,《刑法》《刑事诉讼法》《民事诉讼法》也重新修订,《国家赔偿法》《行政处罚法》《行政复议法》《立法法》等综合性行政法律颁布实施。这一时期,我国共制定、修改法律190件、行政法规353件,构成中国特色社会主义法律体系的各个法律部门已经齐全,以宪法为统帅,由法律、行政法规、地方性法规和规章组成的中国特色社会主义法律体系初步形成。党的十八届三中全会提出建设"法治中国",标志着我们党对建设中国特色社会主义法治国家的规律,对中国共产党执政的规律,对以法治保障科学发展、构建和谐社会的规律,都有了更加深刻的认识和更加全面的把握。

(二)有法必依:普法及法治观念逐步深入人心

我国改革开放三十六年的法治建设,在法治观念方面也取得了巨大进步。建设法治政府,必须始终坚持尊重法律的权威性,也就是"有法必依",这就要通过普法使得法治观念逐步深入人心。从1985年开始,我国开始执行每五年一个区间的普及法制教育。"一五"普法期间,广大民众主要学习了宪法、刑法、民法通则、婚姻法、继承法、经济合同法、刑事诉讼法、民事诉讼法(试行)、民族区域自治法、兵役法和治安管理处罚条例(简称"十法一条例")的有关基本常识。[①] 经过二十五年的法制宣传教育,我国在全体公民中普及法律常识,从"人治"到"法治",从"法制"到"法治",依法办事、依法理性维权等法治精神理念得到传播。依法治国在改变中国社会的同时,也改变着人们的观念,法治、民主、自由、人权、公平、正义等理念正潜移默化地影响着人们的价值观念,融入人们的生活方式。法律意识是人们对法律的基本看法,并基于这种看法而形成的对法律的一种认识、心理和态度。法律意识不是从来就有的,它是社会法权关系和法律现象在人们头脑中的主观反映,因此,需要政府的灌输和培育法治意识。改革开放三十六年来,政府对于法治建设的推进,使我国民众的法律意识得到了前所未有的提高,法治观念逐步深入人心。

---

① 何勤华:《改革开放30年与中国的法治建设》,《红旗文稿》2008年第21期,第2—5页。

（三）执法必严：执法及司法工作逐步走向公正

推进法治政府建设，必须在司法领域里贯彻“执法必严”的原则，以改革和完善司法制度来确保执法及司法工作逐步走向公正，保证人民群众的生命和财产安全权利得到实现。我国在法治政府建设过程中，特别是在司法领域，从1980年到1990年，司法制度从重新确立方向，到逐步开展改革的试点，到1999年后走上了成熟和稳健的制度建设之路。1999年10月，最高人民法院发布了第一份《人民法院改革五年纲要》，对1999—2004年间的司法改革提出了一系列方案、措施、目标和方向。2005年10月，最高人民法院发布了《人民法院第二个五年改革纲要（2004—2008）》，规划了全国法院系统第二轮改革的目标和措施。该纲要比较审慎、稳妥，其突出表现就是2006年死刑复核权的收归。与此同时，1979—2010年间，最高法院（院长）共向全国人大作报告32次，法院的工作正式进入了“向人大负责、受人民监督”的阶段。改革开放三十多年来，我国执法及司法工作逐步走向公正，司法改革在审级制、管辖制、证据制、诉讼形式、死刑问题等方面，都实现了重大的突破。此外，法院建制低专业化问题、合议庭功能强化和裁判权威性树立机制、诉讼标的金额作为案件划分标准、对判断案件裁判结论正确与否的简单二分法、审判实践中的形式主义和“搭便车”、裁判的公开性等也都获得良性发展，执法及司法工作也逐步走向公正。

（四）依法行政：行政及公共服务逐步迈进法治化

我国在法治政府建设方面，特别是改革开放以来，始终坚持“依法行政”，“用制度管理好权力”，政府依法行政以及在提供公共服务方面逐步向法治化迈进，并且基本实现了建设法治政府的目标，使得行政管理能够在遵循合法行政、合理行政、程序正当、高效便民、诚实守信、权责统一等的基本要求下有效“依法行政”[①]。改革开放三十六年来的行政法治建设成就集中体现在三个层面：一是基本上建立起一套用以规范、监督行政

---

① 高铭暄、陈璐：《当代我国职务犯罪的惩治与预防》，《法学杂志》2011年第2期，第1—8页。

权与维护、拓展公民权利的依法行政体制和机制。我国先后颁布实施了《行政诉讼法》《行政处罚法》《国家赔偿法》《行政复议法》《立法法》《行政许可法》和《行政法规制定程序条例》等一批重要法律、法规，基本实现了有法可依，为依法行政提供了制度保障。二是基本上实现了公共行政管理的制度化、规范化和程序化，依法行政的能力和水平得到显著提升，公务员的品行涵养得到明显的增强。三是在推动政治民主化、经济市场化、社会和谐化、发展科学化方面作出了重要贡献。行政立法的民主性和科学性明显提高，公众和专家能够更广、更深地参与行政立法过程；行政执法积极探索新思路，决策与执行分离、综合执法、执法责任制等实践创新，使得执法绩效得到明显改善；积极探索建立健全多样化的行政纠纷化解机制，行政监督救济作用得到进一步发挥，依法行政对经济、社会协调发展的推动作用越来越大，其重要性逐渐获得人民群众的广泛认同。

二、加快法治政府建设需要营造五个“法治友好型”环境

改革开放三十六年来，我国法治政府建设在取得巨大成就的同时，也还存在着一些不足，主要集中在四个层面：一是政府“有法可依”方面需要继续完善，宪法、普通法与特殊法的法制文本之间尚存在逻辑冲突，在司法执行、行政执法中造成了一定困难。比如《土地管理法》与《农村土地承包法》之间就保护耕地与征地建设方面就存在逻辑冲突，难以有效执行。① 二是政府在做司法工作方面还时常陷入“依国法”与“依政策”“依指示”“依民意”的困境，法治的基本精神“以事实为依据，以法律为准绳”尚难以有效贯彻。三是政府还没有理清司法途径的低效性与人民调解、上访的相对有效性之间的矛盾，因为司法途径的“排期开庭”等运作周期长、成本大让当事公民“等不起”“伤不起”，而人民调解、上访途径又相对有效一些，这就容易侵蚀法治的权威性。四是政府在政治体制、司法体制内的腐败问题并未消除。法治政府建设存在的不足，虽然不是矛盾的主

① 王华华、陈国治：《我国城市化中土地征收引发的群体性事件防控研究》，《求实》2011 年第 10 期，第 17—24 页。

要方面，但马克思主义告诉我们“绝不可轻视矛盾的次要方面，因为矛盾的主次方面在一定条件下会相互转化”，为了不使法治政府建设存在的问题扩大化，迫切需要从“减少社会矛盾或制造社会矛盾根源”的视角为我国法治政府建设营造五种“法治友好型”环境。具体如下：

（一）创造一个符合社会公正的社会资源分配环境

在全面深化改革的新时期，我国推进法治政府建设，是为了营造一个稳定与和谐的社会环境。如果一个社会的社会问题突出，犯罪行为和群体性事件频发，那么这个社会的法治建设文明程度一定是偏低的。改革开放三十六年来，我国经济建设在“允许一部人、一部分地区先富起来”的政策下取得了巨大成就，但是社会贫富差距问题也在“先富带动后富、最终实现共同富裕”政策执行不力的情况下凸现出来。改革是解决中国经济建设与法治建设问题的根本途径，改革是要在资源优化配置的“帕累托最优”的基础上实现“最广大人民的最大的幸福”，而目前中国贫富差距扩大化的现状以及凸显出来的一系列诸如“仇富”心理、“仇官”心理、经济犯罪、高房价下的“房奴”与“蜗居”、私营企业剥削严重、社会弱势群体的群体性抗争等社会问题，[①]都构成了对我国法治建设的致命性冲击。法治建设绝不是要更多的警察来维护一个社会的秩序，正相反，“一个社会的警察越多，这个社会越不稳定”。马克思主义认为，“经济基础决定上层建筑”，而经济基础的核心在于创造一个“什么样的社会财富所有制”问题，所以，推进中国法治建设，势必要营造一个符合社会公正的社会资源分配环境，许多起因经济的犯罪问题和社会贫富差距造成的矛盾也会随之减少，使得中国社会更加公正、更加和谐，法治因而得以昌盛。

（二）营造一个满足人民民主“真实性”的立法听证环境

当前，我党开展群众路线教育实践活动以来，最需要让干部“为民”“务实”“清廉”起来，最有效的办法就是“民主办事”“减少冲突”。现阶段，

---

① 李林：《立法过程中的公共参与》，中国社会科学出版社2009年版，第182—188页。

我国立法听证还不够真实和民主,“半截子”立法听证盛行,即采取形式上的听证,而在听证之前已经做好相关决策,听证流于形式。如发改委每次发布关于调整石油价格的听证会均是“逢听必涨”会,根本没有顾及民意;①,又如2011年个税起征点的听证,23.7万条民意中的85%反映个税起征点太低,“个人所得税”的“增加财政收入”迹象明显而“调整收入差距”的个税精神实质缺失。但是民众的民主“民意”打不动官僚机构和官家的意愿,递交提案时仍以3000元为起征点,虽然后来调整为3500元通过,但是听证的话语权仍然不够民主。立法机关之外的有关部门虽然无权审议和表决法律案,但他们实际仍然对全国人大及其常委会的审议和表决起到重要影响。由于政府部门以及其他国家机关在国家机构体系中实际所处的政治地位,使得立法机关组成人员对他们的意见需要给予足够的重视和考虑,而且法律制定后最终要靠有关的部门去执行,如果政府相关部门对法律案的有关规定持反对意见,立法机关必然会担心法律规定后的执行问题而受其影响。要推进法治政府建设,必须建设一个合乎人民民主的“真实性”立法听证环境,必须让立法中的公众能够有效参与立法听证,使得听证会不再是专家的一言堂或“半截子”听证会。

(三)建设一个“为人民服务”的服务型行政环境

推进法治政府建设,政府必须根据经济社会发展实际,对现有政府服务进行规范,既有利于政府搞好服务,又有利于政府开展工作。政府工作的出发点和落脚点就是为人民服务,政府要适应社会结构深刻变动的新形势,适应人民群众日益增长的新需求,按照财权与事权相匹配的原则,进一步搞好顶层设计,科学界定各级政府的服务范围和内容,不断提高政府服务水平。要以服务型政府建设推动法治政府、责任政府和廉洁政府建设,推进政府决策科学化、民主化、法治化,进一步提升政府管理和服务水平,做到在管理中服务,在服务中管理,实现管理与服务的有机结合,更好地为社会服务、为企业服务、为人民群众服务。要以逐步缩小城乡基本

① 郑言:《正确看待新中国60年的法治建设》,《探索》2010年第1期,第47—51页。

公共服务差距为突破口，继续加大对就业、教育、卫生、文化等公共服务领域的投入，努力为人民群众提供更多更好的基本公共服务。政府只有解决好基础教育、卫生医疗、失业养老保障、公共安全和环境保护等基本公共服务供给不足和分配不均问题，才能有效化解社会矛盾或不至于增加社会矛盾，才能减轻司法工作的负担，为推进我国法治政府建设贡献力量。

（四）培育一个社会成员互信的社会资本环境

我国法治政府建设取得成就的一个重要原因在于普法教育的成功。公民有了法律意识，而却不“依法办事”、不相信法律、“信访不信法”等，那么法治仍然是难以有效发展的。信任被普遍认为是除物质资本和人力资本之外决定一个国家经济增长和社会进步的主要社会资本。社会信用体系的构建对于增强“信任”的社会资本具有直接的作用。然而，处于转型时期的中国社会，市场经济的发展引发了一系列的信任危机，这些信任缺失具体表现在经济领域、政治领域、日常生活领域。在经济领域，假冒伪劣与商业诈骗、不守契约、合同履行效率低、债务纠纷、恶意逃废债务的现象屡见不鲜。经济层面信任缺失影响到经济交易的稳定和扩张，加大了经济交易过程中预付成本和交易成本，降低了经济效率；同时也扰乱了业已建立起来的社会主义市场经济法治秩序，弱化了市场功能，妨碍社会主义市场经济的发育。在日常生活领域，成员之间缺乏诚信与合作，不能形成普遍的认同，村舍邻里关系恶化、城市社区邻里关系冷漠等不信任心理是一种弥漫性的社会排斥和歧视机制，[①]会侵蚀和破坏个体对他人、对社会的认同和责任感，造成社会疏离，增加社会风险，影响社会整合。[②] 所以，当前，推进我国法治政府建设，必须在前述公正的社会资源分配环境、“真实性”的立法听证环境、服务型行政环境的营造中，培育出一个社会成员互信的社会资本环境，才能使人们“懂法、信法、守法、护法”。

---

① 徐斐：《论政府在社会资本培育中的作用》，《改革与战略》2009 年第 12 期，第 70—73 页。

② 王华华：《政治信任：实现“中国梦”的群众基石》，《山东行政学院学报》2014 年第 2 期，第 25—31 页。

(五)构建一个治理腐败的公正民主和谐的司法环境

推进法治政府建设,司法建设与改革是关键。司法的重要性在于通过按照"有法可依、有法必依、执法必严、违法必究"的要求进行司法、执法、打击腐败工作,使得国家在惩罚违法行为的同时,起到警示社会成员"不要违法"的作用。司法工作能否顺利进行,治理腐败是关键。营造一个治理腐败的公正、民主、和谐的司法环境,必须:(1)以公正高效权威的司法制度为基础,解决好司法权与其他权力的配置及司法权内部配置的问题,减少司法部门的冲突;(2)化解司法体系内部的矛盾,营造和谐的司法环境,主要是整合诉讼秩序、调整法院内部以及法院之间关系、完善法院调解与人民调解之间关系等;(3)实行各种便民的司法措施,司法建设应确保公正的实现,尽可能遏制司法不公,消除司法腐败,这既依赖于宏观层面的整个社会公正及廉洁程度的提高,又需要全方位改革司法制度,包括全方位完善司法程序、建立健全法官惩戒制度、严惩司法人员的违法犯罪行为制度、改进对司法权的监督方式、促进司法的职业化和精英化等。构建一个治理腐败的公正、民主、和谐的司法环境,才能真正促使我国法治政府建设走向科学、民主、文明与和谐。我国法治政府建设必须依靠建构上述五个"法治友好型"环境,才能实现法治友好型变革,推进"法治政府"建设登上"法治中国"的美丽大楼。

(王华华:中共无锡市委党校教务处)

（五）总结地方改革实践

如何创新行政管理方式
——以成都为研究样本

赵汝周

【摘　要】“创新行政管理方式”是党的十八届三中全会提出的要求，如何推进行政管理方式创新呢？首先，推进行政管理理念创新；其次，推进行政管理实践创新，主要包括：推行“三问三视”群众工作法，推行“问题管理”工作法，推行“加减乘除”工作法，推行“契约化”管理法，充分利用好现代网络信息资源。通过成都创新行政管理方式的实践探索，得到三点启示：一是创新行政管理方式要坚持从实际出发，着力解决民生问题；二是创新行政管理方式要始终围绕科学发展总目标，充分调动群众积极性；三是创新行政管理方式要牢固确立以人为本的理念，以群众满意为第一标准。

【关键词】　行政管理　方式创新　成都实践

党的十八届三中全会决定指出：“必须切实转变政府职能，深化行政体制改革，创新行政管理方式”。行政管理方式创新，就是以创新的思维模式提出有别于常规或常人思路的见解为导向，利用现有的知识和环境条件，改进或创造新的工作方法，并能获得一定有益效果的行为。如何推进行政管理方式创新，加快建设法治政府、创新政府、廉洁政府和服务型政府，增强政府执行力和公信力，努力为人民提供优质高效服务呢？下面结合成都市近年来的有益探索与实践进行论述。

一、推进行政管理理念创新

理念决定行动，行动产生效果。只有新的理念，才能产生新的效果，任何创新都必须从理念创新开始。行政管理理念决定了行政管理的基调，因此，创新行政管理理念，要坚持以人为本，秉持公平正义价值原则。① 近年来，成都市在坚持"服务理念""法治理念""公开透明理念""公平公正理念"的基础上，又推行三大新的管理理念。

（一）以"现代行政文化"理念推进行政管理方式创新

现代行政文化，就是使先进文化透过表层进入肌体及灵魂，构建行政行为内在的生命力。② 行政文化是公共行政的灵魂，对公共行政起到定向作用、动力作用、规范作用、评价作用。③ 成都市在政府管理实践中，以行政文化推进行政管理方式创新，打造服务型政府的升级版。其主要措施包括：第一，加强行政精神文化，提升公务员思想素质。第二，建立健全行政制度文化，保障政府管理运行的规范性。第三，切实抓好行政行为文化，提升公共行政执行力，主要以提升公务员的"学习力""执行力"、"信息力"和"协同力"为内容，建设高素质的公务员队伍。第四，注重打造行政环境文化，营造良好的服务环境；成都市既重视硬环境文化，更重视行政软环境文化，主要在四个方面加强行政软环境文化：着力营造开明、开放的思想环境，着力营造重商、亲商的服务环境，着力营造诚信、守信的信用环境，着力营造公平、公正的法制环境。

（二）以"哲学＋数学"的工作理念推进行政管理方式创新

"哲学＋数学"的工作理念是现任成都市市长葛红林一直倡导和践行

---

① 王绪成：《我国政府管理创新的着力点》，《人民论坛》2010 年第 29 期，第 64 页。

② 曹振华：《构筑现代行政的文化精神》，《行政与法》2003 第 2 期，第 10 页。

③ 周文彰：《用行政文化创新推动行政体制改革》，《北京联合大学学报》（人文社会科学版）2013 年第 2 期，第 71 页。

的管理理念。他认为，哲学使人深刻，数学使人精确。如果能够把二者有机结合起来，哲学思考、数学工作，做到刚柔并济，既能辩证地看待问题又有缜密的逻辑思维能力，既有开阔的工作思路又有严谨的工作作风，就一定能把事情做好、做优。[①] 葛红林已连续三任成都市市长，他在主持成都市政府工作十多年来，始终坚持“哲学＋数学”的工作理念，用马克思主义哲学思想处理发展、改革和稳定的关系。

（三）以“精细化管理”理念推进行政管理方式创新

精细化管理是一种文化。它是源于发达国家的一种企业管理理念，是一种以最大限度地减少管理所占用的资源和降低管理成本为主要目标的管理方式。近年来，成都市在行政管理中坚持推行精细化管理，如在每年的绩效目标管理中，都将政府绩效目标任务横向细化、纵向细化、衔接细化和责任细化。同时，抓好绩效目标任务的量化、流程化和标准化，制订岗位手册，将各个体系、各部门、各个层级、各个岗位作详细的描述，每个行政岗位的公务员一看到手册，就知道该干什么、怎么干、做到什么标准，以保质保量地完成绩效目标任务。

二、推进行政管理实践创新

（一）推行“三问三视”群众工作法

“三问三视”群众工作法是成都市近年来探索实践的一种行政管理方法，即视群众为亲人，问需于民；视群众为老师，问计于民；视群众为裁判，问效于民。将“三视三问”群众工作法贯穿于行政管理全程和重大决策中，广泛吸纳群众的意见和建议，真正把民意转化成推动发展的动力，以筑牢党的生命线。一是问需于民，决策来自群众需求。成都市政府以群众需要为民生工作取向，广泛听取群众意见建议，以此作为政府决策的重要参考和依据。例如成都市最大的民生工程——北城改造升级，就是根

---

① 周范才、王晨：《瞭望东方周刊：专访成都市市长葛红林》，. http://www.chengtu.com/forum.php? mod=viewthread&ordertype=1&tid=393729。

据网民"江天一色"在成都市政府门户网站"市民话题"栏目发帖的建议，通过调查研究作出的决策。二是问计于民，广泛吸取群众智慧。成都市政府善于从各个层面各个界别的人群中吸取为政理事的智慧，从基层生活中探寻打开工作思路的钥匙。通过民主恳谈、基层调研、政民互动、网络问政等方式，激发群众创造力和生产力，充分尊重群众的首创精神和鲜活智慧，保障人民群众的知情权、参与权、决策权，真正把集中民智、汇聚民力的过程转化为促进工作、推动发展的过程。例如锦江区的"阳光拆迁"、二环路噪音改造等，都是来自群众的主意。三是问效于民，以群众满意作为第一标准。成都市政府通过信息公开、群众评议、社会监督等手段，把干事创业的出发点和落脚点放在"为民"上，把群众满意作为第一标准，以群众最急、最忧、最盼的问题为重点，办理民生实事、见到民生实效，真正让群众成为"主裁判"。从测评来看，市民对二环路改造、北城改造、社会保障等民生工程满意度达96％。

（二）推行"问题管理"工作法

问题管理法，即根据事物之间相互联系和相互制约的原理，把问题作为切入点，以挖掘问题和有效解决问题为核心的管理方法。问题管理工作法不仅能尽快促进问题的解决，而且启发思考，为解决类似问题积累经验，并形成理论，探索事物发展的客观规律。成都市在推行"问题管理"工作法时，注重抓好三个工作环节：首先，深入调查研究，找准问题。其次，分析问题，即实事求是，客观、全面、本质地认识问题，分析问题产生原因、因果关系、相互联系和难易程度。第三，妥善处理问题。广泛听取不同的意见，经过比较鉴别，制定解决问题的最佳方案，并组织实施。如成都的治水，府南河综合整治工程早在1998年就获得了当年的联合国人居奖，沙河综合整治工程在2006年获得"国际舍斯河流奖"，在世界范围内得到了肯定。"水清"后，最近几年，"天不蓝"成了成都发展中的重大问题。成都市政府认真分析"天不蓝"的主要原因。通过调查研究，找准了问题产生的原因，于是就制定改进措施，下决心下大力气抓好机动车尾气污染防治，进一步抓好大气污染各项突出问题治理，切实改善成都环境质量状况，提升生态文明水平，让市民真正成为“国家环境保护模范城市”的受益者和验收者。

（三）推行“加减乘除”工作法

首先，做好“加法”，即增加公共产品供给，强化公共服务，改善和保障民生。成都市政府近年来将财政收入大规模投向义务教育、公共医疗、住房保障、就业培训、社会福利、社会保障、环境保护、安全秩序等，让群众安居乐业，幸福指数不断提升。如 2013 年，全市民生投入比上年增长 37.7%，高于同期财政收入增幅 20 余个百分点。2014 年全市继续投入 195.4 亿元实施 163 个民生工程项目，涉及生态环境、交通出行、公共服务、扶贫救困、住房保障等十大类别，惠及城乡千万居民。① 其次，做好“减法”，即减政放权、减少行政审批项目减少管理，减少环节，减少手续，减少层级，减少衙门习气，减少行政成本。成都市政府提出，不该管的一定要放弃管理；需要管的，一定要减少麻烦；麻烦多的，一定要方便快捷；该办的事一定要干净利索，立刻办妥。截至目前，成都市将过去分散设立的 180 个内设行政审批机构减少到 48 个；先后六次对公布的审批事项进行流程再造优化，将 3000 多个办证环节共需的 10000 多个工作日减少至 4000 个工作日，减幅达 60%；经过前后九次大规模的调整和清理，截至 2014 年 2 月，成都市保留行政许可审批 104 项，非行政许可审批 185 项，成为全国副省级城市中最少的城市之一。② 第三，做好“乘法”，即借用“乘法”倍增力，创新管理、务求实效，放大工作效应。如成都市在推进“改革创新、转型升级”总体战略中，实施“交通先行”“产业升级”等“五大兴市战略”，打造“西部经济核心增长极”等都具有“乘法”倍增效应。第四，做好“除法”，即消除思想障碍，营造创新氛围；清除以权谋私、官僚主义、形式主义、贪图享受，建设廉洁政府；清除工作不实、执行不力、推诿扯皮等不良作风，建设高效政府。

（四）推行“契约化”管理法

契约原本是民事法律基本制度，指平等主体之间为了达成某种目标、

①② 李果：《服务型政府的成都探索》，《21 世纪经济报道》2014 年 3 月 14 日，第 21 版。

追求各自利益基础上签订协议。契约化管理有三个特征：一是通过书面达成协议，具有有效的法律形式；二是明确双方的权利、义务；三是具有相应制约形式，契约一般都有法律责任条款对双方予以制约，若一方违反则要对另一方予以补偿，使另一方不能因他方违约而遭受损失。契约化管理引用到行政管理中，即变命令为协商，变指挥为指导。如近年来，成都市在农村公共建设项目方面，就是通过契约化管理推进农村公共建设项目，取得了良好成效。

（五）充分利用好现代网络信息资源

当今社会，以微博为代表的现代网络新媒体迅速兴起，为创新行政管理方式提供了条件。成都市在行政管理中充分发挥微博的功能，推进行政管理方式创新。一是构建政务微博客矩阵体系。建立健全了全市、区（市）县、街道（乡镇）、社区（村）四级政务微博客矩阵体系。已开通各级各类政务微博账号 3364 个，四级政务微博矩阵体系初步建立。二是整合政务微博资源。聚合全市新浪、腾讯两个平台上的所有政务微博，设立“@成都服务”，同时联动新浪微博“成都发布”和腾讯微博“微成都”，建立起“横向到边、纵向到底”的微博矩阵，实现全市政务微博“一网覆盖”。三是建立政务微博管理机制，建立网民诉求响应和处理的限时办理机制、责任追究机制。要求政务微博客应在 1 小时内响应，非工作时间 8 小时内响应；一般问题 24 小时内解决，较难问题 48 小时内解决，复杂问题 72 小时内解决，暂时不能解决的问题要说明原因；对于群众诉求的不作为、慢作为、乱作为现象，及时开展督查督办工作，并将政务微博绩效考核的结果纳入对区（市）县和市级部门的绩效目标考核。

三、启示与思考

推进行政管理方式创新，是一项系统工程，是加快转变政府职能、推进行政体制改革的重要措施。通过成都市推进行政管理理念和方式创新实践探索，我们得到以下的三点启示。

（一）创新行政管理方式要坚持从实际出发，着力解决民生问题

创新是对现有的不合理事物的扬弃，革除过时的内容，确立新事物。创新以求新为灵魂，具有超前性。这种超前是从实际出发、实事求是的超前。① 因此，在创新行政管理方式过程中，要深刻认识其复杂性，从本地区实际出发，着力教育引导广大公务员牢固树立以人为本、人民至上的价值观，坚持以问需定方向，以民需聚民心，广纳民情民意，破解群众难题，维护群众利益，共创美好生活。首先，创新行政管理方式要以群众需求为目标。要健全政府领导接访、下访、回访和联系群众制度，推进群众利益诉求表达规范化、制度化。政府领导班子要带头深入基层和一线，通过代表恳谈、调查研究、咨询解惑等多种方式，广纳社情民意。其次，创新行政管理方式要以改善和保障民生为根本。如成都市顺应人民群众对美好生活的期待，按照“人有普保、劳有应获、学有良教、病有适医、老有颐养、住有安居”的更高民生发展目标，着力保障和改善民生，确保发展领先和民生优先同步。第三，创新行政管理方式要以民忧排解为职责。要坚持把解决群众实际困难作为赢得民心的突破口，着力健全征地拆迁群众、企业职工和外来务工人员合法权益维护机制、矛盾纠纷排查化解机制。如成都市全面开展社保、教育、医疗、征地拆迁、食品药品安全等维护群众权益九大专项行动，解决了群众反映强烈的实际困难和问题。

（二）创新行政管理方式要始终围绕科学发展总目标，充分调动群众积极性

我们创新行政管理方式的目的，就是要着力教育引导公务员用好“从群众中来、到群众中去”的方法论，充分尊重群众的主体地位，以民智谋发展，以民力推发展，形成共同推进科学发展、共筑中国梦的生动格局。首先，创新行政管理方式要有利于实现科学发展总目标。如成都市委市政府开展“新的历史起点上推进成都发展十大课题”研究，集中民智对成都

---

① 尹洪斌：《现时代自主创新的新特征及政策建议》，《中州学刊》2006年第3期，第26页。

市情再认识、再谋划，形成了新一轮成都发展的总体思路，提出了大力实施交通先行、产业升级、立城优城、统筹城乡和全域开放“五大兴市战略”，确定了奋力打造西部经济核心增长极、建设现代化国际化大都市的发展定位。其次，创新行政管理方式要有利于经济提质升位。创新行政管理方式要始终围绕加快转变经济发展方式这一主线，促进投资和扩大消费，促进经济持续发展。如成都市出台“产业升级”一系列政策措施，促进一大批科技型、创新型民营企业发展成为全市经济的中坚力量。2013 年成都市实现地区生产总值 9108.89 亿元，增长 10.2%，2014 年有望进入万亿俱乐部。第三，创新行政管理方式要始终尊重群众主体地位。如成都在每一项重大决策和重大项目中，都始终尊重群众主体地位，不代民做主、不包办代替，以群众智慧破解经济社会建设中的难题。例如在二环高架路、地铁路网和“六湖八湿地”等重大市政工程项目的规划设计、施工建设中也充分征集了市民意见，吸纳了群众的智慧，赢得了群众的理解和支持。

（三）创新行政管理方式要牢固确立以人为本理念，以群众满意为第一标准

要通过创新行政管理方式，着力教育引导广大公务员强化做人民公仆的人生观，坚持以群众为评判主体，以群众满意为第一标准，建立健全考核评价体系和社会监督机制，形成为民务实清廉的政风。首先，要通过创新行政管理方式，建立以民生指数为导向的目标考核制度。要坚持把保障和改善民生工作作为各级政府领导班子政绩考核的核心内容，建立以民生指数和群众满意为导向的绩效评估体系和目标考核管理制度，形成集政府职能考核、群众评判、社会认同为一体的考核评价体系，实现对上负责与对下负责的有机统一。其次，要通过创新行政管理方式，建立以第三方测评为主要方式的民意评价机制。要打破“内考内”封闭考评模式，实行“外考内”测评，建立健全以第三方测评为主要形式的“下评上、民评官、基层评机关”的民意测评机制。第三，要通过创新行政管理方式，完善群众全程参与的社会监督机制。要实行重大事项集体决策、专家咨

询、社会公示和市民听证等制度，主动邀请各界群众全程参与监督和评判拆迁安置、专项维权、重大项目等各项工作，并把群众满意度纳入考核结果。如锦江区通过群众自主成立模拟搬迁协促会和监督委员会，全程参与和现场监督“阳光拆迁”，该区南光厂宿舍片区模拟搬迁项目启动仅五十天，签约率就达100%。全市实施的21个模拟拆迁项目没有出现一起群访、群体事件。第四，要通过创新行政管理方式，强化责任追究制度。要建立群众反映问题处理结果公示制，严格落实测评结果问责制，对措施不力、工作不落实、群众意见大、满意度低的单位和个人，严格问责，限期整改，以形成优质、便民和高效的行政工作作风。

（赵汝周：成都行政学院研究员）

依托新一代信息技术推进基层政府治理能力现代化
——以北京市智慧社区建设实践研究为例*

梁　丽

【摘　要】 信息技术在推进基层政府治理能力现代化过程中起着重要的支撑作用。北京市智慧社区建设是创新城市治理与服务方式的重要举措，也是推进基层政府治理能力现代化的具体实践。一些街道和社区在实践中探索出一些好的经验和模式，同时也反映出政府治理能力不足、创新能力不强、主动推送和开放服务不够、业务系统仍如信息孤岛、部分工作人员信息能力较弱等问题。本文提出在推进基层政府治理能力现代化的进程中，要充分利用新一代信息技术，转变政府治理的思维和理念，提高政府工作人员的业务素质与能力，促进物联网、云计算、大数据、新媒体、宽带网络等新一代信息技术与政府业务数据的深度融合，从而使基层政府治理能力更精细和更智慧。

【关键词】 基层政府　治理能力　信息技术　智慧社区

* 本文系北京市哲学社会科学规划项目“加快推进北京市智慧社区建设的对策研究”（项目编号 13CSB001）的阶段成果。

信息技术是政府治理城市的现代化手段之一。北京城市治理的任务繁重而艰巨，如何使用现代化的治理手段进行城市治理，是北京市各级政府面临的重要而又紧迫的课题，对政府治理能力提出了新要求，形成了新挑战。街道和社区（乡镇）政府是直接面向公众、企事业单位以及社会组织的基层政府，其治理能力的强弱、水平高低直接关系着北京城市治理目标的实现。推进城市治理的现代化，在很大程度上就取决于基层政府的现代化、基层政府治理能力的现代化和政府工作人员能力的现代化。智慧社区建设是落实《智慧北京行动纲要》、创新城市治理与服务方式的重要举措，也是基层街道和社区政府推进治理能力现代化的具体实践，部分街道和社区在实践中探索出很多好的经验和模式，也遇到了一些由于政府治理能力不足、体制机制不顺而产生的问题。本文试图通过研究提出一些对策建议。

一、信息技术在推进基层政府治理能力现代化过程中有支撑保障作用

基层治理是国家治理体系的基础，具有基础性、探索性和先导性，推进国家治理体系和治理能力现代化的重点难点在基层，活力源泉也在基层。[①] 基层政府治理就是在地区治理活动中，与社会组织、企事业单位、社区以及公众个人等不同的行为主体，通过平等的合作伙伴关系，依法、民主、科学地对地区的经济政治社会文化等事务进行规范和管理，最终实现公共利益最大化的过程。[②] 基层政府的责任就是努力实现国家治理现代化的目标。从信息技术创新基层政府治理方式的视角来看，基层政府治理能力主要包括政府的行政能力、公共服务能力、信用（公信力）能力、政策执行能力、创新能力、危机响应能力、预测决策能力、地区生态平衡能力、人力资源开发能力、地区资源整合和利用能力、维护社会公平和正义能力、推动地区民主化的能力等。信息科学技术的发展对政府的组织变

① 罗豪才：《基层治理与软法之治》，《法制日报》2014 年 4 月 10 日，第 6 版。
② 陈家刚：《从政府管理走向政府治理》，《文汇报》2013 年 11 月 18 日第 5 版。

革、运作方式和行政效能带来极大的挑战，对政府的能力建设也提出新的要求，那就是政府必须要整合利用信息技术，使治理能力具备适应时代的相应水平。

信息技术能够助力政府对社会的治理，从而更有效地支撑和完善国家治理体系，提升国家治理能力。随着信息技术在基层政府的广泛应用，政府工作效率和透明度显著提高，僵化的体制障碍有所突破，树立了政府的良好形象。政府各业务系统的建立极大地提高了行政效率，降低了行政成本，促进了政务公开，政府应对辖区突发事件的综合响应能力全面提升，基层政府工作人员的信息能力、业务素质以及核心竞争能力都得到了提高，政府网站拉近了与公众的距离，使政务信息更公开透明，公共服务的能力更具有便捷性、针对性和有效性。如果没有信息技术来支撑和保障，不能与信息技术发展同步推进提升，政府治理能力就不会与时俱进和实现现代化。落伍于信息时代的政府治理能力，不仅很难实现经济社会发展的要求，也达不到“善治”的效果和目标。如今，物联网、云计算、大数据等新一代信息技术扑面而来且发展迅猛，正对全球经济社会产生重大影响。充分运用新一代信息技术，能够显著提高政府科学决策、监管市场、公共服务、社会管理和生态文明建设等能力，这也是建设透明、效能、服务、责任型政府的迫切需要。

二、从北京市智慧社区建设实践看基层政府治理能力现状与问题

2012 年以来，北京市 500 多个社区参与了智慧社区试点建设工作，运用信息化手段推进对“吃、住、行、游、购、娱、健”等各类与居民生活密切相关信息的集成，取得了明显成效，创新出一些社会治理的新模式，促进了政府服务能力的提升。

（一）智慧社区建设提升了基层政府综合治理与服务的能力

不同的社区由于其地理位置、居民特点、建设时间等都不完全相同，虽然智慧社区的建设理念、目的都是一致的，就是为社区居民和企事业单

位提供更好的服务，但智慧社区建设的路径和模式则各具特色。有些街道是整体去推进，有些街道则是个别社区智慧化建设更为突出。

1. 朝阳区团结湖街道通过微博、微信和街道 APP，为社区居民搭建交往平台，充分调动居民的管理积极性，形成政民互动的管理模式。手机服务平台“掌上团结湖”是基于云计算和位置服务(LBS)技术建立的移动互联网 APP 平台，开设智慧之窗、智慧服务、智慧言路、智慧门户、邻里互动、智慧网格、智慧视听、智慧家园等八个互动板块。

2. 西城区广安门内街道构建了涵盖社会管理、社会服务、社区建设、社会动员、社会组织、社会领域、党建等于一体的智能化综合信息服务管理平台。依托这一智能化的社会服务管理平台，创新管理手段，促进了街道工作的规范化、精细化和科学化。与此同时还创新服务模式，为辖区居民、企事业单位、社会组织提供人文化、多元化、社会化的公共服务，使他们体验到新的智能生活，享受到一种“全响应”的智慧状态。针对老旧小区实际，提出了建设“虚拟养老院”“家庭养老院”的模式。

3. 西城区德胜街道建成了融综合、服务、管理、告知、交流、舆情、互动等多种功能于一体的“德胜一刻”社会服务平台体系，将公共服务资源和生活服务圈内的商家全部落实到社会服务地图网上，居民和企业可通过社会服务平台实现服务资源一站式查询。

4. 丰台区方庄办事处借助互联网、移动互联网、云计算等技术手段，分别建设了社区网站、APP 客户端、平板电脑、电子信息显示屏和触摸屏等多种便民服务终端，为居民提供基于多种终端的全方位服务，取得了显著成效。

5. 清华园街道通过建设一站式信息服务平台，促进居民生活便捷化；建设智能居民一卡通系统，促进管理服务科学化；建设综合健康服务系统，促进居民医疗保健精细化；建设“五个一”为老服务系统，促进为老服务特色化。

6. 丰台区马家堡的掌上数字化党建项目“时代微党建”，以 3G 移动技术和“云安全计划”为依托，以手机硬件为载体，以自主开发的手机 APP 软件为支撑，以楼宇党建工作相关制度为保障，实现了“微平台、微交流，促进党建对象融合；微党务、微教育，促进党建质量提升；微民主、微公益,促进党建作用发挥”,达到了“办公信息化、业务标准化、沟通便捷化、活动网络化”的效果。

7. 密云县鼓楼街道在13个社区网站上开通网上预约挂号服务,推进机关干部、驻区单位、社会力量进网格参与社会服务管理。

8. 东城、西城、怀柔等区创新政务服务模式,将电子化的公共服务延伸到社区,实现“区—街道—社区”服务事项三级联动,优化了政府公共服务的流程,提高了政府服务的效率和水平。

9. 全市范围推进的网格化社会服务管理,实现了对人、地、物、事、组织的全覆盖,在推进街道核心业务和社区服务管理信息化方面,实现街道及所辖社区综合事务“一口受理、内部协办”,在本区(县)内实现跨街道、跨社区联网就近办事、区域内通办。

10.“数字北京”缴费平台、96156社区服务平台、221信息平台支撑各类公共、公益和便利服务资源向社区(村)延伸,并与农村社区服务站整合,在社区站、保健科、社区卫生服务中心推广使用电子病历、健康档案和预约挂号服务。①

(二)存在的主要问题

1. 业务系统犹如信息孤岛,导致政府资源整合能力降低。在街道和社区有数十个应用系统,系统条块分割严重,分散建设,缺乏高度整合的集成体系。各职能部门数据信息不能资源共享,降低了政府的效能。

2. 数字鸿沟带来政府信息能力的落后。公众与政府人员之间、政府部门之间、工作人员之间都或多或少存在着数字鸿沟。既有部分政府工作人员信息能力落伍于时代的问题,也存在着部分居民因信息能力薄弱不能很好运用智能设备的问题。

3. 社区基础数据重复采集。社区经常为上级政府业务部门采集本地区数据,但社区街道却很难实现数据的有效查询与使用,降低了数据的使用效果,浪费资源。

---

① 本书编写组:《国家电子政务“十二五”规划学习读本》,社会科学文献出版社2013年版,第236页。

4. 社区网站在线办事功能有限，主动推送服务不够。与百度、电子商务等网站相比，街道社区政府网站提供的服务区域性比较强，非本区域的公众点击和访问比较少，影响力不太强，利用率也不太高。据笔者对北京市民的随机调查发现，70%以上的居民不使用甚至不知道社区政府网站、政务微博和政务微信，经常使用的不到 10%。

5. 基层政府创新能力不强。政府部门内科层等级分明，下级听从上级指挥，这种文化使下级的好想法、好建议难以得到重视，再加上业务系统基本是工作流程的电子化，创新想法难以实现。政府信息化发展经常是被动推进，既存在各级政府工作人员观念认识的问题，也存在缺乏专业指导、缺少顶层设计和统筹推进的问题。

6. 政府服务的开放程度不够，缺乏品牌效应。现在政府服务面对的竞争者，已经不再只是同级政府或是专业部门，而是大量的商业应用，例如电子地图、交通状况查询，百度和高德就做得更好，拥有很多用户，但一个政务的 APP 放到苹果或安卓的应用商场里，则有可能马上会被淹没。

7. 多方参与、合作共建有待加强。当前基层治理主体仍然是以街道办（乡镇）和居委会为主，社区居民、社会组织参与社区的决策过程不够，街道事务多、工作人员少，责任大、权力小，很难对基层政府的社会治理和公共服务职能进行有效监督。

三、新一代信息技术为提升基层政府治理能力带来新动力

根据国际经验，现代国家治理无一例外是建立在基础信息制度之上的，强大的政务应用体系离不开信息技术的支撑。社区信息化是国家信息化战略的基础，也是覆盖首都现代化建设全局的战略性举措。如何以信息化体系的创新去支撑北京特大城市治理体系的建设，如何更好地利用新一代信息技术去提升基层政府的治理能力，值得认真研究和思考。通过北京市智慧社区建设的实践来看，不同区的不同街道，甚至是同一街道的不同社区，其居民特点、社区结构特征都不一样，只有通过运用新信息技术不断创新基层社区治理方式，才能不断提高政府社会治理的水平和能力。当自下而上的社会治理创新积累到一定的程度，必然会推动自

上而下的社会治理体制改革。

（一）转变政府治理思维和理念，提升政府治理的现代意识

1. 互联网思维。互联网发展正掀起新一轮的创新与变革浪潮，不仅驱动互联网技术、产品、组织管理、商业模式、市场的全面创新，还带来了一种世界观和方法论的变革，即“24 小时在线、极致服务、用户至上、免费、低边际成本、自助体验和参与”等理念，与建设服务型政府、推进政府治理能力现代化的理念是一致的。

2. 大数据思维。街道社区面向社区居民，掌握着丰富的基础数据，这些数据不是静止和陈旧的，是资产，是财富。通过挖掘能够更好地用于社区治理过程中，使数据价值得到提升。例如，Google 前雇员创办 Climate 公司，从美国气象局等数据库中获得几十年的天气数据，经过加工分析后，能够预测美国任一农场下一年的产量。百度与北京市卫生局合作搭建了“北京市预约挂号统一平台”，为网民提供安全可靠的网上挂号、问诊问药通道。网民在百度通过搜索“北京挂号”或“医院名＋挂号”等关键词，可直达网上挂号预约页面，预约北京市 66 家三级医院和 60 余家二级医院的专科号。

（二）提高基层政府工作人员的能力是提高基层政府治理能力的前提

新一代信息技术在带给公众工作、生活方式深刻变革的同时，也在倒逼政府治理能力的提升和治理方式的创新。当前，改革进入攻坚期，基层社会矛盾和问题很多，基层政府工作人员的素质与能力就成为影响各项工作顺利发展的重要因素。他们只有通过不断学习，与时俱进，才能增强和提升现代治理的本领。

（三）促进新一代信息技术与政府数据和业务的深度融合，使基层政府的治理能力更精细和更智慧

1. 完善基础设施，构建“智慧网络”。社区民众要能够无障碍地获取和利用政府信息，就要求信息基础设施畅通。因此，要加快落实“北京宽

带计划”、社区有线和无线网络建设，推动数字电视网的整合、改造和新建，构建覆盖社区的无缝信息网络。

2. 加速发展移动政务，提升基层政府移动办公和服务的能力。相对于桌面应用而言，移动应用拥有成本低、容易下载和易测试等便利性，随着智能手机和智能终端的普及，基层政府通过移动信息技术来延伸在线服务的受众范围，使得社区居民能不受时间、地点限制获取公共服务，有助于推进地区公共服务的电子化。政府充分利用商业性移动应用的各种功能可加速数字化政府的进程。

3. 建设云政务公共平台，提升街道对资源的整合能力。利用云计算技术，市区级政府能够从顶层盘活存量基础设施，提高政府服务设施的可及性，进而推进社区综合服务设施的建设与普及，降低政府总的行政成本，解决信息孤岛问题，避免新的重复建设。云政务的服务平台将使街道运行环境、业务流程发生变化，有助于整合社区人口、交通、安防监测、综合执法、食品安全等方面的信息共享。

4. 物联网技术及感知设备在街道社区环境、路灯、井盖、停车、治安、应急、安防、养老服务、社区公共卫生和医疗等方面的广泛应用，有助于提升街道和社区的精准管理、精细监测、智能指挥等能力。

5. 大数据技术的广泛应用提升社区的全方位响应能力。通过推动基层政府公共基础数据的开放透明，提升基层政府共享资源、有效利用资源的能力，进而使基层政府预测决策的能力、制定和执行政策的能力更具有科学性和民主性。从美国政府数据开放的情况看，他们把政府数据作为一项公共资源，就像天气预报、体育赛事和股票信息一样实时公开，增加公民对公共事务的参与、对政府的监督。例如，美国的 Recovery. gov 网站通过表格、图表等形式来反映公共资金的使用情况，让美国公民可以及时追踪各个公共部门利用纳税人资金进行投资的效益。ITDashboard 网站可以让公众对政府的 IT 投资情况进行监督。如果一个政府 IT 投资项目超出预算或者落后于计划，公众可以查看到这个项目负责人的信息及图片，从而通过外部监督来减少政府信息技术应用不佳的项目。USAspending. gov 网站利用 API(应用程序接口)来发布联邦采购系统及联邦援助奖励系统中的数据，从而提高公共资金利用的透明度。英国提出数据权是信息时代每一个公民都拥有的一项基本权利，并承诺要在全社会普及“数据权”。北京市政府推出了公开的政务数据资源网 www.bjdata.gov.cn，数据涉及29个委办局，一共是205个图层，是基于空间地理之上的空间数据开放。这方面还有很多工作可做。上海市政府也于2014年5月实现了政府数据资源面向社会的开放，上海政府数据服务网 www.datashanghai.gov.cn 包括28个市级政府部门的190项数据内容，从医院床位信息到候诊人数信息，从挖路、占路、封路信息到停车场库及路侧车位信息等，政府的丰富数据可供全民使用。

6. 基于互联网的政府网站是政府信息在线服务的重要渠道。政务微博、政务微信和政务APP成为政府信息公开、听取民意、回应诉求、吸引公众参与的新平台。借助传统媒体和新媒体，通过大数据平台建设，基层政府能够打造一个“没有围墙”的基层政府治理体系，为企事业单位和公众提供开放化、社会化、集成化的政府信息服务，提高基层政府的透明度和决策的科学民主性。

7. 强化网格管理，创新“智慧机制”。通过建立基层政府运行保障机制和持续改进机制，提高社区网格化服务管理规范化、精细化水平；通过建立指挥协调联动机制，确保网格事件批转顺利、执行有力；通过建立统筹会商处理机制和考评机制，加大督查考核力度。

8. 推进多元共建，实现“智慧共赢”。可尝试通过政府购买服务、设立项目资金、补贴活动经费等途径，积极推动智慧社区建设和运营。立足居民实际需求，探索街道搭台、企业运作、社会参与、群众受益的智慧社区运营模式。

［梁丽：中共北京市委党校（北京行政学院）公共管理教研部副教授］

地方政府行政审批制度改革的动力、困境与对策
——以吉林省为例

刘剑明

【摘　要】 目前，在中央政府行政审批制度改革取得阶段性成效的情况下，地方政府尤其是省级政府行政审批制度改革已经成为行政审批制度改革的重点。从吉林省行政审批制度改革的实践来看，改革已经进入了深水区，涉及的权力都是各个部门的实质性权力，改革动力来源不足和改革阻力不断加大互相叠加，成了继续推进改革的制约性瓶颈。破解之策，一是做好行政审批制度改革的顶层设计和统筹安排，二是突破行政审批制度改革的单一路径依赖，三是巩固和提升行政审批制度改革成效，四是充分利用现代信息技术。

【关键词】 地方政府　行政审批制度改革　困境与对策

行政审批是政府的重要行政职能，行政审批制度改革是政府职能转变的核心，规范行政审批行为、创新行政审批方式、提高行政审批效率是加快服务型政府建设的必然要求。深入推进行政审批制度改革是新一届中央领导集体推动各项改革的当头炮、马前卒。自十八大以来，从中央到地方都在不断推进行政审批制度改革，接力取消、下放行政审批项目，取得了积极成效。根据党中央、国务院关于深化行政审批制度改革的有关

精神要求,地方政府尤其是省级政府也紧锣密鼓地开展了新一轮行政审批制度改革,取得了积极成效,但也遇到了一些深层次的难题。

一、经济社会发展倒逼效应成为地方政府行政审批制度改革的强大推动力量

如果说新一届中央政府改革的决心和举措是地方政府加快行政审批制度改革的外因的话,那么,地方经济社会发展的倒逼效应就是其内因。唯物辩证法认为,事物的发展是内因和外因共同起作用的结果。内因是事物变化发展的根据,外因是事物变化发展的条件,外因通过内因起作用。其实,经济社会发展对改革的倒逼效应在中央层面也同样存在。2013 年 9 月 17 日,习近平在中南海召开的党外人士座谈会上指出,"中国共产党人干革命、搞建设、抓改革,从来都是为了解决中国的现实问题。可以说,改革是由问题倒逼而产生,又在不断解决问题中而深化。"[①]经济社会发展的倒逼效应,对地方政府尤其是省级政府来讲,既是压力,又是动力。以吉林省为例,近五年来,吉林省深入贯彻落实科学发展观,着力破解长期积累的矛盾和问题,统筹推进"三化",实施"三动"战略和富民工程,胜利完成"十一五"规划任务,顺利实施"十二五"规划,全省经济社会发展取得重大成就,吉林老工业基地焕发出新的生机活力,朝着全面建成小康社会迈出更加坚实的步伐。但是,也必须清醒地看到,前进道路上还有不少困难和问题。这些困难和问题形成的原因包括两个方面,一方面,行政权力触角伸得太长,侵蚀了经济社会主体的活动空间,窒息了经济社会发展活力。这方面表现最为突出的就是民营经济发展滞后。近年来,吉林省的民营经济虽然有了长足进步,2011 年民营经济实现增加值 5318.0 亿元,占全省地区生产总值的比重首次突破 50%,达到 50.5%。其中,民营工业发展迅猛,实现增加值占规模以上工业增加值的比重由 2007 年的 27.8%提高到 2011 年的 57.6%,年均提高 7.5 个百分点。但是,同发达省份比较,吉林省民营经济发展还存在着阶段性差距。一是各

① 习近平:《改革是由问题倒逼而产生》,《新京报》2013 年 11 月 14 日。

地区民营经济发展进程不协调，二是创新能力亟待提高，三是规模偏小。[①] 民营经济发展中存在的困难是多种因素共同作用的结果，其中，一个重要的因素就是政府对市场的把控过于严格，束缚了民营企业的手脚。有些机构设置庞杂、职能分工不清，对市场主体进行多头管理，在实践中经常出现推诿扯皮。有些部门的工作程序设置过于冗长，层层设卡，办事效率低下，服务质量不高。比如，据长春市有关部门的统计，企业自建厂房，需要盖 65 个章才能批下来。[②] 因此，广大民营企业家急切盼望吉林省的行政审批制度改革加快推进，释放市场活力，为民营经济发展营造宽松优质的发展环境。

另一方面，行政权力在提供公共服务、制定市场规则和维护市场秩序、加强社会管理创新等方面关注不够。应该看到，党的十八大以来，吉林省政府效能有了切实提高，服务能力得到了有效增强。但是，行政权力"越位""错位"和"缺位"的问题并未得到根本性的解决，尤其是行政权力"缺位"问题表现尤为明显，在提供公共服务、制定市场规则和维护市场秩序方面，与经济社会发展的预期还有很大差距。

二、吉林省新一轮行政审批制度改革的初步成效与现实困境

（一）吉林省新一轮行政审批制度改革的初步成效

吉林省新一轮行政审批制度改革经历了两个阶段：

第一阶段从 2013 年年初到 2013 年 6 月，根据党中央、国务院关于深化行政审批制度改革的有关精神要求，遵循"高度重视、整体设计、重点突破、科学安排、加快推进"的总体思路，在中央编办的大力支持和省委、省政府的统一领导下，吉林省牢牢把握国务院机构职能转变动员电视电话会议要求和国发〔2013〕19 号文件精神，对现行省级 592 项行政审批项目、33 项行政事业性收费项目和 116 项评比达标表彰项目开展了集中清理和规范。一是对国务院下放的 20 项行政审批项目，承接落实到位。二

① 王德军：《加快吉林省民营经济发展论析》，《长白学刊》2013 年专辑第 1 期。

② 经济建设一班：《吉林省民营经济发展对策建议》，《长白学刊》2013 年专辑第 1 期。

是对592项行政审批项目进行清理，共取消下放行政审批项目126项(其中，取消49项，下放69项，合并减少8项)。三是对行政事业性收费项目的清理，共减少10项。四是对评比达标表彰项目的清理，共清理省级评比达标表彰项目38项(其中，取消8项，暂停15项，不列为省级项目15项)。[①]

第二阶段，从2013年6月到2014年4月，在前一阶段清理和规范的基础上，按照深化行政管理体制改革、推进简政放权的部署，对全省各部门执行的行政审批项目再次进行了清理，印发了《吉林省人民政府关于取消、下放和调整行政审批项目的决定》(吉政发〔2014〕7号)和《吉林省人民政府办公厅关于做好国务院下放管理层级行政审批项目承接工作的通知》(吉政明电〔2014〕24号)，取消(暂停)省级行政审批项目59项，下放(委托下放)行政审批项目25项，取消和下放行政审批项目子项20项，对9项行政审批项目实行分级管理。经过两轮清理，吉林省省级行政审批项目由2013年初的592项减少到234项，共减少358项，减少60.5%。其中取消下放共210项，占35.5%，非行政许可项目基本实现了“零审批”；省级行政事业性收费项目由36项减少为22项，减少14项，减少38.9%。[②]

总体来讲，吉林省新一轮行政审批制度改革，重点解决权界不清晰、职能配置不科学、审批流程不规范、审批行为不透明、监督管理不到位等问题，确保简政放权工作落到实处，以实实在在的改革成果取信于民，提高了政府公信力，为经济社会发展营造了宽松、透明、公正、公开的良好环境。政府对微观经济运行的直接干预明显减少，企业作为市场主体的地位得到加强，市场配置资源的决定性作用明显增强，经济社会发展呈现出蓬勃生机。

(二)吉林省新一轮行政审批制度改革的现实困境

行政审批是行政机关依照法定职权，对社会进行管理过程中，依法对

① 《吉林省人民政府关于取消和调整行政审批项目等事项的决定》，http://xxgk.jl.gov.cn/zwdtSjgl/Directory/showDir.jsp? keyid=PI201307011504050593。

② 《省政府公布第二批行政审批项目清理决定》，http://222.161.18.223:8080/newsInfo/showNews.jsp? id=2218。

公民、法人或其他组织做出的准许其从事特定行为或拥有某种特定权利的具体行政行为。从本质上看，行政审批是对普遍禁止的特殊解禁，行政审批制度改革归根到底就是行政权力退出其不应该介入的领域，给经济活动和社会生活更多的自由空间。吉林省新一轮行政审批制度改革是在前七次改革基础上的继续推进，可以说，改革已经进入了深水区，涉及的权力都是各个部门的实质性权力，改革动力来源不足和改革阻力不断加大互相叠加，成了继续推进改革的制约性瓶颈。

一是清理难度加大。行政审批制度改革是“政府革自己的命”，每减少或下放一项审批项目，就减少了一项权力。行政审批制度改革，刚开始的几轮下放和减少的审批权力数量比较大，但一般都不是核心权力，含金量不高。经过多轮的清理，现在剩下的审批项目基本上都是“难啃的骨头”。因此，随着行政审批制度改革向纵深发展，难度也逐步增大，出现了一些“空放”“虚放”“不彻底放”“明减暗增”“边减边增”的现象。比如，放权错位，下放的权力与地方经济社会发展不相符，放权针对性、有效性不强；再如，先放后收，上级部门将权力下放一段时间之后，以审核或备案为由，变相收回下放的权限。

二是改革的动力来源不足。每一项改革都是权力格局的再调整和利益的再分配，改革的推进会涉及每一个人的利益，因此，改革的启动和发展就需要获得利益相关者的认同和支持，这样的改革才能有持续不断的动力。中国的市场经济是在公权力推动下发展壮大的，而权力在推动市场经济发展过程中，对市场的介入是很深的，有了很大的利益关系，它们是不愿退出的，公权力部门对行政审批制度改革有很大的抵触情绪。从这个意义上来看，行政审批制度改革进程的快慢取决于中央政府推动改革的决心与公权力部门的改革惰性之间的角力。当前来看，新一届中央政府的改革决心和举措是很坚决的，地方政府也是积极响应的，各个公权力部门也是稳步跟进的，但是，这种单一动力推动模式能维持多长时间，是否会受到公权力部门的隐性抵制，值得继续观察。

三是改革遇到了法制障碍。2004 年颁布的《行政许可法》是一部规范行政审批的重要法律，立法的初衷就是要使行政审批制度改革在法治框架下有序展开。《行政许可法》从两个层面严格限制行政审批项目，一是通过缩小设定行政许可的范围限定行政审批。该法第十二条规定，下列事项可以设定行政许可：直接涉及国家安全、公共安全、经济宏观调控、生态环境保护以及直接关系人身健康、生命财产安全等特定活动，需要按照法定条件予以批准的事项；有限自然资源开发利用、公共资源配置以及直接关系公共利益的特定行业的市场准入等，需要赋予特定权利的事项；提供公众服务并且直接关系公共利益的职业、行业，需要确定具备特殊信誉、特殊条件或者特殊技能等资格、资质的事项；直接关系公共安全、人身健康、生命财产安全的重要设备、设施、产品、物品，需要按照技术标准、技术规范，通过检验、检测、检疫等方式进行审定的事项；企业或者其他组织的设立等，需要确定主体资格的事项；法律、行政法规规定可以设定行政许可的其他事项。第十三条又规定，本法第十二条所列事项，通过下列方式能够予以规范的，可以不设行政许可：公民、法人或者其他组织能够自主决定的，市场竞争机制能够有效调节的，行业组织或者中介机构能够自律管理的，行政机关采用事后监督等其他行政管理方式能够解决的。经过两次排除，将行政许可的设定范围规定得非常有限。二是通过提高行政许可设定依据的层级限定行政审批。该法规定，只有法律、行政法规和地方性法规可以设定行政许可；省级政府规章可以设定期限为一年的临时性行政许可；明确排除了部门规章的行政许可设定权。应该说，《行政许可法》通过上述两个层面的规定，可以确保从源头上控制和减少行政审批事项。可是，该法实施后，国务院为了处理大量无法取消或下放的行政审批权，通过决定形式以非许可审批的名义临时保留了一批行政审批事项，造成了非许可行政审批这一悖论性事物的出现，从而彻底架空了《行政许可法》，也使行政审批制度改革完全脱离了法治的轨道。之后，数量惊人的部门立法，促使大量由行政部门内部设立的审批项目，最终被行政部门利益纠缠、裹挟，以部门利益为导向的行政审批事项顺利完成了法制化改造。当前，要对这些已经通过法律固化的行政审批进行清理反而遇到了《行政许可法》的阻碍，这就是行政审批改革法制化的悖论，也是当前行政审批制度改革面临的法制瓶颈。

三、深入推进地方政府行政审批制度改革的对策建议

改革是一个系统工程，经济领域改革的深入推进，就会涉及行政管理体制改革，而行政审批制度改革是行政管理体制改革的核心和基础，也是破解经济领域改革难题的有效途径。因此，深入推进地方政府行政审批制度改革，要从各地经济社会发展所处的历史阶段、所面临的形势任务和所遇到的困难挑战出发，统筹兼顾，系统推进。

第一，做好行政审批制度改革的顶层设计和统筹安排。为确保改革顺利进行，增加动力来源，减少阻力影响，就需要加强改革的顶层设计和统筹谋划，既要立足地方经济社会发展实际，也要考虑与经济体制、行政体制、社会治理等改革相适应，既要突出地方特色，也要遵循中央政府的改革安排。尤其是要同其他改革相协调。要与政务公开相结合，积极推进行政权力运行公开透明和程序化。要与推行政府绩效管理和行政问责制相结合，建立科学合理的政府绩效评估指标体系和评估机制。要与加强对行业组织和社会中介机构的管理和监督相结合，有针对性地提出规范管理的意见。要与投资体制和国有资产管理体制改革相结合，明确政府与市场主体在投资领域的责权利关系。

第二，突破行政审批制度改革的单一路径依赖。我国的行政审批制度改革，尤其是省级政府的行政审批制度改革变迁具有明显的路径依赖特征，遵循“政府主导型”的发展路径，有着独特的路径依赖，并且这种路径依赖具有一定程度的内生性。政府主导型行政审批制度改革取得了初步的制度收益，但在改革过程中这种路径依赖特性得到了自我强化，使制度改革锁定在一种僵滞时期。这种单一的路径依赖，导致行政审批制度改革的动力不足。当前，改革的重任就是突破政府主导型的路径依赖，发挥人民群众对行政审批制度改革的推动作用，变“政府主导型”为“全民推动型”。一要更新理念，变“官本位”为“民本位”。二要依法公开行政审批事项，让行政审批权力在阳光下运行。三要完善监督机制，加强对行政审批权力的规范和制约。

第三，巩固和提升行政审批制度改革成效。衡量行政审批制度改革

的效果如何，不仅要看减少了多少审批项目，更重要的是看是否通过改革，促进了政府职能的转变，提升了行政权力服务经济社会发展的能力。通过改革，要使政府基本职能转向社会事业、经济秩序、社会保障和社会稳定等方面，退出市场竞争，突破政府“全面管理”“包揽一切”的习惯性做法，基本实现由管理型政府向服务型政府的过渡。一要强化审批人员的服务意识，提高行政审批人员的素质。二要调整优化行政审批项目。三要严格审核论证新设行政审批项目。四要规范行政审批行为。对保留的行政审批项目，要按照公开、公平、公正、高效的原则，规范程序、简化环节，逐步把行政审批纳入规范化、制度化的轨道。

第四，充分利用现代信息技术。一方面，要推广信息化的行政审批方式。通过信息网络技术，实现行政审批事前、事中、事后实时在线监察，统一建设行政审批业务操作平台、行政审批电子监察平台、行政投诉处理平台、行政审批事项管理平台、行政审批业务数据交换汇总平台和联合审批专项监察平台。尤其是要积极构建“网络服务大厅”，充分发挥电子大厅的行政服务咨询告知功能和资料预审功能，逐步扩大网上审批业务范围和办结率，逐步实现网上办理审批、缴费、咨询、办证、监督以及联网核查等事项，构建新型行政服务模式。另一方面，要确保安全。在积极推进行政审批信息化的同时，必须增强信息安全意识和管理。建立健全行政审批信息安全防护技术措施。

（刘剑明：吉林省委党校《长白学刊》编辑部副教授）

基于新公共管理视阈的地方政府行政改革问题分析

——以天津滨海新区为例

纪泽民

【摘　要】 新公共管理主张引入市场竞争机制，采用私人部门的管理理论、方法及技术，以市场或顾客为导向，重构国家、社会、市场三者关系，提高公共管理水平及公共服务质量。天津滨海新区在推进行政改革的过程中，对新公共管理的理论和方法进行了辩证借鉴和吸收。其实践表明，新公共管理理论对我国地方政府行政改革具有重要的借鉴意义，在当前地方政府的行政改革中，借鉴新公共管理的理念和方法，应坚持行政改革的分权导向、服务导向、顾客导向、效率导向、绩效导向，提升政府绩效，加快建设服务型政府和责任政府。

【关键词】 新公共管理　行政改革　滨海新区

《中共中央关于全面深化改革若干重大问题的决定》再次强调要"切实转变政府职能，深化行政体制改革，创新行政管理方式"。从地方政府来讲，推进行政改革，既要结合本地实际进行大胆探索，也应对西方国家行政改革过程中形成的理论与方法进行辩证的借鉴吸收。西方国家的新公共管理改革运动，通过引入市场竞争机制，采用私人部门的管理理论、方法及技术，以市场或顾客为导向，重新调整国家、社会、市场三者的关系，提高了公共管理水平及公共服务质量。天津滨海新区政府成立四年来，根据综合配套改革的需要，先后进行了两次较大规模的行政改革。检视其改革过程，笔者认为，滨海新区行政改革不同程度地对新公共管理的理论和方法进行了吸收和借鉴，为地方政府行政改革过程中借鉴西方国家经验提供了分析样本。本文拟结合滨海新区行政改革实践，从新公共管理的视角对地方政府行政改革问题进行分析。

一、滨海新区行政改革述要

2006 年 5 月，国务院发布《关于推进滨海新区开发开放有关问题的意见》，批准天津滨海新区成为全国综合配套改革实验区；2008 年 3 月，国务院批复《推进滨海新区综合配套改革实验总体方案》(以下简称《总体方案》)，确定了滨海新区综合配套改革实验的目标任务和重点内容，特别强调要“推进管理创新，建立统一、协调、精简、高效、廉洁的管理体制”。① 为贯彻落实《总体方案》，天津市分别于 2008 年 10 月、2011 年 5 月制定了《滨海新区综合配套改革实验总体方案三年实施计划(2008—2010 年)》和《第二个三年实施计划(2011—2013)》，其中行政改革被列为十个方面改革内容之一。2009 年、2013 年滨海新区分别进行了两轮行政改革，改革的总体思路是大部制、扁平化、强基层，改革过程表现出较强的渐进性改革特征。其中行政改革方面的主要措施包括：

(一)统一行政区划

滨海新区规划面积 2270 平方公里，原分属塘沽区、汉沽区、大港区三个行政区和天津经济技术开发区、天津港保税区、天津港区，部分区域归东丽区、津南区管辖。2009 年 10 月，国务院批复《关于调整天津市部分行政区划的请示》，撤销滨海新区工委、管委会和塘沽、汉沽、大港三个行政区，建立滨海新区行政区。2010 年 1 月，滨海新区

① 《关于印发天津滨海新区综合配套改革试验总体方案的通知》，http://www.tj.gov.cn/zwgk/wjgz/szfwj/200804。

人民政府正式挂牌。原塘汉大三个行政区撤销后，按照过渡性制度安排，设置了三个管委会作为区政府的派出机构，对原区域行使行政管理职能。在过后的运行过程中，这一“两级政府（区、乡镇），三级管理（区、管委会、乡镇街道）”体制逐步暴露出层级不顺、效率不高的问题。2013年9月新区政府启动第二轮改革，撤销三个管委会，将27个街道管委会和镇政府整合为19个，彻底形成了区、镇（街道）两级政府的扁平化管理格局。

（二）精简行政机构

按照精简、统一、协调、高效的原则，2009年底，滨海新区政府组建了当时全国同级区域中部门最少、人员最精简的工作机构。根据《滨海新区政府机构设置方案》，调整后的滨海新区政府设立19个工作部门，第一轮改革时设立的城区管委会机构设置也比改革前大幅减少。2013年第二轮改革，将三个管委会下设的机构全部撤销，将12个功能区整合为7个，管理层级进一步扁平化，管理机构进一步精简，总体上形成了“行政区统领、功能区支撑、街镇整合提升”的管理格局。

（三）下放行政权力

滨海新区政府成立后，天津市政府按照“新区的事新区办”的原则，从2011年起，向新区多次下放行政审批权限，涉及企业投资项目核准与备案等269项行政审批权限和职能事项。在此基础上，新区政府又对各功能区下放了行政审批权力，成立新区行政审批服务中心和公共资源交易中心，构建了新区、城区（功能区）、街镇分类服务的审批体系。经过第二轮改革，城区管委会这一层级撤销后，区政府推进强街强镇战略，行政权力进一步向街镇下放。

（四）优化行政审批

推进行政“职能归并”，第一轮改革时，在区政府设立了统一的行政审批管理办公室，在具有审批职能的区政府部门统一设置了行政审批处，减少审批机构，统一行使审批职能，推行“一审一核、现场审批”和“一窗统一接件、同步效能登记、审批时间和自然时间双限时和帮办领办”四项办理机制，减少了审批环节和时限。在第二轮改革时，进一步整合、集中审批事项和权力，设立行政审批局，强化集中审批，构建全区统一的行政审批平台，变事前审批为过程服务、事后监管。经过改革，新区审批事项减少69.7%，行政审批平均承诺办结时限由8.75天压缩到5.74天，提速达34.4%；行政审批申请要件数由平均7.4个减少到5.18个。[①]

（五）创新绩效考核

吸引公众参与政府绩效评价，在行政评价中引入公众评价因子。通过现场评价、问卷调查、电话访问、网上评议等方式，让公众对政府绩效进行评价。建立企业经营者、城镇和农村居民样本库，采取随机抽取的方式，选择相应数量的调查对象及同等数量的备选调查对象。评议采取百分制方式，评议得分×30%＝绩效考评公众评议得分，使公众成为政府绩效的真正评价主体。

总的看，滨海新区经过两轮行政改革，组建了全国同级区域中部门最少、最精简的行政架构，破解了统一规划难以实施、集聚效益难以实现、整体优势难以发挥、资源配置难以优化、管理效能难以提高等方面的问题，行政的效率和效能得到提高，公共服务能力得到提升。

二、滨海新区行政改革对新公共管理理论及方法的应用

新公共管理是西方国家20世纪70年代后在特定背景下发展起来并产生了广泛影响的政府治理理论及其运动。这种新的管理方法有许多名称，如“新公共管理”（new public management）、“管理主义”（manageria-lism）、“以市场为基础的公共行政”（market-based public administra-

① 毛振华：《滨海新区加快行政审批改革审批时限提速》，《滨海时报》2014年1月21日第4版。

tion)、“后官僚制典范”(post-bureaucratic paradigm),或“企业型政府”(entrepreneurial government),[①]但这些称谓基本上描述着相同的现象,即传统官僚体制已经被新形态的以市场为基础的治理模式所取代,并认为公共部门正浮现出新的典范。新公共管理理论的核心概念是分权、市场、效率,经常使用顾客、公平、服务、价值、激励、创新、赋权和弹性等词语,以此来试图改善政府行为。

纵观西方国家新公共管理运动的实践,尽管其称谓不同以及所采取的具体途径有所差别,但还是表现出了其特有的基本原则:一是效率原则。新公共管理接受了经济学中的效率概念,引进市场机制,通过一系列改革措施致力于提高效率,让公共服务者通过竞争获得服务的资格,政府可以花更少的钱得到更好的公共服务。另外,政府由注重投入转变为注重产出,“通过成本—效益分析,提高公共资源的利用效率”。[②] 效率原则促进了公共行政领域整体效率的提高,成为新公共管理运动成功的关键。二是分权原则。新公共管理理论认为,提高下级行政部门和行政人员主动性的关键在于破除行政集权的官僚制模式,实施放权,即上级将权力部分下放给下级,行政机关给予工作人员一定的自主权,而基层行政部门将部分职能外移到社区,鼓励社区公众积极参与自主管理,通过激发人的主动精神带动整个行政体制的活力。戴维·奥斯本和特德·盖布勒认为:“分权的机构有许多优越性:比集权的机构有多得多的灵活性,他们对于情况和顾客需求的变化能迅速地做出反应;权力分散的机构比健全的机构更有效率;分权的机构比健全的机构更具创新精神;分权机构产生更高的士气、更强的责任感、更高的生产率。”[③]三是去官僚化原则。主张摒弃传统官僚体制,促使官僚体制走向扁平化,其目标在于改革官僚制,确立公共部门的机构、目标与战略,实施政府职能的精简。四是市场化原则。从管理手段和方法来看,新公共管理最引人瞩目之处就在于将市场机制

① [澳]欧文·休斯:《公共管理导论》,张成福译,中国人民大学出版社 2007 年版,第 61 页。

② 谭功荣:《西方公共行政学思想与流派》,北京大学出版社 2008 年版,第 254 页。

③ [美]戴维·奥斯本、特德·盖布勒:《改革政府:企业家精神如何改革着公共部门》,周敦仁等译,译文出版社 2006 年版,第 187—188 页。

引入公共部门，其目的是通过私有化、市场检验、签约外包等手段和方式减少政府职能，实现“掌舵”与“划桨”的分离。

行政制度有着自身的发展逻辑，存在着许多共性的东西。西方国家新公共管理改革反映了行政制度发展的一些内在规律。英国学者简·莱恩认为，“新公共管理是世界革命的一部分，不同程度地影响了世界上所有的国家。”[①]西方国家新公共管理改革的理念和方法对我国市场经济的发展和行政改革的深化，对于在市场经济条件下处理好政府与市场、政府与社会的关系，形成新的管理模式，提高政府行政效率具有重要的参考价值，这在滨海新区行政改革中有着比较明显的体现。

（一）坚持权力下放，实行“一级政府、分类服务”

新公共管理主张政府分权，实现从层级制到参与和协作的转变。通过组织或体制将权力下放，鼓励直接面对顾客者更好地利用自己的决策；通过采取参与式的管理模式，给予那些直接面对顾客的工作人员以较大的自主权，使其提高应对外部环境的决策能力，增强政府的信任度，提高行政效率；通过组织层级扁平化、使用团队以及建立劳资伙伴关系等方式来授权雇员。滨海新区行政改革的一个重要任务，就是要建立高效、协调的运转机制。为了调动各层级的积极性，发挥功能区、街镇的各自优势，滨海新区通过行政体制改革，构建了“一级政府、分类服务”的行政审批和公共服务体系，合理划分区政府、功能区、街镇的审批事项权限，向功能区和街镇下放审批事项权限，区政府主要负责整体统筹的审批事项，功能区主要行使经济发展方面的行政审批权力，街镇主要实施辖区内的便民便企服务事项，行政权力比改革前明显下沉。

（二）坚持效率优先，实行“新区的事新区办”

从核心价值来看，新公共管理理论引进了经济学的效率理念，并以此作为改革行动的直接目标，通过一系列改革措施致力于提高效率。可以

① ［英］简·莱恩：《新公共管理》，赵成根等译，中国青年出版社 2004 年版，第 3 页。

说，效率原则促进了公共行政领域整体效率的提高，成为西方新公共管理运动成功的关键。戴维·奥斯本和特德·盖布勒认为，政府部门可以采取以下三种方法改进绩效：按业绩付酬，即对业绩好的个人或集团实行某种形式的业绩加薪制度或奖金制度；按业绩进行管理，即业绩信息主要作为一种管理手段，以此来继续改进自己的工作；按效果做预算，即把自己组织的支出同效果挂钩，“最富有企业家精神的组织设法在这三个方面加以实施”。[①] 滨海新区政府在行政改革过程中，把提升行政效率作为改革的重要目标，推行“新区的事新区办”的运行机制，新区政府在承接天津市审批事项下放的同时，责成相关职能部门授予功能区相应审批权，并向街镇放权，形成了“街镇有权限、基层有审批、责任有分解、服务有目标”的权力运行格局。据统计，改革后审批事项比改革前减少了 261 项，办结时限压缩了四分之一，成为天津市审批办事效率最高的地区。

（三）视企业为顾客，推行“保姆式”服务

新公共管理强调以顾客为中心，公共管理者尝试将其与顾客的关系作为日常职责的一部分进行管理，试图发现直接的责任渠道，在这种直接的渠道中，与顾客交往并改进自己的服务。政府以责任为杠杆，以顾客为工作导向，依据顾客反馈做出下一步行动计划，并对自身活动进行规制。滨海新区在行政管理改革中，坚持顾客导向理念，视企业为顾客，推行“保姆式”服务，把优化投资软环境作为发展的前提，围绕项目引进、签约、动建、投达产，提供全方位服务，为企业解决最实际、最核心的问题和困难。实行无偿全程代办服务，企业或审批人在审批过程中“跑断腿，磨破嘴”的现象从根本上得到了治理。

（四）建设服务型政府，实施“强街强镇”战略

新公共管理强调变政府规制为更多地提供服务，建设服务型政府。在推进行政管理改革的过程中，滨海新区着眼于打造服务型政

---

① ［美］戴维·奥斯本、特德·盖布勒：《改革政府：企业家精神如何改革着公共部门》，周敦仁等译，译文出版社 2006 年版，第 138 页。

府，将管理体制改革向基层延伸，实施“强街强镇”战略，规划调整街镇布局和社区布局，加强与创新镇和街道一级政府（或政府派出机构）的经济管理、社会管理和公共服务职能。加强对困难群体的帮扶、社区公共设施改造和文化生活载体建设，统一建设社区服务中心和社区服务站，成为满足群众学习、文娱、社区交流的综合性场所，通过社区服务站把服务延伸到离群众最近的地方。加大政府购买服务力度，采取市场化方式组建和培训社工队伍，完善了网格化数字社区系统。

三、借鉴新公共管理理论及方法推进地方行政改革的路径选择

新公共管理改革在西方国家的普遍展开，在相当程度上改善了这些国家的公共管理水平，满足了更多的公共服务需求。尽管不断有学者批评新公共管理中的管理主义倾向，认为“以自由、正义和公平等术语为代表的一些更广泛的人类价值问题正在失去它们作为评判标准的重要性，取而代之的是一种成本效益计算和手段目的计算。当效率的衡量成为唯一的讨论议题时，协商的、沟通的以及参与的功能将失去它们的重要性”①。但是，新公共管理改革所带来的行政效率提升、公共服务成本降低、公共服务改善等方面的成效还是得到了广泛认可。我国政府如何结合本国实际，借鉴西方公共管理的理念和方法，提高公共管理的质量和效率，实现公共管理的现代化，是一项重要的时代课题。笔者认为，借鉴新公共管理的理论和方法推进行政改革特别是地方行政改革，应该成为一种可供选择的路径。

（一）以分权导向推进行政改革

在传统计划经济体制下，国家权力高度集中，中央管得过多，统得过死。由于中央集中了过多的权力，地方无法表现出自己的需要和意志，具

---

① ［美］罗伯特·B. 登哈特：《公共组织理论》，扶茂松、丁力译，中国人民大学出版社2003年版，第117页。

有明显的受控制性、依附性和被动性。因此，我国行政改革的一大任务就是要下放权力。在行政改革过程中坚持分权导向，就是要合理划分各级政府之间的权限。权力过于集中固然不利于上级政府调动下级政府的积极性，但权力过于分散，又不利于中央政府对地方政府或上级政府对下级政府的监控，造成调控乏力、地方权力泛滥，中央政府的政策法规得不到有效贯彻执行，并形成地方保护主义。因此，改革的关键是要寻找中央与地方关系上集权与分权的动态平衡点，避免和克服集权滥用和分权越轨两种倾向。这就要明确中央政府与地方政府的职责权限，区分中央专有权、地方专有权、中央地方共有权，建立健全处理中央与地方权力关系的协调机制以及中央政府对地方政府的监控机制。

（二）以效率导向推进行政改革

效率是行政管理的一个核心目标，它贯穿于整个行政管理活动的始终，效率导向是西方政府行政改革的目标模式，而效率低下正是我国现行行政管理体制的一个突出问题。在行政改革中坚持效率导向，就必须在管理职能、机构设置、管理方法和制度建设等多个方面对传统低效的“大政府”进行改造。首先要切实转变政府职能。理顺政府与市场、政府与社会的关系，变全能政府为有限政府，渐进地向社会与市场转移职能。其次，改革行政管理方式。放松对企业的规制，灵活运用行政指导、行政规制、行政许可以及各种经济法律手段为企业创造一个良好的运行环境。结合我国实际情况，通过引入市场竞争机制、合同出租、合营化等灵活多样的形式，在降低政府成本的同时更高效地实现政府的公共服务职能。此外，还应进一步简化行政程序，改变服务方式。第三，改革政府机构设置。裁并精简机构，降低行政成本，加强相近机构的职能整合；减少层级节制，加强横向联系和沟通，缩小行政机构的规模和集中化程度，增强机构的弹性和效率。

（三）以服务导向推进行政改革

传统的管制行政奉行政府权力中心主义，以政府为中心，以行政命令和行政强制为主要手段，严格控制一切社会组织和公民个人的行为方向和活动范围，社会、企业和公民自由选择的权利和机会受到极大的限制。新公共管理奉行公众权利中心主义，以社会公众为中心，以服务公众为核心原则，主张政府应以社会、企业和公民为本位，以为社会、企业和公民服务作为政府存在、运行和发展的根本宗旨，政府通过为社会、企业和公民提供优质、高效的服务来实现自身价值。在行政改革中坚持服务导向，就是要适应经济社会日益增长的公共服务需求，将公共服务职能作为政府的首要职能和核心职能，加快建设公共服务型政府，强化和健全政府公共服务职能，加大政府公共服务投入，通过多种方式为社会不同阶层提供多样性的公共产品和公共服务，确保公共服务的均等化。

（四）以绩效导向推进行政改革

注重绩效，加强绩效评估，是在西方国家新公共管理运动中孕育和发展起来的一种新的公共管理方法和新的公共责任实现机制，是放松规制、调动公共部门和公职人员积极性和主动性、强化公共责任的主要改革措施。绩效管理对于公共部门全面履行职能、完善监督机制、规范公共管理行为、提高管理效率与效能、提高公共服务质量，保证对公众负责、对结果负责具有重要意义。目前我国政府部门的绩效管理还不成熟，尚处于自发、半自发状态，缺乏科学、综合的绩效评估指标体系，缺乏规范化、程序化的评估方法。坚持行政改革的绩效导向，就要借鉴西方国家公共部门推行绩效管理的经验，完善公共部门绩效管理制度和办法，促进绩效评估的科学化、程序化、透明化，注重绩效评估实施的现实条件、具体过程与方法，科学地推进公共部门的绩效管理，稳步提升政府的公共管理效率与效能。

（纪泽民：北京航空航天大学公共管理学院博士研究生，天津滨海新区商务委副主任）

边疆民族地区网络负面舆情的“生态治理”研究*

齐先朴

【摘　要】 边境民族地区的网络负面舆情是社会不满在网络中的自然延伸，最终又成为对社会不满的一种催化剂。网络负面舆情的治理要靠解决现实世界的种种不公平、不合理、不正之风和腐败，单纯强化“堵”“压”“封”的“管控治理”已不能完全适应边疆民族地区网络生态的变化。“生态治理”以公共利益为最高诉求，强调多元参与、协商对话和共识，以改善民生为根本，以人文关怀为基础，以改进工作为关键，以官民互动为手段，以法制建设为保证，是边疆民族地区网络负面舆情的治本之策。

【关键词】 边疆民族地区　网络负面舆情　“生态治理”

在边疆民族地区，网络日益成为舆论生成的策源地、舆论传播的集散地、舆论交锋的主阵地。网络上不时出现的一些非理性、失真、甚至恶意中伤的负面舆情，容易误导社会舆论，诱发民族冲突，并可能为境外敌对

* 基金项目：本文系中共广西区委党校（广西行政学院）2013 年度校（院）级课题一般项目（后期资助类）“边疆民族地区负面网络舆情的‘生态治理’研究”的研究成果。

势力分裂国家提供可乘之机。因此,有效地疏导与治理边疆民族地区的网络负面舆情,对于回应边疆民族地区群众的合理诉求,疏解不良情绪,促进民族团结,构建和谐社会,推进国家治理体系和治理能力现代化,具有重要的理论意义和现实意义。

一、何为边疆民族地区网络负面舆情?

当前边疆民族地区网络空间中不乏赞扬真善美、鞭挞假恶丑的声音,但也出现明显的非理性、失真、甚至带有暴力倾向的负面舆情。网络所具有的快速传播、开放性等特点会使某些问题瞬间暴露,事态迅速扩大,如果缺乏有效的预警机制和解决方案,极有可能造成难以预料的后果。

1. 边疆民族地区网络负面舆情,是指边疆民族地区网民通过互联网络的各种渠道如BBS、博客、网络调查等而呈现出来的,在表达方式和内容指向上包含较多非理性、失真、甚至带有暴力倾向的意见、情绪和行为倾向的总称。

2. 概括而言,边疆民族地区的网络负面舆情主要有三种类型:一是边疆民族地区普通群众在改革发展过程中提出的批评性的合理诉求。二是边疆民族地区部分群体或个人对社会负面问题的某些偏激、极端的言论。三是境内外敌对势力散布的反动言论,以及借各种热点难点问题和突发事件对党和政府进行的恶意攻击。

3. 与内地一般的网络负面舆情相比,边疆民族地区网络负面舆情具有酝酿期短、传播速度快,燃点低、诱发群体性突发事件的概率大,治理难度高、社会影响大等特点,很容易诱发网民的非理性行为。

二、边疆民族地区网络负面舆情的形成原因

除了内地一般网络负面舆情产生的普遍原因外,边疆民族地区网络负面舆情的产生还有以下特殊原因。

(一)经济因素

社会主义条件下,国家的整体利益和各民族地区、各民族群众的局部

利益从根本上讲是一致的，但在某些具体权益，主要是经济权益方面，民族之间往往会因利益的侧重点不同而产生一些矛盾与纠纷。首先，民族间经济发展上的不平衡和持续拉大的差距，是当前民族矛盾和摩擦产生的主要原因。其次，国土资源占有和开发中资源分配的不平衡及社会主义市场经济发展中基础和机遇的差别等也可能导致民族地区群众网络负面舆情的增加。

（二）政治因素

随着民族地区经济实力的提升和民主意识的增强，民族地区群众有了更多的利益诉求，在一些涉及民族利益的问题上各民族要求拥有更多的发言权。然而，在具体政策的贯彻与落实中依然存在诸如自治权利、实行民族自治地方与非民族自治地方的地位、干部的培养和使用以及党代会、人大、政协中各个民族的代表比例等各种问题出现，都可能使民族群众产生失落感和不满足感，从而引发网络负面舆情的波动。

（三）社会因素

网络负面舆情在一定程度上是现实社会中民族情绪的映射。当前导致民族情绪出现的社会因素主要包括：首先，旧社会遗留下来的民族间事实上不平等、民族之间的隔阂、民族主义思想残余依然存在，在一定程度上阻碍了民族关系的和谐发展。其次，随着民族交往广度和深度的增加，在交往过程中，民族之间因风俗习惯、语言文化、宗教信仰的不同等而产生民族间的误会和纠纷的频率也相应增多。这些都可能导致网络负面舆情的增加。

（四）国外因素

国外敌对势力自冷战以来从未放弃过对我国政权和民族团结事业的颠覆与破坏，他们与境内的民族分裂分子相勾结，对我国实行“分化”和“西化”，破坏民族团结与和谐社会的构建。上述种种因素都有可能导致一些人心理上的不平衡与不满，而便捷、安全的网络则为人们负面情绪的发泄提供了空间,从而构成了边疆民族地区网络负面舆情的一部分。

三、边疆民族地区网络负面舆情的危害

随着网络媒体的出现,某一事件一旦发生,在很短时间内就会在网络上形成巨大的舆情声势,引发讨论的高潮。

1. 当今网友言论之活跃已达到前所未有的程度,不论是国内重大事件,还是国际重大事件,都能马上形成网上舆情,甚至进而产生巨大的舆论压力,达到任何部门、机构甚至公众人物无法忽视的地步。更令人担忧的是,互联网上有一种“逆维基效应”,即某个信息由众多网友互相搜集、补充得来,但结果却是流传得越广、经手的人越多,其内容离客观和公正越远。

2. 在边疆民族地区现实生活中,由于各种差异和原因,各民族在长期交往的过程中难免会产生一些摩擦和矛盾,从而造成对民族感情的伤害。而这种伤害会不断地积淀下来,当积累到一定程度时一旦被某一网络突发事件引发,就极易诱发民族冲突,造成社会的不稳定。

3. 网络负面舆情诱发民族冲突在很大程度上还因为各种国内外分裂分子、反华势力等利用中国历史上遗留的民族问题,借助网络的优势,发表不利于民族团结、危害社会稳定的煽动性言论,通过蓄意制造民族矛盾扰乱民心,破坏民族团结和社会的稳定。

四、从“管控治理”到“生态治理”

转型期的边疆民族地区从单质社会走向多质社会,社会大发展与利益大分化并存,网络负面舆情就是一些深层次的社会矛盾在网络上的突出表现。对于境内外敌对势力散布的负面信息强化管制、监控、屏蔽的“管控治理”是必要的。但对于普通群众的网络负面情绪宣泄,保持其合理、适度的多元性,可起到社会关系紧张“减压阀”的作用。对网络负面舆情单纯地进行“堵”“压”“封”的管控治理,常直接引发群体性事件,或间接推动群体性事件的恶性发展,已不能完全适应边疆民族地区网络生态的变化。

1. 网络负面舆情治理的核心问题在于,政府究竟是不断强化其行政

管理职能，扮演全知全能的网络警察角色，以“有形的手”强力扑杀网上各种“有害信息”，还是充分尊重网络传播规律，更多以“无形的手”调节网络舆论生态，发挥互联网的自我净化功能，推动网民在网络社区实现“自律”和“自治”。

2. 总体而言，在网络负面舆情治理中，单一威权手段更易激起网民的抵触心理，而充分发挥网民的自我管理、网络的自我净化功能有助于克服公权的缺位和越位，从而为互联网寻求自身的制衡力量。政府只有允许不同声音彼此竞争才能让网络的自我净化机制效能最大化。在健康的政治共同体中，政府、个人与社会中介组织，将公共利益作为最高诉求，通过多元参与，在对话、沟通、交流中，形成关于公共利益的共识，做出符合大多数人利益的合法的决策。这种多元参与、良性互动、诉诸公共利益的治理形式，就是“生态治理”。网络负面舆情的“生态治理”，就是强调用生态学发展和联系的观点去看待整个网络负面舆情治理问题。

3. 简言之，所谓网络负面舆情的“生态治理”，是指在网络生态中，政府不是不断强化其行政管理职能，扮演全知全能的网络警察角色，以“有形的手”强力扑杀网上各种“负面信息”；而是充分尊重网络传播规律，更多以“无形的手”调节网络生态，发挥网络的自我净化功能，推动网民在网络社区实现“自律”和“自治”。

与以往的“管控治理”相比，网络负面舆情“生态治理”的创新体现在：在治理主线上，从一元转向多元；在治理理念上，从“管制”转向“引导”；在治理向度上，从“消毒”转向“免疫”；在治理手段上，从“刚性”转向“柔性”；在治理机制上，从“应急”转向“长效”。

五、边疆民族地区网络负面舆情的“生态治理”对策

适应边疆民族地区网络生态的变化，创新治理主线、治理理念、治理向度、治理手段和治理机制，通过改善民生和创新网络社会管理，推进边疆民族地区治理体系和治理能力现代化，对边疆民族地区的网络负面舆情进行“生态治理”，才是治本之策。

(一)创新治理主线:以改善民生为根本,缩小边疆民族地区与发达地区的差距

网络负面舆情是现实中负面现象的直接映射。民族地区与发达地区日益拉大的差距是诱发网络负面舆情的根本原因。因此,治理网络负面舆情首先要把党和政府的工作搞好,改善民生,特别是解决好分配差距过大和利益协调问题,并在经济、政治、文化、社会等各方面逐步缩小与发达地区的差距。

一是要加强以边疆民族地区民生问题为重点的社会建设,着力加强物价、住房、教育、就业、收入分配、社会保障、医疗卫生等与民生问题息息相关领域的改革,努力解决好民众广泛关注的物价高、就业难、看病贵、上学贵、购房贵、食品和药品的安全等社会热点问题,真正实现好、维护好广大人民群众的切身利益。二是要进一步加大对民族地区的经济扶持力度,通过制定多项优惠政策弥补民族地区因基础条件落后而与发达地区所产生的机会不均等,使民族经济发展更具竞争力,逐步缩小与发达地区的差距。三是要建立健全利益协调机制,加大扶贫力度,对弱势群体实行利益倾斜政策,体现维护弱势群体的社会公正。四是要加大反腐力度,完善法律、法规,对贪污腐败、以权谋私、权钱交易和以非法手段致富的行为严加惩治。最后要明确每个阶层的利益预期,以制度化、透明化、法制化和规范性的手段解除人们心中的猜疑和不信任。

(二)创新治理理念:以人文关怀为基础,加大对边疆民族地区网民的教育和引导力度

一是增进边疆民族地区各民族之间的相互了解,尊重彼此的风俗习惯和宗教信仰,避免产生民族歧视或因误解而产生民族间不必要的矛盾与纠纷,使各民族和谐共处。二是提高边疆民族地区网民的道德修养和理性意识、包容意识,自觉地在网络政治参与中建立一种较为包容、平等、公正、自由的讨论沟通机制,鼓励立法和决策的利益相关者积极参与讨论,以求达成公共利益基础上社会成员广泛接受的共识。三是培养一批

网络舆情的中坚力量，对网络负面舆情进行积极引导。通过实事求是的材料和观点以有见地、有主张、视角独特而富有个性的言论，来引导网民思考，以清醒的分析、负责任的指点和强烈的逻辑力量去打动、感染网民的情感，使之产生思想共鸣。努力形成网络舆情的权威性依赖，从而强化主流言论，缩小乃至孤立非主流言论，形成网上正面舆情的强势，并实现主流观念的主导作用，引导网络舆情的正确走向。

（三）创新治理向度：以改进工作为关键，提高党和政府应对网络负面舆情的执政能力

一是要强化政府责任，发挥其对网络负面舆情引导的主导作用。政府一方面要扶持主流舆情网站的建设，贯彻“突出重点、办出特色、形成合力”的原则，建立一批具有较大规模和影响力的网站，使之在网络舆情中充当“领头羊”的角色，起到中流砥柱的作用。二是要实现网络媒体自律，发挥其对网络负面舆情引导的主体作用。为保证网络舆情的健康发展，成熟有效的行业自律机制必不可少。作为网络信息的第一把关人，网络媒体在追求提高自身受关注程度的同时，必须加强自律，使网络信息的发布与时代主题相适应，与主流文化相契合，与人民要求相一致。实现网络媒体自律的同时，必须有计划、有步骤、有差别地推进网络实名制。三是要规范和健全相关社会组织，发挥其对网络负面舆情引导的重要作用。网民或网络媒体所组成的非政府组织，如中国互联网协会、媒体行业协会、网民自律组织、社会自治组织等是引导网上舆情的“第三支力量”。

（四）创新治理手段：以官民互动为手段，创新政府对网络负面舆情的回应机制

一是要遵循网络舆情发展变化规律，提高对网络负面舆情的处理力。要把握“第一时间效应”规律，学会在第一时间进行回应和处理，对不同性质的负面舆情采取不同的处理手段，做到关键时刻不“失语”，关键问题不“失策”。要把握“沉默的螺旋”原则，公开、透明地回应和处理网络负面舆

情，避免网民对错误意见的盲从。要转化“网络把关人”和“网络舆情领袖”的作用，增强政府在网络上所要表达意见的说服力，变“把关 ”为“指路”，变网上“堵截”为“疏导”，实现“堵、疏、督”三结合。

二是要善于在处理网络负面舆情的互动过程中进行自我反省和改进工作，不断提高反思力，从而消除产生网络负面舆情的土壤。政府对网络负面舆情回应反思的过程基本上是一个由解构到再建构的过程，目的是通过对政府自身制度和行为的反思完善，使各级政府及其官员杜绝以旧有的习惯、传统和冲动对负面网络舆情做出草率回应，而是要以网络传播的基本规律为基础做出令公众满意的行动。

（五）创新治理机制：以法制建设为保证，形成边疆民族地区网络负面舆情治理的长效机制

当前我国网络政治参与具有明显的随机性、人为性和不稳定性。迅速成长的网民政治热情亟须通过制度化的政治设计来引导，网络问政、网络监督、网络反腐等网络政治参与行为亟须法律法规的规制和约束。互联网作为新生事物存在诸多问题，如个人隐私、国家安全信息的保护、不良信息的随意发布等，表明我国互联网法律体系尚不健全，在有关网络方面的立法工作还比较滞后。因此，加强网络立法方面的研究非常必要，它是治理网络负面舆情、维护网络安全的重要保障。

目前，中央和地方各部门已经陆续制定和出台了多部有关互联网网络监管的法律法规和政策规章。然而，网络社会仍缺乏一套系统的、操作性较强的法律法规，从而使执法者可依据其内容来规范网络行为，对明显的、有危害性的破坏民族团结、威胁国家安全的网络行为进行防范，最终维护民族的团结和国家的安定。加强网络立法工作，一是把网络政治参与纳入我国宪法规定的公民基本政治权利，明确公民在网络政治参与中的权利义务。二是出台公民网络政治参与的程序性法律法规，使其成为一种规范化的政治参与方式。三是在刑法中明确网络政治犯罪行为，在保障公民自由权利的同时打击各种网络违法犯罪行为。

参考文献

[1]刘毅:《网络舆情研究概论》,天津人民出版社 2007 年版。

[2]张丽红:《当前社会存在的主要负面情绪及其疏导》,《理论界》2011 年第 8 期。

[3]王国华等:《解码网络舆情》,华中科技大学出版社 2011 年版。

[4]支庭荣:《大众传播生态学》,浙江大学出版社 2005 年版。

[5]Jurgen Habermas. The Public Sphere: An Encyclopedia Article[J]. Media and Cultural Studies, Oxford: Blackwell Publishers Ltd, 2001.

[齐先朴:中共广西壮族自治区委党校(广西行政学院)文史教研部副主任、副教授]

地方自治的双重效应研究

周　攀

【摘　要】 地方自治的最低标准就是拥有相对独立的财政权。自收自支的地方财政会赋予地方官员尽力维护本地经济利益的强大动力。完全依靠中央拨款的等级工资则会把地方官员变成毫不关心地方经济的政治傀儡。但是，经济发展总是要破坏社会稳定。特别是在农业时代，冷兵器的构造简单，集权制几乎不可能维持地方自治。

到工业化时代，军事技术的进步让中央可以轻易垄断军队。但是，各地官员为了增加财政收入而不断打破现有土地产权的分配，让出价最高者获得土地使用权。丧失土地的弱者必须得到国家权威的保护。杜绝强迫交易才能防止贫富分化恶化为阶级对抗。

兼顾稳定与发展的关键在于普通劳动者能够获得监督地方官员的权力，确保劳动者可以自由选择拒绝交易还是自主经营。联邦制的地方掌握国家主权，普选权的获得成为劳动者保护自身权益的唯一途径。集权制的中央掌握国家主权，一府两院的相互制衡关系才是劳动者平等交易的制度保障。

【关键词】 地方自治　经济发展　政治稳定　权力制衡

通常人们总喜欢把地方自治与繁荣稳定联系起来，但实际上地方自治给国家发展带来的挑战并不比机遇少。只是在西方学术传统占据统治地位的今天，也就是西方历史发展经验占统治地位的今天，联邦制国家的辉煌掩盖了地方自治的阴暗面。表面上看，现代工业文明的绝大多数成就都是在联邦制国家取得，而集权制国家只能缅怀古老的农业文明。两相比较，很容易让人产生地方自治妙用无穷的错觉，甚至偏执地认为国家的稳定并不重要，自治带来的混乱不过是黎明前短暂的黑暗而已。然而，现实的残酷总是把盲从的发展中国家拖进争权夺利的深渊，相反，中国的改革开放坚持“稳定压倒一切”的原则而走在光明的道路上。

前后如此矛盾的现象源于地方自治的双重力量效应：经济发展的动力和政治稳定的阻力。任何偏执地追求某一种力量效应都是幼稚可笑的想法，付诸实践势必祸国殃民。盲目崇拜自治的经济活力而放纵官员争权夺利，国家势必陷入地方保护主义的泥潭；一味恐惧自治的政治骚动，而剥夺官员的自主性，经济势必困在唯上是从的等级制铁笼中。国家管理的关键是在不破坏稳定的前提下维持有限的地方自治。

一、何谓地方自治

一般来说，地方自治就是地方政府独立地行使本地事务的自决权，不受中央政府的干预。自治赋予地方官员草根特色，当地利益就不会被官员出卖给遥远的中央政府。不仅如此，生于斯长于斯的本地官员不可能漠视家乡的贫困。哪怕是为了答谢亲朋好友的鼎力支持，或者过上体面的退休生活，地方官员都会拼尽全力寻找发展经济的门路。即使这种发展方式会损害国家利益而遭到法律禁止，地方官员也会或明或暗地保护本地利益。损公肥私的土政策必须受到限制，因为从人性自私的角度看，人们总是不择手段地保卫个人利益，包括滥用武力。地方自治的权限不能无限延伸，否则国家将面临战乱的危险。本地事务最好局限在经济发展，国家的权威建立在垄断军事、外交和司法权力之上。

但是，军事权力的垄断有特殊性，因为地方和中央都是一级政府，都是合法的暴力垄断组织。彻底取消地方武装，地方政府就没有能力履行土地管理的基本职能。中央必须允许地方拥有足以维持治安的准军事组织。治安与军事的分离程度直接决定着中央维持体面的难度。特别是在冷兵器时代,技术的落后使得治安与军事纠缠不清,中央只能采取极端的打压手段。为防止地方武装割据,军队管理的人事和财政遭到强制瓜分:地方官员的任免被中央垄断,税收的征管也由中央任免的文官负责。能留给地方军官的权力,不过是按照地方文官的命令,指挥军队打击盗匪而已。如此严厉的分离措施依赖于中央的绝对强势地位,中央任命的地方文官能够获得当地民众的拥护。换言之,中央成为地方政府的合法性来源,地方的人事权才能被中央垄断。

人事权的分配只是反映政府合法性来源,也就是国家权力的分配体制:中央垄断人事权即为集权制,地方掌握人事权则为联邦制。财政权的分配才是地方自治的关键。集权制可以杜绝地方官员的非分之想,塑造出和平安定的环境。但是自私的官员愿不愿意集中精力谋发展,就要取决于中央是否承认地方财政的独立性。完全依靠中央财政拨款,毫无财政自主权的地方官员只能沦为任人摆布的政治傀儡:一切行动唯上是从,改善生活的希望只能寄托于政治级别的提高以及权力租金的看涨,当地经济的发展也就无关痛痒。相反,能够自筹资金,拥有财政自主权的地方官员就会高度重视经济发展。毕竟,权力寻租的政治风险极大:当地贫富矛盾会被激化,政府合法性的群众基础也会被削弱,中央的监察机构绝不会坐视不理。发展经济成为地方官员非常可靠的收入来源。强大的经济动力驱使官员刻意维护本地利益,甚至扭曲或者搁置中央干预经济的政策。

二、地方自治推动经济发展

原则上,财政的独立赋予地方官员的发展动力,并不会因为国家体制的差异而有大小之别,但是在不同的经济发展阶段,存在不同的体制障碍。毫无疑问,联邦制的地方利益受到人事权的完美呵护,但是政府合法性来源的分散决定了全国大市场的诞生困难重重。在文化认同日益多元化的今天,利益集团之间的平衡难度日益增加,已经让地方官员筋疲力尽，难以顾及经济发展的需要。集权制的合法性来源单一，文化认同一致，可以减少地方官员发展经济的顾虑。但是人事权的高度集中，阻碍了地方利益的自由表达，中央对国家利益的判断就会有失偏颇，只看到自身对政治稳定的需要，完全漠视地方遭受的巨大经济压力。只有国家遭遇重大失败，才能迫使中央改弦易辙，否则地方官员的利益将无法得到承认。换言之，集权制的地方自治需要中央的精心呵护，远不及联邦制的根深蒂固。

相比之下，集权制国家稳定有余，创新不足。这可以从中外发展史的对比中得到验证。中国虽然早在公元前就建立了稳定的政权体系，迄今已有二千余年，期间屡遭战乱破坏，总能浴火重生，堪称世界奇迹，但是在改革开放之前，始终停留在农业文明阶段，农村的落后贫穷也算触目惊心。反观西欧的政权稳定，虽然迟至中世纪后期落后中国达一千余年。但是联邦制所积聚的经济活力，却让西方迅速反超中国，用坚船利炮砸碎中国人的天朝梦想。中国的落后起自宋朝以来皇权的疯狂扩张，竭尽所能地消灭一切危险因素。地方丧失财政自主权，政府开销和人员经费都受到等级制的严格监控，财政经费的任何变动都需要经过层层审批获得中央的许可。森严的等级控制迫使官员逐渐腐化成可怜的“磕头虫”。城市化比例也一再下降，从宋朝的12%[①]跌到清朝的7.1%[②]。在此之前的汉唐时期，中央尽力保留地方自治权，汉朝郡守自辟僚属，唐朝两税法承认地方财政的独立性。遗憾的是宋朝成为中国否认地方利益的转折点，重新承认的拐点则要等到七百年之后的改革开放。人类历史上，只有英国曾经融合地方利益与国王权威，建立不可一世的“日不落帝国”。巨大的荣耀源自英国独特的历史传统，既产生了强大的王权，又限制了国王干预地方的能力。11世纪的“征服者威廉”率先建立了至高无上的王权，所有封臣直接效忠于国王。但是国王剥夺地方财政权和人事权的努力一再遭遇挫折。这是因为英国输掉了欧洲大陆的争霸战，大片领地被法国吞并。丧权辱国的英王遭到贵族的质疑和挑衅，地方自治就在国王与贵族

① 吴松弟：《中国人口史》（第三卷 辽宋金元时期），复旦大学出版社2000年版，第619页。
② 曹树基：《中国人口史》（第四卷 明时期），复旦大学出版社2000年版，第829页。

的反复较量中得以保存。贪婪的乡村贵族才能毫不理会城市手工业者行会的严厉警告，不顾质量下降的风险，执意扩大机器纺织的规模。工业革命在城乡竞争的刺激下爆发。欧洲大陆的城市还在国王支持下忙着查封乡村工业，陶醉于手工纺织的精美品质，任由封建行会阻止一切威胁手工业者利益的新机器的诞生。

三、地方自治破坏政治稳定

在农业文明阶段保留地方自治的难度极大，甚至可以认为保留的可能性只是一些理论假设，并不具有实际意义。农业社会技术水平极为低下，构造简单的冷兵器给国家的管理造成极大的困惑。从技术上讲，中央无法垄断军事力量，因为冷兵器不存在弹药补给问题，也不需要专业的生产维修设备，使用冷兵器的军队战斗力主要来自规模和训练。也就是说，只要财政实力雄厚或粮草丰盛，就可以组建一支训练有素的强大军队。地方的治安武装随时可能因为有钱而壮大起来，不听中央调遣。彻底解决的办法只能是防患于未然，剥夺地方财政自主权，任何开支都要服从中央安排，不仅如此，工商业的发展也要加以警惕，私人财富的累积也会威胁政权的稳定。如果保留地方自治，那么中央只能从人事平衡的角度着手。冷兵器不需要弹药，但是人吃马嚼离不开粮草。军粮军饷和军队的管理分别指派不同背景的人员担任，利用三者之间的相互牵制达到稳定军心的目的。然而，看似可行的制度设计却被现实砸得粉碎，历经汉唐时期近千年的尝试而告失败：汉朝亡于地方豪强，唐朝毁于藩镇割据。随后，宋朝统治者不得不转向否认地方利益的专制管理，从此中国再无长期分裂局面。

看似可行的人事平衡理论极为脆弱，经不起现实的风浪考验。中央必须竭尽全力避免动乱的发生。首先不能对外军事扩张。中国幅员辽阔，信息和物资的传递效率奇低。征讨偏远地区就不可能往返汇报，军事胜利必须依赖将军的临机应变。钱粮的控制权只能托付给带兵打仗的将军，人事平衡也就荡然无存。其次，对内勤俭节约，不能大兴土木。兴建宫殿势必征发劳役，效率低下的交通耗费掉农民大量时间。农作不守时势必收成欠佳，缺少粮食储备的农村无异于动乱的火药桶。最后，必须废除皇帝终身制。无论设计多么精良的政治制度，都需要操纵者具备丰富的经验和旺盛的精力。很显然，终身制必然产生老弱病残，不合格的皇帝必然带领国家走向毁灭。

联邦制的困难在于维持中央的权威。本质上讲，国王不过是占据相对优势的大贵族，随时都有被取而代之的可能，也就不能奢望垄断军队的控制权。一旦爆发战争，国王只能召集贵族议事，摊派军费，拼凑军队。国王的优势越是弱小，国家动乱的风险就越高。特别是在游牧民族入侵不断的年代，弱小的联邦无法抵御铁蹄的风暴。西欧国家的策略是投靠万众景仰的罗马教廷。在教皇的组织下，视死如归的基督徒自愿组成强大的圣殿骑士团，驻扎在欧洲的最前线——耶路撒冷，庇护着尚在黑暗中徘徊的王室贵族。到中世纪后期，羽翼丰满的国王不再需要教皇的庇护，顶替惨败的圣殿骑士团，勇敢地抵挡萨拉丁大帝的入侵。王室的逐步壮大，除了政治斗争和领土兼并的胜利而外，更多的还是依靠经商致富和商业税收。东西方贸易的通道被伊斯兰国家切断。西欧王室只能相信“地球是圆的”假设，举债资助航海家一路向西，去寻找远在东方的中国。南辕北辙的笑话在这儿却成了工业文明的起点。大航海时代为王室带来巨额财富。强大的海洋帝国终于不再需要东拼西凑的军队，雄厚的中央财政足以供养庞大的皇家海军。议会牵制国王的能力日渐削弱，王室的触角开始伸进乡绅的腰包。英国的玫瑰战争消灭了大量的贵族，都铎王朝的荣耀一时无两：利用司法审判打击地方贵族，私人武装也被国王取缔。但是，傲慢的查理一世试图不经议会同意而擅自征税，引发国内暴动，最终以光荣革命收场。国王的司法权和征税权被永久剥夺，地方自治得以高枕无忧，城乡竞争的活力得到释放，工业革命整装待发。但是王室权威的削弱也为日后工业文明的高福利埋下祸根。

在工业时代，联邦制的中央权威缺乏必要的独立性，以至于拖累了经济发展。机械化和信息化革命把人类社会推进全球化时代，中央必须代表国家利益，及时调整经济竞争策略。但是，国家主权掌握在地方手中，中央只是受托于地方代行职权而已。无论是英国的议会至上，还是美国的三权分立，政府首脑的独立性并无本质区别，经济政策的调整都要看大选行情来定。利益集团的诉求越来越复杂，彼此冲突的可能性越来越高，留给政府回旋的余地越来越小。最典型的例子莫过于历史悠久的劳资冲突。光荣革命看似胜利收场，实则中央权威遭到沉重打击。国王已没能力阻止圈地法案的大量通过了。正如亚当·斯密所指出的，我们的食物并非出自屠夫、酿酒师和面包师的恩惠[①]，国王破坏圈地法案的用意不过是加强王室权威。但是国王的政治权术在客观上起到了维护国家稳定的作用。圈地运动的实质就是把农村土地的集体占有改变为私人占有，不再有免费的公用地。按习惯法占有公用地的农民被剥夺得一无所有，小地产农户也因为没有公用地修建沟渠和粮仓，无法承受粮食价格的大起大落。

市场竞争的浪潮无情地淘汰了大量农民，城市挤满了无家可归的流浪汉。劳动力的供应严重过剩，工人工资难以增长，还要独自承受失业的威胁和伤病的折磨。走投无路的生活迫使工人揭竿而起，贫富分化终于恶化成严重的阶级对抗。风起云涌的阶级斗争终于迫使议会取消选举资格的财产限制。善变的政客迅速收起了冷漠和傲慢，带着热情和微笑拜访工党领袖。如何满足工人阶级的利益终于成为国家议题。工人的选票和资本家的钞票也就成为议会政治的两大支柱。钞票与选票的竞争淘汰掉了利润微薄的加工企业，因为最低工资保障威胁不到财大气粗的金融巨头。但是，低技术低工资的加工企业却是底层人民参与市场竞争的垫脚石，加工岗位的消失势必增加失业人口和社保开支。更何况，五花八门的利益集团已经把投资办厂变成风险极高的买卖，政府的许可文件也无法抵挡各种团体的抗议。一味讨好民意的政客只会袖手旁观，而绝不会竭尽全力地化解群众的误会。

四、地方自治的制衡之道

经济的发展总是破坏社会的稳定。市场竞争的淘汰机制就是政府总把土地转让给出价最高的买家。失去土地的弱势群众必须得到国家权威

---

① 〔英〕亚当·斯密：《国富论》，杨敬年译，陕西人民出版社 2006 年版，第 18 页。

的保护，杜绝强迫交易才能确保社会安定。联邦制的代议民主削弱中央权威，政府的行动必须得到议会的授权。也就是说，弱势群体的保护取决于能否争取到议席，没有代表就没有保护。终日忙于选举利益交换的议员不可能关注没有代表权的利益群体。普选改革之前，圈地法案的破坏作用没人关心，普选改革之后，劳工保障的高福利危害也被故意遗忘。工业文明似乎成为联邦制国家发展的瓶颈，而给集权制国家带来意外的惊喜：地方自治的困境终于破解。热兵器对弹药和工具的高度依赖，使得中央不再依赖人事平衡，只需针对兵器特点，分别管制枪械、弹药和工具，就可以轻易造就中央与地方武装之间巨大的技术鸿沟。中央不再担心地方造反的问题，就为地方自治提供了生存空间。

20 世纪 70 年代中国的经济破败不堪，严重的内忧外患迫使中国下定决心搞改革开放。经过反复摸索试验，国家体制得到全面调整。首先，中央的权威不再依靠个人，转向任期制的集体领导，干部终身制被废除。任期制的完善能够确保领导换届的顺利进行，是迈向权力分化制衡的关键步骤。其次，中央坚持放权让利的方针路线。官员的人事管理从下管两级收缩到下管一级，分税制改革让财政大锅饭变成中央与地方分灶吃饭。中国改革的成功源于承认地方的特殊利益①，地方官员的等级工资也转变为绩效奖励②。中央与地方共享发展成果，各地官员竭尽全力招商引资，激烈的区域竞争推动中国经济迅猛发展。农民争先恐后地进城务工，每年春节返乡民工的运输量令世人瞩目，城乡收入差距逐步缩小③。最后，积极设立各类经济发展特区。在控制社会风险的前提下，大胆尝试各种改革配套

---

① 经济学家张五常指出，“县取此税的四分之一，即产品增值税的百分之四点二五。土地出售的收入，如果是正数，县收百分之七十五，百分之二十五交上头。这百分率不是一致的：地点较佳的县，分账率会较低”。张五常：《中国的经济制度 神州大地增订版》，中信出版社 2009 年版，第 155 页、第 160—161 页、第 181 页。

② 经济学家张五常指出，“县干部的奖赏按成绩算”。张五常：《中国的经济制度 神州大地增订版》，中信出版社 2009 年版，第 155 页、第 160—161 页、第 181 页。

③ 经济学家张五常指出，“从二〇〇〇至二〇〇七年，我的估计是农民的人均收入的每年增长率，高达百分之二十。工作年龄的农民，四个有三个转到工商业去了。只要这趋势继续，十年后中国农民的人均收入会与城市的中等收入人家打平”。张五常：《中国的经济制度 神州大地增订版》，中信出版社 2009 年版，第 155 页、第 160—161 页、第 181 页。

实验方案。

中国的城市化浪潮不可逆转，房价上涨早已成为社会热点问题，房屋拆迁引发的恶性群体事件也屡见报端。工业文明给集权制带来的难题是如何打破监督权的行政垄断。行政层级监督看似效率高、回旋余地大，但实际上损害社会稳定。中央政府定下的18亿亩耕地红线，虽然可以控制土地流转的总体风险，但是无法抵挡地方官员追求土地租值最大化的利益冲动。维护稳定只能带来平安无事，无法清晰地表现为政绩，也就不可能给官员带来任何现实的好处。土地交易纠纷的根源在于个人没有监督地方官员的有效渠道，监督的权力被等级森严的行政体系垄断。个人的利益诉求无法通过层层审批得到维护，除非汇聚成群体性事件才能得到中央政府的高度重视。

行政垄断的监督体系无法适应中国经济高速增长的需要，维护稳定的被动性和滞后性已经让社会动荡不已。[①] 可行的改革思路是强化“一府两院”的权力制衡关系。检察院不能停留在保障人身安全的陈腐观念中，必须意识到经济的发展在呼唤财产安全。土地就是最重要的家庭财产，直接影响社会稳定。土地交易的巨额利益足以刺激官员不择手段地强迫交易。检察院和法院必须在人事权和财政权上全面独立于地方政府，成为中央垂直管理部门。参与土地交易的官员必须自证清白，主动向检察院申报家庭财产。检察官独立审查财产申报的及时性、完整性和真实性。如果申报存在缺陷，必须交给法院进行中立裁决，及时打击官员的不正当利益，削弱地方政府的利益冲动。“一府两院”的相互制衡才能打破监督权力的行政垄断，让个人拥有监督地方官员的有效方式，土地交易的公平性才能得到有力保障。

五、结语

经济繁荣和政治稳定的融合绝非易事。在农业社会，集权制无法保

---

① 据中国社会科学院2005年发布的社会蓝皮书显示：1993年到2003年期间群体性事件快速增长，数量从每年1万起到6万起，规模从73万人到307万人。吴忠民：《中国社会公正的现状与趋势》，《中国社会形势分析与预测》，社会科学文献出版社2005年版，第235页。

留地方自治，庞大的中华帝国陷入经济停滞，留给世人的除了精美的文物就是颠倒众生的李约瑟之谜。联邦制的稳定难题被大英帝国的独特历史传统所破解，激烈的城乡竞争终于打开技术创新的大门，创造了伟大的工业文明。工业社会的到来虽然伴随着枪炮和屈辱，但是终于突破了集权制的自治困境。中国蓄积了近千年的经济活力被改革开放释放了出来，恰如山洪暴发一般势不可挡，仅仅五年时间就让曾经闭关锁国的中国一跃成为世界头号贸易大国。[1] 在土地交易的公平保障上，“一府两院”的改革设想也许比不上西方普选权改革的保障力度，但是利益集团无休止的争吵抗议已经让西方经济深陷泥沼。也许不久的将来，西方世界的体制改革才是人类发展面临的巨大难题。

（周攀：四川省委党校公共管理教研部讲师）

① 参见彭博新闻：China Eclipses U. S. as Biggest Trading Nation [EB/OL]. http://www.bloomberg.com/news/2013—02—09/china-passes-u-s-to-become-the-world-s-biggest-trading-nation.html. 2013—2—10。

地方政府与非营利组织协同治理的研究

江　渝

【摘　要】 协同治理是一种新的政府治理理念，它强调政府、非营利组织和个体公民等多元社会组织和行为者相互协调合作，共同治理社会公共事务，其实践发展已成为各国探索政府治理变革的一种极为有成效的模式。然而对照我国非营利组织参与地方治理的现实，不能不说是地方治理发展一个短板，目前地方政府和非营利组织之间关系发展的总体不平衡状况严重制约了地方政府治理能力和其成效的水平。本文总结了当前我国地方政府与非营利组织协同治理的成效和存在的主要问题，并探讨了推进其发展的基本原则和实施路径的选择，以期此论题得到更广泛的关注和深入的讨论。

【关键词】 地方政府　非营利组织　协同治理

非营利组织之所以有其特殊的治理成效是因为本身具有一定政府基本功能共享的机制，同时又具有非营利性、非政府性和志愿公益性特征的缘故。因此，在现代政府治理变革的实践中，除了重视政府与市场的协同外，政府与非营利组织的协同机制的创新是其不可或缺的重要的变革途径和主要方向。在我国的公共管理实践中，由于历史与制度的原因，非营利组织的发展尚处于起步阶段，政府与非营利组织的关系尚未完全厘清，相互间的协同关系还存在着种种问题，这些问题的存在，成为制约地方政府治理绩效提升和公共管理目标达成的主要障碍之一。因此，地方政府的治理变革要取得根本性的进展，治理能力要得到大幅度的提升，需要与非营利组织间形成良性的互动合作关系，即构建起一种协同共进的关系。

一、地方政府与非营利组织协同治理的主要成效

进入 21 世纪以来，我国非营利组织得到迅速发展，在与政府的协同过程中发挥着越来越重要的作用。如奠定了基层民主特别是社会自治的组织基础，成为沟通政府与公民的一座桥梁，成为影响政府决策的重要因素和推动政府改革的强大动力源，对政府行为构成了有力的制约。①

（一）推进了我国民主政治的建设

在民主政治的角度，非营利组织的的权力来源与政府的权力来源具有同一性，即公民的委托，只是在公民的范围与数量上存有差异。非营利组织在与政府的协同中促进民主的发展，并改善民主政治的环境。具体在：第一，非营利组织是自由结社的产物，它的产生与发展本身就是平等、自由等民主精髓的积极体现，也是我国宪法所规定的公民基本权利实现的根本体现。第二，随着我国社会变迁的加速，社会分层日益明显，多利益群体并存的格局基本形成，非营利组织作为不同利益群体的聚合体，在与政府的协同中成为他们的代表，尤其是对弱势群体和少数人利益的保护。第三，作为非营利组织的村委会和居委会，在管理农村和社区事务、协调民众与政府关系、组织他们参与政治选举、维护他们切身利益等方面发挥了不可替代的作用。

（二）推进了我国政府职能的转变

近十年来，我国政府职能呈现出明显的由统治向治理的转变趋向。

---

① 俞可平：《治理与善治》，社会科学文献出版社 2000 年版，第 348 页。

这固然主要得益于我们党和政府在理念上的创新与实践上的努力，但也与我国非营利组织的作用发挥密切相连。我国非营利组织正在逐步向原先由政府完全把持的公共领域核心地带渗透。教育、医疗卫生、社会福利、扶贫、农村发展以及抗灾救灾等领域已经成为我国非营利组织的主阵地，分担了政府的责任，促进了社会公平和稳定。

（三）推进了我国社会伦理道德层次的提升

非营利组织作为志愿性组织，具有公益性和志愿性的特征，体现并传播着利他主义的精神，为我国社会注入了清新的伦理道德气息。改革开放和市场经济的发展，给我国的转型社会带来了一些道德困惑，在一定程度上出现了道德滑坡的迹象，腐败问题、诚信问题、责任问题等有越来越严重的趋势。非营利组织以其实际行动刺激了我国志愿精神、社会公德、责任感和同情心等社会良知的复苏，作为一种健康、有力的道德力量推动着我国社会伦理层次的提升。

（四）推进了我国资源向合理、公正和高效配置方面发展

非营利组织赖以生存和发展的资源基础主要来自于民间捐赠、私人付费和公共部门支持。[①] 因此，它们必须以强烈的进取精神和较高的行动效率，尤其是合理有效的资源利用来赢得社会的信任，换取生存所需的多方支持。与政府部门相比，非营利组织的运作更为透明、灵活，在资源利用的目标与过程上更为尊重资源来源方的意图和宗旨，资源的使用更为谨慎，对资源的绩效也重视。这在一定程度上对促进我国资源利用的合理性、公正性和高效率具有积极意义。

（五）推进了我国公共政策的优化和有效实施

非营利组织对公共政策优化和有效的推进主要反映于其对公共政策过程的影响力。在政策制定阶段，非营利组织可以聚合民意，为政府的

---

① 李维安：《非营利组织管理学》，高等教育出版社 2005 年版，第 162 页。

决策提供更为全面准确的民众诉求，提升公共政策的科学性；在公共政策执行阶段，非营利组织一方面可以直接参与政策执行，成为政策执行的主体之一；另一方面，非营利组织扮演着政策执行的监督者角色，以保障政策执行过程方向的准确性；在政策评估阶段，非营利组织以其专业性、公正性对公共政策进行客观评估，为政策调整提供有益的建议。在我国，非营利组织参与政策过程、影响公共政策所发挥的作用正在不断加强。

二、地方政府与非营利组织协同治理的阻滞性

尽管 20 世纪 90 年代以来，我国的非营利组织得到了空前的发展，目前全国各种形式的非营利组织已经达到 20 万个，而 50 年代全国性社团仅有 44 个。[①] 然而，由于我国"大政府，小社会"的现实，政府作为社会公共事务的治理主体，长期以来一直处于核心主导地位，对非营利组织的控制过于严格。相当数量的非营利组织为了生存和发展需要依靠中央或地方政府获得政治合法性。因此，地方政府和非营利组织的合作只是一种从属性的合作，难以在保持组织身份的情况下形成两者之间的相互依赖性，这使得非营利组织与地方政府之间难以达到理想的协同治理功效。

（一）非营利组织社会资源不足，公益产权基础薄弱

民间捐赠是非营利组织资金的主要来源，相当程度上决定着非营利组织的公益性质及其致力于社会公益事业的活动和功能，也是其保持独立性一个重要条件。根据民政部公布的相关数据，除去 2008 年汶川地震公益募款的特殊场景外，正常情况下全国非营利组织的捐款大约在 200 亿～300 亿元之间，平均到全国登记注册的近 45 万家非营利组织身上，每个组织大约只有几万元。[②] 不仅如此，我国非营利组织动员志愿活动

① 毛静：《中国非政府组织与政府的关系》，《党政干部学刊》2011 年第 5 期。

② 王名：《非营利组织管理概论》，中国人民大学出版社 2010 年版，第 63 页。

资源的能力和规模也很有限。大多数非营利组织中的志愿者数量极为有限，在吸纳、管理和激励志愿者方面缺乏必要的机制和有效的措施。由于这种公益志愿的脆弱，使得非营利组织缺乏足够的能力承担与政府协同的重任。

（二）政府管制苛严，非营利组织独立性不强

一方面，我国政府对非营利组织实行双重管理体制。即通过登记管理机关和业务主管单位分别行使监督管理职能，严格限制非营利组织通过登记注册获得合法地位。在实践中，这种双重管理体制常常演变成一种政治把关和共担责任的分权机制，将非营利组织和政府置于相互对立的关系上，地方政府对非营利组织的管理目标在于通过准入限制控制其发展并通过活动领域的限制规避可能的政治风险。其结果是由于非营利组织获得合法身份的门槛过高，阻碍了非营利组织的发展。许多非营利组织为了方便合法地位的取得，不得不采取挂靠党政机构的方式，成为党政机构的附属组织，其独立性与自主性受到严重影响。另一方面，我国现存的大量非营利组织，如果按照国际通行的标准来比对，不属于真正意义上的非营利组织，充其量是党政机构的下级单位或附设机构。这在相当程度上制约了非营利组织的独立性，造成与政府协同过程中地位上的不对称性，阻碍了协同的有效展开。

（三）非营利组织专业能力缺乏，多元力量整合困难

由于发展的历史短、资源不足，加之制度环境的不完善，我国非营利组织普遍存在专业能力缺乏的问题。非营利组织无论是资源动员，还是与政府协同提供公共服务、致力于政策倡导，都需要具备丰富的专业经验和专业能力。相对来说，我国非营利组织普遍缺乏专业人才，在协调互动能力、组织管理能力、危机应对能力、发展创新能力、资源动员能力，尤其是公共产品与服务的提供能力等方面，与协同所需要达到的能力层次存在较大差距。不仅如此，我国非营利组织彼此间的合作，或者是与其他市场力量、政府、媒体之间，也缺乏应有的交流合作和力量整合。大多数非

营利组织习惯于各自为政、单打独斗，缺乏跨地域、跨领域、跨部门的协同意识。协同意识的缺失，制约了非营利组织协同行动的开展，也就丧失了协同能力养成的机会，决定了其协同能力的欠缺。这也在一定程度上导致了地方政府对与非营利组织的协同存有疑虑而放弃与之合作。

（四）对非营利组织的监督乏力，公信力不高

具有公益性的非营利组织必须接受严格的社会监督。但在我国，一方面由于非营利组织的信息披露制度不健全，几乎很少有非营利组织进行规范的信息披露，尤其是很少对募集资金的使用情况进行公开，使得社会无法对其进行必要的、有效的监督；另一方面，双重管理体制在表面上似乎有了政府对非营利组织监督的制度安排，但在实际上民政与业务主管部门的多头管理，其结果往往是无人管理，政府相关部门只是在注册审批、业务内容与性质方面进行管制，而对非营利组织的活动过程、资金使用等方面疏于监督，从而使对非营利组织的监督处于真空状态。

三、地方政府与非营利组织协同治理的原则

政府与非营利组织的协同关系的形成及其成效的显现始于西方国家，我们需要经验的学习与借鉴，但应该是一种“嫁接”而不是“移植”，即应当以我国本土化的现实为基础，在“扬弃”中不断创新，走出一条适合我国国情的地方政府与非营利组织的协同之路。为此，必须遵循如下基本原则。

（一）国情为本原则

从历史的渊源及其发展来看，现代意义上的非营利组织是西方制度背景下的产物，是过去一百多年来所形成的一种价值取向，是私人性行动和对公共物品关怀的有效结合。[①] 西方国家所形成的地方政府与非营利

① 熊跃报：《转型经济国家中的第三部门发展：对中国现实的解释》，《社会学研究》2011 年第 1 期。

组织的互动协同关系，与其特定的历史与制度密切相关。如结社的传统、自由主义的价值观、民主的社会现实以及法律对政府权力的限制和人民权利的保护等。我国与西方国家具有不同的历史浸淫和不同的社会制度选择，两者存在巨大的差异，这种东西方的差异性，决定了我国非营利组织的历史发展、能力构成及社会性功能等存在分殊。因此，我们可以借鉴国外政府与非营利组织的协同经验，但不能照单全收，而应该从我国的国情出发，以坚持社会主义制度和中国共产党领导为基石，离开了这一基石，我国地方政府与非营利组织的协同就不可能取得实效。

（二）政府主导原则

地方政府与非营利组织的协同，在本质上是政府的一种治理变革，是对非营利组织应有法权的一种承认，也是多元主体共同管理公共事务的一种趋势。在西方国家，政府与非营利组织协同处理公共事务、提供公共产品和服务通常由多中心治理理论予以解读，强调包括非营利组织在内的多元主体在地位上的平等性，不承认政府在协同过程中的主导地位。但在中国，基于国情为本的原则，必须强调政府在公共管理过程中的主导地位，一方面，我国政府是党在公共管理领域的实践者和执行者，否认政府的主导地位，有可能会损害到我国社会主义制度的根本；另一方面，我国非营利组织的发展远未达到成熟的程度，无论是其能力、规范还是其影响力等都不可能承担公共管理的主导责任，政府依然是公共产品和服务的最主要的提供者和保障者。没有政府的主导，公共管理的有序性与合理性无法得到保证，政府与非营利组织的协同同样无法取得实效，相反，可能会导致社会的无序和加剧公共管理的失效。

（三）渐次推进原则

我们强调在公共产品和服务的提供过程中，必须注重地方政府与非营利组织的协同，但并不意味着这种协同可以一步到位、全面开花结果，而应反复试点、有序展开、渐次推进。因为，一方面，公共产品和服务是极为广泛、繁杂的领域，在此过程中的任何疏漏或失误都会直接影响到社会公众的切身利益，影响到社会的公平，甚至影响政府的合法性，因此，非营利组织究竟该在哪些领域介入、介入到怎样的程度，都需要经过精细规划和科学统筹；另一方面，如前所述，我国的非营利组织还存在诸多局限性，与政府协同参与管理社会公共事务、提供公共产品和服务的能力需要一个不断提升的过程，只有经过由易到难、由简到繁、由小到大的逐步发展，才能夯实协同所需的能力基础。

四、推进地方政府与非营利组织协同治理的路径

近二十年来，在公共产品和服务的提供过程中，我国地方政府与非营利组织进行了大量有益的协同尝试，积累了一定的经验，取得了初步的成效。面向未来，若要产生更大的治理协同增效，仍需探寻更为科学的协同之道。

（一）区分地方政府与非营利组织职能领域

公共事务具有多样性、复杂性和时效性等特点，公共管理的实践证明了政府包揽所有公共事务的不可能性。地方政府将会在越来越多的公共事务寻求中与非营利组织的密切合作、相互协同。这就需要厘清一个前提性问题，即地方政府与非营利组织的职能范围如何区分，尤其需要厘清哪些职能须由政府承担，哪些职能可以交由非营利组织去承担，否则极有可能产生政府过度提供而非营利组织作用却得不到有效发挥，或者是政府提供不足而非营利组织却又力所不能及的情况。从已有的经验看，地方政府的职能在于承担纯公共物品和部分准公共物品的供给，在公共事务的宏观领域发挥协调和控制作用；非营利组织则主要承担部分准公共产品的提供，在公共事务的微观领域发挥具体实施的作用。

（二）协调地方政府与非营利组织利益关系

协调好地方政府与非营利组织间的利益关系是实现两者协同增效的核心所在。这里的政府利益是指地方政府所代表的国家利益和区域内所

有成员的共同利益,即公共利益;而非营利组织的利益是指非营利组织及其所代表的特殊群体的共同利益。地方政府所要维护和实现的是整体的、公共的利益,而非营利组织则更多地希望维护和实现组织以及它所代表的那部分特殊群体的利益,可以说,两者有整体与局部之分。这就需要,一方面,地方政府必须通过税收优惠、财政补贴和直接的资金支持,在制度与环境上充分尊重并保障非营利组织的合理所得和合法利益,提高非营利组织的协同积极性,扶持非营利组织的良性发展;另一方面,地方政府坚持维护和实现社会整体公共利益的价值取向。因为非营利组织毕竟代表的是局部的利益,在某些时候存在有较强的自利性,甚至为了局部的利益而损害整体利益。这就需要地方政府有较强的利益协调能力和公共利益的实现意识。

(三)界定地方政府与非营利组织责任关系

在地方政府与非营利组织的协同过程中,两者责任关系的明晰是产生协同增效的关键所在。地方政府与非营利组织共同处理社会公共事务、提供公共产品和服务,意味着都要承担相应的公共责任。从政府职能的视角可以分为社会建设责任、经济建设责任、文化建设责任和行政能力建设责任等。而非营利组织的责任有学者将其分为低层次公共责任和高层次公共责任两类。低层次的公共责任主要在于非营利组织的守法,高层次的公共责任在于非营利组织对资源的有效利用和公益性目标的实现。相比较而言,地方政府的责任要比非营利组织承担的责任范围更广、内容更多、层次更高,带有整体与全局的特征,而非营利组织更多在于部分与局部的特征。在地方政府与非营利组织的协同过程中,需要特别强调的是,政府公共服务职能向非营利组织的转移并不意味着政府责任的转移或减少,相反,政府不仅依然承担公共服务提供者的全部责任,而且要承担对非营利组织的规范、引导责任,不仅要承担促进社会全面发展和提升政府治理能力的责任,还要承担鼓励和扶持非营利组织发展的责任。

（四）建立地方政府与非营利组织的互信关系

在地方政府与非营利组织的协同过程中，双方的互信关系是产生协同增效的基础。信任是一种社会资本，人类社会发展过程中任何合作关系的形成都以相互信任为基础。地方政府与非营利组织协同关系的达成同样需要在两者之间建立起相互信任。就地方政府而言，首先要增强对非营利组织的了解和沟通、信任和支持，要将非营利组织视为可靠的合作伙伴。其次，要积极主动地与非营利组织进行沟通、交流与合作。要为非营利组织提供制度化的、便捷的、畅通的沟通和交流渠道，培养非营利组织的沟通能力。正如特德所说：政府聪明的做法是建立政府与包括非营利组织在内的外部组织的联络机构，这样沟通可以持续不断进行，政府和非营利组织之间的信任感也会得到提高。[①] 就非营利组织而言，要赢得政府的信任，就必须积极参与到公共事务中去，通过与政府保持经常性的接触，向政府展示自己的能力与诚意，要提高与政府沟通、交流与合作的艺术，积极协助、配合政府，才能获得政府的理解、信任和支持。[②]

（江渝：四川行政学院公共管理教研部教授）

① 卡罗·安·特德：《政府与非政府组织之间的关系：可能性风险》，《国家行政学院学报》2005年第5期。

② 李珍刚：《当代中国政府与非营利组织互动关系研究》，中国社会科学出版社2004年版，第189页。

系统化构建：地方微博问政的科学化发展前瞻

——与传统网络问政系统比较下的视野

魏长青

【摘　要】 传统的网络问政系统主要是借助于留言板的载体，微博问政则是通过微博这一新兴载体，这使得微博问政在访问的便利性、信息影响的广泛性、收集舆情的掌控性、答复问题的亲和性、建言献策的实践性以及开展活动的灵活性等方面都有着传统网络问政系统无可比拟的优势。然而，这些优势如果想充分发挥出来，就要汲取传统网络问政系统的经验。以天台效能网为代表的传统网络问政系统往往有健全的运行和管理机制、工作机制和考核机制，如此便保证了该系统的威慑力和权威性。据此，地方微博问政的标准化模式构建可以从广覆盖、扩功能、定规制、依层级等四个方面着手。

【关键词】 地方　微博问政　传统网络问政系统　系统化

当前，对于微博问政的研究主要侧重于两个方面，一是对微博问政的功能介绍，二是对指导政务微博账号如何具体改善服务的研究。然而，要能够真正了解网络问政的发展趋势，不能仅仅单一地介绍微博问政的功能，更需要放在与传统网络问政平台进行比较的视野中来充分考量；同时，对个别微博账号的完善建议并不能构建起一种系统化的问政体系，在这种体系建立之前,即使某些个别的微博账号做得再好也是有局限的。

因此,在这一背景下,运用与传统网络问政系统相比较的视角,尝试着对地方微博问政模式进行一个标准化的构建,对于今后各地的微博问政实践将带来崭新的指导价值。

一、微博问政与传统网络问政系统的界定

微博问政,在本文中指的是政府和政府部门通过搭建政务微博这一平台来与民众进行全方位沟通、帮助民众解决问题的机制。其实,广义地讲,它理应包括领导干部通过个人的微博来问政这一内容的,但考虑到难以对这种领导干部个人微博进行制度化的设计和约束,因此,固然有些领导干部的粉丝很多,本文强调的微博问政并未涉及领导干部自己开通的微博。

早在微博迅猛发展之前,其实很多地方已经建立了各自的网络问政平台,比如各种政府信箱、举报网站以及各种留言板等。其中,在各种网络问政的形式中,相对公开透明的以正式政府网站留言板为载体的"网络问政系统"更具实效。

"网络问政系统"是指由政府主导建立的、制度化了的、专门性的公民政治参与网络平台,它是由公民的参与机制、政府部门的受理机制以及网站考核机制等共同组成的体系。通过此系统,公民可以公开透明地建言献策、反映身边问题、进行政策咨询以及监督投诉政府及政府工作人员的不良行为等,各种问题均由相关的政府部门或单位受理。因此,"网络问政系统"就像是一级"网上政府",各部门分工有序、公开透明地受理群众的诉求。

本文所讲的"传统网络问政系统"其实就是"网络问政系统",之所以冠之以"传统",是相对于"微博问政"这一全新事物来讲的。

二、微博问政相比传统网络问政系统的独特优势

基于微博的功能特性,相比起传统网络问政系统,微博在网络问政方面已经展露出了诸多优势,而且,这些优势正是传统网络问政系统所追求

的高度。正是基于这些优势，可以预期，微博问政已经成为今后网络问政的新趋势。

（一）访问随时随地：网民访问更加便利

政务微博之所以获得了突飞猛进的发展，与智能手机的同步发展是离不开的。随着智能手机的几乎同步发展，智能手机具备的无线接入互联网的能力让手机成为登录微博的重要终端。网民通过智能手机，可以随时随地登录微博，分享和评论新鲜事情，并可以将自己所观察到的社会现象随手拍下来将图片和视频上传到微博供其他人分享。

由于传统的网络问政系统从手机终端很难登录，因此，从简易程度和快捷性上来看，显然微博的随时随地性优势更加明显，而且，微博的浏览、发布、评论、转发等核心功能也让网民更倾向于对政务微博进行访问。

（二）主动提醒和裂变扩散：发布信息影响更广

传统网络问政系统与网民之间的互动往往单纯地体现于“留言—答复”，在网民没有什么问题需要留言或者不去主动访问系统的情况下，网民便无法得知网站的最新动态。因此，传统网络问政系统与网民之间的关系体现为一种被动性，只能被动地接受网民的访问。

微博则与此不同，网民若想长期关注某一用户，可以通过“加关注”功能实现。“加关注”无须对方确认，只要对关注的对象感兴趣，便可以关注对方。如此，假如有网民对某一政务微博感兴趣，便可以加这一政务微博为关注，之后政务微博上的所有动态便可以第一时间显示在该网民自己的微博界面上。如此，微博便使过去传统网络问政系统的被动接受信息转变为主动与网民互动的形式。

而且，微博的影响是呈裂变式扩散的。微博具有转发和评论的功能，每一个微博用户都有自己的好友圈，有自己的粉丝，如果某一网民对政务微博发布的某条信息或者网民在政务微博上的留言进行转发，将形成核裂变式的效果。这种影响力是传统网络问政系统根本无法达到的，传统网络问政系统的影响力往往仅局限于当地，发布信息以及网民留言的影响力远不能跟微博相媲美，这就使得微博在政府信息公开、发布服务资讯等方面具有了得天独厚的优势。

（三）留言直观直接：收集舆情掌控更稳

传统网络问政系统的留言形式往往比较单一，而且，在传统网络问政系统上的留言往往要经过管理人员的审核才能上传，很多留言往往经过过滤筛选或者改编，不能原汁原味地将意见表达出来。

微博留言则具有直观和直接的优势：之所以说“直观”，是因为微博留言可以插入图片、视频、表情，使得发言绘声绘色、形象生动；之所以说“直接”，是因为微博留言一般是不用经过微博用户审核的，可以不用经过政府微博的审核同意便可留言和评论，如此便可以以直接畅通的渠道将意见原封不动地表达出来。这种留言的直接直观性可以让微博留言以及政府的处置措施也更加透明。因此，微博问政的透明性往往会形成一种倒逼机制，督促政府相关部门认真受理民众的投诉。

微博问政留言直观直接的特性也为政府有效掌控网络舆情提供了有力的平台。由于政务微博本身就是公开透明的，是由政府部门自己办的，如此网民便不用去论坛发帖，在当地的政务微博留言就可以将意见直达政府了，而且也可以得到更多人的关注。于是，网民若是想揭露问题，在自己“家门口”的政务微博留言就可以得到重视了，如此政府便能更好地对网络舆情进行掌控，及时主动地处理这些问题。

（四）发言亲切简洁：答复咨询亲和力更佳

传统网络问政系统或者是建立在政府网站中，或者是专门设立一个正式的网络问政网站，由专门的政府部门和领导分管，较为正式和庄重。因此，传统网络问政系统往往比较官方，其语言风格比较枯燥，引不起民众兴趣；对公众所咨询和反映问题的答复也比较正式，不可避免地会存在一些官话套话，有的被公众评价为“没内容”，有的有内容但也被评价为“冷冰冰”，一直给人留下一种居高临下的官府的感觉，缺乏一种人情上的爱恨情结，缺乏一种平等的交流。

政务微博则不同，它的语言风格比较灵活，可以加表情、图片等形象生动的元素，可以发表与网民亲近的、人性化的语言。比如“亲”“童鞋们”等称呼，“被”“给力”“浮云”等网络流行语以及各种丰富多彩的表情符号都常常出现在部门微博的发言中。这些虽然只是细节上的变化，但语言风格的亲切性却会使得网民感受到政府的平易近人和亲切关怀，如此对政府的印象就会慢慢改变，对树立政府的良好形象、增强政府的凝聚力和群众基础意义深远。

（五）网民互动活跃：建言献策实践性更强

传统网络问政系统一般也有建言献策的功能，但是由于传统网络问政系统一般是简单的“留言—答复”机制，很难引起其他网民的关注和讨论，而且最终建议能否被采纳也不知晓。政务微博在讨论和接受网民的建言献策方面具有明显的优势，很有可能网民在政务微博上留下的一个小建议就引起其他网民的兴趣和关注，关注越多，吸引人就越多，政务微博管理人员也会参与进来，于是，一个小的灵感可能经过深入的讨论就会变为极具创新性和系统性的政府决策。

这与微博较好的交互性是分不开的，传统的网络问政系统相对来讲交互性比较差，虽然一般都有限期答复机制，通过这种限期答复也可以与网民进行一定的互动，但是，很多网民同时参加的、实时性的互动交流却难以开展。而微博则可以解决这一问题，通过微博，完全可以在政府与网民以及网民与网民之间实现良好的互动。

（六）功能灵活多样：开展活动创新空间更宽

传统的网络问政系统往往只是单一的“留言—答复”平台，功能相对来讲比较简单。但依靠政务微博，则可以实现发布服务资讯、发动网络投票、专题讨论、新闻发布会、现场直播、组织微友会等传统网络问政系统难以做到的功能。

政务微博在这些活动中既实现了与网民的零距离亲切交流，又使政府的服务形象、民主形象得以彰显。比如很多地方将市政设施的设计方案放在微博上供大家进行投票，将要实施的某项政策以专题的形式放在微博上与大家一起讨论，将大家比较关心的政府救援、听证会的现场情况进行图文并茂的现场直播，将费时费力费钱的新闻发布会直接放在微博上举行等，都收到了良好的效果。

三、传统网络问政系统的实践亮点

微博问政虽然展露出了自己独特的功能优势，代表了今后网络问政的发展趋向，然而，要切实发挥出这些优势，不能仅凭某个部门微博账号单打独斗。而要构建出一套系统，则要充分汲取传统网络问政系统的经验。传统网络问政系统最大的特点便是系统性和制度化非常突出。

在各地的传统网络问政系统中，浙江省天台县"天台效能网"便是一个典型代表。天台效能网（www.ttxn.gov.cn）开通于2004年4月20日，至今已卓有成效地运行了十年之久。截至2014年3月31日，在住户数不到20万的天台县，天台效能网用户注册名达29070位，点击率超过223.16万人次，最高日点击率超过2000人次。① 在2011年的调研中，有高达82%的群众表示曾经听说过或浏览过天台效能网，这些数据足以看出该网站在该县群众中的地位。② 天台效能网的做法正是传统网络问政系统的典型举措。

（一）功能齐备：涵盖各种民众参与诉求的网络问政平台

天台效能网是网络问政的主要平台，下设阳光工程、建言献策、在线恳谈、信访举报和效能投诉中心五个子栏目。这五个子栏目全方位搭建了政府与民众沟通交流的新平台：通过阳光工程栏目，群众可以反映问题和进行政策咨询；通过建言献策栏目，可以为政府机关

---

① 2014年3月份效能网相关数据统计，http://www.ttxn.gov.cn/myzd.asp，最后访问于2014年4月10日。

② 许峰、魏长青：《从"网络问政"到"网络治政"：县域治理的发展路径研究》，《体制改革》（中国人民大学复印报刊资料）2012年第1期。

提出政策建议；通过在线访谈，可以与县政府及关键岗位领导进行面对面交流和反映问题；通过效能投诉和信访举报，则可以对政府及政府工作人员行为监督。

（二）覆盖全面：由县直部门和乡镇为责任主体的工作机制

天台效能网的问政主体是各县直单位和乡镇，并不是主要领导干部，这种问政机制的优点便是分工和责任界定明确，进而有利于保持工作常态化。在每个县直部门和乡镇政府具体的工作机制上，各单位都有一个相应的登录账号，并专人管理，负责受理网民反映的属其职责范围内的问题，并于五个工作日内在网上做出答复。

（三）注重考评：由纪委负责的网络问政管理考评机制

为了使对工作机制的考核督查具有威慑力，天台效能网的操作管理工作由天台县纪委负责。为保证该栏目持久、有效、规范运作，天台效能网专门就天台效能网的落实情况建立了考核督查制度，将各单位的答复情况列入机关和个人年度目标责任制考核，并组织县效能办、县委县政府督查室、效能建设巡视组人员，定期对各县直单位和乡镇答复落实民意情况进行督查。此外，效能网还建立了网民评议机制，网民可以通过此举对答复情况分满意、基本满意、不满意三类进行评议，答复满意率与“万人评机关”活动、机关绩效评估挂钩。

（四）选准层级：选取县一级政府建立网络问政系统

在建立网络问政系统的过程中，层级的选取是很重要的，天台效能网选取县一级建立网络问政系统发挥出了良好的效果。与其他层级的政府相比，在省或市一级政府建立网络问政平台会因为宏观化的缘故很难及时有效地解决群众的具体问题，而乡镇一级的政府架构本来就是不完整的，也难以有效解决群众的问题，而且从技术和人员上讲，建立网络问政系统也不现实。县一级政府则“五脏俱全”，而且又是直接服务于基层群众的，承上启下、联结城乡，因此最适合建立网络问政平台。

之所以存在这些优势，根本原因便在于基层群众与县一级政府之间可以以解决问题为主线形成良性的互动：[①]基层群众参与网络问政是为了解决问题，而县一级政府则是可以解决群众提出的问题的。群众看重的是解决问题的实效，正是因为通过县域网络问政机制可以解决问题，群众才会支持信任、有序参与、理性表达，甚至于大量没接触过电脑的农民群众都去找自己的亲戚晚辈帮助自己在网上表达诉求，使得网络问政平台成为广大城乡基层群众共有共享的参与机制。

四、比较视野下地方微博问政的标准化模式构建

与传统网络问政系统的亮点做比较，就可以发现当前地方微博问政实践中亟待改进的地方。由于微博问政代表了今后网络问政的发展趋势，今后的研究视角就不能仅仅盯着个别微博账号的完善，更要着眼于在某个辖域去构建一套标准化的微博问政系统。否则，即使某些个别的微博做得再好，也并不能代表今后网络问政的转型方向。基于微博问政的功能优势，借鉴传统网络问政系统的实践亮点，构建标准化的微博问政系统可以从以下几个方面着手。

（一）广覆盖

各地虽然涌现出了不少受网民欢迎的部门微博，然而，总体上来看，这些微博的覆盖面还非常小，并没有覆盖到所有的政府部门和乡镇机关，而且即使开通微博的政府单位，也很少有能发挥出实效的。因此，站在宏观的视野来看，微博问政还处于一种极少数政府微博账号“单打独斗”的局面，并没有发挥出很好的带动作用。

因此，应该借鉴传统网络问政系统覆盖全面的优势，整合政府部门微博，建立区域性的政务微博大厅，并确保能覆盖到所有政府部门和乡镇机关。如此广覆盖地搭建微博大厅，会极大地方便民众的访问，使民众可以

① 魏长青：《论在县级政府建立网络问政系统的优势》，《社科纵横》（新理论版）2011年第3期。

轻松挑选出自己想要寻找的部门账号，从而进一步激发民众参与微博问政的积极性。

浙江省天台县“微天台”可以算是区域化政务微博系统的先行者之一，目前已有县直部门、乡镇（街道）、旅游服务单位等90余个实名认证微博号，搭建起了天台政务微博大厅，这便为以后微博问政系统的进一步完善奠定了基础。

（二）扩功能

当前，很多政务微博平台功能尚没有充分挖掘出来，而是往往仅侧重于其咨询服务功能和宣传功能。传统网络问政系统之所以容易在县域得到广大群众的拥护，就是得益于其解决群众实际问题的能力，其受理投诉和解决群众所揭发问题的能力。与此相对应，微博政务平台并没有将受理投诉和解决群众揭露的问题作为自己的侧重点，如此长期发展下去，当网民对政务微博不再新鲜时，政务微博的受欢迎程度定将难以持续。因此，微博应发挥自己的特长，大力拓展自身受理投诉与收集舆情的功能，着力在解决群众实际问题方面下苦功夫，不断提升在群众心中的地位。

很多政府部门可能担心将一些尚不太确定的负面信息呈现在广大网民面前会影响政府的形象，然而，根据大量政务微博的案例，越是大胆受理网民的公开投诉的，反而越是容易得到网民的拥护。网民对政府的评价是以政府能够帮助民众解决问题为依据的，越是公开受理群众投诉，便越能成功地化解问题，最终也便能更好地赢得民众的支持。

（三）定规制

传统网络问政系统往往在建立之初便会建立完整的办复机制、评价机制和考核机制，如此才能更好地约束相关政府部门，督促它们更好地解决群众提出的问题。微博问政当前虽然很热，各地的实践也比较多，但真正建立制度化的却很少，对于微博的回复和运用情况并无硬性的考核安排，如此很容易出现“人走政息”或“三分钟热度”的问题。

政务微博系统要实现持续性的发展，就必须要制度化，也建立完整的办复机制、评价机制和考核机制。尤其要建立硬性的考核指标，不断地督促相关部门和工作人员将政务微博系统持续性地办好。同时，微博问政系统的建构应该有一个统一的组织和考评部门来督促各个部门微博的工作，建议该部门由纪委来承担。由于纪委承担着作风和效能建设的职责，可以以作风和效能建设为突破口，将各个部门的微博使用情况纳入纪委的监督范围中。

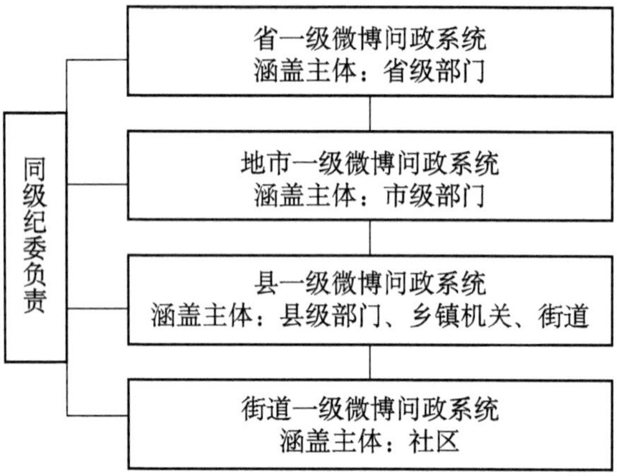

（四）依层级

传统网络问政系统选取在县一级建构的经验启发我们，层级的选择对于网络问政系统的构建至关重要。地方微博问政系统的构建同样也应考虑层级的问题。当前，很多地方的政务微博都是以部门为单位的，比如建立政务微博最多的公安部门、宣传部门、旅游部门等，范围涵盖各个层级，并非依照一个整体层级来进行整体架构，出现了泛滥化的倾向，难以让群众有序参与。因此，整体来看，当前的政务微博虽遍地开花，但却如一盘散沙，各自为战。面对越来越多的分散式的政务微博，群众终将无所适从，进而最终制约微博问政的发展。

因此，应以层级为单位，在各个层级都建立微博问政系统，依照层级构建能够涵盖每个辖域的微博政务系统，将该层级的各个部门和基层单位全部涵盖进来，方便群众参与。考虑到县一级政府在整个政权结构中的重要性，因此应尤其重视县一级微博问政系统的构建。同时，考虑到社区为居民服务事项较多，群众对社区的诉求也较多，因此，在街道一级也应该建立涵盖各个社区的微博问政系统。

随着微博在我国的发展越来越迅猛，它已正在改变民意表达方式，成为普通群众表达各类观点、诉求的重要平台。而且，基于其功能优势，它还代表了一种网络问政的科学发展趋势。因此，在微博迅猛发展的潮流中，尤其要导正微博问政的发展方向，否则，越迅猛越不一定是好现象。在这一背景下，及早探索出地方微博问政的标准化模式，对于指导今后各地的网络问政实践将具有十分重要的意义。

参考文献

[1][美]查尔斯·福克斯、休·米勒：《后现代公共行政——话语指向》，中国人民大学出版社 2002 年版。

[2][美]凯斯·桑坦斯：《网络共和国——网络社会中的民主问题》，上海人民出版社 2003 年版。

[3]窦含章、李未柠：《政府如何开微博》，中共中央党校出版社 2011 年版。

[4]高明勇：《微博问政的 30 堂课》，浙江人民出版社 2012 年版。

[5]王圣诵：《县级政府管理模式创新探讨》，人民出版社 2006 年版。

（魏长青：浙江警察学院社科部教师）

地方政府创新：顺德的行政审批制度改革探索

岳芳敏　李芝兰　梁雨晴

【摘　要】 近年来以行政审批制度改革为突破口，地方政府开展了行政改革创新的探索。其中，广东省被定为全国行政审批制度改革试验区。佛山市顺德区通过界定审批事项、商事登记制度改革、企业登记并联审批制度改革等一系列创举使行政管理体制改革不断深化，并为全国积累了经验。地方政府行政管理体制改革如何才能不断深化？该如何推进行政管理方式的改革创新？基于近几年对顺德探索的跟踪调研，本文总结了顺德两年来的改革实践经验，分析其内在性改革动因、改革路径，从中得出启示。

【关键词】 地方政府　创新　行政审批制度改革　顺德

自2008年国务院推进大部制、行政审批制度改革以来，地方政府也相应地开展了行政体制改革。这轮"政府自己革自己命"的行政改革被作为转变政府职能、提高行政效率、改善服务水平的重要途径。由于审批制度改革涉及政府自我放权，触动部门利益，改革并不能顺利实施。黄晓东、黄小钫(2011)考察了2000—2010年我国地方政府创新奖入围项目，指出地方政府创新在取得一定成效的同时也面临着创新动力日渐衰减、创新空间日益不足等前所未有的挑战。[1]深化改革必须应对这些挑战。观察近年来广东行政审批制度改革试点，佛山市顺德区的审批制度改革，其改革经验有所启示。本文通过分析顺德两年来的改革推进路径，探讨深化改革所需的政策支持。

一、顺德的行政审批制度改革探索

继2009年顺德开展了“石破天惊”的“大部制”改革以来，经过充分的调研准备，2011年8月22日，顺德区召开深化行政审批制度改革动员大会，宣布在全省率先启动新一轮行政审批制度改革，发布了《关于全面深化行政审批制度改革工作意见》《顺德区全面深化行政审批制度改革实施方案》(以下简称《意见》《改革方案》)。由此，顺德开启了行政审批制度改革、农村综合改革和社会管理体制改革在内的以社会建设为总目标的三大改革。[2] 改革实施三年以来，顺德不断有新举措、新突破。比如2012年5月开始实施的商事登记制度改革，成为第一个“吃螃蟹”的人，引发了全省乃至全国的一系列的连锁反应。2013年9月3日，顺德又开创性地试行企业登记并联审批系统。2013年11月起，该系统在行政服务中心正式运作，有条件的镇(街道)可同步进行。通过流程再造，实现“一窗收件、一表登记、三证同发”，将企业登记审批时间缩短为四天。2014年上半年，企业登记并联审批在全区实施。同时，2013年11月14日，顺德区政府再推出重点领域审批制度改革——《顺德区企业投资管理领域体制改革方案》，通过多项改革措施，利用信息化技术保障和组织保障，拟在2014年压减30%的有关审批事项，审批时间节约70%以上。顺德的改革可谓自发主动实施，并收到了良好成效。当然，也受到仅有县级政府的权限及法规制度的制约。那么，顺德区为什么能够主动推进审批制度改革？是如何推进审批制度改革的？

---

① 黄晓东、黄小钫:《地方政府创新与中国政治发展》,《中共杭州市委党校学报》2011年第2期。

② 刘嘉麟、张培发:《顺德昨启动新一轮行政审批制度改革打响三大改革的第一枪》,《南方日报》2011年8月23日。

(一)为实现政府"自我解放"而主动推行的行政审批制度改革

顺德 2009 年实施合并同类项的大部制改革以后,政府部门由原来的 41 个部门合并为 16 个大部门。由于各个大部门的内部职能和管理流程尚未有机融合,部门间的物理阻隔尚未打破,大部门内部还存在小部门,未形成大科室,业务流程未实施优化,大部制应有的效力还远远没有充分发挥出来。

随着经济社会的快速发展,顺德经济总量从 1995 年的 120 亿元增长到 2010 年 1935.57 亿元,增长了 10 倍多,[①]然而,近年来,由于公务员人数没有增加,管理体制没有深刻变革,使得公务员队伍进入疲于奔命状态,政府管理越来越缺乏引领性。大部制改革之后的大部门运作更加剧了这一状况。政府部门日常工作负担大增,大部制改革的化学反应还没有出现。如何让公务员从"疲于奔命"的状态中解放出来,腾出更多的时间和精力解决政府不到位、缺位的问题?顺德区委区政府认识到,"必须进一步理清政府和社会的关系,解决政府越位的问题,该市场做的要交给市场,该社会做的要还给社会,该市民负责任的要市民承担。"佛山市委常委、顺德区委书记梁维东表示,"通过深化行政审批制度改革来解决大部制改革面临的困难和发挥大部制改革的成效已经势在必行。"[②]

同时,审批主体、手段单一,审批程序繁杂、时间长等低效问题仍未解决。未建立标准化、制度化、一体化的审批管理体系,未能清楚界定政府审批权限、审批事项,审批的标准化、制度化建设滞后。长期以来我国行政审批项目设立随意性、多头、重复审批问题仍然存在。部门立法合法化问题严重,宏观调控部门、行业管理部门各自设立审批项目。现有审批管理系统沿袭了计划经济体制时期条条管理体制下的审批系统,主要依托

---

① 2012 年,顺德全年实现 GDP 总值 2338.8 亿元,增长 8%;全社会固定资产投资 449.9 亿元,增长 8.1%;社会消费品零售总额 652 亿元,增长 13.2%;地方公共财政预算收入 136.5 亿元,增长 11.9%。顺德政府网。

② 张培发、刘嘉麟:《顺德拟优化或删减 5000 余项行政审批 化解大部制遗留问题》,人民网 2011 年 8 月 24 日,http://news.jschina.com.cn/system/2011/08/24/011524883.shtml。

于以条条开发的业务管理系统信息技术，出现同一部门办理审批涉及多个甚至更多管理系统的问题，办理审批中各个环节需办事人员提交不同表式（有部分重复），工作人员需在不同系统重复录入。缺乏统一的审批管理系统，审批管理运行机制不畅，效率未得到提升。此外，对行政服务中心的部门和人员管理方面激励机制不足，影响到其效能发挥。各部门大多是按专业分科，审批人员可能同时承担管理、验收、监督等职能，可能存在或导致权力滥用情况。因此，必须真正实施审批制度改革，以提高行政效率和服务水平。

（二）顺德审批制度改革的路径

行政审批是荷载、体现、运用政府职能的主要方式，行政审批项目构成了政府职能中的核心内容。因此，政府职能转变取决于行政审批制度改革成功与否。顺德的行政改革发端于政府组织架构调整的大部制改革，但行政管理体制改革的深化必然要以行政审批制度改革为重点。

1. 成立审批制度改革小组，学习借鉴，确立审批制度改革方案

首先，顺德成立了区行政审批改革工作小组（简称审批制度改革工作组）。审批制度改革工作组先后到香港、四川成都等地学习其改革经验，经过与领导、专家的反复讨论与完善，最终形成了对顺德区范围内行使的行政审批服务事项的改革方案。①

确立了改革目标：从行政服务对象的实际需要出发，以促进经济社会的长期稳定发展为目标，以“简政放权、转移职能”为核心内容，在构建服务型政府的基础上促进协同治理。通过“留、优、免、转”等多种形式全方位改进行政审批管理模式，构建职权合理、共管共治、标准统一、便民高效、公开顺畅、监督到位的行政审批服务体系。

---

① 主要分为行政许可、非许可类审批、便民服务事项（日常管理）三类。审批制度改革的具体内容，是指行政机关、事业单位、法律法规授权的组织根据自然人、法人或者其他组织提出的申请，经过依法审查，采取核准、批准、同意、备案、注册、认可、登记、检验、年检、发放证照等各种方式，准予其从事特定活动，认可其某种资格和资质、确立其特定主体资格、特定身份及证明，或者同意给予提供相关服务、享受有关优惠扶持等行为。

改革的基本原则：一是优化创新，强调实用性原则。要体现创新性、实用性，效率优先、兼顾公平。二是以民为本，循序渐进原则。即首先重点改革当前社会反映突出的、与群众生活关联度大的事项作为对象，然后解决影响行政服务效能发挥的机制体制问题。三是简政高效，市场优先原则。

《改革方案》要求："各部门、镇（街道）要充分认识改革对我区经济社会发展的重要意义，要勇于创新，不唯书、不唯上、不违法。对每一个事项，都要摸透实情，提出改进的办法和措施，全力推进并不断完善。"改革将着重于高效化、标准化、集中化、社会化和信息化，对审批流程进行全面优化，对审批运行机制进行全面再造，原则上要减少审批事项30％以上，审批时限原则上比法定时限缩短50％以上。

2. 实施六大主要改革举措

一是厘清政府各职能部门所进行的行政审批管理事项，界定并公开区、镇政府事权，为后续的审批制度改革奠定基础。按照合法、合理、分类清理原则，2011年8月开始清理审批事项并制定目录，区政府审核通过后，以政府公告等形式向社会公布实施，并在政府相关网站上供市民查询和监督。对清理不得力部门通报批评并扣减绩效考评相关分数。2012年初，时任广东省委书记汪洋指示：要明确减少哪些权力，拿出"干货"，真正为市场经济的发育创造更为宽松的环境。顺德共梳理出行政审批事项1597项，①其中向省政府提出建议取消和优化的事项达548项，约占1/3。而在其他一些地级市上报的行政审批事项清单中，有的总共不过二三十项。

二是以服务对象为中心，整合优化行政审批流程，逐步实现跨部门协同审批。打破"以职能部门为中心"的空间分散、环节多、时限长、效率低的传统行政审批流程，建立"以公众为中心"的高效、透明、低成本行政审批流程。首先责令各部门根据"一事项一流程"原则，逐项对审批要件清

① 最初的清理结果为，区政府的事权涉及19个部门共5205项管理事项。调研了解到，这是因为分类较细，以便于后续的改革。

单进行清理、梳理,取消无法定理由和不必要的材料。其次,精简审批环节。在界定审批法定程序的基础上,取消不必要的层层把关和逐级审批,实行“一审一核”“即审即办”。力求各部门事项办理时限比法定时限至少缩短50%。第三是设计并联、协同审批流程。以“统一、联合、集中”为原则,由区行政服务中心(区审批制度改革办)确立牵头部门,建立“一窗受理、分段审批、限时办结、流程监控”的并联、协同审批制度。

2012年4月,顺德率先开展商事登记制度改革试点的工作方案得到了省政府的正式批复。这使顺德继成为全省综合改革试验区、率先进行大部制改革之后,再次成为改革尖兵。新的商事登记制度,允许企业零成本注册,也放宽了经营场所登记条件,营业执照被简化为商事主体的资格凭证。政府对商事登记从“严进宽管”向“宽进严管”改良。

三是对审批事项实行标准化、规范化管理。制定所有审批事项的标准化规范,并对外公示,接受社会监督,实现“平等”“阳光”审批。同时,统一开发顺德区行政审批系统平台,实施网上申报、受理和审批办理,处理信息、责任人及结果全过程留痕,实现行政审批全过程的电子化运作与监督。

这些工作在2013年3月基本完成。是年9月,顺德又开始了涉及五个部门的企业登记并联审批系统试运行,将整合营业执照、组织机构代码证、税务登记、社保登记、公章刻制等五项审批事项,实现“一窗收件、一表登记,三证同发”,在内部打破各部门信息孤岛,实现部门之间信息实时共享,有效杜绝领取营业执照不办税务登记的情况。顺德还将加快出台《企业经营资格审批事项目录》,按照行业分类,把企业办理营业执照后需要继续办理的所有证照手续梳理成目录清单,有效解决申请人领取执照后不办理行业许可就违法投产、开业的问题。

与此同时,顺德正在研究出台后续监管方案,深入研究商事登记制度改革如何同顺德大执法、大监管的体系相结合,通过建立通用市场监管信息平台,有效整合政府部门的监管资源;另一方面,建立监管信息公示平台和投诉平台，强化社会监督，促进社会诚信体系构建。

四是通过实施“三集中三到位”改革，相对集中行政审批权。“三集中”改革，即，将13个区属承担行政审批、其他服务类审批职能的部门内原来分散在各个科室的行政审批权向一个审批服务科室集中，将已经集中的行政审批权向首席代表集中，将首席代表向行政服务中心集中；“三到位”改革，原则上要求行政审批职能向一个科室集中到位、行政审批权向首席代表授权到位，行政审批事项完全进驻中心到位。对于那些只有分散零星审批权、不宜设立审批服务科的个别部门，区审批制度改革办核定后在区行政服务中心设立审批事项综合受理窗口，该综合窗口负责统一受理并办理这些审批事项。

五是向社会组织放权和转移部分职能，构建地方治理体系。为进一步转变政府职能，顺德率先提出向社会放权和转移部分职能，将公民、法人和其他组织能够自主解决、市场机制能够自行调节、社会组织通过自律能够解决的事项转移出去。政府制定方案，确定并公开承接服务的条件、原则和绩效评估标准，通过招标采购的方式确定移交对象。制定了六项工作步骤，转移与承接四大类内容：(1)行业管理与协调职能。包括行规行约制定、行业准入审核、等级评定、公信证明、行业标准、行业评比、行业领域学术和科技成果评审等。(2)社会事务管理与服务职能。包括法律服务、宣传培训、社区事务、公益服务等。(3)技术服务与市场监督职能。包括业务咨询、行业调研，统计分析、决策论证、资产项目评估等。(4)行政审批职能。以此逐步构建一个全新的地方治理体系。

截至2012年底，结合审批事项清单，顺德再提出118项可以研究向社会进一步转移的事项。比如，中小企业促进会是在顺德经济与科技促进局的倡导下成立的社会团体，并在发展过程中逐步承接了数项经促局的职能。

六是不断推进行政审批电子网络一体化工作。2012年7月1日，顺德区网上审批服务大厅上线全面试运行。顺德市民、企业凡是需要办理涉及发展规划和统计、经济、教育、民政、公安、司法、财税、社保、国土城建、文体旅游、住房公积金等28个政府部门的事务，共434个行政审批事项，都可以先登录顺德区网上审批服务大厅（网址 http://www.sdewt.com）查询办理。其中顺德区网上审批服务大厅可直接办理120项，其他314项需要链接到中央、省、市三级网上审批平台办理。[①] 同时，开发和维护电子监察系统进行实时在线监察，以确保市民申办业务得到及时办结的有效措施。

2014年上半年，企业登记并联审批在全区开展。建立在实现部门间系统打通基础上的并联审批改革，实现一份表格、一套材料，通过网络系统分发数据，既方便群众又不会提高行政成本，真正实现了并联审批。部门直接获取企业填报信息，省去了资料录入的工作量。在方便申请人办证和部门审核前提下，促进了营商环境的改善。

二、改革成效

一是深化了大部制为切入点的行政改革，转变了政府职能，改进提高了行政服务效能。从大部制到审批制度改革，到社会管理体制改革，一系列互动共生的制度联动，推动并深化了行政改革，不断靠近改革目标。制度联动使大部制改革的成效得以实现，使得政府组织架构变革后组织效能真正得以提升。把政府不该管、管不好的事情放开，实现政府的自我解放，让公务员从“疲于奔命”的状态中解放出来，腾出更多的时间和精力解决政府不到位、缺位的问题。使政府能够转变职能，集中精力专业化于政府应尽的职责；通过优化再造审批业务模式和流程，利用信息技术，打通部门间信息孤岛，建立起全区统一的网上审批大厅，实行零收费，大大节省了市民申报、部门办理审批的时间和人力、物力，提升了政府行政服务效能，改善了政府形象。

二是激发了市场活力。2012年5月开展商事登记制度改革以来，据

① 曾庆斌：《434个事项网上可办顺德网上审批服务大厅上线试运行》，《佛山日报》2013年7月2日，以及笔者调研资料。

顺德区市场安全监管局提供的数据显示，截至2013年7月，顺德新增有限公司商事登记数量9123家，同比增长28.89%，个体户商事登记数量7170个，同比增加17.89%。这与近一两年较为低迷的经济形势形成了较大反差。而且，企业的落地率非常高。2013年一季度，顺德税务登记的数量为1705户，占同期商事登记主体数量的70.14%，内资企业税务登记数量为1608户，占同期商事主体登记的96.93%。[①] 改革极大地释放了社会投资创业潜能。

而2013年9月创立的企业投资并联审批制度，使得涉及工商、税务、公安等四个部门、六大审批事项的审批实现"一表受理，三证同发"，一般四天内办结。企业办证人说，"以往办证，至少要跑七八次办证大厅，中间要等十多天。如今，只需跑两次窗口就能完成，一次是提交材料，一次是来领证。"审批改革的不断深化，使企业投资者获得了更多的改革红利。同时，审批相关部门间实现信息共享，信息在各个部门进行实时流转，为后续监管提供了一个新的抓手。从税务登记数字来看，改革前办理税务登记的有限责任公司月平均户数为413户，而改革后月均办理户数为586户，增长41.9%。[②] 改革促进了服务型政府的转变。

三是为广东乃至全国积累了改革经验，开启了全国的工商登记制度改革。顺德商事登记制度改革在全国引起极大反响，得到了中央的高度评价和认可。2012年8月，国务院批准广东在"十二五"期间在行政审批制度改革方面先行先试。2012年11月，国家工商总局正式批复顺德成为国家商事登记改革试点。2013年3月，十二届全国人大一次会议批准通过了《国务院机构改革和职能转变方案》，其中一项重要内容是改革工商登记制度。十八届三中全会进一步明确了工商登记制度改革的重要性和改革方向。2014年1月至8月，李克强总理先后三

---

① 数据引自：《顺德深化商事登记改革 全省率先试水企业登记并联审批》，http://www.opsteel.cn 2013年9月4日。

② 数据引自：《顺德率先推动商事登记制度改革，正研究推动行业内并联审批》2013年11月14日《珠江商报》。

次视察海南、重庆、吉林等省的工商部门，大力推动工商注册登记制度改革。[①] 当前，由顺德开创的这项改革正通过激发市场活力助力“稳增长”，并已取得了一定成效。

三、研究结论、启示与政策建议

我们的结论是：顺德开展的审批制度改革，需要上级政府大力支持。顺德正在切实推进中的审批制度改革，是对2009年大部制改革的深化，具有内生性动因；审批制度改革是转变政府职能的突破口，是地方政府创新的又一探索，改革成功与否受到众多因素的制约。当前，顺德审批制度改革已经进入深水区——企业投资审批管理制度改革。受制于现行行政管理体制和相关法律法规，地方政府可探索的空间较小。改革亟须上级尤其是省、中央政府给予政策上的大力支持、保护和推动，需要相关法律法规制度变迁予以保障，需要有关部委、部门的全力配合，需要全国性改革的深化从而提供改革大环境和推动力。

有关启示与政策建议：

（一）地方政府改革创新需要内生动力，改革要与责任型政府建设相结合

行政审批改革事关政府部门利益格局调整，涉及削弱并消除部门利益，“触动利益比触及灵魂还难”。改革难度之大可以想象。当前，部门作为经济人，在有为才有位、有位才有利思想支配下，有利可图的事情越位不断，无利可获的事情缺位、不到位。重审批、轻监管，导致市场无序。公共权力部门化，部门利益合法化，政府配置资源的权力日增，在问责机制缺乏或未真正发挥效力的现状下，市场经济体制难以根本建立起来，而利益集团联盟已成为改革的最大阻力，二十多年来的行政改革未有重大突破。顺德本轮的改革在省委省政府主要领导

① 《李克强三次调研工商部门 称要为“创业增加营养”》，中国人民政府网站2014年8月8日。

的大力支持下，在欲通过再创制度优势加快地方竞争力的内在动因下，不断推进改革。缺少这种内生主动性，仅仅是自上而下的行政命令推动下的行政体制改革，难以有实质性大突破。2008 年以来几番审批制度改革表现出的形式性问题——实质性审批权力未下放等问题，就是例证。

（二）作为政府职能转变重要突破口的审批制度改革不可单方面推进，行政改革需要从政府部门架构方面、行政管理体制方面综合实施

审批制度改革目标是简政放权、方便营商，旨在简化行政管理程序、激发市场活力，提高服务效能和水平。改革思路和路径是：以工商登记制度改革为突破口，以政府部门架构整合调整即大部制改革为基础，以组织架构重组来保障审批流程和效能的提升，以明确界定各部门需要审批监管的事项并加以公开为前提（公开的目的是取得公众的监督），以创新行政管理运作流程、方式为要务，以采用信息化的网上办公大厅为手段，以行政审批事项的制度化、标准化为核心，采用科学高效的审批流程和方式。

行政管理体制改革需要打破不合理的条块分割，更重要的是从上至下地落实简政放权，而不是仅仅从数量上、形式上放权。而实质性放权、创新行政管理方式，就会遇到来自现行条块分割的行政管理体制的制约。比如，顺德在推进企业投资项目审批制度改革的过程中遭遇到来自有关部委条条管控的阻力，难以在企业投资审批制度方面有更大的突破。作为县级政府，审批制度改革只能在县级政府所有的权限范围内作出调整。比如，顺德审批网上大厅可以申办的 434 个事项中，顺德可以直接办理的行政审批事项只有 120 项，其他 314 项需链接到中央、省、市三级网上审批平台办理。而这些事项的办结时间，顺德区政府就难以完全控制。

（三）地方政府审批制度改革需要上级政府支持及法律制度的相应调整

顺德审批制度改革的推进得到了省委省政府、中央的支持，得到了全

国人大法律委委员会的支持，但审批制度改革涉及对现行行政许可法法律法规的冲击与挑战，需要法律调整不适应改革发展需要的条款；行政改革与现行法律法规有冲突（岳芳敏等，2013）。① 否则，先行先试的改革将很难有大的突破。

参考文献

[1] 黄晓东、黄小钫：《地方政府创新与中国政治发展》，《中共杭州市委党校学报》2011 年第 2 期。

[2] 岳芳敏、李芝兰：《法律与行政管理体制改革：制度变迁的辩证分析》，《马克思主义与现实》2013 年第 1 期。

[3]李芝兰、梁雨晴：《地方政府行政改革何以持续——广东顺德个案探析和启示》，《学术研究》2012 年第 11 期。

[4]刘嘉麟、张培发：《顺德昨启动新一轮行政审批制度改革打响三大改革的第一枪》，《南方日报》2011 年 8 月 23 日。

[5] 张培发、刘嘉麟：《顺德拟优化或删减 5000 余项行政审批，化解大部制遗留问题》，2011 年 8 月 24 日 http://news.jschina.com.cn/system/2011/08/24/011524883.shtml。

[6] 秦亦夫：《里程碑意义的改革——行政审批制度改革回顾和展望》，《中国经济周刊》2006 年第 46 期。

（岳芳敏：中共广东省委党校经济学教研部教授，副主任；
李芝兰：香港城市大学公共及社会行政学系教授、博士生导师；
梁雨晴：香港城市大学公共及社会行政学系博士生）

① 岳芳敏、李芝兰：《法律与行政管理体制改革：制度变迁的辩证分析》，《马克思主义与现实》2013 年第 1 期。

地方政府协同治理的模式与运行机制*

翟　磊

【摘　要】 协同治理是地方政府有效调动多元主体力量，以多元主体的协同来满足多样化需求的有效方式。从地方政府协同治理的主体角度，可以将其分为地方政府间的“横向”协同治理、地方政府与非政府部门的“跨界”协同治理和两种模式并存的“混合”协同治理三种模式。通过对当前我国地方政府协同治理的实践分析可以发现，目前我国地方政府的协同治理在“意愿—组织—机制—方法”方面仍存在一定的问题，应当通过建立系统化的运行机制加以解决，从而不断促进我国地方政府协同治理能力与水平的提升。

【关键词】 协同治理　地方政府　多元主体

一、引言

随着经济的发展、社会日趋成熟，社会多元主体开展协同治理的意愿

---

* 本文系作者主持的国家社科基金项目（批准号：11CGL073）和南开大学2014年度中央高校基本科研业务费专项资金项目（批准号：NKZXB1479）的阶段性成果。

及能力也在不断提升，并日益成为中国民主政治发展的时代要求。在党的十八大报告中已明确提出：要强化企事业单位、人民团体在社会管理和服务中的职责，引导社会组织健康有序发展，充分发挥群众参与社会管理的基础作用。这一目标是未来我国政府强化协同治理理念的集中体现。

有关协同治理理论的研究中，埃莉诺·奥斯特罗姆(Elinor Ostrom)以"共用性资源"(CPR，Common-pool Resouroes)的理论模型和分析框架所开展的研究工作具有较强的代表性，其研究深入阐释了以强有力的中央集权或者彻底的私有化来解决公共事务的悲剧原因，[①]从而找寻出了一条真正解决公共事务困境之道。20世纪60年代到80年代，随着耗散结构理论、协同学、超循环理论与突变论为代表的"自组织"理论的兴起，为治理理论的研究注入了新的活力，提供了重要的科学思维方式，特别是哈肯的协同学，作为一门以研究完全不同的学科中共同存在的本质特征为目的的新的理论，突破了以往线性科学着眼他组织的局限，探讨在突变点上系统如何通过内部子系统之间的协同、竞争、自组织而形成结构的内部机制思想。[②] 这一协同思想与理论在现代的管理中获得了发展与体现，特别是政府治理领域，随着电子政务的迅猛发展，协同治理的思想更是放射出耀眼的光芒，今后在政府治理领域将是一个重要的发展方向。

我国地方政府的协同治理已经具备了各方面的基础条件，包括技术基础、民主政治基础和政府治理能力基础等。而经济、政治、社会的发展也对地方政府的协同治理提出了现实的需求。与此同时，环境污染治理问题还对我国地方政府的协同治理产生了倒逼机制。综上，我国地方政府协同治理的总体环境已经成熟，在未来若干年中，可以预见，我国地方政府协同治理将进入加速发展期。

二、地方政府协同治理的三种模式

这里所讨论的三种模式主要是指地方政府与同级地方政府或非政府

---

① 杨志军：《多中心协同治理模式：基于三项内容的考察》，《地方政府发展研究》(第五辑2009)，2010年，第112—121页。

② 李曙华：《从系统论到混沌学》，广西大学出版社2002年版。

部门间协同治理的模式，而不包括不同层级地方政府间的协同治理以及地方政府内部各部门间的协同治理。根据协同的对象，可以将地方政府协同治理分为三种模式，如图 1 所示：

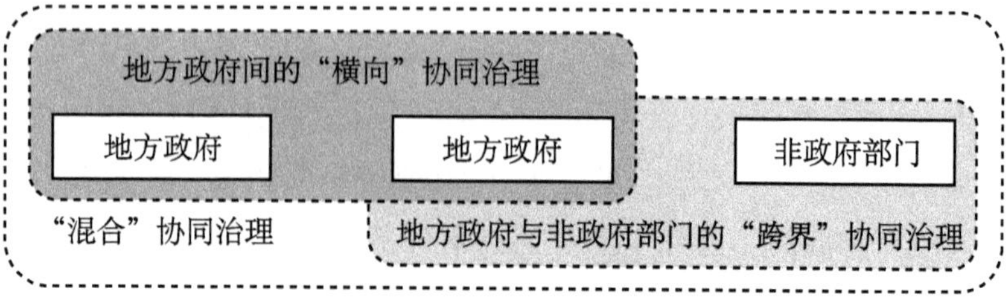

图 1　地方政府协同治理的模式

（一）地方政府间的“横向”协同治理

地方政府间，尤其是地域相邻的地方政府间由于经济发展或者环境治理等共同利益问题而产生了协同的动力，通过地方政府间的“横向”协同治理，可以有效实现地区之间资源的合理配置、产业的合理布局、基础设施的共享以及环境污染的共治等。国外的地方政府间“横向”协同治理所涉及的领域十分广泛，除了经济发展外，还包括治安、消防服务等公共服务都可以通过地方政府间的“横向”协同治理来实现。

我国地方政府间的“横向”协同治理目前在经济建设方面已取得了较为突出的成效。以京津冀都市圈为例，在国家发改委地区司的统筹之下，京津冀三地共同对产业结构和布局进行了规划。与经济发展的协同相匹配，我国的城市群或都市圈的建设中大多包含了地方政府在基础设施建设方面的协同治理，例如高铁、高速公路等，从而使城市群或都市圈的“距离”大大拉近。

（二）地方政府与非政府部门的“跨界”协同治理

地方政府与非政府部门间的“跨界”协同缘起于单一治理主体在具体

操作过程中往往会走入失灵的困境。[①] 具体表现在：市场在存在垄断、公共物品及信息不完备等情况下失灵；政府部门在宏观调控的范围和力度或方式选择失当，不能够弥补市场失灵并维持市场机制正常运行的合理需要时失灵；而第三部门由于出现志愿主义和公益道德主义的理念不足或逐渐流失而导致“志愿性部门失灵”。由此可见，单一治理主体的失灵为“跨界”协同治理提出了要求。

这一模式下，协同治理的动力来自于广泛的议题驱动，治理领域更加扩大，治理模式更加灵活多样，非政府部门参与更加广泛深入，治理主体的主动性和独立性更强，共享利益共担风险的合作理念广泛形成，是一种多元自发的合作治理网络，治理主体可以参与并在多个治理网络之间变动。

（三）两种模式并存的“混合”协同治理

所谓的“混合”协同治理模式，指的是协同治理的主体既包括同级的两个及以上地方政府，也包括非政府部门。这种“混合”协同治理模式在应对较大规模的突发事件或自然灾害的过程中具有其独特的优势。这种模式之下，全社会的资源能够有效地调动并得以整合，为实现阶段性目标而共同发挥作用。

“混合”协同治理的实现往往需要具备两个条件：其一是目标的高度统一性，这种目标的统一包括不同地方政府间的目标统一以及地方政府与其他非政府部门间的目标统一；其二是资源的高度分散性，即目标的实现需要各类资源的广泛支持，而这些资源广泛地分布于各类主体之中，例如在抗震救灾与灾后重建过程中的“混合”协同治理。

三、地方政府协同治理中亟待解决的问题

从我国地方政府协同治理的实践来看，尚存在许多突出的问题，主要

① 刘晓：《协同治理：市场经济条件下我国政府治理范式的有效选择》，《中共杭州市委党校学报》2007 年第 5 期，第 64—70 页。

体现在“意愿—组织—机制—方法”四个方面。

（一）责权利配置的不均衡挫伤了各主体间协同的意愿

协同治理过程中会将具有不同目标的成员聚合在一起，尽管政府可以努力鼓励和引导参与各方将其个人（团体）利益升华为公共利益，但协同框架中的参与方之间固有的竞争性以及价值观和使命的差异性使得目标一致性的实现变得格外困难。①

具体来看，责权利配置不均衡的问题可进一步分为三个方面，其一是责任如何归属，协同治理是建立在各协同主体间共享权力和利益、共担风险和责任的基础上的，这种协同使得主体之间的职责界限变得模糊，责任的分割和认定十分困难；②其二是权力如何配置，“授权”“分权”成为多元主体能否有效协同的关键，在中国的管理实践中，经常会出现“授责不授权”的问题，即只分配任务与责任，却不给相应的授权，这样就导致所授之责无法履行的问题；其三是利益如何分配，由于多元主体的利益诉求无法实现绝对的统一，因此利益均衡成为跨域治理面临的现实难题。

（二）“级别”“性质”差异构成了协同治理的组织障碍

由于中国“官本位”“行政级别”等思想观念相对牢固，使得地方政府在协同治理的过程中难以形成合理有效的组织结构。这种组织障碍主要体现在两个方面：其一是“级别”差异使各方地位不平等而造成协同困难，这种级别观念使各方在协同治理的过程中产生了天然的“等级屏障”，阻碍协同治理的产生和发展；其二是“性质”差异设置了天然的屏障阻碍协同治理的实现，政府、事业单位、国有企业、民营企业、外资企业、非营利组织、社区、公民等主体的性质差异使得其与地方政府间的远近亲疏关系、话语权、话语力等均存在差异。

---

① 刘伟忠：《协同治理的价值及其挑战》，《江苏行政学院学报》2012 年第 5 期，第 113—117 页。

② 张成福、李昊城、边晓慧：《跨域治理：模式、机制与困境》，《中国行政管理》2012 年第 3 期，第 102—109 页。

（三）协同治理缺乏有效的沟通、协调、监督等机制

机制建设的不完善是地方政府协同治理效果减损的又一重要原因。在诸多机制中，对于协同治理的实现起到至关重要作用的主要有两个方面：其一是沟通与协调机制，不同体制、不同主体各有其独特的逻辑，不同逻辑的体制难以相互协调；[①]其二为监督机制，在协同治理过程中我国在法制监督方面一直处于空缺和不健全状态：首先表现在横向政府间关系的法律、法规几乎是空白，其次是缺乏有效的投诉渠道以及纠纷解决机制。

（四）软硬件发展不足使协同治理缺乏工具层面的支撑

协同治理过程中所使用的各种方法、工具是属于微观操作层面上对协同治理实现过程起到支撑作用的因素，具体包括：第一，各类资源的集聚与配置平台建设不足。在地方政府协同治理过程中起到至关重要作用的资源集聚与配置平台应当包括三个，即信息平台、资金平台与物资平台。第二，有效的管理方法不足。协同治理需要协同治理的各个主体具备与完成日常工作所不同的管理方法，主要包括项目管理、创新管理、知识管理及团队管理等管理方法，并熟悉和掌握相应的管理工具。

四、加强地方政府协同治理的机制设计

（一）风险共担、利益共享的责任与利益分配机制

合理的责任与利益分配机制强化的是地方政府及非政府部门开展协同治理的动力，使多元主体具备开展协同治理的意愿。其中责任分配机制的核心思想是风险共担，从而使各方的责任与风险相对应，通过风险意识充分调动各方的积极性，并使目标进一步明确。利益分配机制的核心思想是利益共享，具体包括：第一，利益的诱因机制，即通过利益驱使促进

① 鲍勃·杰索普：《治理的兴起及其失败的风险：以经济发展为例的论述》，漆蕪译，《国际社会科学杂志》（中文版）1999 年第 1 期。

协作的达成，其中内因体现为协作治理的成本优势、规模效应以及优良的治理效果，外因则体现为给予跨域治理地区更多的政策与人财物支持。第二，利益的共享机制，强调利益在治理主体间的分享，通过经济合作、产业转移、资源互补、人才技术交流等方式，实现区域整合发展下的利益共享，这既是跨域治理的动力又是跨域治理的目标。第三，利益的补偿机制，是指基于利益共同体，当协作治理出现利益不均衡时，对于利益受损方应当进行合理的补偿以保证治理的公平和后续合作的开展。

（二）基于专家技能的授权决策机制

与地方政府以金字塔结构为依据的权力分配机制不同，在协同治理过程中，权力的分配应更多地采用授权的方式，权力结构呈现相对分散化的特征。在地方政府间协同治理的模式中，授权是双向的，即各自将原有权力中的一部分授予在这方面更有经验的一方行使。在地方政府与非政府部门协同治理的模式中，这种授权更多的是单向的，即地方政府向非政府部门授权。授权的过程可以分为两个阶段：第一阶段为地方政府完成相关事项决策权与其他决策权的拆分，并确定授权范围；第二阶段为地方政府向拥有专家技能的非政府部门授权，同时非政府部门接受授权。

（三）柔性化、网络化的组织运行机制

地方政府协同治理的思路体现了地方政府组织的开放性与合作性特征，这就要求地方政府在组织结构设计和组织运行机制方面应当更多地考虑地方政府间以及地方政府与非政府部门间的接口预留问题。能够更好地实现协同的组织运行机制应具有如下特征：第一，柔性化。增强地方政府适应不同任务以及与不同类型组织合作的能力，实现横向组织联系。第二，开放化。地方政府可以有效打破其组织界限，使地方政府对于整个社会具有开放性。第三，网络化。地方政府可以有效地整合政府部门与各类社会力量，强化相互联系，从而形成一个广泛联系的网络，并且以项目的形式调动并组织网络中的各类资源，从而避免“碎片化”带来的政府治理能力不足的问题。

（四）基于云技术的信息共享机制

能否实现协同治理主体间的信息共享是实现协同治理的基础和前提。据联合国电子政务指标显示，2005 年我国电子政务排名第 57 位，但此后一直呈现下滑态势，2012 年降至第 78 位。未来应充分利用云计算技术，通过构建政务云的方式，建立起协同治理的信息共享机制，具体包括三个方面：一是信息支撑机制，通过政务云的统一平台，建立跨区域治理的数据信息系统。二是信息整合机制，针对区域规划、土地使用、交通运输、基础设施、环境服务等区域内重要和优先合作的事项，进行信息的整合和统一，构建一批区域重大信息化项目，提高区域整体的信息化水平。三是信息服务机制，对于区域的政务、经济贸易、招商引资等方面的政策法规、办事信息和动态信息，以门户网站的形式面向企业和公众提供便捷全面的信息服务。

（五）制度与道德相结合的系统化监督机制

在地方政府协同治理的过程中，由于主体的多元化使得监督机制的有效运行难度增加。为了实现对协同治理各主体的有效监督，应在两个层面上加强监督机制的建设。第一个层面为制度层面，应当将组织构成、各类组织的职权、组织间利益分配等问题通过制度化的方式加以规定，并切实在各主体中履行，从而有效地降低协调成本，加大违约责任，以制度监督各主体在协同治理中的行为。第二个层面为道德层面，应在全社会范围内强化道德建设的作用，使各主体加强在区域协同治理中的主人翁意识，并形成全社会的舆论监督机制，加大违约的道德成本，从而有效地约束各主体在协同治理过程中的行为。

（六）资金、资源信息集聚与协同配置机制

这一机制的建立主要是从整个地区范围内的资源优化配置的角度考虑的，为了提高区域内已有资源的使用效率，避免资源的重复购置问题，应从区域范围内所有资源的角度出发，建立如下两个机制：一是各种资

源，包括资金、人力、物资资源的信息收集机制，由地方政府负责整理并建立数据库，从而充分掌握本地区的资源总量及资源类别等信息。二是各种资源，包括资金、人力、物资资源的协同配置机制，充分调动各类闲置资源，提升各类资源的使用效率，以实现整个地区资源的优化配置。

五、结论

我国的经济社会发展使得非政府部门具备了与地方政府开展协同治理的意愿与能力，同时城市群和跨域性公共议题体现出了未来中国各地方发展将从传统的“各自为战”和“地方保护”发展为“区域协同”和“资源共享”，这就要求不同区域的地方政府加强协同治理的能力建设，并不断创新协同治理的工具方法，在有效地降低治理成本的同时，提升治理水平，实现正外部性的互利。

从我国地方政府协同治理的主体分析，可以将地方政府的协同治理分为三种类型，即地方政府间的“横向”协同治理、地方政府与非政府部门的“跨界”协同治理，以及两种模式并存的“混合”协同治理。通过对三种协同治理的实践进行分析，可以发现当前地方政府的协同治理在“意愿—组织—机制—方法”四个层面仍存在一些问题，为了进一步促进我国地方政府协同治理能力和效果的提升，我国应当建立起系列化的配套机制，包括：风险共担、利益共享的责任与利益分配机制，基于专家技能的授权决策机制，柔性化、网络化的组织运行机制，基于云技术的信息共享机制，制度与道德相结合的系统化监督机制，资金、资源信息集聚与协同配置机制。通过上述机制的建立，可以有效提升地方政府与非政府部门的协同治理意愿，完善其组织结构与运行机制，为我国经济社会的可持续发展提供更加有力的支撑。

（翟磊：南开大学周恩来政府管理学院副教授）

创新社会治理模式在城市拆迁工作中的应用与启示

——以成都市"曹家巷自治改造项目"为例

李　月

【摘　要】 本文以创新社会治理模式为研究视角，以成都旧城改造标杆项目"曹家巷自治改造项目"为研究对象，分别从主体、工具和方法阐述了社会治理创新的基础条件，从有序放权、政府职能转变、拓宽融资渠道和监督平台保障四方面阐述了社会治理创新模式的实现路径，最终总结出社会治理创新模式对城市拆迁工作的启示。

【关键词】 社会治理　自治改造　城市拆迁　治理模式　曹家巷

引言

伴随着经济的快速增长和城市建设的高速发展，近二十年来，以旧城改造为代表的城市拆迁工作一直是城市建设和发展的重点和难点。在旧的管理模式下，拆迁矛盾及其带来的社会问题一直困扰着城市管理者，城市拆迁也被称为当今的"头号难题"。如何破解这一难题，可以从现代治理理论中寻找启示。

党的十八届三中全会提出全面深化改革的总目标是要推进国家治理体系和治理能力现代化，[①]这也为城市拆迁工作指出了改革的方向，即运用治理理论，创新社会治理模式，寻找城市拆迁工作有效的改革路径。

曹家巷是成都市"北改"工程中非常具有代表性的，也是拆迁难度相对较大的旧城改造项目。由于面积小、地段优、人口密等众多综合因素，造成缺乏足够的改造资金；又因历史遗留问题多，居民背景差异大，复杂利益关系一度难以协调，因而经历了十年拆不动的困局。后因成都市民生工程——"北改"工程的启动，曹家巷探索实践居民"自治改造"的创新社会治理模式，终于寻找到拆迁的突破口。[②] 最终项目成功推进，并在央视新闻联播和新闻频道等多个栏目中连续两年被系列报道，向全国推广。以该项目作为研究对象，有助于为我国新时期社会治理模式的探索和创新做出具有价值的总结和思考。

一、社会治理创新的基础条件

相对传统的社会管理模式，社会治理在主体、工具、方法上都与传统的管理模式有着显著的区别，这些区别也构成了社会治理创新得以推进的基础条件。[③]

（一）主体基础

从主体上说，过去的管理模式强调一元主体，由管理者对被管理者实行单向的管理行为，而社会治理的理念则是一个多元主体共同参与的行为。以曹家巷为例，如果用传统社会管理模式，拆迁改造工作的主体应该是市政府或者区政府。但曹家巷模式的成功，恰恰不是政府单方面的管理行为，而是充分运用了社会治理理论中多元主体的理念，让政府、群众、

---

① 徐猛：《社会治理现代化的科学内涵、价值取向及实现路径》，《学术探索》2014 年第 5 期。

② 张渝：《从曹家巷自治改造成功看"北改"工程的群众力量》，《成都日报》2013 年 7 月 20 日第 1 版。

③ 孙晓莉：《社会治理模式的变迁》，《学习时报》2005 年 6 月 6 日第 1 版。

自改委、企业、新闻媒体等全社会的多个主体共同参与。

在主体基础上，曹家巷最大的亮点还当属曹家巷自主改造委员会（简称“自改委”）这一居民自治组织的成立。[①] 在充分借鉴其他旧改项目成功经验的基础上，按照“居民自治、政府主导、单位协同、依法改造”的原则，曹家巷率先推行了居民“自治改造”模式和“模拟搬迁”模式等[②]，引导全体住户成立自治改造委员会，并公开选举出21名自改委成员。[③] 自改委的成立，为居民与政府间搭建了沟通平台，反过来政府也能通过自改委对曹家巷居民进行教育、引导，从而实现依靠群众做群众工作，推动了自治改造的顺利实施。

曹家巷治理主体的创新，使得改造的实际主体完全超越了以往政府独大的管理模式，形成了事实上的多元主体共同参与的良好的社会治理基础。[④]

（二）工具基础

从社会治理工具的角度看，传统的社会管理属于“人治”的阶段，即以管理者个人的要求作为管理的标准，而治理则是进入了法治阶段，法治也就是社会治理模式的工具基础。

首先，曹家巷自改委的选举是根据《居民城乡自治管理条例》依规依规有序进行的。其次，自主改造的过程也有相关政策可依，并在发给公民的宣传手册上，将中华人民共和国国务院令第590号《国有土地上房屋征收与补偿条例》和成都市城乡房产管理局《关于国有土地上房屋征收与补偿工作中几个具体问题的通知》（成房发[2012]131号）等与拆迁工作具体相关的法规文件公开印制在其中。再次，改造全程都在社会舆论和新闻媒体的监督下进行，绝对严格依法执行。

相比过去的行政强拆，被拆迁群众不断上访甚至发生拆迁恶性事件，

---

① 刘军、李美娟等：《曹家巷“自主改造”模式探索》，《〈瞭望〉新闻周刊》2014年第7期。

② 陈静思、张渝：《推行“居民自治”工作法》，《成都日报》2013年12月31日第6版。

③ 刘建永：《尴尬的拆迁“自改委”》，《法治周末》2013年3月28日第4版。

④ 贺青：《中国地方政府职能边界的几重关系分析——多元社会治理中的地方政府定位》，贵州大学硕士论文，2005年。

曹家巷的改造由于始终使用法治的治理工具，由此力保改造工作的“三公”(即公开、公平、公正)与阳光、规范化操作。

(三)方法基础

在治理方法上，传统的社会管理采用单纯的命令式管理方法，而社会治理则讲究相互协商。曹家巷改造的安置办法，从最初的征求意见到定稿，就因为多次的协商而做出了非常多的改变。2012 年 2 月出台的拆迁办法初步方案中居民全部原地返迁，没有异地安置，补偿的最低标准，同时也是占全部返迁比例最大的户型为 48 平方米的一居室。这一方案在群众中反复讨论，后自改委又代表群众和政府协商，重点讨论一居室是否符合“分得开、住得下”的基本生活要求，扩大面积后差价如何弥补，以及容积率的问题。

在政府相关部门、北鑫公司和自改委员们多次深入互动协商的基础上，2013 年 2 月 25 日最终出台的补偿方案中，原地返迁的居民补偿住房下限变为 52 平方米的二居室，容积率也由 5.8%下降到 4.6%，同时居民还能选择在泉水人家、东洪广厦和清溪雅筑等地异地安置。

这些改变都是在充分协商的基础上尽力满足百姓的诉求，绝不是单方的命令式管理，而是社会治理模式下充分协商的结果，表现了治理理念人性化的特点。

以上三点构成了社会治理创新模式的基础条件，在曹家巷自治改造的过程中不断地发挥巨大的作用。

二、社会治理创新模式的实现路径

曹家巷项目的成功，是对创新社会治理模式的一次实践，围绕着社会治理理论，“群众为主体、政府为主导”的居民“自治改造”新模式。[①] 得以推行，这一社会治理新模式的实现路径有以下四条。

---

① 奚源:《简析拆迁政策执行中的基层治理创新——以成都市金牛区曹家巷为例》,《人民论坛》2014 年第 2 期。

(一)大胆有序放权,创新决策程序

曹家巷的自治改造,群众能够同时掌握项目业主的委托权、补偿安置方案裁量权、项目实施的决定权等多项由政府移交的关键性权利。[①] 此外,改造项目是否能够启动,也要看是否100%的住户和单位愿意接受方案并签订协议。

改造推进的整个过程中,自改委代表全体住户进言和议事,同时也对摸底调查项目进行全程参与。一方面可以征集民意并进行政策宣传,另一方面参与整个设计的规划、签约搬迁以及项目建设和返迁入住等一揽子事宜。通过自改委自主协商分户调查和房屋确权等大小事项,使该片区的群众真正变为自治改造项目的决策主体,从而实现“改不改由群众说了算”。

(二)转变政府职能,归位“掌舵”角色

推进自治改造的过程也是政府实现职能转变的过程,由传统拆迁工作中“划桨人”包揽全局的工作方式,转为重点关注组织、引导、推进、监督、规划等“掌舵人”的工作方式,最终达到“怎么改由政府说了算”。

具体来说,针对曹家巷情况最为复杂的一二街坊,政府通过与华西集团协商,成立了为自治改造提供协调与服务的相关指挥部,从政策规划、服务跟踪、指导与监督等方面协助自改委工作;通过引导成立自改委临时党支部,从而使自治改造的运行机制始终保持有序性和可控性。

(三)拓宽融资渠道,平衡改造资金

自治改造的推进过程,低成本是不变的导向,在群众利益得以保护的基础上,政府也对国企参建进行良性引导,使其承担一定的社会责任。金牛区政府和华西集团各出资500万元组建了专门负责曹家巷项目的北鑫公司,该公司对曹家巷改造的设计规划、融资、报建等一系列具体工作直

① 黄尚斐:《小区改造搬迁 政府“搭台”居民自治——成都旧城改造的创新之路》,《成都晚报》2014年5月18日第10版。

接负责，实施“双百方针”(100 日签约达 100%项目才可正式启动)。此外，在居民利益得到保障的基础上，北鑫公司可引入资金雄厚、经验丰富的企业进入剩余土地市场，增加收益，以实现拆迁过程中整体资金的平衡。

(四)保障监督平台，全程透明运行

社会治理的理念要求在自治改造当中确保公平、公正。这就需要监督平台得以保证，沟通渠道维持畅通，工作过程全程公开透明。在曹家巷项目中，所有的相关信息，如改造的方式、原则、补偿方案、工作流程、住户签约进展等相关信息都能做到全程公开，鼓励监督；结合各类公示牌，改变以往“钉到最后有糖吃”的恶性循环。

此外，改造工作通过自改委走出了一条曹家巷特色的群众路线：柔性管理，注重良好有效的多渠道沟通，通过一系列创新模式，如家庭内部争议调解小组、矛盾排查调查工作网络等，最大限度发挥了熟人地缘与人脉工作优势，既保护了绝大多数群众的基本利益，也使少数漫天要价的群众最终和平签约，最终整个项目实现了公平、公开、公正和“一把尺子量到底”。

三、社会治理创新模式对城市拆迁工作的启示

当前，我国正处在“经济体制、社会结构与利益格局都在深刻的变革、变动和调整”的社会转型期，这个时期内人民的诉求比较多元，同时社会矛盾也不断凸显，城市拆迁工作作为矛盾较集中的工作领域，在城市发展过程中问题不容回避。

曹家巷案例对旧城改造所面临的难题进行了比较成功的探索和实践，证明这种社会治理的新模式在一定程度上适应当前的改革和城市建设需要，这一模式也是基层党委与政府在社会转型时期对创新城市社会治理和转变施政理念的有益尝试。具体的启示如下。

(一)基本观念的转变和共赢意识的树立

社会转型期的基层城市管理者不但处在人民群众工作的一线位置，

更是处在社会矛盾的前沿。因此,只有与时俱进地转变为政理念和行政方式,变传统的社会管理为社会治理,变政府包办为公民参与,才能真正满足人民群众对公平正义的新要求,真正实现人民群众对美好生活与中国梦的新期待。

社会治理的基本思想体现了党的群众路线的基本精神。后者要求始终坚持“把人民群众放在心中最高位置”的价值取向,切实强化“群众是真正的英雄”的理念,在城市拆迁工作中,这里的“群众”正是待拆迁的居民。基层城市管理者的重要任务就是树立让群众正向发挥作用的工作观念,使“政府主体”和“代民做主”转变为“政府主导”和“请民当家”。这也就是走群众路线中提到的“紧紧依靠群众组织去做群众工作、依靠绝大多数群众去做少数群众的工作”,只有如此才能转变观念,加强公民参与,更加具体突出地发挥群众主体作用,为加强和创新社会治理模式夯实最坚强可靠的基础。

传统的社会管理方式带来的往往是“单赢”的效果,而社会治理则是为了实现“双赢”。在国家与公民社会的发展尚不完善的阶段,较强硬的管理手段可能起到一定的作用,甚至也是有效率的,但是全社会为此做出的牺牲必定不少。拆迁这样的头号难题不论在成都,还是在国内其他省市,乃至发达国家,也都是难度较大的项目。当利益诉求复杂且难以一一对应满足时,任何一方的强硬都会带来非常不良的社会影响。社会治理通过一种相对和谐的方式反复协商,其结果可以最大限度地达到让多方都满意,全面共赢。如果中国拆迁和其他的城市治理工作能够转变观念,树立共赢思想,沿着治理模式的路线走下去,社会矛盾将会大大减少,是真正的利国利民。

(二)创新社会治理模式,需要良好的公民参与平台

曹家巷的案例用实践证明了,在社会治理的过程中,需要在基层构建一种多元主体共同参与的新模式,而这一模式实现的基础,便是有一个有助于公民参与的良好平台。如果缺少这样的平台,公民参与将表现得相对冷漠,缺少参与热情。以曹家巷为例,如果没有群众的热情参与选举,

自改委也无法通过选举诞生，更不会有崭新的自主改造模式。

良好的公民参与平台还有利于避免当公民正常的政治参与需求受阻时，涌现出非法或非正常形态的公民参与形式。[①] 在曹家巷案例中，如果没有自改委这一桥梁，拆迁改造的过程中，各种小道消息难免会在曹家巷蔓延，控制不好就可能引起群众私下组织上访，按照以往经验甚至可能出现恶性事件，造成不良的社会影响。而在此案例中，政府不但帮助居民选举了自改委员，成立了自改委，还为自改委提供办公场所，和自改委一同努力做群众工作，这一系列新举措，正是对公民参与平台的构建，为创新社会治理提供了非常便利的合法渠道。

（三）创新社会治理模式需更注重法制与公正，避免政府缺位

由于参与社会治理的主体多元，诉求多样，难免出现不一致的声音，在出现矛盾时，需要有法制化的约束，以及政府正确的引导，才能避免治理向不可控的方向发展。

例如曹家巷 2012 年 2 月的第一套改造方案出台时，有不少群众对户型是一居还是两居、面积是否合理有不同的看法，甚至有人在张贴公告上搞破坏，以此达到泄愤目的。这时自改委及时主动地来到群众中间倾听群众心声，并反映给政府，政府又能积极地做出回应，不但避免了冲突，更使群众更加信任政府。

反之，如果公众在参与社会治理时缺乏足够的理性，且政府对社会治理的多元主体缺乏相应的法律规范，也没有提供正确的引导，那么即便是正常的公民参与社会治理的模式，也有演变为可能带来负面影响的危险事件的隐患。

例如在改造签约期，由于双百方针的约束，对方是否签约直接影响其他群众的利益，因此产生了一定的矛盾。初期群众自发组织堵门、放鞭炮、敲锣打鼓等干扰活动，如果在法律范畴内进行，对加速签约进程或许有帮助，但如果失去控制，便会危害到他人的安全，损害他人权益，这是不

---

① 俞可平：《公民参与的几个理论问题》，《学习时报》2006 年 12 月 18 日第 5 版。

该发生的。政府此时应该提供足够的引导和规范,使公民参与始终保持在健康、理性、合法的范围内进行。曹家巷中几起矛盾冲突剧烈的事件,最后都由政府出面得到了化解。可见在社会治理过程中,政府扮演的角色依然具有不可替代的重要作用。

营造法治环境,创建公开、公平、公正的社会治理机制,将是未来城市拆迁工作的大方向,也只有这样,才能更好地实现政府职能转变,激发人民群众的智慧和社会活力,从而促进社会和谐,实现中华民族伟大复兴的中国梦。

(李月:成都行政学院公共管理教研部讲师)

如何破解京津冀都市圈生态治理的协作困境

周明月

【摘　要】 京津冀都市圈生态环境问题的跨域性和流动性决定了生态治理需要地方政府之间的合作,然而在现实中跨域生态问题的协作治理面临着重重困境。如何破解地方政府区域生态治理协作的困境需要建立有效的利益补偿机制和财政转移支付制度,全面引入绿色 GDP 绩效评价指标体系以及加强区域生态与产业合作。

【关键词】 生态治理　区域生态协作　京津冀都市圈

一、引言

根据空间位置的关系和经济联系紧密的程度,京津冀都市圈包括北京、天津两个直辖市以及河北省石家庄市、廊坊、保定、唐山、秦皇岛、沧州、张家口、承德等八个地市,总面积 18.5 万平方公里,区域总人口为 8000 多万人,占全国的 6%以上,都市圈内北京、天津、河北的地区生产总值约占全国的 10%。京津冀区域合作近年来取得了较大的进展。

（一）重大交通基础设施实现共建共享

京津冀共建区域交通基础设施步伐加快，三地交通逐步实现全面对接，逐步形成区域交通立体化。京津城际铁路、京津高速和京蓟高速的贯通拉近了北京与天津的时空距离；京承高速、110 国道、京包高速公路、108、111 国道提级改造；河北省境内张石高速建成，构成北京大外环的密涿、张涿、京化、张承等高速公路抓紧推进，京广高铁建成通车，使北京与河北一体化的条件逐步成熟。

（二）水资源与生态环境保护合作取得初步进展

根据北京与河北的京冀合作备忘录所确定的水资源和生态环境保护合作项目，2006 年至今，北京市与张家口赤城县先期合作实施黑河流域"稻改旱"1.74 万亩，用资金补偿农户收益损失。2007 年之后，北京市与张、承两市合作，全面实施密云水库上游的潮白河流域"稻改旱"工程 10.3 万亩，每年补偿农户收益 1.6 亿多元。2009—2011 年，北京市支持丰宁、滦平、赤城、怀来四县营造生态水源保护林 20 万亩；支持丰宁、怀来等九县进行森林防火基础设施建设和设备配置；支持三河、固安等十二个市县区开展林木有害生物联防联治。

（三）能源开发合作进展顺利

区域能源开发合作，包括煤化工、电力、天然气的开发合作。北京焦化厂与唐山市燃气总公司合作组建新公司，全面完成了唐山市燃气总公司改制工作。京冀合资的三河电厂一期、二期工程分别在 2000 年、2007 年发电并向北京通州供热；北京能源投资公司在张家口投资 10 亿元建设的风电场，总装机容量达到 10 万千瓦，每年可向北京输送近 1 亿千瓦时的绿色电能。北京与河北省、中石油共同建设的曹妃甸液化天然气项目，工程规模达到 1 000 万吨/年。

（四）工业跨地区调整转移取得进展

以首钢搬迁到唐山的曹妃甸为标志，北京市钢铁、建材等传统工业向周边地区转移达到高潮，这些项目的实施促进了唐山成为京津冀都市圈的重化工业基地。另外，北京市一批现代制造业优势企业主动将生产基地迁到周边地区，开始形成了研发和营销在京、生产基地在外的产业链分工模式，带动了周边地区逐步形成各具特色的产业基地。与此同时，北京高技术企业向周边地区的拓展步伐也在加快。

（五）旅游合作蓬勃开展

环渤海地区的京、津、冀、鲁、辽五省市签署旅游合作框架协议之后，区域旅游一体化不断推进，近些年来，在共同开展旅游推介、共同打造精品旅游线路、共同开发旅游资源、共同搭建旅游信息共享平台、共同规范旅游市场秩序等方面取得了实质性进展。北京市与张家口市、承德市的旅游合作成效尤为显著，近几年来，北、张、承每年分别举办多次不同形式的旅游宣传促销、产品推介等活动，使北京游客分别占到了张家口和承德游客量的七成和四成以上。

经过近年来京津冀区域各主体的共同努力，上述区域合作的快速发展日益引人瞩目。然而，与长三角、珠三角都市圈在经济发展的同时带动周边农村的发展相比，京津周围仍然存在大面积的贫困带，这些贫困带分布于张家口和承德的燕山与坝上、京广铁路以西的太行山区、沧州的黑龙港流域等河北省境内。环京津贫困带共有 24 个县，共有国家和省级扶贫工作重点县区 21 个，扶贫工作重点村 2730 个，贫困人口 180.4 万人，这一贫困带已成为我国东部沿海地区城乡差别最严重的地区之一，甚至与西部最贫困的三西地区（定西、陇西、西海固）处于同一发展水平，有些指标甚至比三西地区还要低。最贫困的地区往往是生态环境破坏最严重的地区，例如，坝上地区由于滥砍滥伐，长期过度开垦和放牧，沙漠化土地已近 1300 万亩，占土地总面积的近七成，呈现出严重超强垦殖的状态：现有耕地中的绝大部分是中低产田，水浇地和基本旱作农田只占耕地面积的 25%；现有草场中，绝大部分是严重退化草场，人工草场和得到人工保护利用的草场只占草场总面积的 8%，严重匮乏的资源条件又加剧了这一地区人口的贫困。坝上生态脆弱区贫困人口的大量存在和就业谋生的困难，将难以避免在还林还草土地上重新开垦。因此，加强这些地区的生态治理无疑会减少地方政府的税收，增加了就业压力，加剧了生态建设与区域经济发展的矛盾。

二、京津冀都市圈生态治理的协作困境

为什么与北京、天津邻近的某些区域，没有获得大城市经济辐射所带来的惠泽，却承受着环境恶化和贫困的压力？学者们有很多解释。自身自然条件恶劣、水资源紧缺、土壤退化严重等脆弱的生态环境是贫困带形成的基本原因之一，而北京和天津两市对于河北省的极化效应大于扩散效应也是贫困带形成的另一重要原因，还有层次众多的分散化管理方式和非市场化的资源配置方式等都使得该区域的贫困和生态环境恶化。其实，所有这些因素背后体现的是京津冀地方政府在城市供水、风沙源治理、大气环境治理等区域生态环境合作过程中的困境。

北京、天津和河北之间具有水资源、大气环境、风沙治理等生态环境共享和风险共担的必要性并且具有资源和优势的互补性。然而，协作治理的必要性和紧迫性并不一定保证良好的协作。在京津冀都市圈的生态协作治理中，阻碍区域合作的因素相互交织共同作用，这些阻碍因素具体表现为：

（一）生态治理与地方 GDP 发展的矛盾

资源的稀缺性与地方政府绩效考核的 GDP 指标主旨性的紧密结合，演绎了各地方政府间的恶性竞争。这种恶性竞争外化为产业同构、重复建设、政策血拼等现象。在 GDP 环比考量是政治升迁的重要影响因素的政治体制下，地方政府往往较少考虑生态污染问题，而更热衷于争相引进高税收但基本又是高能耗、高污染的项目。这样的情况在某些经济落后地区尤为突出。譬如，河北某山区县长讲出了基层的“最难念的经”——在山上多栽几棵树，少栽几棵树，对一个县来说并不是最重要的，在这么大的财政支出压力面前，明知道污染也要上，不然就没有税收来源。面对巨大的财政缺口，地方政府往往漠视甚至纵容一些企业的生

态污染行为。

北京、天津、河北三地同样都面临经济发展与生态治理的双重任务，但各自任务的重点不同。北京、天津由于其独有的政治、文化和科技资源优势和市场条件，产业层次高、经济实力雄厚，对生态问题更为敏感；而河北的一些中小城市及腹地对发展经济和脱贫致富的任务更为关注。因此，生态环境治理与地方GDP增长为主旨的经济发展之间存在明显的利益冲突，这种利益冲突直接折射在不同政府层级的不同利益结构上，折射的重叠面大小直接决定不同政府层级的不同行为：是“真治理”还是“底线策略”抑或是“伪治理”？财税资源的稀缺性与政府绩效考核的GDP指标主旨性紧密结合导致区域内的行政区行政囿于“地方”视角，不顾区域公共问题和公共事务，以“不合作”和“搭便车”为基本策略以谋求本地短期与局部利益。

（二）地方政府间影响力的不均衡

在区域生态治理政策的制定和执行中，不同政府层级间存在“讨价还价”和“代理违背”的合作困境。京津冀都市圈中，北京是中国的首都，天津是我国北方重要的经济中心城市之一，而河北省环京津地方政府在合作方面处于弱势地位，在讨价还价中也不可能获益太多。这在2011年5月18日召开的“2011京津冀区域合作高端会议”上可见一斑。在峰会上，河北表现得相当积极，首次推出了“环首都绿色经济圈”的规划展，主动表明河北要借力于首都经济圈建设，加快发展，进一步融入京津冀一体化的愿望。河北省副省长赵勇的态度颇为主动和热情，提出“要为大局服务、为首都分忧、为河北发展添活力”。北京的表态较为中立。北京市发改委的姚飞表示，“希望早日看到京津冀都市圈能发挥像长三角、珠三角一样的作用，以三足鼎立之势支撑中国经济的持续发展”。天津则显得动力不足。天津市发改委副主任侯一民表示“天津作为其中的一个重要的组成地区，我们会竭尽全力做好我们的工作，拥护中央的决策。同时我们觉得首都经济圈是空间上的部署，天津滨海新区的开放，作为这个地区的重要引擎，我们把它做好，就是对首都经济圈最大的贡献，也是重大的推动”。天津的表态表面看上去无懈可击，但仔细再回味，似乎也不算什么表态。

（三）京津冀地区在水资源、牧场等方面的生态治理属于公共池塘资源物品的治理

这类物品具有“拥挤点”的特征：即达到一定水平后每增加一个人的使用将减少原有消费者的效用。公共物品的竞争性和缺少排他性使得区域政府之间的合作意愿减少，同时这类公共池塘资源物品的产出不容易监控，成本和收益也不容易计算，协商成本较高，因而地方政府不愿意签订合作契约。在这种情况下就形成了环京津贫困带的生态环境恶化与贫困问题相互交织的局面，即所谓的贫困性生态问题和生态性贫困问题。经过几十年的水资源供给和风沙治理，环京津贫困带的生态已经十分脆弱和敏感，大量河流干枯断流，湿地和山泉消失，水土流失和污染等生态环境恶化的情况较为严重。经济贫困与生态恶化的循环关系反过来又制约着北京和天津两市的可持续发展，不利于京津两地的生态安全和建设国际大都市目标的实现。

（四）北京与天津这两大都市之间在定位和协调方面的矛盾一直存在

多年以来，北京与天津的关系极其微妙。例如，天津港的特殊地位无可替代，北京进口的车都来自那里；再例如，京津城际高速铁路，三十多分钟的距离，商务往来完全一体化。两个城市围绕着谁是环渤海地区龙头的竞争使得地方官员推动生态治理协作的激励相对较小。地方官员首要考虑的是生态治理的协作是否影响他们之间的相对位次，进而担心如果进行了协作，生态治理的跨域性和正外溢性是否会让对方“搭便车”受益而不付出治理成本。

三、破解京津冀都市圈生态治理的协作困境

整体性是人类与生态环境、自然资源之间的最基本的关系。以“都市圈”为组织空间形态的生态环境也具有一定意义的整体性，切割式的生态

环境治理自然违背了这种整体性，导致都市圈生态环境治理协作的低效。如何增进京津冀都市圈生态治理的积极性，形成区域合作的机制，从而提高生态治理效率？具体可以从以下几个方面着手。

（一）全面引入绿色GDP绩效评价指标体系

目前，GDP增长率仍是考核地方政府绩效的最重要指标，实际上形成了“经济目标为主导的压力型体制”。在这样的评价指标和体制下，地方政府出于自身利益的考虑，在生态保护与经济增长的两难选择中，必然倾向于经济增长，从而导致经济增长和生态保护失衡。这就需要全面引入“绿色GDP”绩效评价指标体系，将环保指标纳入官员的政绩考核指标中，从而规范各级领导干部和政府的行为。绿色GDP是指一个国家或地区在考虑了自然资源（主要包括土地、森林、矿产、水和海洋）与环境因素（包括生态环境、自然环境、人文环境等）影响之后经济活动的最终成果，即将经济活动中所付出的资源耗减成本和环境降级成本从GDP中予以扣除，绿色GDP表示国民经济增长的净增效应。因此，改革现有政府绩效评估指标对促进地方政府的生态治理起着决定性的作用。

（二）建立横向的财政转移支付机制，完善生态补偿制度

我国纵向的财政转移支付机制已相当成熟，这成为理顺纵向政府间关系的重要制度机制，因此，建构有效的横向财政转移支付机制，理顺横向的政府间关系势在必行。京津冀区域生态的有效治理必然意味着区域内某些地方落后产业的淘汰，导致产生人员的下岗安置成本及相应财税收入的流失，因此必须按照谁开发谁保护、谁受益谁补偿的原则，进一步健全生态补偿机制，对地方政府生态治理予以补偿。

目前，我国已经开始在青海三江源、南水北调中线水源地等地进行了中央生态补偿试点，也在《退耕还林条例》《水污染防治法》等法律规范中对相关领域的生态补偿作了具体明确的规定。但是，在京津冀地区生态补偿机制的规范方面，还存在补偿范围不明确、补偿标准不科学、补偿模式比较单一、资金来源缺乏、政策法规体系建设滞后等问题。对此，应加

快有针对性的生态补偿立法，尽快出台专门的《生态补偿条例》对上述问题作出明确、具体的规定。

（三）促进京津冀都市圈生态与产业合作

实现区域生态与产业合作的主要产业形式是发展生态型产业。通过积极合作，完全可以实现资源和产业的互补。双方都可以得到生态利益和经济利益。相比过去实施的投入巨资进行生态治理的区域生态合作模式，这种生态与产业合作的区域生态合作模式通过调整生态治理的投入结构，将为中央和北京市节约生态环境重复治理的巨大成本，有助于巩固生态治理的成效，具有现实可行性。

环首都经济圈内产业的生态化，重点是发展生态指数高的旅游业、现代农业、仓储物流和设备制造业，同时促进劳动力的转移和城镇化发展。环京津地区旅游资源丰富完整，保定、承德、张家口、秦皇岛等地具有一批垄断性的人文旅游资源，具有很大的开发价值和市场空间。目前，这些地区旅游发展面临的主要问题，一是旅游开发投资不足，招商引资困难；二是旅游产业开发的水平低，特色不够突出；三是旅游市场宣传推广不足。因此，这就需要北京、天津在基于市场规则和互利互惠的原则，为周边地区在提供开发资金和融资平台、协助招商引资、帮助进行旅游市场宣传推广、提升旅游管理水平等方面给予更多的支持。

另外，河北地区农业资源和畜牧业资源丰富，具备了现代科技农业、农产品加工业的发展基础，具有发展特色农业的良好条件，在此基础上可以发展特色农产品加工业。以北京为中心，在以下方面进行农业合作：一是建立区域农业增长中心，二是完善区域农产品市场建设，三是发展生态农业、精准农业和设施农业，四是发展农产品加工基地。北京、天津上千万人口可以为农业产品提供巨大的市场；北京、天津丰富的农业科技人才和信息资源可以引导河北地区发展现代高科技农业；发改委、财政部和北京市的农业与农村发展项目与资金可以帮助河北城市和地区加强农业科技示范园建设、农村基础设施改造以及农产品加工业发展。

再者，近些年来，北京、天津数家装备制造企业在唐山、张家口、保定、廊坊、秦皇岛等地投资建设了生产基地，一是作为北京、天津高技术的扩散地，作为高技术产品的生产基地；二是作为北京、天津产业转移的承接地。河北等地应该积极争取中央的企业改造资金和科技发展资金，争取北京、天津市的产业协作政策，并且利用原有的生产加工能力积极地与北京、天津等地的科研机构紧密合作。

参考文献

[1]余敏江:《论生态治理中的中央与地方政府间利益协调》,《社会学研究》2011年第9期。

[2]周黎安:《转型中的地方政府:官员激励与治理》,格致出版社2008年版。

[3]周雪光:《基层政府间的共谋现象——一个政府行为的制度逻辑》,《社会学研究》2008年第6期。

[4]周雪光:《中国政府的治理模式:一个"控制权"理论》,《社会学研究》2012年第5期。

[5] Feiock, Richard C. Metropolitan Governance: Conflict, Competition, and Cooperation[M], Washington, DC: Georgetown University Press, 2004: pp. 76 79.

[6]Olson, M. The Logic of Collective Action[M]. Cambridge, Mass.: Harvard University Press, 1965.

[7]Gray, B., Wood, D., Collaborative Alliances: Moving from Practice to Theory[J]. Journal of Applied Behavioral Science, 1991(27):322.

（周明月：东北大学秦皇岛分校讲师）

城市行政管理中的“开放式决策”创新模式研究

——基于杭州市民的满意度调查分析

范帅邦

【摘　要】 杭州市“开放式决策”是我国地方政府探索决策民主化过程中的重要实践创新。本文基于对杭州市民的“开放式决策”满意度调查，从公民参与和公共政策角度对杭州市“开放式决策”市民满意度水平及其存在的问题进行分析考察。(1)研究发现：杭州市民对“开放式决策”的运行现状呈总体满意的态势，体制内参与群体和体制外参与群体对“开放式决策”都表示满意；(2)体制内参与群体和体制外参与群体对杭州市“开放式决策”的满意度存在差异，具体表现为体制外参与群体对“开放式决策”的满意度高于体制内参与群体，即杭州市民对“开放式决策”的期望满意度高于实质满意度。

【关键词】 开放式决策　公民参与　满意度评价

一、引言

在现代社会，公民参与公共管理活动，不仅在形式上赋予公民表达利益的机会，而且也是维系公民与政府之间沟通关系、保持政府公共决策合法性的基础。十届人大二次会议《政府工作报告》指出:“要进一步完善公众参与、专家论证和政府决策相结合的决策机制,保证决策的科学性和正确性。加快建立和完善重大问题集体决策制度、专家咨询制度、社会公示和社会听证制度、决策责任制度。”将公众参与和专家认证、政府决策结合起来,突出政府决策的公众参与性。党的十七大也强调要从各个层次、各个领域扩大公民有序政治参与。多年来,我国各级政府部门一直在致力于探索能促进决策民主化与科学化的公民参与模式,然而,大量存在的公民参与失效现象同样发人深省。我国当前公民参与公共决策所存在的问题主要表现在以下几个方面:公民参与形式化,参与方式非制度化,公民参与范围小、程度浅等。公民参与在我国各级政府的行政实践中更多地体现为民主决策的“花瓶”,而鲜有具有实际意义和系统性的公民参与公共决策的实践创新。同时,理论学术界对公民参与的理论研究已经比较深入,而对于公民参与公共决策的实践创新则还很少见。

杭州市“开放式决策”是一项公民参与公共决策的系统性制度创新,在国内具有独创性。然而,评价一项公民参与制度和政策的优劣,主要体现为公众这一参与主体的满意度。本文以杭州市“开放式决策”为例,对杭州市民的满意度水平进行调查,从而探索“开放式决策”在我国公民参与公共决策过程中的理论与实践意义。

本文其余部分的构成如下。第二部分首先从公民参与理论的角度分析“开放式决策”的理论内涵,并为“开放式决策”搭建理论基础 。第三部分利用调查数据,从市民满意度的角度对杭州市“开放式决策”的公众满意度进行实证分析。最后一部分是本文的结论,在总结分析结果的基础上提出相应的政策建议。

二、杭州市“开放式决策”的理论机理探讨

杭州市“开放式决策”是坚持“以民主促民生”,扩大公民有序政治参与,增强决策民主化、科学化的有益探索,指在政府常务会议“会前”充分征集民意后将政府决策事项提交市政府常务会,“会中”邀请人大代表、政协委员和市民代表列席会议发表意见,市民也可以通过网上留言发帖或

网上视频直播参与决策讨论,“会后”由市有关部门24小时内给予网民及时回应的公民参与度较高的政府决策模式。究其本源“开放式决策”的理论本质是“公民参与公共政策”,即公民个人或公民团体通过各种方式和途径参与公共事务,影响和推动包括政治系统中的各种决策的活动和行为。因此,杭州市开展“开放式决策”最主要的理论基础便是公民参与的相关理论。

要厘清公民参与的理论渊源,需从民主政治理论源头开始。民主政治历经数千年,发展出若干民主概念,当代参与式民主理论及20世纪90年代后期引起广泛关注的协商民主理论是实践公民参与的理论核心。20世纪后期在西方国家兴起的民主行政理论、新公共服务理论、公民治理理论,也为公民参与研究提供了新的理论视角和分析工具。

20世纪六七十年代参与式民主理论重新兴起。卡罗尔·佩特曼在《参与和民主理论》中,对传统的精英民主理论进行批判,并结合历史上参与式民主理论家卢梭、密尔以及科尔等人的观点,认为真正的民主应当是所有公民的直接的、充分参与公共事务的决策的民主,从政策议程的设定到政策的执行,都应该有公民的参与。佩特曼的参与式民主理论得到了学界的许多共鸣,如麦克弗森、巴伯等。其中,本杰明·巴伯在他的《强势民主》一书中,批判自由主义民主,巴伯称其为“弱势民主”(thin democracy),提出“强势民主”(strong democracy)理论,强调以扩大人民对政治的直接参与为核心,以“社群”“共识”等理念为特征,将市场社会中的个人重新联合起来。参与是民主理论还得到了当代“社群主义”(communitarianism)理论的积极回应。到了20世纪后期,以约瑟夫·毕赛特、罗尔斯和哈贝马斯等人为代表的“协商民主”(deliberative democracy)理论也是参与式民主理论的重要发展。概括来说,协商民主是一种治理形式,平等、自由的公民在公共协商过程中,提出各种相关理由,说服他人,或者转换自身的偏好,在广泛考虑公共利益的基础上利用公开审议过程的理性指导协商,从而赋予立法和决策以政治合法性。协商民主理论力图通过完善民主程序、扩大参与范围,来修正代议制民主的不足。

人民主权理论(以卢梭为代表)主张,人类在社会互相订立社会契约的基础上组成政治共同体，共同体的主权属于人民。如果说任何政治体制都有其内在逻辑的话，那么人民主权原则就是民主政体的权力结构、运行机制的构造及各项管理原则的逻辑起点和民主政治的基础，它在民主政治中具有不可或缺的价值。①

治理理论主张，治理是各种公共的或私人的个人和机构管理其共同事务的诸多方式的总和，它是使相互冲突的或不同的利益得以调和并且采取联合行动的持续的过程。治理的目的是在各种不同的制度关系中运用权力去引导、控制和规范公民的各种活动，以最大限度地增进公共利益。②

新公共服务理论（以罗伯特·B. 登哈特与珍妮特·V. 登哈特为代表）主张，公民应该积极参与并且真正参与公共政策的制定，同时政府治理应以公民为导向，注重公民参与的重要性。其实质是要实行"以公民为导向"的政府管理，即以公民的不同偏好为基础，以满足公民对公共物品和服务的特定需求为目标，重视公共问题解决过程中的公民参与。③

上述理论都认为公民不仅是独立存在于社会共同体中的个体，同时也是依赖于社会共同体中的其他人而存在的一员。他们可以通过沟通对话而相互了解、理解和包容，最终超越狭隘的个人利益而实现公共利益。就其价值取向而言，以上理论都反对以往的政府单中心主导的局面，主张多中心治理或是治理主体的多元化，倡导政府与公民之间的良性互动，构建政府与其他治理主体的合作伙伴关系。就其基本目标而言，其追求目标都在于实现良好的治理，追求公民的满意。然而当前在杭州市实施的"开放式决策"能否成为实现良好的治理的有效途径，杭州市民作为参与者本身的评价最具说服力。下文便从市民满意度的角度来分析"开放式决策"制度的运行现状以及问题。

---

① 周庆行:《公共行政导论》，重庆大学出版社 2004 年版。

② 王邦佐等:《新政治学概论》，复旦大学出版社 1998 年版。

③ 约翰·克莱顿·托马斯:《公共决策中的公民参与，公共管理者的新技能与新策略》，中国人民大学出版社 2001 年版。

三、杭州市“开放式决策”满意度评价实证分析

（一）调查群体划分与调查方法

当前杭州市“开放式决策”过程中的公众参与主体，可以分为体制内参与者和体制外参与者两种类型。体制内参与者是指人大代表、政协委员应邀参会，并且已经制度化。杭州市政府制定的《关于加强政府与人大代表政协委员联系的通知》已经为人大代表、政协委员参与决策提供了制度化保障；专家学者参与政府决策事项也有了明确的制度规范和相对固定的专家组人群，并与国内外其他专家建立了经常性联系，为杭州政府进行经济社会发展决策贮备了“智库”和“外脑”。体制外参与者是指普通市民代表通过网络留言、视频直播对话、直接应邀参会等形式参与决策。

由于杭州市“开放式决策”刚刚起步，还处于探索阶段，因此当前决策参与的主体还是以体制内参与为主，普通市民参与的数量还十分有限，因此在对杭州市“开放式决策”的受众满意度调查过程中应该考虑到对调查群体进行主体划分的问题。为确保满意度评价的科学性，本文的研究思路是，首先将杭州市“开放式决策”的受众群体进行分类，一类是已经参与过“开放式决策”的受众，以体制内参与者为主体，另一类是尚未参与过“开放式决策”的普通受众，以体制外参与者为主体。已经参与过决策群体的满意度调查主要反映了当前“开放式决策”运行的实质性满意度评价，而尚未参与过的普通市民的满意度评价则更多地体现为对“开放式决策”制度的期望满意度。本文将对两类群体的满意度水平进行分别调查和比较分析，从而获得杭州市“开放式决策”满意度的科学评价。本次调研采取问卷调查的方式，对两类受众群体进行调查，一类是已经参与过“开放式决策”的参与者，第二类是尚未参与过“开放式决策”的普通市民。第一类调查群体回收有效问卷 60 份，第二类调查群体回收有效问卷 156 份。

（二）体制内参与群体满意度分析

本次研究针对已参与者群体的“开放式决策”满意度调查共回收有效

问卷60份，从被调查群体的身份的角度，已经参与“开放式决策”的群体多数为党政机关工作人员，占59%，加上人大代表、政协委员等体制内参与者占所有决策参与者的88%，而普通市民代表及其他代表仅占12%，可见当前杭州市“开放式决策”的参与主体仍然为政府体系内人员，而普通市民的参与程度还十分有限。

表1　体制内被调查群体的基本信息

身份	党政机关工作人员	人大代表	政协委员	市民代表	其他
比例	59%	22%	7%	7%	5%

已参与决策群体对“开放式决策”满意度评价如下表所示，有75%的参与者对“开放式决策”的过程和内容满意，61%的参与者对“开放式决策”的意见重视程度表示满意，42%的参与者对“开放式决策”的建议采纳情况表示满意，44%的参与者对“开放式决策”的政府部门答复情况表示满意，4个指标的平均满意度超过了半数(55.5%)，同时，被调查者对“开放式决策”不满意比例比较低，平均不满意比例仅为7.75%。根据调查数据，基本可以得出这样的结论：已经参与过决策的被调查群体对杭州市“开放式决策”呈满意态度。

表2　体制内被调查群体满意度调查结果

满意度	过程和内容满意度	意见重视满意度	建议采纳满意度	政府部门答复满意度
满意	75%	61%	42%	44%
一般	20%	34%	52%	41%
不满意	5%	5%	6%	15%

(三)体制外参与群体满意度分析

本次研究针对体制外参与群体的“开放式决策”满意度调查共回收有效问卷156份。被调查群体的基本信息表显示，这一调查群体以普通群众为主体占59%，该群体从职业和政治面貌的角度多数为体制外参与群体，而且年龄段和职业分布符合普通市民群体的基本特征，有较强的代表性。

表 3 体制外被调查群体的基本信息

性别	男性(34%)					女性(66%)
年龄	20 岁以下(1%)	20—35 岁(29%)		36—55 岁(41%)		55 岁以上(29%)
学历	初中及以下(28%)	高中或中专(23%)	大专(17%)	本科(29%)		硕士及以上(3%)
职业	学生(16%)	党政机关工作人员(5%)	事业单位人员(8%)	企业人员(21%)	离退休人员(39%)	自由职业者(11%)
政治面貌	中共党员(37%)		普通群众(59%)		民主党派成员(4%)	

体制外群体对“开放式决策”满意度评价如下表所示，有 71%的参与者对“开放式决策”的过程和内容满意，68%的参与者对“开放式决策”的意见重视程度表示满意，65%的参与者对“开放式决策”的建议采纳情况表示满意，71%的参与者对“开放式决策”的政府部门答复情况表示满意，各个分指标满意度均超过半数，四个指标的平均满意度超过了半数(68.75%)，同时，被调查者对“开放式决策”不满意比例比较低，平均不满意比例仅为 6%。根据调查数据，基本可以得出这样的结论：体制外参与群体对杭州市“开放式决策”呈满意态度。

表 4 体制外被调查群体满意度调查结果

满意度	过程和内容满意度	意见重视满意度	建议采纳满意度	政府部门答复满意度
满意	71%	68%	65%	71%
一般	23%	27%	31%	20%
不满意	6%	5%	4%	9%

(四)调查群体满意度比较分析

根据前文的分析，体制内参与者和体制外参与者对杭州市“开放式决策”均表示总体满意。然而，两群体对“开放式决策”满意程度存在明显差异，根据下表所示，体制外群体对杭州市“开放式决策”的满意度明显高于体制内参与者，除在“过程和内容满意度”指标中略低于体制内参与者，其余三项指标"意见重视满意度""建议采纳满意度""政府部门答复满意度"均显著高于体制内参与者。因此，该数据显示当前对杭州市"开放式决策"的满意度评价中，普通市民的满意度评价高于已经参与过决策的体制内群体的满意度。已经参与过"开放式决策"的群体对开放式决策满意度评价应该是更具有理性认识的实质性满意度评价，而尚未参与过决策的体制外参与者对"开放式决策"的满意度评价更多的是出于感性认识的期望满意度评价。因此，可以说受众对杭州市"开放式决策"满意度评价中，期望满意度高于实质满意度。

表 5　两类被调查群体满意度比较

满意度	过程和内容	意见重视	建议采纳	政府部门答复
体制内参与者	75%满意	61%满意	42%满意	44%满意
体制外参与者	71%满意	68%满意	65%满意	71%满意

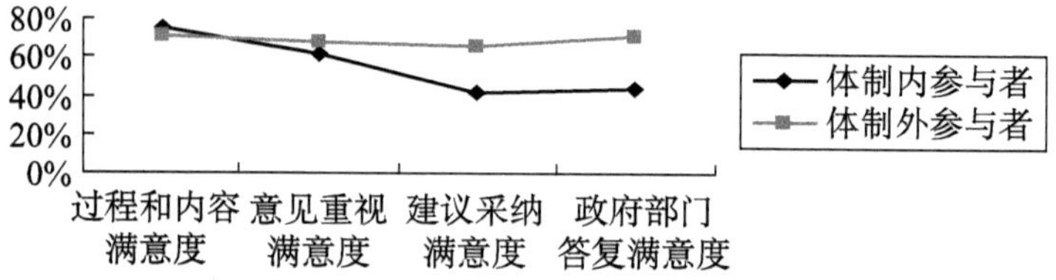

图 1　两类被调查群体满意度比较

同时，在受众对杭州市"开放式决策"的作用的认知程度调查中，如下表所示，数据显示当前杭州市民对于"开放式决策"的作用均有比较高的认识，对"开放式决策"的积极作用的赞同程度平均高达92.88%，根据已经参与"开放式决策"的体制内参与群体和尚未参与的普通市民的比较来看，普通受众在八个认知指标中七个指标高于已经参与"开放式决策"的受众，这表明普通受众对"开放式决策"的积极作用具有更高的预期，同时也反映出已经参与过开放式决策的受众对该制度的积极作用认识有所下降，因此，杭州市开放式决策在运行过程中仍有改进的空间。

表 6　两类被调查群体对“开放式决策”认识程度比较

调查群体	增加政府的透明度	降低政府行政成本	推进政府依法行政	推进政府决策民主化	提高政府决策的科学化	能提高决策的执行效率	提高公民满意度	改善政府形象
体制内参与者	96%赞成	85%赞成	96%赞成	95%赞成	93%赞成	84%赞成	91.4%赞成	97%赞成
体制外参与者	76%赞成	85%赞成	99%赞成	98%赞成	98%赞成	95%赞成	99%赞成	99%赞成

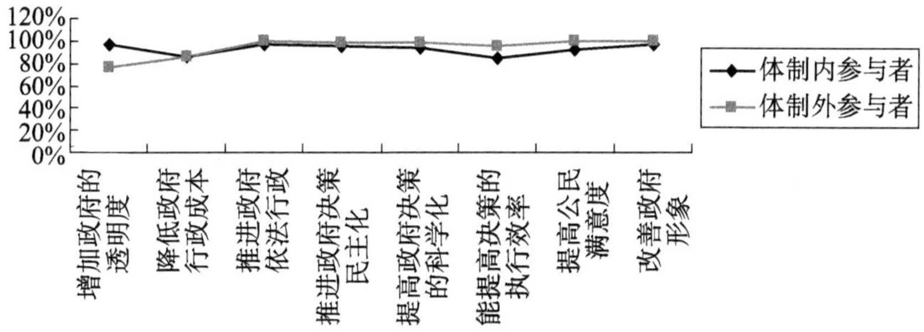

图 2　两类被调查群体“开放式决策”认识程度比较

（五）调查结论与原因分析

根据前文调查的数据显示，可以得出如下结论：(1)杭州市民对“开放式决策”的运行现状呈总体满意的态势，体制内参与群体和体制外参与群体对“开放式决策”都表示满意；(2)体制内参与群体和体制外参与群体对杭州市“开放式决策”的满意度存在差异，具体表现为体制外参与群体对“开放式决策”的满意度高于体制内参与群体即杭州市民对“开放式决策”的期望满意度高于实质满意度。

体制内参与群体与体制外参与群体对“开放式决策”均呈总体满意并不难理解，杭州市开展“开放式决策”一改政府以往决策“一言堂”的局面，客观上引入了公众和专家的声音，对政务公开和政府决策民主化均有积极意义，公众自然深有体会。调查显示 71.67%的被调查者认为“开放式决策”保障了公民的知情权和参与权，从而提高了公众满意度。然而体制内参与群体和体制外参与群体对杭州市“开放式决策”的满意度存在差异，“开放式决策”的期望满意度高于实质满意度的原因则需要进一步分析，这一偏差产生的主要原因表现为公共需求与“开放式决策”的议题选择存在偏差，严重打击了参与群体的参与满意度和积极性。

公众参与政府决策实质性体现在政府部门对公众关心问题的回应和解决，也就是说公众的意见能够影响政府的决策议程。根据公共政策理论，政策议题选择过程中很重要的一条途径就是自下而上的公众对急需解决问题的反映，杭州市“开放式决策”的制度实质就是为公众提供了表达政见的正规途径。因此，杭州市“开放式决策”的制度效果应该是达到公共需求与“开放式决策”的议题选择高度一致，从而凸现公民参与公共决策的实践价值。

表 7　公共需求与决策议题关联度比较①

项　目	公共需求强度	“开放式决策”相关议题数量	市民参与网络讨论人次	提出建议条数(条)	提建议率(%)
行路难、停车难	25.33	1	5037	242	4.80
食品安全	16.76	2	9105	197	2.16
看病难	15.44	2	22209	278	1.25
住房难问题	15.21	2	16838	326	1.94
困难群众生活就业难	13.71	3	5771	283	4.90
环境保护问题	8.91	1	3589	70	1.95
办事难	5.29	4	8374	497	5.93
“清洁杭州”	4.62	2	5637	117	2.08
上学难	2.75	0	0	0	0

杭州市政府自 2000 年创建“满意不满意”(2006 年该名称为“社会评价活动”)市民评价政府工作机制，政府希望通过该途径收集到大量公众

① 《2007 年度杭州市市直单位综合考评社会评价意见报告》http://hzdaily.hangzhou.com.cn/hzrb/html/2008—04/25/content_170243.htm。

的意见建议，并以此为基础，梳理出政府的重点工作内容。下面以2006年和2007年的社会评价意见为例来分析杭州市政府“开放式决策”会议议题与公共利益之间的关联度。如表7所示，杭州市通过“社会评价活动”搜集的公众的公共需求，按照需求的迫切程度由高到低依次为：行路难、停车难问题，食品安全问题，看病难问题，住房难，困难群众生活就业难问题，环境保护，办事难问题，“清洁杭州”问题，上学难问题。然而公共需求的强度和“开放式决策”相关议题数量并没有体现出一致性，在公共需求最为迫切的“行路难、停车难问题”中，开放式决策的相关议题数量仅为一次，而公共需求强度较小的“办事难问题”却成为“开放式决策”议题选择最多的方面，可见杭州市当前公共需求与“开放式决策”的议题选择存在偏差。然而，公众在参与公共决策的过程中发现公众所提出的急需解决的问题没有得到政府部门的有效回应，不能够影响政府会议的议题选择，那么势必会影响参与者对“开放式决策”的满意度评价，体制内群体已经参与过“开放式决策”因此对这种议题偏差深有体会，而未参与过决策的普通公众则更多的是对开放式决策的理念上的认同，因此会出现体制内参与群体和体制外参与群体对杭州市“开放式决策”的满意度存在差异。

公共需求与“开放式决策”的议题选择的错位进一步导致公众参与的热情下降。从表8中反映的参政人数和议政人数的比例来看，虽然观看视频直播的人次在不断增加、参与网络讨论的人次也在不断增加，但是市民提出建议的条数却并没有随之大幅度增加，而是有减少的趋势，提建议率一直处于一个比较低的水平上，最低的时候，如第39次常务会议的提建议率只有1.25%，而最高的一次（第30次常务会议）也只有7.64%，更多的时候提建议率是在5%以下。由此可见，杭州市民对“开放式决策”的热情正在逐渐降低，这正是由于市民的期望满意度和实际满意度存在差异，而市民对“开放式决策”逐渐丧失信心的表现，基于此，杭州市政府还应该采取一定的激励措施鼓励公众议政。

表 8　公众提建议率统计

会议名称	市民参与网络讨论人次	提出建议条数(条)	提建议率(%)	会议名称	市民参与网络讨论人次	提出建议条数(条)	提建议率(%)
第 26 次常务会议	2346	145	6.18	第 35 次常务会议	3468	80	2.31
第 28 次常务会议	2709	111	4.10	第 36 次常务会议	16838	326	1.94
第 30 次常务会议	3337	255	7.64	第 38 次常务会议	10786	345	3.20
第 31 次常务会议	5037	242	4.80	第 39 次常务会议	22209	278	1.25
第 32 次常务会议	3482	194	5.57	第 41 次常务会议	35598	591	1.66
第 33 次常务会议	3126	166	5.31	第 42 次常务会议	3589	70	1.95
第 34 次常务会议	2645	117	4.42	第 43 次常务会议	5637	117	2.08

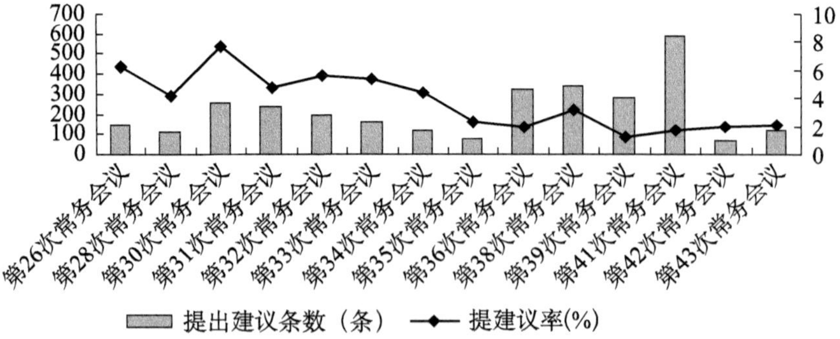

图 3　公众提建议率统计

当然，造成杭州市民对“开放式决策”的期望满意度和实际满意度存在偏差的原因并不是唯一的，还存在参与渠道较少、参与人员过少、参与后反馈不及时等公民参与公共决策的普遍问题，本文不再赘述。

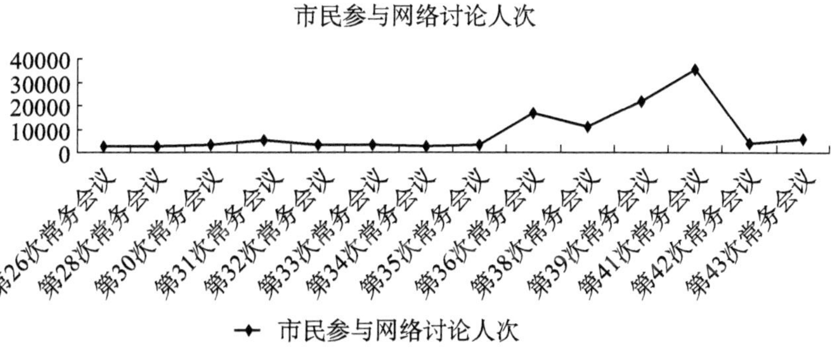

图 4　市民参与网络讨论人次统计

四、政策建议

（一）拓宽公众参与“开放式决策”渠道

当前杭州市“开放式决策”主要的参与渠道包括：现场参与、视频连线参与、网络论坛参与和手机短信参与。与全国同类型的参与式决策渠道相比，杭州市在参与渠道构建方面存在一定的优势，然而仍有完善的空间。根据前文的分析，从杭州市人民政府第 26 次常务会议，到杭州市人民政府第 35 次常务会议，只是由杭州市政府门户网站承担着视频直播的任务，虽然观看视频直播的人次与参与网络讨论的人次整体上呈上升趋势，但是与杭州市人民政府第 36 次常务会议、第 38 次常务会议、第 39 次常务会议、第 41 次常务会议这四次相比，我们可以清晰地看出，这四次“开放式决策会议”观看视频直播的人次、参与网络讨论的人次以及提出建议的条数都发生了质的飞跃与提升，这一飞跃的原因就在于新增了一家网站（杭州网）承担视频直播的任务，可见增加参与渠道的种类和数量对“开放式决策”扩大参与范围的巨大作用。信息技术的发展，为政府提供多样化的公民参与途径提供了可能，政府部门应该充分应用先进技术拓宽公民参与公共政策的渠道。

（二）扩大参与群体范围

杭州市政府自实施“开放式决策”以来（从 2007 年 11 月 14 日至 2009

年9月4日),先后共邀请155位人大代表、政协委员和92位市民、专家代表列席,并通过网上视频直播接入100位市民与市长互动交流,然而这一公众参与规模对于常住人口达796.6万人的杭州市来说还是过于微小,需要进一步扩大参与的范围。正是由于杭州市民真正参与"开放式决策"的人数过少,才造成了市民对"开放式决策"的期望满意度高于实质满意度,也造成了公众的公共需求难以在会议决策中得到反映的现状。在扩大公民参与范围的过程中要有所重点,首先要增加公共政策相对人的民意代表数量,一项公共政策的实施必然会对作为政策相对人的公众切身利益产生直接影响,因此,作为利益相关人更有必要、也更有权利要求参与到杭州市"开放式决策"的决策过程中来。而对于杭州市政府来说,直接听取来自政策相对人的声音,听取他们的意见建议更有助于市政府决策的合理性、科学性,也更有利于决策出台后的顺利实施。从杭州市实施"开放式决策"以来,列席对象人数虽然一直在不断扩大,但是在目前为止还没有作为相关决策的直接被管理者列席会议,也没有看到这些被管理者出现在视频连线中。因此,杭州市政府下一步有必要在会议现场或者视频连线中增加一些与该次议题直接相关的被管理者或其代表。其次要扩大相关领域专家代表名额。从杭州市政府邀请专家列席市常务会议以来,列席专家最多的一次"开放式决策"是杭州市人民政府第43次常务会议,共邀请了两名专家列席,而第44次则只有一名专家。因此,杭州市政府应当针对每次常务会议的议题,适当多邀请这个领域的相关专家列席会议或通过其他途径为决策提供专业的意见,以提高决策的科学化水平。

(三)完善公民参与文化,激发公民参与热情

根据前文的实证分析,杭州市民对于"开放式决策"的热情正在下降,调查数据显示仅有21%的受访者非常愿意参加"开放式决策",这与我国当前公民参政议政意识薄弱、参与文化淡漠有关。因此,杭州市政府应该完善参与型文化建设机制,塑造公民良好的政治品格。政治文化可以塑造公民的政治品格,是公民政治参与的社会思想基础。政治参与的实现

有赖于政治文化的发展。传统政治文化培养的是依附型、顺从型公民，使公民形成消极、被动的政治心态。这不但制约着公民政治的发展，同时阻碍着政治文化自身的进步，行动上必然表现为普遍的非参与趋向，导致政治冷漠，甚至是政治疏离。[①] 鉴于此，首先，政府应当支持和塑造参与型政治文化，鼓励中国公民积极地参与中国的政治，为多元思想的正常交流提供基本平台。政府官员要深刻认识公民参与的地位和作用，牢牢树立以人为本的理念，必须彻底转变观念，坚持以公民为导向，抑制过去的官僚思想，摒弃“装饰性”“花瓶式”的公民参与，使公民能全方位、多层次、宽领域参与公共政策和公共管理活动，不断推动民主社会发展。其次，政府要加大教育投入，加强对公民民主意识、义务意识、责任意识的教育和培养，不断增强公民政治认知，提高公民政治参与能力，从而加快培养公民健康的政治人格。最后，公民本身要积极树立勇气和信心，培养政治技能，增强社会责任感，充分行使自身权利。

（四）加强“开放式决策”第三方绩效评估

目前，杭州市“开放式决策”的绩效评估更多是一种“体内循环”的考核机制，即由政府机关拟定评估标准并组织实施，评价结果与政府机关的奖励及公务员的升迁挂钩。为提高评估的质量、提升评估的可信度以及提高政府的公信力，在“开放式决策”的绩效评估中，应该对评估主体主要局限于政府内部的做法进行完善，提倡并实施绩效评估的主体多元化，特别是将第三方纳入评估主体中来。西方国家在绩效评估过程中特别注重有公众和服务对象的广泛参与，同时由单纯的政府机关内部的评估正发展到独立的社会第三方评估。例如，作为美国第三方组织的锡拉丘兹大学坎贝尔研究所自 1998 年以来就一直与《美国政府管理》杂志合作，每年对各州或者市的政府绩效进行评估，发布评估报告，引起了政府和公众的广泛关注。一些州政府在对其部门年终业绩进行评估时，往往也请专门的社会评估机构参与。在我国兰州、武汉等政府的绩效评估中，也引入了

---

① 钱洁:《论我国转型时期行政决策的公民参与》,《青海社会科学》2004 年第 3 期。

第三方评估机制，并取得了良好的社会效果。因此，在国内和国际绩效管理实践中越来越重视第三方评估的今天，笔者建议对“开放式决策”的绩效评估也应引入第三方评估机制。

（范帅邦：北京大学城市与环境学院博士研究生）

城中村改造下农民工住居的困境与治理

——以深圳市为例

黄文浩

【摘　要】 本文论述思路是通过明确研究的缘由，根据理论与实践层面界定相关概念；结合深圳市的调查数据，以三个维度来描述研究现象的内外表现；进一步分析农民工住居面临的问题，从而找出其治理的对策与路径，充分论证解决办法的有效性。对弱势群体的关注体现了人文关怀和社会责任，就这一意义而言，城中村改造与农民工住居的双重矛盾博弈只是现阶段城市化发展的必然结果和管理情结。

【关键词】 城中村改造　农民工住居　困境　治理

一、引言

近年来，随着工业化和城市化的快速推进，为了生存抑或是改善生活，大批农民工拥入城市形成规模庞大的流动人口。这支进城大军为城市建设做出了巨大贡献，但由于自身文化素质和就业技能较低，使得劳动强度与生活环境的反差明显。农民工群体若得不到妥善安置，容易恶化成严重的社会问题。

城市发展过程中，政府主导的城中村改造已成为应有之义。基于城乡二元的土地及房屋管理机制，城中村依托无偿的宅基地经营出租屋，造成其背后市场价值的极大浪费。地方政府借助改造得到优越区位或转让给开发商，进而发挥更高的经济效益。可以预见的结果是，经济能力有限的农民工根本无力承担远高于现有水平的住房价位。

二、城市化的产物——城中村与农民工

在农村内部推力（贫困离心力）与城市外部拉力（就业向心力）双重作用下，农村释放的剩余劳动力以城市为中心靠拢。城市流动人口2.61亿，这其中绝大部分都是底层民工，直接加重了城市住居的承载压力。转型时期，农民工居住保障和城中村存续改造之间如何走向平衡？

（一）城中村改造的背后：城市建设还是利益纠葛

从字面含义看，城中村是被城市包围的村落，政府急功近利式的空间拓展政策使然，遇到问题绕道走的后果。从引发问题看，寄生的生存状态是非正式村集体经济产物，又被称为“社会毒瘤”和“罪恶温床”，欲先除之而后快。从发展源头看，以外来务工人员为主体的低收入社区或聚居区，是农民工“乡—城”链式迁移的重要环节；从社会经济看，又指处于城乡转型中的农民社区，规避征地补偿与拆迁安置的额外成本，内涵则是嵌入市民城市中的农民村。

总体来看，城中村已不单单是建筑群或住宅区的概念，而是代表一种不为城市所容的发展模式和生活方式。它是掺杂众多成分的矛盾统一体，“城不像城，村不像村；城又像村，村又像城”。城中村改造是城市建设及重新规划流程中多方利益博弈的结果，实质是城市用地有限，“落后地区”不得不被重新征用开发，也是跨领域管理的必要手段和必然选择。

（二）农民工群体：城市生利阶层还是失利阶层

张雨林于1984年首次把从农村出来进入城市的工人命名为“农民工”，简单来说就是“流动的打工者”，本身是作为户籍身份的农民和职业

身份的工人之间的混合。农民工是特殊历史时期出现的特殊群体，身份构成复杂，具体划分为：广义的农民工(约2亿人)包括在本地乡镇企业就业的“离土不离乡”的农村劳动力，和进入城镇从事第二、三产业的“离土又离乡”的农村劳动力；狭义仅指后一部分有1.2亿人左右。

游离在城市边缘的农民工是改革开放三十多年最深刻的变化，劳动力流动对GDP的贡献率高达21%，这个“草根阶层”为我国城市化建设添砖加瓦。但他们对社会的付出与社会给他们的回报极不相称，他们理应被关注以改善生存环境，和寻求社会帮助来提高发展自我的潜力向城市迈进。毫无疑问，农民工既是城市的生利阶层，又是城市失利阶层的不公平缩影。

三、深圳市农民工的住居现状

流动是生命的体征，流动是活力的体现。城中村房屋之所以成为许多农民工的首选，一方面，熟人社会里容易与周围同乡产生认同感，有着浓厚的乡土情结与人际网络；另一方面，居于城市核心地带或交通便利的城郊结合处，降低了居住成本。因此，廉租房在最低限度上保证农民工在城市的生存和发展。

(一)人口分布和整体环境

深圳市常住人口1062.89万人，其中户籍人口310.47万人，流动人口所占比例高达70.8%。目前全市已建成面积为871.19平方公里，其中城中村320个(总占地面积约93.5平方公里)，居住人口约502万人，现状建筑面积约1.06亿平方米，涵盖35万栋私宅。2015年前，已列入城市更新计划21项(用地规模69平方公里)，城中村改造面积12.7平方公里，总投入或超330亿元。

再来看完全考察，全国仍有12.45%农民工在城市没有住所，只能往返于城郊或回农村居住。遍布特区内外的农民工人均居住面积为6.8平方米，远低于户籍人口(20.9平方米)和全国平均水平(23.7平方米)。

(二)住房水平和改造进度

在住房方面,农民工没有像城市户籍人口那样得到政府的保障,相反更高的进入门槛和支付代价导致市场反复出现结构性矛盾,农民工住房难上加难。深圳城中村是个例外,63.7%流动人口居住方式为租赁房屋,人均占地不到1平方米,激增的容积率甚至超过了4(发达国家城市容积率为2,我国为0.2)。

城市更新包括综合整治、功能改变、拆除重建三种方式,旨在增强功能集聚和辐射能力。2004年深圳市是全国第一个没有农村和农民的城市,因地制宜制定策略,初步形成三旧改造大面积滚动推进的态势。然而,暴露出来的违章建筑竟高达3550万平方米,成为现代城市的“伤疤”。

(三)政策支持和社会保障

中央自2005年相继出台有关条例后,2007年建设部提出住房公积金逐步覆盖至城市中有固定工作的农民工,2008年颁布的《关于改善农民工居住条件的指导意见》更首次将农民工住房问题纳入城市规划。深圳作为一个移民城市先行先试,根据“两级政府三级管理”体制,设立了基层房屋租赁管理所。

以居住和配套为主的住房供应模式(包括员工宿舍、安置区、临时性生活用房和购房入户政策),提供保障房面积为150万~180万平方米,旧的安置区已被全部拆除准备重建规划。政府周转房仅占租赁市场的0.8%,从惠及流动人口的数量上来看,城中村确实为更多的低层次人群带来了住房福利。

四、深圳市农民工的住居困境

(一)城中村改造前:农民工是被动的住房接受者

深圳市农民工住居在城中村改造前后面临着不同的困境。城中村是在城市高速发展进程中的后遗症,滞后于时代变迁步伐、游离于现代城市管理之外、生活水平低下的居民区，改造以前可谓弊病丛生。

1. 基础设施条件恶劣

深圳的“城中村”发端于 20 世纪 80 年代，正值特区成立之初，到 90 年代中后期已经发育成熟，并经过前后四次大规模的抢建高潮，至今城中村的建筑空间和建设格局基本定型。大量原本只有三四层的农民房加盖加建至五六层，迫使政府放松对私房认定为合法建筑的标准（不超过 480 平方米），供求不对等间接助长了超负荷的无序开发。

居住环境条件恶劣，公共基础设施匮乏，违章建筑拥挤压抑，空间景观杂乱无章。政府因害怕“城市病”蔓延而主观上试图将农民工排斥在城市的住房体制之外，加剧了农民工与城市社会之间的相互隔离。加上天然气、消防等无法进村，滋生严重的安全隐患，居住其中却享受不了城市带来的便利，建筑外部与内部设计都不符合规范要求。

2. 规划管制盲目随意

深圳从小渔村到大城市的演变初期没有摆脱粗放型开发模式，原住民通过股份合作社或各自争相用“自留地”建起楼房赚取分红和租金。一方面，房屋建设具有很大的自发性和盲目性；另一方面，未能从制度上同步实现农民工身份的市民化。这导致经济转型呈现出城镇化与工业化脱轨，并产生影响社会公平和持续发展的深层障碍。

城中村建设未纳入城市统一规划范畴，“握手楼”、“贴面楼”、“一线天”的高密度空间形态混沌不清，局部地段建筑密度高达 80%以上，成为城市里的另一道“风景线”。反映了一味追求短期利益最大化的狭隘思维，依靠出租屋和集体物业的“外生式”出租经济，以及血缘内聚性为纽带的村民生活制度或社会关系网络，其本质为有着民间信仰的传统农村社会聚落。

3. 文化观念守旧落后

城市住房质量提高对于农民工的影响程度很小，农民工往往自认为是城市过客而表现出来的冷漠悲观，使得这部分群体成了被幸福遗忘的角落和盲点，也催生了一个明显的食利阶层。借着城市改造的政策漏洞，“二世祖”和“暴发户”成为本地原住民的代名词。

首先，不思进取的小农意识和不劳而获的投机心态造成大量主动失业人口，仅靠纯土地或物业收入便完全可以维持生计。其次，股份公司也没有自身的经济增长点，仅靠特殊的地理位置和土地产权制度，造就了房产主寄生经济的支柱地位。最后，城中村容纳的不仅是地租经济，还有“地下经济”和“黑色产业”，给黄赌毒、盗版走私、盗窃销赃等违法犯罪活动提供有利场所。城中村经济的发展走向与城市文明背道而驰。

4. 治安环境杂乱无章

城中村内作坊、仓库和住房交错混杂，变为用地布局与功能结构相互冲突的“问题村”。另外，农民工租房时常常因“不达标”而逃避做住户登记，现行法律规定无固定住所的流动人口不能办理暂住证，城中村恰恰成了他们躲过城管检查的最佳庇护所。

乡村城市化折射出城建管理链条的断裂，不能克服固有局限只能沦为城市社会的藏污纳垢之地，出租屋流动人口难于有效管理，使其成为社会—经济塌陷带。违法私房为扩大出租面积侵占用地红线之外的土地资源，私搭乱建现象破坏了公共生活环境，农民工普遍的居住质量直线下降。这里既没有恬静开阔的乡村风貌，又没有舒适井然的城市特色，已然异化为“非农非城”的独特形态，并大大降低了周边地块的潜在价值。

（二）城中村改造后：农民工再次成为被冷落对象

虽然农民工只是城中村的主体而非改造主体，但改造结果将会直接透支其居住利益。“要地不要人”的城市改造迫使农民工失去立足之地，这些“二等公民”不得不“用脚投票”选择离开，引起劳动力和人才的流失。

1. 不补偿

名亡实存的户籍差异使农民工游走在城市体制之外，就业、教育、社保等也受到束缚。农民工不在城中村改造的补偿范围，政府更多的是开“空头支票”甚至不予理会，补贴没有发放到最需要的人手里。农民工由于没有市民身份的认同，只能忍气吞声和默默接受，不敢维护自身的应有权益，这与“来了就是深圳人”的口号相去甚远。

截然不同的是原住民靠土地升值不用外出打工，变成向打工者收租的房东。受拆迁影响的业主不但能得到补偿,有时还可从中敲诈一笔补贴金。“一家两地”的农民工群体长期居无定所,与城市社会有着很深的隔膜,由于他们脱离了家庭组织的行为约束和社会组织的行为规范,一旦“游民”过多无法管治时,就会威胁到社会的稳定秩序。

2. 不安置

农民工一般对居住要求不高,城中村正好迎合其消费偏好。城市房价、房租的不合理增长,农民工支付能力范围内的房源不多,为找到容身之所城中村实属无奈选择。加上改造工程期间不会为他们安排临时居住的替代性住房以供中转,一遇到突发拆迁农民工只能流离失所。城市更新本应为居住条件落后和收入水平低下的居民提供兜底使其直接获益,然而这样的目标总是让位于现实利益,农民工被迫迁出是强势开发中的无解难题。

无法抗拒的“民工潮”在跨省市的地域性迁移中过着候鸟式的生活,脆弱的城市归属感使得部分农民工开始回流农村,这与城镇化的初衷相背离。有些官员好大喜功地标榜城中村有碍城市观瞻和有损城市形象,一边在改造另一边还在扩展,实质是拆东补西的自毁根基恶习在作祟。

3. 无福利

新生代农民工已慢慢成为农民工群体的主流,这些“农二代”徘徊在城市边缘和缝隙,既想融入城市中谋生,又难以跨越无形的隔阂。他们的受教育程度较高、国民待遇意识较强,被无理排斥在城市居民该有福利之外会形成心理落差,无恒产者无恒心,从而激化一系列社会矛盾的恶性循环。

农民工买不起商品房,政策性保障住房只占总供应量的6.6%,更不可能获得福利房或搭建棚户,租住城中村时常面临被“清理”的驱逐命运,亦失去最后的法律救济渠道。再者,保障性住房建设进展不尽如人意,由于用地紧缺不能及时“落地”,以及前期审批流程繁复等原因,规划、补偿、征拆、资金层层把关却变为道道难关,造成建设进度缓慢和开工率低、竣工率低、供应率低的困局,分房福利可望而不可即。

4. 无保障

住房保障实施与问责机制有待完善，扭转机构权责不明、人员协作低效的局面。无视城中村为农民工提供事实上的廉租房的社会功能，仅考虑原住民的拆平重建式成片改造反而扩大了保障性住房的缺口。以房地产开发撬动改造模式虽降低了管理成本，解决了城中村脏乱差的市容问题，却转移并制造出更大的社会紧张和风险，城市功能被逆向减弱。

"违章建筑"意味着农民工不是获得救济的受助者，而是接受惩罚的违章者。政府可以对他们任意行使权力而无须承担任何责任，对"贫民窟"的控制是以牺牲社会公正为代价。非户籍低收入家庭廉租住房保障还未实现应保尽保，"住房难"仍一直困扰城中村里的农民工，其地位比称为典型贫民窟的棚户区市民还低，居住的城市成了他们最陌生的家。

五、深圳市农民工的住居治理

没有制定农民工住居的疏导方案是城中村散居乱住、私租乱建的根源。改造的尘土渐渐落地之后，各方主体都在重新打量得失。住房改革的出发点应该是人人有房可住，而不是拥有自己的住房。改变物质空间的关键是继续让其发挥为广大受影响群体提供住房的功能。

（一）保留缓冲过渡地带

不谋城中村的区位利益，只谋农民工的居住利益，这应当是政府主导的城市改造的出发点。城中村牵涉到显性利益主体（开发商、政府、村民和村集体）和隐性利益主体（流动人口、拆迁单位、评估机构），政府代表的是公共利益，改造过程中不能偏颇或忽视任何一方，多主体共同参与城市治理。

城市群的整体效益需要提升，农民工的人居环境亦需要提升，简单化改造应转向科学化改造。避免对流动人口住区的一次性推倒改造，为农民工居住容留落脚点，整治型、渐进式改造有利于疏通街巷、配套设施和拆违整顿。加大廉租公寓的建设能为人员分流调配起到缓冲和过渡的中介作用，并将廉租屋合法化纳入物业统一管理，尽可能减少对城市现有社会经济生活的破坏，延续城中村的城市功能，利用物质性改建的机会同步推进市民精神的培育。

（二）重新界定和谐城市

城中村存在即合理，它是有序的、自组织的、适应需求的类单位制运行系统，有着永续的、不可取代的社会职能，表面自利的出租屋实则分担了一定政府角色。从将之称为“血栓”向优化现状的理念转变，印证了利益相关方对城中村作为“真正城市”的价值认同，大拆大建的改造模式显示出峰回路转的趋势。

城市管理问题不应成为政府强拆的理由，而应转变为改善城市治理的契机，加强对相关项目发展商的公共管治以保证城市更新程序正义。城中村看似减少了城市土地集约利用的综合效益，但却发挥了政府所不能、市场所不愿的作用——提供廉价住房资源。在此基础上，以留存并扩大出租经济为前提的“自我原位塑造”或“微改造”，即在原有区位上由村民或村集体自我改造、自我管理，突显社会自治的强大张力，而不是重建遣散外来人口的旧套路。

（三）确立新城市人地位

中国城市发展存在着两种城市化：一种是官员城市化，政府与开发商合谋征地卖地，攫取土地增值收益，硬性地把农民工排除在城市化和工业化之外；另一种是市民和民工“化”入城市，城中村建设和发展是公民参与城市化的重要方式，体现民间创造和活力的政策取向。扭转“既不给自由也不给福利”的制度性歧视，反道而行用房管人，将农民工的流动性和居住的固定性有机绑定，规范房屋租赁市场，整体吸纳志愿组织和社会团体，提供全方位社会性服务。

廉租房是专门照顾穷人的居住需要，而不是用来激励工作成就的；是优先满足无劳动能力或失业的弱势群体，而不是用来奖励“劳动模范”的。农民工是工人阶级，永远是社会的中流砥柱，明确其“全资工人”的地位，理应得到同等对待和更多关注，城市总体发展不能建立在损害或剥夺这部分人权益之上。

（四）培育中小规模城镇

“一个国家四个世界”中农民工是第三、四世界的投影，推进城镇化的重要任务是把符合落户条件的农业转移人口转为城镇居民，引导劳动密集型产业从战略上由中心城市向中小城镇扩散，以区域承载力进一步优化空间布局。农民工作为城市的一分子也有人权，要健全相关的子女教育、医疗卫生等“一揽子”兜底服务，使其融入并扎根城市社会生活。

城中村是有根的，具有空间固着性，未来的“生根”路径：一是保护城中村的原生态和外部形态（比如客家宗祠），加速内部设施、社会管理和公共服务的现代化；二是城乡结合，改造的目标不是要推倒重来做成新城，片面高档化只会抹杀劳动力的基本生存和生活条件；三是旧城改造方案从城市宏观统筹发展，制订具有操作可行性的行动规划指引，不能割裂不同片区各行其是。

六、结语

过度城市化、过分城市化会使得人口、土地、资源和环境难以为继，真正能拯救城市的恰恰是城中村。要把城市做得或经营得像城市的思路本身是有缺陷的，工业城市规划只考虑生产性而破坏了花园城市、环保城市等城之理念，把城中村改造成工厂区和工业区，丧失了城市持续发展的原动力与生命力，也有悖于打造均衡化配置和一体化规划的兼容并包的治理优势。

“宅者，人之本，人以宅为家。”思考“家”在每一个人心目中的定位，如果“农民工之家”能够在城市溢出，以上问题便会迎刃而解。归根结底，找到公平和效率的平衡点，拥有一个栖身之所是实现安身立命、安居乐业的第一步，城中村改造亦应是农民工住居改善的序幕。

参考文献

[1]魏立华、闫小培:《"城中村":存续前提下的转型——兼论"城中村"改造的可行性模式》,《城市规划》2005 年第 7 期。

[2]刘会丽:《城中村、农民工与公共空间》,《中小企业管理与科技》2010 年第 9 期。

[3]曾颂:《周其仁论中国式城市化:城不像城村不像村》,《羊城晚报》2012 年 11 月 8 日。

[4]王小章:《从"生存"到"承认":公民权视野下的农民工问题》,《社会学研究》2009 年第 1 期。

[5]陆学艺、龚维彬:《从体制和机制入手解决农民工问题》,《农村 · 农业 · 农民》2006 年第 9 期。

[6]郝俊英、张煜浛:《城市农民工住房问题分析》,《中国房地产》2009 年第 1 期。

[7]深圳市规划和国土资源委员会:《深圳市城市更新("三旧"改造)专项规划(2010—2015)》,政府网站 2014 年 6 月 16 日。

[8]国家统计局:《城市农民工生活质量状况的专项调查》,新华网 2006 年 10 月 25 日。

[9]王宁:《铁打的住房,流动的民工——9900 万进城务工人员住房问题亟待解决》,《城乡建设》2005 年第 3 期。

[10]马航:《深圳城中村改造的城市社会学视野分析》,《城市规划》2007 年第 1 期。

[11]邹哲:《共赢:流动人口聚居型"城中村"改造策略研究》,中南大学硕士论文 2010 年。

[12]深圳市规划和国土资源委员会:《深圳市住房建设规划(2011—2015)》,政府网站 2011 年 7 月 5 日。

[13]朱晓阳:《城中村改造:从"拆平重建"转向共同参与》,《中国社会科学报》2012 年 1 月 9 日。

[14]秦晖:《哪一个等于"贫民窟"》,《经济观察报》2011 年 4 月 22 日。

[15]秦晖:《城市新贫民的居住权问题——如何看待棚户区、违章建筑、城中村和廉租房》,《社会科学论坛》2012 年第 1 期。

[16]定军:《郑功成:让"有房可住"取代"拥有住房"》,《21 世纪经济报道》2007 年 3 月 15 日。

[17]张曙光:《城中村改造本质是政府与民争利》,中国经济网 2008 年 10 月 4 日。

[18]秦晖:《"福利房"与廉租房》,《经济观察报》2011 年 5 月 7 日。
[19]深圳市规划和国土资源委员会:《深圳市城市总体规划(2007—2020)》,政府网站 2007 年 12 月 20 日。

(黄文浩:深圳大学管理学院行政管理专业硕士研究生)

闭幕式讲话

在第五届中国行政改革论坛上的闭幕式总结讲话

周文彰

（2014 年 6 月 15 日）

各位领导，各位来宾，各位专家，同志们：

经过大家共同努力，由中国行政体制改革研究会主办的第五届中国行政改革论坛圆满完成了各项预定议程，即将闭幕。

这次论坛是在全党全国深入学习贯彻党的十八届三中全会精神和习近平总书记系列重要讲话精神、认真落实全面深化改革新部署的背景下召开的。来自党中央、国务院有关部门，全国人大、政协，部分省区市的负责同志，国家行政学院、地方行政学院、科研机构、高等院校的专家学者，有关企事业单位负责人，中国行政体制改革研究会的理事、会员代表，本次论坛的部分论文作者代表，以及二十多家新闻媒体的朋友，共 300 多人出席了今天的论坛。中国行政体制改革研究会的业务主管单位国家行政学院的领导对本次论坛给予高度重视和大力支持。在论坛准备阶段，国家行政学院党委书记陈宝生同志、负责联系研究会工作的副院长杨克勤同志，多次就论坛的主题、开法提出具体指导意见。在论坛开幕式上，陈宝生同志发表了热情洋溢的致辞，高度肯定了举办本届论坛的重要意义，以及中国行政体制改革研究会取得的工作成绩，深刻论述了推进国家治理现代化的重要性，也向我们提出了一些需要深入研究和思考的问题，对于我们开好今天的论坛有重要指导作用。

在论坛的主旨演讲环节，国家行政学院副院长杨克勤，河北省政府副省长秦博勇，中央社会管理综合治理委员会办公室专职副主任徐显明，国务院法制办副主任袁曙宏，十二届全国人大常委、财政经济委员会副主任辜胜阻，中央政策研究室原副主任、中国国际经济交流中心常务副理事长郑新立，中央机构编制委员会办公室原副主任、中国机构编制管理研究会会长黄文平，中国科技体制改革研究会理事长张景安等8位同志发表了立意高远、思想深刻的演讲，2位知名学者做了点评。在下午举行的三个专题论坛上，共有15位知名专家学者和实际部门负责人发表了精彩演讲，6位专家学者进行了点评，与会代表踊跃参与讨论交流。刚才，三个专题论坛的代表进行了交流发言，向大会汇报各专题论坛研讨的精华和成果。新华社、人民日报、光明日报等各大主流媒体到会采访报道。论坛虽然只有一天时间，但是主旨宏大、主题鲜明、解放思想、求真务实，开得很好、很成功。总体上看，本届论坛实现了两大创新，收获了三大成果，呈现出四大特点。

一、两大创新

一是内容新。党的十八届三中全会提出了完善和发展中国特色社会主义制度，推进国家治理体系和治理能力现代化的全面深化改革总目标，并提出科学的宏观调控，有效的政府治理是发挥社会主义市场经济体制优势的内在要求。本次论坛以“创新政府治理，深化行政改革”为主题，紧紧围绕十八届三中全会的新思想、新论断、新部署进行研讨，主题新、内容新、观点新。

二是形式新。行政改革论坛已连续举办五届，这一届论坛在继承前几届论坛好的做法的同时，创新了形式，采取总——分——总形式，分主论坛、三个专题论坛、大会交流等环节，环环相扣，主论坛和三个专题论坛的内容既相互联系，又各有侧重，给人耳目一新之感。演讲专家各讲所长，与会听众各听所需，有分有合，相得宜彰。

二、三大成果

一是认真总结了十八大以来我国创新政府治理、深化行政改革的做法、成效和经验。大家一致认为，党的十八大以来，我国在创新政府治理、深化行政改革方面取得重大成就，在政府职能转变、简政放权、政府组织结构优化、行政管理方式创新等方面取得积极进展和显著成效，有力推动了国家治理现代化。

二是深入分析了当前创新政府治理、深化行政改革面临的难点和问题。马克思曾经说过，问题是时代的声音。习近平总书记指出，改革是由问题倒逼而生。行政改革也是如此。找准了问题就号准了改革的脉，就明确了改革的方向。在论坛上，与会专家客观分析了当前政府治理和行政改革中出现的新情况新问题，直面热点，聚集难点，提出了不少有创意、有价值的观点，有助于广大理论工作者明确研究重点，有助于有关实际部门明确下一步改革的重点任务。

三是研究探讨了今后创新政府治理、深化行政改革的思路和举措。与会人员或通过理论分析，或通过案例剖析，或通过互动交流，研究探讨了我国下一步完善政府治理体系、创新政府治理方式、提升政府治理能力、强化政府法治的总体思路和具体措施，对于有关实际工作部门具有重要参考价值。

三、四大特点："四高"

本届论坛有四大特点，概括起来就是"四高"：

一是主题立意高。本届论坛的主题是"创新政府治理，深化行政改革"，与全面深化改革的总目标紧密衔接，立意很高，充分体现论坛主办单位中国行政体制改革研究会围绕中心、服务大局的办会宗旨。

二是专家层次高。这次论坛汇聚了各路精英，有的来自党政机关、企业、社会团体，有的来自高校和科研机构，既有实践经验丰富的领导同志，又有学术造诣深厚的专家学者。有十几位省部级领导同志和一大批国内知名专家学者出席论坛，很多都是我国行政体制改革的直接设计者、推动者、参与者。

三是研讨平台高。我们常说，“舞台有多大，思想就有多远”。经过几年的发展，中国行政改革论坛在公共行政理论界、实践界和社会上影响越来越大，已成为国内专门关注行政体制改革的最富影响力的交流研讨平台，成为行政改革领域汇聚人才的高地、产生思想的高地。在本届论坛中，会上会下，行政改革领域的理论工作者和实际工作者、行政改革的资深实践者和新锐学者，零距离接触，高热度讨论，激发了许多新思维、产生了许多新观点，充分彰显了这一平台的价值。

四是成果价值高。这次论坛共收到260多篇论文，其中许多是高水平、有分量的研究成果。特别是各位领导和专家学者的精彩演讲，理论性、实践性、针对性、操作性都很强，对有关党政部门深化行政体制改革具有重要参考价值。对与这些研讨成果，会后我们将认真梳理，好好利用，通过多种形式，推动成果转化，促进成果共享，扩大成果影响。

这次论坛的成功举办，原因很多，有国家行政学院领导的重视和指导，有中央和地方有关党政部门、企事业单位、科研机构、高等院校、学术社团组织的大力支持，有全体与会人员的热心参与。大家放下繁忙的工作，放弃周末休息时间，甚至不顾路途遥远，专程前来支持论坛、参与论坛，这是论坛成功的重要原因。在此，我代表中国行政体制改革研究会向给予论坛关心指导和大力支持的各位领导、各位演讲嘉宾、点评嘉宾和主持人，向论坛的协办单位——中国金融租赁有限公司、河南焦作万方铝业股份有限公司，向全体与会代表，向新闻界的朋友们，向中国行政体制改革研究会秘书处的全体工作人员和相关人员，向大会工作人员表示诚挚的感谢！

党的十八届三中全会开启了我国全面深化改革的新的征程，我们在座的每个人有幸成为这一伟大征程的参与者、实践者和见证者。我们应该以更加强烈的责任感、使命感，加强行政体制改革的理论研究和实践探索，推进政府治理现代化，进而为推进国家治理现代化贡献智慧和力量。我们期待着明年再会，期待着下一届中国行政改革论坛取得更加丰富的成果。

现在我宣布，第五届中国行政改革论坛闭幕！

（周文彰：中国行政体制改革研究会副会长、国家行政学院教授）

附录

深化行政体制改革，推进政府治理现代化

——“第五届中国行政改革论坛”观点综述

李　沛　胡仙芝

不久前，中国行政体制改革研究会以“创新政府治理，深化行政改革”为主题，举办了第五届中国行政改革论坛。来自党中央、全国人大、国务院、全国政协有关部门和部分省区市的负责同志，智库和学术机构的知名专家学者，企业和社会各界有关人士，共350多人参加了论坛。与会人员贯彻落实党的十八届三中全会精神，围绕论坛主题，就重构政府市场关系、创新行政管理方式、加快法治政府建设，全面推进政府治理体系和治理能力现代化，进行了深入研讨和交流，提出了一些有深度、有价值的观点和意见。

一、全面评估总结一年来行政体制改革的进展和成效

与会专家对过去一年多来我国行政体制改革的举措和取得的成效进行了评估总结，认为新一轮改革体现了“五个结合”，即职能转变与机构改革相结合、简政放权与强化监管服务相结合、创新政府治理与加强法治政府相结合、行政体制改革与树立行政新风相结合、深化行政审批制度改革

与其他行政体制改革相结合。一年多的行政改革范围广、力度大、进展超出预期，产生了多方面积极效果，包括：使市场作用得到更大程度发挥，使企业进一步“松绑”，使社会活力得到极大激发，使地方积极性得到更好调动，也使行政权力得到有效制约。不断深化的行政体制改革为我国经济社会发展提供了动力和保障。在世界经济持续低迷、发达经济体和新兴经济体增长乏力的情况下，我国经济增速继续保持在合理区间，行政体制改革发挥了重要作用。

与会专家也指出了当前推进行政体制改革中出现的一些新情况和新问题。包括：改革力度有逐级衰减的趋势，下放权力存在放小不放大、放虚不放实、放责不放权、明放暗不放等现象，一些下放事权转移、承接的难度大，放管脱节，部分改革红利被中介评估机构蚕食，相关法律制度不配套等。下一步深化行政体制改革，必须重点抓好以下任务：一是抓紧研究深化行政体制改革的顶层设计，避免改革行动的盲目性、随意性和“碎片化”；二是继续推进行政审批制度改革，有区别、分步骤地下放行政审批权，同时防止一些地方把放权的数量作为新的政绩指标；三要加强对地方简政放权工作的指导、督查和评估，解决权力下放的“最后一公里”问题；四要加强政府能力建设，当前特别是要加强监管和服务能力；五要重视发挥法治作用，使政府的职责、行为、运行程序等都纳入法治化轨道；六要制定促进和规范社会组织发展的法律法规及政策措施，加快培育和规范社会组织；七要重视推进其他方面的配套改革，如适时调整和优化行政区划、加快推进政务信息化和公开化等，从而全面推进政府治理现代化。

二、加强政府治理体系“顶层设计”

专家认为，当前完善政府治理体系，首先应重视和加强顶层设计，要以问题为导向，发现问题，解决问题。一是要抓住重大问题。也就是说，要抓“牵一发而动全身”的关键问题，抓长期以来导致各种经济社会矛盾的核心问题，抓严重影响我国经济社会健康稳定发展的重大问题。唯有如此，才能纲举目张，为解决其他问题铺平道路。二是要系统地解决问题。放在经济、政治、文化、社会、生态文明等体制全面改革中，定位行政改革问题，建构与之相适应的政府治理体系。三是要多层次多方位推进改革。要从处理好政府与市场、政府与社会、政府与公民的关系等维度，全面推进政府职能转变，全面推进政府治理体系和治理能力的现代化。

三、着力形成有限有效的政府职能体系

转变政府职能是我国行政体制改革的恒久性主题。与会专家认为，当前政府职能转变应适应完善现代政府治理体系的要求，重构政府和市场关系。要适应市场功能从20年前的“基础性”作用到今天的“决定性”作用的转变，重新界定政府权责的边界。一是不能简单将限权理解为政府去功能化，而是要强调政府自己的功能从微观事务中解脱出来，集中在“宏观调控、市场监管、社会管理、公共服务和环境保护”五方面上来。二是要打好简政放权这个“转变政府职能的当头炮”。中央和地方一方面大力取消和下放行政审批等事项，另一方面强化事中事后监管和服务能力，务求做到放中有管、活而不乱。注重通过公开机制和倒逼机制，以便民利企为目标开展政务服务，使行政审批制度改革落到实处。三是要加大对社会的放权力度。当前，我国社会组织总体发展不足、素质参差不齐、运行不够规范。为适应完善现代政府治理体系的要求，政府既要发挥培育、引导和规范社会组织的作用，又要为社会承接主体创造良好的发展环境，让政府以外的主体参与公共事务的管理。四是要重视改革实践的探索。一些地方政府以“减权、去利、市场化”为核心进行资格资质去行政化改革，把“承接主体”和“监管”两方面作为突破口进行积极探索，取得很好成效，需要认真总结这些案例。

处理好政府与市场、政府与社会的关系，还需要重视确立行政改革中的三层关系。一是“前端和后端的关系”，旧的目光常集中在行政管理的前端，增加一些窗口，创新一些服务手段，这是在行政前端增加服务性上做文章。但其后端，背后的流程、业务整合、权责是不是能够很好梳理、调整，才是关键问题。二是政府内部改革与外部全面改革的关系。这涉及改革的综合性和系统性，比如政府自身建设与法治建设、行政体制改革与经济体制改革之间互相牵制和关联，必须统筹行政改革的不同方面、行政

改革与其他领域的改革。三是改革中上级和下级的关系。行政改革中有些方面出现“肠梗阻”或流于形式的现象，上面改革决心大、动作大，但下面对改革的担心多、动作小，跟进不力。或上级政府下放的一些权力被下一级政府截留，没能真正下放到位。四、通过创新行政管理方式提升政府治理能力

第一，转变行政方式，通过“引导、激励、协商、服务、简约、法治”六个维度实现政府治理。其中，引导、协商、法治维度侧重对政府与社会进行协同共治的意愿化和法律约束性的表达。这一理念有利于调动起参与政府治理现代化的各方力量，并以规范、科学、合法的方式进行。

第二，为建设服务、责任、效能政府，要重视“三个意识”。一是清除陈腐官僚意识，坚持“老百姓的需求就是政府的工作方向”，顺应民心进行行政改革。二是强化履职尽责意识，注重责任、注重效能、注重服务。三是增强执行意识。“一分部署，九分落实”，强化监督和问责机制，使行政主体不能懈怠。

第三，完善政府绩效管理，加强绩效管理制度创新。政府绩效管理是创新政府管理方式和加强政府自身建设的重要手段。从基层公务人员为突破口探索绩效管理改革，可以促进基层管理队伍的有序流转，促进“绩效考核”向“绩效管理”转变，提高基层政府治理体系的现代化水平。同时，绩效管理要有完善的制度建设，也需要营造开放和谐的绩效文化。比如，如何利用市场化的机制、引入社会化的参与方式、怎样引入更多的协商参与和合作，以及信息化技术的使用等具体实践问题，值得进一步探索。第四，从工商登记制度改革入手，统筹推进市场准入制度和监管制度改革，把“宽进”和“严管”作为两个重要的抓手。在转变监管理念、监管方式和构建服务载体上，进一步做好创新行政管理方式的文章。比如，以上海自贸区实验为重点，推进综合监管制度改革，其核心内容就是创新政府管理方式，减少行政审批事项，推进政府管理由注重事前审批转为注重事中、事后审批。这一综合监管制度改革的推进是一项系统工程，既需要建设大量的配套基础设施和信息平台，也需要完善的法律框架、政策支持，更需要先进的服务意识和监管手段。

第五，进一步优化政府的社会管理模式。让权责清理与流程再造相结合，最大力度推进政府职能转移，将尽可能多的公共服务事项交由有资质的社会组织、机构和企业来承担。

五、通过法治政府建设推进政府治理体系和能力现代化

政府治理体系和能力的现代化，核心和基石是法治。“立善法于天下，则天下治；立善法于一国，则一国治”。推进政府治理体系和治理能力现代化，必须加快法治政府建设。

第一，以建设法治政府为依托，实现法治中国目标。需要从法律角度考察改革中的问题。较长时间以来，“政企分开”、政府和市场关系一直没有很好解决，与法治政府建设不到位有关。坚持依法治国、依法执政、依法行政共同推进，坚持法治国家、法治政府、法治社会一体建设。其中，“法治国家”是依法治国的建设目标，“法治政府”则是依法行政的建设目标。只有把行政权力关进制度的笼子里，才能做到依法行政。与会专家认为，法治政府是守法政府、权威政府、受监督的政府，它能让法治精神渗透到管理理念和管理方法之中。建设法治政府，一是从思想理念上厘清一些重要关系，比如，法治与改革、法治与民主、法治与人治的关联和差异；二是从行为上思考建设法治政府的关键，比如，克服“权大于法、言大于法、领导大于法”或“先有结论后有论证、领导作结论群众作论证”等现象，一切改革要“于法有据”；三是探求法治化标准，如具化政府权力法定的问题、解决政府行政过程、行政监督和问责以及政府自身管理的法治化。

第二，强化法治思维，固以法治定力。依法行政要求各级干部运用法治思维和法治方式开展工作，这是深化改革、推动发展、化解矛盾、维护稳定的基本路径。与会专家指出，法治思维是一种以法律规范为基准的逻辑化的理性思考方式，以其理性、正义、程序、平衡等特点，能有效避免专制思维、特权思维。各级干部想问题、做决策、办事情，必须以法律为准绳，真正形成“办事依法、遇事找法、解决问题用法、化解矛盾靠法的良好法治环境，在法治轨道上推动各项工作”的局面。比法治思维更重要的是

法治定力，即法治意志，这是对法治坚守的能力。各级干部带头守法，法律才有可能得到平等执行，法律精神才得以彰显。有的专家认为，对于公务员队伍而言，除了遵法、奉法，守护法律的责任重大。比如，依据《公务员法》，下级公务员被赋予了一种抗命权，在适当条件下有权进行合理合法的抵制，这是对法律的尊重和守则。

第三，注重刚柔并济，以新方针贯彻法治建设。“科学立法、严格执法、公正司法、全民守法”是社会主义法治建设的新方针。与会专家指出，这抓住了法治建设四个最重要的环节，就是立法、执法、司法、守法。虽然党和国家在多个层次对法治进行提倡和要求，但还普遍存在意识淡薄、落实不够的问题，尤其是在有法必依、严格执法、司法公正环节上还有很多不足和缺陷。当前，尤其需要发挥各级干部在遵法守法中的示范作用，让法治成为政府的治理标准和刚性约束。

（李　沛：国家行政学院纪检监察室副主任；
胡仙芝：中国行政体制改革研究会研究部主任）

后　　记

2014年6月15日，由中国行政体制改革研究会主办的第五届中国行政改革论坛在北京隆重举行。此次论坛主题为“创新政府治理，深化行政改革”，来自党中央、全国人大、国务院、全国政协有关部门和部分省区市的负责同志及国家行政学院、地方行政学院、科研机构、高等院校的专家学者350多人参加会议，开展了深入研讨和交流。论坛以“重构政府市场关系，完善政府治理体系”、“创新行政管理方式，提升政府治理能力”和“加快法治政府建设，规范行政权力运行”三个专题面向社会征文，共征集到260余篇论文。为更好地宣传和分享论坛的研讨和交流成果，本书汇集了论坛嘉宾的精彩演讲稿20余篇，精选了60多篇优秀论文结集出版，以飨读者。

本书如有不妥之处，敬请广大读者指正。

中国行政体制改革研究会秘书处

二〇一四年十一月